Utah Omaha Gold Juno Sword

AF114826

Barfleur

Seine-Bucht

Fécamp

Isigny
Aure
Vire
Lô
Bayeux
Caumont l'Eventé
Villers-Bocage
.365
Mt Pinçon
Condé
Flers
Mortain
Domfront
Mayenne
Bais

Arromanches
Courseulles
Langrune
Douvres — Lion-sur-Mer
Ouistreham
Benouville Cabourg
CAEN
Fleury-s-Orne
Orne Thury- Vimont
Harcourt
Pontigny
Falaise
Putanges
Argentan
Javron
Sarthe
Alençon

LE HAVRE
Trouville
Deauville
Dives
Pont-
l'Eveque
Risle
Touques
Lisieux
Dives
Orbec
Bernay
Vimoutiers
Broglie
Courteilles
Trun
Monnai
le Bourg
St Léonard
l'Aigle
Mortagne-au-Perche
Bellême
la Ferté-Bernard

Troarn

GÜNTER HOFÉ

Merci, Kamerad

Roman

VERLAG DER NATION

Bibliografische Information der Deutschen Nationalbibliothek

Die Deutsche Nationalbibliothek verzeichnet diese Publikation in der Deutschen Nationalbibliografie; detaillierte bibliografische Daten sind im Internet über http://dnb.d-nb.de abrufbar.

17. Auflage 2010
© 1970 by Verlag der Nation Ingwert Paulsen jr.,
Husum
Einband: Hans-Joachim Schauß
Gesamtherstellung: Husum Druck- und Verlagsgesellschaft
Postfach 1480, D-25804 Husum – www.verlagsgruppe.de
ISBN 978-3-373-00218-5

ERSTES BUCH

Operation Overlord

Erstes Kapitel

Das Schlößchen La Vistoule am Mittelmeer war wie ein steingewordener Märchentraum, verspielt und verschnörkelt die Türmchen und Zinnen, Balkons und Loggien, sogar jetzt im fahlen Mondschein bis in die Einzelheiten erkennbar. Nur zwei Kilometer von der Schloßtreppe bis zum schneeweißen Strand, zum Gebrüll der Brandung, zum Flimmern des Meeres. Von Süden schob sich unmerklich eine gezackte Wolkenwand gegen den Mond. In spätestens einer halben Stunde würde sie lange Schatten über den Küstenstrich ziehen und das Funkeln auslöschen. In der Ferne grollte es kaum wahrnehmbar.

Auch in dieser Nacht rauschten englische Zerstörer mit hoher Fahrt an der südfranzösischen Küste entlang. Abstand etwa zehn Seemeilen, unsichtbar für die Posten hinter Betonwänden oder in provisorischen Splittergräben. Mit Infrarotgeräten machten sie serienweise Aufnahmen von den deutschen Befestigungsanlagen, werteten sie in kürzester Zeit aus und lieferten die Ergebnisse nach Malta oder Gibraltar.

Leutnant Hinrich Thiel, Chef der Stabsbatterie, trat auf die halbrunde Terrasse. Hinter ihm klang durch die schwingenden Brokatvorhänge »La Paloma«, dazu das leichte Schlürfen von Reitstiefeln und Halbschuhen. Oberleutnant Ludwig Eiselt, im Zivilberuf Konzertpianist, spielte zum Tanz. Es hatte langen Bittens bedurft, ehe er sich dazu bereit erklärte. Immer war ein wenig Beethoven beim Tango und Liszt beim Quickstep.

Der Leutnant wischte sich die Schweißperlen vom Gesicht. Sein Haar war feucht und verklebt, obwohl er nur einmal getanzt hatte – mit der hübschen blonden Martina, deren merkwürdig abweisende dunkelgraue Augen ihn interessierten. Besseres wäre für diesen Sonnabend, den 27. Mai 1944, kaum denkbar gewesen als so ein Sommerfest mit einer Gruppe fröhlicher und auch erlebnishungriger Nachrichtenhelferinnen aus Narbonne.

Thiel hatte das Seine zum Gelingen des Abends beigetragen, hatte die Einladung des Abteilungskommandeurs, Hauptmann Altdörfer, der Führerin der telefonierenden, funkenden, fernschreibenden Stabshelferinnen in artiger Kasinomanier überbracht. Und er hatte mit Hilfe des Obergefreiten Erwin Seehase ein erlesenes Abendessen gezaubert – ohne Graupen und Sojamehl –, Vin rouge oder rosé für die Damen und schweren, süßgeschwefelten Vin blanc für die Offiziere des Abteilungsstabs mit Spieß und Funkmeister sowie für die Batteriechefs mit ihren Herren auffahren lassen, und nun amüsierte sich alles.

Thiel zündete sich eine Zigarette an und blickte auf das Meer hinaus, das nach Westen hin tiefschwarz war. Der rauhe Wind drückte bereits Schaumkämme vor sich her. Seltsames Gefühl, zu wissen, daß da draußen feindliche Kriegsschiffe stampfen, dachte er, und man steht auf der Terrasse des Château La Vistoule wie auf dem Präsentierteller. Warum sollten die Engländer hier nicht das gleiche veranstalten, was sich in Sizilien, Italien, auf Mittelmeerinseln, ja sogar am Atlantik längst abgespielt hat: Invasion, Landung oder zumindest gewaltsame Aufklärung, Kommandounternehmen? Ob die Posten am Strand immer daran denken, wenn sie zwischen den kümmerlichen Stützpunkten hin- und herstolpern? Sie warten nur ungeduldig auf Ablösung, denken an Wehrmachtsheime, Sonderurlaub oder an den Puff in Béziers.

Der Krieg im Westen hielt noch immer den Atem an.

Der Leutnant hörte, wie jemand am Wehrmachtsrundfunkempfänger drehte. Wahrscheinlich machte Eiselt eine Pause. Aber von allen deutschen Sendern kamen nur Märsche. Je entfernter der Endsieg, desto munterer die Märsche, dachte Thiel. Und du bist ein Horntier, weil du hier meditierst, anstatt ein zweites Mal mit der Blonden zu tanzen! Er warf den glimmenden Zigarettenrest die Terrassenstufen hinunter, zog die Feldbluse glatt und ging zur Halle. Der Donner grollte jetzt über dem westlichen Horizont.

»Eine kleine Platinblonde, eine kleine Tizianrote bringen in die Liebe immer eine ganz besondre Note«, spielte Eiselt und schaute über die Tanzenden. Das flackernde Kerzenlicht warf ihre Schatten an die Wände, wo in dunkelgoldenen Rahmen die Porträts schloßherrlicher Ahnen hingen, mit blütenweißen plissierten Halskrausen, sorgfältig gestutzten Kinnbärten, manche mit Schriftrollen in feingeformten Händen, andere von schmalköpfigen Hunden einer schwer bestimmbaren Rasse umspielt oder mit zierlichen Degen gegürtet.

Aus der rechten Saalecke quoll immer wieder Gelächter. Dort saß Oberleutnant Rudolf, Chef der 4. Batterie, mit einer kleinen Schwarzen, daneben der Zyniker Naumann, Führer der 5., mit einem üppigen Mädchen, dessen Augen am Mund von Stabszahlmeister Sommerfeld hingen. Der unterhielt die gemischte Runde von Feldgrau und Taubenblau mit Anekdoten und Witzen aus seinem unerschöpflichen Vorrat; ein Verpflegungsbeamter mit mehligem Gesicht, feist, gutmütig, der jeden alkoholischen Abend damit krönte, das Lied von der Krone zu singen, die im tiefen Rhein liegt. Dabei schlug er den Takt nach Art von Dorfschulmeistern.

Das Gewitter zog höher. Der Donner übertönte gelegentlich Eiselts Spiel. Er intonierte jetzt ein Lied, das gerade in den großen und kleinen Pariser Nachtetablissements Mode war, »Les yeux noirs«.

Thiel kam in den Raum und sah, daß Martina mit Gerhard Gengenbach von der 6. Batterie tanzte. Gengenbach war bei den Kämpfen um Shitomir im Dezember dreiundvierzig schwer verwundet worden: handtellergroßer Lungensplitter und Schußbruch des linken Unterschenkels. Seine letzten Männer hatten ihn nachts aus dem Kessel von Radomyschl herausgeschleppt. Vor Stalingrad war er ein jugendsprühender Draufgänger in jeder Hinsicht, jetzt zurückhaltend und in sich gekehrt. Unter Kameraden, denen er vertraute, erzählte er gelegentlich von seinem früheren Chef, dem Oberleutnant Helgert, der im Osten verschollen war. Einmal kam Altdörfer dazu und behauptete, Helgert habe aus Angst die Hände hochgenommen. Da hatte sich Gengenbach wortlos umgewandt.

Mit kunstvollen Läufen beendete Eiselt den Tanz. Er ließ keine Wiederholung applaudieren und trank das auf dem Flügel stehende Glas in einem Zug leer.

Gengenbach brachte das Mädchen zum Platz und verbeugte sich, dann schlenderte er zu Thiel. »Na, Hinrich, fühlst du dich auch zu alt zum Tanzen?«

»Ich glaube nicht. Habe mich nur über den Kommandeur amüsiert, der zwar mit der Führerin plaudert, dessen Augen aber der Blonden auf Schritt und Tritt folgen. Er hat sie förmlich ausgezogen. Dabei sollen Juristen angeblich kühle Analytiker sein.« Gengenbach machte eine wegwerfende Handbewegung. »Ohne je eine schießende Batterie geführt zu haben, Abteilungskommandeur geworden – bei der Wehrmacht ist eben alles möglich, wenn man Beziehungen hat! Ich kenne ihn vom Osten, und mir graust bei dem Gedanken, eines Tages unter seiner Führung Panzerdurchbrüche zu vereiteln. Das führt pfeilgerade ins Massengrab. Parteigenosse!«

»Altdörfer ist Parteigenosse? Wußte ich gar nicht.«

»Einer, der die Konjunktur mitnahm und rechtzeitig ins Braunhemd schlüpfte, um Karriere zu machen. Von Überzeugung keine Spur. Als er einen Zipfel der Macht erwischte, begann er zu treten, nach unten natürlich. Und sein Beruf als NS-Rechtswahrer gab ihm jede Möglichkeit dazu. Aus dem dienenden Kleinbürger mit den Großmannsträumen entwickelte sich der rücksichtslose Mitläufer auf der schiefen Ebene nach oben«, sagte Gengenbach, ohne seine Bitterkeit zu verbergen.

»Laß doch diesen Altdörfer.« Thiel wollte beschwichtigen und goß Wein ein. »Solche goldenen oder vergoldeten Fasane wie ihn gibt es überall. Tanzen wir lieber.«

Gengenbach nickte. »,Tanzen wir gleich Troubadouren zwischen Heiligen und Huren, zwischen Gott und Welt den Tanz!' Weiß der Schinder, welch seltsamer Dichter das verzapfte.« Sie tranken und gingen zu Eiselt.

»Ludwig, was ganz Feines für mich jetzt, hörst du?« Thiel zwinkerte ihm zu.

»Bewegt dich auch die Blonde mit den grauen Augen?«

»Ich will sie bewegen, damit der Alte sie nicht bewegen kann.«

»Das wird ihn allerdings spürbar bewegen«, meinte Eiselt vieldeutig lächelnd.

Ehe Altdörfer sich entschließen konnte, stand Thiel vor dem Mädchen und verneigte sich leicht. Er beobachtete sie beim Tanzen. Scheint sich sogar zu freuen, daß ich kam, dachte er. Vielleicht nur, um nicht mit Altdörfer... Er sah dessen Gesicht und wußte, daß der ihm ab heute noch weniger zugetan sein würde als bisher. »Ein Wettrennen um Ihre Gunst ist hier ausgebrochen«, sagte er herausfordernd.

»Die anderen Mädchen tanzen ebensooft. Außerdem, warum soll man nicht mal lustig sein, unbeschwert. Es gibt soviel Bedrückendes.«

»Stimmt. Hier wird getanzt und geflirtet, und im Osten fallen sie in jeder Minute.«

Martina schaute ihn aufmerksam an. »Sie waren im Osten?«

Er spürte, daß er einen roten Kopf bekam, und ärgerte sich. Im nächsten Monat wurde er sechsundzwanzig, aber die Kriegsjahre hatten sein Leben aus dem Gleis gebracht. Sie sollte nicht denken, daß er sich mit Fronterfahrung oder Heldentaten brüsten wollte. »Entschuldigen Sie, es ist mir so rausgerutscht. Hat nichts zu bedeuten.«

»Mein Bruder war auch zwei Jahre an der Ostfront. Er sprach kaum darüber. Jetzt ist er irgendwo am Atlantik. Ich kann mir vorstellen, wie denen da oben zumute ist.«

»Das richtige Gespräch für einen Tango«, sagte Thiel. »Die einen trinken und wollen dabei vergessen, die anderen gleiten übers Parkett und meinen, sie seien auf einer Insel in der Südsee.« Ich fürchte, ich habe die Kleine zu eng gefaßt, überlegte er. Sie soll nichts Falsches von mir denken. Er tanzte einige schwierige Drehungen, sie folgte geschmeidig.

»Ich glaube, es ist ein Unterschied, ob man mit Erlebtem prahlt oder ob man sich einmal von etwas lösen, freisprechen möchte.«

Thiel war verblüfft über ihre Sicherheit, wehrte sich aber dagegen, eine Gefühlsregung zu zeigen. »Auf unserer Südseeinsel ist es tropisch heiß«, sagte er. »Was halten Sie von frischer Luft?«

Sie nickte und schritt vor ihm vom Parkett. Thiel stutzte. Sollte er sich in ihr getäuscht haben? Er fühlte, wie Altdörfer hinter ihnen her sah.

»Alles in Ordnung, Herr Leutnant?« Der Kraftfahrer Erwin Seehase, mittelgroß und breit wie ein Schrank, stand an der Tür zur Terrasse. Die Helle seiner wasserblauen Augen wetteiferte mit der des strohblonden Haars.

»Alles bestens, Seehase.« Thiel geleitete das Mädchen ins Freie. Ein heftiger Wind fegte mit wechselnd warmen und kühlen Strähnen durch den Park. Schwarze Wolken hingen vor dem Mond, Blitze zuckten über dem Meer. Die ersten Tropfen klatschten schräg auf das Plattenmosaik, Donner brach hernieder.

»Gehen wir zu mir. Ich habe eine Loggia, von der man die Kraftanstrengung der Natur wie aus der Fürstenloge bewundern kann. Frische Luft ist dort in Hülle und Fülle, und was zu trinken auch.« Sie wird nicht mitkommen, dachte er, sie wird mich stehenlassen.

»Für ein Weilchen«, sagte Martina unbefangen.

Deine Menschenkenntnis! dachte Hinrich Thiel. Heranfegende Granaten vermagst du vor der Detonation auf ihre Kaliber zu bestimmen. An harmlos scheinenden Flecken witterst du, daß bald der Tod in verschiedenen Winkeln einfallen wird. Träger Eiserner Kreuze analysierst du charakterlich mit annähernder Sicherheit. Aber dieses Mädchen im schmalen taubengrauen Rock, in der ebenso taubengrauen und wohlgerundeten Bluse mit aufgesetzten Taschen? »Ich darf vorausgehen?« fragte er.

Auf dem teppichbelegten halbdunklen Gang standen Waffen und Büsten. Der Leutnant kannte inzwischen die weibliche Ahnengalerie an den Wänden, stille schöne Damen mit mandelförmigen Augen und wesenlosem Blick. Er drehte sich um. Martina folgte ohne Zögern. Hätte sie ein seidenes Gewand mit langer Schleppe an, könnte sie die junge Herrin dieses Schlößchens abgeben.

»So, hier sind wir. Ich mache Licht.« Er öffnete eine Tür, schlüpfte vor dem abwartend stehenden Mädchen ins Zimmer und zog das Verdunklungsrollo herunter. Regen prasselte mit jäher Heftigkeit gegen die Fenster.

Martinas Gesicht war jetzt, im Lampenlicht, blaß. Leutnant Thiel schloß die Tür.

Der Funkmeister Hans Rohrbeck, ein Mann mit auffällig langem schmalem Schädel und weißblondem Haar, hatte bisher nur ein Glas Wein getrunken. Er wußte um die Bevorzugung, daß er und der Hauptwachtmeister am Fest der Offiziere teilnehmen durften. Er suchte es zu vermeiden, aber Altdörfer hatte das angeordnet, wahrscheinlich, weil er sie als eine Art gehobener Ordonnanzen dabeihaben wollte. Rohrbeck ärgerte sich, daß der Spieß seine Partnerin abküßte, als gehöre er zur Kaste derer mit den silbernen Schulterstücken, die sich bei nichts genieren. Gerade Mitternacht, dachte er, und die Wogen gehen schon ganz schön hoch. Um ein Uhr soll der Holzgaser hiersein, der die Mädchen nach Narbonne zurückbringt. Das wird, wenn das Gewitter vorüber ist, Suchaktionen im Park geben.

Draußen folgte jetzt Schlag auf Schlag. Die Blitze flammten grell gegen die Vorhänge, der Regen rauschte herab.

Rohrbeck ging langsam zum Flügel. »Herr Oberleutnant sollten mal wieder etwas spielen, sonst...«

Ludwig Eiselt blickte den Funkmeister abwesend an, sah überall erhobene Gläser und griff widerwillig in die Tasten.

Auch in dieser Nacht, oder vielleicht gerade in dieser, weil er gezwungen wurde zu spielen, was ihm zuwider war, spürte Eiselt seine innere Zerrissenheit. Die Eltern hatten ihn katholisch erzogen, er aber war frühzeitig hinübergeglitten zum Hakenkreuz, aus den Mythen der alten Welt in den Mythos des zwanzigsten Jahrhunderts. Die Kirche hatte er vergessen, den Glauben aber trug er wie eine ungewisse Drohung in sich, und sie würgte ihn, wenn er an der Orgel saß und aus der Matthäuspassion des Protestanten Johann Sebastian Bach spielte. Seinen Gott hatte Eiselt mit dem Führer vertauscht, aber seit einundvierzig wurde Vergangenes wie Gegenwärtiges immer stärker von Zweifeln umwuchert.

Er wechselte mit geschlossenen Augen die Melodie, versuchte zu überhören, wie Sommerfeld in der Ecke laut die zweite Stimme mit quälender Disharmonie sang. Beifall flackerte, aber Eiselt drehte sich um und lief auf die Terrasse.

Rohrbeck winkte Seehase zu sich. »Sag den Ordonnanzen, sie sollen mit dem Servieren bremsen. Die meisten haben schon genug.«

»Is jemacht, Herr Wachtmeister.« Der Obergefreite eilte zur Küche.

Rohrbeck wandte sich schnell um, als Altdörfer ihm auf die Schulter tippte. »Hören Sie mal: Ich möchte nicht, daß sich einer meiner Herren klammheimlich verdünnisiert, Sternchen besehen und so. Sie verstehen mich?«

»Jawohl, Herr Hauptmann.«

»Dann werden Sie gewiß bemerkt haben, daß Herr Leutnant Thiel seit einer Weile dem Fest nicht mehr beiwohnt?«

Rohrbeck schaute suchend über Tische und Sessel. »Tatsächlich«, sagte er zögernd.

Altdörfers Gesicht war jetzt nahe vor dem des Funkmeisters. Der sah in bläßlichblaue Augen, sah Sommersprossen, registrierte den alkoholischen Atem seines Kommandeurs. »Ich werde mich sofort umsehen, Herr Hauptmann.«

»Rate ich Ihnen auch, mein Bester. Leutnant Thiel soll sich unverzüglich bei mir melden!« Altdörfer winkte ihm leutselig zu, als hätte er ein kleines kameradschaftliches Gespräch mit seinem Untergebenen gehabt, dann schritt er lächelnd zur Führerin aus Narbonne.

Der Funkmeister ging hinaus. Ausgerechnet sein Freund Thiel mußte auffallen. Hatte er sich etwa mit dieser Blonden davongemacht? Die war doch viel zu schade für eine versoffene Nacht. Ein wirklich schönes Mädchen. Er hatte ihr den ganzen Abend auf Schritt und Tritt nachgeschaut.

Rohrbeck fühlte etwas Beklemmendes, nicht recht bestimmbar, ein Unbehagen. Sollte er Thiel in dem wildverwachsenen Park suchen, zwischen abgeblühten Magnolienbäumen, Agaven, Zypressen und Pinien, die wie verkümmerte märkische Kiefern aussahen? Er schüttelte den Kopf und lenkte seine Schritte zum Nebeneingang und dann zum Zimmer des Leutnants. Sein Atem ging schneller. Er klopfte, wartete einen Augenblick, öffnete und hielt verblüfft inne. Thiel saß dem Mädchen gegenüber. Dicke Holzscheite brannten im Kamin, in dessen Gewölbe eine eiserne Platte glänzte, darin eine schlanke Frauengestalt modelliert war; ihr Lächeln bekam Leben, wenn die Flammen aufzuckten.

»Verzeihung, du sollst – Herr Leutnant sollen gleich zu Herrn Hauptmann kommen!«

Thiel lachte verhalten. »Es hat dem Alten wohl keine Ruhe gelassen?«

Der Funkmeister hob die Schultern.

»Darf ich Ihnen meinen Freund Hans Rohrbeck vorstellen? Das ist Martina Baumert.« Sie reichten sich die Hand. »Die junge Dame wünschte frische Luft und gab mir einen gewissen moralischen Zuspruch. Wir sprachen erstaunlicherweise weder über Wetter, Mode noch über Liebe, sondern vom Krieg und wollten gerade zum Endsieg kommen, als es klopfte.« In seinen Augen schimmerte Spott. »Leiste ihr bitte Gesellschaft, solange sie möchte.« Als er sich dem Mädchen zuwandte, sagte er herzlich: »Es tut mir wirklich leid, daß unsere Plauderei so kurz war.« Er küßte ihr die Hand, winkte dem Freund zu und schloß leise die Tür hinter sich.

Überrascht setzte sich der Funkmeister. »Martina Baumert?«

Das Mädchen lächelte. »Wir kennen uns schon eine Weile, Herr Rohrbeck.«

Verdammtes Herzklopfen. »Sie sind also die Verkörperung der Stimme, die ich seit Monaten höre. Wie oft habe ich Sie mir vorgestellt...«

»Sie scheinen enttäuscht?« Es klang nicht spöttisch.

»Wo denken Sie hin, im Gegenteil!« Rohrbeck war noch immer verwirrt. Was für wundervolle Augen sie hatte! Nur die Augen? Zu beneiden der Mann, dem sie gehörte, den sie liebte.

»Wie lange sind Sie schon in Narbonne?« fragte er, um etwas zu sagen.

»Seit die Volksgrenadierdivision aufgestellt wird.«

»Südfrankreich ist schön, nicht wahr?«

Sie nickte. »Das finden die Franzosen auch. Und sie werden es wahrscheinlich noch schöner finden, wenn wir eines Tages nicht mehr hier sind.«

»Ich glaube, Frauen denken mehr an die Gefühle der Betroffenen als wir Männer.«

»Frauen möchten immer helfen.«

»Darf ich fragen, was Sie beruflich getan haben, bevor Sie hierher dienstverpflichtet wurden?«

Sie lächelte über die examinierenden Fragen. »Einjähriges, Arbeitsdienst, dann im Haushalt eines höheren SA-Führers. Zehn Kinder...«

Rohrbeck schob Holzklötze auf die Glut. Langsam züngelte

die Flamme heran, hierhin und dorthin greifend. Wärme kroch aus den Ziegeln, umschmeichelte wohlig Knie und Gesicht.

Stumm betrachtete er das Mädchen von der Seite. Sie schien es nicht zu bemerken. Ihre Augen blieben auch im Widerschein des Feuers dunkel. Ganz klar das Profil. Aus dem weizenfarbenen Haar wuchs in sanftem Bogen eine glatte, leicht gebräunte Stirn, zierlich die Nase. Der Mund eine Winzigkeit herabgezogen, herb, das Kinn weich. Immer wieder mußte er verstohlen dieses Gesicht anschauen, dessen Ausdruck sich im knisternden Licht ständig änderte.

Langsam wandte Martina den Kopf, er fühlte ihre Augen auf sich ruhen. Blickte hinein. Wie ein Traum versanken die Umrisse ihrer angestrahlten Gestalt, nur noch diese tiefgrauen großen Augen waren vor ihm. Unendlich lange, schien ihm. Das Mädchen blickte verträumt in die Glut.

»Ich freue mich sehr, daß wir uns begegnet sind«, sagte sie leise. »Freude ist nicht das richtige Wort. Ich bin glücklich darüber...«

Jetzt müßte ich sie küssen, dachte er. Erstens macht man das so. Zweitens gehört das zu einer solchen Kaminstunde. Und drittens ist sie wahrscheinlich ebenso ausgehungert nach einem schönen Vergessen wie ich. Glücklich ist sie?

Aber Hans Rohrbeck rührte sich nicht, er spürte einen unbekannten Bann und wünschte, die Stunde der Reglosigkeit würde andauern. Perlfarbene Asche ließ die letzten violetten Flämmchen schrumpfen. Mit leisem Singen war der Nachtwind im Kamin.

Ob sie ähnlich empfindet – oder mich für langweilig und einfallslos hält? Rohrbeck zweifelte. Nie wird einem das Denken eines Menschen im letzten erschließbar sein. Sie würde erschrecken, wenn ich ihr erzählte, was nahezu jede Nacht um mich ist, auch jetzt wieder da ist: dieses Bedrohende aus Blut, Eiter und Angst. Die Schreie der Verwundeten im Niemandsland. Oder der fauchende Knall, mit dem der Tod das Rohr verläßt und sich in Äcker und Zellgewebe bohrt. Eine rasselnde Gleiskette, dreißig, vierzig, sechzig Tonnen Stahl darüber. Und immer wieder jenes Bild vom Juli vergangenen Jahres, als sie auf dem Panzer hockten beim Gegenstoß im Kursker Raum mit dem Befehl durchzubrechen ohne Rücksicht auf Verluste. Da kam die Pak im Hohlweg in Sicht. Die deutsche Pak, die einen Volltreffer bekommen hatte. Und sie lagen da. Aber einige lebten noch. Lebten! Der Fahrer nahm das Gas weg. Die Stimme des Kommandanten im Kopfhörer: »Worauf warten Sie?« Da trat er voll drauf... Hör doch auf, Mensch! Zweieinhalb Jahre Rußland haben dich mit der Axt behauen. Es ist nur ein Stumpf von dir übriggeblieben. Hier ist ein Mädchen, das man lieben könnte, nach dem man sich immer gesehnt hat. Der Krieg hat die Worte billig gemacht. Die Stunde ist flüchtig. Hier ist Frankreich. Zweitausend Kilometer von der schwersten Front entfernt, die je ein Krieg sah. Hier schreit jeder nach Genuß, um einen Schutzwall zwischen sich und das Sterben zu legen. Aber es kriecht unaufhaltsam heran. Pfeif auf deine edlen Gefühle! Vom offenen Kamin erwärmt. Hast in deinem Leben noch nie an einem brennenden Kamin gesessen. Lauschige Nacht und Vin blanc im Blut...

In der Mündung des kleinen Flusses Orb ist gestern ein Landser ertrunken, dachte Rohrbeck. Unsichtbare Strömungen. Im Brief des Kompaniechefs wird stehen, er fiel für Führer, Volk und Vaterland... Aber darüber kann man auch nicht mit ihr sprechen.

Er zog das Verdunklungsrollo in die Höhe und öffnete das breite Loggiafenster. Von der Halle des Châteaus klang es wie Scherben, die zusammengefegt werden: »Denn wir fahren, denn wir fahren, denn wir fah-ren gegen En-ge-land.« Der keifende Tenor Altdörfers ging zornig an gegen die Trunkenheit der anderen. Das Zucken fernen Wetterleuchtens glitt über den dunkeladrigen Marmorsims des Kamins und flackerte vom großen Spiegel zurück.

»Dahinten glitzert ein Streifen Meer, blaues Méditerranée«, sagte er unvermittelt in die Stille. »Wenn der Schirokko bläst, ist es anders. Tropische Luftmassen aus der Sahara lösen Sandstürme aus, strömen nach Norden über das blaue Wasser, voll Feuchtigkeit und gebundener Sandpartikelchen. Dann schimmert es überall, geheimnisvolles Rot.«

Martina schwieg, sie hielt die Augen geschlossen.

Ich trage sie jetzt einfach zum Bett meines Freundes Hinrich Thiel und sage ihr, daß ich sie liebe. Es stimmt wohl sogar, aber es hat keinen Platz im Ausgebranntsein. Darf keinen haben. Warum eigentlich nicht?

Mein Herz klopft, und ich glaube, ich liebe ihn, dachte Martina. Es gibt keine Erklärung dafür, keine Frage. Ich kenne nur seine Stimme seit Monaten und fühle, daß ich auf ihn gewartet habe.

Leutnant Thiel ging weisungsgemäß zu seinem Kommandeur, der gerade Eiselt aufforderte, Heinzelmännchens Wachtparade zu spielen. »Herr Hauptmann wünschen mich zu sprechen?«

»Ich wünsche lediglich, Sie zu sehen.«

»Darf ich den besonderen Anlaß erfahren?« fragte Thiel ruhig.

Altdörfer wurde dunkelrot im Gesicht, die Sommersprossen verschwanden fast. »Als Chef der Stabsbatterie haben Sie ständig hier im Raum zu sein und nicht...« Er war laut geworden.

»Und nicht?«

Einige Mädchen wurden aufmerksam. Die Gesichter der in der Nähe sitzenden Offiziere wandten sich ab.

»Ich werde Ihnen noch beibringen, wie man sich benimmt. Verlassen Sie sich drauf!« Er ließ den Leutnant stehen und lief hastig zu seinem Tisch.

Thiel brannte sich eine Gauloise an, atmete tief aus. »Er will offensichtlich noch mal mit der Kommandeuse tanzen«, sagte er zu Eiselt, zwang sich ein Lächeln ab, wollte damit seine Erregung verdecken.

»Die Wachtparade spiele ich nicht ums Verrecken!« sagte Eiselt eigensinnig.

»Dann verjazze von mir aus das Ave Maria deines Landsmanns Franz Schubert.«

»Das ist ebenso schlimm wie eine Beleidigung des Führers«, erwiderte Eiselt ernsthaft.

»Da sei Gott vor! Dann versuche es lieber mit Mendelssohn.« Thiel setzte sein Paradegesicht auf und weidete sich daran, wie der SA-Mann Eiselt mit dem Konzertpianisten Eiselt in Widerspruch geriet.

Schließlich begann er zu spielen: »Wenn die Sonne hinter den Dächern versinkt, bin ich mit meiner Sehnsucht allein...«

»Ich darf dich darauf aufmerksam machen, daß Greta Keller damit berühmt geworden ist. War sie nicht Jüdin?« flüsterte ihm Thiel ins Ohr.

»Willst du deinen Ärger über den Anpfiff an mir auslassen, Hinrich?«

»Ich habe ihn doch gar nicht interessiert. Auf die blonde Maid ist er scharf. Weiß der Kuckuck, wo sie so lange bleibt!« Er richtete sich auf, weil Altdörfer, die Führerin am Arm, bei ihnen stehenblieb.

»Wenn Sie schon keine Lust haben, mir einen persönlichen Wunsch zu erfüllen, dann bitte zum Schluß den zackigsten Marsch, den Sie im Repertoire haben, Eiselt. Die Damen wünschen aufzubrechen.«

»Jawohl, Herr Hauptmann.« Er hob seine Hände über die Tasten, zögerte einen Augenblick, dann hämmerte er im Fortissimo den Badenweiler Marsch – die Fanfare für die Ankunft Hitlers, wo auch immer es sei.

Erstaunte Blicke von allen Seiten: Lästerung oder weihevoller Höhepunkt? Darf man danach tanzen, wo man doch sonst mit erhobenem Arm strammsteht? Aber Eiselt ist alter Kämpfer, sagten sich die Zögernden. Altdörfer setzte sich in Gang, wollte verharmlosen. Der Wein im Blut tat ein übriges. Das Parkett knarrte. Hier und da ein Abschiedskuß beim Lieblingsmarsch des Führers. Altdörfers drohende Blicke scheuchten sogar den Stabszahlmeister und seine Runde hoch. Gengenbach scherte sich nicht darum, er redete tiefsinnig mit Naumann.

Rudolf und die Schwarze waren schon eine Weile nicht mehr in der Halle. Bei der nächsten Drehung stutzte der Kommandeur: An seinem Tisch saß Martina Baumert, als hätte sie während des ganzen Abends dort gesessen.

Eiselt gab mit einemmal die abgehackte Marschmelodie auf und begann Bach zu spielen, den Kopf gesenkt, die Augen geschlossen. Der Rhythmus auf dem Parkett stockte, Gruppen bildeten sich, redeten aufeinander ein. Der Oberleutnant variierte das Thema, spielte, als sei er im Konzertsaal.

Die Kommandeuse nahm ihre Umhängetasche und schritt, etwas zu graziös, davon, um sich Schläfen und Achseln mit Soir de Paris zu betupfen.

Altdörfer ging schnell zum Tisch. »Ich bedaure unendlich, Fräulein Baumert, daß ich den letzten Tanz nicht mit Ihnen genießen durfte.« Galant verneigte er sich vor dem Mädchen.

»Ich war ein wenig draußen. Die Luft hier...«

»Würden Sie mir die Ehre schenken, Sie wiedersehen zu dürfen?«

Ihre Wangen zeichnete eine leichte Röte. »Es wird schwierig sein. Der unregelmäßige Dienst...«

Eiselt klappte geräuschvoll den Flügel zu und verschwand.

»Darf ich Sie morgen anrufen?«

Martina zuckte die Schultern: »Wenn Sie meinen...«

Die Führerin stelzte in den Saal zurück. »Mädels, der Omnibus ist vorgefahren. Ich darf bitten!«

Hans Rohrbeck stand mit steinernem Gesicht neben Leutnant Thiel. Sein Blick war auf Altdörfer und das Mädchen gerichtet.

»Eins zu null für ihn!« flüsterte der Leutnant.

»Glaube nicht.« Der Funkmeister ging zur Seite und blieb abseits vom Omnibus stehen. Mit Hallo wurde dort gerade die kleine Schwarze in Empfang genommen. Sommerfeld sagte etwas und erntete schallendes Gelächter. Mit einemmal fühlte Hans Rohrbeck eine warme Hand in der seinen. Er fuhr herum. Martinas Lippen berührten seinen Mund.

Ein gewollt lautes Räuspern in unmittelbarer Nähe ließ das Mädchen zusammenfahren. Rohrbeck sah in das ungehaltene Gesicht seines Kommandeurs. Die Führerin aus Narbonne lächelte mit Nachsicht und wandte sich zum Omnibus, von Altdörfer gefolgt.

Martinas blondes Haar flatterte, Winken, Zurufe, eine Qualmwolke, der Holzgaser ratterte in die Nacht. Die Leutnante waren schon wieder in der Halle, alle bis auf Eiselt fanden sich erneut ein.

»Ich will Ihnen mal was sagen, Rohrbeck.« Altdörfer stand

vor dem Funkmeister, die Hände in den Seiten. »Ich bedaure zutiefst, daß ich Sie heute dabeisein ließ. Hätte mir denken können, daß Sie aus Ihrer Korporalshaut nicht herauskönnen. Sie haben sich da im Garten benommen wie... wie das Letzte.« Er ging kopfschüttelnd davon, ohne jemand noch eines Blickes zu würdigen.

Rohrbeck wollte den Raum verlassen, aber Oberleutnant Gengenbach holte ihn ostentativ an seinen Tisch.

Die dort in La Vistoule tanzten und tranken, sie alle wähnten, der Krieg habe sie vergessen und ihnen als Ausgleich für unendlich viel Erduldetes den goldenen Westen und den noch goldeneren Süden geschenkt, zumindest für den Rest dieses verpfuschten Ringens. Und sie wiegten sich im Tanz und tranken Vin rosé und Vin blanc, sie probierten jede Traumsorte Champagner und Kognak und Brandy und rannten ihren verlorenen Jahren hinterher.

Obwohl sie fast alle steinalte fronterfahrene Soldaten waren, hatten sie nur unzulängliche Vorstellungen davon, wer über sie verfügte und befahl und wie jeden Augenblick die Gefahr bestand, daß ein noch Mächtigerer sich diesen oder einen anderen Truppenteil unterstellte, um ihn die Kastanien aus dem Feuer holen zu lassen, Kastanien, die in jenen Stunden schon unvorstellbar heiß waren. Es ging nicht um Oberstleutnant Meusel, ihren Regimentskommandeur, nicht einmal um Generalmajor Krusemark, den Kommandeur der Division, die da am Mittelmeer aufgestellt wurde, ausgebildet werden sollte, schippen mußte und schon als fester Bestandteil der Verteidigung Europas galt.

Der Fisch beginnt am Kopf zu stinken, sagt das Sprichwort. Ganz hoch über ihnen thronte auf mehreren Feldherrnhügeln im Raum Paris der Oberbefehlshaber West, Generalfeldmarschall von Rundstedt, Preuße, Aristokrat, Generalstäbler mit Leitbildern wie Moltke und Schlieffen. Prononciertester Vertreter der Blitzkriegsstrategie, starr und dennoch, trotz seiner achtundsechzig Jahre, allen Wünschen Hitlers gefügig wie auch der Kunst des langen Schlafens ergeben, während 58 Divisionen im Westen seine Befehle auszuführen hatten. Das waren etwa 1 650 000 Mann oder ein Sechstel der Gesamtstärke der kämpfenden faschistischen Verbände.

Dem Oberbefehlshaber West unterstanden jedoch nicht die Luftflotte 3, deren Flakbatterien und Fallschirmjägerdivisionen. Darüber verfügte das Oberkommando der Luftwaffe, also Göring unmittelbar. Dem Oberbefehlshaber West unterstanden auch nicht die für die Küstenverteidigung wesentlichen Seestreitkräfte und damit nicht eine einzige der schweren Fernkampfbatterien, ebenso nicht die Marineartillerie. Dieser Oberbefehlshaber West durfte die SS-Panzerdivisionen durch die ihm nur teilunterstellte Panzergruppe West ausbilden lassen, ihre Einsatzbefehle jedoch erhielten sie vom Oberkommando der Wehrmacht. Dem Oberbefehlshaber West war nicht einmal die Möglichkeit des Einspruchs über die Tätigkeit der Organisation Todt gegeben, von der die Festung Europa nach strategischen Gesichtspunkten gezimmert werden sollte. Hier befahl ausschließlich der Rüstungsminister Speer nach eigenem Gutdünken.

Dem Oberbefehlshaber West oblag zwar die Kontrolle über Vichy-Frankreich, nicht aber über den strategisch wichtigeren Norden des Landes; dort verfügte der Militärbefehlshaber in Paris, General von Stülpnagel, der seine Besatzungstruppen nach direkter Absprache mit dem Oberkommando des Heeres einsetzte. Dementsprechend war der höhere SS- und Polizeiführer Oberg im Süden Rundstedt und im Norden Stülpnagel unterstellt. Der Botschafter des Großdeutschen Reiches, Abetz, schaltete und waltete, wie und wo es ihm paßte, und hing ausschließlich an der Leine des Auswärtigen Amtes in der Berliner Wilhelmstraße. Jeder der Überhöhten, von Himmler bis Göring, von Ribbentrop bis Speer, von Keitel bis Dönitz, hatte seine Prätorianer im besetzten Land, ausschließlich mit dem Ziel, die eigene Hausmacht rücksichtslos auszubauen und sich selbst zu bereichern.

Da gab es neben dem Generalfeldmarschall von Rundstedt einen offiziell unterstellten und praktisch doch nicht unterstellten Generalfeldmarschall, den von Goebbels als Garanten des Sieges propagierten Rommel, seit Januar vierundvierzig Oberbefehlshaber der Heeresgruppe B, also der Truppen von den Niederlanden bis zu den Pyrenäen.

Rundstedt und Rommel hatten völlig unterschiedliche Auffassungen von den notwendigen Maßnahmen für den Fall der Invasion. Rundstedt verkündete arrogant, woran er glaubte: Soviel wie irgend möglich kommen lassen, dann Trompetenstoß und in offener Feldschlacht auslöschen. Rommel zehrte – obwohl als militärisches Idol hochgespielt – von unguten Erfahrungen im afrikanischen Sand, genauer gesagt, von seiner Niederlage gegen Montgomery, und war dafür, jeden fremden Ankömmling noch im Wasser, an der Küste, auf dem Strand zu vernichten. Rundstedt wollte die Panzerreserven aus der Tiefe des Raumes geschlossen an den gelandeten Gegner heranführen, Rommel sagte voraus, daß die Panzer infolge der westalliierten Luftüberlegenheit nie nach vorn kommen würden, sofern sie nicht im vordersten Küstenbereich stünden.

Der Panzergruppenkommandeur Geyr von Schweppenburg glaubte, daß nur mit unabhängigen Panzerverbänden die Invasoren wieder ins Meer geworfen werden könnten.

Die Apologeten des einen oder des anderen Marschalls klatschten der Vorbereitung ihrer eigenen Beerdigung Beifall. Denn die Würfel, die über das Bevorstehende zu entscheiden hatten, waren längst gefallen. Und zwar ganz woanders. Jeder Angriff, jede begrenzte oder weiträumig angelegte Offensive der Roten Armee im Winter dreiundvierzig/vierundvierzig zog sofort Divisionen aus Westeuropa ab, die an die Flickstellen der immer erneut zerrissenen Ostfront geworfen werden mußten. Da diese Front wie ein Magnet wirkte, war Hitler nicht mehr in der Lage, im Westen eine sichere Verteidigung aufzubauen. Der Ausgang der Invasion war entschieden, ehe sie begonnen hatte.

Als der Oberleutnant Gengenbach während der Weihnachtstage noch in der Ukraine kämpfte, wurde dort der faschistischen Verteidigung in Frankreich bereits das Rückgrat zerknickt, wurde dort der Traum ausgeträumt, man könnte durch Truppenballungen am Atlantik und am Mittelmeer eine Invasion verhindern oder erfolgreich abwehren. Zwischen Auftrag und Möglichkeit klaffte ein unlösbarer Widerspruch, der alle sieghaften Erwartungen von vornherein aufhob.

In der Halle von La Vistoule ging das Fest weiter, eigentlich begann es erst. Stabszahlmeister Sommerfeld lag bäuchlings und führte die Kunst des Kraulschwimmens vor. Die Leutnante traktierten sich mit Ex-Trinken und tanzten allein auf dem nun vom weiblichen Geschlecht verlassenen Parkett, von allem losgelöst und ohne Ziel.

Doch die Ziele derer, die über ihnen thronten? Rundstedt wollte mit dem Sieg über die Westalliierten die unumstößliche Verbundenheit mit seinem Führer manifestieren und beweisen, daß alle politischen Probleme mit Waffengewalt zu lösen seien. Rommel wollte mit der unversehrten deutschen Front in Frankreich über ein politisches Tauschobjekt des deutschen Imperialismus verfügen, das sich für einen Marsch nach Osten bei garantierter westlicher Rückenfreiheit anbieten ließ.

An der Küste vor La Vistoule glaubte man die Gefahr einer Invasion wieder für einen Tag gebannt. Der Mond war jetzt viel zu hell, und die Nachtgläser registrierten nichts Verdächtiges auf der Wasserfläche zwischen Europa und Afrika.

ZWEITES KAPITEL

»Warum wollen Sie eigentlich nicht Offizier werden?« Major Pfeiler, Kommandeur einer schweren Heeresartillerieabteilung, sah den Unteroffizier Wolf Baumert von der Seite an.

Der Kübelwagen machte wieder schnellere Fahrt, nachdem Benouville passiert war, die breite baumlose Ebene vor ihnen lag und am Horizont die Türme der beiden Schwesterkirchen von Caen auftauchten, Abbaye aux Hommes und Abbaye aux Dames.

»Bisher hat mich niemand dazu aufgefordert. Im Osten nicht und hier nicht, bevor Herr Major die Abteilung übernahmen.« Baumert zuckte die Schultern.

»Machen Sie mal halblang!« Pfeiler schienen die Worte zu fehlen.

»Außerdem wußte ich nicht, ob ich dafür in Betracht komme.«

Der Obergefreite Bernreiter mit den stechend grünen Augen trat jetzt das Gaspedal voll durch. Ihn reizte die glatte Asphaltstraße, und er traute dem Frieden in der Luft nicht. Hier war immer mit Jabos zu rechnen, die blitzschnell aus der Sonne herabstießen oder unvermutet über die Hecken sprangen, meist in ihrer Geschwindigkeit unterschätzt, mit den Kanonen auf alles feuernd, was sich bewegte. Deutsche Jäger waren weder in solchen Augenblicken noch bei anderen Gelegenheiten zu sehen.

»Haben doch Kampferfahrung. Bewährt an der Ostfront. Dekoriert. EK eins, Menschenskind! Wollen Sie noch mehr Voraussetzungen für einen KOB-Lehrgang?« Pfeiler schüttelte den Kopf, als wäre damit die Angelegenheit für ihn entschieden.

Unteroffizier Baumert blickte nach vorn auf das flimmernde Band der Straße. Das volle dunkelblonde Haar quoll an beiden Seiten unter dem Rand seines Krätzchens hervor. Er begann zu grübeln: Neben Bernreiter sitzt dieser Blättermann, hochmütig, überheblich. Hat sich im Dezember dreiundvierzig bei Radomyschl das EK eins und die Tressen geholt, als sein Batteriechef mit einer Handvoll Männern zu den Roten überlief und er den Rest der Beobachtungsstaffel aus dem Kessel schleuste. Jetzt wartet er auf seine Kommandierung zum Reserveoffizierslehrgang. Mit dem zusammen? Er hat einen zynischen grausamen Mund. Einer von jenen, mit denen mich nichts verbindet. Aber es bleibt mir ja gar nichts anderes übrig, als ja zu sagen.

Drüben kommt schon die Vorstadt von Caen in Sicht. Faubourg de Vaucelles, wie die Franzosen sagen, mit den Brücken über die Orne und den Canal de Caen. Fast neunhundert Jahre alt, die beiden Kirchen. War interessant, sie zu besichtigen. Typischer Stil der normannischen Klöster, oder besser Abteien. Streng, fast abweisend. In der Abbaye aux Hommes, Saint Étienne, ist Wilhelm der Eroberer begraben. War eine Quälerei in der Schule, als wir lernen mußten, wie William the Conqueror, der »Bastard«, tausendsechsundsechzig von der Mündung der Dives aus nach Südengland startete. In der Schlacht bei Hastings schlug er König Harold, unterwarf die Insel und ließ sich als Wilhelm I. auf den englischen Thron setzen. Wie man das Gelernte doch behalten hat. Warte mal: Er hatte zwölfhundert Mann und etwa zweihundert Pferde auf seinen normannischen Drachenbooten. Wohl mehr Nußschalen als Schiffe im modernen Sinne. Und über Südengland hätten sich Lichterscheinungen gezeigt, die später als der Halleysche Komet gedeutet wurden. Heute würden vor einer Invasion Christbäume niederschweben, von den Pfadfindern für die Bomber gesetzt.

Ich glaube, Pfeiler hat noch keine Inspektionsfahrt zu Feuerstellungen und Beobachtungsbunkern durchgeführt, ohne einige Leute vom Stab mitzunehmen. Unterwegs bespricht er mit ihnen Dienstliches, verteilt Aufträge und macht sich dadurch das Leben bequem. Es wäre zum Beispiel seine Aufgabe, die Geheimsachen an sich zu nehmen. Für heute hatte er sich offenbar vorgenommen, mein Einverständnis zur Teilnahme an einem KOB-Lehrgang zu hören. Ich weiß eigentlich wenig von ihm. Im Osten war er Kommandeur der schweren Abteilung im gleichen Regiment wie Blättermann und Bernreiter. Soll dann, nachdem die Division zerschlagen war, für kurze Zeit eine Heeresartillerieabteilung geführt haben, die zum Teufel ging. Dabei hat er sich einen geringfügigen Streifschuß eingehandelt und landete hier im Westen bei unserem Haufen. Schon seit langem mit der Beförderung überfällig. Ziemlich massige Figur, Gesicht wie ein Sperber, der jeden Moment bereit ist zuzuhacken. Ob so etwas auch Familie hat? Dann wahrscheinlich »gnä' Frau« und so.

Ringsum weite Getreidefelder, über denen schon erster gelber Schimmer steht. Auffällig anders als die übliche Normandielandschaft. Der Bocage. Was für schöne ehrwürdige Patrizierhäuser mit reichen Schnitzereien im seeluftgebräunten Holz hier in Caen. Hauptstadt des Departements Calvados. Gar nicht so klein. Schätze mindestens sechzigtausend Einwohner. Hier wird das Eisenerz der Umgebung verhüttet und auch verschifft. Hafen, Flugplatz, fächerförmig ablaufende Straßen, ein Verkehrsknotenpunkt.

Wolf Baumert hatte früher davon geträumt, Kunstgeschichte zu studieren, das von Menschen geformte Schöne und Überdauernde kennenzulernen und weiterzugeben, oder die Technische Hochschule zu besuchen und Architekt zu werden, um selbst Bauten zu entwerfen. Aber es blieben Träume, da seine Eltern ein Studium nie hätten bezahlen können. Und der Krieg hatte sogar durch die Träume einen Strich gemacht. Der Vater gefallen, die Mutter kränklich, seine Schwester Martina ebenfalls einberufen. Nun mußte Pfeiler ihn auffordern, Offizier zu werden, wo er gegen diesen Krieg war, der die Menschen ebenso zerstörte wie ihre Kunstwerke.

Vor der Feldkommandantur 723 hielt der Wagen. Pfeiler ging hinein.

»Na, hat der Alte dich geschafft ohne viel Federlesens? Baumert mit silbernen Schulterstücken!« Blättermanns Mund war zynisch wie immer.

»Was heißt geschafft? Solange mein durchschossener Oberschenkel noch nicht intakt war...«

»Hat dir immerhin den Druckposten als Ia-Schreiber eingebracht.«

»Darauf scheiß ich.«

»Kann jeder sagen«, mischte sich Bernreiter ein. »Ich wünschte, ich hätte so eine feine Klaue wie du. Dann brächten mich bis zum Schluß des Krieges keine zehn Pferde dort weg.« Er bot Zigaretten an. Sie rauchten schweigend und blickten in den uniformierten Trubel des Sonntagvormittags. Nur sechzehn Kilometer bis zur Küste, und dennoch finsterste Etappe mit allem, was gut und teuer war. Hier machte niemand Sonntagsdienst. Der Kommandeur kam zurück und setzte sich behäbig zurecht. Bernreiter startete.

Baumert rückte noch mehr zur Seite. Scheint recht aufgeräumt, der Major Pfeiler. Was er wohl in dem verschnürten Päckchen mitbekommen hat? Sicher etwas Auserwähltes für diesen unersättlichen Gourmand. Schlecht zu bestimmen, wie alt er ist. Typischer Reaktivierter, vermag den unsichtbaren Zaun zum aktiven Offizier nicht zu überspringen. Das macht sein Gesicht noch lederner, seine Forderungen an Untergebene immer härter und weniger erfüllbar und sein Auftreten unnachgiebig.

Sie drehten jetzt nach Norden und fuhren auf Nebenstraßen an die Küste. Unterwegs tiefgestaffelte Ausweichstellungen. Je näher sie dem kleinen Ort Lion-sur-Mer kamen, ein paar Kilometer westlich des eleganten Badestrandes von Ouistreham, desto häufiger wurden die Stützpunkte mit ihren Verteidigungsanlagen: schräg in die Erde gerammte Pfähle gegen Luftlandeoperationen, Minengürtel, Stacheldrahtverhaue, Eisenzäune, spanische Reiter. Im Wasser Igel aus Stahlträgern, Hindernisse mit montierten Tellerminen oder schweren Granaten gegen Amphibienfahrzeuge, Landungsboote und sonstige Angreifer, die da möglicherweise eines Tages von den Britischen Inseln kommen konnten.

Major Pfeiler besichtigte die Hauptbeobachtungsstelle seiner Batterie, die hier, etwas abgesetzt vom Westteil Lions, nach beiden Richtungen Sicht hatte und das Feuer unmittelbar flankierend auf den Strand leiten konnte, wenn es am Tag X ernst wurde. Die Bewohner fast alle evakuiert, der Strand für Zivile gesperrt, Einlaß in die Küstenzone nur mit Sonderpassierschein.

Den Gefechtsstand bildeten zwei geräumige, durch ein Zwischenstück verbundene Betonbunker: ein Unterkunftsraum mit schmalen Schlafpritschen, Tisch und Hockern, gleichzeitig Fernsprechvermittlung, und auf der anderen Seite der Kampfstand mit Scherenfernrohr und Sehschlitzen sowie leichtem Maschinengewehr und Schießscharten. Über dem Vermittlungskasten brannte eine starke Birne, blendete. Im Kampfstand herrschte

Halbdunkel. Jenseits des Betons lohte der aufsteigende Atlantiksommer.

Nichts vermochte Pfeiler zufriedenzustellen.

Baumert hatte weisungsgemäß die Geheimunterlagen und Funkschlüssel überprüft, einige überholte Stücke und die geheime Kommandosache mit den Koordinaten aller Stellungen an sich genommen. Dann setzte er sich am Rand des Minenfeldes in den gelben warmen Sand, blickte versonnen über die graugrüne Wasserfläche des Kanals. Hundertachtzig Kilometer Luftlinie bis zur englischen Südküste. Weit hinaus glitzerte die Sonne, sprang auf unruhigen Wellen und gelegentlichen Brechern hin und her, verlor sich, lange bevor der Himmel am Horizont ins Wasser tauchte.

Irgendwo dahinter liegt Newhaven, dachte er. Achtzig Kilometer westlich davon Portsmouth. Sicherlich gespickt mit Schlachtschiffen, Kreuzern und Minengürteln. Davor die schwerbefestigte Isle of Wight, hervorragende Deckung auch für Southampton. Was mag sich da drüben wohl zusammenbrauen? Wieso eigentlich dort? Ausgerechnet gegen die Calvadosküste? Wenn sie kommen, werden sie die vierzig Kilometer von Dover nach Calais überspringen. Bei Dieppe, zwischen Seinemündung und Calais, haben sie es doch schon einmal probiert. Hier aber, über die große Wasserfläche, die widersinnig Kanal heißt?

Es ging dem Unteroffizier Baumert ähnlich wie den Männern in La Vistoule, obwohl tausenddreihundert Kilometer sie trennten. Er wußte, daß seine Heeresartillerieabteilung im Raum der 716. Division eingesetzt war, die ihren Gefechtsstand westlich Caen beim Flugplatz Carpiquet hatte. Er wußte, daß diese Division zur 7. Armee gehörte und rechts an die 711. Division der 15. Armee anschloß. Er wußte nicht, daß Rommel im Schloß von La Roche Guyon residierte, daß der müde Generaloberst Dollmann als Befehlshaber der 7. Armee sich in Le Mans die Zeit vertrieb, während sein Kollege von der 15., Generaloberst von Salmuth, in Rouen dem Skatspiel frönte.

Baumert erkannte durchaus den Einfallsreichtum Rommels an: Genial die künstlich angelegten Sümpfe und Seen zwischen Orne und Dives, eine Verteidigungslandschaft, die zum Massengrab für fremde Fallschirmspringer werden konnte. Fatal jedoch der Zwang zur Improvisation aus Materialmangel. Baumert wurde sich klar darüber, daß zumindest an den meisten ihm bekannten Abschnitten der Atlantikfront das Wehrpotential unter einer umfassenden Pleite litt. Fast alle seine Kameraden sagten, sie hätten »die Schnauze gestrichen voll« und sehnten das Ende des Krieges herbei, mit Ausnahme von Blättermann vielleicht.

Die Einheiten der schweren Artillerieabteilung wie die der bodenständigen, also unbeweglichen Küstendivision waren in keiner Weise modernen Kampfhandlungen gewachsen, weil sie in jeder Hinsicht unter dem Durchschnitt lagen. Daran änderten auch die wenigen Elitedivisionen im Hinterland nichts, die gelegentlich in Befehlen erwähnt wurden. Der Verschleiß an Menschen und Moral, an Waffen und Material war eine kriegsentscheidende Tatsache geworden.

Von Rundstedts 58 Divisionen war nicht nur Baumerts 716., sondern waren insgesamt 34 Divisionen unbeweglich und zur Verteidigung nur theoretisch geeignet. Für den Fall eines Großangriffs konnten sie sich bereits jetzt als vernichtet betrachten. Jedes Infanterieregiment hatte ein Bataillon, jede Division 3 320 Planstellen weniger als früher. Die Panzerverbände sollten über 1 800 Kampfwagen insgesamt verfügen, sie hatten bisher nur 1 050.

Bis Oktober dreiundvierzig wurden 31 Infanterie- und 16 Panzer- oder motorisierte Divisionen aus Frankreich zur Ostfront abgezogen und durch Trümmerhaufen mit Nummern ersetzt; bis April vierundvierzig traten weitere 23 Divisionen den gleichen Weg an, Kennzeichen für die Härte der Kämpfe an der sowjetischen Front, die präparierte Siegeschance der Westalliierten und die unabwendbare Niederlage des deutschen Imperialismus. Auch Goebbels' heisere Proklamation des totalen Kriegs im Berliner Sportpalast vermochte nicht die dringenden Anforderungen der Fronten mit der geschwächten Rüstungsindustrie in Übereinstimmung zu bringen.

Was wäre, wenn der alte Wüstenfuchs Rommel plötzlich hier auftauchte, mit schneidigem Blick, die Autobrille auf der steilen Mütze und die Alltagsausführung des Marschallstabs in der

Hand? dachte Baumert. Könnte er die Mannschaften hochreißen zu Stolz und Siegeszuversicht? Zwischen den numerierten Widerstandsnestern würden dennoch drei, vier, manchmal fünf Kilometer Niemandsland klaffen, in dem sich weder Soldaten noch Hindernisse noch Minen oder gar automatische Waffen befanden. Auch Rommel konnte nichts daran ändern, daß die Divisionsabschnitte riesig breit waren und eine leichte Haubitzenbatterie zwölf bis zwanzig Kilometer Hauptkampflinie decken sollte.

Hier gab es keine personellen und keine materiellen Reserven, im Gegensatz zu den alliierten Sturmtruppen, die während dieser Stunden in ihre Konzentrationsräume bei den englischen Häfen verlegt wurden und Kampfaufträge erhielten, die sie bereits ungezählte Male und sogar im scharfen Schuß geübt hatten. Diese alliierten Soldaten aber, ihre Ausrüstung, militärische Verfassung und ihr operatives Vermögen wurden von Hitlers Generalität seit Jahren ebenso falsch eingeschätzt wie die politische Situation.

Seine militärische Umgebung vermochte Baumert in bestimmtem Umkreis zu überschauen und manchen Schluß daraus abzuleiten, größere politische Zusammenhänge und Entwicklungen kannte er jedoch kaum. Woher sollte er wissen, daß ein großer Teil der NS-Machthaber eiskalt kalkulierte: Der Krieg ist nicht mehr zu gewinnen, also ziehe man ihn in die Länge, koste er Opfer, soviel er wolle. Irgendwann werden die anderen des Treibens müde oder zerstreiten sich, dann wird der Weizen blühen, so oder so, am besten in einer westlichen Koalition gegen die Sowjetunion. Wer hier vorn in Lion-sur-Mer ahnte etwas von der Grundkonzeption der Gruppierung Himmler, Göring, Speer: Weg mit Hitler, aber alle Kraft dem Faschismus ohne ihn!

Was ist, wenn sie hier kommen, ausgerechnet bei uns angreifen? Diese Frage erfüllte Baumert mit Unruhe, aber er wußte keine Antwort darauf und gähnte, daß die Backenknochen knackten. Wer versuchte an der Küste wohl nicht mit seltsamsten geistigen Bocksprüngen zu ergründen, wann und wo der Angriff auf Hitlers Festung Europa vonstatten gehen würde?

»He, Wolf, mach hin!«

Eine widerliche Stimme hatte dieser Blättermann. Baumert klopfte sich den Dünensand von den Hosen und ging leicht hinkend zu dem Geländewagen. Pfeiler stand mit dem Batteriechef, einem ältlichen Hauptmann namens Müller, unter einem engmaschigen Tarnnetz und gab Anweisungen. Der Hauptmann nahm fortwährend die Hacken zusammen, schien aber beim Klingeln der Spornräder jedesmal leicht zu erschrecken. Einmal raffte er sich auf und widersprach, daß hier natürlich nicht die gleichen günstigen Voraussetzungen wie in Ouistreham gegeben wären.

Der Kommandeur fragte ihn, was er sich bei dieser Äußerung eigentlich gedacht habe, murmelte etwas von »unqualifiziert« und »Ablösung« und ließ ihn stehen.

Der Batteriechef Müller registrierte diesen 28. Mai 1944 als einen besonders bösartigen Sonntag und sah, die Hand an der Mütze, dem eckig durch die Minenfelder staksenden Major nach. Starrte immer noch, als der Wagen sich in einer gelben Staubwolke auf dem holprigen Feldweg entfernte.

Das Städtchen Ouistreham liegt an der Mündung des Canal de Caen. Gleichmäßig schön zieht sich nach Nordwesten der weiße Strand von Riva Bella über Lion, Luc, St. Aubin und verliert sich dann nach Courseulles hinüber. Viertausend Menschen lebten vor dem Krieg in Ouistreham. Während der Sommersaison schwoll die Zahl durch die Sonnensuchenden auf zwanzigtausend an. Jetzt waren vielleicht noch vierhundert zurückgeblieben, die anderen ausgewiesen, evakuiert, ins Hinterland gegangen, gejagt von der Vorstellung, daß sich eines Tages hier die Hölle auftun und es dann zu spät sein könnte, wenngleich dieses Zuspät der Beginn der neuen Freiheit wäre.

Die Hafenbefestigungen lagen zwischen den Wohnhäusern: Feldhaubitzen, Maschinengewehrnester, Flakstellungen, Werfer, leichte Unterstände, Grabensysteme. Die großkalibrigen Batterien bei Le Havre reichten nach Westen mit ihrem Feuerschutz bis vor das Ornedelta. Gelegentlich zog ein Torpedoboot, aus der Seinemündung kommend, über die flache Bucht, verschwand aber gewöhnlich wieder sehr schnell. Bewaffnete Fischerboote, die deutsche Kriegsmarine in diesem Teil des Kanals repräsentierend, schienen nur deswegen ab und an aufzutauchen, um den Beobachtern am Scherenfernrohr eine Abwechslung im Einerlei des Alltags zu bieten. Die meisten der eleganten Strandvillen standen leer und verfielen allmählich. Einige dienten der Unterbringung von Stäben, Posten, Fernsprechzentralen und Funkstellen. Bevorzugt waren luxuriös eingerichtete mittlere Hotels, deren Eigentümer oder Chefs der Bequemlichkeit halber mitgemietet wurden. Überall wimmelten Bautrupps der Organisation Todt, gossen Zementbettungen, fügten Betonwände in Häuserfassaden, legten Schußfelder für Kanonen frei, bauten Bunker für Maschinengewehre, Vermittlungen, Befehlsstände und Horchposten. Pioniere zogen unentwirrbare Stacheldrahthindernisse, verminten sie mit Spring- und Tellerminen, verminten Strand und Dünen. Überall wuchsen Warnschilder mit dem grinsenden Totenkopf: Achtung Minen!

Bernreiter kurvte den Wagen hinter ein pompöses Haus mit Blick über den gesamten Strand. Hier waren Teile des vorgeschobenen Gefechtsstandes der Heeresartillerieabteilung zu friedensmäßigen Bedingungen untergebracht. Pfeiler hatte den feudalen Geschmack russischer Gutsbesitzer und deutscher Standortkommandanten an die Kanalküste transportiert. Sein Hauptgefechtsstand lag in Benouville, ein paar Kilometer südostwärts der mittleren Feuerstellung, auf jeden Fall in sicherem Abstand von den Bedrohlichkeiten einer möglichen alliierten Invasion.

Der Major hatte eine Villa für sich beschlagnahmt und wünschte dem Krieg unter diesen Umständen eine lange Dauer. Je reicher er die Zimmer mit Gegenständen aus anderen verlassenen Häusern drapierte, desto eindringlicher wurden seine vaterländischen Sprüche über Preußentum und vorbildliche soldatische Bescheidenheit.

Den vorgeschobenen Gefechtsstand stattete er mit hoher Verteidigungskraft aus, indem er Fotos von großkalibrigen Kanonen des Atlantikwalls, von Befestigungsanlagen sowie Porträts von hochdekorierten Kampffliegern und U-Boot-Kommandanten an

33

die Betonwände kleben ließ. Ansonsten betrachtete er die Bunkergruppe jedoch als eine Art selten benutzter guter Stube.

Pfeilers Strandvilla war in das Verteidigungssystem nicht einbezogen. Viele andere Villen waren das sehr wohl, sie liehen der Organisation des 1942 mit dem Flugzeug abgestürzten Ministers Todt ihre Fassade und verbargen dahinter den Tod in Form von Geschützen, Granaten und Flammenwerfern. Die Organisation Todt baute, wo sie wollte, nur nicht dort, wo die Truppe es für erforderlich hielt. Und der höhere Pionierführer ließ Minen legen, wo er wollte, nur nicht dort, wo die Truppe es für zweckmäßig erachtete.

Die Unteroffiziere traten weg. Major Pfeiler beeilte sich, zu seinem Burschen, dem Obergefreiten Novotny, zu gelangen, der auch heute wieder leckere Häppchen zusammengebrutzelt hatte. Novotnys Feigheit war sprichwörtlich, obwohl hier noch kein einziger scharfer Schuß gefallen war. Zischten irgendwann ein paar Flakgranaten gegen allzu freche Tiefflieger oder ließ ein Vierling seine Leuchtspurgeschosse wirbeln, dann war Novotny aschgrau vor Angst und zitterte so, daß Teller und Gabeln klirrten. Er kompensierte das mit Unterwürfigkeit gegenüber seinem Kommandeur, stahl für ihn alles Eßbare, nur um seinen Posten zu halten und nicht in eine Batterie zu müssen.

Baumert ging zur Schreibstube. Er traf den hochgewachsenen Wachtmeister Lindemann und begrüßte ihn herzlich. Der Gefreite Meißner hatte die dicken Nudeln mit einem Teller zugedeckt. Sie waren dennoch nur lauwarm und schmeckten talgig.

Nach dem Essen ordnete Baumert die Geheimsachen, die er von der B-Stelle mitgebracht hatte, auf dem Schreibtisch und registrierte sie sorgfältig in der Kladde. Oberleutnant Klasen, der Adjutant, wollte einige Ergänzungen darauf vornehmen.

Baumert war nicht bei der Sache, sein Blick erfaßte nicht die Geheimstempel; Koordinatenzahlen von Geschützstellungen und Beobachtungsbunkern lösten sich auf, Funkschlüssel und Munitionsausstattungen wurden unwesentlich – was kümmerte ihn das? Schon über eine Woche keine Post von Martina. Wie es ihr gehen mochte? Sehnsucht nach der Schwester überkam ihn. Sie hatte Vaters Tod im vergangenen Jahr noch immer nicht verwunden. Machte nun Dienst irgendwo in Südfrankreich, inmitten von Landsern, die jedes Mädel als Freiwild betrachteten. Besonders Typen wie Pfeiler. Und niemand konnte sie schützen.

Der Unteroffizier nahm einen Block aus dem Schubfach und begann einen Brief. Das Bein, schrieb er, mache erhebliche Fortschritte, bald werde er nicht mehr humpeln müssen. Außerdem habe er den Schreibstubendienst satt und sehne sich nach frischer Luft und richtigen Kumpeln. Aber es komme sicherlich wieder ganz anders, weil sein Chef ihm dringend nahegelegt habe, Kriegsoffiziersbewerber zu werden. Das bedeute, wieder auf der Schulbank zu landen und zu büffeln: Taktik, Schießverfahren, Richtkreisübungen, Funken, Reiten, Gebrauch der Gasmaske und Schußgeschwindigkeit des MG 42. Immerhin würde er nach bestandener Prüfung in absehbarer Zeit befördert und als Offizier erheblich mehr Geld verdienen. Dann könnte er Mutter anders als bisher unterstützen, und sie brauchte nicht Tag und Nacht zu schuften, wo es ihr gesundheitlich...aber...

»Wo ist der Kommandeur?« Der Adjutant, Oberleutnant Klasen, kam in die Schreibstube.

Baumert stand auf. »Ist sofort in seine Wohnung gegangen, Herr Oberleutnant.«

Klasen nahm einige der Geheimsachen in die Hand, blickte flüchtig darüber hin.

Draußen fuhr der Kradmelder vor. Baumert sprang zum offenen Fenster. »Warten, Bünger! Mußt noch was mitnehmen!«

Der Adjutant war schon an der Tür. »Wenn der Major kommt, sagen Sie mir sofort Bescheid.«

»Jawohl, Herr Oberleutnant.« Dann setzte sich Baumert wieder, um den Brief an Martina zu beenden. Dazu gehörte selbstverständlich ein Schuß Optimismus, damit die Kümmelspalter von der Feldpostkontrolle ihre Freude hatten: Wir stehen hier auf Wacht für Großdeutschland. Mögen Amis oder Tommys nur wagen zu kommen, es wird uns ein Vergnügen sein, sie zu empfangen! In brüderlicher Liebe Dein Wolf.

Der Gefreite Bünger trat an den Tisch, griff nach der dort liegenden letzten Nummer der Frontillustrierten und vertiefte sich darein.

Baumert kam noch ein Gedanke. PS: Und paß gut auf Dich auf, Martina, traue niemandem, bevor ich nicht mein Urteil über ihn abgegeben habe. Nicht lachen, ganz ernst gemeint! Die Bogen gefaltet, Umschlag, Feldpostnummer, Absender. Reichlich dicker Brief geworden. Wird sie sich freuen. »Hier, Zigarette, Brief wird heute noch bei der Feldpost abgegeben, Bünger.« Dann verschloß er die Geheimunterlagen in der großen Stahlkassette.

Die geheime Kommandosache mit den Koordinaten der Feuerstellungen, B-Stellen, vorgeschobenen Beobachter sowie aller Kampfstände der Infanterieverbände war nicht dabei.

Ihr Verlust im Frontbereich konnte die Todesstrafe bedeuten.

DRITTES KAPITEL

Jawohl, Herr General, ich werde dem Herrn Militärbefehlshaber die Grüße des Herrn Generals ausrichten.«
In der Hörmuschel schrillte die Antwort.
»Danke gehorsamst, Herr General.«
Hauptmann Hasso von Grapenthin, Adjutant des Regimentskommandeurs Oberstleutnant Meusel, legte den Hörer auf den Fernsprechapparat zurück und ging an die Wandkarte, auf der Fähnchen die Stellungen der einzelnen Verbände des Artillerieregiments und der Einheiten der Marineküstenartillerie markierten. Seine Augen glitten die Strandlinie entlang von der spanischen Grenze über Port Vendres, Collioure, Perpignan; dann kam der lange ebene Sandbogen bis nach Port-la Nouvelle, wo der fast zweitausend Jahre alte runde Römerturm mitten im seichten Wasser stand. Danach Narbonne, Sitz des Divisionsstabes von Generalmajor Karlfriedrich Krusemark, bei dem sich Grapenthin soeben für eine dreitägige Dienstreise nach Paris abgemeldet hatte.

Von Narbonne nach Coursan führte eine nahezu linealgerade Chaussee, zweimal durch meterdicke Panzersperren mit schmalen Durchlässen unterbrochen. Sperren, die weder im Ernstfall noch jetzt etwas taugten – Grapenthin dachte an den Ärger, der ihm vergangene Woche entstanden war: In Perpignan hatte er mit Meusel hervorragend gegessen in einem privaten Etablissement, dessen Anschrift samt einem geheimnisvollen Stichwort ihnen Krusemark anvertraut hatte. Anschließend, wahrscheinlich wegen der hochsommerlichen Hitze, ergab sich ein erheblicher Alkoholkonsum, wobei Cheffahrer und Kradmelder kräftig mittranken. Als sie aufbrachen, schwankte der Gefreite Grabia wie ein Rohr im Wind, und es blieb Grapenthin nichts übrig, als sich selbst ans Lenkrad zu setzen, um den Kommandeur heil nach Hause zu bringen. Die beiden Mannschaftsdienstgrade hatten Befehl, mit der Solo-BMW dem Fahrzeug zu folgen. Das ging gut bis Narbonne. Auf einmal war das schwere Krad im Mondschein mit mindestens hundertdreißig Sachen vorbeigezischt. An der Panzersperre vor Coursan sahen sie den Haufen

Schrott. Rechtwinklig gegen die Mauer geknallt. Grabia war kaum noch zu erkennen. Schmittseder mit Schädel- und Gliederbrüchen im Lazarett, fraglich, ob er durchkommen würde. Peinliche Geschichte. Krusemark hatte die Angelegenheit nach seiner Manier ins reine gebracht, indem er den obligatorischen Tatbericht im Papierkorb verschwinden ließ. »Fand in vorbildlicher Ausübung seines Dienstes und treuer Pflichterfüllung den Heldentod.«

»Und so weiter und so weiter«, murmelte Grapenthin und lächelte darüber, daß er bei dieser gewiß traurigen, aber passenden Gelegenheit den hervorragenden Cheffahrer des darob wutschnaubenden Hauptmanns Altdörfer zum Regimentsstab versetzt hatte. Er dehnte sich. Eine wuchtige große Gestalt, dazu auffällig starke Backenknochen und ein breiter Mund. Seine betont lässigen Bewegungen und die sehr gemessene Sprechweise ließen ihn über dreißig erscheinen, obwohl er Ende April gerade sechsundzwanzig geworden war.

In einem hochfeudalen Internat in Bautzen hatte er 1935 das Abitur gemacht. Der Arbeitsdienst wurde ihm erlassen, damit er sein Jurastudium absolvieren konnte; bei der Wehrmacht kurzer Einsatz in Afrika und ein paar Tage im Osten. Auf Grund hervorragender Beziehungen seines Vaters wurde er schließlich Anfang des Jahres zum Stab des Wehrmachtsbefehlshabers Frankreich, General von Stülpnagel, versetzt. Dort geriet er schnell in Kreise einer geheimnisvollen Verschwörung und wurde nach mehreren Seiten fieberhaft tätig.

Grapenthin zog die Kammgarnbluse glatt, ging zu seinem Kommandeur und meldete, daß die Stellungsbauten am linken Flügel des Regiments erheblich langsamer voranschritten als vorgesehen. Es komme nicht genügend Zement heran. Sonst gebe es nichts Neues. Morgen früh werde er weisungsgemäß mit Leutnant Thiel von der II. Abteilung nach Paris fahren.

Grapenthins flache Stirn unter dem flachsblonden Haar war jetzt leicht in Falten gelegt, die Adlernase sprang kräftig vor.

Oberstleutnant Meusel nickte abwesend, grübelte. Im gesamten Abschnitt bisher kaum betonierte Anlagen. Ein paar eingebaute Pak-Stände, hier und da fertig gegossene Einmannbunker, das war alles. Ansonsten nur offene Feldstellungen wie im Osten. Aufgeworfene Sandwälle für die Geschütze, Munitionsstapel in den Weinfeldern. Erdbunker in den Wänden von Hohlwegen, kaum ein paar Bohlen oder Kanthölzer dafür. Seit Februar war das Bild ziemlich unverändert. Die Einheiten wurden inzwischen mit sehr jungem Nachschub einigermaßen aufgefüllt. »Die Division steht«, behauptete Krusemark. Kein Vergleich jedoch mit der alten Elitedivision vom Juni einundvierzig, die war an der Ostfront im Herbst vergangenen Jahres zerschlagen worden. Nunmehr zeigte sich alles ein paar Nummern kleiner, kümmerlicher.

Die Divisionen hier unten, wie die an der Atlantikküste, hatten im Durchschnitt dreitausend Rekruten, der Rest ältere Jahrgänge und bis vierzig Prozent Fehlbestand. Dazu schwache Materialausstattung. Die Hälfte besaß so gut wie keine Transportmittel und wurde damit automatisch bodenständig.

Trotz des schönen Stückchens Erde zwischen Südcévennen und Pyrenäen war das Unbehagen, das sich bei Meusel nach Orel im Juli dreiundvierzig eingestellt hatte, kaum geringer geworden. Nicht wegen seiner Verwundung, sondern wegen jenes Befehls, den er als Abteilungskommandeur damals an seine Batterien gegeben hatte: Fertigmachen zum Nahkampf! Eine, die sechste, hätte aus einer besseren Position möglicherweise hinhaltenden Widerstand leisten und sich dann sogar absetzen können, wenn er dem Vorschlag ihres Chefs gefolgt wäre, die Geschütze vom Vorderhang wegzunehmen. Lediglich eine Handvoll Männer kam davon. Aber auch das war nicht der eigentliche Grund für Meusels Unbehagen. »Wir bleiben ebenfalls!« hatte er dem Batteriechef als letztes durch den Fernsprecher zugerufen und war dann mit dem Stab geflüchtet, ohne einen einzigen Schuß gegen die ungestüm angreifenden Russen abgefeuert zu haben...

»Ich wünsche Ihnen ein paar erholsame Stunden, Grapenthin. Sie werden sicherlich den einen oder anderen Ihrer früheren Kameraden wiedersehen.« Es klang gequält, weil Meusel mit seinen Gedanken an dem damaligen Geschehen festhing.

Über Grapenthins frisches Gesicht, das aussah, als hätte es noch nie eine Rasierklinge nötig gehabt, zog ein feines Rot.

»Gehorsamsten Dank, Herr Oberstleutnant. Ich weiß nicht, ob die Zeit ausreicht. Ein Teil meiner Freunde ist wahrscheinlich inzwischen ebenfalls zur Fronttruppe versetzt worden.«

»Und achten Sie mir auf den Thiel. Bei so jungen Offizieren weiß man nie...« Meusel reichte ihm die Hand.

»Herr Oberstleutnant können sich auf mich verlassen.« Hauptmann Hasso Freiherr von Grapenthin deutete eine leichte Verbeugung an.

Ich muß mit diesem Orel-Komplex fertig werden, sonst leiste ich nicht mehr als Krusemark, dachte der Regimentskommandeur, aber da hilft nur eine Tat.

Der D-Zug stürmte nach Norden, fast tausend Kilometer waren zu bewältigen. Im Osten keimte zartes Licht. Die Luft im Abteil erster Klasse war vom vielen Rauchen stickig. In gut einer Stunde würden sie in Paris sein.

Thiel öffnete die Augen, blinzelte und fand langsam in die Wirklichkeit zurück. Paris – er hätte sich nie träumen lassen, jemals in seinem Leben in diese Stadt zu kommen. Oberstleutnant Meusel hatte verfügt, daß immer zwei seiner Herren für je drei Tage einen als Dienstreise deklarierten Ausflug in die Hauptstadt machten, als kleinen Ersatz für den gesperrten Urlaub, wie er wohlwollend bemerkte. Und nun war er dran. Ausgerechnet zusammen mit diesem Grapenthin, zu dem er überhaupt keinen Kontakt fand. Auf sie warteten sogar Zimmer, die für General Krusemark reserviert waren, der plötzlich umdisponieren mußte und nun darum gebeten hatte, ihm einiges von der Heereskleiderkasse mitzubringen.

Der Leutnant stand auf und reckte sich. Sein Blick fiel in den Spiegel des Coupés. Sind beide nicht sonderlich frisch, dachte er und sah auf den schlafenden Hauptmann, der die Reitstiefel ungeniert auf das Polster gelegt hatte. Beachtlich immerhin, was dieser Grapenthin während der langen Nachtstunden alles zum besten gegeben hatte. Er schätzte den Krieg als verloren ein und hielt die militärische Führung, besonders den Führer und Obersten Befehlshaber der Wehrmacht, für nicht fähig, Deutschland zum Sieg zu verhelfen. Strategisch gibt es nur eines – Waffenstillstand und Separatfrieden mit den Westmächten. Tor aufmachen. Mögen sie Deutschland vor den Roten besetzen. Aber dann mit allen verfügbaren Kräften gegen den Bolschewismus, das ist die historische Funktion des Großdeutschen Reiches und nichts anderes...

Es war wie ein Mosaik, nie Klartext, immer mit Sicherungsschleusen und Symbolbildern, dennoch unmißverständlich. Und abschließend hatte Grapenthin gesagt: »Na, Thiel, sind Sie etwa auch noch ein Vollblutendsieger? Oder haben Sie Ihren gesunden Menschenverstand schon mal auf das Naheliegende orientiert?«

Natürlich sprachen wir unter vier Augen, beruhigte sich Thiel, natürlich habe ich mich sehr zurückhaltend ausgedrückt. Wenn einer mitgehört hat, kostet es mich trotzdem den Hals, weil ich nicht sofort Meldung gemacht habe. Ob er mir nur auf den Zahn fühlen wollte, um mich später reinzulegen? Es klang alles echt. Manchmal sprach er mit einer Leidenschaft, die ich diesem glatten blauäugigen Blaublütler nie zugetraut hätte. Warum hat er mir das alles erzählt? Leichtsinn? Muß er nicht fürchten, daß ich darüber mit Freunden reden könnte? Es ist schwer, in den Begriffen derer zu denken, die ein gewaltiges Vermögen und damit ein Stück Macht hinter sich wissen. Da gibt es trotz silberner Kragenspiegel gar keine Vergleichbarkeit mit einem Habenichts, wie ich's bin: per Ochsentour im Dezember zweiundvierzig Leutnant geworden, in einem halben Jahr also Oberleutnant, wenn mir niemand in die Suppe spuckt. Meine Herkunft paßt manchem nicht, der über Personalien und Karrieren der Führung wacht.

Reichlich hell draußen. Jetzt eine Kette russischer Schlachtflieger, und der Zug wäre an der Endstation. Sieht übrigens schon nach Vororten aus.

Der Leutnant stieß Grapenthin leicht an. »Herr Hauptmann müssen sich noch schönmachen. Es ist gleich soweit.«

Noch fünf Minuten bis Paris, Gare du Nord. Thiel hatte sich die Abbildungen in Griebens Reiseführer durch Paris genau eingeprägt und bestaunte nun die Wirklichkeit. Der hochgereckte Eisenfinger Eiffelturm. Am Montmartre die weiße, weithin leuchtende Kirche Sacré-Cœur. Die wuchtigen Doppeltürme von Notre-Dame, achthundert Jahre alt. Der berühmte Obelisk auf der Place de la Concorde. Und über dem Grabmal des unbekannten Soldaten aus dem ersten Weltkrieg der berühmte kastenförmige Triumphbogen. Dôme des Invalides mit seiner Spitzkuppel. Andere ragende Sakralbauten, Kulturdenkmäler...

Le Lido – das ist auch so eine Geschichte, wie sie nur im Krieg vorkommt, überlegte Thiel. Aber ich tu Gengenbach selbstverständlich den Gefallen und suche dort ein Fräulein Denise Darnand auf. Eine Tänzerin, in die er verliebt ist. War mir kaum vorstellbar, Gengenbach erschien mir immer wie jenseits von Gut und Böse, bis er einmal von seinem sechswöchigen Genesungsaufenthalt am Rand von Paris erzählte....

Langsam fuhr der Zug in die finstere Halle des Nordbahnhofs ein. Es war kurz nach sechs Uhr doppelter Sommerzeit. Die seidige Helligkeit über der Stadt ließ strahlend schönes Wetter wie an allen Tagen vor diesem 29. Mai erwarten.

»Man wird am Hotelempfang indigniert sein, wenn anstelle des angekündigten Generals mit Begleiter nur zwei Begleiter kommen.«

»Sie meinen wegen der bestellten First-class-Zimmer? Das lassen Sie meine Sorge sein«, sagte Grapenthin kühl.

Eine Viertelstunde später traten sie in die Halle des Grand Hôtel. Der Hauptmann schien hier bekannt, sprach ein paar Worte in fließendem Französisch mit dem Concierge und ging sofort auf das für General Krusemark reservierte Zimmer.

Leutnant Thiel hielt den Atem an. Der marmorne, teppichgedämpfte, spiegelglitzernde Luxus beunruhigte ihn. Sein Leben, ehe er Soldat wurde, war von der Schlichtheit des Elternhauses bestimmt, und daran hatte der Besuch der höheren Schule nichts geändert. Der Versicherungspalast in der Behrenstraße in Berlin bot den Angestellten nur kahle Säle, ins Allerheiligste war Thiel während seiner Lehrzeit nie vorgedrungen. Der Polenfeldzug ließ ihn nicht über zerschossene Bauernkaten hinausblicken. In Frankreich landete er zunächst in einer Zuavenkaserne. Und Rußland? Zerstörte Mittelstädte, selbstgebastelte Bunker oder hastig ausgehobene Deckungslöcher, zweieinhalb Jahre lang. La

Vistoule war bereits traumhaft für ihn. Aber dieses Grand Hôtel hier?

Dabei sollte das Ambassadeur noch eleganter sein! Alles für Menschen bestimmt – aber für Menschen anderer Herkunft, dachte der Leutnant, setzte sich auf das breite Bett, federte übermütig und schwor, daß, würde er einmal heiraten, nur ein französisches Bett in Betracht käme ohne Trennung durch Matratzenkästen und Holzwände.

Die Tür wurde geöffnet.

»Sie sind ja noch nicht fertig, Mann Gottes!« sagte Grapenthin. »Wir wollen sehen, daß wir unsere dienstlichen Obliegenheiten heute erledigen können.«

»Sofort, Herr Hauptmann!« Thiel eilte ins Badezimmer und ließ sich kaltes Wasser über Gesicht und Hände laufen.

»Haben Sie inzwischen über unser nächtliches Gespräch nachgedacht?« Grapenthin zündete sich eine Zigarette an.

Da ist es wieder, das Bedrohliche, dachte der Leutnant. Ich kann zwar nicht behaupten, daß ich uns in diesem Krieg noch große Chancen einräume – aber darüber sprechen? Noch dazu mit einem politisch mir nahezu Unbekannten? Er rettete sein Gesicht in das Schmeicheln des Frottierhandtuchs, doch die Frage ließ sich nicht verdrängen.

»Überschlagen Sie sich nur nicht. Wir werden heute nacht vielleicht noch einmal darüber plaudern.«

Sie gingen als erstes zur Kommandantur in der Nähe der Oper. Anschließend die Champs-Élysées hinunter, vorbei an Restaurants, Tischen und Stühlen auf den Gehsteigen. Taxis und Autobusse gab es nicht mehr.

Heereskleiderkasse. Gabardine für Herrn Generals Blusen. Futter aus Hamsterfell in den Wintermantel und Biber auf den Kragen. Und vier Paar beste Wildlederhandschuhe sowie verchromte Tanzsporen ohne Rädchen.

In einer schmalen Nebenstraße am Montmartre entdeckte Thiel an einer Hauswand die Reste eines noch gut lesbaren Plakates vom Frühjahr vierzig: »Wir werden siegen, weil wir die Stärkeren sind!« Am 13. Juni hatte die Besatzung von Paris, am 22. Juni die gesamte französische Armee kapituliert. Seither wehte die Hakenkreuzfahne über den dreieinhalb Millionen Einwohnern. Im Moulin Rouge sangen Abend für Abend Yves Montand und Edith Piaf, aber überall standen Menschen in langen Schlangen nach ein paar Pfund Kartoffeln an, starrten verbittert auf die Lebensmittelkarten, deren lächerliche Grammrationen nicht einmal für Kleinkinder ausreichten. Zwanzig Francs gleich eine Reichsmark, damit wurde ausgesogen und ausgeplündert. In der Beauce und in der Normandie konnte man ein wenig hamstern und schätzte sich glücklich, gemessen an den Bewohnern von Marseille, die nur Blumen im Hinterland hatten. Der Durchschnittsbürger las tagsüber L'Œuvre, die Zeitung von Marcel Déat, einem der Hauptkollaborateure, und versuchte abends durch das monotone Wimmern der Störsender einen Satz von BBC London zu erhaschen.

Im Juni einundvierzig senkte sich mit dem Überfall auf die Sowjetunion eine unerhörte moralische Belastung herab, in der Skala des Möglichen schlug der Zeiger von Tag zu Tag mehr in Richtung Verzweifeln aus. Seit Stalingrad jedoch hinter der Front lag, immer weiter am Horizont verschwand und der Kurs des östlichen Verbündeten beständig West hieß, wuchsen Hoffnung und Kühnheit. Die Organisierung der künftigen Freiheit wurde kraftvoll.

Thiel hielt beim Gang durch die Stadt Augen und Ohren offen und machte sich seine Gedanken über manches, was er sah und hörte. Am Abend trat Grapenthin wieder lautlos ins Zimmer und brachte einen Hauch vom Prickelnden, Flimmernden des nächtlichen und total verdunkelten Paris mit. Hinrich Thiel ließ eine Patrone in die Kammer seiner Pistole gleiten und war damit ausgehfertig.

Zielsicher ging der Hauptmann die breite Avenue hinauf bis zur Opéra de Paris, überquerte dort den Fahrdamm und bog rechts in eine kurze Seitenstraße ein. Thiel trottete neben ihm her, stolperte gelegentlich. Kunststück, dachte er, Grapenthin hat hier fast ein halbes Jahr Dienst gemacht, muß ja bestens Bescheid wissen. Bin gespannt, in was für einen Schuppen er mich führen wird. Le Doge, das klingt südlich. Hat mit Venedig zu tun.

Hinter der Tür eine schmale Lichtschleuse. Dann ein hypermodern eingerichteter ovaler Raum mit viel Stahl und Chrom. Kellner im Frack mit Schleife. Vornehmes Zivil neben Ausgehuniformen. Ritterkreuze blinkten gegen Perlenketten. Eine exotisch gekleidete Kapelle intonierte Südamerikanisches. Damen mit tiefen Ausschnitten lehnten sich an Hemdbrüste, an Kammgarnblusen mit Verwundetenabzeichen und Nahkampfspangen.

Grapenthin drehte sich ungeduldig nach dem sichtlich faszinierten Leutnant um, winkte und ging, ohne zurückzublicken, eine freitragende Treppe hinauf in die obere Etage. Hier war das Licht noch gedämpfter, man brauchte Sekunden, sich zurechtzufinden.

Ein Befrackter wies auf einen Tisch für vier Personen und fügte mit Lässigkeit hinzu, er werde unverzüglich zwei reizende Damen herbitten. Der Hauptmann winkte ebenso lässig ab und schritt in die entgegengesetzte Ecke, wo sich am letzten Tisch ein Herr in dunkelgrauem Anzug erhob.

»Tag, mein lieber Hasso. Pünktlich wie die erste Welle Lancaster-Bomber über der Deutschen Bucht.« Er schüttelte Grapenthin mit betonter Freude die Hand.

»Ich sagte dir bereits am Telefon, daß ich einen meiner neuen Kameraden mitbringen werde. Herr Thiel aus Berlin. Zur Zeit französische Riviera zu Trainingszwecken.«

»Sehr erfreut. Dörnberg.«

Thiel dachte an Kasinovorschriften und wurde eckig. Er versuchte zu ergründen, welchen Dienstgrad, welche Dienststellung der Unbekannte haben könnte. »Es ist mir eine Ehre«, sagte er förmlich.

»Ich bitte, mein Lieber.«

Sie nahmen Platz. Der Zivilist drehte zwei bereitstehende sehr flache Sektschalen um und goß ein, das Tuch um den Hals der Flasche gelegt, korrekt wie ein erfahrener Barkeeper. Man trank nach leichtem Zuneigen.

Thiel blickte den Fremden verstohlen an. Dieser Dörnberg war schön wie ein Filmstar, der gewohnt ist, unwiderstehliche Helden darzustellen: groß, schwarzhaarig, mit strahlenden Augen und einem weichen, nahezu mädchenhaften Mund. Die

45

Stimme leise und liebenswürdig mit einer charmanten, ins Hochdeutsche gebrachten Wiener Aussprache.

Die beiden redeten jetzt von früheren Begebenheiten, nannten viele Namen, blieben in oft unverständlichen Andeutungen. Der Leutnant hörte mit halbem Ohr zu und beobachtete die Tanzfläche, um etwas vom Fluidum dieser Stadt zu spüren und die vielgerühmten Pariserinnen zu betrachten.

»Die paar Monate werden auch vergehen. Dann habe ich alle Voraussetzungen für die nächste Beförderung beisammen«, resümierte Grapenthin gerade.

Aha, sieh mal an, sagte sich Thiel, bei einer Neuaufstellung ein bißchen Regimentsadjutant spielen, das ist »Aufenthalt bei der kämpfenden Truppe«. Führergehilfe muß man gewesen sein, um Stabsoffizier zu werden. Wie schön, Beziehungen zu haben!

Das Gespräch versickerte. Der Leutnant hatte den Eindruck, daß die beiden sich allein unterhalten wollten. »Ich sehe mich mal in dem Etablissement um, wenn Sie gestatten, Herr Hauptmann.«

»Wir sind doch hier nicht im Dienst«, sagte Grapenthin und nickte dem sich leicht verneigenden Thiel wohlwollend zu. Der schlenderte zur Tanzfläche.

»Ein breitschultriger Bursche. Macht einen guten Eindruck, Hasso.«

»Ich kann ihn noch nicht recht beurteilen. Auf jeden Fall ist er nicht auf den Hinterkopf gefallen. War übrigens in der Olympiamannschaft. Durch seine Dienststellung könnte er für den Auftrag geeignet sein.«

»Du hast es bereits telefonisch angedeutet. Aber rekapitulieren wir das Ganze doch noch einmal«, meinte Dörnberg. »Wir haben damals veranlaßt, daß du in Krusemarks Division versetzt wurdest, damit du dem General etwas auf die Finger schauen kannst – er hat nach unserer Meinung allzu gute Verbindungen in die verschiedensten höheren Bereiche. Herausgekommen ist bisher kaum etwas, mit Ausnahme deiner *Frontbewährung*.« Es klang ein winziger Spott bei der Feststellung mit.

»Als Regimentsadjutant bin ich viel zu sehr vom Divisionsstab separiert, Kurt. Hatte mir das anders vorgestellt.«

»Richtig. Und die Stellen im engeren Kreis um Krusemark sind besetzt, die Leute von ihm selbst ausgesucht, so daß wir zur Zeit dort niemand einbauen können.« Dörnberg blickte einmal schnell in die Runde. Die Nebentische waren leer.

»Inzwischen habe ich eruiert«, fuhr Grapenthin fort, »daß der General mit dem Kommandeur der zweiten Abteilung, Altdörfer, eng befreundet ist. Hier sehe ich einen Ansatzpunkt.«

»Altdörfer?« Dörnberg dachte einen Augenblick nach, machte dann eine Handbewegung, als wollte er etwas wegwischen.

»Thiel kann als Stabsbatteriechef mühelos alle Ferngespräche Altdörfers überwachen. Warum sollte sich dabei nicht einiges entschlüsseln lassen?«

»Ich werde den Leutnant unverzüglich politisch ausloten lassen, kleine Tiefenprüfung. Bist du sicher, daß er mitmachen würde?«

Grapenthin lächelte. »Ich glaube, er kann gar nicht anders. Habe schon vorgearbeitet. Eine kleine Daumenschraube...«

Nun lächelten beide wissend.

»Da ist er wieder.«

Thiel hatte soeben eine aufgeputzte junge Dame, mit der er getanzt hatte, zum Platz gebracht und kam nun langsam zum Tisch zurück.

Dörnberg hob ihm das blitzende Glas entgegen. »Auf Ihren ersten Tanz in Paris.« Sie tranken. »Herr von Grapenthin hatte gerade eine glänzende Einschätzung Ihrer soldatischen Fähigkeiten gegeben. À la bonheur!«

»Ich verstehe nicht ganz.«

»Da gibt's auch nichts zu verstehen. Es war rein kameradschaftlich.« Dörnbergs Lächeln wurde breit. Seine Hände schlossen sich langsam um den Stiel der Sektschale.

Thiel starrte gebannt darauf. Ihm wurde gegenwärtig, wie sich einmal im Nahkampf zwei lehmverschmierte Hände um seinen Hals gekrallt hatten. Die Todesangst verlieh jedem Riesenkräfte. Aber der andere war stärker. Er spürte es deutlich. Der Einschlag einer schweren Granate in unmittelbarer Nähe schleuderte sie auseinander. Als der Qualm sich verzogen hatte, konnte er seinen Gegner nirgendwo entdecken. Aber eine unerklärbare

Angst war in ihm hochgekrochen, wie eine Warnung vor Unerwartetem, Schrecklichem. Und jetzt kam sie wieder, diese Angst...

Thiel fuhr sicn mit dem Taschentuch unter den schweißnassen Kragen. Die Rumbarasseln schepperten.

Dann sprachen die beiden von der Verteidigungsbereitschaft an der Kanalküste, von Überflutungen und U-Boot-Bunkern, und Thiel begann sich zu langweilen.

Der Besuch in der Bar Le Doge hatte den Leutnant weniger anfällig für Pariser Anfechtungen und Überraschungen gemacht. Jetzt war er nahezu enttäuscht, im Lido auf den Champs-Élysées anstelle eines Varietés im Stil des Berliner Wintergartens oder der Scala ein relativ kleines Restaurant vorzufinden mit einer ebenso kleinen, fast improvisierten Bühne und sehr intimer Beleuchtung. Er bekam einen Platz nahe der Rampe, bestellte eine Flasche Sauternes und sah sich um. Das also ist das Lido, von dem behauptet wird, wer hier einmal auftritt, dem stehen sämtliche Varietés der Welt offen. Diese Maßstäbe dürften im Krieg nicht unbedingt gelten.

Thiel hatte nachmittags Grapenthin mitgeteilt, daß er im Lido einer Bekannten Gengenbachs Grüße übermitteln wollte. Er war leicht erstaunt, als der Hauptmann nach dem Namen der Dame fragte und nach kurzem Nachdenken erklärte, er werde, etwa gegen dreiundzwanzig Uhr, ebenfalls dort erscheinen. Bis dahin habe er Unaufschiebbares zu erledigen, unter anderem dem Militärbefehlshaber die Empfehlungen des Generals Karlfriedrich Krusemark zu übermitteln. Thiel nahm sich Zeit zum Nachdenken. Wahrscheinlich würde Grapenthin erneut mit diesem geheimnisvollen Dörnberg zusammenhocken und unter vier Augen ohne Verschlüsselung reden. Wo gehörte Dörnberg hin? Warum war sein Auftreten so sicher?

Morgen, am letzten Maitag, ging bereits wieder der Zug zurück nach Narbonne. Schade.

Der Leutnant war gespannt, ob er Mademoiselle Darnand nach der Beschreibung Gengenbachs erkennen würde. Zunächst trat ein Illusionist auf, zeigte Kartenkunststücke, zauberte Blumensträuße aus Zylindern und Jackentaschen. Applaus. Die Musik wechselte in stimmungsvolles Moll. Es folgte eine Hundenummer. Dann ein Kraftakt, Melville & Co.: ein Ursustyp ließ eine Schöne in glitzerndem Trikot unter scheinbarer Aufhebung aller Gesetze der Schwerkraft durch die Luft fliegen. Der Applaus wurde aufgebessert durch Würfe mit gefüllten Zigarettenschachteln, mit einzelnen Gauloise, Attika, Eckstein, Lasso, Gitanes, die der Athlet sorgfältig vom Bühnenboden aufsammelte.

Dann wirbelte ein kleines Ballett ausgesucht hübscher Mädchen über die Bretter. Ein Schleiertanz, der alles entschleierte, die anwesenden Franzosen ungerührt und die Herren der drei Wehrmachtsteile und der SS die Nüstern blähen ließ.

Eine von den zwölf muß Denise sein, sofern sie heute überhaupt auftritt, aber welche? fragte sich Thiel. Die Gesichter geben keinerlei Aufschluß. Maskenstarres Lächeln, Augenzwinkern, unverblümte Blicke. Leben kostet Geld, man muß die Zeit überstehen, heil, wenn möglich, werden viele denken. Manche wagen, etwas für die Abkürzung dieses für sie unerfreulichen Zustands zu tun.

Die westlichen Alliierten standen immer noch Gewehr bei Fuß auf den Britischen Inseln und begnügten sich damit, deutsche Städte und Rüstungspotentiale auszuradieren.

Die Besetzung von Algier und Casablanca im November zweiundvierzig durch die Amerikaner brachte die Alliierten näher an Europa heran. Der Rest jener einst als unzerbrechlich erklärten Achse Berlin–Rom–Tokio wurde mit der Landung in Mittelitalien zerstört, der Duce war faktisch Gauleiter der Lombardei von Hitlers Gnaden. Nach dem Abfall der Urfaschisten zeichnete sich auch im sonnigen Süden der Anfang vom Ende ab. Das war Thiel klar, seitdem er in Frankreich war.

In diesen Gesichtern auf der Bühne ist weit mehr Ablehnung und Haß als Erinnerung an Kissen und zerwühlte Betten, in die sich nackte Leiber schmiegen, während Uniformstücke unordentlich über dem Stuhl hängen, weil die Gier keine Zeit ließ, preußisch exakt zu sein, dachte der Leutnant.

Die Beine fliegen, das winzige Silberdreieck dazwischen flimmert. Die Schleier sind nunmehr in den Händen, wirbeln, verheißenden Fahnen gleich. Einziges Bekleidungsstück der flirrende funkelnde Punkt. Und immer wieder das Starre, Eiskalte der Maskengesichter. Wie oft mögen sie so ausgesehen haben, diese vielleicht, andere, irgendwelche, wenn mitten in der Umarmung die Pistole knallte und am nächsten Tag irgendwo eine Vermißtenmeldung geschrieben werden mußte?

Beifall brandete. Die Beleuchtung wurde einen Schein heller. Verneigen. Die Schleier hüllten wieder ein. Zigaretten flogen. Papiergeld. Vorhang. Der Herr im Frack goß mit Grandezza nach: In der nun folgenden Pause könnte man auch speisen, mit und ohne Marken – natürlich ein gewisser Unterschied im Preis...

Thiel fragte nach den Räumen hinter der Bühne. Der Oberkellner lächelte kaum merklich, wies unauffällig den Weg zu einer dicklichen Garderobiere.

»Ah, Mademoiselle Darnand? Un moment, s'il vous plaît.«

Die Mädchen standen in Mäntel gehüllt um eine Schüssel voll Pellkartoffeln, hastig essend. Künstlerverpflegung gemäß Verfügung der Besatzungsmacht.

»Denise!« rief die Frau und musterte Thiel unverhohlen.

Eine löste sich aus dem Knäuel von erhitztem Atem, nackter Geschmeidigkeit und säuerlichem Schweißgeruch: schlank wie alle, lockeres kastanienfarbenes Haar. Ein Madonnengesicht mit kühlen grauen Augen.

»Der Herr Offizier wünscht dich zu sprechen.«

»Monsieur? Es ist mir eine Ehre...«

Mechanisch, wie auswendig gelernt, im Verkehrston höflicher Absage.

Der Leutnant trat zur Seite, wollte ohne Zeugen sein. »Verzeihung, ich heiße Thiel. Sprechen Sie Deutsch? Mein Französisch, wissen Sie...«

Das Mädchen nickte. »Ein wenig.« Die Stimme eine Winzigkeit rauchig, tief.

»Ich komme von Oberleutnant Gengenbach.« Ihre Augen waren plötzlich anders, gespannt, anteilnehmend, persönlicher. Gengenbach und dieses Mädchen – schwer vorstellbar. Das Schwierigste war jedenfalls geschafft. »Ich soll Ihnen sehr herzliche Grüße ausrichten.«

»Wie geht es ihm? Wo ist er jetzt?«

Routinefragen, oder verbarg sich mehr dahinter? Wo er jetzt war? Das grenzte bereits an Preisgabe militärischer Geheimnisse.

Die Alte fuhr dazwischen: »Attention! Attention!« Dann ein Schwall von Sätzen, die offenbar Fertigmachen zum nächsten Auftritt befahlen.

»Kann ich Sie nach der Vorstellung noch sprechen, Monsieur?«

»Aber selbstverständlich. Wann und wo?«

Das Mädchen sagte, es werde ein Viertel nach elf am Bühneneingang sein, dann lief alles durcheinander, Arme, Knie, Hüften, Brüste streiften den Leutnant, als er in den Saal zurückging.

Die Musiker entlockten ihren Instrumenten spanische Glut. Fandango. Ein Equilibrist. Applaus. Monique et Pierre. Würden auch nicht mehr lange auftreten, das Alter sprengte die Glätte des Puders bereits nach wenigen Minuten.

Hasso von Grapenthin war mit einemmal da, goß sich sofort ein Glas Wein ein und stürzte es hinunter. Sein Gesicht wirkte im Widerschein des Scheinwerferlichts blaß. »Na, die Dame gefunden?«

Thiel nickte und schaute auf Denise. Cancan. Die Beine fliegen. Kleine Vogelschreie. Alles glatt einstudiert. Denise ist eine von jenen mit gefrorenem Gesicht und sehr wachen Augen. Jetzt hat sie bereits das drittemal hierhergeschaut. Mein Gott, ist das eine schöne Frau! Wie alt? Anfang Zwanzig?

»Welche ist es denn?«

Grapenthins Mund muß ganz dicht an meinem Ohr sein. Wieso wehrt sich eigentlich etwas in mir, ihm Denise zu zeigen? Vielleicht findet er sie selbst, weil sie jetzt wieder hersieht? Als die Lido-Girls sich verneigten, sagte der Leutnant: »Wie bitte? Ich habe Sie nicht verstanden, Herr Hauptmann.«

»Welche von ihnen Gengenbachs Bekannte ist!« Grapenthins Lippen lagen aufeinander, breit und geschwungen. Sein Blick war spöttisch.

»Moment mal.« Thiel wandte sich wieder der Bühne zu. »Schade, jetzt ist sie schon verschwunden.«

»Mir reicht's für heute. Wollen wir gehen?«

»Verzeihung, Herr Hauptmann, aber ich habe dem Mädchen gesagt...«

»Wenn Sie sich etwas davon versprechen? Ich habe nichts dagegen. Mir ist sie bestens bekannt... Ich meine, mir ist der Umgang mit solchen Damen bestens bekannt.«

Thiel fühlte sich erleichtert, es ging einfacher, als er gedacht hatte, wenngleich etwas Warnendes zurückblieb. Grapenthin bestellte noch eine Flasche und wünschte dann die Rechnung für alles.

Woher hat er eigentlich so viel Francs, daß er mich schon zum zweitenmal einladen kann, wunderte sich der Leutnant.

Eine komische Nummer mit groben Pointen in deutscher Sprache entfesselte Lachstürme bei den Uniformierten. Man schlug sich auf die Schenkel.

»Mit dem gestrigen Abend zufrieden?«

Da schwang wieder jenes Gefährliche im Unterton, unergründlich und tückisch wie Hochmoor, fragwürdig wie Stoßtruppunternehmen zur gewaltsamen Aufklärung eines bis an die Zähne bewaffneten Gegners.

»Doch, sehr interessant. Wer ist eigentlich dieser Herr Dörnberg?«

»Ein guter Freund von mir. Bei einer halbzivilen Dienststelle hier in Paris tätig. Wir werden zu Hause noch darüber sprechen. Besonders über Sie.«

Irgendwer mußte den Hauptmann in Spannung versetzt haben. Er wirkte unkonzentriert und gereizt, verabschiedete sich ohne Übergang. »Spätestens eine Minute vor Abgang des Zuges. Und trennen Sie sich keinen Augenblick von Ihrer Knarre.«

Denise nahm ihr Kopftuch ab, das sie auf dem Gang durch das nächtliche Paris ohne Koketterie, wie eine bretonische Bäuerin getragen hatte. »Verstehen Sie mich bitte nicht falsch, aber die vielen Militärstreifen in der Stadt... Woanders würden wir kaum ungestört sprechen können.«

Während sie auf einem Spirituskocher Teewasser erhitzte, schaute sich Hinrich Thiel unauffällig um. Ein Bett, Tisch,

Stühle und Schrank, eine Kochnische. An der Wand eine farbige Reproduktion, Segelschiff auf haushohen Wogen. Unter dem Verdunklungsrollo ein Blumenständer mit rankenden Pflanzen.

»Trennen Sie sich keinen Augenblick von Ihrer Knarre!« – diese Warnung sollte man durchaus nicht in den Wind schlagen. Der Leutnant schnallte das Koppel ab und legte es auf den Stuhl neben sich.

»Herr Gengenbach ist ein guter Mensch.«

Thiel nickte. »Pfundskamerad.«

»Aber immer so ernst. War zweimal in der Vorstellung und hat mich nach Hause begleitet. Gelegentlich gingen wir im Bois de Boulogne spazieren.«

Da können wir uns ja nach meiner Rückkehr über das schmucke Zimmer der Ballettratte Denise unterhalten, dachte Thiel verstimmt. Zum Bois de Boulogne reicht die Zeit nicht mehr. Innerhalb von wenigen Tagen bereits das zweite platonische Tête-à-tête. »Schön gemütlich haben Sie es hier. Und englischer Tee! Habe ich schon lange nicht getrunken.«

Jetzt schienen ihre grauen Augen zu lächeln. »Gerhard Gengenbach hat mich hier nicht besucht.«

Dann werdet ihr in einer Absteige gelandet sein, dachte er grob und wunderte sich darüber: Eifersüchtig auf Gengenbach?

»Er ist wie ein Bruder.«

Klosterbruder, hätte Thiel am liebsten gesagt, aber er beherrschte sich. Das kannte man: So hieß es, wenn keiner was davon wissen sollte. Aber ihr Gesicht paßte dazu ebensowenig wie das der deutschen Nachrichtenhelferin Martina Baumert, als sie mit in sein Zimmer kam. »Die Zeiten sind anders geworden. Man nimmt es nicht mehr so genau.« Er versuchte auszuweichen.

»Darf ich Sie etwas fragen?«

Jetzt wird sie gewiß mehr von Gengenbach wissen wollen. An mir soll es nicht liegen. Ist ein prima Kerl. Jammerschade, daß zwischen euch beiden etwas ist. »Aber selbstverständlich.«

»Kennen Sie Ihren Kameraden schon länger?«

»Er kam verwundet vom Osten, wurde meines Wissens hier in Paris Oberleutnant und ist nun bei uns Batteriechef.«

Denise schüttelte den Kopf. »Ich meine den Herrn, mit dem Sie heute im Lido waren, Hauptmann von Grapenthin.«

»Hat der Sie auch nach Hause begleitet?« entfuhr es Thiel.

»Ich kenne ihn schon lange. Er war oft im Lido. Gehörte zum Stab des Wehrmachtsbefehlshabers.«

»Das weiß ich«, sagte Thiel ratlos. »Er ist sehr behilflich.«

Mit ruhigen Bewegungen goß sie Tee nach. »Behilflich? Eher das Gegenteil.« Es war ohne Betonung gesagt, Abstand wahrend.

»Ich kenne den Hauptmann erst kurze Zeit.«

»Sie waren gestern abend im Doge mit ihm?«

Thiel wurde es heiß.

Sie lächelte wieder. »Eine Kollegin von mir hat Sie gesehen. Ein gewisser Herr Dörnberg war ebenfalls dabei. Es ist nichts weiter.« Sie ging zum Radiogerät und fand nach einigem Drehen Tanzmusik. »Im Lido trifft sich nun mal die bessere Gesellschaft... Man kennt sich.«

Thiel überlegte: Sie kennt Grapenthin, und sie kennt Dörnberg. Vermutlich wird sie auch wissen, was dieser sonderbare Zivilist betreibt. Der eine sprach zu mir von der Beseitigung Hitlers. Aber nur, als wir allein waren. Der andere bewunderte lediglich meine angeblichen soldatischen Fähigkeiten. Woher kennt das Mädchen die beiden? Nur vom Lido? Kundengeplauder im Bett, danach?

Dem Leutnant wurde unbehaglich zumute. Das bisherige Gespräch klang nach Vorwurf. Aber es reizte ihn, mehr zu erfahren, Zusammenhänge zu finden. »Hören Sie mal: Ich bin hier bei Ihnen als Kamerad von Gerhard Gengenbach, das ist alles. Betrachten Sie mich bitte so wie ihn. Diesen Dörnberg habe ich übrigens bis gestern nicht gekannt.«

Denise blickte ihn lange an, nachdenklich, prüfend. Was ist das für ein Mensch? fragte sie sich. Sie wußte nichts von ihm. Hatte ihn in der Garderobe des Lido zum erstenmal gesehen, als er höflich, ohne großdeutsche Überheblichkeit sprach... Und in dieser Minute bereits ereignete sich etwas Besonderes; etwas berührte sie wie ein Stromstoß, war um sie wie eine schöne Melodie, machte unruhig und gespannt, erwartungsvoll. Eine halbe Stunde nächtlichen Wegs zwischen dem Lido und ihrem Zimmer.

Eine Plauderei über das Varietéprogramm, Radebrechen und Lächeln wegen fehlender Vokabeln. Unpersönliches. Ein Schlagertext. Die Fassade eines Bauwerks. Aber im Innern begann schon, was sie niemals zuvor empfunden hatte. Sie versuchte logisch zu begründen, warum sie sich zu Hinrich Thiel hingezogen fühlte. Gengenbach hat ihn geschickt. Ein wirklich ehrlicher Mensch, dieser deutsche Oberleutnant. Also muß auch auf seine Freunde Verlaß sein, noch dazu in persönlichen Angelegenheiten. Mein Beruf bringt es mit sich, vielen Männern zu begegnen. Liebe auf den ersten Blick? Wenn eine von uns damit begann, haben die andern schallend gelacht: Hast wohl Romane gelesen, du Schäfchen. Und nun ist es mir widerfahren. Liebe wie ein Blitzstrahl. Mir muß das passieren, die keinen Schritt gehen darf und will, ohne den Auftrag aus den Augen zu verlieren. Es hat mich getroffen, und ich bin betroffen. Ja, ich bin verliebt! Und ich bin unvorsichtig. Ein Besatzungsoffizier ohne konspirativen Wert. Ein ganz gewöhnlicher Feind. Bin ich wirklich unvorsichtig? fragte sie sich. Das Leben ist plötzlich ganz anders. Alles ist anders. Ich habe ihn zu mir eingeladen, obwohl wegen Gengenbach nichts mehr zu besprechen war. Jawohl, *ich* war es! Das erstemal, daß ich einen Mann in mein Zimmer mitgenommen habe, seit ich konsequent für unsere Sache arbeite. Man verzeihe mir. Wird man mir verzeihen?

Denise wollte nun ganz den Verstand aus dem Spiel lassen und nur dem Gefühl folgen. Wollte gut und zärtlich sein zu diesem großen Jungen, ihm das Haar zausen und ihn küssen. Und sie erschauerte, als sie sich vorstellte, daß er sie in seine Arme nehmen und sie voller Leidenschaft küssen und...

Und die Wachsamkeit? hielt sie sich vor. Die Pflicht zur Vorsicht? Das Mißtrauen? Er befand sich in Begleitung von Grapenthin und Dörnberg, das waren ihre Todfeinde! Was lag näher, als daß sie einen Spitzel in der Maske des liebenswerten Jungen schickten? Beiden war sie bestens bekannt, stand mit Sicherheit unter Beobachtung. Vielleicht wollten sie durch ihn an Beweise herankommen? Denise schüttelte unmerklich den Kopf, als versuchte sie sich von Zweifeln und Selbstvorwürfen zu befreien.

Der Leutnant stand auf, verbeugte sich. Sie tanzten schweigend nach der Radiomusik.

Nichts erinnert an jene Denise, die ebenso entfesselt wie die anderen Fandango und Cancan gewirbelt hatte, nackt, mit wehendem Schleier, verlockend. Und jetzt soll sie auf ein galantes Abenteuer aus sein, ausgerechnet mit mir? fragte sich Thiel. Da haben doch höhere Stabsoffiziere herumgesessen, bei denen etwas abzusahnen wäre: Geld, Verbindungen, vielleicht auch Informationen. Es paßt alles nicht zusammen. Aber wie warm ihre Brust zu spüren ist.

Und ihre Kollegin kennt ebenfalls Grapenthin und Dörnberg und hat mich heute hinter der Bühne wiedererkannt. Zufall? Wer wohnt eigentlich in den Nebenzimmern? Brauche im Ernstfall nur den Sicherungsflügel herumzudrehen. Am Blumenständer habe ich den Rücken frei. Abwarten und weiter Tee trinken. Und tanzen. Auch ihre Wange strahlt Wärme aus, im ganzen Körper spürbar. Muß denn immer alles und jede schlecht sein, nur weil der Krieg schlecht ist? Der Krieg, das sind wir, das bin ich in den Augen dieses Mädchens. Also Erzfeind! Und die Liebe? Wird sie streng nach Nationalitäten sortiert? Nach Angreifern und Unterlegenen? Liebe im besetzten Paris? Daß ich nicht lache! Liebe, was ist das? Traumziel für die in den Schützenlöchern, auf der Wippe des Todes. Kompensation für unterdrückte Feigheit oder herausgeblöktes Heldentum. Der Koitus in der Mansarde als Belohnung für das erschwitzte EK eins und abgeknallte Gegner. Mit neunzehn war ich Spitzensportler, da verbot der Trainer die Liebe wegen der Kondition. September neununddreißig wurde ich Soldat. Seitdem hat der Krieg etwas dagegen. Alter Kämpe gewissermaßen, dem man an der Front nicht viel vormachen kann. Aber Liebe – wie fängt man das an? Wie bekommt man die Liebe wirklich und unvergänglich, wenn Blut, Fetzen und niedergebrülltes Grauen...

Es wurde plötzlich feucht an seiner Wange. »Sie weinen, Denise?«

»Ich habe Furcht Ihretwegen.«

Sie verbarg ihr Gesicht wieder. Er nahm es behutsam in die Hände. »Denise, was ist?«

Ihre Stimme war jetzt ganz leise. »Es ist nichts, nein, überhaupt nichts. Dörnberg ist Angehöriger der SS, Sturmbannführer beim SD. Sein Wirkungsfeld ist Paris.«

Thiels Augen wurden schmal. Sieh mal an, Grapenthin und Dörnberg. Das erklärt einiges. Das war doch kein Zufall, daß sie sich mit mir zusammensetzten. Was versprechen sie sich davon? Aber das Mädchen? Ich sehe, wie die Angst sie beherrscht.

»Und Sie kennen Dörnberg aus dem Lido, Denise?«

»Es ergab sich so...« Sie schaute ihn nicht an.

Der Leutnant spürte, wie er kalt wurde, entpersönlicht wie eine Minute vor dem Angriff, wenn man sich bemüht, alle Gefühle unter Kontrolle zu bekommen.

»Damals war er noch Major bei der Abwehr«, sagte sie, und ihre Stimme klang merkwürdig dumpf.

Thiel war irritiert. Abwehr? Von dieser Branche hatte er nicht viel Ahnung.

Sie blickten sich lange an. Denise sah in seinen Augen die Unbefangenheit eines Menschen, der nichts zu verbergen hat.

Der Leutnant Hinrich Thiel, Feldartillerist, wußte kaum etwas von der Abwehr und der Ablösung ihres berüchtigten Chefs, Admiral Canaris, er kannte nicht den Führererlaß vom 18. Februar 1944 über die Bildung eines einheitlichen Nachrichtendienstes im Rahmen des Reichssicherheitshauptamtes mit Schellenberg als Leiter des SD, der – wie Heinrich Müller, Chef der Gestapo – Kaltenbrunner unterstellt war. Vom Apparat Canaris bestand noch ein Restgebilde unter Oberst Hansen, auch das wußte Thiel nicht. Er ahnte nur, daß dieses Mädchen Denise sich um ihn sorgte aus Gründen, die zu fühlen, aber nicht zu überschauen waren.

Die Radiomelodie ging weiter, einschmeichelnd, zerhackt, rhythmisch, atonal, schmalzig – sie bemerkten es nicht. Sie waren stehengeblieben und hielten sich fest umschlungen. Seine Hände griffen ihr Haar, streichelten es, während er sie mit den Armen eng an sich preßte. Es gab kein Paris mehr, keinen Krieg, nicht einmal mehr Hunger und auch keine Befehle. Es gab nur Augen, die sich in den Augen des anderen spiegelten. Ihr Mund stand halb offen. Das blutende Land war vergessen, der Tanz im

Lido, die Uniform und morgen die Abreise und tausend Kilometer Trennung.

Was ist ein Auftrag? Die Sehnsucht und die Bereitschaft zur Hingabe triumphierten über den Verstand. Beide spürten die Liebe, die Leidenschaft, das Versinken der Welt. Es war alles so selbstverständlich, sie gehörten zusammen, heute, jetzt, hier in dieser Mansarde... Und morgen? Keiner kann antworten. Und später? Keiner will antworten, weil sie an entgegengesetzten Fronten stehen.

Seine Hände waren zärtlich, und ihre Lippen ließen ihn nicht los.

Der Leutnant nahm das Mädchen, leicht wie eine Feder, auf den Arm, während sie seinen Nacken umschlungen hielt, und trug sie zum Bett. Als er sie niederlegte, öffneten sich einen Herzschlag lang ihre Augen, und er sah das Glück darin und ihre Sehnsucht. Da löschte er das Licht. Gerhard Gengenbach, mein Freund, dachte er noch, aber es zog vorüber wie eine kleine Wolke im sommerlichen Blau. Ich nehme ihm nichts weg, weil es ihm nie gehörte, dachte er, flüsterte es ihr ins Ohr, ich liebe dich, und niemand darf zwischen uns sein.

Der Sternenhimmel drehte sich unmerklich, wurde blasser und blasser. Sie lagen eng umschlungen, er sog den Duft ihres Körpers ein, hörte ihre Worte wie ein Streicheln, ohne den Sinn zu erfassen. Als der Name Dörnberg fiel, schlug er die Augen auf, wurde hellwach. Ein unfreundlicher Morgen wehte über die Dächer. Der Zug, dachte er. Grapenthin ist vielleicht schon dort.

Er zog sich an. Ihr tränenloser Blick folgte jeder seiner Bewegungen. Sie küßten sich zum Abschied und wußten kein Wort zu sagen über das Kommende.

Als er leise die vielen Stufen hinabstieg, hörte er wieder ihre dunkle Stimme: »Vergiß nicht, man sagt von Dörnberg, er sei ein Mörder und habe Unzählige auf dem Gewissen. Achte auf dich!«

Die Straßen waren wie graue Höhlen, ohne Pracht und Feierlichkeit. Vor dem Zugabteil im Gare du Nord begrüßte ihn mit anzüglichem Lächeln der Hauptmann Hasso Freiherr von

Grapenthin, Mitarbeiter der Abwehr und des SD in Paris und möglicherweise mit unbekanntem Auftrag am Mittelmeer eingesetzt.

Und dieser Grapenthin hatte von der notwendigen Beseitigung Adolf Hitlers gesprochen?

Viertes Kapitel

Toni Kempen, Hauptwachtmeister der Stabsbatterie, erweiterte den Fahrbefehl und bezog das Mädchen ein. Unter Dienstgraden tat man sich Gefallen, wenn Gegenleistungen heraussprangen. Hans Rohrbeck hatte immer etwas zu bieten, zum Beispiel nicht alltägliche Informationen. Außerdem waren zur Zeit sämtliche Offiziere zum Planspiel beim Regimentsstab in Coursan, es konnte gar nichts schiefgehen. Vor allem aber mußte die Meldung spätestens diesen Mittwoch, den 31. Mai, zum Küstenadmiral. Terminsache, er hatte es dem Spieß des Regimentsstabs versprochen, weil dort Fahrzeugappell in Anwesenheit des dicken Quartiermeisters der Division war. Da gab es nichts bei Toni Kempen aus Sankt Blasien im Schwarzwald: Wenn er etwas versprach, dann hielt er es auch.

Hans Rohrbeck nahm den kleinen Simca und fuhr los. Sagenhaft, wie das alles klappte. Martina hatte heute einen freien Tag. Das Planspiel würde bis in die Abendstunden dauern, also konnte auch Altdörfer ihnen nicht in die Quere kommen.

Vor dem Hauptquartier der Division präsentierte der Posten mit klatschenden Griffen. Ein Oberstleutnant tippte herablassend an den Mützenrand, verschwand durch die Hoteltür.

Der Funkmeister hielt in einer Querstraße. Wenige Minuten später kam Martina Baumert über den holprigen Fahrdamm, das Schiffchen mit Hoheitszeichen und Kokarde auf dem blonden Haar. Die eine Hand hielt den Riemen der Diensttasche, in der anderen hatte sie einen Brief.

»Von meinem Bruder!« Sie strahlte.

Rohrbeck gab Gas. Erst mal hier weg. Irgendein Unerwünschter konnte ihnen im letzten Augenblick über den Weg laufen.

Der Wagen hatte einen rasanten Abzug. Gleichmäßig sang der Motor. Die Straße war spiegelglatt. Narbige Platanen glitten vorüber, zerzauster Taxus, Olivenhaine. Sie schwangen heftig unter dem fauchenden Mistral, der aus dem Languedoc kam und Wolkenberge gegen die fernen Gipfel der Südpyrenäen drückte.

Kleiner Umweg über Carcassonne. Martina war von soviel mittelalterlicher Schönheit hingerissen.

»Willst du deinen Brief nicht lesen?«
Sie schmiegte sich an ihn. »Jetzt habe ich dich. Nachher.«
Holzgaswagen polterten mit gellenden Hörnern vorbei. Gleichmütig blickende Bauern auf hohen zweirädrigen Karren. Langohrige Mulis, stoische Esel. Ein friedliches Bild.
Und wenn die nächste alliierte Landung hier stattfindet? überlegte Rohrbeck. Der Strand ist denkbar geeignet. Im Hinterland der Maquis, vor allem im Raum Toulouse. Im Alpenreich geistert die Armée secrète. Gelegentlich sollen die Engländer Waffen und Munition an Fallschirmen abwerfen, vor allem bei Vollmond. Die Lufttätigkeit ist überhaupt spürbar angeschwollen. Hunderte Maschinen überfliegen während der Dunkelheit Südfrankreich.
»Du, Hans?«
»Ja?« Rohrbeck schreckte aus seinen Gedanken auf.
»Ich hab dich sehr lieb.«
»Kann doch jetzt nicht die Hand vom Lenkrad nehmen.«
»Sollst du ja auch nicht.« Sie kuschelte sich an ihn.
Strahlend schön stand der gewaltige Block des Mont Canigou vor der Motorhaube, wuchs mit seinen Schneefeldern und Gletschern in die Höhe, nur wenig niedriger als die Zugspitze.
Rohrbeck bremste. Beinahe hätte er die Einfahrt zum Château verpaßt. Die schmale Teerstraße ringelte sich um den kegligen Hügel aufwärts. Oben residierte der Küstenadmiral. Meldung abgeben. Empfang bescheinigen lassen. Und nun ganz in die Sonne.
In langschleifigen Serpentinen schwang sich die Rue Cerbère zur Hochküste hinauf. Grellfarbige Ortschaften, an karstige Hänge geklebt oder auf schmalen Klippen balancierend.
»Jetzt kommt gleich Collioure. Schau mal, wie dieses graumaurige wuchtige Kastell ins Meer hineingebaut ist.«
Lange Tonnenreihen im kleinen Felsenhafen. Netzsperre. Minen. Port Vendres. Würfelförmige weiße Häuser und maurische Torbögen. Flirrendes Licht und ewiges Blau. Tief unten atmete das Meer. Ab und zu sprühte es, wenn eine Welle über den Molenkopf strudelte oder an der Mauer verzischte. Draußen zogen lichtgrüne Windstreifen und ließen schaumige Kratzer

zurück. Die dickfleischigen Agaven waren runzlig. Im Winter sogen sie sich voll mit Lebenssaft, jetzt wurden ihre Schwertblätter schon dorr.

Von der Küstenstraße ging ein schmaleres Asphaltband rechts ab. Ein Gewirr von Hinweisen wuchs am Straßenrand auf: Frontière! Douane! Espagne 2000 m! Dann wieder protzige Reklame: Étoile du Midi. Maréchal Pétain in Galauniform an einer Hauswand.

»Le Perthus ist Grenzort. Unten liegt das Cap Cerbère. So, nun hast du auch mal einen Blick in das Land unserer halbseidenen Bundesgenossen geworfen.«

»Ich denke, es gibt die Blaue Division der Spanier?«

»Eine einzige Division von Franco. Sie haben von den Russen genausoviel Dresche bekommen wie die Wallonen und die Wikinger.«

Martina blickte schweigend hinüber. An den Fahnenmasten flatterte das Rot-Gelb-Rot des Franco-Staates.

Noch gar nicht so lange her, dachte Rohrbeck, daß Hitler Franco in den Sattel half und dabei Panzer, Kanonen und Munition im scharfen Schuß überprüfte, auch ein bißchen Taktik und strategisches Zusammenspiel – für den Preis von Hunderttausenden Toten.

Er wendete den Wagen. »Fahren wir zurück, Richtung Marseille.«

Durch Perpignan. Torbögen, sichtbare Spuren der Sarazenenzeit. Quirlige Geschäftigkeit, als gäbe es das Wort Krieg nicht. Aber es lebte geheimnisvoll hinter der Kulisse des Alltags. Der Maquis. Vermutlich standen viele in unmittelbarer Funkverbindung mit den Alliierten. Wenn die angriffen, würde die Hölle nicht nur an der Küste, sondern auch im Hinterland ausbrechen.

»Vielleicht finden wir unterwegs ein Plätzchen für uns?« Martinas Stimme war bittend.

Er nickte zustimmend, fühlte sich für diesen Augenblick unendlich wohl, nahm das fremdartige Südländische in sich auf. Die Luft flirrte wellig. Bilder zogen vorbei. Vor dem Haus dort der Patron, vorn und hinten je ein Schalende über der Jacke, auf büschligem Wollschopf nonchalant die Baskenmütze. Eine Presse quarrte irgendwo. Rechts und links immer wieder die gemächlich wandernden Speichen der riesigen Holzräder. Die Weinstöcke mathematisch genau verzogen, von wo der Blick auch immer einfiel: Parallelen. Preußische Exaktheit – oder die Geometrie zu Preußentum degradiert? Ist auch Nützliches dabei, dachte Rohrbeck.

In den Vorgärten reiften erste grünbraune Feigen, hingen wie Birnen in der prallen Sonne. Schwarze schnelle Mauersegler mit schwermütigen Perlaugen trachteten ihnen die körnigen Herzen aus den Leibern zu picken. Kirschenflut an rissigen Zweigen. Edle Pfirsiche baumelten reif. Die gelbroten Marillen noch leuchtender.

Der Funkmeister zog den Simca von der Straße weg zu einer Insel aus schattigen Taxushecken und melancholischen Zypressen nahe dem Meer.

Das Mädchen lag in seinem Arm.

»Wie wundervoll kann das Leben sein.« Sie spielte versonnen mit einer Strähne seines Haars. »Hoffentlich liegt ihr bis zum Schluß des Krieges hier, Hans, und wir können immer zusammenbleiben.«

Schön müßte das sein, aber die ewig zitierte Vorsehung, dachte Rohrbeck, folgt anglo-amerikanischen Absichten und wird uns demnächst herumwirbeln. Und im Osten? Wenn es militärisch so weitergeht, werden die erdbraunen Finken bald im Reichsgebiet schlagen. Ob ich das alles laut gedacht habe? Nun ist ihr Gesicht ganz ernst. Zum drittenmal treffen wir uns heute. Verantwortungsbewußt, denn dieses Mädchen ist ein ganzes Leben wert und nicht nur eine leidenschaftliche Stunde, in der man sich aneinanderklammert und meint, Versäumtes nachholen zu müssen.

»Ach, Martina...« Rohrbeck sah in den Himmel. Die Sonne war jetzt ganz steil. Fingerlange Insekten in den Platanen verbreiteten Scherenschleifergeräusch. Manchmal kam eines mit surrendem Flügelschlag herab, hatte starre bösartige Augen, wie Jabos, wenn die Piloten auf den Auslöseknopf drückten.

Der Wind hatte mehr nach Südost gedreht. Glutheißer Brodem schob sich von Tunis herüber, rötlich, staubig schimmernd, ein Stückchen Sahara, die weißköpfigen Dünengräser versengend. Der Leuchtturm stand mit totem Blick. Kein Fischerboot draußen, nur Minenfelder, versteckter heimtückischer Tod.

Bis zum Schluß beisammen sein... Da war ein dunkles Tor, von denen zu passieren, die nicht zusammengeschossen oder zerfetzt wurden. Rucki werch! hatten sie in Oberschlesien gelernt, bevor es losging. Hands up! war das gleiche. Wer es nicht kapierte, dem würde die MPi Nachhilfeunterricht geben. Eine Möglichkeit, das Tor zu passieren. Bei weitem schwerer war es, sich vorbedacht dafür zu entscheiden. Die Hände hochheben? Die Waffen strecken? Und Fahneneid und Ehre? Dagegen stand immer wieder: Dem Schicksal ein Schnippchen schlagen wollen! Durch die Summe der geglückten Absetzbewegungen vortäuschen, man sei ja nicht dabeigewesen.

Etwas gegen den Krieg tun? Gegen jene, die ihn wollten und nun nicht mehr loslassen konnten, ohne selbst zu fallen – wäre das nicht das richtige Tor in die Zukunft?

»Hans, denk doch nicht ständig an das Schwere. Die Sonne scheint heute. Dieser Augenblick gehört uns allein.«

Wie weich ihre Lippen sind. Wie vorbehaltlos ihr Anvertrauen. Wie tief das alles hinabzieht. Einmal wieder ruhen, verweilen, schlafen können, ohne daß der Instinkt unaufhörlich das Verhangene zu durchdringen trachtet. In diesem Moment ist alles in Ordnung, vielleicht die nächste Stunde noch. Beruhigter Instinkt, der den Finger zögernd vom entsicherten Abzug entläßt. Für Herzschläge wenigstens. Einmal wieder aufwachen können, ohne daß der Knebel weiter angezogen ist, der Mut zum Bändigen der Feigheit wieder einen Deut größer sein muß. Dieses gegenseitige Vortäuschen von Härte, nur damit das Aufgebenwollen vor Angst keine Kettenreaktion erzeugt, die das letzte bißchen Boden unter den Füßen wegziehen würde.

»Hans!«

Da ist er bereits wieder, der Großalarm. Dieses eine Wort überspannt eine ganze Seelenskala. Eben war die quellende Hitze noch geeignet, das Denkvermögen langsam auszuschalten, träge zu machen und das Blut ohne Kontrolle pulsen zu lassen.

Was haben sie aus uns gemacht? Die Befehle oder die Schlachten, das bleibt sich gleich. Oder – haben wir uns selbst dazu gemacht?
»Ja, mein Herz?«
»Weißt du, was das hier ist?«
Die Sonne ist so grell, daß es Kraft kostet, die Augen zu öffnen. Der weiße Bogen Papier ist gleißendes Licht. Aber da: ein roter Warnpunkt! Rohrbecks Wimpern wurden zu schützenden Vorhängen. Dann richtete er sich mit einem Ruck auf.
»Geheime Kommandosache?«
Aus dem Gesicht des Mädchens war die Farbe geschwunden.
Rohrbeck las halblaut: »Schwere Heeresartillerieabteilung eintausendzweihundert... Stellungsunterlagen... Erste Batterie: Koordinaten der Feuerstellung... Koordinaten der B-Stellen... Koordinaten des vorgeschobenen Beobachters beim zweiten Bataillon des Infanterieregiments siebenhundertund...«
Zahlen, Zahlen, Geheimzahlen, Bunkernummern, Richtpunkte.
Martinas Augen hingen an ihm, groß und verstört.
Geheime Kommandosache, verflucht noch mal, das ist mehr als der wöchentliche Funkschlüssel, das ist mehr als geheime Verschlußsache oder die Schießtafeln, die Russen und Engländern tausendmal bei jedem Rückzug in die Hände gefallen sind, dachte er und schaute noch einmal in das Schriftstück: 21. Mai 1944. Das waren allerletzte Vermessungsergebnisse.
»Wie kommst du zu diesem Material?«
»Es war in dem Brief.«
»Von deinem Bruder?«
»Ja, Hans.«
»Und was schreibt er dazu?«
»Nichts.«
»Nichts?« Stumm nahm er ihr die beiden Briefbogen aus der Hand, überflog sie. Begann noch einmal Wort für Wort zu lesen. Nichts. Keinerlei Hinweis. »Und wie erklärst du dir das?«
Sie zuckte die Achseln.
»Weißt du, daß er dich damit in Teufels Küche gebracht hat?«
»Mich? – Und er?«
Wieder ein Blick auf das Papier. »Originalstempel und Originalunterschrift: Pfeiler, Major und Abteilungskommandeur.

Und der Brief? Vom achtundzwanzigsten Mai. Heute ist der einunddreißigste. Inzwischen kann der Verlust längst festgestellt sein. Bei jeder Einheit findet wöchentlich eine Routinekontrolle statt, entweder durch den Kommandeur oder den Adjutanten. Hat dein Bruder mit solchen Dingen zu tun?«

»Er ist seit einiger Zeit auf der Schreibstube, weil seine Verwundung noch nicht ganz ausgeheilt ist.«

»Wo liegt er denn derzeit?«

»Irgendwo am Kanal oder am Atlantik.«

»Das sind etwa tausendvierhundert Kilometer Luftlinie.«

»Was meinst du damit?«

»Man müßte ihm das Schriftstück schnellstens zustellen.«

»Und wenn bereits alles entdeckt wurde?«

»Dann gute Nacht!«

Martinas Stimme zitterte. »Das kann doch nur ein Versehen sein?«

»Versehen? Jeder tippt sofort auf Landesverrat. Noch dazu, wo es sich offensichtlich um eine vorn eingesetzte Abteilung handelt.« Nicht einmal dem Augenblick ist zu trauen, dachte Rohrbeck. Während wir uns ein paar Stunden glücklich wähnten, fuhr das Unheil bereits über hundert Kilometer lang mit. »Mich wundert, daß der Brief durch die Zensur gerutscht ist.«

»Und wenn sie ihn herausgefischt hätten?«

»Dann wären Geheime Feldpolizei, SD oder Gestapo dir wahrscheinlich schon auf den Fersen.« Er griff nach ihrer Hand, streichelte sie begütigend. »Verzeih, wenn das alles so brutal klingt.« Er zog das Mädchen an sich. Ihre Wangen waren eiskalt.

»Wenn wir das Schriftstück zurückschickten, würde es diesmal bestimmt von den Schnüfflern gefunden. Das ist also unmöglich.« Er überlegte: Der Standort einer Heeresartillerieabteilung, deren Truppenbezeichnung man kennt, ist feststellbar. Wo denn? Bei höheren Stäben. Ist eine Division ein höherer Stab? Kaum. Aber Krusemark hat Verbindungen. Also müßte man mit ihm reden. Wer? Oberstleutnant Meusel zum Beispiel. Moment mal: Altdörfer war fast ein Jahr lang im Osten Adjutant bei Krusemark. Wenn überhaupt einer an ihn herankommt und die heikle Geschichte vortragen kann, dann ist es der ausgebuffte Jurist Altdörfer!

Der gleiche Altdörfer, der auf dein Mädel, auf die unmittelbar betroffene Martina scharf ist! schien eine zynische Stimme hinter ihm zu sagen.

Rohrbeck überprüfte die Gedankenfolge noch einmal. Es blieb nur diese Möglichkeit. Man mußte sich Oberleutnant Eiselt anvertrauen. Der war zwar Pg., aber ein anständiger Kerl. Er sprach bestimmt im richtigen Sinne mit Altdörfer. Und die Realisierung: Irgendwer rief bei jenem unbekannten Major Pfeiler an, informierte ihn erst mal zur Beruhigung aller. Dann konnte das Schriftstück als versiegelte Dienstpost auf die Reise gehen, und Martinas Bruder war aus der Zwickmühle. Zwickmühle – das hieß: Stellte man fest, daß die g.Kdos fehlte, stand er vor dem Kriegsgericht. Unter erschwerten Bedingungen, und die waren am Atlantikwall garantiert gegeben, stellte man ihn an die Wand ohne viel Federlesens. Und Martina? Eine Frau erfuhr im fünften Kriegsjahr keinen Deut mehr an Schonung als jeder Mann; gesiebte Luft war das mindeste, was sie zu erwarten hatte.

Sie blickte ihn unbewegt an, als er seinen Plan entwickelte. Altdörfer? Begehrliche Finger beim Tanzen, sein Atem in ihrem Gesicht an diesem Abend in La Vistoule... Inzwischen hatte er bereits zweimal angerufen und sich mit ihr treffen wollen. Und ihre Ausreden so durchschaubar... Aber jetzt? Als streiche ihr eine kalte Hand über den Rücken.

Stunden verrannen, ließen sie einander festhalten. Schlagschatten dehnten sich. Der feuchtheiße Dunst kroch höher zum rotflimmernden Gipfel des Mont Canigou.

Nicht weit davon liegt Lourdes, sinnierte Rohrbeck. Wallfahrtsort. Die Gottesmutter vollzieht dort Wunder, heißt es. Ungezählte Krücken, Stöcke und Betten, Leidensüberreste, wurden nach jähen Heilungen zurückgelassen. Ob es dort auch Hilfe für unsachgemäß behandelte g.Kdos gibt? Es ist nicht die Zeit, Witze zu reißen. Morgen früh spreche ich mit Oberleutnant Eiselt.

Winklig und höhlengrau zogen sich jetzt die Straßen der kleinen Städte. Der hohe Mond, die keimende Dunkelheit ließen die Angst wachsen. Mit blaßlila Schleiern glitt die Nacht herab. Schwarz reckte sich die gezackte Kette der Südpyrenäen.

In Martina war grenzenloses Vertrauen zu Hans Rohrbeck. Es würde bleiben, gleich, wie die Dinge sich entwickelten.

Sie trennten sich schweigend im stockdunklen Narbonne.

Unterwegs auf der Straße nach Coursan und zum Schlößchen La Vistoule wollte Rohrbeck noch einmal alles konzentriert überdenken, aber tausend anderes drängte sich dazwischen, Gedankensplitter ohne Zusammenhang. Hier unten an der Küste verachtet man Kognak und trinkt den milderen Armagnac. Die Menschen bekommen vierzig Gramm Tabak im Monat. Will ihnen ein Deutscher etwas schenken, sagen sie: C'est contre l'amitié! Gegen welche Freundschaft? Man bricht sich das Ohr bei jedem Versuch, dem Patois zu folgen, versteht nichts. Die meisten der Interbrigadisten aus Spanien sollen hier gelandet sein. Der laue Wind hat uns die Kerben der Ostfront inzwischen ein wenig aus dem Gesicht gestreichelt. Altdörfer ist ein Strolch. Er wird mit sich reden lassen, aber für eine Lappalie, die er tut, einen ganzen Menschen fordern. Zwei. Und er wird voll widerwärtigen Vergnügens mit Todesangst und Drohung spielen...

In dieser Minute erkannte der Funkmeister Hans Rohrbeck, daß er das Mädchen Martina über alles liebte. Und ihn beschlich ein Gefühl, als werde er sie nicht mehr oft wiedersehen.

FÜNFTES KAPITEL

Ja, Herr Pfeiler, böse Geschichte. Wirklich böse Geschichte!«
Kurt Dörnberg ließ das Licht durch sein Glas Cointreau scheinen, bevor er es mit genüßlicher Langsamkeit leer trank.

»Kann mir die Sache wirklich nicht erklären.« Pfeiler paffte dicke Wolken aus seiner Zigarre.

Der Sturmbannführer des Sicherheitsdienstes war ganz Überlegenheit. »Dusel und Pech gleichzeitig, daß Sie mit Ihrer Einheit direkt der Division unterstellt sind. Das engt den Kreis der Mitwisser ein. Es hat aber auch den Weg zu uns erheblich kürzer gemacht. Deswegen greifen wir helfend ein.« Leichtes Lächeln.

»Merke ich«, kommentierte der Kommandeur der Heeresartillerieabteilung bissig.

»Man muß zwischen kleinen und großen Fischen zu unterscheiden wissen.« Dörnberg bediente sich aus der Cointreauflasche. »Das schwächste Kettenglied ist nicht der Korporal. *Sie* sind es, Herr Pfeiler. Den Jungen kann man an die Wand stellen, kein Hahn wird danach krähen. Aber Sie? Mangelnde Dienstaufsicht. Fahrlässige Preisgabe militärischer Geheimnisse. Stellen Sie sich mal die Konsequenzen vor! Sie sind doch Berufsoffizier? Zumindest Reaktivierter. Ihre Karriere, habe ich mir sagen lassen, hat schon einen kleinen Knick. Bei Smolensk ließen Sie unbegründet Ihre Geschütze sprengen?« Die weiche Stimme und das freundliche Heurigendeutsch stachen merkwürdig von der Brutalität der Fragen ab.

»Herr Dörnberg!« Die Zigarre wurde zornig in den Ascher gestoßen, daß die Funken stoben.

Der andere winkte gelangweilt ab. »Ich weiß, ich weiß. Sie werden mir erklären wollen, daß die Roten bereits in den Feuerstellungen waren und Sie Ihre Schießgeräte nicht unversehrt in Feindeshand fallen lassen wollten. Und warum haben Sie die Iwans nicht aus Ihrem artilleristischen Tempel hinausgejagt?«

»Ahne wirklich nicht, was das mit der fraglichen geheimen Kommandosache zu tun haben sollte.« Der Major zwang sich zur Ruhe.

»Sie ahnen wirklich nicht? Aber geh!« Der Sturmbannführer beugte sich vor, sah sein Gegenüber durchdringend an. »Könnte nicht jemand folgendes erwägen: Im Osten hat er die Kampfkraft der Armee durch Zerstörung seiner Kanonen vorsätzlich reduziert. Im Westen spielt er den Alliierten seine Stellungsunterlagen in die Hand, damit man zwölf schwere Geschütze am Tag X sofort per Flächenwurf, Bombenteppich genannt, ausschalten kann. Wissen Sie, was das bedeutet?« Dörnberg weidete sich an den kleinen Schweißperlen auf Pfeilers Stirn. »Das würde bedeuten, daß die Schlachtschiffe Seiner Majestät bis an den Strand fahren und mit Vierzig-Zentimeter-Geschützen jeden Bunker kurz und klein ballern könnten, weil sie die genauen Koordinaten haben!« Um Dörnbergs frauenhaft weichen Mund war wieder das breite wollüstige Lächeln, als er den Major gelassen betrachtete.

»Das ist doch an den Haaren herbeigezogen! Bitte Sie!«

»Ob Sie bitten oder der Hund macht miau, ist bei diesem Gedankengang ohne Belang. Selbst wenn die Geschichte friedfertiger ausgehen sollte, glauben Sie doch nicht im Ernst, daß Sie jemals an der Majorsecke vorbeikommen. Eigentlich schade, denn Sie galten früher wohl als ein prinzipienfester Offizier.«

Der Hohn war so geißelnd, daß Major Pfeiler sich nur mit äußerster Beherrschung zurückhalten konnte. Der Monat fängt gut an, dachte er. Aber was nutzte Aufbegehren? Er selbst hatte die Sache mit der nicht auffindbaren Geheimsache sofort an die große Glocke gehängt – um sich den Rücken zu decken, wie er meinte. Und nun saß er in der dicksten Tinte für etwas, woran er sich unschuldig wußte. Verdammtes Smolensk. Auch dafür vermochte er sich keinen Vorwurf zu machen. Gegen die ungeheure Stoßkraft der Russen an der Rollbahn war kein Kraut gewachsen. Ein paar Iwans? Die T 34 und T 43 hatten tollkühne Angriffe gefahren und Stellung um Stellung aufgerollt.

Dörnberg hatte sich erhoben und stolzierte im Raum umher. »Wirklich ein repräsentativer Sommeraufenthalt, Herr Pfeiler. Jammerschade, wenn man das aufgeben müßte.«

Der Major spürte, wie ihm der Schweiß aus allen Poren drang. Es ist immer später, als du glaubst! – Spruch von verfluchter

Wahrheit. Selbst wenn man Haltung bewahren wollte, es war in dieser Lage nicht einfach.

Dörnberg goß sich ein weiteres Mal einen kräftigen Bewirtungsschluck ein und zog ein ledernes Notizbuch aus der Tasche.

»Welchen haben wir eigentlich?«

»Donnerstag, den ersten Juni.«

»Das erste wahre Wort, das ich heute höre.«

Pfeiler sehnte sich nach einem befreienden Schuß mit seiner Dienstpistole gegen die Stirn Dörnbergs, damit endlich diese Angst aufhöre.

Der Sturmbannführer schien sich Bedeutendes aufzuschreiben.

»Sie werden von mir hören, mein Lieber.« Dann nickte er dem Abteilungskommandeur zu und vergaß absichtlich, ihm mit Handschlag für die Gastfreundschaft zu danken. Er kam noch einmal zurück. »Besser wäre natürlich, von Ihnen zu hören. Von Ihnen und Ihren Anstrengungen, Licht in jenes Dunkel zu bringen, über dem das Wörtchen Spionage steht. Dafür gebe ich Ihnen bis Sonntag Zeit. Vierter Juni. Merken Sie sich das gut, Herr Pfeiler.«

»Danke verbindlichst.«

»Sagen Sie mal, ist Ihnen nicht aufgefallen, daß Sie während unserer Plauderstunde nicht ein einziges Mal von dem Unteroffizier Baumert gesprochen haben? Muß ich daraus etwa folgern, daß Sie ihn zu decken beabsichtigen?« Dörnbergs Stimme war ein lächelndes Lauern.

»Baumert hat ausgesagt, daß er keinerlei Erklärung für den Verlust weiß.«

»Wissen Sie, bei Abwehr und Nachrichtenbeschaffung muß man nach dem Gesetz der Serie damit rechnen, daß Helfershelfer sich in der ersten Phase nie gegenseitig belasten. Aber nichts für ungut.«

Sturmbannführer Dörnberg ging, und Pfeiler sinnierte: Vor einem Jahr um diese Zeit lag ich an der Rollbahn zwischen Woroschilowo und Nowossil, hundert Kilometer ostwärts Orel. Damals stand ebenfalls ein Großangriff bevor – aber ich kannte nicht jene Angst, die mich heute schüttelt. Sie geht nicht von der befürchteten Invasion aus, sie wird ausgelöst durch diesen

Sturmbannführer Dörnberg als Personifizierung aller, die mir im Genick sitzen. Die etwas wissen, Dossiers anlegen, drohen, vorwärtstreiben... Pfeiler schüttelte den Kopf, er wurde mit diesem Gedanken nicht fertig.

Draußen war es trübe. Keine Spur von der Sonne, die wochenlang geschienen hatte. Das Azorenhoch war merklich abgeschwächt.

Die Tauben kamen zurückgeflogen und fielen in den Schlag ein. Dann tönte wieder das vielstimmige Gurr-Gurr, Gu-Gurr. In das Stückchen mürrischen Himmels schoben sich langsam dunkelgraue Wolkenfinger. Das Pulsen der Stadt war wie ein sich wiederholender Akkord. In der Nachbarschaft bellte heiser ein Hund, sobald die schweren dreiachsigen Henschel-Lkw vor der Anfahrt zur Kanalbrücke schalteten und dabei Zwischengas gaben.

Rechts von mir scheint zur Zeit niemand zu hausen, dachte Wolf Baumert. Aber links. Ein Franzose. Gelegentlich singt er. Heute morgen sprach er mit den Wachmannschaften. Manchmal habe ich den Eindruck, ich bin der einzige Deutsche in diesem Gefängnis. Denn auf dem Hof wird ebenfalls fast nur französisch gesprochen. Die meisten von ihnen sind sicherlich eingesperrt, weil sie irgend etwas für Frankreich getan haben. Kann man das eigentlich moralisch verurteilen?

Baumert sah sich in der Zelle um. An der Fensterseite standen dicht über dem Boden zwei Mitteilungen, mit einer Nadel eingeritzt, gestochen scharf: Weihnachten 1941 ließ der faschistische General Stülpnagel in diesem Gefängnis 60 Kommunisten erschießen! Und daneben: Heute wurden hier 14 Genossen durch die Okkupanten gehenkt. ... Februar 1942. Der Tag nicht mehr zu entziffern. Tragödien, die sich abgespielt hatten. Und jetzt?

Ab und an waren auf dem Gang Schritte und Schlüsselrasseln zu hören. Dann schepperte irgendwo eine Gittertür, zweimal herumgeschlossen, und das nervtötende Schweigen quoll wieder durch den Bau.

Nun flatterten die Tauben erneut ab. Wie nah und doch unendlich weit entfernt zehn Meter sein konnten. So dicht war der

Schlag schräg gegenüber dem Gitter. Und dahinter quirlte die Stadt.

Unteroffizier Wolf Baumert stieg vom Schemel. Verboten, sich tagsüber auf die Pritsche zu legen. Er starrte gegen die Wand. Grauer Ölanstrich, von zahlreichen Kritzeleien, Zahlen und Aussprüchen bedeckt. Pornographisches überwog. Unten bröckelte der Zement. Der Kübel in der Ecke stank. Alles stank. Auf dem Klappbrett fanden gerade zwei Kochgeschirre Platz. Sonst gab es nichts außer dem Schemel mit eingebranntem Hoheitsadler. Die Waschutensilien hatte der Stabsgefreite mitgenommen, dazu das blanke Koppel. Seitengewehr und Nullacht hatte Pfeiler gleich einbehalten, die anderen Sachen befanden sich auf dem Hauptgefechtsstand in Benouville.

Baumert versank ins Grübeln. War er sich eigentlich über seine Situation vollständig im klaren? Offiziell hieß es: Vorläufig festgenommen. Zweifelte er etwa daran, daß man kurzen Prozeß mit ihm machen würde, wenn er keine glaubwürdige Erklärung geben konnte? Was hieß Erklärung? Nur die Wiederbeschaffung des Dokuments zählte.

Baumert durchdachte wieder und wieder denselben Teufelskreis: Am Sonntag, dem 28. Mai, hatte er befehlsgemäß sämtliche Geheimsachen geprüft und abgehakt, obwohl das eigentlich Pfeiler oder Klasen tun mußten. Da war die gesuchte Stellungsunterlage mit dabei. Dann nahm er einige auszubuchende und zu ergänzende Verschlußsachen von der B-Stelle in Lion-sur-Mer mit, unter anderem die verschwundene. Entweder wurde das Schriftstück an einer falschen Stelle abgelegt, aber das schaltete nahezu aus, weil er nur diese beiden Hefter in der Kassette von Benouville zum vorgeschobenen Gefechtsstand nach Ouistreham mitgenommen hatte. Oder...

Als er den Brief an Martina schrieb, trat Oberleutnant Klasen ins Zimmer, fragte nach Pfeiler und nahm einige Schriftstücke in die Hand. Während der Kradmelder hereingerufen wurde, war Klasen bereits an der Tür. Dann stand der Gefreite Bünger am Tisch und las. Und in der ganzen Zeit hatten die Geheimsachen offen dagelegen. Baumert wurde es siedend heiß, ihm kam ein entsetzlicher Gedanke: Und falls er das Papier versehentlich mit Martinas Brief zusammen ins Kuvert gesteckt hätte? Dann wäre seine Schwester unerhört belastet, wenn Gestapo oder Geheime Feldpolizei, wer auch immer, diese Spur fänden.

Bisher war er bei allen Angaben nur von einem Diebstahl ausgegangen und hatte dafür als Quittung bekommen, daß man ihn wegen grober Fahrlässigkeit festsetzte. Aber damit war weder die Sache geklärt noch die Auffassung des Kriegsgerichts ergründbar. Gleichgültig, Martina sollte um Gottes willen nicht hineingerissen werden, auf keinen Fall. Er versuchte sich damit zu trösten, daß diese Möglichkeit aber so gut wie ausgeschlossen sei.

Meine arme Mutter, dachte er, wenn sie wüßte, daß ich in einer Zelle sitze, daß ihre beiden Kinder bedroht sind.

Über dem grauen Wolkengewirr schob sich breiter Motorenton langsam von Ost nach West. Weit außerhalb des Flakgürtels. Wie die Welt von da oben aussehen mochte? Feindesland für amerikanische und britische Piloten. Durchschnitten im Osten von den Windungen der Seine. Von Paris über Rouen schlängelte sie sich heran. Rouen mit seiner Kathedrale würden sie aus den schußsicheren Glaskanzeln bestimmt erkennen. Am Nordufer der Trichtermündung Le Havre. In die Bucht ergoß sich auch die Dives, nicht annähernd so wasserreich wie die Seine, auch nicht von gleicher strategischer Bedeutung. Wieder ein Stück weiter nach Westen die parallel fließende Orne. Baumert kannte sie von hier bis nach Ouistreham wie seine Hosentasche. Und natürlich auch den hart daneben liegenden Kanal, auf dem sogar Hochseeschiffe bis nach Caen hineinfahren konnten. Immer mehr dem Atlantik zu zog das Motorengeräusch auf der Trennlinie zwischen französischer Küste und Ärmelkanal, markiert durch die gleichmäßig anlaufenden Schaumkronen, glitzernd und wuchtig. Nun könnten die Viermotorigen etwa über Bayeux hinwegdröhnen.

Baumert hatte die Karte der Normandie so präzise im Kopf, daß er, rüttelte man ihn aus dem Schlaf, sofort Auskunft über alle Besonderheiten der Landschaftsformationen geben konnte. Im Osten der Halbinsel Cotentin waren noch zwei Flüsse: die Vire, daran kurz vor der Küste das Städtchen St. Lô, Hauptstadt des

Departements Manche; und parallel dazu die Douve, sie machte bei Carentan einen Knick, teilte sich gewissermaßen, denn der eigentliche Fluß wendete von dort scharf nach Westen und mündete in den Ozean, während der Canal du Carentan an der Calvadosküste ins Meer trat.

Eine tiefschwarze Wolkenbank schob sich in das Himmelsquadrat vor den fünf Eisengitterstreben – drei senkrecht, zwei waagerecht.

Es würde nicht lange dauern, dann kamen die nächsten Maschinen. Es hatte auch nicht lange gedauert, da kam die Sache mit dem fehlenden Schriftstück ans Licht. Auf Befehl des Korps war für jede Batterie ein zweiter vorgeschobener Beobachter eingerichtet und vermessen worden. Am Mittwoch lagen die drei Koordinatenpaare vor, sollten in die Stellungsunterlagen eingetragen werden. Dreimal hatte er alles durchsucht, eine Viertelstunde später Pfeiler Meldung erstattet. Der gebärdete sich wie ein Wahnsinniger. Kaum, daß er ihn anhörte. Schon nachmittags waren Feldgendarmen da. Ab ging es, Standortarrestanstalt und Wehrmachtsgefängnis in Caen an der Orne.

Die Schlüssel rasselten schon wieder. Jenes Geräusch, das einem zuallererst verhaßt wurde. Das Wachpersonal ist ja so gleichgültig, dachte der Unteroffizier, denen ist einerlei, wer hier einsitzt, sie machen ihren Dienst, wie andere auf Posten ziehen. Wenn die über jeden nachdenken wollten, der hier ist, du liebe Güte, da müßten sie schon viel Langeweile haben. Ihr Ziel lautet: Ordentlich den Bau bewachen, damit kein Heldenklau auf die Idee kommt, sie auszukämmen für die kämpfende Truppe. Scheinen übrigens ein paar Franzosen als Kalfaktoren herangezogen zu haben, denn des öfteren wird auf dem Gang geradebrecht. Aber es gibt auch SS-Leute. Machen keinen vertrauenerweckenden Eindruck.

Manchmal glaubte Baumert die See rauschen zu hören. Oder war das der hohe Sington der Fahrzeuge auf der Chaussee? Vielleicht von Ouistreham nach Caen. Nein, es mußte die Nationalstraße 175 von Caen über Bayeux nach Avranches sein. Dort drehten sie voll auf, und die Fliegerbeobachter starrten in die Höhe. Oder im Wind rauschte das Laub der Straßenbäume, das bereits Ende Mai von der prallen Sonne und vom Salzgehalt der Luft braune und graue Flecken bekam.

Habe ich eigentlich Angst? fragte sich Wolf Baumert. Vor einigen Konsequenzen schon. Wenn Martina doch... Wieder zwei Möglichkeiten: Entweder, die Postzensur hat das Schriftstück angehalten, dann ist es in ein paar Tagen hier. Das kostet nicht den Kopf, bringt aber den Kummer, daß sie sich in jedem Fall mit Martina als Adressaten befassen werden. Ist es durchgerutscht, sitzt sie jetzt böse in der Falle. Vernichtet sie's, kann ihr niemand etwas anhaben. Nur für mich ist dann jede Hoffnung zunichte.

Die Schlüssel rasselten näher heran. Aufschließen, durchtreten und wieder abschließen. Weiter zur nächsten Sicherheitsschleuse. Aufschließen, durchtreten, abschließen. Was da den lieben langen Tag geschlossen wurde. Und jedesmal riß es ihn hoch, jedesmal nahm er an, es sei für ihn bestimmt. Dann lauschte er, versuchte die Schlüsselbewegung zu orten, hoffte und fürchtete zugleich, daß es auf ihn zukomme. Verlor sich das Geräusch in andere Richtung, brach ein Spannungsfeld in sich zusammen. Enttäuschung und Aufatmen wechselten miteinander. Enttäuschung hieß: Eine Gelegenheit ging vorüber, bei der du ins Freisein hättest zurückgelangen können. Es hätte ja plötzlich jemand mit dem Wachhabenden in der Tür stehen und sagen können: Unteroffizier Baumert, hier ist der Entlassungsschein. Wollen Sie bitte Ihre Sachen prüfen, ob alles vollzählig und in Ordnung ist. Und entschuldigen Sie vielmals. Gute Fahrt... Aber er ist nicht gekommen, der ersehnte Unbekannte, der Deus ex machina.

Und das Aufatmen? Aufatmen, weil irgend so ein Scharfer, der alles an Indizien zusammenklaubt und mit dem Daumen nach unten zeigt, nicht gekommen ist. Aufatmen, weil der noch nicht da war, der sagen wird: Es ist aus, Baumert! Sie sind überführt der Spionage, der Zersetzung der Wehrkraft, des Landesverrats. Ab dafür!

Sollten die Schlüssel am Ende doch mich meinen? Baumert stand auf. Geht schon los! Nach dem Schließen den unteren und oberen Riegel zurückstoßen. Blick zur klinkenlosen Eisentür.

Nanu, ein Zivilist? Vielleicht der Finder meiner geheimen Kommandosache? Oder haben sie einen von der Kripo...?

Der Mann winkte dem Schließer. Der verschwand. Die Tür fiel ins Schloß. Die Schlüssel schwiegen.

»Na, Baumert, schon ein bißchen eingerichtet?« Der Fremde setzte sich auf die Schemelkante.

Spaßvogel. »Jawohl, Herr...«

»Sind immerhin bereits eine Weile hier. Wie lange wollen Sie noch bleiben?«

Merkwürdiger Bursche. Anders als der tierisch ernste Kriegsgerichtsrat, der kaum den Mund aufmachte und nur zur Kenntnis nahm, was ich ihm erklärte. »Mir langt's schon. Der gerechte Ausgleich dürfte wiederhergestellt sein.«

Sturmbannführer Dörnberg hatte eine solche Gangart nicht erwartet. Er wußte nicht recht, ob er mitgehen oder sofort kontern sollte. »Darf man wissen, an wen Sie die geheime Kommandosache verscheuert haben? Die Preise des Maquis würden mich interessieren.«

»Verzeihung, Herr..., aber ich hätte gerne gewußt...«

»Ach so, sagen Sie ruhig Sturmbannführer zu mir. Nun, wie ist es?«

Der Unteroffizier schluckte. Sturmbannführer – also SD oder Geheime Staatspolizei. »Verscheuert? Man hätte die Koordinaten doch auf einem Stück Lokuspapier verkaufen können. Dazu brauchte man nicht das Original.«

»Meinen Sie, daß viele auf die Idee mit dem Lokuspapier kommen würden?« Dörnberg entschloß sich zur ironischen Plänkelei.

So eine Frage, dachte Wolf Baumert und zuckte die Schultern.

»Na, zum Beispiel, wenn Ihnen irgendeiner das Ding geklaut hat? Manche rennen doch mit Brettern vor der Stirn rum.«

»Muß doch nicht geklaut sein. Kann sich ja irgendwo zwischen anderen Unterlagen verkrümelt haben. Der Kommandeur ließ mir leider keine Möglichkeit zu suchen. Vielleicht hat er nicht mal in seinen eigenen Aktenstücken richtig nachgesehen.«

»Alles ganz biedere Erklärungen, Baumert. Treffen aber nicht den Kern der Geschichte. Lassen Sie sich doch mal was Originelleres einfallen!«

Wie behäbig der Herr sitzt. SD in silberglänzenden Buchstaben auf dem Unterarm hat er nicht, auch nicht RSHA gleich Reichssicherheitshauptamt, weil er ja einen schlichten Kammgarnanzug trägt. Die Spannung in mir ist so übermächtig, daß ich über kurz oder lang durchdrehe.

»Was sind der Herr Tressenträger eigentlich von Beruf?«

»Ich? Schwer zu sagen. Abiturient. Soldat auf unbestimmte Zeit. Kraftfahrer. Was weiß ich. Vieles. Nichts.«

»Abitur, so... Da sprechen Sie mindestens Französisch und Englisch, nicht wahr?«

»Sprechen ist übertrieben.«

»Eine andere Variante: Abgeschossene Piloten der Royal Air Force werden meist von der Résistance hier an der Küste vorwärtsgeschoben. Sollen sogar schon welche wieder rübergekommen sein. Vielleicht das Papierchen als kleines Souvenir mitgegeben?«

Wieder hatte Dörnberg die Schlinge ausgelegt und suchte nach schreckhaften Reaktionen.

»Ich kann mir nicht vorstellen, daß sich ein Pilot eine solche Sprengladung in die Tasche steckt, Sturmbannführer.« Sieht übrigens gut aus. Schwarzes Haar. Weiches Gesicht, Naturtarnung für Schnüffler. Dieses stimmungsvolle Wienerisch, wie Paul Hörbiger.

»Kluges Kind. Unbequemer Untergebener für frischgebackene Vorgesetzte. Schlecht in Stäben zu verwenden.«

»Das sind wohl alle, die schon über vier Jahre lang Kommißpraxis haben.«

»Wer kann eigentlich außer Ihnen an die Verschlußsachen heran?«

»Der Kommandeur und der Adjutant.«

»Hm. Die wissen beide von nichts. Können sie auch nicht.« Plötzlich fiel die Maske. »Wenn ich bis Sonntag nicht weiß, wohin Sie das Zeug geschaukelt haben, übergebe ich Sie der Gestapo zur Sonderbehandlung. Wissen Sie, was das heißt?«

Der Unteroffizier zuckte die Achseln. Gestapo? Ich fresse

einen Besen, wenn dieses Gefängnis hier nicht sowieso ein Reservoir der Gestapo ist. Und du bist auch nicht intelligenter als die anderen. Es soll das sein, was du dir in deinem Kriminalhirn zurechtgelegt hast. Weicht es ab, dann folgt System wilder Mann.

»Ich habe dem Herrn Kriegsgerichtsrat bereits gesagt, daß ich für ein paar Sekunden vom Tisch weg war und...«

»Menschenskind, das weiß ich. Ihre Versuche, andere in die Schußlinie zu bringen, sind läppisch. Mit dem Major zurückgekommen. Der scheidet aus. Sagen Sie selbst: Wollen Sie den Oberleutnant Klasen beschuldigen? Zwei Schritt zum Fenster. In der Zeit kann kein Artist das Papier falten und einstecken. Und der Kradmelder Bünger? Während Sie die Nase auf dem Tisch hatten? Machen Sie mal halblang!«

Baumert schwieg.

Der Sturmbannführer stand auf, groß, schlank. »Ich verspreche, Hackfleisch aus Ihnen zu machen, bevor ich Sie abschiebe!«

Der Unteroffizier preßte die Lippen zusammen.

»Malen Sie sich das in den Grenzen Ihrer Korporalsphantasie aus! Dörnberg hält in solchen Fällen immer, was er verspricht!« Er stieß mit dem Fuß gegen die Blechtür. Dann ratterten die Schlüssel.

Als die Tür zuknallte, brach Baumerts zur Schau getragene Kaltschnäuzigkeit zusammen. Es blieb nichts übrig als ein Scherbenhaufen von Hoffnungen. Und Angst. Nackte Angst. Er hatte das Gefühl, am Rande eines Strudels zu stehen, der mit äußerster Geschwindigkeit rotierte, um ihn steil nach unten zu zerren. Du kommst da nicht mehr heraus, sagte er sich, auch wenn sich Zellentür und Gefängnistor jemals wieder öffnen sollten, bleibt dieser Sog – »Dörnberg hält in solchen Fällen immer, was er verspricht!«

Ein Zivilist mit dem Dienstgrad Sturmbannführer als Vernehmender? Die Leute vom SD tragen doch Uniform. Geheime Stellungsunterlagen englischen Piloten mitgegeben? Jeder könnte das jeden Tag von mir behaupten. Und ich habe kein dickes braunes Brett, auf dem ich sitze, im Gegenteil. Meine ursprüngliche Weigerung, Offizier zu werden, steht jetzt noch mehr im Zwielicht.

Die Wände der Zelle schienen zusammenzurücken, die Luft wegzunehmen, ihn erdrücken zu wollen.

Die Tauben fielen wieder in den Schlag ein. Auf dem Flur waren Geräusche vernehmbar. Zeit zum Mittagessen. Gegenstände und Vorgänge fanden langsam wieder ihre Konturen. Die Augen richteten sich automatisch auf den Spalt unter der Zellentür. Dort hindurch wurde zu jeder Mahlzeit der Blechteller geschoben. Baumert konnte sich nicht entsinnen, etwa bei Fallada gelesen zu haben, daß unter der Zellentür ein solcher Spalt war. In Deutschland kennt man auch kein Stehklosett, dachte er, woanders ist es halt anders. Dieser Flügel scheint wirklich nicht stark belegt zu sein. Die Schritte nähern sich. Jetzt bekommt der Franzose nebenan seinen Napf. Widerliches Geräusch, wenn das Metall über die Fliesen schleift.

»Hallo, Kamerad«, flüsterte es von unten.

Baumert war wie elektrisiert. Starrte zum Schlitz auf der Erde, wo der Rand des Blechtellers zum Vorschein kam.

»Hallo, hören Sie?«

Das ist kein Deutscher. Eine Falle?

»Ja, was ist?«

Der Unteroffizier ließ sich langsam auf das rechte Knie nieder, brachte sein Ohr näher an den geheimnisvollen Spalt.

»Ich habe alles gehört in Zelle. Dann Sturmbannführer reden mit Gestapo. Sprechen von perfekter Spionage. Ganz schlimm. Merken, Adresse für Not: Rue Laplace fünfundzwanzig. Verstehen?«

Baumert nickte, unfähig, einen klaren Gedanken zu fassen.

»Merken: Numéro zwei fünf, n'est-ce pas?«

Dann gingen die Schritte weiter, wenigstens vier oder fünf Zellen nach rechts. Wieder scharrte Metall über Stein.

Rue Laplace fünfundzwanzig. Adresse für Not. Soll ich aufs Kreuz gelegt werden? Er kennt mich. Ich habe ihn nie gesehen, werde ihn vielleicht auch niemals sehen. Oder an ihm vorbeigehen, ohne es zu wissen. Aber ich habe ja kein Wort dazu gesagt. Und der Franzose links hat wahrscheinlich alles mitgehört.

Rue Laplace? Nie gesehen, diese Straße. Und wer ist dort? Adresse für Not. Ich bin jetzt in Not. Und wenn jemand hingeht, der nicht in Not ist? Der nur auf mich wartet, um mich fertigzumachen?

Unteroffizier Baumert wischte sich den Schweiß von der Stirn. Weißkohl oder Fußlappen mit Flöhen. Nicht mal das. Schweinefraß.

Adresse für Not – aber ich komme ja hier nicht mehr raus!

Er kämpfte hartnäckig gegen Aufgeben und Verzweifeln, raffte alle Energie gegen die Hoffnungslosigkeit zusammen.

Die Schlüssel rasselten weiter. Die Tauben stiegen wieder auf. Über der geschlossenen Wolkendecke dröhnten Aufklärer und Bomber.

Sechstes Kapitel

Das ist ja ein Ding!« sagte Hauptmann Alois Altdörfer und sah seinen Adjutanten, den Oberleutnant Eiselt, abweisend an, damit der nicht merken sollte, wie recht ihm das soeben Vorgetragene in den Streifen paßte.

»Ich meine, daß wir als Parteigenossen und Offiziere grundsätzlich verpflichtet sind, eine solche Angelegenheit in Ordnung zu bringen, auch wenn sie nicht in unseren Bereich gehört. Geheime Kommandosache! Andererseits muß man das Vertrauen belohnen, mit dem sich ein Unteroffiziersdienstgrad an uns wendet.« Der Oberleutnant versuchte den Vorgang zu versachlichen.

»Schon richtig, Eiselt, aber was verlangen Sie von mir! In welche Situation bringen wir damit möglicherweise unseren General!« Altdörfer machte nun ein äußerst besorgtes Gesicht. »Überlegen wir alles in Ruhe.«

Eiselt verwendete sich nochmals für den Funkmeister Rohrbeck, weil ihm der Junge sympathisch war, worauf der Hauptmann in Nachdenken verfiel, um Abstand zu gewinnen und dabei seinen eigenen Plänen Gestalt geben zu können.

Der Adjutant hatte der Einrichtung des Kommandeurzimmers durch das Arrangement von Möbeln und Bildern aus dem Fundus des Châteaus eine geschmackvolle Note verliehen. Eiselt lebte in der Musik, immer schwangen Melodien in ihm – wenn er auf Bergriesen schaute oder in die rauschende Salzburger Ache, wenn eine Blume die Knospe öffnete, wenn ein Mädchen ihn küßte. Der einzige Trost im unmusischen Tagesablauf an der Mittelmeerküste war für ihn der Flügel in der Halle des Schlößchens. Hier saß er, wenn der Dienst zu Ende war, und träumte; hier hatte er auf Altdörfers Wunsch schon Konzerte gegeben, an denen der Regimentskommandeur und zweimal sogar General Krusemark teilgenommen hatten. Altdörfer förderte das aus reiner Zweckmäßigkeit: Man mußte sich oben immer wieder nachdrücklich in Erinnerung bringen. Krusemark war vor jedem Konzert unauffällig die Speisenfolge des anschließenden Festessens mitgeteilt worden, das war für ihn das Zugmoment.

»Sie haben mich überzeugt, Eiselt. Ich werde mich für Rohrbeck einsetzen. Unterstellen wir, daß er dieses Entgegenkommen mit gesteigerter Kampfmoral im Einsatz honoriert.«

Der Adjutant war zufrieden und freute sich ehrlich für den Funkmeister und dessen Mädchen. Hinrich Thiel würde das Ergebnis ebenfalls froh stimmen, der war gleichermaßen mit ihm und Rohrbeck befreundet, zu dem er selbst keine sichtbare Verbindung hatte; der halb kasernenmäßige Betrieb brachte mit sich, daß Dienstränge wieder absolute Grenzen waren. Sollte dieser neue Haufen im Osten, auf dem Balkan, in Italien oder wo auch immer zum Einsatz gelangen, würde sich manches schnell verwischen.

»Schicken Sie mir den Funkmeister mal rein. Ich möchte ihm ein paar Fragen stellen.«

Nachdem Rohrbeck eingetreten war und sich zur Stelle gemeldet hatte, zog Eiselt die Tür hinter sich zu. Altdörfer hatte ihn nicht aufgefordert zu bleiben.

»Sagen Sie, in wessen Händen befindet sich zur Zeit das bewußte Dokument?«

»Ich habe es als Durchläufer in die Kladde eintragen lassen und dem Hauptwachtmeister zum Aufbewahren in der Stahlkassette gegeben.«

»Das war klug. Meine Hochachtung als Anwalt. Dann drücken Sie mir und sich selbst den Daumen, damit das Unternehmen in Ordnung geht.«

»Ich bin Herrn Hauptmann sehr zu Dank verpflichtet.« Hans Rohrbeck verzog keine Miene. Von Martina Baumert, der eigentlich Betroffenen, hatte Altdörfer nicht gesprochen. Das war für ihn wie eine rote Leuchtkugel.

»Noch haben wir die Geschichte nicht unter Dach und Fach. Aber es wird sich schon ein Weg finden.« Der Hauptmann nickte Rohrbeck zu und entließ ihn. Während er die Mütze aufsetzte und die Wildlederhandschuhe überstreifte, betrachtete er sich sorgfältig in dem wandhohen Empirespiegel: ovaler Kopf, ganz von dem schmalen Mund beherrscht, die hellblauen Augen kühl, fast ohne Ausdruck. Farblose Wimpern.

Altdörfer runzelte die Stirn. Seit er im Süden war, hatte sich sein Gesicht mit Sommersprossen überzogen. Fast über Nacht, nachdem ihn erstmals die Sonne voll gefaßt hatte. Auch in dem rötlichen Haargewöll im Feldblusenausschnitt braunrote Sommersprossen, im Nacken, am Hals, überall. Ein Adonis bin ich nicht, dachte er, aber in Uniform doch ganz passabel.

Der Hauptmann lächelte sich zu. Für ihn war der Krieg keine verplemperte Zeit. Die Anwaltspraxis in der Kärntnerstraße in Wien lief weiter unter einem ältlichen, von keinem Einberufungsbefehl gefährdeten Vertreter. Die Verbindungen, die er während der Kriegsjahre in höheren Offizierskreisen anknüpfte, waren bereits heute Gold wert. Und Rohrbeck, das Dokument, Martina Baumert? Eine glatte Linie, an deren Ende sein großes Erlebnis stehen würde. Krusemark? Bei den vielen Kenntnissen über ihn aus gemeinsamer Zeit im Osten eine Kleinigkeit. Hier lag ein Fall von hohem Prozeßwert vor, schon gewonnen, bevor die erste Verhandlung stattgefunden hatte.

Der Hauptmann teilte seinem Adjutanten mit, daß man heute nicht auf ihn zu warten brauche; er hoffe, bei der stattfindenden Veranstaltung der Truppenbetreuung in Narbonne den Herrn General zu treffen und im Anschluß Gelegenheit zu finden, mit diesem unter vier Augen in besagter Angelegenheit zu sprechen.

Generalmajor Karlfriedrich Krusemark genoß es, im extravagant eingerichteten Kinosaal ranghöchster Offizier zu sein. Er saß in der vordersten Reihe, links daneben der erste Generalstabsoffizier, Oberstleutnant von Wenglin, die übrigen Herren seines Stabes nach Dienstgraden abgestuft um ihn herum, dahinter das Fußvolk mit und ohne Silber im Kragenspiegel. Auf der anderen Seite des Mittelganges die Herren der Regimenter und der selbständigen Einheiten, auch Marineoffiziere vom Stab des Küstenadmirals. Dann eine Gruppe von Stabshelferinnen, Krusemark kannte sie zur Genüge, sie waren ein paarmal bei Festen des Divisionsstabes zu Gast gewesen – aber was hatte er davon, wenn sich seine Herren mit den Mädchen verlustierten? Ihm legte die Dienststellung in diesem Kreis Fesseln an.

Heute versprach der Abend anderen Zuschnitt. Da hatte die Truppenbetreuung ein verheißungsvolles Ensemble geschickt.

Sabine Seters zum Beispiel, eine bekannte Schauspielerin. Donnerwetter, hatte die eine Figur. Krusemark merkte – und er täuschte sich nicht –, daß ihre Blicke von der Bühne her ausschließlich auf ihn gerichtet waren. General mit Ritterkreuz und Deutschem Kreuz und Ostmedaille, dazu Prägestempel harter Mensuren im Gesicht, Durchzieher auf der linken Hälfte, vor allem um den Mund. War nicht so alltäglich. Mal sehen, gnädige Frau, wie wir das Ding einfädeln werden und so weiter und so weiter. Ist ja verständlich, daß ihr Künstler euch den Frontensembles nur gezwungen zur Verfügung stellt, um bei Goebbels nicht hinten runterzurutschen. Daß man Frankreich bevorzugt und nicht den Osten, wo es kein Hinten gibt und hinten wegen der Partisanen manchmal mehr vorn als vorne ist, versteht sich.

Der General setzte das Monokel wieder ein. Es verdroß ihn einen Augenblick lang, daß die Tränensäcke unter den Augen trotz der täglichen Mühe seines Bademeisters Sengpiel nicht wegzumassieren waren.

In der Pause drehte er sich um, nickte hierhin, dorthin, ließ gelegentlich auch den rechten Unterarm wohlwollend gegen diesen und jenen wippen. Sieh da, auch der Altdörfer hat sich die heutige Attraktion nicht entgehen lassen. Damals in Krakau der einzige von den Überlebenden meines stolzen Artillerieregiments, von dem ich mich verabschieden konnte.

Der General ließ die wesentlichen Stationen der vergangenen Monate noch einmal vorbeiziehen. Von Krakau war er unverzüglich nach Berlin gefahren, um sich beim Heerespersonalamt in der Bendlerstraße zu melden. Oberst Schneidewind teilte ihm dort seine Ernennung zum Artilleriekommandeur mit. Januar vierundvierzig kamen die goldenen Schulterstücke und die roten Streifen an der Hose. Und ein paar Wochen später wurde ihm eröffnet, daß er vom Führer zum Kommandeur einer in Südfrankreich aufzustellenden Volksgrenadierdivision berufen sei. Alles, was von der ehemaligen Rußlanddivision übriggeblieben war, bei der er das Artillerieregiment geführt hatte, wurde ihm zugeleitet, auch Altdörfer, den er sofort zum Abteilungskommandeur machte, um mit dessen Hilfe ständig Einblick in das Regimentsgeschehen zu haben...

Beifall brandete auf. Die Künstler verneigten sich. Immer wieder trafen ihre Blicke bei Karlfriedrich Krusemark zusammen.

»Verzeihung, Herr General. Ich bitte Herrn General gehorsamst, Herrn General heute abend wenige Minuten unter vier Augen sprechen zu dürfen.«

»Schon gewährt, Altdörfer. Freue mich.« Krusemark faßte den Hauptmann um die Schulter, verströmte jene Leutseligkeit, die Altdörfer längst durchschaut hatte, und flüsterte ihm ins Ohr: »Kommen Sie mit rüber ins Hotel zum vorbereiteten Bankett. Müssen mir dabei ein wenig den Rücken frei halten.« Er zwinkerte.

Er hat fast gelbe Augen, dachte Altdörfer. »Danke gehorsamst, Herr General. Darf ich mich ergebenst nach dem Befinden der sehr verehrten Frau Gemahlin erkundigen?«

»Alles bestens. Hat jetzt in der NS-Frauenschaft einen großen Posten erhalten. Äußerst bedeutend!« Der Divisionskommandeur nickte vielsagend.

Altdörfer weidete sich an den Blicken der Umstehenden, die ihn sichtlich um das Wohlwollen des Generals beneideten.

Das Fest war auf dem Höhepunkt, jede Ordnung hatte sich aufgelöst. Sabine Seters – das schien Krusemark trotzdem zu gewagt. Aber da war eine andere, ein Nachwuchstalent mit reizvoller Oberweite und begehrlichen Blicken.

Altdörfer arrangierte das unauffällig: Herr General würde sich glücklich schätzen, mit der gnädigen Frau im Nebensalon ungestört plaudern zu dürfen.

Die Schöne verschwand aus dem Getümmel der Tanzenden, und der General folgte in angemessenem Zeitabstand.

Sekt stand bereit. Die Üppige war für glutvolle Frontkämpferküsse und fand es in der Ordnung, daß der General nach kurzem Gefechtsaufenthalt an der Oberweite seine Rechte ein Spähtruppunternehmen knieaufwärts durchführen ließ. Dann allerdings war sie dafür, das Licht zu löschen...

Der General verließ schließlich recht erhitzt den Plan und hatte es eilig, sich mit seinem Intimus Altdörfer in die Privatgemächer zurückzuziehen. Dort trug der Hauptmann sein Anliegen vor und brachte die vorweggenommene Entscheidung in vorsichtige Beziehung zum mutmaßlich angenehmen Erleben des Herrn Generals an diesem Abend.

Krusemark bemühte Unterlagen aus seinem Hotelsafe. »Schwere Heeresartillerieabteilung eintausendzweihundert...? Werden wir gleich haben... Da ist sie schon.«

Während er auf die Verbindung mit dem Korps wartete, rülpste er vernehmlich, was ihm sichtlich Erleichterung brachte. Dann führte er ein verschlüsseltes Gespräch, notierte Decknamen. Anschließend sah er seinen ehemaligen Adjutanten kopfschüttelnd an. »Es ist doch nicht zu fassen – da sitzt unser Pfeiler oben an der Ornemündung als schwerer Küstenkommandeur!«

Altdörfer war verblüfft. Pfeiler, ältester Abteilungskommandeur des Regiments im Osten. »So ein Zufall.«

»Rufen Sie ihn selbst an. Hier ist der Deckname. Soll dem Geheimsachenjüngling ein bißchen das Fell strammziehen. Kann ich noch etwas für Sie tun?«

»Und die geheime Kommandosache selbst?«

»Geht mit Dienstpost über Division Ic dort rauf.«

Der Hauptmann bedankte sich und versicherte, wie immer Herrn Generals gehorsamster Diener zu sein. Eine Hand wäscht die andere, dachten beide, und Krusemark erwog, seinen alten Adjutanten, nachdem er gewisse Erfahrungen als Abteilungskommandeur gesammelt hatte, zum Divisionsstab zu versetzen.

»Und wie schätzen Herr General die große Lage ein?«

Von Krusemarks Gesicht verschwand die Heiterkeit. »Mein lieber Altdörfer, daß die Alliierten fieberhaft an einer Invasion beachtlichen Stils arbeiten, dürfte unbestritten sein. Ebenso unbestritten ist, daß der Atlantikwall, der vom Eismeer bis zu den Pyrenäen uneinnehmbar werden soll, ich sage, *soll*, bisher Stückwerk ist. Darüber können auch die schönsten Ufa-Wochenschauen nicht hinwegtäuschen. Die Biscayaküste zum Beispiel ist ein regelrechtes Loch in der Natur.«

»Meinen Herr General, daß man durch geniale Führungskunst etwas wettmachen kann?«

Krusemark sah den Hauptmann aus seinen gelben Augen nachsichtig, sogar ein wenig mitleidig an. »Daß es erheblich unterschiedliche operative Auffassungen gibt zwischen Rundstedt und Rommel, pfeifen in höheren Stäben die Spatzen von den Dächern. Zudem scheint Schellenberg über die strategischen Absichten der Alliierten im dunkeln zu tappen. Unsere Luftaufklärung kann schon geraume Zeit nicht mehr die Flak- und Jagdsperre an der englischen Südküste durchdringen. Niederlande? Belgien? Der Kanal an der schmalsten Stelle? Wo ist der Punkt? Weiß kein Mensch. Zwischen Schelde und Normandie ist der vermutete Raum.«

»Und was halten Herr General von Landungen oder größeren Kommandounternehmen in Südfrankreich?«

»Nach dem Verlust Korsikas ist alles einen Zahn mulmiger geworden. Griechenland ist ebenso in Gefahr wie wir. Sie wissen selbst am besten, was wir hier einer Großlandung entgegenzusetzen hätten. Unsere Presse markiert den dicken Wilhelm. Ist noch nicht lange her, da schrieb die Deutsche Allgemeine Zeitung vom Gaukler Montgomery, weil er bei einer Rede den Mund vollgenommen hat. Man möchte alles als Hirngespinste darstellen. Aber Monty hat immerhin Rommel aus Afrika verjagt.«

»Weil ihm die Italiener in den Rücken fielen«, versuchte der Hauptmann zu entkräften.

»Papperlapapp. Was wurde vorher auf und über dem Mittelmeer abgeknallt? Unser Nachschub fiel buchstäblich ins Wasser. Was ist mit unserer Luftwaffe über Frankreich? Haupteinflugraum wird immer mehr die Kanalfront. Schwerpunkte der Luftangriffe gegen Verkehrsanlagen liegen zwischen Calais und Seine. Viermotorige Verbände wurden bereits gegen die Küstenverteidigung angesetzt. Mit Tiefangriffen werden systematisch Brücken und Eisenbahnanlagen besonders im Seinetal zerstört. Wie oft ist in letzter Zeit die Eisenbahnlinie Paris – Le Havre unterbrochen gewesen! In Rouen können Sie nur mit vorsintflutlichen Fähren über die Seine und so weiter und so weiter. Gelang es bisher, Wirkungsvolles dagegen zu tun?«

»Halten Herr General für denkbar, daß der Gegner in Dänemark oder Schweden landet?«

»Müßte mich sehr täuschen, wenn das den Russen erwünscht wäre. Das ist ihr Revier, ebenso wie der Balkan. Die Anglo-

Amerikaner können nur im Westen das Gleichgewicht der Kräfte den Sowjets gegenüber wiederherstellen, möchte ich meinen.«

»Sehen Herr General die seit April bestehende Urlaubssperre im Zusammenhang mit einer unmittelbar bevorstehenden Invasion?«

»Seien Sie nicht naiv, Altdörfer. Natürlich auch das. In erster Linie ging es darum, die Eisenbahn zu entlasten. Die Angriffe haben derartige Streckenschäden verursacht, daß rund achtzehntausend OT-Leute aus dem Atlantikwallbau abgezogen werden mußten. Vor einer Woche wurden durch Bombenwürfe gleichzeitig alle Linien von Italien nach Südfrankreich und von hier zum Reich unterbrochen.«

Altdörfer begann sich darüber zu ärgern, daß er von der Feindlage kaum Konkretes wußte, seit er nicht mehr in unmittelbarer Nähe Krusemarks war. Von Meusel erfuhr er stets nur das Notwendigste. Die vertraulichen Informationen des Generals verursachten ihm tiefes Unbehagen.

»Von der Seinemündung bis Paris gibt es keine Brücke mehr. Können Sie sich die Konsequenzen vorstellen, wenn operative Reserven schnell von Osten nach Westen geworfen werden sollen oder umgekehrt?«

»Sind Herr General der Auffassung, daß auch illegale Organisationen Anteil an dieser Forcierung haben?«

Krusemark tat geheimnisvoll. »Läßt sich nicht alles über einen Leisten schlagen. Da ist zunächst die Armée Secrète mit ihren Beziehungen zu allen eingesetzten französischen Dienststellen. Macht gerade in letzter Zeit durch Aushebung junger Männer von sich reden. Dann gibt es die Action franco-anglaise. Sie sitzt in England und wird von Franzosen gesteuert. Der Intelligence Service hat natürlich ebenfalls eine French Section. Immer wieder wird gemeldet, daß der Verein zerschlagen wurde, nur weil man eine Handvoll englischer Offiziere eingesackt und ein paar hundert MPi erbeutet hat. Sprengstoff und Versorgungsgüter schweben vielleicht diese Nacht, während wir so unerwartet nette Stunden hatten, wieder vom Himmel.«

»Und von den Kommunisten halten Herr General gar nichts?«

Altdörfer war verblüfft.

Der General hatte in zwei große Gläser Kognak eingeschenkt. »Die Kommunisten? Überlappen alles. Sind Spaltpilze, die überall eindringen, überall drin sind. Sie bauen Widerstandsnester aus, haben Verbindungen mit der französischen Polizei. Stellen alle innenpolitischen Gegensätze zurück. Ihnen geht es um die Befreiung Frankreichs von den Okkupanten, wie sie verkünden. Stellen Sie sich diese Frechheit vor: Gestern, in Figeac, hundertzwanzig Kilometer nordostwärts Toulouse, sind erstmalig rund sechshundert Mann dieser Terroristen geschlossen aufgetreten. Mit schweren Waffen und allem Drum und Dran!«

»Das ist nicht allzuweit von uns.« Der Hauptmann spürte, wie das Unbehagen in Angst umschlug; Angst, der bevorstehenden Invasion ebenso hilflos ausgesetzt zu sein wie der Résistance. Kommunisten hatten ihm schon im Osten zu schaffen gemacht, sogar in den eigenen Reihen. Und hier im Westen? Da gab es noch den Oberleutnant Gengenbach, einst Batterieoffizier einer nun nicht mehr existierenden Einheit, deren damaliger Chef zu den Roten übergelaufen war. Wenn so ein Mensch wie Gengenbach, jetzt selbst Batteriechef in seiner neuen Abteilung, Verbindung zu französischen Kommunisten hätte?

Krusemark gähnte. Der Uhrzeiger ging auf zwei.

»Ich darf gehorsamst bitten, mich verabschieden und Herrn General nochmals ergebenst danken zu dürfen.«

»Was wir über eigene und Feindlage gesprochen haben, behalten Sie bitte für sich.« Der General setzte das Monokel sorgfältig ein und blickte forschend in das Gesicht des Hauptmanns. Der ließ die Sporen leicht aneinanderklingen und richtete sich eine Idee höher auf, die Brust mit den Orden wölbend.

Krusemark gähnte schon wieder. »In der Angelegenheit mit der Künstlerin verlasse ich mich wie immer auf Ihre Diskretion.« Seine Stimmlage war noch höher als sonst. »Zu Gegendiensten jederzeit bereit. Und grüßen Sie mir den alten Pfeiler und so weiter und so weiter.«

Als Altdörfer die Straße nach Coursan zurückraste, dachte er daran, daß es keineswegs verwunderlich wäre, wenn vor ihm Granatwerfergeschosse detonieren oder ein MG losbellen würden. Verdammter Mist. Woran konnte man eigentlich einen französischen Kommunisten erkennen? Unter den Sternen waren die Flugbahnen der Maschinen mit der britischen Kokarde oder dem US-Stern. Agentenabsprünge, Munitionsbevorratung, Funkstationen, alles regnete vom Himmel, und bei Organisation und Einsatz hatten die Roten so oder so die Hände im Spiel.

Es war nicht einmal ein Trost, den Obergefreiten Seehase neben sich am Lenkrad zu wissen. Ein guter Fahrer, der für Sicherheit im Gelände garantierte. Er hatte ihn Gengenbach vor zehn Tagen abgehängt, obwohl die ein Herz und eine Seele waren. Den Papieren von der Ersatzabteilung und der Beurteilung war nichts über seine politische Vergangenheit zu entnehmen. Aber den brauchte man nur anzusehen, um zu wissen, daß aus Berlins Norden immer nur Rotes kommen konnte. Das gleiche Gesindel wie in Wien. Verkehrsstreiks. Demonstrationen mit gereckter Faust: Rot Front! und: Heil Moskau! Saalschlachten und Arbeitslose. Dieser Seehase stand vermutlich, wenn es ernst wurde, auf der anderen Seite.

Altdörfer atmete auf, als sie endlich die zweite Panzersperre passiert hatten, die nächtlichen Umrisse des Küstenstädtchens sichtbar wurden und die Straße nach La Vistoule vor ihnen lag.

Die Stimme am Klappenschrank in Narbonne war fremd. Um so besser. Es dauerte fast eine halbe Stunde, bis er die Einheit von Major Pfeiler am Apparat hatte. Und es dauerte noch einmal fünf Minuten, bis Pfeiler selbst sprechbereit gemeldet wurde. Die Verständigung quer durch das Land war gut, weil die französischen Verstärkerämter gut waren.

»Falls Sie ahnen sollten, Herr Major, wer mit Ihnen spricht, haben Sie bei mir einen Wunsch offen.«

»Um drei Uhr morgens kann das ja wohl nur ein schlechter Scherz sein.« Es klang verdrossen.

»Außerdem soll ich Ihnen Grüße von General Krusemark ausrichten.«

»Diese Stimme kenne ich doch! Spreche ich mit Oberleutnant Altdörfer?«

»Ein bißchen lange hat es ja gedauert. Hier spricht tatsächlich Altdörfer, Hauptmann und Abteilungskommandeur.«

»Mensch, Altdörfer, gratuliere, gratuliere! Wußte immer, daß Sie schnell Karriere machen würden. Aber was verschafft mir mitten in der Nacht dieses unerwartete Vergnügen?«

Der Hauptmann deutete mit gebotener Vorsicht und ausreichender Tarnung an, daß ein gewisses, von Pfeiler wahrscheinlich schon arg vermißtes Schriftstück sichergestellt sei. Übermorgen könne es per Dienstpost wieder im zuständigen Gewahrsam sein.

»Was? Mensch, Altdörfer! Bedanke mich wie noch nie! Trinke vom besten Tropfen auf Ihr Wohl!«

»Und wie geht es sonst? Seit dem Frühwinter dreiundvierzig nicht mehr gesehen.«

Pfeiler verbreitete sich, daß der große Ärger mit einem mittelmäßigen Ärger in einer Batterie begonnen habe. »Unmöglicher Chef dort. Alter Knispel. Zum Auswachsen. Früher hätten Sie als Adjutant in solchem Fall sofort für Ablösung und Ersatz gesorgt. Haben Sie nicht was für mich?«

Altdörfer fühlte sich geschmeichelt. Mit einemmal kam ihm ein Gedanke. Das wäre eine Gelegenheit. *Die* Gelegenheit! Eigentlich müßte Krusemark das ohne Schwierigkeit möglich machen. »Ich hätte vielleicht jemanden für Sie, der nach Ihrem Geschmack wäre. Aus reiner Kameradschaft, versteht sich. Und ohne jeden persönlichen Vorteil.«

»Machen Sie's nicht so spannend, Altdörfer.«

»Erinnern Sie sich noch an Leutnant Gengenbach von der Sechsten?«

»Selbstverständlich! Hat doch wohl die Batterie während Helgerts Abwesenheit längere Zeit ordentlich geführt.«

»Ist bei mir Oberleutnant und Batteriechef. Könnte ich im Austausch abgeben.«

Am anderen Ende der Leitung wurde es still. Pfeiler witterte offensichtlich etwas. Merkte, daß er mit einem Weggelobten bedacht werden sollte.

»Damit keine Mißverständnisse entstehen: Es fällt uns nicht leicht, einen osterfahrenen Batteriechef abzugeben, aber ich kann mir einstweilen aus eigener Kraft helfen. Eine ausgesprochene Gefälligkeit für einen in Verdrückung befindlichen älteren

Kameraden, um es noch einmal zu betonen. Außerdem weiß ich Gengenbach bei Ihnen in besten Händen.«

Pfeiler schien nunmehr überzeugt. »Gengenbach findet bei mir sogar Männer seiner ehemaligen Batterie. Wird ihn notfalls trösten. Ich kann die Versetzung Müllers in wenigen Stunden klären. Wäre Ihnen das ebenfalls möglich?«

Und ob, dachte Altdörfer und hatte Krusemarks »Zu Gegendiensten jederzeit bereit!« im Ohr. »Ich denke, schon. Werde Sie gegen zehn Uhr wieder anrufen.« So lange schläft der Alte bestimmt, vermutete er.

»Weiß nicht, wie ich danken soll!«

»Und dem Briefschreiber geben Sie eins auf den Hut!« Womit Altdörfer die Empfehlung Krusemarks weitergeleitet hatte und den Hörer befriedigt auflegte. Der große Hauptmann hatte mit dem kleinen Major gesprochen. Und nun wird folgendes geschehen, dachte er: Mit dem Abendzug von Marseille über Narbonne und Le Mans wird Gengenbach auf Nimmerwiedersehen verschwinden. Dann bin ich den letzten los, der mit Sicherheit weiß, daß ich im Februar dreiundvierzig das EK eins ein wenig überstürzt bekommen habe, weil Krusemark es aus Zweckmäßigkeitsgründen so wollte. Außerdem hat Helgert diesem Gengenbach wahrscheinlich nicht nur davon, sondern auch von den Genickschüssen, damals südlich Kotelki, erzählt. Es handelte sich zwar nur um verwundete Russen, aber wer weiß... Der morgige Tag soll dann Martina gewidmet sein. Und sie wird künftig in ihrer Abhängigkeit viel Zeit für mich haben. Natürlich darf sie erst von der Regelung der Angelegenheit erfahren, wenn einige Bedingungen erfüllt sind.

Der Hauptmann Alois Altdörfer rieb sich die Hände und beschloß, sich vor dem Einschlafen auszumalen, wie das vor sich gehen könnte...

Siebentes Kapitel

Hinrich Thiel blickte fasziniert in das Meer von Licht. Nördlich Cap Agde hob sich der Sonnenball über die dunklen Pinienwälder. Irgendwo dahinter lagen Marseille, Toulon, die Riviera, Nizza, Monte Carlo. Und Italien mit seinen Auszehrungskämpfen. Die Alliierten banden dort Kräfte der Wehrmacht und verhinderten, daß Atlantik- und französische Mittelmeerfront verstärkt werden konnten.

Der Leutnant löste sich gewaltsam von diesen Erwägungen und ließ den Motor warmlaufen.

»Na, Gerhard! Wieder nichts mit Ausschlafen? Aber dafür wirst du Erstaunliches erleben und vorgesetzt bekommen, heute, am Freitag, den wir als Sonntag organisiert haben.«

Über das Gesicht Oberleutnant Gengenbachs zog sich ein Lächeln. »Bin wirklich neugierig auf deine Freunde.«

»Sagen wir: Jagdpartner.«

»Auch gut.«

Thiel begann zu erzählen, wie ihm Raynaux das erstemal begegnete. An einem Märzmorgen ließen ihn die Wildenten nicht auf Schußentfernung herankommen. Er dachte an Graupen oder weiße Bohnen, die mittags seinen Heldenmut kräftigen sollten, und kroch grimmig weiter durch das Riedgras. Ein Erpel pflegte sein Gefieder. Als die Schrotkugeln einschlugen, war der Schwimmvogel verschwunden. Thiel sprang auf, um die Beute zu sichern, rannte, rutschte aus, fluchte und sah verblüfft, wie ein glatter rehbrauner Dackel davonsauste, seinen Erpel im hocherhobenen Fang. Dann hörte er eine Männerstimme laut, energisch, beschwörend und zuletzt bittend den Hund auffordern zu apportieren. Der Mann stellte sich als Max Raynaux vor und erklärte, daß sein Hund ebenfalls Max heiße, für dessen unweidmännisches Verhalten er um Entschuldigung bitte. Raynaux war ein kleiner Pächter zwischen La Vistoule und Valras-Plage, vierzig an der Marne verwundet und seitdem Invalide. Ein leidenschaftlicher Jäger. Aber seine beiden Jagdwaffen mußte er nach Einrücken der Deutschen auf der Kommandantur in Narbonne abliefern. Merde.

Thiel eiste die Flinten aus dem Gewahrsam los und war seitdem öfter mit Raynaux und dem Dackel Max morgens durch Buschwerk und Wiesen gepirscht. Er folgte auch einer Einladung in Raynaux' Haus, weil der Franzose interessant und wissensreich zu plaudern verstand und Madame aus dem wenigen Verblüffendes zubereitete. Seitdem hatte sich eine gewisse Regelmäßigkeit ihrer Begegnungen eingestellt.

Der Oberleutnant sah nach Cap Agde hinüber. Seine Stirn kerbte eine tiefe senkrechte Falte.

Thiel dachte wieder daran, wie er Gengenbach von Paris berichtet hatte: Begegnung mit Denise im Lido, der aufdringliche Grapenthin, nächtliche Begleitung bis vor ihre Haustür. Sehr schöne Grüße für Herrn Gengenbach, er ist ein guter Mensch. Alles. Nichts weiter. Dabei hatte Thiel in jener Nacht und während der vielen Stunden der Rückfahrt ans Mittelmeer die feste Absicht, zu seinem Freund Gerhard ehrlich zu sein, offen, denn er nahm ihm nichts weg, die Liebe nicht und das Mädchen nicht. Dann hatte er Gengenbach gegenübergestanden und kein Wort davon über die Lippen gebracht. Es blieb bei den herzlichen Grüßen und dem Unausgesprochenen, das zur Lüge wurde. Gengenbachs Gesicht hatte Dank gelächelt und Freude, aber sein Blick, so schien es Thiel, blieb abwartend.

Morgen oder vielleicht noch heute, dachte der Leutnant.

Die Tür des kleinen Landhauses öffnete sich, und Max Raynaux erschien, auf dem Kopf die unvermeidliche schwarze Baskenmütze, im Gesicht ein fröhliches Lächeln. Er trug ein längliches Körbchen aus Rohrgeflecht, mit schneeweißer Serviette zugedeckt.

»Messieurs, ich bin glücklich, daß Sie mir die Gelegenheit geben, Sie zu einer einmaligen Jagd zu führen. Des canards et des poissons! Beide sehr gut im Geschmack jetzt. Vor allem die Wildenten. Nicht so fett wie im März, wenn sie aus Afrika kommen, um hier noch einmal Zwischenstation für die große Reise nach Zentraleuropa zu machen. Und die Süßwasserfische aus den Étangs!« Er verdrehte genüßlich die Augen.

Sie begrüßten einander, Thiel stellte vor, Raynaux stieg umständlich ein.

»Und Sie haben die Flinten nicht vergessen?«

»Liegen neben Ihnen, Herr Raynaux.«

Der strahlte und streichelte die Schrotläufe.

Thiel gab Gas. Die Nebelstreifen krochen in Täler und Wiesensenken. Der Hochsommer krallte sich bereits jetzt, morgens um fünf, in das dürstende Land. Sie fuhren in Richtung Béziers, von dort ostwärts die Straße nach Cette, wechselten aus dem Departement Hérault nach Gard. Überall zwischen Meer und grünem Land die Étangs, seltsame Küstenseen, oft nur durch wenige Meter Sandstreifen voneinander getrennt. Die Eisenbahnlinie von Avignon über Nîmes, Montpellier nach Narbonne führte hier kilometerweit über einen solchen schmalen Streifen.

Raynaux wies den Weg. Sie verließen die Hauptstraße, nach kurzer Zeit auch eine Chaussee dritter Ordnung und näherten sich flachen, mit Schilfrohr gedeckten Hütten.

Der Leutnant entsann sich des Gesprächs zwischen Grapenthin und Dörnberg in Paris: Mitte Mai wurden die Überflutungen in den besonders gefährdeten Strandabschnitten am Kanal abgeschlossen. Zwei Drittel mit Meeres-, ein Drittel mit Süßwasser. Annähernd eineinhalb Milliarden Kubikmeter Wasser waren auf eintausend Quadratkilometer Boden an der Dives, der Vire und auf der Halbinsel von Cherbourg angestaut und hatten gewissermaßen künstliche Étangs gebildet. Ein Riegel um Hoek van Holland sollte später noch geflutet werden. Im Norden waren zudem ganze Wälder abgeholzt worden, die Stämme blieben einige Meter hoch stehen. Der Landser nannte diese wie künstlich eingerammten Pfähle mit und ohne Minenbestückung Rommelspargel, tödliche Gefahr für Fallschirmspringer und Lastensegler. Hier im Süden war nur das Rhônedelta überschwemmt und nahezu unpassierbar, aber der eigene Abschnitt wies keinerlei künstlich geschaffene Schutzzonen gegen alliierte Luftlandungen auf.

»Messieurs, wir sind am Ziel.« Max Raynaux dirigierte den Wagen in den Schatten einer allein stehenden Fischerhütte.

Ein Mann mittleren Alters in weiten blauen Marinehosen und gleichfarbigem Rollkragenpullover näherte sich, sein dunkelhäutiges Gesicht war mit einem martialischen Schnurrbart verziert. Hinter ihm tauchte eine füllige Frau auf, das schwarze Haar in Form eines straffen Knotens auf dem Scheitel balancierend. Gengenbach konnte sich nicht entsinnen, in seinem Leben jemals einen solchen Bartansatz im Antlitz einer Frau gesehen zu haben.

Während die Schwarzhaarige Raynaux mit einem begrüßenden Redeschwall in schwerverständlichem Patois überfiel und ihn dabei auf beide Wangen küßte, machte sich Monsieur Pierre Duval, der Fischer, schweigend daran, die mitgebrachten Flinten in seinem geteerten Kahn zu verstauen. Dann band er ihn los und verharrte auf dem kurzen Steg.

Die beiden Offiziere legten Mütze und Koppel ab, und Thiel schob wie immer seine Pistole unauffällig in die Hosentasche. Unterdessen inspizierte Frau Duval den Inhalt des Körbchens, stieß hohe Entzückensrufe aus und beschwor Monsieur Raynaux, bei seiner Rückkehr Madame Dank und Hochachtung auszusprechen. Dieser Tag werde ihr gewiß unvergeßlich bleiben, obwohl Krieg sei, wofür die deutschen Herren natürlich nichts könnten.

Der Kahn glitt geräuschlos durch das ruhige Wasser. Raynaux ruderte, Duval stand aufrecht am Heck und steuerte. Plötzlich verharrte er, zeigte zu einer kleinen schilfbewachsenen Ausbuchtung und nickte Thiel zu. Dort gründelten zwei graubraune Enten. Thiel hob die Flinte. Fünfzig Schritt etwa. Sein linkes Auge schloß sich langsam, dann brach der Schuß. Flatternd strichen die beiden Vögel ab, zogen eine Schleife und verschwanden mit hastigem Flügelschlag zum anderen Ufer hinüber.

Raynaux wechselte mit Duval einen kurzen Blick, zu dem ein winziges, aber freundliches Lächeln gehörte. »Grand malheur, monsieur. Verzeihen Sie mir den Vergleich: wie die deutsche Fliegerabwehr am Pas de Calais.« Er nahm die Baskenmütze vom Kopf und verneigte sich.

Gengenbach lachte unwillkürlich. Der Bursche machte ihm Spaß. Mußte doch mächtiges Vertrauen zu ihnen haben.

Raynaux ruderte weiter. Im Wasser wurden gelegentlich graugrüne Rücken großer, fast einen Meter langer Fische sichtbar.

Jetzt griff Duval zur anderen Flinte. Über den See kamen von Süden her drei Enten, tief gestaffelt. Der Doppellauf folgte ihnen. Dann knallte es trocken zweimal hintereinander. Schwerfällig torkelte der erste, dann der hintere Schwimmvogel aus der Bahn, sie stürzten, klatschten auf die winzigen Wellen. Das Boot drehte ein. Man barg die Beute.

»Londoner Flak!« Thiel grinste und spürte eine seltsame Verbundenheit mit den beiden Franzosen.

Duval ließ das Netz langsam hinter dem Kahn ausgleiten, kleine Korkstücke markierten die Position. Er widmete sich nun nur noch den Fischen.

Gengenbach traf einen rotschillernden Erpel und nannte ihn halblaut Alois. Immer mehr Enten flogen an, flatterten nieder, stapelten sich. Max Raynaux versorgte Offiziersmesse, eigene Küche und seinen Freund Pierre für die nächste Dekade.

Allerlei fand sich im Netz. Duvals Frau hatte im Mittelraum der Hütte einen großen Kessel an Ketten über offenem Feuer aufgehängt, darin brodelte es bereits. Mit schnellen Griffen ausgenommene kleinere und mittlere Fische wurden in das kochende Wasser geworfen. Mit Knoblauch eingeriebene Brotscheiben verschwanden ebenfalls im Dampf. Die Hausfrau ließ nicht alle verwendeten Gewürze sehen.

»Bouillabaisse!« raunte Raynaux und verdrehte die Augen.

Der Fischer hängte die Eingangstür der Hütte aus und legte sie auf zwei Böcke. Emailleteller, ein paar Schälmesser. Raynaux brachte Servietten für die beiden Deutschen, stellte fünf Gläser hin und entkorkte die erste Flasche Apéritif Byrrh. Man stieß an. Dann nahm Duval den Kessel vom Feuer und füllte mit einer langen hölzernen Schöpfkelle die Teller.

Gengenbach bestätigte, eine in dieser Art zubereitete Fischsuppe nie gekostet zu haben. Es schmeckte ihm vorzüglich. Thiel schüttelte verwundert den Kopf. Wie war es möglich, mit so einfachen Mitteln und Zutaten einen solchen Wohlgeschmack zu erzeugen?

Mit einem schmalen abgewetzten Messer spießte Duval Fische aus der Brühe. Für Madame war das kurze Messer verwendungsfähig wie ein kompletter Bestecksatz.

Eine zweite Flasche wurde entkorkt. Die Zungen lockerten sich. Die Franzosen bevorzugten schwarze Zigaretten.

»Nun, wie befinden sich die Herren? Habe ich zuviel versprochen?«

»Es war eine glänzende Idee mit den Flinten, Monsieur Raynaux. In der Diplomatie sagt man wohl: zu beiderseitigem Vorteil.«

»Den Nachteil haben lediglich die Gejagten – wie immer.«

»Solange es sich nur um schmackhafte Schwimmvögel handelt«, meinte Thiel.

»Ich glaube, die Deutschen gehen schweren Zeiten entgegen. Werden Gejagte auch hier.« Duvals Gesicht war ernst.

»Glauben Sie, daß Ihnen bessere bevorstehen? Wenn es tatsächlich knallt, ist die Zivilbevölkerung immer am meisten betroffen.« Gengenbach sah den Ringen seines Zigarettenrauchs nach.

Thiel räusperte sich, ehe er sprach. »Falls es uns wider Erwarten eines Tages hier nicht mehr geben sollte, könnten Ihre Landsleute auf die Idee kommen, Sie als Kollaborateure zu behandeln, weil wir zusammen auf Jagd gegangen sind und des öfteren miteinander diskutiert haben. Ist es so, Monsieur Raynaux?«

Der Angesprochene lächelte. »Da wäre vorerst der Begriff Kollaboration zu definieren. Ich rede wie immer ganz offen, Monsieur Thiel. Vor dem September neununddreißig haben nicht wenige bürgerliche Zeitungen bei uns geschrieben: Lieber Hitler als die Volksfront! Dann kam der Mai vierzig. Unsere Plakate an allen Straßenecken behaupteten: Wir werden siegen, weil wir die Stärkeren sind!«

»Ich weiß, ich habe noch eins davon in Paris gesehen.«

»In sechs Wochen«, fuhr Raynaux fort, »war die französische Armee mit rund fünf Millionen Mann am Ende. Es blieb das angeblich freie Frankreich in Vichy mit Pétain und Laval, und es blieb das besetzte mit Zähneknirschenden und Verrätern. Unsere Konzernherren und Industriemagnaten wetteiferten in der Kollaboration. Und sie beteiligten sich mit den Deutschen zusammen an der Jagd auf französische Patrioten. Die politische Polizei, die Renseignements Généraux, arbeitete sofort für die

Besatzungsmacht. Ergibt dieses Bild nicht andere Fronten als jene behaupteten: hier Franzosen – dort Deutsche?«

»Haben Sie keine Bedenken, Raynaux, daß Sie mit solchen Bemerkungen an die verkehrte Adresse kommen könnten?« Gengenbach wunderte sich.

»Mein Freund Max erzählte mir, daß Sie ein Angestellter sind, nicht sehr gut bezahlt. Und Herrn Thiels Vater ist kleiner Handwerker in einer Fabrik?« sagte Duval wie nebenbei.

»Was hat das damit zu tun?« fragte der Leutnant.

»Die Klassenfrage ist international, es gibt sie rechts und links des Rheins.« Max Raynaux goß erneut ein.

Frau Duval rumorte in der Hütte mit Kupferpfannen und Abwaschwasser.

»Wenn ich recht verstehe, sehen Sie uns vier gewissermaßen in einer Linie? In gleicher Frontstellung?« Gengenbach war verblüfft.

»Ich meine, der Lauf der Welt geht dorthin. Was kommen muß, läßt sich nicht aufhalten«, sagte Raynaux.

»Sie schätzen die Deutschen nicht sonderlich?« fragte der Oberleutnant unsicher.

»Haben Sie nie von Deportationen gehört? Von Folterungen? Erschießungen? Sahen Sie nicht gelegentlich in L'Œuvre die Bekanntmachungen des Militärkommandanten über Geiselerschießungen? Ich gebe zu, daß es für uns Franzosen besonders schmerzhaft ist, daß auch eigene Richter im Auftrag des Innenministers Darnand für die Besatzungsmacht Todesurteile über französische Patrioten verhängen und vollstrecken lassen.« Raynaux sprach voller Verachtung.

Darnand, dachte der Leutnant. Denise Darnand, geliebte Frau, du liebst glühend dein Vaterland und trägst den gleichen Namen wie der zur Zeit am meisten gehaßte Franzose.

»Dann haben sich die Betroffenen wahrscheinlich gegen Anweisungen der Militärverwaltung vergangen!« Gengenbach wehrte sich dagegen, politisch in die Enge getrieben zu werden.

»Würde Ihr Volk nicht ebenfalls um seine Freiheit kämpfen, wenn *Ihr* Land besetzt wäre?« fragte Duval.

»Das Deutsche Reich will die Befriedung der besetzten Gebiete.

Die Westmächte haben uns diesen Krieg aufgezwungen.« Gengenbach spürte die Brüchigkeit seiner Argumente.

»Glauben Sie noch immer daran? Und was war am zweiundzwanzigsten Juni einundvierzig – auf den Tag genau ein Jahr nach unserer Kapitulation?«

»Lassen wir den Osten mal aus dem Spiel«, versuchte der Oberleutnant auszuweichen. »Wären die Amerikaner im November zweiundvierzig nicht in Nordafrika gelandet, hätten Sie hier in Südfrankreich die Unbequemlichkeiten einer Besetzung nicht zu erleben brauchen.«

»Ich war damals bei der Flotte. Sie hat sich vor Toulon selbst versenkt«, warf Duval ein.

Thiel ertappte sich dabei, daß er eine Zigarette nach der anderen rauchte. »Ich habe mir die Reede mal angesehen. Einiges an Schornsteinen und Aufbauten ragt da aus dem Wasser.«

»Frankreich wird noch mehr Opfer bringen müssen...« Schweigen breitete sich nach dieser halblauten Feststellung von Max Raynaux aus.

»Ich weiß, die Maquisards. Besonders die Kommunisten.« Der Leutnant hatte das Gespräch zwischen Grapenthin und Dörnberg in Paris noch im Ohr: Beide waren besorgt gewesen, weil die Aktionen immer umfassender wurden.

»Man spricht davon«, wich Raynaux aus.

»Ein Teil führender Kommunisten wurde sofort verhaftet, das ist bekannt. Stülpnagels Dekrete sind unmißverständlich.« Duval ging ins Haus und kam mit einem vergilbten Plakat zurück, das offenbar irgendwo abgerissen worden war. Sie übersetzten gemeinsam: »Da die Kommunistische Partei aufgelöst ist, ist jede kommunistische Tätigkeit in Frankreich verboten. Wer kommunistische Propaganda macht oder zu machen versucht, kurz, wer in irgendeiner Weise kommunistische Umtriebe begünstigt, ist Deutschlands Feind. Der Schuldige ist der Todesstrafe gewärtig, die von einem deutschen Militärgericht verhängt wird. Jeder, der sich im Besitz eines deutschfeindlichen Flugblattes befindet, hat es unverzüglich der nächsten deutschen Militärbehörde abzuliefern. Zuwiderhandelnde erhalten Strafen bis zu fünfzehn Jahren Zwangsarbeit.«

Und sie tun es dennoch, dachte Gengenbach. Für wen eigentlich? Für die aufgelöste Partei? Was heißt aufgelöst? Irgendwo existiert ihre Führung. Für eine Idee? Die der Französischen Revolution? Des Weltkommunismus? Für ihre Klasse? Raynaux hat sich da vorhin recht klar ausgedrückt. Auf jeden Fall für Frankreich. »Es ist interessant, auch die Meinung der anderen Seite in Ruhe und leidenschaftslos anzuhören«, sagte er vermittelnd.

»Interessant?« Raynaux' Stimme war bitter.

»Erwarten Sie mehr von uns?«

»Man könnte sich denken, daß es irgendwann eine zweite Front gibt, und sollte sich auf die Konsequenzen einstellen.« Duval sah über den in der Mittagshitze unbeweglichen Spiegel des Étang.

»Die Westalliierten haben sich bis jetzt für Frankreich kein Bein ausgerissen, und die Hoffnungen des Durchschnittsfranzosen sind auf Null gesunken. General de Gaulle begnügt sich einstweilen, über BBC vom tapferen Durchhalten plaudern zu lassen«, sagte Gengenbach.

»Vergessen Sie nicht, daß es eine Antihitlerkoalition gibt«, warf Raynaux ein.

Gengenbach und Thiel blickten sich an. »Antihitlerkoalition? Nie gehört. Meinen Sie den Kriegspakt zwischen den Westmächten und den Russen?« fragte Gengenbach.

»Dieser Koalition gehören seit Januar zweiundvierzig meines Wissens sechsundzwanzig Staaten unterschiedlicher politischer Konzeptionen an.«

»Und die Ziele?« Thiel war gespannt.

»Das liegt auf der Hand. Alle drängenden politischen und militärischen Fragen gemeinsam lösen.«

»Also Deutschland in die Knie zwingen«, sagte der Leutnant und wehrte sich innerlich dagegen.

»Die Angriffe der faschistischen Mächte abwehren und zerschlagen, weil die Achse Berlin–Rom–Tokio die nationale Freiheit vieler Völker bedroht. So heißt es.«

»Sie glauben doch nicht ernsthaft, Raynaux«, sagte Gengenbach, »daß die entgegengesetzten politischen Interessen des

Kremls und des Weißen Hauses unter einen Hut zu bringen sind.«

»Es muß doch wohl so sein, sonst hätten sie ihre militärischen Anstrengungen nicht auf ein gemeinsames politisches Ziel vereint«, antwortete Duval.

Die beiden Deutschen fühlten deprimiert, wie wenig sie in der Politik Bescheid wußten.

Max Raynaux und Pierre Duval waren fest davon überzeugt, daß der Sozialismus die Kraft ist, der Menschheit weitere Kriege zu ersparen und jedem einzelnen zum Glück zu verhelfen. Sie verfügten über ein solides theoretisches Wissen und kannten entscheidende internationale Zusammenhänge:

Die amerikanischen und die englischen Imperialisten hatten Interesse an der Antihitlerkoalition, weil sie gleichermaßen den faschistischen Kriegsmaschinen ausgesetzt waren und die japanische wie die deutsche Konkurrenz auf dem Weltmarkt endgültig ausschalten wollten.

Die Sowjetunion war an dem Bündnis interessiert, weil sie den unmittelbaren Angriff des Rammbocks des Weltimperialismus durchzustehen hatte, weil sie nicht nur die nationale, sondern auch die physische Existenz vieler Völker bedroht sah und diese Koalition nach den Leninschen Prinzipien der friedlichen Koexistenz über den Krieg hinaus als Basis für den Frieden einschätzte.

Aber noch stand die militärische Bewährungsprobe den Westalliierten bevor, und auch die vier Männer in der Mittagssonne am glitzernden Étang würden dann so oder so betroffen sein. Seitdem es dieses Wort »so oder so« gab, bedeutete es immer: Bomben, Granaten, Vernichtung. Und dagegen standen: Bomben, Granaten, Vernichtung.

»Auf Ihr *persönliches* Wohl, Messieurs!« Max Raynaux hob sein Glas.

Sie tranken schweigend.

Frau Duval ging zu einem viereckigen Bassin und fing geschickt mit dem Köcher eine Anzahl mittelgroßer Aale. »Für Madame!«

Dann rollte der Wagen nach Westen. Die Nachmittagssonne

strahlte, als wollte sie diesen Ferientag auch atemberaubend schön ausklingen lassen.

»Ich denke, wir haben unser Gespräch bereits vergessen«, meinte Raynaux leichthin, als sie sich voneinander verabschiedeten.

Hauptmann Alois Altdörfer stand vor dem hohen Spiegel, der gewiß einmal untadelig war, als der angestammte Herr auf La Vistoule ihn fertigen und im Ankleidezimmer anbringen ließ. Jetzt wirkte das Glas mattiert, durchzogen von dunklen Schrunden. Neben dem Spiegel hing eine gerahmte Zeichnung, »Die Besichtigung«: Einem großmächtigen Admiral mit steil erhobener Nase folgt ein Rattenschwanz von militärischen Würdenträgern, jeweils um einen Dienstgrad subalterner und devoter.

Der Hauptmann stieß ein kurzes meckerndes Lachen aus, als er im Geiste allen Figuren bekannte Köpfe aufsetzte: General Krusemark an der Spitze, gefolgt von Wenglin, Meusel und Grapenthin. Da war auch eine maßstabgerechte Altdörfer-Analogie, Eiselt und Thiel im Gefolge. Er mußte noch einmal lachen, wie gestoßen und ohne Willen, blickte sich dann mißbilligend ins gespiegelte Antlitz. Dieses verdammte meckrige Lachen, schon von Kind auf. Wie albern, unseriös und vor allem unmännlich es sich anhörte! Seit Monaten übte er emsig ein sonores, überzeugendes, überlegenes Lachen, wohlklingend, verschönend.

Der Hauptmann lachte, verhalten zunächst, die Lippen nur wenig geöffnet; dann kräftiger, mit einem Schuß Laune, schließlich über tiefe gewinnende Herzlichkeit bis zur vollen Kasinolautstärke. Dabei überprüften seine kalten Augen aufmerksam den Ablauf und die exakte Wiederholung.

Der Kognak beim General war gut gewesen, aber er hatte vorher entschieden zuviel Sekt getrunken. Jetzt tat ihm der Kopf weh. Auch so ein Punkt: Er vertrug nichts. Immer wieder mußte er einen neuen Dreh finden, um bei Saufabenden mit Anstand Dispens zu erhalten.

Noch eine Serie vom Schmunzeln zum Lachen. Er würde heute einiges davon anwenden.

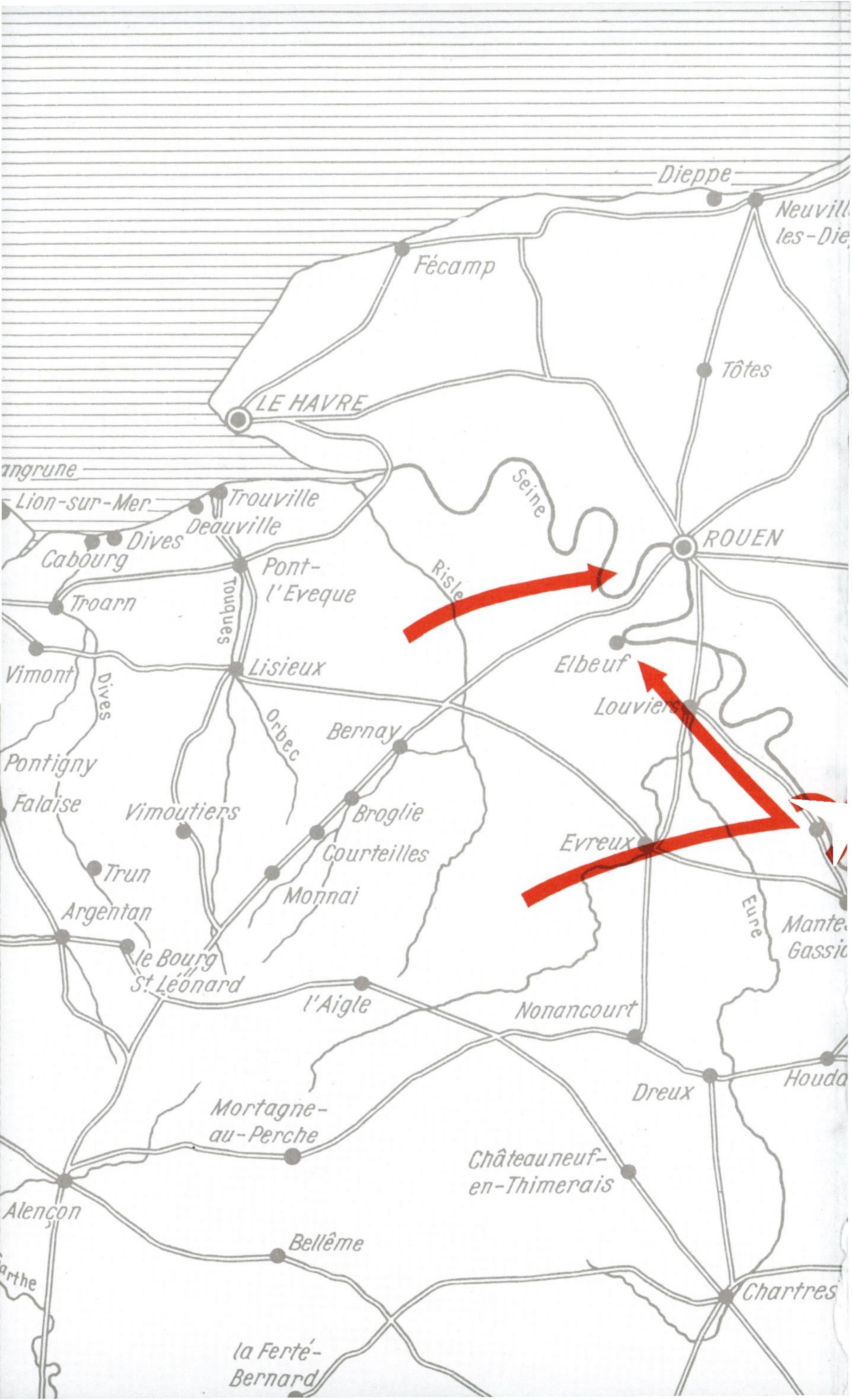

Dieppe
Neuvill
les-Die
Fécamp
Tôtes
LE HAVRE
angrune
Lion-sur-Mer
Trouville
Deauville
Seine
ROUEN
Dives
Cabourg
Pont-
l'Eveque
Risle
Troarn
Touques
Elbeuf
Vimont
Lisieux
Dives
Louviers
Orbec
Bernay
Pontigny
Falaise
Vimoutiers
Broglie
Evreux
Courteilles
Trun
Monnai
Eure
Argentan
Mante
Gassic
le Bourg
St Léonard
l'Aigle
Nonancourt
Houda
Dreux
Mortagne-
au-Perche
Châteauneuf-
en-Thimerais
Alençon
Bellême
arthe
Chartres
la Ferté-
Bernard

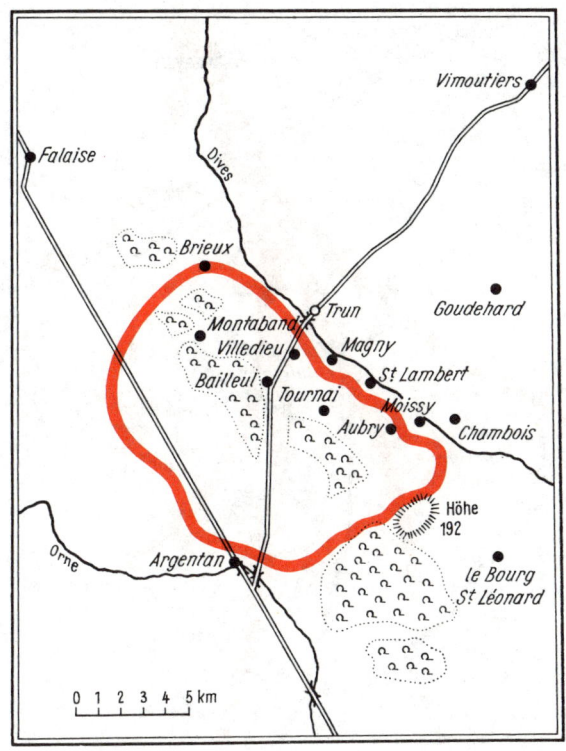

Der Kessel von Falaise

Die Karte am Anfang des Buches (Maßstab 1:1050000) zeigt die Calvadosküste und die Halbinsel Cotentin in der Normandie mit den Landeabschnitten der Westalliierten am 6. Juni 1944: Utah, Omaha, Gold, Juno und Sword; sie ermöglicht einen Überblick über die geschilderten Kampfhandlungen bis zur Einkesselung der faschistischen 7. Armee.

Die Karte am Schluß des Buches (Maßstab 1:1050000) zeigt den Seineabschnitt bei Rouen, den Raum von Paris sowie die Somme bei Amiens und gibt eine Orientierung über die Endphase der Schlacht in der Normandie.

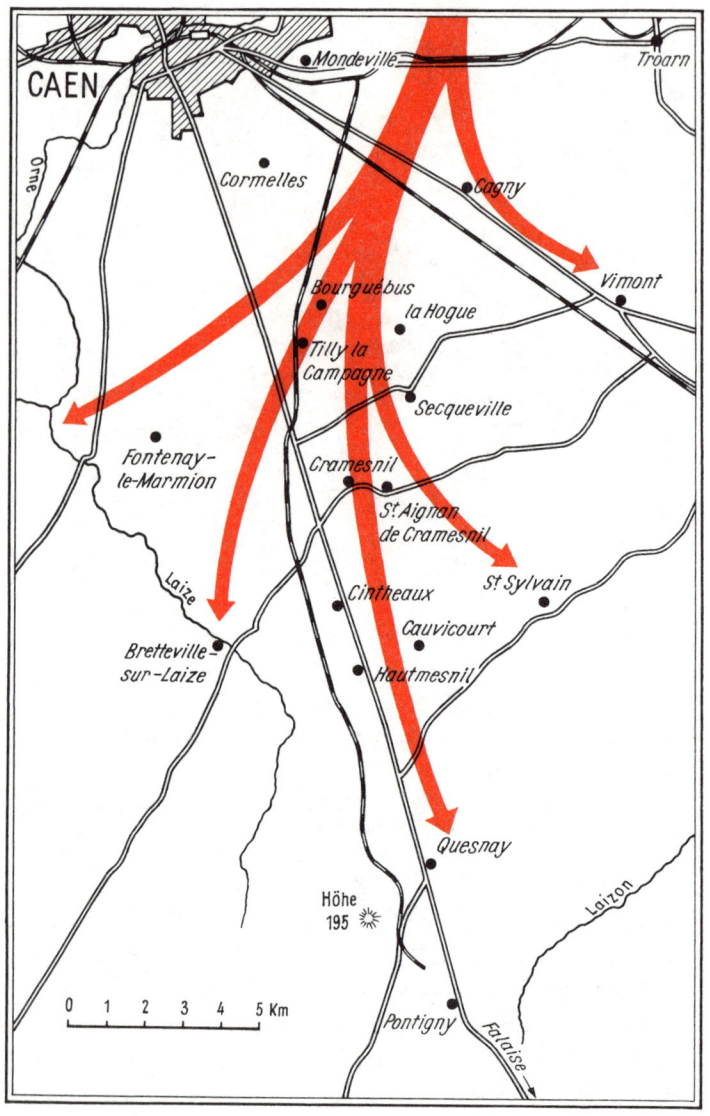

Die Rückzugstraße Caen–Falaise

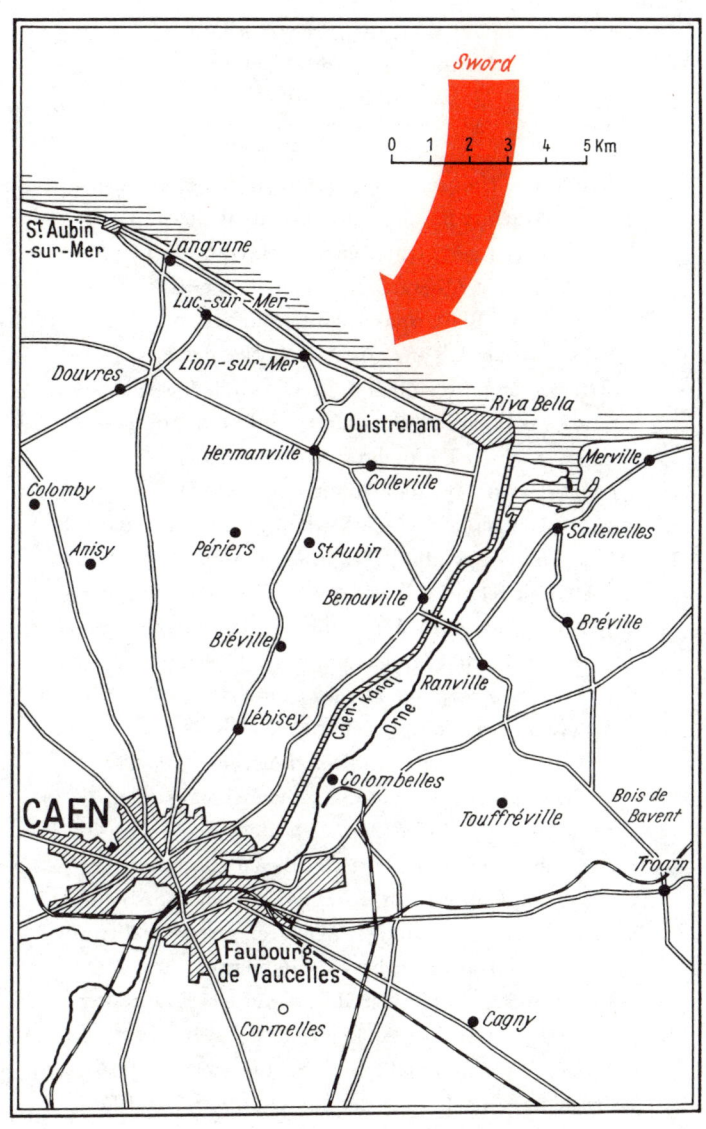

Das Gebiet zwischen Küste und Caen

HOFÉ »MERCI, KAMERAD«
Hauptpersonen des Romans
Kartenskizzen

Alois Altdörfer, Hauptmann, Kommandeur der II. Abteilung
Martina Baumert, Nachrichtenhelferin
Wolf Baumert, Unteroffizier, Martinas Bruder
Bernreiter, Obergefreiter, Pfeilers Kraftfahrer
Blättermann, Unteroffizier
Denise Darnand, Tänzerin, Angehörige der Résistance
Kurt Dörnberg, Sturmbannführer beim Sicherheitsdienst
Ludwig Eiselt, Oberleutnant, Altdörfers Adjutant
Fritz Fahrenkrog, Obergefreiter,
Angehöriger des Nationalkomitees »Freies Deutschland«
Gerhard Gengenbach, Oberleutnant, Chef der 6. Batterie
Hasso von Grapenthin, Hauptmann, Meusels Adjutant
Helmut Klasen, Oberleutnant, Pfeilers Adjutant
Karlfriedrich Krusemark, Generalmajor, Divisionskommandeur
Paul Leduc, Angehöriger der Résistance
Joséphine Leduc, seine Frau
Léon Levallois, Angehöriger der Résistance
Lindemann, Wachtmeister
Meusel, Oberstleutnant, Regimentskommandeur
Münchhof, Gefreiter
Novotny, Obergefreiter, Pfeilers Bursche
Osterhagen, Hauptmann, Kommandeur der I. Abteilung
Pfeiler, Major, Kommandeur der Heeresartillerieabteilung
Hans Rohrbeck, Funkmeister
Erwin Seehase, Obergefreiter, Altdörfers Kraftfahrer
Maurice Séguin, Angehöriger der Résistance
Sommerfeld, Stabszahlmeister
Sternthaler, Angehöriger des SD, Dörnbergs Kraftfahrer
Hinrich Thiel, Leutnant, Chef der Stabsbatterie
von Wenglin, Oberstleutnant, Ia der Division
Westendorf, Obersturmbannführer bei der Gestapo

Diese Personen sind erfunden, Ähnlichkeiten daher zufällig.

Gaston hielt ihm eine Flasche mit Rotwein hin.

Fahrenkrog las halblaut: »Bourgogne. Réserve des Commandeurs.«

Sie lächelten.

»Und der Wagen, Maurice?«

»In Sicherheit.«

»Ich muß wieder Anschluß bekommen.«

»In deinem Zustand?«

»Es ist wichtig. Unsere Hauptaufgabe bleibt nach wie vor die Arbeit unter den Soldaten.«

»Der schnelle Einbruch in die Sommelinie hat uns dem Kriegsende näher gebracht, und ihr wart daran beteiligt, du und deine Kameraden vom Nationalkomitee. Wir werden uns wiedersehen! Ich wünsch dir Glück für das, was jetzt noch bevorsteht: Mit der Waffe in der Hand auf dem Boden des eigenen Landes...«

Fritz Fahrenkrog zog vorsichtig die Feldbluse über. »Das wird das schwerste, Maurice«, sagte er und ging zum Wagen. Séguin begleitete ihn. Als Fahrenkrog hinter dem Lenkrad saß, hob er den rechten, unversehrten Arm zu kurzem Gruß.

Seltener Anblick, dachte Séguin und grüßte zurück, die Uniform eines deutschen Offiziers, und darüber die geballte Faust.

Fahrenkrog rannte ohne Rücksicht auf die pfeifenden Geschosse zum Zelt, schoß im Laufen darauf. Unendlich lange zweihundert Meter. Er spürte einen harten Schlag gegen den linken Oberarm und stürzte.

Da zerriß eine ungeheure Detonation den Morgen. Der vordere Brückenbogen richtete sich schräg hoch. Die rotgraue Explosionswolke fegte in die Luft. Dann prasselten Steine, Beton und Eisenteile auf Lebende und Tote, Franzosen und Deutsche. Das Wasser gischtete empor. Ein Gewirr von Rohren, Stahl, Steintrümmern, verbogenen Geländern, Leitungen, zerrissenen Kabeln hing bizarr über der Vergangenheit. Das Zelt war verschwunden.

Drüben tauchten britische Panzer auf, feuerten einige Granaten ab. Die letzten Deutschen flohen in die winkligen Gassen des Hafenviertels. Über die Südbrücke quietschten die Raupen der ersten Cromwells in die Stadt. Der Sperriegel an der Somme war durchbrochen.

Ein Sturmkommando der Engländer jagte dem Hauptquartier der 7. Armee entgegen. Obergruppenführer Dietrich hatte gerade den Befehl über die Sommefront dem General der Panzertruppen Eberbach übergeben.

Dietrich entkam. Eberbach versuchte in einem Volkswagen zu fliehen und wurde gefangengenommen. In einem anderen erbeuteten Wagen fand man eine Karte mit allen deutschen Verteidigungsstellungen am Fluß. Über die drei unzerstörten Brücken rollten die Panzerkolonnen nach Amiens hinein. Der Stahl dröhnte auf dem Kopfsteinpflaster.

Fritz Fahrenkrog kam wieder zu sich, schüttelte den Kopf, begriff und sprang auf. Der linke Arm schmerzte. Ringsum bewaffnete Partisanen in verwegener Aufmachung. Vor ihm stand Maurice. »Das hätte ins Auge gehen können, Fritz.«

»Die Brücke ...«

»Du hast alles versucht. Es war nicht zu verhindern.« Er zog ihm die Feldbluse aus.

»Ein glatter Fleischdurchschuß«, sagte der Führer der Gruppe und schlang eine Mullbinde um den Oberarm.

Pflaster des Gehwegs auf, errichteten Splitterwälle. Am östlichen Horizont war ein schmaler rosaroter Streifen.

Fahrenkrog winkte Maurice betont lässig zu und ging weiter zum Ufer hinunter. Unmittelbar am Brückenbogen sah er einen hellen Fleck, das mußte das Zelt sein, in dem der Pioniertrupp war. Die Kaianlagen weiter rechts schienen ebenfalls besetzt. Wieder blieb er stehen und lauschte: Kettengeräusche. Kein Zweifel, das konnte nur die englische Vorausabteilung sein. In wenigen Minuten würden auch die anderen erkennen, was sich hier anbahnte, und keinen Augenblick zögern, die Brücke in die Luft zu jagen, ehe überhaupt ein Schuß fiel. Er stolperte gegen ein halbhohes Richtungsschild »Kompaniegefechtsstand Papendick«. Verdammt, auch das war nicht in der Zeichnung enthalten. Hier gab es keine Chance, die Brückenwache zu überrumpeln. Jeder Schrei und jeder Schuß würde ihm Scharen auf den Hals hetzen. Ohnmacht und Angst zerrten. Jetzt, wo er allein war, drohte er zu versagen. Wäre doch Maurice da. Schon fast fünfzig Schritt Sicht. Er mußte etwas tun!

Auf dem Südufer zwei scharfe Abschüsse. Der Wind trug nun deutlich das Geräusch heranrasselnder Panzer herüber. Zwischen den Kaianlagen entstand Bewegung. Männer rannten hin und her, Fahrzeuge wurden gestartet. Alarm!

Hinter Fahrenkrog ratterten jäh einige MPi los. Karabinerschüsse. Ein Maschinengewehr. Auf der anderen Straßenseite, durch die Auffahrt nicht zu beobachten, war sofort ein heftiges Gefecht im Gang. Die Franzosen griffen an, gingen von Deckung zu Deckung gegen die Brücke vor.

Fahrenkrog warf sich hin, lag zwischen den Linien. Aber er mußte zum Sprengtrupp. Die Brücke! Oben feuerte die Pak mit hartem Knall gegen das dröhnende Mahlen der Panzer. Die Partisanen kämpften ungestüm. In den Stellungen der Wehrmacht bröckelte es ab. Der Pakhauptmann sprang die Böschung hinab, rannte zur Brückenwache. Er läßt sprengen, dachte Fahrenkrog und hielt instinktiv mit der MPi drauf. Der Hauptmann verschwand im Zelt. Auf der Straße verknäulte sich Feldgrau und Blauweißrot im Nahkampf. Die Franzosen stürmten die Pak, hasteten in langen Sätzen zum Ufer.

Wir treffen uns noch.« Mit einem glücklichen Lächeln verschwand Gaston in der Dunkelheit.

Der Mond ließ das Wasser funkeln.

Fahrenkrog nickte. »Es wird bald dämmern.« Er war etwas verblüfft darüber, daß alles wie selbstverständlich abgelaufen war – nur, weil ein paar silberne Schulterstücke Menschen zu Untertanen machten.

Der Leiter der Widerstandsgruppe war überreizt und fahrig. »Wir haben eine Stunde Zeitverlust«, murrte er. »Von der südlichen Brücke liegt immer noch keine Nachricht vor. Ich fürchte das Schlimmste.«

»Und die Hauptbrücke?« fragte Maurice.

»Dort ist überraschend eine Pak in Stellung gegangen. Infanteristen schanzen MG-Stände und Deckungslöcher für Panzerjagdkommandos.«

»Und deine Leute?«

»Sind ringsum verteilt.«

Sie verglichen die Uhren. »In zwanzig Minuten.« Fahrenkrog setzte sich ans Lenkrad. Der Franzose verschwand in großer Eile.

»Sei mal still.« Fahrenkrog lauschte angestrengt. »Mir war, als hörte ich Gleisketten.«

»Die SS wird Panzer in Stellung bringen«, sagte Séguin. »Ich habe ein ungutes Gefühl.«

»Du meinst, die an der Brücke sind keine Schlappschwänze?«

»Erstens das, zweitens graut der Morgen, drittens haben unsere Freunde keine Erfahrung im offenen Kampf.«

Die Nordauffahrt kam in Sicht. »Ich schlage vor, du bleibst beim Wagen, Maurice, sonst geht er bei dem Getümmel drauf.«

»Ich wäre lieber bei dir.«

»Gib mir die MPi.«

Vor ihnen bewegten sich Gestalten. Ein Hauptmann blickte dem Fahrzeug entgegen, winkte. »Vorsicht, Herr Oberstleutnant, halbrechts an der Straße eine schwere Pak.«

»Danke, schon gesehen.« Fahrenkrog lenkte um das Geschütz herum, bog in den abfallenden Uferweg ein und hielt nach zweihundert Metern. Beim Aussteigen drehte er sich um. Die Panzergrenadiere wuchteten an den Holmen der Kanone, rissen das

Der Posten wollte Meldung machen. Fahrenkrog winkte ab, öffnete die Tür. Im Raum war stickige Luft von dem blakenden Hindenburglicht. Ein Feldwebel und ein Gefreiter lagen angezogen auf Pritschen, sprangen hoch. »Brückenwache der . . .«
»Danke. Wann wurde die Zündanlage zuletzt kontrolliert?«
»Gestern morgen, Herr Oberstleutnant.«
»Und?«
»Alles in Ordnung.«
»Sie wissen, in spätestens zwei Tagen ist es soweit.«
»Jawohl, Herr Oberstleutnant.«
»Ich möchte die Anlage sehen. Bitte Beeilung«, schnarrte Fahrenkrog.

Die beiden griffen nach Koppel und Stahlhelm.
»Ich habe keine Zeit zu warten, bis Sie stadtfein sind!«
Das Auslösegerät stand draußen neben der Hauswand.
»Und die Kabelführung?«
Der Feldwebel zeigte auf eine Uferweide. »Von dort direkt zur Brückenkanalisation.« Er trat einen Schritt zur Seite, und sie sahen auf die geschwungene schwarze Silhouette vor dem Mond.
»Hände hoch!« zischte es hinter ihnen.
Die drei fuhren herum, standen wie gelähmt.
Maurice hielt die Maschinenpistole im Anschlag. Fahrenkrog zog dem Posten den Karabiner von der Schulter.
»En avant!« Die MPi wies zum Ufer. Der Feldwebel setzte sich als erster in Bewegung.

Fahrenkrog riß die Leitung heraus, warf das Zündgerät weit in den Fluß, zerrte an dem Kabel, aber es gab nicht nach. Dann rannte er in die Bude, klemmte den Feldfernsprecher ab und nahm die beiden Pistolen.

Gaston war plötzlich da, wie aus dem Boden gewachsen. Hinter ihm noch einer. Sie erhielten die Waffen und gingen den Draht entlang zum Brückenbogen.

Nach einer beunruhigend langen Zeitspanne tauchte Maurice mit Gaston wieder auf. »Die drei sind bei unseren Freunden auf Nummer Sicher.«
»Und du bist sicher, daß hier nichts mehr passieren kann?«
»Passieren wird noch viel. Aber diese Brücke geht nicht hoch.

»Die haben vermutlich keine Ahnung.«
»Also muß man sie informieren«, sagte Fahrenkrog gelassen.
»Man – das ist ein Franzose, der durch beide Linien muß. Was zögern wir noch?«
»Die Brücken sind einstweilen wichtiger als der SS-General. Also solltest *du* hierbleiben, Maurice.«
Séguin ging ein weiteres Mal zum örtlichen Chef der F.F.I. Bevor der Tag sich neigte, machten sich zwei erfahrene Partisanen auf den Weg und trafen um Mitternacht auf die Vorausabteilung der britischen Division.

In der ersten Stunde des Tages kletterten Séguin und Gaston über das Gasrohr an der Unterseite der Straßenbrücke zur Sprengkammer im Hauptpfeiler und bauten unter Lebensgefahr die Ladung aus.
»Maurice, das habt ihr glänzend gemacht«, sagte Fahrenkrog, als sie sich wieder trafen. »Ich wünsche mir, daß der andere Trupp es auch schafft. Aber seine Brücke ist viel mehr befahren.«
»Es ist schon nach Mitternacht.«
Sie fuhren im Bogen durch die Stadt, trafen auf abrückende Kolonnen, größere und kleinere Trupps. Einige Kompanien gingen am Flußufer in Stellung, weit auseinandergezogen. Unterwegs drückte Fahrenkrog noch einen Stern durch die geflochtenen Schulterstücke, war nun Oberstleutnant. Séguin überprüfte die deutsche MPi. »Hoffentlich läßt sie uns nicht im Stich.« Sie hielten in unmittelbarer Nähe des Brückenstützpunktes.
Die Uferstraße entlang kam eine Fahrzeugkolonne, bog auf die Brücke ein. Von jedem Wagen leuchtete der Tarnscheinwerfer, von oben kaum zu bemerken, nach unten diffuses Licht verbreitend. Der Schweiß floß in Strömen. »Es ist nicht gerade nötig, daß wir die als Zuschauer haben«, flüsterte Séguin und bewegte sich nicht.
Es dauerte eine Ewigkeit, ehe sich die Kolonne in den Trümmern der Stadt verlor. Ein leichter Panzer dröhnte über das Pflaster, blieb irgendwo in der Dunkelheit stehen.
»Komm.« Séguin ging voraus, wartete.

Séguin fand bald den Führer der Widerstandsgruppe und wurde schnell über die Lage unterrichtet. Die vier Brücken waren von einer Pioniereinheit zur Sprengung vorbereitet, die Zündstellen Tag und Nacht besetzt. Der Vorstoß der Alliierten nach Belgien und an die Reichsgrenze sollte hier für eine Weile zum Stehen gebracht werden. Von Dietrichs Hauptquartier wußte man nichts.

»Wir sind zu schwach, um die Sprengungen mit Gewalt verhindern zu können«, sagte der Kommandeur.

»Wie viele mit Waffen?«

»Etwa dreißig.«

»Und ohne Gewalt? Die Ladungen ausbauen? Zündleitungen zerschneiden?« fragte Maurice.

»Ich glaube nicht, daß man dicht genug herankommt.«

»Und in deutschen Uniformen?«

»Es spricht keiner von uns so gut deutsch.«

»Und mit deutschen Freunden?« Maurice wurde ungeduldig. Der andere schüttelte den Kopf. »Haben wir hier nicht.«

»Hast du eine Karte mit den eingetragenen Posten, Ladungen und sonstigen Besonderheiten?«

Der Kommandeur holte einige Blatt Papier mit Einzeichnungen. Séguin vertiefte sich darein, stellte Fragen, machte sich Notizen. Dann entwickelte er einen Plan und stimmte ihn mit den anderen ab, legte Zeiten und Treffpunkte fest.

»Und Gaston wird pünktlich an der Brücke sein?«

Der Mann aus Amiens nickte, und Séguin ging zur Kathedrale zurück.

Fahrenkrog kam erst um fünfzehn Uhr. Sie fuhren nach Westen aus der Stadt Richtung Poix, blieben am Straßenrand stehen und beugten sich über die Karte.

»Ich weiß, wo Dietrich sitzt, Maurice. Keine drei Kilometer von hier. Ich bin kreuz und quer um die Stadt herumgefahren, bis ich einige Kettenhunde traf. Dadurch kam ich auf den richtigen Weg.«

Séguin spürte, wie ihm die Halsschlagader klopfte. »Wir können mit diesem Wissen kaum etwas anfangen.«

»Wir nicht, aber die Engländer.«

Ostfront wurden die Ukraine und die Moldauische SSR befreit. Sowjetische Verbände standen vor Bukarest und an der bulgarischen Grenze. Im Osten reifte das Ende des Krieges schnell heran.

An diesem 29. August stießen das VII. US-Corps aus dem Brückenkopf Melun südöstlich Paris nach Norden auf Soissons und das XXX. britische Corps nordwestlich der Hauptstadt von Vernon auf Amiens vor. Die Picardie, die Weiten der Champagne und Flanderns lagen vor ihren Gleisketten.

Als am 30. August Rouen fiel, befanden sich die Kampfwagen der 11. britischen Panzerdivision nach Überwindung geringfügigen Widerstands mittags bereits siebzig Kilometer vor Amiens, der Stadt des Leinens, der Wolle, des Tuches und des Samts, der Stadt, die achtzehnhundertsiebzig erbittert umkämpft, im ersten Weltkrieg schwer zerstört und jetzt teilweise dem Erdboden gleichgemacht war.

Maurice Séguin fühlte sich weniger unwohl als sonderbar in der Uniform eines Obergefreiten der Wehrmacht. Er schmunzelte über Fahrenkrog, den die Majorsraupen und die Orden auf seiner Feldbluse nicht beeindruckten. Der Deutsche hatte innerhalb von zwei Tagen mit Hilfe des Abbés Ausweise, Soldbücher und Marschbefehle von täuschender Echtheit angefertigt. Dann waren sie am Abend des 29. August nach einem herzlichen Abschied von dem Priester mit dem sandfarbenen Volkswagen der Nacht entgegengefahren. Fahrenkrog operierte ebenso einfallsreich wie geschickt, benutzte fast ausschließlich Landwege, kaum Straßen. Vor und neben ihnen fluteten die Reste der 7. Armee Richtung Somme, hinter ihnen entstand ein Vakuum, in dessen Sog die britischen Panzer zu spüren waren. Die Stadt, nur von wenigen Verbänden der Wehrmacht besetzt, war alles andere als ein Zentrum organisierter Verteidigungsbereitschaft.

»Wir werden uns für zwei Stunden trennen, Maurice. Ich versuche Dietrichs Stab ausfindig zu machen, und du suchst die Résistanceleitung. Um vierzehn Uhr treffen wir uns wieder an der Westseite der Kathedrale. Kann einer von uns nicht dasein, dann jeweils eine Stunde später neuer Versuch.«

Pistole wieder in die Tasche, blickte überrascht. »Maurice? Dich habe ich am wenigsten erwartet.« Er umarmte ihn herzlich. »Seit einem Vierteljahr sind wir uns nicht mehr begegnet. Weißt du noch, draußen in Vincennes?«

»Ich soll dir beste Grüße von Fabien und den dir bekannten Genossen ausrichten.«

»Wenn die Herren einen Wunsch haben, ich stehe Ihnen zur Verfügung.« Der Abbé ging mit einem leichten Neigen des Kopfes. Seine Schritte klangen dumpf auf dem feuchten Steinboden.

»Ich habe eine Menge Informationen für euch. Das letztemal konnte ich mich vor zehn Tagen aus Falaise melden.«

Séguin lächelte. »Ich weiß. Aber es gibt jetzt Dringenderes. Unsere Führungsverbindungen sind zum Teil abgerissen. Wir können zur Zeit nicht alle operativen Gruppen einweisen.«

»Nimm Platz und erzähle, Maurice.« Sie setzten sich.

»Model sammelt seine beweglichen Verbände im Raum Soissons – Reims – Châlons offenbar für einen Flankenangriff. Darum kümmern sich andere. Die Somme wird, mit Amiens als Schwerpunkt, in Eile als massiver Sperriegel hergerichtet. Das geht uns an.«

»Bei Amiens wurde im August achtzehn der entscheidende Durchbruch von Franzosen und Engländern erzwungen, oder?«

»Stimmt. Es gibt da vier Brücken über den Fluß. Sie müssen unbeschädigt in unsere Hände fallen.«

»Ich verstehe.«

»Außerdem wissen wir, daß Obergruppenführer Dietrich, der Oberkommandierende der siebenten Armee, dort sein Hauptquartier aufschlägt oder gerade einrichtet. Eile ist geboten.«

»Und wo finde ich die Genossen?«

»Ich bringe dich hin, Fritz.«

Am 29. August erklärte die Sowjetunion ihre Bereitschaft zu den von Finnland erbetenen Waffenstillstandsverhandlungen. Die Rote Armee hatte im Juli und August Belorußland sowie große Teile Litauens, Estlands und Polens befreit und dabei siebzehn faschistische Divisionen und drei Brigaden vernichtet sowie fünfzig Divisionen schwer angeschlagen. Im Süden der

war sein Ziel. Er fror vor Müdigkeit, Hunger und Spannung. Um das spätgotische Bauwerk herum lagen Berge von Schutt. Überall Zerstörung und Moder. In Häusern und Kellerfenstern Wehrmacht und SS-Einheiten hinter Maschinengewehren. Die Stadt schien von ihren hunderttausend Bürgern verlassen. Granaten zogen herüber und hinüber, barsten in Ruinen und Wiesen.

Séguin pirschte sich vorsichtig an den langgestreckten Bau heran. Keine deutsche Uniform in der Nähe zu bemerken. Die Portale waren verschlossen. Endlich fand er eine offene Seitenpforte. Der Staub tanzte, graue Stille im Kirchenschiff, als halte der Krieg hier den Atem an. Er suchte in der Sakristei und in den anschließenden Räumen, prallte in einem düsteren Gang plötzlich auf einen spärlichen Lichtschein. Ein Abbé stand vor ihm, die blakende Lampe in der Hand, seine Kleidung verschmutzt und schadhaft. »Was wünschen Sie, mein Sohn?«

Die Stimme ließ keinen Schluß auf das Alter des Fragenden zu, das machte Séguin noch unsicherer. »Die Kirche ist ein Zufluchtsort für die Bedrängten«, sagte er mit respektvollem Zögern und durchforschte aufmerksam das unbewegte Antlitz vor sich.

Erst nach einer Weile antwortete der Abbé: »Ich und mein Haus wollen dem Herrn dienen.«

Séguin fiel ein Stein vom Herzen. Hastig fuhr er fort: »In meines Vaters Hause sind viele Wohnungen.«

Die Augen des Geistlichen waren jetzt lebhaft, als er antwortete: »Die Starken bedürfen des Arztes nicht, sondern die Kranken.« Er reichte Maurice die Hand. »Kommen Sie, Ihr Freund wartet seit zwei Tagen.«

»Ich habe mir Mühe geben müssen, so viele Bibeltexte als Kennwort zu behalten«, meinte Séguin. »Es ist ungewohnt für unsereins.«

Der Abbé lächelte. »Warum soll Gottes Wort nicht auch dem Maquis helfen?« Er schritt mit erhobener Laterne voran durch Kammern und Gänge, aus schweren Feldsteinen gefügt. An einer Tür blieb er stehen, lauschte einen Moment und klopfte in bestimmtem Rhythmus, bevor er öffnete.

Fritz Fahrenkrog stand mit dem Rücken zur Wand, schob die

Maurice mußte durch den rückwärtigen Raum der zerrissenen deutschen Divisionen auf schnellstem Weg nach Rouen, um dort den Verbindungsmann zu einer Gruppe deutscher Widerstandskämpfer zu treffen. Der Auftrag war tollkühn entworfen, von weittragender Bedeutung, versprach aber nur geringe Aussicht auf Erfolg.

Im November dreiundvierzig hatte Séguin miterlebt, wie in Paris das Komitee »Freies Deutschland für den Westen« gegründet wurde. Patrioten und Genossen gehörten ihm an, ehemalige Männer der Organisation Todt und Soldaten, sahen darin ein Sammelbecken der Widerstandsbewegung, nahmen den Kampf gegen Hitler auch in Frankreich auf, standen an der Seite der Résistance. Aus dieser Zeit kannte Maurice den Verbindungsmann Fritz Fahrenkrog, den das Komitee später im Küstengebiet eingesetzt hatte. Wie würden sie sich wiedersehen?

Séguin hatte das Empfinden, er quäle sich durch die längste und gefährlichste Nacht seines Lebens. Überall setzte sich die Wehrmacht weiter von der Seine ab, überstürzt, ungeregelt, unberechenbar. Die Posten der spärlichen Einheiten im Flußbereich lauschten zwar nur auf Motorengeräusche und nicht auf das Quietschen eines schlecht geölten Fahrrads, aber er schaffte dennoch nur die Hälfte der vorgesehenen Strecke und kroch, als es hell wurde, in einer verlassenen Pumpstation unter.

Je näher er in der folgenden Nacht Rouen kam, desto heftiger wurde der Gefechtslärm auf dem südlichen Seineufer. Vor Elbeuf hielten SS-Panzer den amerikanischen Stoß nach Nordwesten auf. Der neue Kessel war noch zwei Tage offen, viele entkamen, ihre schwere Ausrüstung jedoch blieb. Von den in der Normandie eingesetzten Panzern und Sturmgeschützen konnten nur gut hundert über die Seine gebracht werden; zweitausenddreihundert Kampfwagen wurden in elf Wochen zu Schrott.

An der sowjetischen Front büßte die Wehrmacht allein in *einer* Woche, vom 16. bis 22. August, tausendfünfhundertsieben Panzer ein.

Bei Sonnenaufgang sah Séguin Rouen vor sich. Er versteckte das Fahrrad in einem Gebüsch. Die Abteikirche von St. Quen

Der Hauptwachtmeister Toni Kempen folgte. Ihn bewegten zwei Gedanken: Über vier Jahre war er Spieß und hatte in dieser Zeit keinen einzigen Schuß abgegeben. War er somit nicht prädestiniert, zum Beispiel einen Haufen Kriegsgefangener bestens zusammenzuhalten? Man würde auch ihn benötigen.

Dann trat der Obergefreite Bernreiter zögernd ins Licht. Seine Augen schimmerten hellgrün, als er in die Mündungen der kurzen Gewehre blickte. Er konnte sich nicht von der Vorstellung lösen, daß der Major Pfeiler plötzlich vor ihm stehe, eine entsicherte Pistole in der schlaffen Hand.

Oberst von Wenglin erschien. In Extrauniform. Er schaute durch die beiden schwarzen Soldaten hindurch, sie existierten nicht, waren für ihn bestenfalls Staffage des historischen Augenblicks, da er die Front wechselte, um erneut einzusteigen.

Als er den Captain erblickte, lächelte er und tippte flüchtig mit der Hand an den Mützenschirm. »Ich bin Führer der hier eingesetzten Division. Bringen Sie mich sofort zu Ihrem Kommandeur.«

Der Captain war der Situation nicht ganz gewachsen. Er hielt sich an den Befehl, keinem deutschen Offizier die Hand zu reichen, wollte aber wenigstens einen militärischen Gruß anbringen. Er riß die Rechte zum Kopf, spürte unsanft, daß diese ja den Revolver hielt, und knurrte ein ärgerliches »Damned«. Drei Worte hatte er verstanden: Führer, Division und Kommandeur, das ergab ein klares Programm. Der Captain ließ die beiden Sergeants mit den drei anderen zur nächsten Sammelstelle ziehen, während er selbst seinem hohen Gefangenen den Weg wies.

Maurice Séguin verließ Paris bereits, als die französischen Panzer noch am Stadtrand verhielten. Sein Fahrrad war durch ungezählte Einsätze während der Besatzungszeit nicht besser geworden, es trat sich schwer. Von fern sah er im Abendschein den Arc de Triomphe, Notre-Dame und, als er schon kilometerweit von der Seine entfernt war, noch immer den Eiffelturm mit seinem Spitzengewebe aus Eisen, durch das Hakenkreuz verunziert.

umstößlich fest, auch Klasen und Münchhof werden es irgendwann begreifen. Jetzt wären sie nur Ballast.

Der Krieg ist nicht zu gewinnen, war nie zu gewinnen, dachte Wachtmeister Lindemann. Das Feldgrau rast dem Abgrund zu. Alles wird mitgezerrt. Ich habe keine Lust dabeizusein. Auf Gengenbach war immer Verlaß. Wenn er mich zu Anständigerem führt, zu einem freien Deutschland, das keine Verschwörung gegen die Rechte des Volkes oder gegen den Frieden Europas kennt und duldet, dann bin ich sein Mann. Ich bereue keine Sekunde, ihn befreit zu haben.

Seehase ging schweigend hinter den beiden her. War mir noch vor ein paar Monaten nicht vorstellbar, daß ich zusammen mit einem Offizier der Wehrmacht die gleiche Kompaßzahl habe, dachte er. Wir haben im Prinzip das gleiche Ziel, nicht nur, weil uns die gleichen Feinde jagen. Dieses unser Bündnis muß und wird sich bewähren.

Die Sonne war bereits hinter dem Horizont zu ahnen. Ihr Leuchten streichelte die zerborstenen Türme und Dächer von Rouen.

Dort im Osten lag ihr Deutschland. Es würde ein schwerer und langer Weg zum Neuen sein.

Sie schritten noch schneller aus.

Der schwarze Sergeant trat die Tür ein, die Hand am Abzug seines Schnellfeuergewehrs. Neben ihm stand sichernd sein Freund. Der Captain blieb mit schußbereitem Revolver flach an der Hauswand in Deckung.

»Come on, boys! Hands up!« rief der Sergeant.

Der Major kam als erster zum Vorschein, die Arme steil in die Höhe gereckt. Dicht dahinter Stabszahlmeister Sommerfeld, durch seine während des ganzen Feldzugs nicht benutzte Schildpattbrille in die helle Sonne blinzelnd. Jetzt kann mir nichts mehr passieren, dachte er. Wehe, wenn mich die Roten geschnappt hätten! Immerhin war ich im Sommer dreiundvierzig bei der Flakbatterie östlich von Jarzewo, wo Dörnberg sieben unschuldige Russen hängen ließ. Die Iwans suchen und bestrafen jeden Kriegsverbrecher, heißt es.

kugel in die Nacht. Maschinengewehre bellten los. Einschläge spritzten in die Wellen wie Gewitterhagel.

»Unter Wasser, Klasen!« gurgelte Gengenbach und stieß das Floß mit aller Kraft noch schneller stromab.

Die Köpfe der anderen waren verschwunden.

Das sind Maschinengewehre der SS. Sie mögen uns nicht, dachte Gengenbach und hielt die Augen über Wasser. Halten uns vermutlich für einen amerikanischen Spähtrupp.

Das geisterhafte Licht erlosch. Die nächsten Leuchtkugeln faßten sie nicht mehr, Weidenbüsche und rauschendes Schilf drehten sich dazwischen. Das Schießen verebbte zögernd.

»Hoffentlich hat keener een Ding erwischt . . .« Seehase war neben Gengenbach aufgetaucht.

Lindemann hielt Klasen im Nackengriff. Münchhof klapperten die Zähne. Erschöpft schwammen sie an Land.

Der Oberleutnant lenkte das Floß gegen eine steile Uferstelle fast einen Kilometer weiter abwärts. Sie zitterten vor Kälte und Spannung. Alles blieb still. Kaum wieder in die Stiefel zu kommen.

Der Morgen begann zu dämmern. Niemand war zu sehen.

Klasen stand wacklig auf den Beinen. »Ich danke dir, Gerhard. Daß du mir geholfen hast trotz Le Sap . . . habe ich nicht verdient . . .«

»Man soll nicht Gleiches mit Gleichem vergelten. Volksmund.« Gengenbach schüttelte Klasen und Münchhof die Hand. »Vielleicht treffen wir uns unter besseren Bedingungen wieder. Für jeden kommt die Stunde. Wir müssen das Büchsenlicht nützen.« Er drehte sich um, sprang die Böschung hinunter, zwängte sich in das Buschwerk der nassen Wiese, die Maschinenpistole feuerbereit in der Faust. Sein Ziel war klar: Die Waffe umdrehen! Klasen, dachte er – eine Zeit glaubte ich, daß er Lehren aus der Einsicht gezogen hätte und bereit wäre, konsequente Entscheidungen zu treffen. Münchhof – ich habe gehofft, ihn zu mir herüberziehen zu können. Zwei Fehlanzeigen. Und ich selbst? Was will ich denn? Ich will überleben und etwas tun, was den Krieg verkürzen hilft. Fritz Helgert hat das bereits ein Jahr früher begriffen. Damals war ich noch nicht soweit. Heute steht es un-

umwerfen zu lassen. Die Füße waren ihm schwer wie Blei, der Puls flatterte. Das ist die Angst, dachte er. Die Angst von uns allen wiegt so schwer. Die Panzer sind nördlich Elbeuf vorbeigestoßen, wollen uns abknipsen. Wenn wir nicht bald über die nächste Seineschlinge kommen, ist der Bart ab.

Steil aus dem Himmel kam eine schwere Granate. Der Obergefreite nahm sie später als sonst wahr. Wachtmeister Lindemann sah ihn in einer ungeheuren Detonationswolke verschwinden, aus der ihm Sand und Splitter und Grasbatzen um die Ohren flogen.

Gengenbach stolperte den Feldweg entlang zu Wenglins Gefechtsstand. Jenseits der Seine verlor sich eine schnurgerade Baumreihe am südöstlichen Horizont. Die Straße nach Paris. Es war einmal ein Mädchen, Denise Darnand. Und es war einmal ein Leutnant, Hinrich Thiel. Warum denke ich gerade an sie? Leben sie? Gefallen? Es wären so viele Namen zu nennen. Aber diese zwei standen mir näher als andere. Liebe? Sind wir denn noch fähig, einen Menschen zu lieben? Passé. Man sollte nichts mitnehmen in den namenlosen Untergrund, keine Vergangenheit, keine Träume und wenig Erwartung. Nicht fallen, damit man unterwegs zum Neuen bleibt, das ist alles. Alles? Man muß doch etwas von dem Neuen wollen? Richtig. Es muß besser sein als das Bisherige. Und es muß für jeden gut sein.

Ein Unteroffizier stand vor der Tür des Stabsquartiers, bemerkte den Oberleutnant nicht, sah nur nach Nordwesten, wo die Panzer gegen Rouen vorstießen.

»Der Oberst drin?«

Der Korporal fuhr zusammen. »Jawoll!«

Die Tür bewegte sich knarrend. Unten nistete Dunkelheit. Unverhofft prallte Gengenbach gegen jemand, blieb verblüfft stehen. »Bernreiter? Wie kommen Sie denn hierher?« Der letzte aus der alten Sechsten, dachte er. Vor einem Jahr lagen wir zusammen in den sumpfigen Wiesen bei Jelnja. Bereits damals war er mir fremd.

»Bin schon drei Wochen beim Kommandeur Fahrer und Bursche.«

»Inzwischen was gehört, wo Major Pfeiler geblieben ist?«
Der Obergefreite schüttelte hastig den Kopf. »Sind noch mehr von uns hier. Hauptwachtmeister Kempen und Stabszahlmeister Sommerfeld!«

Die stechend grünen Augen Bernreiters waren dicht vor ihm. »Und was werden Sie jetzt tun?«

»Ich tue das, was mir befohlen wird.«

Gengenbach nickte abwesend und ging die Treppe hinunter. Aus einer der Kellertüren fiel gelbrotes Kerzenlicht, zog ihn an. Wie Weihnachten, dachte er. Der Oberst. Alles glitzert. Fehlt nur der Tannenbaum. Stille Nacht, heilige Nacht... Er hat tatsächlich seine Extrauniform an. Holztisch. Karte mit roten Pfeilen, blauen Pfeilen. Und groß darauf der Offiziersdolch mit silbernem Gehänge. Ein Turmalin am linken Ringfinger. Ich habe nicht mal ein Koppel. Nur eine MPi. In den Stiefelschäften drücken Magazine und Pistole. Das ist alles.

Die Absätze des Oberleutnants blieben wieder breit auseinander. »Ich habe die Panzervernichtungstrupps zurückbefohlen – falls es Überlebende gibt.«

»Mein lieber Gengenbach!« Der Oberst kam mit freundschaftlich vorgestreckten Händen auf seinen Oberleutnant zu. »Recht so, recht so, die Shermans sind ohnehin nördlich von uns durchgebrochen.«

»Und Sie sitzen hier so ruhig?« Die Stimme war spröde vor Abwehr.

»Selbstredend. Der Gegenstoß wird und kann nicht lange auf sich warten lassen.«

»Meinen Sie wirklich?«

Der Oberst zeigte ein Lächeln, das Güte ausdrücken sollte.

Die Ratten verlassen das sinkende Schiff, dachte Gengenbach. Aufpoliert. Gewienert. Immer nobel, Richard! Man spekuliert auf Baisse. Das wirft zur Zeit mehr ab und setzt Positionen für die spätere Hausse. Aber ich möchte ja ebenfalls die Segel streichen. Man soll nicht mit Steinen werfen, wenn man im Glashaus sitzt. Oder ist das etwas anderes? Ich will nicht weiter mitmachen, um nicht länger mitschuldig zu sein. Der will sich nur in Sicherheit bringen und anbiedern.

Den Oberleutnant überkam plötzlich der Zorn. Während die Jungs auf Grund eines blödsinnigen Befehls durch amerikanische Panzer zerquetscht und zersiebt wurden, war der saubere Generalstäbler mit Chanel No. 5 parfümiert. Diese unendliche Menschenverachtung...

Erst an der Kellertür wurde Gengenbach bewußt, daß er den Divisionsführer einfach stehengelassen hatte und davongegangen war. Als er durch die Tür trat, ragte die frühe Nacht sekundenlang wie eine Wand vor ihm, ehe er etwas zu unterscheiden vermochte. Brände fleckten tiefhängende Wolken schwarz und rot. Rouen wurde wieder von den Alliierten bombardiert. Im Nordwesten flackerten Panzerabschüsse.

»Herr Oberleutnant.« Wachtmeister Lindemanns ruhige Stimme. »Münchhof und Oberleutnant Klasen habe ich schon an die Seine geschickt. Zur Bucht an der Koppel.«

»Geschickt? Den Oberleutnant?«

»Er war sehr mitgenommen.«

»Und Seehase?«

»Es geht ihm schon wieder besser.«

»Was?« Gengenbach spürte jähe Angst im Hals.

»Großes Kaliber. Ein Stein ist ihm ins Gesicht geflogen.«

»Und wo ist er jetzt?«

»Obergefreiter Seehase zur Stelle!« Unter der Mütze leuchtete ein Verband.

»Mensch, mach mir bloß keine Zicken. Kannst du denn krauchen?«

»Immer, Herr Oberleutnant.«

Als sie die Rinderkoppel erreichten, flammten erste Leuchtschirme auf, markierten den Lauf der Seine. Wieder dieses widerwärtig langsame Sinken der Schlieren aus dem düsteren Nachthimmel. Die Motoren der niedrig fliegenden Maschinen dröhnten. Bomben barsten, das Wasser stieg in schwarzen Fontänen.

Münchhof kauerte neben dem apathischen Klasen. Wie zwei unbedeutende Maulwurfshügel, nur sichtbar, wenn die Detonationen am anderen Ufer aufflammten.

»Wie fühlst du dich?« fragte Gengenbach.

»Geht schon wieder.«
»Wir müssen über den Bach. Ziemliche Strömung.«
»Ich komme mit.«
»Könntest es auf dieser Seite bequemer haben. Dauert höchstens noch ein paar Stunden.«
»Ich habe einen Fahneneid geschworen.«
»Auf Hitler.«
»Auf Deutschland.«
»Auf welches Deutschland? Das der KZ?«
»Warum soll ich selbst Entscheidungen treffen, wenn die Geschichte entscheidet?«
»Dann mußt du weiterhin Adolfs Gefolgsmann bleiben.«
Gengenbach zuckte die Achseln. Die Stunde zwang zum Handeln.

Einige leere Benzinkanister, Bretter von den Aufbauten zerborstener Lastwagen. Schnell entwickelte sich ein floßähnliches Gebilde, erstaunlich stabil.

»Wie jut, det wa keene Klamotten mehr haben.«

Jeder meinte trotz der Dunkelheit Seehases Grinsen zu sehen. Der Obergefreite zog die Stiefel aus und band sie an den Schlaufen zusammen. Lindemann folgte schweigend seinem Beispiel. Die Kanister klatschten in das unruhige Wasser.

»Leg dich drauf, Klasen. Einen nassen Arsch bekommst du trotzdem.«

»Wir treiben mindestens zweihundert Meter ab, auch wenn wir mit aller Kraft gegen die Strömung schwimmen«, sagte Gengenbach, zog Bluse und Hemd aus, wickelte beides um MPi, Magazine und Pistole. Dann stießen sie ab.

Wütende Wirbel rissen das ungefüge Gefährt sofort wild herum. Das Wasser zerrte gurgelnd an Brettern und Kanistern. Klasen lag wie aufgebahrt. Er zuckte nicht einmal, wenn Brecher jäh über ihn hinweggingen. Lindemann und Seehase schwammen mit hastigen Stößen, zogen das Floß weiter zur Mitte des Stroms. Gengenbach schob. Münchhof hing angekrallt, bewegte sich kaum.

Wie ein dunkles Band glitt der andere Uferstreifen vorüber, krümmte sich in den nächsten Bogen. Plötzlich flitzte eine Leucht-

Flanke qualmte ein Sherman, andere hatten dann die Deckungslöcher mit ihren Raupen eingeebnet. Ein Unterarm, wie eingepflanzt in der fettig glitzernden Erde, als wollten sich die Finger in den Himmel einkrallen. Ehering.

»Weiter, Männer!«

Lindemann war als erster bei der nächsten Einsatzstelle. Ein scharfer Straßenknick, flache Mulden von hochempfindlichen Zündern im Asphalt. Ein toter Obergefreiter mit sechs, sieben Einschüssen in der Brust. Aber jener, der halb im Graben lag und mit toten Augen nach Rouen starrte, das war Wachtmeister Brettschneider, den sie längst auf dem anderen Ufer der Seine wähnten. Wie kam er hierher?

»Ein Wahnsinn!« fluchte Gengenbach. »Sofort die restlichen Gruppen oder was von ihnen noch lebt zurückschicken. Auf meine Verantwortung. Und ihr bringt Klasen und Münchhof. Ich muß zum Oberst. Wir treffen uns dort . . .« Er rannte davon, ohne auf die Einschläge zu achten.

»Sind mal wieder die einzijen Aujuste im Jelände. Möchte bloß wissen, wo die janze Wehrmacht jeblieben is.«

»Wie schnell du das wieder gemerkt hast, Erwin«, sagte Lindemann und schüttelte den Kopf.

Vom dritten Trupp fanden sie keine Spur. Weiter. In einem Loch lag Oberleutnant Klasen, die Augen geschlossen. Daneben kauerte Münchhof mit verstörtem Gesicht. Sein Blick war fassungslos, als er Lindemann und Seehase erkannte.

»Ist er tot?«

»Nein.«

»Verwundet?«

»Nein.«

»Dann pennt er oder ist besoffen?« Lindemann wurde wütend.

»Ich glaube, er hat einen Herzanfall oder so etwas.«

»Ville Zeit haben wa nich, wenn wa noch eijene Entschlüsse fassen wolln.«

Lindemann und Münchhof stützten den Oberleutnant, Seehase ging mit einigem Abstand hinter ihnen her, blickte sich immer wieder sichernd nach allen Seiten um und war fest entschlossen, sich seinen Plan durch diesen weichlichen Klasen nicht

über den Haufen schoß? Der Oberst fror, während ihm der Schweiß auf die Stirn trat. Sie werden es nicht tun, weil sie uns bald gegen die Russen brauchen, tröstete er sich und war dessen ganz sicher. Dabei konnte er wirklich nicht wissen, daß bereits am 27. Juli eine Beratung des zuständigen Ausschusses der britischen Regierung über die Frage der Nachkriegsbehandlung Deutschlands stattgefunden hatte, von der Lord Alan Brooke, Feldmarschall und Chef des Empiregeneralstabs, notierte und später veröffentlichte: »Soll Deutschland zerstückelt oder nach und nach in einen Verbündeten umgewandelt werden, um der russischen Drohung heute in zwanzig Jahren zu begegnen? Ich legte das zweite nahe. Deutschland ist nicht länger die Vormacht Europas – Rußland ist es. Leider ist Rußland nicht völlig europäisch. Es besitzt jedoch riesige Hilfsquellen und wird in fünfzehn Jahren voraussichtlich zur Hauptdrohung geworden sein. Erhaltet deshalb Deutschland, baut es allmählich auf und bringt es in einen europäischen Verband.«

Seehases Mütze tauchte im blauen Rechteck über dem Graben auf. »Jeht los, Herr Oberleutnant. Die Panzer kommen jenau von Südwesten.«
»Da liegen Klasen und Münchhof«, antwortete Gengenbach.
»Hoffentlich nich für immer.«
Ein Panzer feuerte in den Schrebergarten. Fetzen flogen.
»Stillhalten ist nicht intelligent.«
Lindemann und Seehase nickten ihrem Batteriechef Zustimmung.
»Wollen uns die Straße ein wenig ansehen. Abstände halten!«
Gengenbach stemmte sich aus dem Loch, huschte quer durch den verwüsteten Garten, flankte über den Zaun und rannte aufs freie Feld. Die beiden folgten schemengleich.

Die Shermans rollen weit auseinandergezogen nördlich der Straße, Cromwells sind nicht zu sehen, dachte Lindemann. Scheint ihnen weniger um Elbeuf als um den Seinebogen vor Rouen zu gehen.

Sie trafen auf die Reste eines der Panzervernichtungstrupps. Der Vorgang war schnell rekonstruierbar: Mit aufgerissener

beider Seiten sicherzustellen, also der hinhaltenden Verteidiger wie der künftigen Sieger, und zwar mit der zweckdienlichen Verwertung des verbliebenen Menschenmaterials.

Außerdem sollten die neuen Herren Respekt vor seiner strategisch klugen, im richtigen Augenblick getroffenen Entscheidung empfinden. Extrabluse mit schmaler Ordensschnalle, blankes Ritterkreuz, mit einem schwarzen Schnürsenkel um den Hals gebunden, und die vier goldenen Sterne würden für ein entsprechendes Entree sorgen und gleichzeitig zur späteren Verwendung empfehlen.

Die Taktik war denkbar einfach: Alle vorn eingesetzten Trupps würden das Vorbereitungsfeuer der amerikanischen Artillerie kaum überstehen. Pech für sie. Was der Zufall übrigließ, konnte, entsprechend demoralisiert, Beute der Shermans und Cromwells oder, wie gereizte Raubtiere, kreuzgefährlich sein. Beides war gleich gut. Die SS hatte in der Nacht offensichtlich ihre letzten Sturmgeschütze mit Behelfsfähren auf das Nordufer gebracht. Die Nachhut mochte sich in die Ränder dieses zusammengeschossenen Steinhaufens zurückziehen. Also mußte man spätestens gegen Abend von den Amerikanern – und zwar ohne Zeugen für ein vorsätzliches Bleiben – überrollt werden.

Man – das waren der Quartiermeister und der neue Bursche Bernreiter. Zugelaufen, aber gutes Material. Tat keiner Fliege was zuleide. Seit gestern gab es volle Übereinstimmung, den Krieg in dieser Gemeinschaft zu beenden. Ein paar andere würden noch mit von der Partie sein, Stabszahlmeister Sommerfeld vom Artillerieregiment zum Beispiel und sein ständig besoffener Spieß Kempen, beide angelandet, nachdem ein Sherman ihnen den Studebaker unter dem Hintern zusammengeschossen hatte. Man würde nicht mit erhobenen Händen aus der Tiefe des Kellers gekrochen kommen, um sich zu ergeben, keinesfalls, und man würde auch nicht schlechthin vor irgendeinem Offizier der anderen Seite kapitulieren, sondern ganz einfach mit großem Dienstanzug in das Morgen umsteigen und die Umstände gelassen zur Kenntnis nehmen.

Und wenn irgend so ein GI für dieses komplizierte Kalkül überhaupt kein Verständnis hatte und ihn schlicht mit dem Colt

Der Abendwind riß die Schwaden auseinander. Als es dunkel wurde, zog die SS ihre Kampfgruppen bis dicht an die ersten Häuserruinen von Elbeuf zurück. Panzerwracks blakten, auf dem Stahl kochte die Farbe.

Die Panzervernichtungstrupps blieben vorgeschoben. Ein Nachrichtenhauptmann lag mit fünf Männern südostwärts der Stadt; Klasen, Münchhof und drei andere an der Straße nach le Neubourg. Zwischen ihnen und dem Divisionsführer waren weitere Trupps eingewiesen. Gengenbach hatte sich mit Seehase und Lindemann in einem Garten eingegraben und sollte mit Wenglin Verbindung halten.

Der Oberst war, noch bevor der Morgen des 25. August graute, in seinen Keller, genannt Gefechtsstand, zurückgekehrt, wo ihn der ehemalige Quartiermeister schwitzend empfing. Der Major trug eine nagelneue ordengeschmückte, anachronistisch wirkende Feldbluse.

Der Oberst ließ sich von dem Burschen die Uniform ausziehen und nahm in einem bereitgestellten Eimer Wasser ein Bad. Im Anschluß daran schlüpfte auch er in die Extrabluse und betrachtete einen Augenblick lang wehmütig das schmückende neue Gold auf den geflochtenen silbernen Raupen.

Ich bin Generalstäbler, dachte er, aber nur harter Truppendienst bisher, im Osten wie im Westen. Mit der Nase ständig dichter an den Tatsachen als die Herren oben. Möglicherweise hält man höheren Orts den Krieg noch immer nicht für verloren, weil in den Tiefbunkern niemand Projektile um die Ohren fliegen. Hier aber? Der Traum von diesem Reich ist ausgeträumt. Also muß man sich darauf einrichten. Wahrscheinlich gibt es demnächst eine Art Abwicklungsverfahren, bei dem besonders die höheren Mitarbeiter vorsorglich registriert werden. Bestandsaufnahme. Vielleicht erfolgt aus allem später eine Fusion mit denen drüben oder eine Interessengemeinschaft mit Dritten, eine Integration, bei der das Frühere bewertet und dem Neuen zugeschlagen wird? Wer kann es wissen! Also, folgerte der Oberst, muß der Abgang untadelig sein, ein Beweis für Durchhaltevermögen, Härte und Treue. Dies bedingt wiederum, die Achtung

woben sich mit neuen Watteknäulen, wurden immer dichter, schlossen sich. Dann drängte auf breiter Front das Mahlen der Gleisketten durch die undurchdringliche Wand. Maschinengewehrfeuer fetzte kreuz und quer.

Lindemann machte eine Panzerfaust scharf. »Wir haben vorhin so schön selbständig über uns verfügt. Die anderen mischen aber wacker mit, wie man sieht.«

»Wie man nich sieht«, brummte Seehase. »Der erste, der mir uff de Pelle kommt, bezieht een Ding zwischen die Hörner.« Er richtete den Visierrahmen auf die heranratternden Raupen.

Die fünf hohlwangigen Männer starrten nach vorn. Halbrechts schob sich ein dunkler Schatten aus dem bedrohlichen Weiß. Blieb quietschend stehen. Die Kanone wippte. Wieder kam ein dunkler Schatten, hielt direkt auf sie zu. Schien in den Bombentrichter hineinzukurven. Augen weiteten sich entsetzt. Da stoppte eine Kette. Riß den Koloß herum. Drei Meter neben dem Rand blieb er stehen.

Fasziniert betrachtete Gengenbach den Obergefreiten Seehase, der auf der Sohle des Trichters kniete und den Sherman im Visier hatte. Wie auf dem Anstand. Eine Minute. Eine zweite. Noch eine. Oben rührte sich nichts. Der Motor lief gleichmäßig. Manchmal knallte eine Fehlzündung, daß die Funken stoben. Rechts und links fuhren Kampfwagen. Hielten. Feuerten. Fuhren weiter. Blieben unsichtbar.

Nach einer Ewigkeit ruckten die Ketten an. Seehase folgte mit der Panzerfaust. Die Spannung schnellte in die Höhe. Der Sherman verschwand im grauen Gequirl. Da ließ der Obergefreite langsam die linke Hand sinken. Wischte sich den Schweiß von der Stirn.

»Warum hast du nicht geschossen?« fragten alle wie aus einem Mund.

Seehase zündete eine Zigarette an, sog den Rauch tief ein. »Er is mir ja nich uff de Pelle gekommen. Wollen ooch heil nach Hause, die da.«

»Jetzt haben wir sie im Rücken«, sagte Gengenbach. »Keine Infanterie? Haben sich wohl nicht in die Nebelbrühe getraut. Wer weiß, wo der Tanz nun losgehen wird.«

»Bei den Testamentsvollstreckern der Einheit Altdörfer«, sagte Lindemann trocken.

»Immerhin gibt es als Augenzeugen den Hauptsturmführer.« Münchhofs Stimme war leise.

»Und der komische Portier kann bestimmt nich vajessen, det ick ihm seine Kanone abjenommen habe.«

»Sie werden auch ohne Altdörfer die drei Täter bezeichnen. Darum gibt es kein Zurück.« Gengenbach bemühte sich, nichts Theatralisches in seinen Worten mitschwingen zu lassen.

»Und die Konsequenz?« fragte Klasen.

»Ganz einfach: Sobald die Verhältnisse sich wieder ordnen sollten, können wir uns nirgendwo mehr zeigen.«

Die Operationen im rechten Frontabschnitt erstarrten am Rand von Elbeuf. Beiderseitige Abschüsse schienen jetzt immer von den gleichen Stellen zu kommen.

Lindemann gähnte. »Ab heute sollten die Namen Gengenbach, Seehase und Lindemann aus allen Truppenstärkenachweisen und Verpflegungslisten verschwinden.«

»Namen können bei Preußens Gloria ja nich vaschwinden.«

»Sehr wahr. Entweder hat der Name eine Planstelle oder eine Abkürzung, ansonsten muß er in irgendeiner Verlustliste auftauchen: blessiert, gefallen, vermißt mit oder ohne Zurücklassung von Soldbuch und Erkennungsmarke.« Lindemann schien sich zu amüsieren.

»Hört auf mit diesen Späßen. Nicht die Namen, *wir* müssen verschwinden«, sagte Gengenbach.

»Verschwinden kann man in einem an der Seine noch anzulegenden Massengrab oder hinter alliiertem Stacheldraht.«

»Oder im Untergrund.«

Gengenbach und Lindemann blickten sich an.

»Keena hat Lust, 'n kalten Arsch zu kriejen, det schaltet aus. Bei die Amis will ick nich, wat meine werte Person anjeht. Ick habe ziemlich klare Vorstellungen für die nächsten Tage.« Seehase schnupperte plötzlich aufmerksam, schrie: »Volle Deckung!«

Nebelgranaten krepierten mit dumpfem Geblaff, zogen bläulichweiße Strähnen in das Spätsommergrün. Die Streifen ver-

vor den Tigern und Sturmgeschützen gegen die Amerikaner einzusetzen, Panzerfäuste gäbe es in ausreichender Menge. Kurz nach Mitternacht wies er die Gruppen persönlich an äußerst exponierten Straßenknicken, Chausseegabeln und Hohlwegen ein. Der Auftrag war denkbar simpel: Den amerikanischen Stahl bis auf wenige Meter herankommen lassen, dann abschießen, und zwar so, daß möglichst viele Wracks die Zufahrtswege nach Elbeuf blockierten. Wenn möglich, die Verwirrung der Explosion ausnutzen und begleitende Infanterietrupps unschädlich machen. Himmelfahrtskommandos mit dem Ziel, Zeit zu gewinnen, und wäre es auch nur eine Stunde.

Gengenbach und seine Männer waren im Bereich jener Verbände angekommen, die Rouen südlich Elbeuf decken sollten, und wurden ebenfalls von Wenglin eingesetzt, um mit Ofenrohren und anderen Nahkampfwaffen die vordersten Sherman-Rudel der 2. US-Panzerdivision abzuwehren.

Rechts drüben bellten Kanonen. Im Nu war ein wütendes Gefecht im Gange, dessen Lärm langsam auf Elbeuf zukroch. Hinter dem Städtchen blinkten die Zinnen von Rouen.

»Dort endete die heilige Johanna«, sagte Klasen. »Die Macht ihrer Widersacher war größer. Sinnlos, dagegen anzurennen und sich zu opfern.«

Er argumentiert manchmal ganz vernünftig, dachte Gengenbach, aber seine Schlußfolgerungen sind immer egozentrisch und sogar feige. Deswegen ist im entscheidenden Augenblick kein Verlaß auf ihn. Er hat nicht zu mir gestanden, sondern sich hinter scheinbar Objektivem versteckt und mich ausgeliefert. Man kommt um diese harten Feststellungen nicht herum.

»Es gibt Akuteres als die kämpfende Jungfrau. Neben uns liegen SS-Großschnauzen.« Lindemann spuckte aus.

Seehase knabberte an einem Stück Knäckebrot. »Wieder der jleiche Verein Das Reich. Ob die hier Klamauk machen?«

»Nach Turbulenz kommt gewöhnlich eine Phase zum Luftholen.« Klasen versuchte sich selbst Trost zu spenden. »Vielleicht passiert gar nichts.«

»Dann haben sie Zeit, das Überfallkommando von Le Sap zu suchen«, bemerkte Gengenbach nachdenklich.

Lkw und Pkw, 1 500 Feldkanonen und Haubitzen und mehrere tausend Panzer- und Fliegerabwehrkanonen.

Eine Pionierkompanie baute, vom diesigen Wetter begünstigt, südlich Rouen eine Pontonbrücke. Ketten von Offizieren regelten mit gezogenen Pistolen den Menschenstrom, der hier zwei Stunden ungestört abfloß. Dann brach blauer Himmel auf, Bomben fielen, die Brücke zerriß.

Im Süden der Ostfront befreite inzwischen die Rote Armee fast ganz Rumänien und die gesamte Ukraine. Die ersten T 34 standen bereits an der Grenze Ostpreußens.

Winston Churchill, der englische Premierminister, schrieb später in seinem Tagebuch: »Zu einer Zeit, da sich die Deutschen zu Hunderttausenden ergaben . . ., befahl ich, sorgfältig alle deutschen Waffen zu sammeln, damit sie erneut an deutsche Soldaten ausgegeben werden können, mit denen wir zusammengehen müßten, falls die sowjetische Offensive fortgesetzt würde.« Churchills Auffassung von der Antihitlerkoalition unterschied sich offensichtlich von der sowjetischen.

Oberstleutnant von Wenglin hatte vom IIa der Armee mitgeteilt bekommen, daß er zum Oberst i. G. befördert worden sei und in Kürze, sowie das militärische Durcheinander abgefangen wäre, geehrt und anderweitig verwendet würde. Inzwischen habe er Krusemarks Division weiterzuführen. Wenglin hatte daraufhin die längst beschafften goldenen Sterne aus der graugestrichenen Offizierskiste gesucht und auf die Schulterstücke gedrückt. Da glänzten sie nun, weit heller als ihre Vorgänger, und zeugten von der eben erst erfolgten Beförderung. Das war gut eine Woche her.

Der neue Divisionsführer verfügte über eine Sollstärke von rund dreizehntausend Kämpfern. Übriggeblieben waren, einundachtzig Tage nach Beginn der Landung, ganze drei Dutzend Männer verschiedener Waffengattungen, die gleich ihm während der ersten Nachthälfte in einigen tiefen Kellern am Rand von Elbeuf auf irgend etwas gewartet hatten.

Bei der Lagebesprechung mit den SS-Führern stimmte der Oberst sofort zu, seine Leute als Panzervernichtungstrupps weit

»Ich glaube nicht, daß man uns bereits überflügelt hat«, sagte Klasen.

Im Nordosten breitete sich das Grollen des Artilleriefeuers aus. Der Boden schwang gelegentlich.

Während die verbliebenen Kräfte der 1. deutschen Armee mühevoll im Raum Fontainebleau Anschluß an den Pariser Sperrgürtel suchten, zufrieden, daß ihnen die Flucht aus Westfrankreich geglückt war, standen amerikanische Verbände bei Mantes-Gassicourt an der Seine und markierten bereits die äußere östliche Begrenzung einer neuen Umklammerung.

Engländer und Kanadier quälten sich am 20. August noch damit ab, den Kessel von Falaise zu bereinigen, da ließ Bradley die 2. US-Panzerdivision von Verneuil nach Norden in Richtung Elbeuf vorstoßen, genau entlang der Flanke der zurückgehenden Trümmer der 7. Armee. Seit den alliierten Bombardements gab es außer der schwerbeschädigten Eisenbahnbrücke bei Rouen bis zum englischen Kanal keine festen Übergänge, nur Fährbetrieb. Im Nordwesten das Meer, im Westen die nachrückende 2. britische Armee, im Süden und Osten Amerikaner, im Norden der breite Unterlauf der Seine: eine Möglichkeit zur Einkreisung.

Es kamen Jäger und Jagdbomber und wüteten mit Bordkanonen und Maschinengewehren unter den in Ufergebüschen und an dichtbewaldeten Flußkrümmungen auf die Fähren Wartenden. Schwimmende und Ertrinkende hatten vor Augen die turmbewehrte Stadt jenseits des Stroms: Rouen, Hauptstadt des Departements Seine-Maritime, seit über tausend Jahren Hauptstadt der Normandie, mit der hochragenden gotischen Kathedrale Notre-Dame. Rouen, im fünfzehnten Jahrhundert fünfunddreißig Jahre von den Engländern besetzt. In diesen Mauern wurde 1431 Jeanne d'Arc, die heilige Johanna, verbrannt.

Der Übergang über die Seine erwies sich als ebenso verheerend wie der Kessel von Falaise. Insgesamt gingen seit dem 6. Juni außer den Gefangenen noch rund 400 000 Menschen verloren. Mit ihnen über 100 000 Pferde, Gerät jeder Art, 20 000

Wir sind mit ihnen zusammengebunden. Werden am Stahlseil hinterhergeschleppt, dachte Gengenbach. Hängen an Rune und Totenkopf, Kurs Katastrophe und Verderben.

An der rechten Gleiskette vorbei sah er Fahrzeuge und Trümmer im Morgendunst auftauchen. Qualm zog träge über die Wiese. Die Bomber mußten erst vor kurzem hier gewesen sein.

Mit hartem Ruck gingen die Raupen von der Straße auf den Acker. Der Pkw ächzte in allen Fugen. Sie fuhren jetzt parallel zum Asphaltband. Es gab einen Knall. Das Seil schwirrte durch die Luft, ringelte der Kanone hinterher. Der Wagen schleuderte, stand. Sie brüllten, aber Kettenfahrzeug und Geschütz wurden immer kleiner, verschwanden.

Der Obergefreite Seehase nahm seinen Rucksack aus dem Kofferraum und hängte sich die MPi um den Hals. »Schätze, et is Zeit zu loofen. Die Karre tut et nich mehr.«

Münchhof knallte die Kühlerhaube zu und kramte aus seiner Kartentasche zwei Eierhandgranaten hervor, schraubte an der Sicherungskappe.

»He, wat willste denn mit die Knalldinger?«

»Heil sollen die ihn nicht bekommen.«

»Hör mal zu, mein Junge. Jeklaut hab ick ihn. Von de SS. Und die dürfte ihn den Franzosen abjeschraubt haben. Schade, det ick damit nich rechtzeitig in Berlin ankomme. Aber wäre schön, wenn wenigstens een normannischer Landsmann ihn einigermaßen heil wiederfindet.«

»Du bist aber ein komischer Heiliger geworden.«

»Jeworden? Du mußt et ja wissen. Wir werden die nächsten Jahre viel bezahlen müssen. Reparationen. Fange indirekt schon een bißchen damit an.«

Gengenbach ging vornweg. »Sollten Bernay links liegenlassen.«

»Und direkt nach Elbeuf. Hoffentlich kommen wir noch durch«, ergänzte Lindemann.

»Sie meinen?«

Der Wachtmeister nickte. »Daß wir inzwischen schon in den nächsten Kessel hineingestolpert sind.«

Münchhof und Seehase murksten unter der Motorhaube herum, unterhielten sich halblaut.

»Was ist denn los?«

»Die Maschine streikt, Herr Oberleutnant.«

»Fehlt uns gerade noch.«

Die alliierte Artillerie schrieb flackernde Feuerzeichen in den verregneten Himmel. In der Luft gurgelte es, wisperte, schabte.

»Lassen wir den Karren stehen?« fragte Lindemann. »Müssen uns nämlich auf die Socken machen, sonst vereinnahmt uns irgendein Tommy.«

»Oder ein langer Kanadier mit widerlich rotem Schnurrbart.«

»Der Stromkreis ist unterbrochen. Der Akku dürfte ebenfalls im Arsch sein.« Münchhofs Hände tasteten voller Unruhe am Motor herum.

»Noch mal versuchen.«

Lindemann drückte auf den Starterknopf. Keine einzige Umdrehung.

Gengenbach stieg aus, schüttelte die Müdigkeit ab. Lauschte angestrengt. Weit hinter ihnen Rattern wie von einem Kettenfahrzeug, es kam schnell näher.

»Los, Deckung!« zischte der Oberleutnant, lud die MPi durch, schob den Sicherungsflügel nach vorn und schaute gespannt in das milchige Dunkelgrau zum Straßenknick.

Eine leichte Zugmaschine mit angehängter Fla-Kanone kam in Sicht. Ein halbes Dutzend SS-Leute in Tarnanzügen darauf. Auch sie hielten die Waffen schußbereit.

Warum schießt du denn nicht? fragte sich Gengenbach. *Das ist der Feind.* Sie wollen nicht nur dich fertigmachen. *Diese* haben dir nichts getan? Sie nicht, aber ihr System! Bloß – anonyme Rache ist keine Lösung.

Er ließ die MPi sinken und trat auf die Straße, neben ihm Lindemann. Drüben tauchten die anderen beiden auf.

Das Raupenfahrzeug schlingerte leicht beim Anhalten. Verständnislose Blicke, daß noch Deutsche unterwegs waren. »Sie sind ganz dicht hinter uns!«

Seil um die Vorderachse des Citroën, dann tanzte die Kanonenmündung vor der vom Regen beperlten Windschutzscheibe.

Sechsundzwanzigstes Kapitel

Oberleutnant Gengenbach bewegte vorsichtig die lahmen Glieder. Alles schmerzte, die Knochen, die Muskeln, der Schädel. Sogar das Denken, wie ihm vorkam.

Die Pneumatiks sangen mit gleichmäßigem Ton auf dem Teerbelag. Münchhof steuerte den Citroën, und Seehase saß auf dem Kotflügel, seit Le Sap hinter ihnen lag. Klasen schien zu schlafen. Er hielt die Augen geschlossen, ab und zu lief ein Zucken über sein stoppeliges Gesicht.

Der Oberleutnant überlegte, wer Altdörfer so zugerichtet haben könnte. Auf jeden Fall einer, der genau wußte, was er wollte. Und warum beschuldigte Altdörfer gerade ihn so hysterisch des Mordversuchs? Er war doch an diesem zwanzigsten August keinen Augenblick in seiner Nähe gewesen. Hatte ihn Fieber blind gemacht – oder war es ihm eine willkommene Gelegenheit, sich für etwas zu rächen? Wofür denn? Sollte er damit erneut aus seiner Umgebung ausgemerzt werden wie damals bei der Versetzung zu Pfeiler?

Seit der Befreiung war sein Verhältnis zu Klasen verändert, der während der vergangenen Tage einige Male versucht hatte, seine Aussage vor der SS zu rechtfertigen. Aber Gengenbach hatte abgewehrt, das Vertrauen blieb erschüttert, die Kameradschaft zerbrochen.

Sie fuhren von Le Sap nach Vimoutiers. Dort bewegte sich kaum noch jemand weiter frontwärts. Es regnete. Die Straße menschenleer. Die Jabos fehlten am grauen Himmel. Nur in den Wäldern war etwas von der Flucht vor den Panzern zu spüren. Zehn Kilometer vor Goudehard trafen sie Brettschneider mit einem Teil des Trosses sowie Stabszahlmeister Sommerfeld mit seinem erbeuteten Studebaker voller Verpflegung, dazu den Spieß der Stabsbatterie, Toni Kempen. Sommerfeld bekam genaue Instruktionen. Neuer Treffpunkt: Elbeuf. Sie selbst wollten noch weitersuchen, ehe sie den Sprung zur Seine machten.

Der Motor setzte plötzlich aus. Gengenbach schrak zusammen.

»Werde mal nachkieken.« Das war Seehases ruhige Stimme.

Auf dem Vordersitz reckte sich Lindemann schlaftrunken.

Kranz nieder. Für die Kommandeure der Résistance hatte er nur ein Kopfnicken. Beim Galaempfang im Rathaus würdigte er sie weder eines Blickes noch eines Händedrucks. Kurze Zeit danach erließ der General ein Dekret über die Auflösung der F.F.I. und ihres Stabes. Die Kommunistische Partei und andere fortschrittliche Kräfte lehnten ab. Die F.F.I. bestand bis zur vollständigen Befreiung Frankreichs.

Der Preis, den die USA für die Befreiung Frankreichs forderten, war: alle bestehenden deutschen Anteile an der französischen Wirtschaft sowie Dakar und Indochina. So billig kämpften de Gaulles Verbündete.

und unschlüssig unter Kastanien stehen, wagten nicht ins Stadtzentrum vorzustoßen.

Auch in der Nacht zum 25. August trugen die Arbeiter nahezu die ganze Last des Kampfes allein. Die Morgensonne schien das Leid überstrahlen zu wollen. Die Bevölkerung zählte die Minuten bis zur endgültigen Befreiung.

Fast alle faschistischen Stützpunkte waren von F.F.I.-Verbänden umzingelt. In den dreihundert Jahre alten Tuileriegärten, unter den Fenstern des Hôtel Meurice, lagen Sturmtruppen mit Tigern und Panthern verschanzt, ebenso um das Palais du Luxembourg, in der École Militaire, dem Außenministerium und dem Palais Bourbon, in den Prinz-Eugen-Kasernen an der Place de la République und anderswo. Panzer und panzerbrechende Waffen mußten her.

Am 25. August 1944 stand US-Infanterie vor Notre-Dame, während französische Panzer über die Champs-Élysées rasselten. Die Amerikaner waren von Süden, die Franzosen von Westen her gekommen. Mittags jagte ein Feuerwehrhauptmann die Stufen zur Spitze des Eiffelturms empor und hißte eine aus Bettüchern zusammengenähte Trikolore. Derselbe Mann, der sie am 13. Juni 1940 einholen mußte.

Im getäfelten Speisesaal der Polizeipräfektur trafen General Leclerc und Colonel Rol-Tanguy mit General von Choltitz zusammen, der ganze neunzehn Tage regiert hatte. Alle drei unterzeichneten die Urkunde der bedingungslosen Kapitulation. Sie lautete: »Im Namen der provisorischen Regierung der französischen Republik...« – und nicht im Namen des alliierten Oberkommandos.

Am Abend kämpften nur noch fanatisierte oder betrunkene Vertreter der SS und der Wehrmacht im Palais du Luxembourg, dem letzten Stützpunkt. Zehntausend Mann zogen in die Gefangenschaft.

An diesem Tag versammelten sich Vertreter des alliierten Oberkommandos und Führer der Widerstandsbewegung am Arc de Triomphe. Charles de Gaulle schritt die Ehrenformation der Panzertruppen ab, drückte den Offizieren die Hand. Legte mit großer Geste am Grabmal des unbekannten Soldaten einen

»Warum?«

Leduc blieb stehen, lauschte. »Das Maschinengewehrfeuer östlich von uns ist bereits im Jardin du Luxembourg.« Er richtete den Blick nach Norden. »Und dieser Gefechtslärm kommt von der Place de l'Étoile. Der unbekannte Soldat aus dem ersten Weltkrieg ist in der Stunde der Befreiung dabei. Ich höre es, spüre es: Die Besatzungsketten zerbrechen!«

Und der Franzose faßte seinen deutschen Kameraden um die Schultern und tanzte mit ihm herum wie die Bauern in der Normandie, feierlich und mit schweren Schritten. Niemand war auf dem Platz. Keiner Zeuge der Zeremonie, als er Haltung annahm, allein die Internationale zu singen begann und die Straßen der Stadt seinen Gesang aufnahmen wie ein Versprechen: »Wir Franzosen sind frei. Hier in Paris. In Süd- und in Westfrankreich. Und das Stück nach Lothringen und an die Schweizer Grenze wird in den nächsten Tagen frei werden.« Leduc hatte glänzende Augen.

Baumert senkte den Kopf. Er dachte an das braune System in seiner Heimat. Und wie viele Schläge des Krieges noch nötig sein würden, auch die Deutschen zu befreien. »Ja, *ihr* seid bald frei«, wiederholte er nachdenklich. »Frei von den faschistischen Okkupanten. Bei *uns* sitzt es tiefer, da geht es auch um die Befreiung der Herzen und der Hirne.«

Leduc legte ihm die Hand auf die Schulter. »Wahre Freiheit wird erst sein, wenn das Volk die Macht in die Hand nimmt. Wolf Baumert, Deutscher, wir haben zusammen gekämpft, jetzt gehören wir für immer zusammen.«

Der größte Teil der Pariser Bezirke befand sich unter Kontrolle der Aufständischen.

General Leclercs Panzer vermochten lange nicht den deutschen Sperriegel an der Straße Orléans – Paris zu brechen. Südlich Melun stießen US-Kräfte über die Seine nach Osten vor, trafen auf keinen Widerstand. Um sie aufzuhalten, wurden die 26. und die 27. SS-Panzerdivision von Paris abgedreht. Am Abend schoben sich die ersten Kampfwagen der 2. französischen Panzerdivision gegen den Stadtrand vor. Blieben getarnt

grauen Himmel, wo gelegentlich Jabos kurvten. Nach Westen, von wo in Stunden, in Minuten etwas zu erwarten war. Niemand schaute zurück zum Vollzogenen. In Sekunden war keiner mehr auf der Straße.

Der Obersturmbannführer der Gestapo Westendorf hatte kein Gesicht mehr. Eine rote Lache rann langsam auf die Gosse zu. Bei dem toten Sternthaler waren ein paar Menschen, rollten ihn an den Rinnstein.

Der Verfolger, grau im Gesicht, stand vor Leduc. »Ich hatte Befehl, ihn unter allen Umständen lebend zu bringen«, sagte er mit dumpfer Stimme, schüttelte verzweifelt den Kopf und ging mit schleppenden Schritten davon.

Ein Stützpunkt der Deutschen ist zu sprengen, dachte Baumert, deshalb sind wir unterwegs. Es fällt mir kaum noch auf, daß ich ebenfalls schon von *den Deutschen* spreche. Eigentlich müßte ich *die Nazis* sagen. Denn Deutscher bin ich ja noch immer. Aber es ist ein Unterschied. Ich habe den deutschen Gestapomann Sternthaler erschossen. Nie habe ich so bewußt gezielt und abgedrückt. Entsinne mich genau an den Augenblick, als Dörnberg ihn mit Namen ansprach, damals, als sie mich von Caen nach Ouistreham brachten. Damals, als man auf die Invasion wartete und ich Paul und Joséphine nicht kannte. Und Denise nie gesehen hatte. Denise . . . Hoffentlich kommt sie durch. Um Thiel müssen wir uns kümmern. Bei irgend jemand muß man das Laissez-passer erwirken für den ehemaligen Leutnant, der jetzt als Prisoner of war in einem amerikanischen Camp sitzt. Es ist noch soviel zu tun. Und ich kann dabei mitwirken... Ist das eine Zeit! Aber Dörnberg ist mir entkommen!

Drei rote Feuerwehrfahrzeuge kamen in schneller Fahrt über den Platz, zu beiden Seiten Maschinengewehre montiert. Die Farben der Trikolore leuchteten an den Armen der Männer. Im Westen paukten Panzerkanonen.

»Paul . . .«

»Ja?«

»Es ist nicht mehr weit bis zur Place de la Concorde.«

»Ich weiß, Luftlinie etwa zwei Kilometer. Wir werden uns beeilen müssen, um den Auftrag durchführen zu können.«

Wagentür aufriß, den leblosen Sternthaler vom Sitz zerrte, ihn wie einen Schutzschild zwischen sich und weitere Kugeln hielt. Dann ließ er den Körper auf die Straße fallen, zwängte sich hinters Lenkrad und gab Gas. Der Wagen raste davon.

Baumert rannte über den Platz zurück. Eine Menschentraube war um die Eichentür.

»Es ist Obersturmbannführer Westendorf! Hat unzählige Franzosen auf dem Gewissen!« Wieder die halblaute kehlige Stimme. »Vielleicht eigenhändig erschossen mit dieser Walther!« Der Verfolger faßte ihm in die Brusttasche, zog ein paar Bündel Scheine heraus, schwenkte sie triumphierend.

»Ich habe immer nur auf Befehl gehandelt!« schrie der Obersturmbannführer.

»Er gibt alles zu«, rief einer der Umstehenden.

»Ich wurde gezwungen! Befehlsnotstand!«

Da flog ein Stein. Nicht groß. Traf Westendorf unter dem linken Auge. Er heulte auf, griff mit der Linken schützend zum Kopf. Eine behaarte Hand schlug sie ihm weg. Die randlose Brille klirrte aufs Pflaster, zerknirschte unter einem Absatz. Ein Wald von Fäusten reckte sich. Die erste klatschte dumpf zwischen die Augen.

Der Obersturmbannführer fiel auf beide Knie, winselte: »Habt Erbarmen. Ich verspreche euch eine Million Francs oder Reichsmark, hört ihr!«

Ein Stiefel fuhr ihm ins Gesicht.

»Seid ihr wahnsinnig? Wir müssen ihn vernehmen!« rief Leduc. »Ich schieße auf jeden, der ihn anfaßt!«

»Er hat recht!« brüllte der Verfolger.

Sie wurden beide aus dem Kreis gespült.

»Er hat Franzosen ermordet . . .«

»Auge um Auge . . .«

»Es gibt kein Erbarmen!«

»Allons, enfants de la patrie, Le jour de gloire est arrivé« . . . der Tag des Sieges und der Abrechnung.

Westendorfs Schreie wurden vom Zorn des Volkes zerfetzt. Dumpfes keuchendes Stampfen . . .

Man ging auseinander. Ein Blick über den Platz oder zum

»Und der da?« Baumert wies auf einen Mann, der auf der anderen Seite folgte, offensichtlich bemüht, keinen aus den Augen zu verlieren.

»Der hängt dran. Nur nicht zu erkennen, ob er zu ihnen gehört«, sagte Leduc. »Abwarten, bis auch er außer Sicht ist.«

Jetzt rannten sie zur Ecke. Die Männer waren verschwunden. Der Verfolger ging gerade langsam auf eine eichene Haustür zu, hielt inne und stellte sich in eine Wandnische, den Blick auf die Tür gerichtet.

»Vielleicht eine Art Leibwächter?« murmelte Baumert.

»Dann würde er alles mögliche beobachten, aber nicht sie.«

»Hast recht.«

»Paß scharf auf, sonst geht uns der SD-Mann durch die Lappen. Los, in die Zange nehmen!«

Baumert schlenderte langsam vorbei an dem Wartenden, der keine Notiz von ihm nahm, vorbei an der Eichentür, überquerte die nächste Straße, war nun auf dem Platz, drehte sich um und hatte alles im Blickfeld.

Leduc war noch etwa zwanzig Meter von der Tür entfernt, als sie geöffnet wurde. Die zwei Männer verabschiedeten sich mit Handschlag. Mit einem Sprung war der Verfolger aus der Wandnische, sagte halblaut, mit merkwürdig kehliger Stimme, auf französisch: »Hab ich dich, du Gestaposchwein!«

Einer der beiden griff zur Jackentasche. Da knallte es trocken. Ein Wehlaut. Westendorfs Pistole schepperte übers Pflaster.

Mit einem Satz sprang der andere zur Seite, rannte ungehindert am Haus entlang auf den Platz zu. Baumert riß die Nullacht heraus. Er hatte sich nicht getäuscht, es war Dörnberg.

»Halt! Stehenbleiben!«

Der Sturmbannführer schlug einen Haken. Baumert zielte auf die Beine. Schoß. Traf nicht. Schoß wieder. Mußte zur Ecke vor. Sah dort einen offenen Wagen mit laufendem Motor. Der Mann hinter dem Lenkrad feuerte aus einer Maschinenpistole. Es pfiff über Baumert hinweg. Dörnberg war fast heran. Nochmals bellte die Nullacht. Der Fahrer sackte zusammen. Ladehemmung. Die Hülse hatte sich verklemmt. »Verdammte Scheiße! Warum kommt Paul nicht?« Baumert sah, wie Dörnberg die

haben gespürt, daß ständig gebremst wurde. Man will uns bei der Befreiung des Landes ausschalten, weil man Angst vor den politischen Konsequenzen unseres Sieges hat.«

»Noch ist der Kampf nicht zu Ende. Ich glaube, wir müssen gehen«, sagte Baumert mit einem Blick auf die Uhr.

Leduc stand auf, hob die schwere Pistole ein wenig an und schnallte den Ledergürtel unter der Jacke ein Loch enger. Dann gingen sie in die Sonne hinaus. Die Straßen waren fast menschenleer. In der Nähe fielen Schüsse.

Zwei Männer traten vor ihnen schnell in die Toreinfahrt eines mehrstöckigen grauen Geschäftshauses. Nichts Ungewöhnliches, denn die meisten Menschen bewegten sich in diesen Stunden schnell und scheu, um nicht von einem verirrten Geschoß oder von einem Scharfschützen getroffen zu werden. Baumert war, als hätte er den einen der zwei irgendwann schon gesehen. Dieser saloppe Habitus, französisch und doch wieder nicht, eine gewisse Lässigkeit der Handbewegungen... Baumert packte plötzlich seinen Kameraden heftig am Arm, zerrte ihn in einen Hausflur.

»Was hast du denn?« flüsterte Leduc.

»Den da drüben kenne ich.«

»Wo? Welchen?«

»Dort. In der Toreinfahrt. Den rechten.«

Leduc schaute durch die staubblinde Scheibe. »Irrst du dich auch nicht? Du bist zum erstenmal in Paris.«

»Sturmbannführer Dörnberg, der mich verhört hat. Von dem ich dir erzählte.«

Paul Leduc lud seine Pistole durch und steckte sie griffbereit in die Tasche. »Du bist sicher?«

»Ganz sicher. Die schwarzen Haare, der mädchenhafte Mund.«

»Komm! Bei jeder verdächtigen Bewegung sofort schießen, aber auf keinen Fall tödlich verwunden.«

Baumert hielt ihn wieder am Ärmel fest. »Sieh mal!«

Die beiden Gestalten lösten sich in diesem Moment aus der Toreinfahrt, gingen rasch über den Fahrdamm und dann zum menschenleeren Platz, auf den mehrere Straßen mündeten.

wenn man rechtzeitig die zweite Front errichtet hätte. Erst in diesem Sommer verwirklicht, konnte sie nicht mehr die Rolle spielen, die sie noch ein Jahr früher gespielt hätte. Dreiundvierzig haben die Westalliierten den Höhepunkt ihrer Rüstungsproduktion gehabt und bereits die Fertigung von Panzern und Geschützen zum Teil um mehr als fünfzig Prozent gedrosselt! Wurden für den Kriegsablauf gar nicht mehr benötigt!«

»Das sind bittere Feststellungen.«

»Bitter? Da gibt es alltäglich Bitteres seit achtzig Tagen. Die alliierten Luftangriffe zum Beispiel. Sie kosten jedesmal hohe Opfer an Menschenleben. Dabei werden taktisch bestenfalls die gleichen Ergebnisse erzielt, wie sie die Résistance mit weit weniger Verlusten der Zivilbevölkerung erreicht. Und warum werden so viele unserer Städte von alliierten Bomben ausradiert? Aus militärischer Notwendigkeit? Kaum. Weil die herrschenden Kreise in Washington und London die Wiedergeburt Frankreichs unter allen Umständen verhindern wollen.« Paul drehte sich eine Zigarette, spuckte die Krümel auf den Boden mit einer Miene, als habe er etwas auf der Zunge, viel bitterer als Tabak. »Und die Temposteigerung bei der Vorbereitung der Landung ist nur erfolgt, weil man befürchtete, daß *unsere* Bewegung die Positionen der französischen Bourgeoisie bedrohen könnte.«

»Von dir kann man viel lernen, Paul«, sagte Baumert.

»Die Partei läßt sich kein X für ein U vormachen. Nimm de Gaulle. Er kämpft gegen den Faschismus und gegen Pétains Kollaborateure, das macht ihn vielen sympathisch. Aber der General war ganz einfach gezwungen, mit uns Kommunisten zusammenzuarbeiten, damit er in London und hier am Ball bleiben konnte. Es sollte mich nicht wundern, wenn man ihn dazu ausersehen hätte, nach der Befreiung des Landes das alte System wieder aufzubauen.«

»Du siehst also einen direkten Zusammenhang zwischen der internationalen Lage und der innenpolitischen Situation hier?«

»In Teheran hat die internationale demokratische Volksbewegung gesiegt«, sagte Leduc. »Das wird eines Tages auch in Frankreich der Fall sein. Deshalb schmeckt es ihnen nicht, daß die Widerstandsbewegung von unserer Partei geführt wird. Wir

den: Zivil. Ein praktischer Sportanzug, Sonnenbrille, ganz weicher Mund, mehr Tarnung hielt er für hinderlich.

»Na, Sternthaler, wie sollen wir? WH-Nummer und Horch oder Peugeot-Cabriolet, französisches Kennzeichen und Räuberzivil?«

»Wenn Sie mich fragen, Sturmbannführer, das zweite.«

»Und warum?«

»Unsere tun nichts. Und die anderen kann man mit den beiden MPi blitzschnell überraschen, wenn sie dicht ran sind!« Er lächelte gemächlich.

»Wir werden eisern zusammenhalten müssen, Sternthaler. Sind nicht mehr viele von uns hier.«

»Keine Angst, Sturmbannführer. Ich werde Sie in jeder Situation wirksam decken.«

»Und Sie können sich voll auf mich verlassen.«

»Bin überzeugt, Sturmbannführer.«

Durch das Fenster zum Hinterhof fiel wenig Licht in die kleine Wohnküche. Leduc und Baumert hatten noch eine halbe Stunde Zeit. Die rechteckige Ledertasche mit Sprengstoff, Zündern und Handgranaten stand gepackt neben der Tür. Bis zur Place de la Concorde, ihrem Einsatzort, war es nicht weit.

Der Franzose sah schweigend auf den Hof hinaus.

Baumert lief auf und ab. »Das Gespräch mit den Genossen gestern morgen bewegt mich noch. Mir ist manches klargeworden.«

Paul nickte. »Erinnere dich, ich habe es dir schon bald nach unserer ersten Begegnung gesagt: Durch den Sturz des Nazismus geht der Weltimperialismus schwächer und der Sozialismus stärker aus dem Krieg hervor. Ich habe manchmal den Eindruck, daß die Regierungen in London und Washington die Antihitlerkoalition mit der Sowjetunion nur als vorübergehende Vereinbarung ansehen. Ihre antikommunistische Klassenposition haben sie nicht aufgegeben. Rol-Tanguy und Fabien haben mir gesagt, Roosevelt und Churchill wußten ebenso wie ihre Militärs, daß es real möglich war, den Krieg viel schneller zu beenden und damit Millionen Menschen das Leben zu erhalten,

vierung der bourgeoisen Machtverhältnisse sein. Also mußte der Sprung auf das Festland mit großer Eile erfolgen. Außerdem befürchtete er, die eigenen Völker könnten die bisherigen Verzögerungen und fadenscheinigen Motivierungen noch klarer durchschauen. Roosevelt erkannte schließlich auch, daß der Weltimperialismus nur dann überleben würde, wenn er *nicht* den Krieg gegen die sozialistische Gesellschaftsordnung vom Zaun brach.

Und Bradleys 4. Division rollte auf Teufel komm raus...

Es wird mir ein Vergnügen sein – die Versicherung klang in Dörnbergs Ohr unfreundlich nach. Alles war vorbereitet: mit beginnendem Abend Moulin Rouge und Eiffelturm zu verlassen und wärend der Dämmerstunde alle gefährlichen Bereiche zu überwinden. Sternthaler hatte eine WH-Nummer an den Wagen montiert, den Fond voll Benzinkanister und Verpflegung geladen, dazu zwei Maschinenpistolen und Munition. Dörnberg verfügte über Geld in Hülle und Fülle und über Ausweise. Am Schrank hing die ordengeschmückte Uniform eines Majors der Flakartillerie. Er schwankte, ob er sie anziehen sollte, um bei den eigenen Posten, Kontrollen und Dienststellen durchzufahren, oder ob Zivil besser sei, um in der Stadt, falls es die Lage überraschend erforderte, sofort untertauchen zu können. Beides hatte etwas für sich. Und nun diese Information von Westendorf. Sein hoher Chef wurde erwartet. Welcher? Dafür kamen bis zu Kaltenbrunner mehrere in Betracht. Jedem einzelnen war es zuzutrauen, daß er hier aus eigenem Entschluß oder im Auftrag Himmlers auftauchte, um sich einen persönlichen Eindruck zu verschaffen oder einen Sonderbericht für den Führer anzufertigen. Also mußte man wohl oder übel heil über die nächsten vierundzwanzig Stunden kommen, um zu erfahren, was gespielt wurde. Daß ihm der Dümmling Westendorf bei dieser Gelegenheit mit seinem Erfolg bei Meusel imponieren wollte, verstand sich am Rande.

Dörnberg fluchte, daß er nicht rechtzeitig Paris verlassen hatte. Ich nehme an, Sie bleiben ebenfalls weiterhin – so ein Unfug! Immerhin hatte sich durch die Verabredung eines entschie-

Kampfführung wie der Nachkriegsprobleme. Längst war Tatsache geworden, daß der Sozialismus entgegen allen westlichen Isolierungsmanövern begonnen hatte, die Entwicklung der Welt zu beeinflussen.

Churchill versuchte wiederum, eine anglo-amerikanische Kampffront gegen einen nach dem Krieg in Europa entstehenden und von der Sowjetunion geführten Staatenblock zu schmieden. Er ließ am 3. September an der kalabrischen Südküste zwei Divisionen Montgomerys und sechs Tage später die restlichen Verbände der 8. Armee bei Tarent an Land gehen. Gleichzeitig betraten vier Divisionen der 5. US-Army bei Salerno, knapp südlich Neapel, italienischen Boden und rannten sich ebenfalls fest. Italien konnte eine wirksame zweite Front nicht ersetzen.

Ende Oktober kamen die Außenminister der drei Großmächte in Moskau zusammen, um die Konferenz von Teheran vorzubereiten. Die Sowjetunion kannte nur ein Ziel: Maßnahmen zur schnellsten Befreiung der von Hitler unterjochten Völker. Die grundsätzliche Einigung lautete: Frühjahr 1944.

Am 28. November trafen sich erstmals Roosevelt und Churchill mit Stalin in Teheran und beschlossen vor allen anderen strategischen Maßnahmen die Errichtung der zweiten Front in Europa mit der »Operation Overlord«. Nach zweijähriger Diskussion bequemten sich nun die Anglo-Amerikaner, einem verbindlichen Termin zuzustimmen. Die wachsende politische und militärische Autorität der Sowjetunion, des stärksten Bündnispartners in der Antihitlerkoalition, erzwang die Festlegung militärischer Großaktionen; die Widersprüche zwischen den USA und Großbritannien wurden vorübergehend zurückgedrängt, die Endphase des Krieges damit verkürzt. Die UdSSR erklärte ihre Bereitschaft, nach Abschluß des europäischen Krieges an der Beendigung des Kampfes gegen Japan mitzuwirken, damit die Völker aller Erdteile in Frieden leben könnten.

Roosevelt erkannte, daß die UdSSR fähig war, auch alle vom Faschismus okkupierten westeuropäischen Staaten ohne Mithilfe zu befreien. Also konnte nur die schnelle Besetzung durch anglo-amerikanische Truppen eine Garantie für die Konser-

bei ihre großen Monopole unterschiedliche Interessen verfolgten. Das Haus Morgan wollte abernten, was nach Ausschaltung der Konkurrenten Deutschland, England und Frankreich in Europa zu haben war. Rockefeller interessierte sich vor allem für den Mittelmeerraum, also für das afrikanische und vorderasiatische Erdöl und die Verdrängung der Briten aus ihrer dortigen Vormachtstellung. Eine dritte Gruppe spekulierte auf den Ausbau der amerikanischen Positionen im Pazifik und in Asien und versprach sich von vielseitigen Finanzinvestitionen Superprofite. Roosevelt versuchte durch Kompromisse zwischen den drei Gruppen, die letztlich 52 Milliarden Dollar am Krieg verdienten, zu vermitteln.

Anfang 1943 kamen die Westalliierten in Casablanca zusammen, ohne die Sowjetunion einzuladen. Ihre Generallinie war von der Trumandoktrin bestimmt: Mit jedem befreiten Kilometer verliert der sowjetische Bundesgenosse an Kraft, und er wird nach dem Sieg ausgeblutet und unbedeutend sein. Also: Die zweite Front blieb auf dem Papier.

Im Mai tagte man in Washington, wieder ohne die Sowjetunion, aber die Entwicklung an der Ostfront forderte konkretere Entscheidungen. Man nahm »Le Débarquement« für 1944 in Aussicht, doch auch diesmal setzte Churchill seine Hausmachtinteressen durch: erst Landung in Sizilien.

Im August 1943 verhandelte man in Quebec – erneut ohne die Sowjetunion einzuladen, während die Paukenschläge der Schlacht im Kursker Bogen über die Erde hallten. Zwei Millionen Mann rangen miteinander, dann brach der Aggressor in die Knie und wich über den Dnepr zurück. Das zwang die Westalliierten zu der Einschätzung: Das Geschehen in Europa nach Abschluß der Kämpfe wird durch die Russen ebenso mitbestimmt wie heute die Niederlage der Achsenmächte. Weil der Kreml als militärisch stärkster Partner mit Waffengewalt nicht mehr liquidiert werden kann, muß man sich vorläufig arrangieren und die russische Volkswirtschaft möglichst von den US-Monopolen abhängig machen.

In Quebec stimmte Roosevelt für die Gleichberechtigung des sowjetischen Partners bei der Lösung von Grundfragen der

De Gaulle hatte auf eigene Faust gehandelt, die 2. französische Panzerdivision aus der von Argentan herankommenden 3. Armee Pattons herausgelöst und auf Paris vorstoßen lassen. Er verabschiedete ihren Kommandeur, General Leclerc, an diesem Vormittag mit den Worten: »Beeilen Sie sich, damit wir in Paris nicht eine zweite Commune bekommen!«

Murrend fügte sich Eisenhower in das jetzt nicht mehr zu Verhindernde und sprach mit Bradley. Der wählte seine zweihundertsechzig Kilometer vor Paris in Ruhe liegende 4. Infanteriedivision, eine Eliteeinheit, und jagte sie im Eilmarsch an die Seine. Bradley wurde damit – bewußt oder nicht bewußt – zu einer der verspätet in Gang gesetzten Figuren des westalliierten Spiels um die Antihitlerkoalition.

Nach der Kriegserklärung der Achsenmächte traten die Vereinigten Staaten im Dezember 1941 der Koalition bei und bildeten mit Großbritannien einen gemeinsamen Generalstab. Die Teilnahme von Vertretern der Roten Armee in diesem Gremium hielten sie für überflüssig. Ihre Grundkonzeption lautete: Uns kommt der Krieg zwischen der Sowjetunion und dem faschistischen Deutschland äußerst gelegen, weil sich beide damit binden und das vermutliche Unterliegen des deutschen Konkurrenten gleichzeitig die Schwächung des sowjetischen Verbündeten bedeuten muß. Also: Hinauszögern der zweiten Front in Frankreich.

Dieser Verrat am Bündnis gestattete Hitler, seinen Kampf im Osten mit gedecktem Rücken zu führen – die vorsätzliche Verlängerung des zweiten Weltkrieges durch die Westalliierten hatte begonnen. Die Rote Armee ging jedoch als Sieger aus der Kraftprobe an der Wolga hervor und wendete das Blatt. In Washington und London fragten sich die Hintermänner: Was geschieht, wenn die Sowjetunion das Gewicht dieser Siege in die Waagschale wirft, sobald es um die Bestimmung der Weltpolitik nach Kriegsende geht?

Großbritannien kämpfte verzweifelt um den Weiterbestand des Empire, fürchtete die Kriegslasten größerer militärischer Engagements und versuchte der Verarmung aus dem Weg zu gehen. Die USA strebten Expansion und Weltherrschaft an, wo-

Das war ein erster kleiner Sieg. Aber er wollte den Erfolg richtig auskosten, formulierte seine phantastischen Vorstellungen: »Wissen Sie eigentlich, daß Ihr hoher Chef in Kürze hier erwartet wird?«

Dörnberg zuckte zusammen. »Man hat mir bisher nicht . . .«

»Ich weiß, ich weiß, Ihre Verbindungen sind abgerissen«, triumphierte Westendorf. »Meine funktionieren noch immer.«

»Und wie kann ich erfahren . . .?«

»Leider nicht vor morgen vierzehn Uhr.« Ich werde dich schon auf die Folter spannen, dachte er.

Dörnberg schluckte, dachte an den Aufruhr in der Stadt. »Wo?«

»Wo wir uns das letztemal trafen.«

Der Sturmbannführer überlegte. »Einverstanden.«

»Es wird mir ein Vergnügen sein.« Westendorf legte auf. Erstaunlich, daß Dörnberg noch hier ist, dachte er. Der wäre jetzt zu keinem Treffen bereit gewesen, wenn ich ihn nicht mit der Finte, daß sein Chef kommt, erschreckt hätte. Aber welcher Teufel hat mich eigentlich geritten, die Verabredung erst für morgen zu treffen? Nur die Wollust, ihn zappeln zu lassen?

Westendorf lud die Walther-Pistole durch und steckte sie in die Brusttasche. Ein letzter Blick in den Spiegel, dann huschte er auf die sommerheiße Straße hinaus. Machte kurze Sprünge von Haus zu Haus. Beobachtete vorher Dächer und die geschlossenen Jalousien vor den Fenstern. Er vermochte um nichts in der Welt den Wunsch einzudämmen, sich an den Zuckungen der gepeinigten Stadt zu weiden und möglichst viele ihrer Einwohner umkommen zu sehen.

Eine halbe Minute später löste sich aus dem Hausflur gegenüber seiner Wohnung eine Gestalt und glitt in einigem Abstand hinter ihm her, von Deckung zu Deckung, unauffällig.

Westendorf verschnaufte in einem Hauseingang, zündete eine Gauloise an und ließ sie aus dem linken Mundwinkel hängen. Seine Brillengläser glitzerten. Er drehte sich routinemäßig des öfteren um, konnte jedoch nichts Verdächtiges bemerken.

chenden Befehl. Aber Adolf Hitler erwartete insgeheim doch mehr Stehvermögen von seinen Vertrauten. Und wenn sich dermaleinst das Blättchen wieder wenden sollte, dann würde der Führer sagen: Westendorf, Treue um Treue... Das ist der Tag des Ritterkreuzes, der Aufnahme in den intimsten Kreis. Westendorf, Standartenführer Westendorf, haben Sie Dank für Ihr Heldentum. Ganz nahe würde der Führer stehen und die Hand auf seiner Schulter ruhen lassen...

Der Obersturmbannführer putzte sorgfältig die Brillengläser, obwohl wie immer kein Makel daran war.

Der SD hatte seine Pariser Dienststellen bereits aufgelöst. Ob Dörnberg, dieser ehrgeizige Bursche, noch aushielt? Westendorf kannte die Telefonnummern von zwei Absteigen des Wieners, er hätte ihm zu gern die Sache mit Meusel in angemessener Form beigebracht, um zum eigenen Sieg auch die Niederlage des Konkurrenten zu erleben, wollte dessen Arroganz zerschmelzen sehen. Und er hatte Glück, Dörnberg meldete sich am Telefon.

»Nanu, Monsieur Wes...« Dörnberg verschluckte rechtzeitig den Rest des Namens. »Ich bin wirklich erstaunt, Sie in dieser erregenden Situation...«

»Tja, mein Lieber, jetzt trennt sich Spreu vom Weizen.«

»Kann man wohl sagen«, erwiderte der SD-Mann vorsichtig.

»Ich nehme an, Sie bleiben ebenfalls weiterhin?«

»Kein Zweifel.«

»Wir haben da einen gemeinsamen Freund...«

»So? Wen meinen Sie denn?« Dörnberg überflog schnell eine Reihe von möglichen Personen.

»Nun, so ein kleines Meuselchen...«

»Ah, verstehe. Und?«

»Führten ein längeres Gespräch«, eiferte sich der Gestapoführer.

»Hier?«

»Sie sagen es. Dabei hat er mir in allen Punkten recht gegeben.« Westendorf bemerkte, daß er vor sich selbst Hochachtung bekam.

»Donnerwetter, gratuliere!«

Dem Obersturmbannführer rann es wohlig über den Buckel.

Maquisarden. Hier, in der Nähe der alten eisernen Markthallen, des Bauchs von Paris, war er bisher völlig unbeachtet geblieben.

Ich habe dennoch den Gegner unterschätzt, dachte Westendorf. Man hätte viel mehr von ihnen festsetzen und ausrotten sollen, spätestens Ende vergangenen Jahres, nachdem die F.F.I. als Zusammenfassung der bewaffneten Kräfte aller politischen Positionen geboren war.

Westendorf kannte das System der französischen Widerstandsorganisationen. Aus manchem Gefolterten hatte er ein Wort, einen Namen oder die Bezeichnung von Institutionen herausgequält, das ergab ein ziemlich verläßliches Bild. Trotz dieser Kenntnis hatte keine Macht jene Bewegung aufhalten können. Sie war nun als militärischer Faktor wirksam geworden und würde es als politischer eines Tages möglicherweise in noch größerem Umfang werden.

In Paris hatte Westendorf als exponierter Vertreter der Gestapo seine größten Erfolge erzielt. Oberst Schenk von Stauffenberg hatte mit seiner Bombe für ihn die Karriere vorbereitet. Generäle und Stabsoffiziere waren nach dem Attentat durch Westendorfs Hände gegangen, manche nur in Form einer unscheinbaren Akte, aber sie besaß immer Gewicht, wenn 20. Juli 1944 darauf stand. Die Akte Oberstleutnant Meusel war gestern geschlossen worden. Als er ins Reich, nach Plötzensee, abtransportiert wurde, war er nicht mehr vernehmungsfähig – man hatte sich bemüht, brauchbares Material herauszuholen und durch ein unterzeichnetes Geständnis den Herren in Berlin die Arbeit abzunehmen.

Dabei sah es damals, als unter anderem auch der SD sich für Meusel interessierte, gar nicht so rosig aus. Ein Lächeln umspielte den Mund des Obersturmbannführers, er entsann sich seines Gesprächs mit Dörnberg. Der stand bei der Begegnung in Narbonne auf ganz hohem Podest. Und was blieb von den Rosinen? Krusemark hatte sich clever aus der Affäre gezogen. Altdörfer war mit großer Wahrscheinlichkeit im Kessel von Falaise vor die Hunde gegangen. Grapenthin . . . Aber gesungen hatte keiner.

Abzwitschern aus Paris wäre legal, es gab ja einen entspre-

Fabien brachte ihn in einen anderen Raum, ehe er zu Rol-Tanguy in die Befehlszentrale ging.

Obersturmbannführer Westendorf blickte kritisch in den Spiegel. Der graue Zweireiher war den Umständen angemessen, man sah, daß er in besseren Zeiten erheblich eleganter gewirkt hatte. Jetzt kaum Bügelfalten, abgetragen, die Schuhe ausgetreten, aber bequem. Ein dünner hellgrauer Pullover mit Rollkragen, schon etwas ungleich in der Farbe. Westendorf konnte sich nur schwer an die neue Frisur gewöhnen: kein messerscharfer Scheitel und keine straffe Bürstenglätte mehr, sondern das Haar tiefschwarz gefärbt, glatt, viel Öl, sehr französisch. Das schmale Gesicht mit den ausdruckslosen braunen Augen erschien jetzt extrem bleich. Die randlose Brille deutete zwar möglicherweise auf einen preußischen Oberlehrer hin, aber er besaß keine andere, und ohne Brille war er hilflos. In dieser Aufmachung glaubte er jedoch überall untertauchen zu können. Seine Carte d'identité auf den Namen Marcel Gradin war so echt wie alle Bestandteile seiner ausgetüftelten Legende.

Der Gestapobeamte konnte sich nicht mit dem Gedanken abfinden, jetzt Paris bei Nacht und Nebel zu verlassen, solange ein winziger Hoffnungsschimmer bestand, diese Machtposition zu behaupten. Er bedachte noch einmal die augenblickliche militärische Situation. Bis zwölf Uhr mittags galt das Abkommen zwischen General von Choltitz und den Gaullisten. Was würde danach kommen? Schwer zu sagen. Fest stand, daß die avisierte 47. Infanteriedivision schon wieder abgedreht worden war, um eine Sperrstellung nordwestlich Paris zu beziehen. Fest stand weiterhin, daß Model sich bemühte, alle verfügbaren Panzerverbände der 1. Armee im Raum Meaux ostwärts Paris zu konzentrieren. Fest stand, daß schwere Kämpfe an vielen Stellen des Häusermeers im Gange waren. Und es gab eine vertrauliche Information, daß die 26. und die 27. SS-Panzerdivision in Eilmärschen unterwegs nach Paris seien, um die Lage zu stabilisieren. Aber wenn das alles nun nicht *fest stand*? Gut jedenfalls, daß er sich dieses Ausweichquartier rechtzeitig einrichten ließ. Wahrscheinlich hielten ihn die Nachbarn sogar für einen gut getarnten

rungen Fabiens zu, der nachdenklich in den Rauch seiner Zigarette sprach: »Der Terror der Nazis ist ebenso Ausdruck ihrer Demoralisierung wie ihrer Ohnmacht. Die Raubzugstrategie muß nach den Gesetzen der Geschichte scheitern.«

»Warum marschiert Eisenhower nicht auf Paris?« fragte Séguin.

»Seine Konzeption lautet: Wenn man an der Hauptstadt vorbeistößt, braucht man nicht Benzin und Versorgungsgüter für die Bevölkerung zur Verfügung zu stellen und kommt schneller zum Ruhrgebiet.«

Séguin schüttelte den Kopf. »Und de Gaulle?«

»Nach unseren Informationen will er eine Änderung bei Eisenhower erzwingen wegen der angeblichen Bedrohung, die wir Kommunisten für die Stadt darstellen: Wenn Eisenhower die Befreiung von Paris hinausschiebt, meint de Gaulle, laufe er selbst Gefahr, dort eine verheerende politische Situation vorzufinden, die auch für die Alliierten katastrophale Folgen haben könne.«

»Aber sein Verbindungsoffizier in Paris muß ihm doch objektiv über die Lage in der Stadt berichten, Fabien«, sagte Maurice erregt.

»General Chaban-Delmas ist dafür, daß die Alliierten Paris direkt nehmen, bevor unser Aufmarschplan Wirklichkeit wird. Auch ihm geht es in erster Linie nicht um die Niederlage der Faschisten und die Befreiung der Bevölkerung, er kalkuliert so: Entweder wirft die Wehrmacht den Aufstand nieder und verwandelt Paris in einen Schutthaufen, oder die Kommunistische Partei bringt durch einen gelungenen Aufstand Paris in ihre Gewalt. Die Zeit verrinnt, Freunde, wir müssen voran. Camarade Baumert?«

Der Angesprochene erhob sich.

»Du meldest dich mit Paul bei dem Genossen Careux. Er weist euch in den Auftrag ein.« Er reichte ihnen die Hand. Sie stolperten los, die Beine schmerzten, die Füße waren voller Blasen.

»Genosse Séguin, dich benötigen wir für eine besondere Aufgabe. Nebenan wirst du Näheres erfahren.«

»Seid ruhig, Camarades, ich bringe euch über Montparnasse und Quartier Latin, wie es sich für einen erfahrenen Fremdenführer gehört.« Er sagte nicht, wohin, und Leduc und Baumert fragten nicht danach.

Sie landeten in der Rue Schoelcher Nummer 9 vor dem Verwaltungsgebäude der Pariser Kanalisation und der Wasserwerke. Viele Stufen in die Erde hinunter. Stahltüren, Kellerräume. Gewölbe, Tunnel, Kanäle, Katakomben. Labyrinth der Entwässerung, sechsundzwanzig Meter unter der Stadt. Hier lag der neue Gefechtsstand des zähen Bretonen Colonel Rol-Tanguy, der von der ersten Minute an gegen die Okkupationsmacht gekämpft hatte. Von hier aus leitete er mit seinem Stellvertreter, dem Genossen Pierre Fabien, die entscheidenden Operationen des Aufstandes, keine zwei Kilometer vom Hôtel Meurice entfernt, in dem sein Gegenspieler Choltitz residierte und bereits resignierte.

Als die drei Männer sich an das grelle Licht im Keller gewöhnt hatten, versank das Unwirkliche dieser Nacht ebenso wie das gespenstische Treiben in der Stadt.

Rol-Tanguy und Fabien kamen aus der Befehlszentrale, küßten Maurice auf beide Wangen, begrüßten Leduc und Baumert herzlich. Rol-Tanguy zuckte nach einigen Minuten bedauernd die Schultern, er sei in Eile, und bedeutete Fabien, bei den Genossen zu bleiben: ein wenig verschnaufen bis zum neuen Einsatzbefehl. Er winkte ihnen zu und ging wieder an seine Arbeit, jung, energiegeladen.

Fabien zauberte eine Flasche Wein herbei, und Maurice legte jedem eine Schachtel Camel hin. Leduc fragte nach Thiel, dem Bundesgenossen, und Fabien hielt seine Befreiung aus dem Lager in ein paar Tagen für möglich. Er erzählte, die Gruppen und Verbände seien überall verstreut im Einsatz und hätten das Nachrichtennetz der Faschisten in Paris weitestgehend zerstört. Man sei stolz darauf, daß aus den zweihunderttausend Kämpfern am Vorabend der Landung heute Millionen geworden seien. Und dabei gehe es nicht mehr um moralischen Protest, sondern um strategische Ergebnisse.

Baumert hörte trotz seiner Müdigkeit gespannt den Ausfüh-

und Baumert folgten. Den Befehl, in dessen Konsequenzen sie nun hineinmarschierten, bekamen sie erst viel später zu sehen:

»Gemäß Bezug hat der Führer befohlen:

Die Verteidigung des Brückenkopfes Paris ist von entscheidender militärischer und politischer Bedeutung. Sein Verlust reißt die gesamte Küstenfront nördlich der Seine auf und nimmt uns die Basis für den Fernkampf gegen England.

In der Geschichte bedeutete der Verlust von Paris aber auch bisher immer den Fall von ganz Frankreich.

Der Führer wiederholt daher seinen Befehl, daß Paris im Sperrgürtel vorwärts der Stadt verteidigt werden muß, und verweist dazu auf die für OB West angekündigten Verstärkungen.

Innerhalb der Stadt muß gegen erste Anzeichen von Aufruhr mit schärfsten Mitteln eingeschritten werden, z. B. Sprengung von Häuserblocks, öffentliche Exekutierung der Rädelsführer, Evakuierung des betroffenen Stadtteils, da hierdurch eine weitere Ausbreitung am besten verhindert wird.

Die Seinebrücken sind zur Sprengung vorzubereiten. Paris darf nicht oder nur als Trümmerfeld in die Hand des Feindes fallen. Oberbefehlshaber West, Ia, Nr. 749/44 g. K. Ch.«

Séguin, Leduc und Baumert liefen im Schnellschritt. Die Dunkelheit dauerte nur wenige Stunden, die Standorte deutscher Einheiten waren ihnen ebenso unbekannt wie die nervöser Amerikaner und überreizter Gaullisten. Der Gefechtslärm bei Melun, vierzig Kilometer südostwärts Paris, wo die 7. US-Panzerdivision einen weiteren Brückenkopf auf dem Nordufer der Seine errichtete, war hinter ihnen nur noch zu ahnen. Ortschaften, Felder, Wälder lagen in tiefem Schweigen. Das Niemandsland dehnte sich. Vor dem Schieferblau des Himmels wuchsen die Steinmassen der Millionenstadt.

Séguin wußte Sickerstellen und verschwiegene Plätze, wo man unbemerkt über den Fluß gelangen konnte. »Eigentlich sollte ich die Stadt bei meiner Insel betreten«, murmelte er.

»Deine Insel?« Baumert blickte ihn fragend an.

»Die südwestliche Insel in der Seineschleife beim Stadtteil Boulogne heißt Ile Séguin. Darauf ist er natürlich mächtig stolz«, sagte Paul mit gutmütigem Spott.

Augusttag über BBC seine Landsleute: »Die größte Gefahr würde sich für Paris dann ergeben, wenn die Bevölkerung dem Aufruf zum Aufstand Folge leistet.« Obwohl er wußte, daß die Pariser Arbeiter mit Pistolen und Karabinern gegen faschistische Maschinenwaffen und Panzer angingen, verbot er den durch ein englisches Transportgeschwader vorgesehenen Waffenabwurf über Paris, »weil die Waffen ausschließlich den Kommunisten zugute kommen würden, den politischen Gegnern de Gaulles«.

Die Panzer mit dem Balkenkreuz rasselten aus den Pariser Garnisonen, Stahl und Sprengstoff gegen Todesmut und Opferbereitschaft. Blut floß in Strömen.

Ein Kurier kam zum amerikanischen Oberkommandierenden Bradley durch, meldete die bedrohliche Lage der Aufständischen in Paris.

Zum gleichen Zeitpunkt schätzte Model die Situation in der Stadt ebenfalls als bedrohlich ein, da seine Kampfverbände auf die Dauer nicht ausreichten. Die Quittung kam postwendend vom Wehrmachtsführungsstab; der Chef der Heeresgruppe B gab sie an die ihm unterstellten Einheiten weiter. Es war Hitlers Befehl zur Vernichtung von Paris.

Maurice Séguin, Paul Leduc und Wolf Baumert waren unterwegs zu ihrer Zentrale in der Hauptstadt. Nachdem der Kampf in le Bourg St. Léonard zu Ende war, sollten sie sich in Paris für die entscheidenden Stunden zur Verfügung halten. Außerdem konnten sie nur von hier aus versuchen, Thiel aus dem Lager zu holen. Zwanzig Stunden waren sie mit dem Negersoldaten am Lenkrad eines Munitions-Lkw gut Freund gewesen. Er gab ihnen noch eine Stange Camel und ein paar Breakfastpackungen, dann wirbelte dicker Staub unter dem haltenden Wagen auf, der schwarze Fahrer zeigte zweiunddreißig untadelige Zähne und wies mit der rechten Hand nach Osten, bedeutend, daß ihr Ziel in dieser Richtung liege, während er nun zu einer Munitionsverteilungsstelle abbiegen müsse. Ein nachdenklicher Blick auf die blauweißroten Binden an ihren Oberarmen, dann: »Have a good time, boys!«

Maurice Séguin, der gebürtige Pariser, schritt voran. Leduc

Tigerpanzern, standen in der Stadt und im »Pariser Bogen«, jener Stellung, die an der Seine bei Poissy begann, alle Zugänge vom Westen bis zum Südosten zerschnitt und über St. Germainen-Laye, Versailles, Palaiseau, Orly, Villeneuve zur Marne lief. Aber Hitler erfand bereits eine Sehnenstellung quer durch das Häusermeer, damit man seiner Forderung gemäß den Kampf um die Stadt ohne Rücksicht führen könne.

In der Nacht zum 21. August – Joséphine Leduc und der Funker Léon Levallois ruhten schon in normannischer Erde, und Leutnant Thiel hatte sich mit den Händen eine Schlafmulde in den sonnenharten Lehmboden des amerikanischen Lagers gescharrt – verbreitete der noch immer von den Deutschen kontrollierte Pariser Sender eine Bekanntmachung des Kommandanten: »Unverantwortliche Elemente in Paris haben gegen die Besatzungsbehörden die Waffen erhoben. Der Aufstand wird rücksichtslos unterdrückt werden!« Mochte der Spruch auch nur als Rechtfertigung an das Führerhauptquartier adressiert sein, für die F.F.I. war er die Fanfare zum Angriff. Neue Zeitungen der Widerstandsbewegung flatterten in den aufstrahlenden Tag, verkündeten Rol-Tanguys Schlachtruf, aufgenommen aus den Tagen der großen Revolution: Auf die Barrikaden! Auf die Barrikaden!

Überall wuchsen Sperren wie Pilze aus der Erde. Feuerstöße in den Straßen. Nahkampf. F. F. I-Verbände stürmten die Rathäuser der Arrondissements, die Polizeikommissariate und besetzten öffentliche Gebäude. Immer häufiger flatterten die grau gewordenen, nun befreiten Trikoloren.

Der bewaffnete Aufstand war am 22. August auf der ganzen Linie entbrannt, obwohl de Gaulle bereits im Januar 1943 verfügt hatte, den Kommunisten keine Waffen zu liefern, und seinem Gewährsmann General Chaban-Delmas befohlen hatte, dafür zu sorgen, daß sich Paris unter keinen Umständen ohne seine – de Gaulles – Einwilligung gegen die deutsche Besatzungsmacht erhebe. Ebenso hatte Eisenhower den Oberkommandierenden der F.F.I., General Pierre Koenig, strikt angewiesen, daß weder in Paris noch anderswo bewaffnete Erhebungen ohne seinen Befehl stattfinden dürften. Koenig beschwor an diesem

Architektur des Louvre, des Panthéon, war zur anderen Seite der Blick auf die Bastille. Und war Notre-Dame mit der düster steilen Wand der beiden Türme, Krone der Insel seit achthundert Jahren.

Der Aufstand vollzog sich nicht spontan. Seit langem hatten die Forces Françaises de l'Intérieur die Befreiung der Hauptstadt unter der strategischen Leitung von Oberst Henri Rol-Tanguy, Mitglied der KPF, vorbereitet. In unzugänglichen Waldlagern standen seine hochdisziplinierten, gut bewaffneten Verbände bereit und warteten auf ihr Einsatzsignal. In der Nacht traten ausgesuchte Einheiten der F.F.I. an und besetzten gegen mehr oder weniger heftigen Widerstand Rathaus, Kriegsministerium, Justizpalast und ein halbes Dutzend weiterer Regierungsgebäude an den Seineufern nördlich und südlich der Insel. Am nächsten Nachmittag griffen überall Abteilungen der Aufständischen die Besatzungstruppen an, erbeuteten Waffen, kontrollierten am Abend bereits mehr als die Hälfte der zwanzig Pariser Stadtbezirke.

Währenddessen verhandelten Vertreter de Gaulles über den schwedischen Generalkonsul Nordling mit dem Kommandanten von Groß-Paris, General von Choltitz, dem Zerstörer von Sewastopol und vielen anderen sowjetischen Städten, über einen Waffenstillstand und die Übergabe der Stadt an das anglo-amerikanische Oberkommando. Beide Seiten waren sich aus unterschiedlichen Gründen einig: Alles darf geschehen, nur kein Aufstand der Kommunistischen Partei gegen die Okkupanten.

Die bis zum 23. August, 12 Uhr, vereinbarte Waffenruhe blieb von der ersten Stunde an eine Fiktion. Das Schießen hörte nirgends auf. Der Anfang vom Ende der faschistischen Herrschaft über Frankreich zeichnete sich ab, nicht ohne ein groteskes Zwischenspiel: Als der Normandiekessel bei St. Lambert und Chambois einigermaßen abgedichtet war, forderte Hitlers Botschafter in Frankreich, Abetz, militärische Hilfe für den Abtransport der französischen Regierung aus Vichy – um sie vor den eigenen Untertanen zu schützen!

Zweiundzwanzigtausend Soldaten, vorwiegend SS-Verbände, mit neunzig schweren Flakgeschützen und hundert

Junge und Alte, alle in den Kampf, beteiligt Euch an ihm mit allen Mitteln, damit in unserer großen Hauptstadt, im Herzen Frankreichs, der Generalstreik, der Volksaufstand entflammt. Das wird uns helfen, in kürzester Frist die Schlacht um Paris zu gewinnen, und die Stunde der völligen Befreiung unseres Vaterlands näher bringen.«

De Gaulle versuchte mit Hilfe von Georges Bidault, dem Vorsitzenden des Nationalkomitees der Widerstandsbewegung und Mitbegründer der katholischen M.R.P., den Aufstand zu verhindern. Vergebens. Die Kommunisten im Rat stimmten nicht zu, und sie waren stärker.

Die Zündschnur glomm. Am 16. August eine erste Explosion: Fast die gesamte Pariser Polizei stellte ihren Dienst ein. Mündungen von Revolvern, Gewehren, Maschinenpistolen verkehrten ihre Richtung. Innenminister Darnand mußte ihnen ebenso auszuweichen trachten wie die deutschen Sicherungsverbände und die Vertreter der Dienststellen Himmlers.

Die Eisenbahner der Pariser Linien hatten schlagartig die Tätigkeit eingestellt. Am 18. August griff der Streik auf die Metallarbeiter, Textilfabriken, die Post und andere Betriebe über. Der Allgemeine Gewerkschaftsbund und das Pariser Befreiungskomitee riefen alle Arbeiter zum Aufstand auf: »Schlagt unerbittlich unsere Unterdrücker!«

Die Lage in der Metropole verschärfte sich, der Obersalzberg wollte Trümmer und Tod, wollte Sprengung von fünfundvierzig Seinebrücken im Stadtkern und siebzehn in der Peripherie, um die Tür mit hörbarem Knall hinter sich zu schließen.

In der Nacht zum 19. August stürmten dreitausend Patrioten die Polizeipräfektur, nahmen die Ile de la Cité und verwandelten sie in eine waffenstarrende Festung. Autos mit aufgepinseltem F.F.I. in grellem Weiß flitzten durch die Stadt. Die Straßen waren menschenleer, nur vereinzelt schlichen Passanten an den Mauern entlang, stutzten über die leuchtenden Plakate der Kommunistischen Partei: Generalmobilmachung!

Ile de la Cité, das war der Blick vom Pont Neuf auf den Pont des Arts, zum Jardin des Tuileries hinüber und zur Place de la Concorde, zum Obelisken. War Andacht angesichts der strengen

wieder war ihm, als höre er Gefechtslärm, und zwar aus verschiedenen Richtungen. Gelegentlich auch Handgranaten. Aber in diesem offenbar tiefen Keller ließ sich das schwer ausmachen.

»Sehen Sie, Meusel, der Führer hat bereits vor Tagen genehmigt, daß unsere Dienststelle weiter nach Osten verlegt wird. Doch wie Sie merken, bin ich immer noch da. Unser langjähriges Hauptquartier in der Rue des Saussaies gibt es nicht mehr. Wir sind hier in einem kleinen, sehr verschwiegenen Etablissement, durch das nur einige seltene Vögel geflattert sind. Habe ausschließlich auf Sie gewartet, um alles korrekt zum Abschluß zu bringen. Können Sie mir noch folgen?«

Man sollte sich dieses Zimmer merken, dachte Meusel müde. Man sollte diesen eleganten Knecht eines Systems, das ich erst jetzt erfasse, immer vor Augen haben. Ich muß vor dem deutschen Offizierskorps diese schwarze Runenreaktion anklagen.

Als der Hauptscharführer ihn am Arm packte, durchfuhr Meusel jäh die Erkenntnis, daß er sich nunmehr anschickte, diese Welt zu verlassen, und er fragte sich verwundert, was ihn vor achtundvierzig Stunden unter Mißachtung tödlicher Gefahren gedrängt hatte, über die Divesbrücke aus dem Kessel von Falaise zu schlüpfen in die vermeintliche Freiheit.

Über vier Jahre mußten die Pariser nun schon unter faschistischer Besatzung leben: täglich Hunger, Bespitzelung, Verrat, Folter. Mehr als dreitausend politische Häftlinge im Gefängnis Fresnes. Nur eine halbe Stunde elektrischen Strom am Tag. Sperrstunde um null Uhr und nächtlicher Terror. Die Hakenkreuzfahne auf dem Eiffelturm, die Trikolore verboten. Vier Jahre lang kein Glockenläuten, keine Marseillaise. Und immer zwingender für jeden Franzosen die Entscheidung: Résistance oder Kollaboration, Untertauchen oder Deportation.

Und in jüngster Zeit auf den Straßen MG-Bunker, von der Organisation Todt gebaut.

In der letzten Nummer der illegalen Humanité schrieb am 15. August 1944 der Sekretär des ZK der Kommunistischen Partei Frankreichs, Jacques Duclos, den Artikel »Schlacht um Paris«, der mit dem Aufruf endete: »Pariserinnen und Pariser,

Der Oberstleutnant spürte, daß ihm das Blut aus dem Gesicht wich. Stundenlange Verhöre, geistiges Florettfechten, ritterliche Gegner, zu respektieren in ihrem Eifer um Wahrheitsfindung und Gerechtigkeit – das ja, und dafür auch die erforderliche Härte aus Schuldlosigkeit, Seelenadel und Preußentum. Aber was dieser Westendorf soeben . . . Durfte man denn so etwas überhaupt einem deutschen Offizier . . .

»Es war nur ein kleiner Hinweis auf Dinge, die sich möglicherweise außerhalb dieses Zimmers abspielen könnten, in dem *mein* Wirkungsfeld ist. Wir sind ja alle nur Menschen. Man erwartet von Mitarbeitern Ergebnisse und abgekürzte Verfahren, das drängt manchen zur Ungeduld . . .«

Meusel hatte den Eindruck, als wäre das Gesicht Westendorfs von einer Art Wahn gezeichnet. War er immer so? Hatte er in der ersten Stunde bereits begonnen, den Mord vom Schreibtisch aus zu lenken? Wie hielt er das aus? War alles in seinem Innern gelöscht, verkrustet? Keinerlei Empfindungen mehr? Hatten ihn seine Auftraggeber so vertiert? Seine menschliche Würde dem Tausendjährigen Reich zum Opfer gebracht? Was ging in ihm vor, wenn er sich im Spiegel betrachtete? Wenn er mit einer Frau schlief?

»Ich spüre, Sie möchten sich im Augenblick nicht äußern, Meusel. Wir sehen uns dann bei der Unterzeichnung des Protokolls wieder. Danach steht Ihrer Abreise ins Reich nichts mehr im Wege. Und falls Sie auf die Idee kommen sollten zu fragen, worin für mich das Glück dieser Arbeit besteht . . .« Der Obersturmbannführer blickte Meusel mit einem Lächeln ins Gesicht. »Einen Menschen zu fangen, der in eine behauptete Indizienkette paßt, das ist keine Schwierigkeit, man findet ihn überall. Ihn zu zerbrechen – du liebe Güte, nichts leichter als das, auch nichts langweiliger. Aber diesen, jenen, viele hier bei der Vernehmung oder nachher zu Lumpen werden zu sehen, Lumpen, die sich selbst aufgeben, ihre Moral, sich besudeln: Meusel, ich sage Ihnen, das ist schöner als Liebe, das ist ganz lang anhaltender Orgasmus und Beweis dafür, daß die Menschen nur erträglich sind, wenn man sie verachtet.«

Auf Meusels Stirn bildete sich eine senkrechte Falte. Immer

empfindungslose Westendorf. Er selbst in der dreckigen Feldbluse. Wie die subalternen Schweine ihm Schulterstücke und Orden heruntergerissen hatten. Was war nun mit der Wunschvorstellung, nach diesem blutigen Einsatz des Regiments in der Normandie den zweiten Stern zu bekommen, dann irgendwo eine mittlere Garnison, Oberst und Standortältester, Pferde, Empfänge, Hobbys, Hubertusjagd und Sankt-Barbara-Feier . . .

»Daß wir uns nicht mißverstehen, Meusel: Ich brauche keine Erklärungen, Argumente, Pseudobeweise, Entschuldigungen, Widerrufe, Interpretationen – ich brauche Ihr hieb- und stichfestes Geständnis mit Unterschrift. Und vergessen Sie nicht zu betonen, daß *Sie* es waren, der Grapenthin ins Niemandsland geschickt hat, Marschkompaßzahl Großbritannien, weil Sie alle Offiziere der Abteilung um den abschiednehmenden General versammelt wußten und sich somit Ihrer Sache sicher glaubten.«

Geständnis? dachte Meusel, und Ekel überkam ihn. Ich bin Offizier! Ausbildung, Tradition, Erziehung müssen sich jetzt bewähren. Ich brächte nicht einmal eine glaubwürdige Entlastungslüge über die Lippen. Sie sollen mich kennenlernen.

Er richtete sich auf, aber die ungeschmückte Feldbluse zog herab und machte ihn zu einem Mann ohne Bedeutung.

Westendorf nahm die Brille ab, blinzelte aufmerksam zu dem ehemaligen Regimentskommandeur. »Wissen Sie, ich meine es wirklich gut mit Ihnen, Meusel. Hängen werden Sie auf jeden Fall, dazu ist das Beweismaterial ausreichend. Bleibt nur die Frage, in welcher geistigen und vor allem körperlichen Verfassung Sie diese abschließende Prozedur erreichen. *Geständnis* ist eine vielschichtige Vokabel. Sie geben reuevoll eine falsche Verhaltensweise zu. Warum sollte man nicht anschließend gemeinsam ein Glas darauf leeren? Ich bin kein Unmensch. Geständnis kann auch anders sein. Ich sah mal einen, der mit nackten Fußsohlen recht nah an einem Feuer war. Auch unter den Fingernägeln ist der Mensch empfindlich. Was sich so alles mit glimmenden Zigaretten veranstalten läßt! Viele haben auch schmerzhafte Berührungen zwischen den Beinen nicht gern. Es gibt Fachleute, die ihre Faust recht fest um etwas zu schließen vermögen – fast peinlich, davon zu sprechen . . .«

Deshalb Unterlassung Ihrer Meldepflicht. Nicht wahr, Meusel? Über Grapenthins Verschwörerrolle waren Sie im Bilde, haben aktiv mitgewirkt oder ihn zumindest gedeckt. Auch nicht schlecht. Gengenbach hat sich vorsätzlich staatsfeindlich verhalten. Obwohl Ihnen das gemeldet wurde, deckten Sie auch ihn aus dem gleichen Motiv. Wir fahnden zur Zeit und werden ihn finden, und dann gnade ihm Gott! Ihnen im übrigen auch. Über Thiel sprachen wir bereits.«

Meusel spürte, daß es sinnlos war, einen Gegenbeweis anzutreten. Dieser Westendorf würde ihm kein Wort abnehmen. Es war eine Unverschämtheit, wie man mit einem deutschen Stabsoffizier umsprang. Aber was konnte er im Augenblick dagegen tun? Wenn er hier wieder rauskam, würde er sich beschweren. Während der letzten Stunden im Keller hatte er dauernd schießen hören, Gewehr- und MG-Feuer. Also mußte in Paris bereits gekämpft werden. Ob sich ihm die Chance bot, aus dieser Falle zu entschlüpfen zu Vorgesetzten der Wehrmacht, die solche würdelose Behandlung nicht duldeten?

»Nun, Meusel, alles ganz anders gewesen, wie? Kenne ich. Sagen manche automatisch. Wenn der Präsident des Volksgerichtshofs, Parteigenosse Freisler, die Lumpen ins Mosaik einbaut, verstummen sie. Danach kommt das große Winseln.« Westendorf putzte die Gläser der Brille mit seinem Wildlederhandschuh.

Sind es diese Typen, für die ich seit fünf Jahren kämpfe? fragte sich Meusel. Sind für diese Gesellen Hunderttausende in der Normandie und auf allen Schlachtfeldern des Kriegs geblieben? Ein bösartiger Teil des Systems. Aber sind die anderen besser, denen diese hier die Macht sichern? Ich habe einige neue artilleristische Schießverfahren ausgeknobelt, habe immer meine Pflicht getan und jedes gegnerische Ziel gründlich im Fadenkreuz beobachtet, ehe ich es bekämpfte. Aber galt meine Aufmerksamkeit dem wirklichen Feind?

»Ich müßte Sie jetzt eigentlich fragen, ob ich Ihr Schweigen als Zustimmung werten darf, Meusel. Oder benötigen Sie noch etwas Zeit für eine meisterliche Tarnung der Wahrheit?«

Vielleicht träumte er das alles nur? Jener widerwärtig ölglatte,

binieren. General Krusemark sitzt einstweilen wohlgeborgen, obwohl Sie eindeutig den Auftrag hatten, uns über ihn zu berichten. Hatten wohl beispielshalber keine Gelegenheit für eine Kurzmeldung, daß er nach Dänemark abdampfte? Schade. Fiel Ihnen nicht auf, daß er Altdörfer und Thiel aus dem Verkehr zog?«

Wann habe ich eigentlich Krusemarks Versetzung erfahren? fragte sich Meusel. Als er seinen Abschiedsbesuch machte und mich nicht antraf. Am gleichen Tag fiel Grapenthin. Meldung machen? Wo sollte der Sinn liegen? Meine Ergebenheit dem Reichssicherheitshauptamt zu dokumentieren?

»Aber kommen wir zum Kern, Meusel. Ihr Adjutant Grapenthin wurde demaskiert: erklärter Feind unseres Führers. Er gab diesen Tatbestand offen vor Zeugen zu und mußte, weil er zu den Engländern flüchten wollte, im Niemandsland erschossen werden. Auch vor Zeugen. Einer Ihrer Leute versuchte Grapenthin die Flucht zu ermöglichen.«

Mußte erschossen werden, weil er zu den Engländern wollte? Meusels Gedanken fuhren wirr durcheinander: Grapenthin ... Zeugen ... Altdörfer hatte doch angerufen und gesagt, der Regimentsadjutant sei unter tragischen Umständen gefallen, offenbar beim Erkunden einer vorgeschobenen Beobachtungsstelle...

»Sie wollen den Namen wissen? Es handelt sich wieder einmal um Gengenbach. Sie entsinnen sich vermutlich: obskure Verbindungen zu Franzosen, genau wie der von Ihnen verschonte Thiel.«

Grapenthin als Mann des zwanzigsten Juli? Das kam nicht überraschend. Seine Andeutung über die Notwendigkeit grundsätzlicher Veränderungen in der Führungsspitze waren unmißverständlich gewesen. Waffenruhe im Westen und alle frei werdenden Verbände nach Osten werfen, gegen die Roten – das hatte er einmal mit angehört und dazu geschwiegen. Und Altdörfer wußte Konkretes und meldete absichtlich Harmloses? Um ihn fertigzumachen? Meusel zuckte unwillkürlich die Schultern. Was ging ihn das Ganze an!

»Wollen mal sehen, was bislang herausgekommen ist: Hinsichtlich General Krusemarks wollten Sie uns bewußt irreführen.

Vireabschnitt wurden zerschlagen. In einigen Abschnitten sind eigene Gegenangriffe noch im Gange.

Zwischen der Eure und der Seine drückt der Feind nach Norden. Dort wurden bei Pacy – Vernon feindliche Angriffsspitzen zerschlagen.

Im Raum östlich und nordöstlich Chartres hält der Druck des Feindes gegen die mittlere Seine an, ohne daß es ihm gelang, weitere Fortschritte zu machen.

Im Gebirgsgelände nördlich Toulon...«

Eine Hand kam aus dem Dunkel gegen das Lichtband der Sendestationen und löschte es aus.

»Nun, Meusel, ein Trauerspiel, daß Sie bei den Gegenangriffen nicht dabei sind. Aber Sie hatten es ja sehr eilig, Ihre kämpfenden Einheiten allein im Kessel zu lassen.«

Der Angesprochene schwieg.

»Sie werden sich unseres ersten Gesprächs entsinnen, als ich Ihnen fälschlich unterstellte, den Anglo-Amerikanern ein letztes Dünkirchen bereiten zu wollen.«

Ein Kreis hat sich geschlossen, dachte der Oberstleutnant. Es hat ihnen aus irgendeinem Grunde gefallen, mich hochzunehmen. Wer weiß, an wessen Stelle. Denn so dumm sind sogar die nicht, anzunehmen, ich hätte mit den Leuten des zwanzigsten Juli oder mit irgendeiner anderen revoltierenden Offiziersgruppe das geringste zu tun. Also muß ihnen irgend etwas schiefgegangen sein.

»Ich hatte bei dieser Gelegenheit auch erklärt«, fuhr der Gestapobeamte im gleichen, fast gelangweilten Tonfall fort, »daß *wir* für die Garantie jeglicher Sicherheit kämpfen, vor allem im besetzten Gebiet, nicht wahr?« Er langte nach einigen Zetteln. »Diesen Leutnant Thiel haben Sie wohl damals nicht zur Verantwortung gezogen, oder? Wir hatten uns, scheint mir, auf einen Tatbericht geeinigt.«

Meusel antwortete nicht, er dachte: Der muß selbst wissen, daß seit dem Einsatz des Regiments kein Mensch mehr an Tatbericht denken konnte. Doch, General Krusemark! Was wollen sie wirklich von mir?

»Ich sehe an Ihrem Gesicht, Meusel, daß Sie angespannt kom-

Rest der Streitkräfte Feldmarschall Models und damit dem allgemeinen Rückzug anzuschließen. Das Spiel wiederholte sich: Die wertvolleren Truppenverbände wurden relativ rechtzeitig herausgezogen, zweitklassige Einheiten hatten die Absetzbewegung zu decken.

Unter das Drama Falaise war der Strich gezogen.

Der Hauptscharführer verschwand und schloß die Tür lautlos hinter dem bleichen Oberstleutnant Meusel, dessen Dienstrang nun ebensowenig erkennbar war wie seine frühere Dienststellung als Regimentskommandeur. Jetzt trug er weder Schulterstücke noch Orden, kein Koppel und keine Waffe, nicht einmal seine Mütze – ein höchst unvollständiger Dienstanzug. Und das in der Seine-Hauptstadt, wo bisher Glanz und Schnitt ordenübersäter Extrauniformen das Bild geprägt hatten.

Wenige Minuten fehlten bis Mitternacht. Der Mann in Zivil hinter dem Schreibtisch schien nicht müde zu sein. Ohne sich durch die Anwesenheit des vor ihm stehenden Meusel stören zu lassen, rekelte er sich gelegentlich in dem braunen Ledersessel und las aufmerksam irgendwelche Aufzeichnungen. Der abgegrenzte Schein der Tischlampe ließ seinen messerscharfen Scheitel weiß leuchten; bei geringfügiger Wendung des Kopfes blitzte ein Glas der randlosen Brille vor den ausdruckslosen braunen Augen.

Die Skala des Rundfunkgerätes glomm, Marschmusik erklang leise, als ziehe eine Militärkapelle in der Ferne ab. Das Zeitzeichen setzte mit quälender Unregelmäßigkeit ein.

Obersturmbannführer Westendorf stellte das Gerät auf größere Lautstärke. Die unpersönliche Stimme des Ansagers: »Null Uhr und eine Minute. Heute ist Dienstag, der zweiundzwanzigste August. Wir wiederholen den Wehrmachtsbericht vom Vortag:

Aus dem Führerhauptquartier: In der Normandie haben unsere Divisionen im Raum nördlich Argentan den feindlichen Sperriegel nach Nordosten durchbrochen und die Verbindung mit einer entgegenstoßenden Panzergruppe hergestellt. Starke feindliche Angriffe gegen unsere Abwehrfront am Dives- und

des 20. August den ersten widerstandsfähigen Brückenkopf gebildet.

Der Wehrmachtsbericht meldete diesen Vorgang zwei Tage später: »Der bei Mantes auf das Nordufer der Seine übergesetzte Feind wurde durch unsere Gegenangriffe ...«

In Hitlers Feldherrnvorstellung hatte Paris eine strategische Dreh- und Angelpunktfunktion. Die neue Frontlinie sollte so laufen: entlang der Seine vom englischen Kanal bis Paris, wieder ein paar Kilometer Seine und ein ziemlich gerader Strich über Dijon bis an die Schweizer Grenze. Dazu waren allerdings einige Voraussetzungen nötig:

Der Torso der 7. Armee mußte auf das Ostufer des Flusses, der Torso der 5. Panzerarmee hatte den Übergang zu sichern und gleichzeitig das Vordringen des Gegners im Seinetal und ein eventuelles Übersetzen unterhalb Paris zu verhindern. Im militärischen Vakuum südostwärts der Millionenstadt sollte die Verbindung mit den aus Westfrankreich flüchtenden Vertretern des AOK 1 und dem Sperrgürtel Paris erkämpft und der Raum Paris gehalten werden, um die Fernkampfbasen gegen England zu sichern und die Rückführung der ehemaligen 19. Armee im Rhônetal zu ermöglichen.

Der Güterzug, mit dem die Nachrichtenhelferinnen aus Südfrankreich abtransportiert wurden, lief in der Nähe von Troyes alliierten Jagdbombern in die Zielgeräte. Der Viehwagen, in dem Martina Baumert lag, stürzte den Bahndamm hinunter. Dabei erlitt sie schwere Blutungen. Ein Sankra brachte sie nach Metz ins Lazarett.

Fontainebleau erlebte ergriffen das Hissen der Stars and Stripes. Zwischen Mantes und Paris, in der Nähe von Poissy, gab es am 21. August Einbrüche und einen weiteren kleinen Brückenkopf. Valence, im Süden, nahmen die Alliierten mit Panzern. Grenoble nahmen die Forces Françaises mit eigener Kraft. Die Operationen zur Einschließung der Metropole von Westen her liefen, während die 7. US-Panzerdivision noch versuchte, auch im Osten der Stadt eine der Flußschleifen zu erreichen.

Nach dem ergebnislosen Versuch, den Kessel bei Chambois aufzubrechen, erhielt das II. SS-Panzerkorps Befehl, sich dem

FÜNFUNDZWANZIGSTES KAPITEL

Am 15. August war Generalleutnant Bradleys Armee mit drei Panzerdivisionen und drei motorisierten Infanteriedivisionen nach Osten angetreten. In der Ferne lockte der Eiffelturm, hielt sich Edith Piaf bereit, ein Lied der Befreiung zu singen.

Die Fühlung mit den feldgrauen Truppen war abgerissen. Die Hauptstraßen nach Paris zeigten sich erstaunlich blank, bretteben wie eh und je und nur gelegentlich vermint.

In der ersten Nacht wurde das schwachbesetzte Orléans am rechten Flügel erobert. Chartres nahm drei Tage des Stürmens in Anspruch. Omar N. Bradley hatte jedoch keine genaue Vorstellung, wie die Situation seines Gegners eigentlich war.

Am 18. August meldete der neue OB West, Model, lakonisch, daß die eigenen Kräfte ausgebrannt seien. Da waren auch einige aufschlußreiche Befehle vom Chef des OKW: Keine Versorgungsgüter und Einrichtungen dürfen in Feindeshand fallen. Außer den Eisenbahnlinien sollen auch alle Elektrizitätswerke samt Anlagen und Werkstätten und insbesondere die Verstärkerämter zerstört werden. Und ein weiterer Befehl: Rückzug der nicht zur kämpfenden Truppe gehörenden Dienststellen und Wehrmachtsorganisationen. Das hieß in erster Linie Gestapo, SD und Verwaltungsdienststellen des militärischen und zivilen Bereichs, deren Kampfwert gleich Null war.

Die Räumung von Südfrankreich wurde eingeleitet. Die Armeegruppe G – von Heeresgruppe sprach man längst nicht mehr – sollte sich vom Feind lösen und an den Südflügel der Heeresgruppe B Anschluß suchen.

Da Bradley ohne diese Informationen war, setzte er am 18. August nur zögernd seinen Vormarsch nach Osten fort, ständig auf Gefechtsberührung gefaßt. Es wurde Nacht, und seine 79. Infanteriedivision langte bei Mantes-Gassicourt an, fünfzig Kilometer westlich des Arc de Triomphe und nur sechs Kilometer von der Seine entfernt. Ein Spähtrupp entdeckte am anderen Tag eine schlecht gesprengte Fußgängerbrücke über ein Wehr. Ein Regiment überquerte den Fluß und hatte am Abend

ben bei Chambois wird unser zweites Korps die Nuß aufknacken. Dann fließt es ab.«

Der Feuerstoß einer Maschinenpistole zersägte die Stille. Jemand schrie etwas. Der Sitzende wollte aufspringen. Der Lauf von Lindemanns MPi stieß ihn gegen die Brust. In seinen Augen waren maßloses Erschrecken und aufkeimende Wut.

Schritte kamen die Treppe heruntergepoltert.

Der Wachtmeister fuhr herum, mit dem Rücken zur Wand, die MPi in der Hüfte. Gengenbach stand im Hausflur, blickte verstört um sich. Wieder ein Feuerstoß. Überlaut.

Lindemann warf dem Oberleutnant die andere Maschinenpistole zu. »Halten Sie den in Schach!« Dann stürmte er ins Treppenhaus. Sah Seehase geduckt mit dem Rücken zum Flur, die Waffe in ein matt erleuchtetes Zimmer gerichtet.

»Komm runter!« schrie Lindemann.

Wie ein Wiesel sprang der Obergefreite die Stufen herab.

Oben knarrten Schritte. Da feuerte der Wachtmeister. Querschläger sangen. Kalk spritzte.

»Links der Wagen!«

Gengenbach rannte durch das Tor. Lindemann kam mit großen Sprüngen die Treppe herab.

»Gib her, Herzchen!« Seehase zog dem Unterscharführer die Pistole aus der Tasche, dann folgte er dem Wachtmeister.

Draußen prasselte ein Feuerstoß. Gengenbach hatte zu den Fenstern emporgeschossen.

Le Sap blieb zurück, wurde eins mit dem schwarzen Normandieboden.

Eine Viertelstunde später tauchte eine Gestalt am Straßenrand auf, kam einige Schritte entgegen, griff schon nach der Türklinke, bevor der Wagen hielt. Klasen prallte zurück, als er Gengenbach erkannte. »Gerhard . . . ich konnte ja nicht ahnen . . . !«

»Wirklich nicht? Na, laß gut sein, Klasen«, sagte Gengenbach müde. »Reden wir nicht mehr davon.«

werden.« Der Obergefreite schmunzelte. Dann vereinbarten sie Einzelheiten, fuhren in den Ort und hielten zehn Meter von dem Haus entfernt. An der Mauer war das taktische Zeichen der Abteilung erkennbar.

Lindemann ging vornweg. Im Hausflur saß ein verschlafener Unterscharführer auf einem Küchenstuhl, neben sich ein blakendes Talglicht.

»Wir suchen den Stützpunkt unserer Abteilung.«

Der Angesprochene lachte glucksend, verbreitete Alkoholduft. »Stützpunkt? Keiner mehr da. Euer Kommandeur ist vor zwanzig Minuten im Sankra abgegangen.«

»Es sollen noch zwei Batteriechefs von uns hiersein.« Lindemann hielt ihm eine Schachtel Eckstein hin.

Der SS-Mann gähnte. »Zwei? Einer sitzt oben. So eine Art Ehrenhaft.«

Seehase hatte den Eindruck, als würden seine Haarspitzen elektrisiert.

»Ehrenhaft?« sagte Lindemann gedehnt. »Dürfte wohl ein Irrtum sein. Ich habe einen Befehl für ihn vom Regiment zu überbringen. Obergefreiter!«

»Herr Wachtmeister!« Seehase baute sich mäßig stramm auf, tat interessiert.

»Bringen Sie das rauf und sorgen Sie dafür, daß es dem Oberleutnant zugestellt wird.« Er gab ihm ein zusammengefaltetes Blatt Papier.

»Im ersten Stock ist ein Truppführer, der bringt dich zum Hauptsturmführer, da kannst du deinen Spruch abspulen«, kicherte der SS-Posten.

»Jawohl, Unterscharführer.« Seehase ging lässig in den Treppenflur. Seine Tritte verloren sich nach oben.

»Ihr allein müßt die Karre wieder aus dem Dreck ziehen«, sagte Lindemann und legte Hochachtung in seine Stimme.

Der Angetrunkene nickte geschmeichelt. »Wir verlegen heute nacht ein paar Kilometer zurück. Neue HKL aufbauen. Aus dem Kessel ist nicht mehr viel zu erwarten.«

»Meinst du?«

Der andere schüttelte wichtigtuerisch den Kopf. »Aber drü-

»Was haben Sie vor, Seehase?«
»Na, zum Beispiel den Hauptmann holen . . .«
Klasen schaute ihn unsicher an. »Das ist natürlich achtbar, wenn Sie Ihren verwundeten Kommandeur in Sicherheit bringen wollen. Ich nehme an, daß die SS sogar Verständnis dafür hat.«
»Ihr beede helft mir beim Einladen?«
»Na klar.« Münchhof warf seine MPi in den Wagen. Lindemann setzte sich nach vorn.
»Sie können sich drauf verlassen, Herr Oberleutnant, det wir bis dreiundzwanzig Uhr wieder hier sind. Kleenet Schläfchen bis dahin.«
»Sagen wir da vorn an dem Straßenknick.«
»Is jemacht.«
Klasen ging. Seehase wendete den Wagen. Fuhr vorsichtig zurück, bis die schwarze Silhouette von Le Sap langsam emporwuchs. Spähwagen der SS kamen entgegen. Ein Sankra. Zugmaschinen mit zwei Vierlingskanonen.
»Die SS haut ab. Hoffentlich kommen wir nich zu spät.«
»Zu Altdörfer?«
»Blödsinn. Wir können Gengenbach doch nich sitzenlassen.«
»Du willst . . .?«
»Wat dachtet ihr denn?«
»Eigentlich das gleiche«, sagte Lindemann ruhig.
»Na also. Wo sitzt er?« fragte Seehase.
»Wir wissen nur, in welchem Haus.«
»Und wenn er weg is?«
»Bis vor einer Stunde war der Stab noch dort. Ich habe seit heute morgen unentwegt diesen Straßenteil beobachtet«, erklärte Münchhof.
»Kommt man rin?«
»Müßte gehen. Wir waren ja drin, als Klasen und Gengenbach sich zurückmeldeten.«
»Vorschlag: Du bleibst im Wagen, Münchhof. Und Sie, Herr Wachtmeister, jeben mir Feuerschutz.«
»Wir haben noch Gengenbachs MPi.«
»Na bitte. Mit so 'n Stabsverein muß man doch schnell fertig

einen Kanister zu entnehmen, aber damit war die Absetzbewegung keineswegs gesichert.

Als die Jabos seltener durch die Abendsonne dröhnten, startete er und wollte sich über Vimoutiers von rückwärts an Goudehard herantasten.

Er nahm das Gas weg. Ein paar hundert Meter vor ihm liefen drei nebeneinander. Rechts ein Langer, links ein Kleiner. Der in der Mitte zog das eine Bein etwas nach. Oberleutnant Klasen? Tatsächlich. Und daneben Lindemann und Münchhof! Wie eine warme Welle überrieselte es ihn: Kameraden! Noch mehr vielleicht: Gleichgesinnte. Mit denen war etwas anzufangen. Er rollte langsam näher. Es gab keinen Zweifel. Da hupte er in aufgeregten Rhythmen. Sah sie herumfahren mit bösen Gesichtern. Sah, wie sie erstarrten und ihn erkannten. Alle vier konnten sich nicht entsinnen, soviel Freude in den letzten Tagen verspürt zu haben.

»Und warum habt ihr den Volkswagen nicht mehr? Keenen von unsere jetroffen? Und wo is Oberleutnant Gengenbach?«

Unwillkürlich blickten Lindemann und Münchhof auf Klasen, in dessen Gesicht nervöse Ablehnung und Verlegenheit bemerkbar wurden, als würde er gezwungen, sich zu rechtfertigen. Beides entging Seehase nicht.

»Oberleutnant Gengenbach wurde heute von der SS festgenommen. Er soll einen Standartenführer erschossen haben.«

»Und?«

»Er hat vermutlich auch den Kommandeur schwer verwundet. Wollte ihn töten. Behauptete ein Hauptsturmführer.« Klasen putzte sich umständlich die Nase.

Gengenbach hat einen SS-Heini umgelegt? Warum nicht, wenn Grund dafür war? Und auf Altdörfer geschossen? Schwer vorstellbar. In die Fresse gehauen schon eher, dachte Seehase und erkundigte sich weiter. »Und wo is er nu?«

»In Le Sap. Aufklärungsabteilung Das Reich.«

»Und ihr wißt, wo det is?« wandte er sich an die anderen.

Lindemann nickte.

»Herr Oberleutnant, für Ihr Been is det zu anstrengend, wenn Sie vielleicht hier warten würden?«

Im Morgengrauen desselben Tages griff, wie der Obergefreite Seehase beobachtet hatte, das II. SS-Panzerkorps zum letzten Mal die Höhen nördlich Chambois an, um die Eingeschlossenen zu entsetzen. Der polnische Panzerverband, der die Hügelkette verteidigte, wurde im Laufe der Kampfhandlungen abgeschnitten und mußte aus der Luft mit Munition versorgt werden. Deshalb entstand vorübergehend jenes neue Kesselloch, durch das Seehase ohne Schwierigkeiten seinen Citroën gesteuert hatte, um in Le Sap zu landen.

Der Obergefreite war aus mehreren Gründen verstimmt. Während des ganzen Tages hatte er im Ort gesucht, ohne Leute seiner Einheit zu entdecken. Von anderen Abteilungen sah er diesen und jenen, verlor sie wieder. In Trupps und Trüppchen hasteten sie nach Nordosten, allgemeine Tendenz: Heim ins Reich! Doch die Seine war ein mächtiger Fluß, breiter als die Spree.

Seehase traf den Unteroffizier Sengpiel vom Divisionsstab, in friedlichen Zeiten Masseur im Stadtbad Mitte in Berlin, wo er Patienten mit seinen tellergroßen Händen zu Genesung und Wohlbehagen verhalf. Krusemark hatte ihn auf Grund ebendieser Fähigkeit in seine Equipe aufgenommen, zum Tressenträger befördert und beim Abflug nach Dänemark dann vergessen, wie so manchen.

Sengpiel wußte, daß der Rest der Führungsstaffel nach Elbeuf bei Rouen beordert war, und Seehase prägte sich das Straßenbild dorthin genau ein. Gute neunzig Kilometer insgesamt. Er wurde von Sengpiel nachdrücklich ermahnt, nicht etwa auf dem kürzeren Wege weiter südlich die Seine erreichen zu wollen, da dort bereits der Ami sitze. Beide winkten sich zu, Berliner vom Wedding. Dann ging Sengpiel zu einem fetten nervösen Major, dem Quartiermeister der Division, die es nicht mehr gab.

Seehase war weiterhin deswegen ärgerlich, weil die Jabos jeden Meter Straße kontrollierten und kein Fahrzeug ungeschoren ließen. Also saß er stundenlang fest.

Seehase war aus einem dritten Grund knurrig. Sein Benzin ging zur Neige. Am frühen Abend gelang es ihm zwar, unter nicht ungefährlichen Umständen aus einem Kommandeurwagen

»Ich ging ein paar Stunden allein auf Erkundung«, erklärte Gengenbach. »Sah in der Schlucht auch einen toten Standartenführer. Aber ich habe nichts mit alldem zu tun.«

»Ich nehme Sie fest wegen des dringenden Verdachts, einen Standartenführer der Waffen-SS erschossen und einen Mordversuch an Hauptmann Altdörfer unternommen zu haben.«

Klasen senkte den Kopf.

Gengenbach war unbewaffnet, seine MPi hatte Münchhof. Der Truppführer hinter ihm zog die Pistole.

Der Kommandierende der 1. kanadischen Armee enthob am 20. August den Kommandeur seiner 4. Division des Postens, weil er sich bei der strategisch nötigen Verstärkung des Divesabschnitts ernstliche Verzögerungen hatte zuschulden kommen lassen.

Marschall Montgomery blieben im alliierten Hauptquartier bittere Vorwürfe nicht erspart, daß durch seine zögernde Taktik der Kessel nicht energisch geschlossen wurde und somit ein gutes Drittel der 7. Armee entkommen konnte. Vier von den fünf deutschen Korpskommandeuren und zwölf von fünfzehn Divisionskommandeuren brachten sich rechtzeitig in Sicherheit. Von den Mannschaften blieben mehr als die Hälfte. Im Mittelabschnitt der Ostfront nahm die Rote Armee während der letzten beiden Juliwochen allein achtzehn Generäle gefangen.

Generalmajor Krusemark betrachtete die Entwicklung der Lage aus Dänemark mit großer Gelassenheit und dankte der Vorsehung, daß sie ihn mit der Eingebung versehen hatte, sich rechtzeitig abzusetzen. Auch sein Nachfolger im Artillerieregiment, Oberstleutnant Meusel, hatte dank der Findigkeit seines Burschen und Fahrers Jupp Hennes die Dives überquert und befand sich somit außerhalb des Kessels. In Goudehard bezog er Quartier und sammelte einen Teil der durch St. Lambert entkommenen Trosse seines Regiments.

Im Morgengrauen des 21. August wurde er von der Gestapo verhaftet und nach Paris gebracht, verdächtig der Teilnahme an dem Anschlag auf des Reiches Sicherheit und des Führers Leben.

Der Truppführer öffnete. Gengenbach und Klasen, verschwitzt und verdreckt.

»Mit Wachtmeister Lindemann und Gefreiten Münchhof zur Stelle«, meldete Gengenbach, ohne die Hand in die Höhe oder die Hacken zusammenzunehmen.

Altdörfer fühlte, wie etwas in ihm zu vereisen begann. Gengenbach, den er haßte und den er nicht loswerden konnte. Gengenbach, der einzige seines Bereichs, der mit Sicherheit von bestimmten Dingen wußte. Der im Osten nicht auf der Strecke geblieben war und nicht in Lion-sur-Mer. Der aus der SD-Angelegenheit ebenso unbehelligt herausgekommen war wie aus den Panzerangriffen bei Quesnay und Pontigny. Den nun auch dieser Kessel heil ausgespien hatte und der über nicht nachweisbare Verbindungen zu den Franzosen verfügte – zusammen mit seinem Freund Thiel.

Thiel – das war die Faust mit der Pistole. Das war das unerbittliche Gesicht. Thiel, den wahrscheinlich niemand mehr zur Verantwortung ziehen konnte. Aber dieser hier, sein Kumpel und Kumpan, stand greifbar nahe.

In Altdörfers Schädel war ein Rauschen ungeheurer Erregung. Seine Augen suchten die des Hauptsturmführers. Die rechte Hand glitt schlaff unter dem Bettuch hervor, der Zeigefinger fixierte zitternd Oberleutnant Gengenbach. »Der hat gestern in der Waldschlucht auf mich geschossen! Er hat auch einen eurer Standartenführer erschossen.« Die Stimme steigerte sich in ein mattes Kreischen. »Er wollte mich ermorden! Macht ihn dingfest!« Dann fiel der Hauptmann röchelnd in die Kissen zurück. Die roten Sommersprossen sahen wie Blutspritzer in seinem kalkigen Gesicht aus.

Gengenbach wurde blaß. »Er hat Fieber. Er phantasiert.«

Der SS-Offizier trat vor ihn. »Waren Sie gestern in der genannten Waldschlucht?«

»Gewiß. Ich habe den Hauptmann dort nicht gesehen.«

»Können Sie das beweisen?«

Gengenbach blickte auf Klasens starres Gesicht.

»Waren Sie beide ständig zusammen?«

Klasen schüttelte den Kopf.

Waldboden schleiften. Da hörte er es im Unterholz rascheln, hielt inne. Stimmen. Dann wieder Schweigen. Eine Taschenlampe blitzte auf. Der Strahl haftete auf seinem Gesicht. »Der lebt ja noch!«

Ein Nachhuttrupp der SS. Wieder sah er ein Ärmelband: Das Reich.

»Nehmt ihn mit.« Gleichgültige Stimme. Sie hoben ihn auf. Dann rüttelnde Fahrt in einem Schützenpanzerwagen. Alois Altdörfer schloß erschöpft die Augen.

Lautlos wurde die Türklinke heruntergedrückt. Ein Hauptsturmführer der Waffen-SS im Tarnanzug trat ins Zimmer, räusperte sich: »Sankra kommt vor. Unsere Aufklärungsabteilung bleibt vorerst in Le Sap. Wir haben am Haus einen rotschwarzroten Dreieckstander mit Ihrem Namen angemalt für den Fall, daß Versprengte vorbeikommen sollten.«

»Ich bedanke mich. Wenn sich jemand meldet, lassen Sie es mir bitte mitteilen.« Meine Stimme ist verdammt schwach, aber ich kann wenigstens sprechen, dachte Altdörfer.

»Selbstverständlich. Sie haben Tetanus bekommen.«

»Und die große Lage?«

Der SS-Offizier machte eine vage Handbewegung. »Chartres, Dreux, Orléans gingen vor ein paar Tagen verloren. Die Amerikaner dürften beiderseits Paris an der Seine sitzen. Bei Mantes und Vernon wurde bereits vorgestern gekämpft. Gestern ist Argentan gefallen. Unsere Reste wurden in den Kessel gedrückt. Heute im Morgengrauen ist das zweite SS-Panzerkorps von Nordosten her nochmals gegen die Höhen nördlich Chambois angetreten. Ergebnis bisher nicht bekannt.«

Altdörfer spürte wieder die gleiche Furcht wie in der ersten Frontstunde. Daran würde sich nie mehr etwas ändern. Und jetzt erst, wo er aufs schwerste behindert war . . . Seine Hände zitterten. Hoffentlich transportierte man ihn gleich bis in den Wienerwald, nach Baden oder Heiligenkreuz.

Es klopfte. Ein Truppführer kam herein. »Draußen sind zwei Offiziere von Ihrem Regiment.«

Altdörfer richtete sich auf mit glänzenden Augen. Verstärkung, dachte er, Schutz, Untergebene.

Vorstellung, im taubengrauen Kostüm der Stabshelferinnen, das Ledertäschchen am Riemen über der Schulter. Die einzige, der er Liebe entgegenbringen wollte. Vielleicht hatte sie das in den wenigen Minuten, als sein Herz offenstand, nicht gespürt, denn ihre Abwehr war geblieben, die Entschlossenheit, sich unter keinen Umständen von ihm berühren zu lassen. Niemand wollte ihn und seine Liebe, seine Vergangenheit und sein Versagen. Da schwang das Pendel hinüber ins Bisherige, ins Böse.

In der Luft war plötzlich das Gekoller eines Jabo. Maschinenwaffen ratterten in der Nähe. Vermutlich Vierlinge, Flakpanzer T 38 Wirbelwind, Kaliber zwei Zentimeter. Automatisch fielen die Klappen in seinem Hirn.

Ebenso unvermittelt brach das Feuer ab. Zwei einzelne Schüsse kleckerten trocken hinterher. Sie zerfetzten die Schleier über seiner Erinnerung. Der Hauptmann spürte erneut die beiden dumpfen Einschläge in seiner Brust. Durchlebte noch einmal dieses lähmende Verwundern, das Gefühl molluskenhafter Haltlosigkeit in den verbleibenden Sekunden bis zum Ende. Erlebte, daß sich in jenen Sekunden die Bilder wiederholten: Die erbarmungslose Faust mit der Pistole. Zweimal der Feuerstrahl. Und diese Faust gehörte Thiel, der von Gemeuchelten sprach. Dann hatte eine jähe Nacht alles verschlungen.

Was kann ich dafür, daß der Adjutant Eiselt sich in der Kirche von Le Locheur zusammenschießen läßt? Bin ich schuld, daß der Funkmeister Rohrbeck in eine Panzergranate rennt? Welche Schmach, von einem unterstellten Offizier angeschossen zu werden. Nur gut, daß man mich in diesen Stützpunkt lediglich als *verwundet* eingeliefert hat. Ich werde mich rächen!

Seine Brust glühte. Aber keine roten Flecke im weißen Mull. Zwei Kugeln im Leib – oder hatten sie den Körper durchschlagen?

Altdörfer erinnerte sich daran, wie er in der Nacht wach geworden war. Niemand schien mehr in der Schlucht zu sein. Nur die Toten. Man hatte ihn einfach liegenlassen, wahrscheinlich ebenfalls für tot gehalten. Kälte, Angst und Schwäche schüttelten ihn. Instinktiv begann er zu kriechen, wollte zur Straße vor, wußte nicht, wie lange Knie und Hände zeitlupenhaft über den

war überzeugt, daß Gengenbach Schluß machen wollte. Also mußte er ihn finden und zusammen mit ihm untertauchen. Seehase trat noch mehr auf das Gaspedal. Es wird schon verdammt hell, dachte er, aber sie schießen nicht auf mich. Sind in dieser Ecke alle damit beschäftigt, den Panzerangriff abzuwehren.

Die Schotterstraße führte in einen halbhohen Wald. Er nahm Landser mit, sah immer mehr. War schließlich sicher, auf dem richtigen Weg zu sein. »Le Sap 2 km« stand auf dem Wegweiser. Hier fand ein Massentreffen des Heeres und der Waffen-SS statt, ohne Waffen und Gerät, höchstens Karabiner und Pistole, nur die nervösen Leute einer Aufklärungsabteilung der SS hatten ihre Puma und Pak an Straßenkreuzungen getarnt in Stellung gebracht, weil sie offensichtlich dem Frieden nicht trauten. Sie blickten auch unwirsch auf die dem Kessel Entronnenen, die überall nach Sammelpunkten mit taktischen Zeichen ihrer Einheiten Ausschau hielten.

Der Obergefreite Seehase sah unzählige Hinweisschilder und begann ebenfalls zu suchen. Er sah auch in die Gesichter der wenigen nicht geflohenen Franzosen und entdeckte darin eine **gefährliche Energie.**

Altdörfer wunderte sich, daß er noch lebte, nach allem, was ihm geschehen war.

Die Sonne schien strahlend auf das Städtchen Le Sap und löste in ihm ein Gefühl begrenzten Wohlbehagens aus. Aber er mißtraute seinem schmerzlosen Zustand. Um sich die Zeit zu vertreiben, versuchte er es mit der Vorstellung von etwas Angenehmem. Ein blondes Mädchen zum Beispiel. Ein sehr blondes nacktes Mädchen namens Martina.

Der Hauptmann stellte fest, daß der Gedanke keinerlei körperliche Reaktionen auslöste.

Er lag in einem weißbezogenen Bett und wunderte sich auch darüber, daß es so etwas nach dem Inferno der Kesselschlacht überhaupt noch gab. Außerdem schoß niemand. Das Artilleriefeuer, wie Gemurmel in weitem Abstand hinter abdämpfenden dunkelgrünen Hügeln, hatte nichts Drohendes.

Dieses Mädchen Martina . . . Da stand sie wieder in seiner

die Augen zugefallen sein. Das eine konnte er jederzeit beschwören: Oberleutnant Gengenbach hatte sich bis zu diesem Zeitpunkt nicht sehen lassen. Und nun?

Seehase durchquerte vorsichtig das Buschwerk, robbte langsam auf den Dorfrand zu, lauschte. Nach wenigen Minuten sah er drei mit flachen Helmen, rauchend und plaudernd, unbekümmert, ungedeckt. Also war der Kessel in St. Lambert dicht.

Seehase startete. Der Motor war kalt, stotterte, wollte nicht ziehen. Als er den Feldweg entlangfuhr, tuckerte eine Maschinenpistole. Es dauerte ekelhaft lange, bis er richtig Fahrt bekam und die kanadischen Herren von St. Lambert hinter sich verlor.

Vor Moissy konnte er gerade noch kehrtmachen, während der amerikanische Posten langsam das Gewehr von der Schulter nahm. Seehase fuhr querfeldein weiter nach Südosten, sah hier und da Landser im Gelände. Die Hügel hinter Chambois hatten eine Flammenkrone aufgesetzt. Dort feuerten Panzer auf beiden Seiten. Die alliierte Artillerie schoß flankierendes Sperrfeuer.

Diese Knallköppe von der SS griffen doch tatsächlich an, preschten gegen die Kesselwand, diese Selbstmörder. Und er befand sich wieder auf der anderen Seite wie damals mit Stabszahlmeister Sommerfeld.

Seit Jahren angestrengte Überlegungen ballten sich erneut zusammen und forderten Entscheidung.

Seehase stellte fest: Der Krieg ist verloren für Hitler und seinesgleichen. Die Sowjetunion, die Westalliierten und alle, die gegen das Hakenkreuz kämpften, würden Sieger sein, ihre Macht auf deutschem Boden ausüben und sich dazu der Genossen und anderer Demokraten bedienen müssen. Und zwar von der ersten Stunde an. Daraus ergab sich für ihn, ohne Umweg über irgendein verlaustes amerikanisches Camp, bevor die letzte Phase des Krieges anbrach, zu Hause einsatzbereit zu sein. Er wollte und würde in der ersten Stunde dabeisein, wenn Arbeiterfäuste den Dreck wegräumten, wollte in einer Reihe mit den alten Genossen stehen.

Noch aber saß er in der Falle. Es war fraglich, ob er es allein schaffen würde, aus dem Kessel hinauszukommen. Es gab einen, mit dem er durch jede Front schlüpfen könnte: Gengenbach. Er

Seehase vermutete, daß ihn Gefechtslärm aus dem tiefen Schlaf gerissen hatte. Ein paar Kilometer ostwärts rammelte Artillerie, feuerten Pak und Panzer hinüber und herüber. Wo war er? Woher kam die Schnapspulle?

Der Obergefreite stieg langsam aus dem Fahrzeug, mißbilligte das Stechen in seinem Hinterhaupt und sah sich um. Rechts und links von sanftem Wind bewegtes Buschwerk, das in einer Richtung dem Blick freien Lauf ließ. Im Morgenschimmer waren wenige hundert Meter weiter die Umrisse einiger Gebäude wahrnehmbar, auch ein lädierter Kirchturm. Aber kein Laut dort. Es roch nach Brand und Asche.

Saint Lambert! Es durchfuhr ihn wie ein Blitz. Da unten glitzerte ein Stück des Flüßchens Dives.

»Warten! Ich komme auf jeden Fall wieder hierher, was auch geschehen mag, kapiert?« Gengenbachs Auftrag hinter der steinernen Scheune, die von hier genau auszumachen war. Dann die beiden Pionierkorporale. Hatten plötzlich vor ihm gestanden und begehrten mit dem fahrbaren Untersatz stiftenzugehen. Versprachen drei Pullen Kognak und, zahlbar nach vollzogener Entkesselung, zweihundert Reichsmark. Seehase entsann sich, vorsichtig nach der Güte des Getränks gefragt zu haben. Sie hielten ihm eine Flasche zur Probe hin. Als er sie absetzte, war nur noch ein Drittel enthalten. Er gab zu, daß diese alkoholfreundliche Verhaltensweise ihm schon gelegentlich Ungelegenheiten eingebracht habe. Immerhin bedankte er sich artig bei den Unteroffizieren für den guten Schluck und bat sie, allein weiterzuziehen. Als die beiden maulten, setzte er sie an die Luft, als sie *dienstlich* werden wollten, bot er ihnen Schellen an, so daß sie sich trollten.

Um nicht ähnlichen Angeboten ausgesetzt zu sein, fuhr er ein paar hundert Meter vom Ortsrand nach Süden, hatte von dort den vereinbarten Parkplatz hinter der Scheune ständig im Visier und zudem einen unbehinderten Blick auf jenes unglückliche Dorf, das wie nur wenig andere Zehntausende Granaten ins Antlitz geschlagen bekam und qualvoll dahinstarb, während er selbst sich fast außerhalb des Geschoßhagels befand.

Trotz des Getöses, trotz des hellen Sonnenscheins mußten ihm

dich! ermahnte er sich und marschierte, zählte die Schritte, begann wieder von neuem. Hatte nur die Sterne und den Instinkt als Kompaß und die Erfahrung russischer Nächte. Er folgte Wegen und verließ sie wieder. Kreuzte Straßen, blieb stehen und lauschte. Fühlte die Grenzen des Kessels immer mehr hinter sich und die eine, die entscheidende Stelle mit jedem schnellen und doch zögernden Schritt näher kommen.

Jäh riß es die vier zu Boden. Die Schallwellen der Geschoß- und Mündungsknalle einer plötzlich feuernden Batterie, keine dreihundert Meter seitwärts, fuhren ins Gesicht, ließen Tannenspitzen und Büsche bengalisch angeleuchtet in flackernde Bewegung geraten. Vierzig, fünfzig Gruppen schossen die vier Geschütze in den Kessel, ehe die Nacht sie wieder verschluckte und bunte Ringe und Blindheit in die Augen schlug.

»Wir sind bereits in Höhe der gegnerischen Artilleriestellungen«, flüsterte Gengenbach. »Also müssen wir durch die infanteristische Sicherungslinie schon durchgeschlüpft sein. Fragt sich, ob und wie sie die Batterien und die imaginäre HKL nach Osten gesichert haben.«

»Überhaupt nicht«, flüsterte Klasen zurück. »Sie fühlen sich so sicher, daß...«

»Gleiche Meinung«, ließ sich Lindemann vernehmen.

»Also durch.« Gengenbach stand auf. »Schießt möglichst nicht auf jeden, es könnten unsere sein.«

Der Obergefreite Seehase kam langsam zu sich. Seine rechte Wange war ohne Gefühl und wies eine tiefe Rille auf, in die ein Stück Lenkrad paßte. Die linke Hand schien nicht vorhanden. Erst nach einer Weile erkannte er den Grund: er saß darauf. Er wußte nicht recht, wie er Nachforschungen anstellen sollte, warum von beiden Kniekehlen abwärts kein Gefühl war. Ein Citroën eignet sich zu längerem Schlaf hinter dem Steuer nur bedingt, stellte er mühevoll fest.

Als er sich streckte, gab es einen hellen Klang, weil sein Fuß an eine Flasche gestoßen war. Er griff danach. Da er die Marke nicht zu enträtseln vermochte, registrierte er, daß es noch reichlich dunkel sein mußte.

Spannung waberte wie Luft bei Sonnenhitze. Endlose Minuten.

»Halt! Keinen Schritt weiter!« Rauhe unterdrückte Stimme. Schlösser von Maschinenpistolen wurden durchgerissen.

»Macht keine Zicken. Vier Artilleristen. Wollen zur Schlucht«, rief Gengenbach erregt.

»Welche Division?«

Klasen lachte verhalten. »Spricht schon wieder einer von Division.« Dann nannte er die Nummer des Artillerieregiments und der Division.

Eine Taschenlampe blitzte auf.

»Vorsicht, da vorn wird eben eine Kolonne zusammengestellt!«

Eine Gruppe Schützenpanzerwagen stand am Ausgang der Schlucht, von SS-Männern abgeriegelt. Dahinter einige Pkw. Obergruppenführer Hausser bereitete seinen Ausbruch vor.

Motoren wurden angeworfen, dann schob sich die Fahrzeugschlange in die Nacht. Ein paar Minuten später folgte eine Aufklärungsabteilung der SS. Uniformierte mit Runen auf den Kragenspiegeln hielten den Weg zur Schotterstraße unter Kontrolle, nach weiteren fünf Minuten sprangen sie auf Lastkraftwagen, verschwanden ebenfalls in der Dunkelheit. Wehrmachtsfahrzeuge, mit Menschentrauben behängt, versuchten Anschluß zu halten, rasten hinterher, verloren sich.

»Na, Freunde, wie ist die Stimmung?« Gengenbach war alles andere als wohl zumute. »Dicht zusammen bleiben! Schade, daß uns keiner der Herrenmenschen Weg, Ziel oder Marschzahl genannt hat.« Irgendwo gibt es hier ein Loch, dachte er. Irgendwo zwischen zwei alliierten Verbänden schleusen sie ihren Chef hinaus. Die Motoren der drei Fahrzeuggruppen machen immer noch ziemlichen Krach. Aber niemand schießt auf sie. Das würde man von hier feststellen können. Also muß das Loch nicht unerheblich sein. »Los, Männer, Beeilung!« Er trieb die drei an und wußte dennoch nicht, warum er das alles tat. Zwischen le Bourg Saint Léonard und Chambois sind heute nachmittag amerikanische Aufklärungsfahrzeuge hin- und hergefahren, überlegte er. Diese Straße muß jeder überqueren, bevor er im Schutz des deutschen Reiches... Gengenbach, du wiederholst

aus dem Raum nördlich Argentan gegen harten Widerstand unter Abwehr fortgesetzter feindlicher Flankenangriffe weiter nach Osten zurück.«

»Ich hoffe, daß ihr nun endlich einseht, ihr Kleingläubigen: Wir sind noch *Divisionen*! Was um uns herum geschieht, sind ein paar unbedeutende Flankenangriffe, schon abgewehrt.« Klasen schüttelte den Kopf.

»Im Osten überall Angriffe – der anderen. Zwischen Dnestr und Sereth; Weichselbrückenkopf westlich Baranow; Durchbrüche nordöstlich Warschau und westlich des Pleskauer Sees... In Südfrankreich starke Panzerangriffe nach Norden. In Italien Durchbruchangriffe im adriatischen Küstenabschnitt.«

»Es reicht«, sagte Lindemann. »Vielleicht geben sie morgen *unsere* Heldentaten zum besten: Ausbruch einer Kampfgruppe unter Führung des Oberleutnants Gengenbach oder so.«

Niemand antwortete.

Die Dunkelheit kam. Am Fuß der Höhe 192 brodelte es wieder jäh auf, ein Kranz aus hingetupfter grauweißer Watte bildete sich. Nach gut zehn Sekunden verebbte das Grollen der Detonationen und brachte neue Angst: Durch diesen stählernen Wall dort drüben mußte jeder, der noch auf die Kampfkraft der SS setzte und mit ihr ziehen wollte. Wohin ziehen? Nicht nur durch die Wand des Kessels, sondern auch in den verbliebenen Machtbereich des NS-Staates und seiner Führer.

Von den Wänden des Trichters rieselte der Sand. Viele Gedanken kamen und versickerten, sogen die Sekunden und Minuten in sich auf. Als sie gewiß waren, daß die gegnerischen Beobachtungsstellen nichts mehr im Gelände ausmachen konnten, gingen sie in lockerer Reihe, Maschinenpistole in der Faust. Gengenbach hatte sich Punkte eingeprägt und vermochte ihnen auch noch in der mondlosen Nacht sicher zu folgen.

Die Schlucht war nur zu ahnen als schwarzer Waldgürtel im flackernden Widerschein krepierender Granaten.

»Verdächtig still. Müßte man doch etwas hören, wenn da soviel Volk konzentriert ist«, meinte Münchhof.

»In ein paar Minuten werden wir es geschafft haben.« Der Oberleutnant schritt schneller aus.

als er seine Entscheidung traf, nicht mehr der falschen Fahne zu folgen? Das war vielleicht etwas anderes: Er ging vorsätzlich zu den Roten, zu den Überfallenen. Was für eine Gesinnung mußten denn die westalliierten Stabschefs in den Befehlszentralen dieser Vernichtung haben, wenn sie die Landser nun ohne militärische Notwendigkeit im Kessel zusammenschießen ließen? Zu denen in Gefangenschaft gehen?

»Habt ihr auch so einen Durst?« fragte er, als hätte es weder Frage noch Antwort und wieder Frage und auch nicht jene erschreckende Gedankenkette in seinem Kopf gegeben. »Jetzt eine gut gekühlte Flasche Grenache oder Muscat oder...«, er zögerte absichtlich, »oder einen schönen Château Valmy, Jahrgang einunddreißig? Die Herren haben recht. Man könnte auch, der Stunde des Tages angemessen, einen Apéritif nehmen, vielleicht Pernod Fils? Bitte sehr, auch Birrh oder Quinquina, Raphaël.«

Münchhof fiel ein, als wäre er Ordonnanz im Offizierskasino: »Für die Damen einen zarten Bénédictine? Cointreau?«

»Für mich etwas Hartes«, ließ sich Klasen in der Sprechweise Pfeilers vernehmen. »Martell, Hennessy? Bisquit? Courvoisier, ‚the Brandy of Napoléon'? Sehe schon, nichts da in dieser Bruchbude.«

Der Spuk war verflogen, der vermißte Major schien neben ihnen zu sein, vielleicht nur einen Granattrichter weiter, und mit ihm der Automatismus von Befehl und Gehorsam, das ganze Gefüge militärischer Unterstellung, das wie ein Reflex in ihnen steckte, und die Hoffnungslosigkeit, von alledem loszukommen.

»Wir warten, bis es dunkel ist«, sagte Gengenbach und hatte das Gefühl, nie unsicherer gewesen zu sein als in diesem Augenblick.

»Ich habe heute nachmittag bei der Funkstelle den Wehrmachtsbericht gehört.« Der Gefreite Münchhof schaute fragend auf die Offiziere.

»Erzähl ruhig dein Märchen«, sagte der Batteriechef und gähnte, als interessiere ihn das nicht mehr.

Münchhof holte einen verschmutzten Meldeblockzettel aus der Tasche. »In der Normandie kämpfen sich unsere Divisionen

einem tiefen Bombentrichter lagen sie minutenlang, ehe die Lungen sich beruhigten.

»Willst du nicht auf die Amis warten?« In Gengenbachs Stimme war wieder vorsichtiges Abtasten, als er sich an Klasen wandte.

Der reckte sich. »Sie sind mir ebenfalls nicht sympathisch – nach dem, was sie hier anrichten, schon gar nicht.«

Gengenbach sah, daß Lindemann und Münchhof scheu zu Klasen blickten, dann gespannt auf ihn. »Wir würden uns weit weniger gefährden, wenn wir blieben und keine riskànten Ausbruchsuche machten.« Seinem Tonfall war nicht zu entnehmen, ob er lediglich ein neues Argument zu bedenken gab oder sich damit identifizierte.

»Wir deutschen Soldaten haben zu gehorchen bis zum letzten Befehl.« Klasen sprach betont emphatisch, als zitiere er.

»Also kämpfen wir nicht aus Überzeugung und Notwendigkeit, sondern aus Gehorsam, aus Zwang?« fragte Gengenbach.

Klasen schwieg.

»Wenn ich mir eine Bemerkung erlauben darf...« Wachtmeister Lindemann sah die beiden Offiziere ruhig an. »Vielleicht müßte man vorher die Frage nach dem Sinn des Kampfes beantworten?«

Gengenbach war verblüfft. Sinn des Kampfes? Ich sollte ihm sagen, daß dieser Kampf für mich seit langem sinnlos ist und von Stunde zu Stunde unsinniger wird. Aber ich bin Offizier und habe einen Fahneneid geleistet. Wenn ich ihn verletze, dann nur für mich, ohne Untergebene zu belasten oder anzustiften. Denn das nennen sie Aufwiegelung, Hochverrat, sie sagen, es würde an den Grundfesten der Wehrmacht, des Staates rütteln, wäre Ausbruch aus der Ordnung, wäre... Das wäre links. Oder rot. Wer gegen die Weiterführung dieses Krieges kämpft, gegen Hitler und seine Parteigänger aufsteht, ist demnach ein Roter. Also wäre Kommunismus in dieser Hinsicht etwas Positives – oder? Kein Trugschluß zu entdecken. Ob sich das Lindemann auch schon überlegt hat?

Gengenbach fühlte, wie alle auf seine Antwort warteten. Er räusperte sich, um Zeit zu gewinnen. Hatte Helgert damals Zeit,

»Zeig mal her.«

»Nicht der Rede wert.«

Lindemann hielt ihm die Karte hin. »Stimmt das Bild im Südostzipfel noch?«

Gengenbach nahm das zerknitterte Blatt. Sein Finger glitt von Aubry über Moissy nach Chambois und weiter nach Süden zur Höhe 192. Dann zeigte er auf den Divesabschnitt zwischen Chambois und St. Lambert: »Hier ist zu. Ich bin durch die sumpfigen Wiesen gekrochen. Die Kanadier haben den Kessel am Fluß dicht gemacht. Sie müssen auch das zweite SS-Panzerkorps erheblich nach Nordosten zurückgedrückt haben.«

»Wer sitzt eigentlich in Chambois?«

»Nicht erkennbar. Man müßte meinen: außer uns jeder. Denn auf den Hügeln dahinter liegen sie dicht an dicht.«

Klasen blickte fragend.

»Ich habe einiges auf den Hut bekommen an der Höhe hundertzweiundneunzig. Ein Heerlager dort, vor allem Waffen-SS. Von diesem Haufen dürften verschiedene rauskommen. Sind ein paar höhere Stäbe dabei. Es geht drunter und drüber, gelegentlich knallt auch mal einer den anderen ab.«

Lindemann sah von der Karte auf. »Knallt einer den anderen ab?«

Gengenbach schaute in die Runde, in neugierig gespannte fremde Gesichter, sprach leise weiter: »Offenbar sind welche stiftengegangen und haben auf die verfolgende SS gefeuert. Die kamen mit einem erschossenen Standartenführer vom Berg zurück.«

»Hat er Pech gehabt«, sagte Lindemann halblaut.

»Also dann: Ab zur Höhe hundertzwoundneunzig!« Oberleutnant Klasen stand auf, hängte seine Maschinenpistole um und stieg vorsichtig über die Kauernden hinweg nach unten zur Bohlentür, drückte sie gegen das Murren der Deckungsuchenden auf. Dann rannten sie durch die aufbrechenden Feuerpilze in den Laubdom, jagten an der zusammengeschossenen Funkstelle und ihren Toten vorbei, sahen den eigenen Wagen hinter der Remise als Blechhaufen und wurden erst am anderen Ende des Parks langsamer, wo das wellige Wiesengelände begann. In

Vierundzwanzigstes Kapitel

Seit Stunden trommelten amerikanische Batterien auf das Château d'Aubry. Immer wieder wurden die ausgelegten Rotkreuzfahnen zerfetzt und erneuert, hämmerte die Funkstelle unverschlüsselte Sprüche in den Äther: »Das Château ist als Lazarett eingerichtet. Hier wird um Menschenleben gerungen. Bitte Feuer einstellen! Bitte...«

Der Geschoßhagel wurde dichter. Ungezählte starben, erneut getroffen und ausgelöscht.

Gengenbach durchquerte in langen Sprüngen die zerflederten Buschgruppen, setzte über Baumleichen. An der schweren Tür zum Rundturm hielt er inne, um wieder zu Atem zu kommen. Dann drängte er sich energisch durch laut murrende und feindselig blickende Landser und Offiziere, die entschlossen waren, ihre Deckung bis zum letzten zu verteidigen.

Die Granitstufen der nach oben führenden Treppe waren nur zu ahnen, weil eng aneinandergedrängte menschliche Körper sie bedeckten. Suchend blickte sich der Oberleutnant um. In dem Gewirr von Leibern fand er zunächst den teilnahmslosen Klasen. Zwei Stufen darüber kauerte Wachtmeister Lindemann, den Rücken an die Mauer gelehnt, vor sich ein Kartenblatt, auf dem er die Grenzen des Kessels eingetragen hatte. Der Gefreite Münchhof lag auf der Plattform und schlief. Nichts bewegte sich in seinem blassen Gesicht. Sieht aus wie ein Siebzehnjähriger, wunderte sich der Oberleutnant, als er vorsichtig über Körper, Waffen und Ausrüstungsgegenstände stieg. Warum halte ich ihn eigentlich für einen tüchtigen Jungen? Weil er Befehle immer überlegt und ohne zu meutern durchführt?

In Klasens Augen kam etwas Glanz, als er den Kameraden wahrnahm. »Ich habe schon...«

»...gedacht, daß Gengenbach nicht wiederkommt, weil er vier Stunden weg war?«

»Es hätte dir immerhin etwas zustoßen können.«

»Hat noch Zeit, bis ich einen kalten Arsch bekomme«, murmelte der Angesprochene und wickelte seine linke Hand aus einem schmutzigen durchbluteten Taschentuch.

»Résistance?«

»Er ist zu den Forces Françaises de l'Intérieur gestoßen, nachdem er einen Standartenführer der Waffen-SS und einen faschistischen Kapitän erschossen hat.«

»Schade, wird ihm noch leid tun.« Der Amerikaner rief über die Schulter: »Posten!«

Die beiden mit den Colts kamen lässig die Treppe herauf.

»Abführen! Lager!«

Leduc und Séguin traten vor den Colonel. »Er ist unser Verbündeter.«

»Also auch Kommunist.«

Er schritt an ihnen vorbei, als wären sie Luft. »Wenn Sie noch etwas zu sagen haben, wenden Sie sich an die französische Regierung. Sie wird bald neu gebildet werden. In Paris, nehme ich an. Mit Charles de Gaulle. Ohne Kommunisten. Surely!«

»Wir Franzosen haben um die Befreiung gerungen, ohne daß Weltanschauungen uns trennten. Und ich bin sicher, daß die meisten amerikanischen und englischen Soldaten und Offiziere aus Überzeugung gegen den Faschismus gekämpft und dafür geblutet haben.«

Der Colonel feixte Maurice Séguin ins Gesicht. Dann herrschte er die Posten an: »Go on with that bloody German!«

Sie packten Thiel, drehten ihm die Arme auf den Rücken. Einer klopfte ihm die Uniform nach Waffen ab, fand Rohrbecks Pistole, steckte sie gleichgültig in die Tasche.

Nur drei Meter bis zur Tür, hinter der Denise atmete. Vielleicht hätte die Freude des Wiedersehens ihr Mut und Kraft gegeben zu genesen.

Sie zwangen ihn zur Treppe. Offiziere und Ärzte schienen an dem Schauspiel Gefallen zu haben, sie lächelten ihrem Colonel zu. Séguin redete voller Erbitterung auf ihn ein, aber der Oberst beachtete ihn nicht.

Hinrich Thiel wandte sich auf halber Treppe noch einmal um, sah Paul Leduc. »Ich kenne jetzt den Weg. Durch euch. An seinem Ende wird unsere wirkliche Freiheit stehen. Grüß Denise... Und für alles: Merci, Kamerad.«

Die Posten rissen ihn die Stufen hinunter.

danken an Martina verwischt. War nicht denkbar, daß auch sie verwundet lag? Vielleicht kümmerte sich niemand um sie. Die westalliierten Divisionen drückten im Rhônetal nach Norden. Er hatte gehört, daß sich die 19. deutsche Armee zum Teil in fluchtähnlicher Auflösung befand.

»Übrigens, ich bin Deutscher«, sagte er unvermittelt zu Thiel und ging dann einen Schritt voraus.

Vor dem Hospital rollten die Wagen mit dem Roten Kreuz. Trage um Trage verschwand im Portal.

Zwei Posten mit weißen Helmen und großen Colts in baumelnden Futteralen betrachteten gummikauend und mit völliger Gleichgültigkeit die vier Ankommenden. Neben den GI ein Franzose mit blauweißroter Armbinde und Maschinenpistole.

Maurice wandte sich an ihn. Hörte zu. Schüttelte den Kopf.

»Drei Viertel der Räume sind mit Amerikanern belegt worden. Die Franzosen wurden gewaltsam nach Hause geschickt. Das heißt, da die meisten kein Zuhause mehr haben...«

»Und?« fragte Leduc wütend.

»Der Trakt, in dem Denise liegt, soll morgen geräumt werden. Ebenfalls durch Kampfhandlungen versehrte Zivilpersonen.«

Sie gingen schweigend die Stufen hinauf ins erste Stockwerk. Thiel spürte den Schlag seines Herzens in Schläfe und Hals. Er konnte sich nicht entsinnen, jemals in einer solchen erwartungsfrohen und zugleich bedrückenden Erregung gewesen zu sein. Ich bin außerhalb des Kessels, sagte er sich immer wieder. Ich lebe. Bin in Freiheit. Denise... Ich kann es noch nicht glauben, daß ich sie gleich sehen werde. Und sie ist schwer verletzt. Die zweite Tür gegenüber... Noch drei Meter...

Ein Colonel mit prallsitzenden Hosen und großflächiger Sonnenbrille trat aus einem Verwaltungsraum. Hinter ihm Offiziere, Ärzte.

»What are you going to do here?« Er hielt Maurice an.

Der antwortete auf englisch. »Wir bringen Besuch zu einer im Kampf verwundeten Angehörigen der Francs-Tireurs et Partisans. Zwei Schüsse in der Schulter.«

Der Colonel blickte auf die anderen. »A German?«

»Yes, Sir.«

sie sich, was morgen wohl kommen würde. Ebenso wie sie den deutschen Leutnant mit dem zerschundenen Gesicht und dem zerfetzten Hemd unter geöffneter Feldbluse mehr mit müder Neugier als etwa voller Haß oder Rachegefühl betrachteten. Séguin, der sich im Ort auskannte, schritt mit Thiel vorweg. Die Schatten des Abends waren schon lang. Leduc sprach eine Weile leise auf Baumert ein. Der nickte, ging an Thiels Seite.

»Le Bourg Saint Léonard wurde vorgestern abend befreit.« Er wies mit der Hand auf Leduc. »Pauls Frau ist im letzten Augenblick von der SS erschossen worden.«

Es ist so schwierig, etwas zu sagen. Warum er mir das erzählt? fragte sich der Leutnant im stillen. Sicherlich wird es manchen Unschuldigen getroffen haben. Auf dieser, aber auch auf der anderen Seite. Selbst wenn ich eine Floskel der Anteilnahme sagen würde – wem nützte es?

»Auch jemand anders ist schwer verwundet worden im Kampf. Nur – damit Sie nicht erschrecken...«, sagte Baumert zögernd.

Thiel drehte sich überrascht zur Seite. Mit peinigender Deutlichkeit trat ein Bild in seine Erinnerung: Der Schnurrbärtige... seine Frau wurde erschossen. Dieser junge Mann... An dem Karren bei Amayé-sur-Orne waren aber *vier* Personen! Hinter dem Fahrzeug schritt *Denise*! Jemand anders? Nur – damit ich nicht erschrecke?

Hinrich Thiel blickte dem jungen Menschen im dunkelblauen Pullover ins Gesicht. Wieder dachte er: Woher er nur so gut die deutsche Sprache beherrscht? »Sie sprechen von Denise?«

Baumert verfolgte die Rauchfahne eines zerschossenen Panzers. Denise... Der Klang ihres Namens aus diesem Mund... Er hatte sich nicht getäuscht: Der Leutnant liebte Denise, und sie liebte ihn. Er nickte. »Paul ist der Ansicht, daß wir Sie zu Denise führen sollten.«

Sie schauten sich einen Moment in die Augen, und Baumert sah mit ungewollter Anteilnahme, wie sich das Gesicht Thiels veränderte, wie trotz der verkrusteten Lippen und der blutigen Platzwunden auf der Stirn ein Ausdruck zurückhaltender Zärtlichkeit und erwartungsvoller Spannung darüberzog.

Die Vorstellung von Denise wurde bei Baumert von dem Ge-

drei Verwundungen und ein paar buntgestreifte Bändchen von anderen Auszeichnungen. Wie fest sie steckten in Zellwolle und Knopflöchern. Auch so eine schillernde Selbstverständlichkeit. Befriedigung tödlichen Ehrgeizes. Weg damit!

Leduc drängte zum Weitergehen. Der Obergruppenführer Hausser im Kessel, am Fuß der Höhe 192: Man mußte schnell weitermelden, was der Deutsche da mitgeteilt hatte.

Sie beschleunigten ihren Marsch. Postenanruf. Olivfarbene Helme über olivfarbenen Uniformen. »Hands up!« Die GI sahen das Silber der Kragenspiegel und die Schulterstücke des deutschen Leutnants, begriffen nicht sofort. Erregtes Hin und Her in fremden Lauten. Die Partisanen kamen nicht recht zu Wort. Drohung von allen Seiten.

»Parole?«

»Côte de La Manche!« Wie aus einem Mund.

Jetzt schwand die Feindseligkeit, die Mündungen senkten sich langsam, aber Mißtrauen hielt sie noch in nervösem Zucken.

Aus einer Buschgruppe löste sich eine Gestalt, kam auf sie zu. Das Stimmengemurmel versickerte. Autorität.

»Unser Abschnittskommandeur«, flüsterte Maurice Séguin und berichtete in unwahrscheinlichem Tempo.

Der Kommandeur wandte sich zu Thiel, schaute ihn einen Augenblick lang nachdenklich an, ehe er ihn willkommen hieß: »Camarade...«

Die Höhe 192 fiel nach le Bourg St. Léonard sanft ab. Die fünfzackigen weißen Sterne der Nachschubfahrzeuge General Pattons besprenkelten die zerwühlte Landschaft. Jeeps und Trucks kurvten, Rotkreuzwagen rollten in Kolonnen, spien menschliche Wracks und Ströme von Schmerzen aus. Armeezelte wurden aufgeschlagen. Rückwärtige Dienste richteten sich für längere Zeit ein.

Die Einwohner standen vor zerstörten Häusern, sahen Tote in Uniform und Zivil auf Straßen und Wiesen, sahen Soldaten unterschiedlicher Hautfarbe im gleichmachenden Farbton der Kampfanzüge, der glockigen Stahlhelme. Die Befreiten hatten nicht den Glanz der Freiheit in den Augen, sie blickten um sich in benommener, zurückhaltender Aufmerksamkeit, als fragten

letzten Atemzug! Zwei Welten prallen hier aufeinander! Unversöhnlich, auch wenn sie beide deutsch sprechen. Hans Rohrbeck, ich habe dein Vermächtnis in Ehren gehalten.

Drei Maschinenpistolen hämmerten zu den Totenköpfen hinunter. Dort verebbte langsam das Schießen. Die SS zog sich zurück. Sie schleppten ihren Standartenführer und noch einige leblose Gestalten durchs Unterholz.

Thiel sank zusammen. Im Hals würgte es, grelle Kreise vor den Augen. Gerettet. Er konnte es kaum fassen. Ausgebrochen. Ausgebrochen aus dem Kessel von Falaise. Ausgebrochen aus Lauheit und Mitschuldigwerden. Das *Wofür bin ich* war jetzt nicht mehr verschwommen. Die stahlbrodelnde Schlucht unter ihm lag fern wie das Gesicht des Abteilungskommandeurs Altdörfer, der die Menschlichkeit mit Füßen getreten hatte und noch immer am Leben war.

Das wirre Kreisen verebbte langsam, die Dinge fanden wieder Halt und Ordnung. Das Rauschen der Bäume war da und das quietschende Mahlen der Panzer, das Detonieren von Granaten aller Art und die Stimme von Denise. Dröhnende Flugzeugmotoren und zwitschernder Vogelruf.

Leduc schlug ihm auf die Schulter. Es war nicht wichtig, wer zuerst die Hand ausstreckte. Alle schlugen ein. Kein Wort, und dennoch ein Versprechen.

Leduc hängte sich das Funkgerät um und ging voran, einem kaum sichtbaren Pfad nach, der durch dichtes Unterholz zur Höhe führte.

Überraschend gab der Berg den Blick frei nach Norden, in die Weite der grünen Normandie. Der Atem stockte, die Hand wollte das Bild totaler Vernichtung auslöschen:

Das Panorama der Einkesselungsschlacht dehnte sich von Horizont zu Horizont. Bis herauf quoll Gestank. Die Verwesung hatte bereits begonnen. Über dem weiten Feld militärisch sinnlosen Gemetzels hing eine dichte zähe Qualmschicht, nahm der Sonne den Glanz und den Schatten die Ränder. Wie ein riesiges Leichentuch.

Ziehen wir einen Strich drunter, dachte Thiel. Eisernes Kreuz erster Klasse, Artilleriesturmabzeichen, das silberne Blech für

Er griff schnell zur Erde, die Faust krampfte sich um Rohrbecks Pistole. Das Artilleriefeuer unterlaufen. Wieder an den Hang und im toten Winkel empor. Thiel legte alle Kraft in die Beine, aber die Muskeln erschlafften schnell.

Da knallte ein Sturmgewehr. Jetzt Karabinerfeuer, unregelmäßig. Sprang hierhin, dorthin. Hageldicht kam es.

Weiter, nur weiter. Ein Blick zurück: Sie verfolgten ihn, der Standartenführer vornweg. Daß sie so schlecht schießen, dachte Thiel. Ich kann nicht mehr. Ihm wurde schwarz vor Augen. Das eben war kein Deckungsuchen, er war zusammengebrochen. Los, hoch, Mensch, reiß dich zusammen, befahl er sich. Sie kommen nur langsam näher. Verteidige deine Haut! Fünf Patronen hast du...

Er sprang auf, drehte sich um, zielte. Die Walther blaffte. Noch einmal. Einer kullerte den Hang hinunter, der Standartenführer. Mehrere beugten sich über ihn.

Thiel hörte Feuerstöße aus Maschinenpistolen von oberhalb. Hatten sie ihn überflügelt? Noch drei Schuß blieben ihm. Zwei für die anderen, der letzte...

Im Grund war es sekundenlang still. Dann flackerte das Feuer erneut auf, pfiff über seinen Kopf hinweg, klatschte weiter oben in Stämme und Blattwerk. Nun knatterte es in unmittelbarer Nähe los, ging tief nach unten. Die SS war gemeint!

Alliierte Soldaten? Franzosen? Auf jeden Fall halfen sie ihm! Dorthin mußt du! trieb er sich an. Robbe, Mensch, robbe um dein Leben. Zwischen den Fronten hat der Tod noch nie jemand genützt.

Vor Thiel wurde ein blauer Pullover sichtbar. Sein blauer Pullover! Seine abweisenden neuen alten Bekannten. Sie hatten ihm doch vertraut, setzten ihr Leben für ihn ein.

Eine Hangmulde. Mit letzter Energie kroch er hin zu ihnen und sah: Der mit dem Bart kniete im Anschlag. Jetzt ratterte seine Maschinenpistole los. Daneben der Stille mit dem englischen Modell. Hinter den nächsten Baum, Rohrbecks Pistole an die Borke gepreßt, damit das Korn nicht mehr schwankte. Mündungsfeuer flackerte.

Kämpfen gegen das Unheil bis zur letzten Patrone, bis zum

daß er gegen Hitler war und seinen Klüngel, ob er als Altdörfer in Erscheinung trat oder als Obergruppenführer Hausser. Er war gegen diesen Krieg und gegen jede Minute, die er länger währte. Zu spät...

»Sie Wahnwitziger haben Ihren Vorgesetzten erschossen! Verbrechen gegen die Wehrkraft! Verurteilt zum Tode!« bellte der Standartenführer und bezeichnete sich als Vorsitzenden eines spontan zusammengetretenen Standgerichts.

Der improvisierte Galgen. Ein Hanfseil flog über den Eichenast. Mindestens fünf Fuß zwischen Stiefeln und würzig duftendem Waldboden. Der Baum würde röcheln und der Wacholderbusch mit den Wurzeln schlagen, und es mußte unendlich lange dauern, bis die letzte Hoffnung erwürgt war.

Sie suchten etwas, ihm die Hände zu binden. Macht schnell, dachte Thiel, ehe mich die Furcht jämmerlich werden läßt, die Angst wächst und wächst, ich möchte schreien, bin doch noch viel zu jung zum Sterben...

Eine Detonation ganz in der Nähe. Er hatte den Brocken nicht kommen hören. Jetzt rauschte es heran, dicht an dicht.

Die Schraubstöcke wurden lockerer, weniger entschlossen. Als Ritterkreuze und Nahkampfspangen in Deckung gingen, ließen auch die Büttel vollends los, alles spritzte auseinander.

Der Leutnant schüttelte die Erstarrung ab. Dort schwang die für ihn geknüpfte Schlinge. Dort lagen sie hinter Bäumen und Erdhaufen, warteten nur diesen Feuerüberfall ab, dann würden sie ihn in die Höhe ziehen.

Er blickte noch einmal auf Altdörfer, dessen Gesicht halb im Sand lag, auf die beiden dünnen Rinnsale aus seiner Brust, die sich zwischen Kiefernnadeln verloren. Wie blaß die Sommersprossen jetzt aussahen. Was war denn das? Sein Herzschlag begann zu dröhnen. Es bestand kein Zweifel: Soeben hatte Altdörfer sich bewegt, hatte langsam das rechte Bein näher an den Leib gezogen.

Und ich habe geglaubt, ihn zweimal ins Herz getroffen zu haben! Er hat sich bewegt... Ich muß hier weg, sonst bin ich dran. Ich will nicht gehenkt werden. Ich will überleben. Ich will kein Remis, ich will den Sieg über das Dreckige...

»Hauptmann Altdörfer, wenn Sie sich nicht sofort stellen, knalle ich Sie ab wie einen tollen Hund!«

Der Stahlhelm hob sich eine Handbreit.

Ist das Wirklichkeit oder ein Traum? fragte sich Thiel.

Mit einem Sprung war Altdörfer auf. Wollte das Überraschungsmoment nutzen, riß jäh den Revolver hoch. Thiel war schneller. Diesen für Ludwig Eiselt. Die Mündung zuckte nach oben. Und diesen für Hans Rohrbeck. Er hatte kaltblütig und überlegt geschossen. Das letzte Bild stand starr: Altdörfer fiel der Revolver aus der Hand, schwerfällig sackte er zusammen.

Da kamen sie von allen Seiten, seine Sekundanten und Parteigänger. Menschliche Schraubstöcke umklammerten Thiels Arme. Nach rückwärts zu Boden. Knobelbecher, Reitstiefel. Sechseckige Nägel. Ins Kreuz, in die Leisten. Fäuste. Scharfe Kanten. Jetzt rissen sie ihn wieder in die Höhe, stellten ihn vor einen Standartenführer hin. Blut rieselte über die Augen, die Lippen waren aufgeplatzt. Hätte er nur Rohrbecks Pistole, aber da lag sie im Sand, unerreichbar.

Der Standartenführer wippte in den Knien. Die Augen waren voller Geringschätzung auf des Hauptmanns Orden gerichtet.

»Ein Kommandeur, der sich nicht als Führernatur beweist und rücksichtslos durchzugreifen vermag, besudelt den unbefleckten Schild großdeutschen Heldentums.« Spreizte sich wie ein Pfau.

Thiel schien es, als hebe sich ein Schleier vor seinen Augen. Unsere Wirklichkeit, diese Typen: Altdörfer, der Standartenführer, die kleinen und die großen Paladine. Sie gehörten immer zum Selbstverständlichen. Bisher habe ich die SS als Elite gesehen, wenn sie mir auch nicht sympathisch war. Jetzt erst ist mir klargeworden: Das ganze System ist verbrecherisch. Man muß abrechnen.

»Zu Ihnen, Leutnant. Sie haben sich erdreistet, haltlose Anschuldigungen gegen Ihren Kommandeur vorzubringen?«

Das silberne Eichenblatt im dunklen Feld des Kragenspiegels tanzte dicht vor Thiels Augen. Der Leutnant dachte an Altdörfer: Das blieb endgültig und nicht revidierbar, selbst dann, wenn man ihn mit diesem zusammen verscharren ließ. Aber er hatte nicht nur mit einem Mörder abgerechnet, er wußte nun,

jetzt ebenfalls zu Fuß? Thiel wollte Gewißheit haben, ging weiter. Alles preßte sich in einem Punkt zusammen, wo man bestehen, einmal im Leben bestehen, sich entscheiden muß.

»Hauptmann Altdörfer!«

Das spitze Kinn fuhr herum. Haß bleckte gegen Haß.

Thiel hatte den Eindruck, die Uniformen verschwänden, der Wald löse sich auf, die Sonne ziehe flimmernde Streifen – da traf Altdörfers hohe maulige Stimme sein Ohr: »Warum sind Sie nicht bei Ihrer Stabsbatterie? Scheren Sie sich dorthin!«

Der Leutnant stand zehn Schritt vor dem Verhaßten. Die Stabsbatterie? Auch sie war von diesem Lumpen im Stich gelassen. Aber es gab keinen Befehlsfetischismus mehr, das war überwunden. Er sah nicht die spöttischen und gespannten Blicke rechts und links, er sah nur Altdörfer. Es mußte eine Gerechtigkeit geben: nicht Rache, Gerechtigkeit!

»Sie haben befohlen, Oberleutnant Eiselt umkommen zu lassen. Er könnte leben, Herr Hauptmann Altdörfer.«

Uniformen, den silbernen Adler auf dem linken Ärmel, zogen sich zu lockerem Kreis zusammen. Himmlers Heerschar bildete den Ring, in dem der Kampf auszutragen war.

»Sie haben befohlen, Wachtmeister Rohrbeck schwerverwundet liegenzulassen, Herr Hauptmann Altdörfer.«

»Ich werde Sie vors Kriegsgericht bringen!« Altdörfer keifte, wollte die Anschuldigungen niederschreien.

»Sie sind ein Mörder. Haben immer nur an Ihr eigenes jämmerliches Leben gedacht, Herr Hauptmann.«

»Wenn Sie nicht sofort die Schnauze halten...« Altdörfers Rechte fuhr an die Revolvertasche. Schweiß rann ihm übers Gesicht.

In diesem Augenblick zischten über ihnen die Flugbahnen schwerer Granaten. Der Menschenring zersplitte, zerrann zwischen Bodenwellen und Fahrzeugen. Altdörfer hatte sich schutzsuchend hinter einen Baumstumpf geworfen.

Rohrbecks Pistole. Wie warm sie sich anfühlte. Der Schlitten schnappte gegen den Anschlag zurück. Die Patrone glitt in die Kammer. Leicht ging der Sicherungsflügel nach vorn. Jetzt war der rote Punkt frei.

hatte ich genausoviel Schiß wie die andern. Fast tut es mir leid um die versäumte Möglichkeit, sich in die Büsche zu schlagen. Was weiß ich, warum ich dorthin zurückgehe, wo ihre nächsten Geschosse einschlagen werden. Es wartet niemand da unten auf mich. Kein Stab, keine Einheit, kein Kamerad. Nur Heldenklaus, die jeden, der eine Waffe bedienen kann, zur Deckung des Ausbruchs brauchen. Wenn ich mich nicht täusche, war dem nächtlichen Gespräch zwischen Meusel und Altdörfer zu entnehmen, daß Hausser sämtliche Truppenteile im Kessel unterstellt worden sind. Die Schlucht ist mit Uniformen vollgestopft. Graue Konfektion. Müßte doch in dieses verdammte Waldquartier auch Leute von unserem Haufen gespült haben. Warum nicht sogar von meiner Batterie?

Aber wohin sein Blick auch fiel: unbekannte Landser, vom Zufall zusammengeweht, die meisten ohne Kenntnis der Lage, ohne Widerstandskraft, von dem Wunsch beseelt, das Ganze möge nur ein Traum, ein Spuk sein...

Thiel stutzte: Diese Gestalt, die sich dort hinten an der Fichte zaghaft erhob und der artilleristischen Feuerpause nicht recht zu trauen schien, war ihm bekannt. Die hatte er schon irgendwo gesehen, zwischen Agaven, Taxus, unter Pinien, in russischer Schneesteppe oder in einem Fronturlauberzug, vielleicht auch während der Invasion. Licht und Schatten verschwammen ihm vor den Augen. Er mußte näher heran.

Ein birnenförmiger Kopf, flankiert von zwei besternten Schulterstücken. Jetzt erhob der Mann sich zu voller Größe, die anderen neben ihm standen bereits, schob den Stahlhelm ins Genick, drehte sich um. Altdörfer!

Es gab für Thiel nur noch ein Ziel zwischen Zerrissenen, Schreienden, Überlebenden: jenen vierschrötigen Klecks. Astwerk knackte unter seinen Tritten, Zweige schlugen ihm in die Augen. Das Gesicht vor ihm schwankte, aber er hatte sich daran festgesaugt. Die letzten fünfzig Meter auf dem Grund der Schlucht. Stahlhelme mit SS-Runen. Leiber, in grün-braunes Tarnzeug gehüllt, aufreizend wuchtig noch neben den anderen, die schon verbraucht waren. Altdörfer dazwischen? Sollte es doch ein Irrtum sein? Oder war die Panzerdivision Hitlerjugend

Dreiundzwanzigstes Kapitel

Es war noch immer dieser verfluchte Augustsonntag, den Thiel bis an sein Lebensende nicht vergessen würde, vorausgesetzt, daß er heil aus der Falle herauskam.

Dem einzelnen schien der Kessel anonym, sein Inhalt wurde unablässig durcheinandergewirbelt. Man traf sich gelegentlich wie Stint und Kabeljau im enger werdenden Netz. Für Thiel hieß der Kessel: Ludwig Eiselt – verblutet in der Kirche von Le Locheur; Hans Rohrbeck – umgekommen in Moissy; Fernsprecher Kubitza – ein Blick unendlicher Verachtung, mit dem er seinen Mörder Altdörfer ansah; Naumann – vorsätzlich abgeschrieben; die Batterien zerschlagen. Der Mörder entkommen.

Der Kessel, das bedeutete für Thiel weiter Begegnung mit der Résistance: ein blauer Pullover, eine Baskenmütze. Einer, der es trotz des Krieges liebte, seine Oberlippe mit einem kräftigen Bart zu schmücken.

Der Kessel, das würde untrennbar verbunden bleiben mit Fahrenkrog und seinem tollkühnen Kampf gegen die Fortsetzung des Krieges. Ihm verdankte er das Nachdenken über Fragen wie: Wer ist mutig und wer ist feige? Wie muß ein verantwortungsbewußter Deutscher angesichts der Katastrophe handeln? Bist du für ein freies Deutschland?

Dieser strapaziöse Tag war noch lange nicht zu Ende. SS-Obergruppenführer Hausser würde das Signal geben, wenn es aus der Schlucht hinausging, zwischen den Sperren der Alliierten hindurch. Die französischen Bekannten würden Feuerkommandos durchsagen, es würde wieder Granathagel sein – und er wußte als einziger, woher der Zunder kam.

Wahrscheinlich werden die drei sofort Stellungswechsel machen, dachte Thiel. Sie können dort nicht bleiben, wo ich sie gesehen habe. Sie dürfen mir als Deutschem nicht über den Weg trauen. Warum stolpere ich wirklich zurück zur Herde, von der ich vorgebe wegzustreben? Geht es nur um eine heroische Geste? Mannestat? Kaltblütigkeit? Militärischer Ehrgeiz? Seht mal, ich, der deutsche Offizier, wie ich die Situation beherrscht habe, ein Draufgänger, keine Sekunde gezittert... Unsinn. Natürlich

mit der man sogar Kesselausgänge schließen kann. Daran werden sie vor allem denken. »Au revoir, messieurs. Au revoir!«
»Auf Wiedersehen!«
Schöne Geste von ihnen. Man soll sich nicht umsehen. Laß uns doch das bißchen Aberglauben. Je suis enchanté de faire votre connaissance... Sehr erfreut, Ihre Bekanntschaft zu machen – so etwa habe ich es in der Schule gelernt. Nur zu schüchtern, es unter die Leute zu bringen. Sie haben vielleicht sogar gespürt, wie es gemeint war. Fairneß. Ich bin sicher, daß es jetzt hinter mir nicht knallen wird.

Paul Leduc sah dem Davonschreitenden nach und drehte am rechten Ende seines Schnurrbarts. Das war also der Leutnant, den Denise liebte. Zufall, daß er sie hier im Einsatz entdeckt hatte? Und keine Frage nach ihr? Es gab keinen Zweifel, daß er sie erkannt hatte. Und dennoch nichts dazu gesagt. War auch nicht bei ihnen geblieben. Verschwand dort zwischen den Stämmen, eine Pistole in der Hosentasche. Warum wollte er ihnen seine MPi schenken? Er brauchte sie nicht mehr? In dieser verzweifelten Situation?

Leduc war ratlos. Dieser Leutnant hatte sie mehrmals in der Hand gehabt. Spätestens beim zweitenmal wußte er um die Gefährlichkeit der Situation. Und er schoß nicht. Schwer zu verstehen das alles.

Séguins Blick ging zu Wolf Baumert. Der zuckte die Achseln, schien ebenfalls vor einem Rätsel zu stehen. Man würde Denise nicht von dieser Begegnung erzählen können. Oder vielleicht müßte man es gerade wegen der Absonderlichkeit?

Ein Deutscher. Ein Deutscher wie jene, die Léon Levallois umgebracht hatten. Und Joséphine. Wieder überfiel Leduc ein irrsinniger Schmerz.

Die Gegenstelle meldete sich. Baumert erwähnte den Zwischenfall mit keinem Wort. Gab ein neues Feuerkommando durch. Auch die nächsten Granaten würden in der Schlucht einschlagen.

Und dort befand sich der Leutnant, den Denise liebte.

Thiel zögerte mit der Antwort. Er las in den Gesichtern der Franzosen Vermutungen: Ob diesem Offizier die Folgen der militärischen Katastrophe für Deutschland noch immer nicht klar sind? Ob er einen Auftrag hat? Mißtrauen war in den Blicken.

»Warum? Ja, warum eigentlich? Noch etwas zu erledigen. Wie heißt es doch? Persönlich. Nicht übertragbar. Eine Rechnung ist zu begleichen.« Er hatte vorhin ein paar Fahrzeuge von der SS-Division Hitlerjugend gesehen. Wer weiß, ob nicht...

»Ich danke Ihnen, daß Sie mir das Leben gerettet haben.« Der junge Mann schaute dem Leutnant ins Gesicht.

Thiel wunderte sich über das akzentfreie Hochdeutsch und dachte: Auch du weißt mit großer Wahrscheinlichkeit, wo sich Denise befindet, gehörst vermutlich zu ihr. Er sagte, um etwas zu sagen: »Jeder sollte dem anderen der Nächste sein.« Es waren bestimmt einfache Menschen wie sein Vater. Ob sie Kommunisten waren? Bei ihm in der Straße, Berlin N, wohnten vor dreiunddreißig ein paar. Man merkte es ihnen auch nicht an der Nasenspitze an, aber sie nahmen an jeder Kampfaktion für ein lebenswerteres Dasein teil. Dann sah man sie nicht mehr, und sein Vater arbeitete, ohne nach rechts und links zu schauen.

Der mit der Baskenmütze war offenbar technisch versiert, schraubte jetzt an dem Funkgerät herum, pustete den Sand herunter. Wollte es schnell wieder in Gang bringen, um sich mit der Gegenstelle abzustimmen.

»Sehen wir uns mal wieder? In Paris, wenn alles vorbei ist? Vielleicht im Louvre bei den Italienern?« Thiels Lächeln war verkrampft.

Die anderen machten auch keine intelligenten Gesichter. Händedruck, als könnte damit die sehr zarte, eben entstandene Achtung gefestigt werden.

Die »chers confrères« denken sicherlich schon wieder: Hält der dicht, oder hetzt er uns in Kürze doch ein SS-Jagdkommando auf den Hals? mutmaßte Thiel. Aber man müßte auch Vertrauen investieren können. Außerdem gibt es die Männer an der Gegenstelle des Funkgerätes. Und andere, die hinter ihnen liegen. Und diese Männer haben Waffen. Zum Beispiel Artillerie,

anderen die Maschinenpistole aus der Hand. »Zurücktreten! Aber Tempo, Messieurs.«

Thiel stieß die Mündung gegen das braune Sportjackett und dann gegen den Overall, hob seine Maschinenpistole auf, hängte sie sich über die linke Schulter. Die Spannung kribbelte im Hinterkopf. Wenn sie tollkühn waren, und das war anzunehmen, konnte er die Situation nicht meistern. Dann floß unnötig Blut. Er wußte, daß hinter ihren Stirnen jetzt abenteuerliche Gedanken wirbelten.

Langsam drehte er die englische MPi um, hielt dem Mann mit der Baskenmütze den Kolben hin. »Nimm sie dir!«

Der traute dem Frieden nicht. Sein Auge ging zwischen den Waffen hin und her, er dachte: Fasse ich zu, geht die Pistole los.

Thiel drückte den Sicherungsflügel zurück und steckte Rohrbecks Abschiedsgeschenk wieder in die Hosentasche. »Meine Maschinenpistole lasse ich euch zum Andenken. Ich brauche sie nicht mehr – aber ihr.«

Der Franzose nahm die beiden Waffen, ließ sie sinken.

Thiel reichte dem Mann im blauen Pullover noch drei volle Magazine. Der holte aus seiner rechten Hosentasche eine Nullacht, verstaute die Magazine an dereń Stelle.

»Die Konspiration hat ihre Grundregeln. Kann ich mir durchaus vorstellen«, meinte der Leutnant leichthin.

Sie schwiegen zu der Behauptung *Konspiration*. Dann räusperte sich der mit der Nullacht. »Sie verhielten sich fair, als Sie uns in der Hand hatten. Wir wissen nicht, aus welchem Grund. Wir werden ebenso fair sein.«

In Thiel machte sich Enttäuschung breit, er dachte: Sie haben nicht die Arme ausgebreitet. Nur ein Akt der Anständigkeit. So ohne weiteres gelangt man nicht in diesen Ring, die Sicherheit steht über allem. »Habt ihr noch einen Schluck?« Jetzt war er mit einemmal wieder unendlich müde.

Der Bärtige hielt die Flasche in der Hand. Sie ging reihum. Jeder lächelte und dachte an die möglichen Konsequenzen der nächsten Stunde.

»Und warum bleiben Sie nicht bei uns?« fragte der Jüngere unvermittelt.

Da schob sich ein Stiefel auf die Schulterstütze. »Liegenlassen!« Beides war unmißverständlich.

»Oh, der Herr spricht deutsch. Das vereinfacht den Fall. Sie gehört einstweilen noch mir, ist in meinem Soldbuch eingetragen.«

Die Mündung des englischen Modells hob sich.

»Ihr seid mir schöne Kavaliere! Ich hätte euch beim Buddeln abknallen können, kein Hahn hätte danach gekräht.«

»Sie könnten es immer noch. Wer garantiert uns?«

Thiel entschloß sich, die Taktik zu ändern. »Habt ihr nicht was zu trinken?«

Die beiden blickten sich an, waren offensichtlich überrascht, redeten sehr schnell. Täuschte sich Thiel, oder hatte er das Wort *Denise* gehört? Der im Pullover ging etwas unsicher zum Unterstand.

Die legen mich um, dachte der Leutnant. Und zwar mit Höflichkeit. Vorher noch ein Schnäpschen in Ehren. Merde!

»Auch wenn wir Ihnen die Waffe abnähmen, in zehn Minuten kann die SS hiersein. Alors!«

Thiel überlegte: Die Franzosen hatten bestimmt das Artilleriefeuer auf die Schlucht geleitet. Nach irgendeiner Landkriegskonvention war das Zivilisten verboten, zog standrechtliche Erschießung nach sich. Aber wer *hier* erschossen würde, waren vermutlich nicht die Partisanen. Es gab noch eine Variante: Gefangenschaft. Aber er war und blieb Mitwisser.

Der Ausgegrabene kam mit einer Zweiliterflasche aus dem Unterstand, nahm einen langen Schluck, reichte die Flasche achselzuckend dem Leutnant, als wollte er sagen: Siehst du, vergiftet ist der Tropfen nicht.

Der Calvados roch gut. »À votre santé!« Wie das im Hals brannte. Machte manches leichter. Wo war der Ausweg?

Der mit der Baskenmütze kam nun an die Reihe, setzte die Flasche an den Mund und ließ die MPi langsam sinken.

Etwas Flüssigkeit war dem Leutnant über das Kinn getröpfelt. Er suchte nach seinem Taschentuch und fühlte dabei Rohrbecks Pistole, spürte, daß sein Gesicht ganz heiß wurde. Er entsicherte und zog sie heraus. »Hände hoch!« Mit einem Ruck riß er dem

und keine Splitter – da hätte das Ausgraben kaum gelohnt. Warum der Gerettete so entsetzte Augen macht? Der Schock offenbar. Mein stoppeliges verschwitztes Gesicht wird ihm nicht vertrauenerweckend vorkommen. Die Schulterstücke? Er dürfte in den Besatzungsjahren mehr Gold und Silber gesehen haben.

Als der Mann sich auf die Ellenbogen stützte, glaubte Thiel sich einen Augenblick lang zu täuschen – aber er kannte auch ihn. Es war der jüngere der beiden von dem Karren. Es drängte ihn, nach Denise zu fragen, aber er beherrschte sich; man durfte sich da nicht hineindrängen, es könnte für Denise gefährlich sein. Zum zweitenmal ein Zufall, und vielleicht würde heute das letzte Band zu Denise durchtrennt. Er war traurig und zugleich fröhlich wegen des geretteten Lebens. Flüchtig klopfte er den Sand von der Reithose, da sah er die Mündung einer Maschinenpistole vor sich. Ein englisches Fabrikat, an den groben Schweißnähten erkennbar. Der mit der Baskenmütze hielt sie am senkrecht eingesteckten Magazin, Finger am Abzug, den Lauf ein wenig geneigt. Thiel war verblüfft und fragte sich, woher die Waffe so plötzlich komme.

Der Bärtige stand neben Thiels Maschinenpistole am Trichterrand, sagte ebenfalls kein Wort. Unten im Grund riefen sie nach Sanitätern. Jetzt rappelte sich der im blauen Pullover auf, griff nochmals in den Sand: ein olivfarbenes Funkgerät, nicht größer als eine Steinhägerflasche, mit Stabantenne. Zwischen den Bäumen war ein kleiner, flüchtig gegrabener Unterstand, davor eine Art Splittergraben. Der Brocken hatte unmittelbar daneben eingeschlagen.

Da bist du aber in eine obskure Sache geraten, sagte sich Thiel. Angehörige einer Widerstandsgruppe, damals bei Amayé und jetzt hier. Kennen das Gelände vermutlich wie ihre Westentasche. Wirken als vorgeschobene Beobachter der Sperrdivision, deswegen die saubere Lage der Einschläge in der Schlucht. Nur einer ist hier oben zu kurz gegangen. Kommt vor, daß es aufs eigene Haupt geht, wenn man zu dicht dabei ist. Die Confrères wurden von mir in eine dumme Lage gebracht. Aber immerhin, ich habe ihnen geholfen, und sie... Wollen doch mal sehen, ob einer was dagegen hat, wenn ich meine Maschinenpistole...

den Hals, dachte der Leutnant, nahm seine Maschinenpistole in die Hüfte, machte ein paar Sätze und stand neben ihnen.

Sie sahen ihn ungläubig an, typische Franzosen. Der eine, im lockeren Overall, wie ihn die Entenjäger tragen, die Hose leicht ausgefranst, das Gesicht gekennzeichnet von einem beachtlichen schwarzen Schnurrbart, der nicht unelegant beiderseits der Mundwinkel herabhing. Der andere mit Baskenmütze und verblaßtem Sportjackett, das früher vielleicht tabakfarben war.

Verschlossene Gesichter, sagte sich Thiel. Besser: entschlossene. Er stutzte: Diesen Bart und diese kraftvollen Hände hatte er schon gesehen. Natürlich, der Mann vor dem Karren, hinter dem Denise ging!

Plötzlich bemerkte Thiel einen Schuh und ein Hosenbein im Sand neben dem Granattrichter. Hier war keine Zeit zu verlieren. Er sprang auf den weichen Boden. Die Maschinenpistole flog auf den Trichterrand, unwichtig jetzt. Er wühlte mit Händen und Füßen.

Ein Bein wurde freigelegt. Schneller. Die beiden neben ihm keuchten. Das zweite Bein, Oberschenkel, Hüfte. Ein dunkelblauer Pullover. Es dauerte kaum länger als eine Minute. Eine erschlaffte Gestalt, sie rührte sich nicht. Der mit der Baskenmütze hielt einen Taschenspiegel vor den Mund des Reglosen, sprang dann auf mit freudigem Ausdruck im Gesicht. Thiel rollte den Mann auf den Rücken, begann Wiederbelebungsübungen: Die Arme über den Kopf nach rückwärts, dann vorn auf der Brust zusammendrücken. Wieder zurück und drücken. Und wieder und wieder. Kopf an den dunkelblauen Pullover und horchen. Die harte Wolle raschelte am Ohr. Herzschlag kaum hörbar. Hoffentlich schaffen wir es noch! Die Seinen sollen glücklich sein und dankbar. Dankbar? Jeder von uns hat verdammt viel gutzumachen, auch wenn er nicht mit eigener Hand zerstört und getötet hat, dachte Thiel und bewegte im Rhythmus einer Maschine die Arme des Verschütteten.

Die Franzosen schauten schweigend zu. Jetzt schlug der Bewußtlose die Augen auf. Sein Blick wurde fest. Er sah den deutschen Leutnant neben seinen Kameraden.

Thiel dachte, der hat aber Glück gehabt, daß es nur Sand war

Der Generalität keinen Zentimeter weiter folgen. Den Altdörfers nicht mehr folgen, weil sie Verbrecher sind. Wie verträgt sich vorsätzlicher Mord mit Traditionsunterricht, Soldatengeist, Fahneneid, Herr Altdörfer? Fahneneid – eine gute Lektion war das, Fahrenkrog.

Ich habe nicht einmal Rohrbecks Erkennungsmarke gebrochen und eine Hälfte mitgenommen. Das wird der Sani inzwischen besorgt haben. Und die Angehörigen? Ich mache mir Vorwürfe, daß ich versäumt habe, die Papiere einzustecken. Hätte ich für Martina nicht die Uhr mitnehmen sollen? Armes Mädel, wie muß es in ihr aussehen, wenn sie seinen Brief liest; falls ich nicht selbst draufgehe samt dem Brief. Aber – ist es eine Lösung, wieder mal aus dem Schlamassel zu kommen, wenn man nicht weiß *wofür?* Ich bin *gegen* etwas, aber ich bin nicht *für* etwas anderes, Besseres. Fahrenkrog hat den Weg gewiesen. Er ist alles andere als einfach.

Thiel stürmte zum Gegenhang, Bruchteile von Sekunden vor dem Feuerüberfall auf die Schlucht. Nur weg von hier, den Hang hinauf, dachte er. Totentanz der Splitter. Wie würzig die Walderde dampft. Stacheln und Dornen reißen die Hände auf. Ein Sprung nach links, und wieder höher, dort hat die Vernichtung vielleicht eine Lücke. Alle Reaktionen sind nur animalisch: flach an den Boden, hinter jenen Baumstumpf, in die Erde.

Die Aufschlagzünder gingen meist schon in den Kronen der Buchen auseinander. Nur langsam ließ das Feuer nach. Von oben betrachtet, schien das Unheil weniger gewalttätig.

Kopf hoch. Guten Tag, liebes Leben! Ich könnte liegenbleiben und schlafen, schlafen. Ein verdammt guter Psychologe, dieser Fahrenkrog. Ohne mit der Wimper zu zucken, hat er sich zu seiner Sache bekannt. Und wenn er an den Falschen gekommen wäre? Ich bin gewiß, daß er auch darauf vorbereitet ist.

Eine Bewegung zwischen den Bäumen fesselte Thiels Aufmerksamkeit. Zwei Zivilisten tauchten hinter Stämmen und tiefhängenden Ästen auf, gruben mit den Händen eilig ein Loch. Thiel kroch langsam näher, sah einen Granattrichter, der gelben Sand freigelegt hatte. Die beiden blickten nicht auf.

Wenn ich jetzt kehrt mache, kommen sie mir vielleicht über

»Echte Freunde unseres Volkes sind Deutsche, die sowohl mit den Soldaten der Roten Armee wie mit Patrioten der französischen Résistance gegen den Faschismus kämpfen. Wer *Deserteur* schreit, beweist lediglich, daß er nach wie vor auf seiten Hitlers steht.«

»Also raten Sie mir, mit meiner Einheit nicht weiterzukämpfen, wie Sie wahrscheinlich bereits anderen rieten?«

»Haben Sie nicht Lust, mit mir zu fahren, Herr Leutnant?«

Thiel überlegte, wog lange ab. »Ich muß jemand suchen.«

Fahrenkrog sah Thiel prüfend in die Augen. »Schade. Aber Sie werden schwerwiegende Gründe haben. Ich wünsche Erfolg beim Finden des Kameraden.«

»Es ist kein Kamerad. Sagten Sie nicht, daß alle Kriegsverbrecher zur Verantwortung gezogen werden müßten?« antwortete Thiel leise.

»Machen Sie mir wenigstens die Freude eines Abschiedstrunks?« Wir müssen uns leider trennen, dachte Fahrenkrog, denn mit dem Stab Haussers zusammen gelange ich garantiert aus dem Kessel.

Die Aluminiumflasche fühlte sich klebrig an wie immer seit ihrer Erfindung.

»Ich darf mir gestatten, auf unsere gemeinsame Befreiung zu trinken, Herr Leutnant.« Der Obergefreite nahm einen kleinen Schluck mit angedeuteter Verbeugung und kurzem Ruhepunkt am dritten Knopf von oben, er parodierte die Kasino-Etikette mit jedem Wort und jeder Geste.

»Beim nächsten Wiedersehen werden wir die Geschichte unserer Familien austauschen. Mach's gut!«

Der Wagen hoppelte davon, verlor sich langsam in den sanften Windungen der Schlucht. Thiel winkte ins Leere.

Ein feiner Kumpel. Die Knochen sind jetzt noch müder. Die Augen fallen zu. Woher kommt eigentlich dieser leichte Verwesungsgeruch? Wie tief der Calvados hinabzieht. So tief... Mensch, bin ich kaputt, dachte Thiel. Hat alles nicht gelohnt, was ich an Soldatenspielen gelernt habe. Die eingestellte Marschzahl am politischen Kompaß ist offensichtlich falsch gewesen. Ob man das jetzt noch ändern kann? Fahrenkrog sieht klar:

weiterleiteten. Seit dem Fall von Falaise war jede Verbindung abgerissen. Aber er kannte seinen neuen Anlaufpunkt: Rouen. Thiel schwieg noch immer. Einer mit stärkeren Nerven, als ich sie jemals hatte, dieser erstaunliche Landser, dachte er.

»Wer weiter aus Furcht oder blindem Gehorsam mit Hitler geht, ist feige und hilft Deutschland in die nationale Katastrophe treiben. Auch das steht in dem Manifest.«

»Ich habe einen Eid geschworen wie jeder deutsche Soldat«, sagte Thiel und blickte Fahrenkrog forschend an. »Das stürzt Millionen in einen Gewissenskonflikt.«

»Kann der Eid, mit dem sich ein verbrecherisches System unter falschem Vorwand Gutgläubige, Lakaien und Handlanger gesichert hat, mehr wert sein als die nationale Pflicht, zum Wohle seines Vaterlandes zu wirken?«

»Und Sie meinen, daß Ihr Nationalkomitee Offizieren und Soldaten eine Möglichkeit zur Lösung dieses Konflikts gewiesen hat?« Thiel war gespannt, er erwartete eine Bestätigung.

»Ich bin ganz sicher«, sagte Fahrenkrog leidenschaftlich. »Es gibt ja in unserer Geschichte ein Beispiel.«

»Und das wäre?«

»Vielleicht hat Ihr Lehrer vergessen zu erwähnen, was Ernst Moritz Arndt den unter Napoleon kämpfenden Soldaten zurief: ‚Wenn Fürsten also tun und gebieten, was gegen das Vaterland ist, oder wenn sie sich gebärden, als wollten sie solches tun, so sind die Untertanen von ihrem Eid erlöst... Das ist deutsche Soldatenehre.'«

»Das kannte ich nicht«, sagte der Leutnant nachdenklich. »Aber sind die meisten Soldaten nicht ehrlich überzeugt, gegen die Feinde des deutschen Volkes zu kämpfen?«

»Die Feinde, das sind nicht die auf der anderen Seite der HKL, die Völker der Antihitlerkoalition, sondern sie stehen vor allem in den eigenen Reihen. Das sind die großen Konzerne, ob sie Krupp, Rheinmetall, Thyssen oder IG Farben heißen. Das sind die Bankgewaltigen Hjalmar Schacht, Abs oder Baron von Schröder. Das sind die Befehlshaber...«

»Ich schätze, daß diese *Feinde* Sie und Ihresgleichen als Deserteure bezeichnen werden, Fahrenkrog.«

»Sie sagten: Kampf um ein freies Deutschland?«

»Ja. Die Weiterführung des Krieges könnte das Ende der Nation bedeuten.«

»Ist es möglich, daß ich diese Gedankengänge schon einmal gehört habe, Fahrenkrog? Im Radio vielleicht?«

»Falls Sie gelegentlich Moskau einstellen, Herr Leutnant.«

»Ich entsinne mich, im vergangenen Jahr von der Gründung eines Nationalkomitees ‚Freies Deutschland' gehört zu haben.«

»Man hat das Manifest des Komitees an die Wehrmacht und an das deutsche Volk oft verlesen.«

»Jetzt weiß ich auch, was mich instinktiv daran gehindert hat, danach zu fragen, mit welchem Auftrag Sie eigentlich unterwegs sind.« Thiel dachte eine Weile nach. »Ein gefährliches Unternehmen, Fahrenkrog.«

»Wenn es um unser Vaterland geht, müßte doch jeder, dem es Ernst ist, Mut aufbringen.«

Fahrenkrog war seit seinem Untertauchen vielfach gezwungen worden, Mut aufzubringen. Jedes politisch aufklärende Gespräch mit Landsern über den Charakter des Krieges und die Notwendigkeit, ihn schnellstens zu beenden, brachte Gefahr. Die wachsende Nervosität bei den deutschen Truppenteilen im Raum Paris, die Angst vor einem plötzlichen Marschbefehl Richtung Küste, nachdem sich der Erfolg der Landung klar abzeichnete, förderte die Aufnahmebereitschaft für Argumente, die am Kriegsverlauf ebensowenig Zweifel ließen wie an dem persönlichen Schicksal jedes Uniformträgers. Im August bereitete Fahrenkrogs Gruppe Aufrufe an die Soldaten im engeren Bereich der Hauptstadt vor, die Waffen zu strecken, sobald die Kampfhandlungen sich auf die Seine zu bewegen würden.

Als sich die große Umklammerung zwischen Argentan und Falaise abzeichnete, erhielten Fritz Fahrenkrog und einige andere Frontbeauftragte Weisung, sich unverzüglich in die Normandie zu begeben. Er hatte lupenreine Papiere, und in dem sandfarbenen Volkswagen, der nicht mehr die Reise zu Rommels Afrikakorps antreten mußte, waren weitere Ausweise für andere Bedarfsfälle zweckmäßig untergebracht. Er prägte sich Namen und Anschriften derer ein, die seine Meldungen nach Paris

können wir nicht weiter, weil sie bei Licht jeden Zentimeter Gelände einsehen und bestreichen.«

»Na also, General Hausser ist das nächtliche Sesam-öffne-dich. Unterstellen wir uns ihm.«

»Was versprechen Sie sich davon, Herr Leutnant?«

»Einer muß schließlich den Haufen hier führen.«

»Und führen, wohin du nicht willst – sagt die Bibel.«

»Jeder will aus diesem Sack geführt werden, nach dem bewährten Motto: Heim ins Reich!«

»Jeder? Vielleicht meint mancher: Bis hierher und nicht weiter?« sagte der Obergefreite, und es klang ganz harmlos.

»Soll ich das so verstehen: Mancher hat das Umhersausen im Kessel satt, ihm tun die Füße weh, er will nicht mehr – oder?«

»Könnte mir vorstellen, Herr Leutnant, daß viele, mehr, als es den Anschein hat, die Nase gestrichen voll haben. C'est la guerre, sagen die Franzosen, nicht wahr?«

»Lassen Sie das lieber nicht jeden hören, Fahrenkrog. Ein Mensch ohne Kopf ist zeitlebens ein Krüppel.«

»Ich sprach zu Ihnen, nicht zu jedem.«

»Danke für die Bevorzugung.«

»Haben Sie vielleicht auch schon mal gedacht, daß der Krieg verloren sein könnte, Herr Leutnant?«

Thiel nickte kaum wahrnehmbar.

»Meinen Sie, daß wir uns von den Niederlagen im Osten jemals erholen könnten? Jetzt das hier. Und Italien. Der Zusammenbruch naht mit Riesenschritten.«

»Und weiter?« fragte Thiel leise.

»Unsere Heimat ist praktisch seit langem Kriegsgebiet. Die Luftangriffe vernichten Land und Bevölkerung. Ein ungeheurer Haß ist gegen Deutschland vereint. Darf sich das Volk weiterhin ins Verderben führen lassen? Dadurch wird es nicht nur schwächer, sondern auch immer schuldiger. Jeder muß um ein freies Deutschland kämpfen. Wir müssen alles beseitigen an Zwang, was gegen unser eigenes Volk wie gegen die Angehörigen anderer Völker gerichtet ist. Wir brauchen so schnell wie möglich Frieden. Alle Kriegsverbrecher müssen sofort zur Verantwortung gezogen werden.«

»Hat bestimmt einige Ottos von der SS unter seinen Stahlblechen«, meinte Thiel.

»Soll ich mal nachsehen, was los ist, Herr Leutnant?«

»Geben Sie die Karte her und bleiben Sie am Lenkrad.«

Auf dem Berg waren die Umrisse fremder Kampfwagen erkennbar. Höchstens zweieinhalbtausend Meter entfernt. Er blickte in die Karte: das mußte die Höhe sein.

Der Tiger feuerte drei Granaten in schneller Folge. Oben eine matte Stichflamme, dann wuchs der blakende Qualmklumpen, krümmte sich im Wind. Jetzt schossen mehrere Tanks von der Kuppe, trafen aber nur die aufgewirbelte Staubwolke. Der Motor drehte volle Touren. Quietschend zogen die Gleisketten Richtung Höhe an.

Die Panzergruppe mit dem Befehlswagen fuhr an, Fahrenkrog folgte. Die Höhe 192 war breiter, als es von weitem aussah. Die Straße führte halbrechts daran vorbei. Unmittelbar an der Sohle des Berges stand ein Einweiser der SS, winkte die Fahrzeuge in einen sich nach links ziehenden bewaldeten Geländeeinschnitt. Soldaten aller Gattungen waren in der Schlucht untergekrochen. Eine Aufklärungsabteilung der Waffen-SS mit Schützenpanzern, Pak und schweren vierachsigen Spähwagen weit auseinandergezogen. Die Männer gruben Deckungslöcher.

Gegen St. Lambert war die Straße nun durch Artilleriefeuer gesperrt, niemand kam mehr durch.

Ein wenig verschnaufen. Die erste Zigarette heute, Ringe blasen wie Stabszahlmeister Sommerfeld, hinterherträumen, dachte der Leutnant.

Fahrenkrog war eine Weile unterwegs gewesen, legte sich jetzt neben Thiel unter die mächtige Kiefer. »Die SS hat aufgeklärt. Wenn es dunkel ist, wollen sie ausbrechen.«

»Woher die Weisheit, Herr Obergefreiter?«

»In dem SPW war übrigens Obergruppenführer Hausser.«

»Meine Hochachtung. Und was hat er Ihnen berichtet?«

Fahrenkrog lächelte. Seinem Gesicht nach zu urteilen, schien er nicht viel von der SS zu halten. »Vor uns sperrt eine alliierte Division beiderseits der Höhe hundertzweiundneunzig. Soll aber an ihrer westlichen Grenze keinen Anschluß haben. Im Moment

hinterließen eine blutige Spur. Überall jammerten Verwundete, Sterbende stöhnten.

Warum verhandelt Dwight D. Eisenhower nicht über eine Kapitulation und stellt das Gemetzel ein? dachte Thiel. Selbst der Soldatensender Calais berichtete davon, daß ein Generalleutnant Vincenz Müller nach Einkesselung größerer Teile der Heeresgruppe Mitte bei Minsk Befehl erteilt hat, den Widerstand aufzugeben. Allerdings hätten die Russen zur Kapitulation aufgefordert und für vierundzwanzig Stunden die Waffen ruhen lassen. Sie garantierten ehrenvolle Behandlung sowie Versorgung der Verwundeten. Zehntausenden wurde so das Leben gerettet, während hier Zehntausende sinnlos vor die Hunde gehen.

Hinter ihnen kam ein Tiger, aufgeschlossen ein Schützenpanzerwagen und drei Jagdpanther. Die im Turmluk Stehenden trugen ein Ärmelband: Das Reich.

»Los, ran! Das sind goldrichtige Schrittmacher für uns. Versuchen Sie den Wagen aus der Kolonne zu fädeln.«

»Jawoll, ausfädeln. Sind goldrichtige Schrittmacher!«

»Schon wegen dieses Reaktionsvermögens müßten Sie wenigstens Korporal sein«, sagte Thiel anerkennend.

»Vielen Dank für die Blumen, Herr Leutnant. Von sonstigen Qualifikationen halten Sie wohl nichts?«

»Passen Sie lieber auf die Karre auf!«

»Ja, man muß wirklich auf die Karre aufpassen, damit sie nicht im Dreck landet.«

Alles ist doppeldeutig, wenn dieser Fahrenkrog den Mund aufmacht, dachte Thiel.

Sie fuhren dicht hinter dem glühenden Auspuff des letzten Panthers. Gebäude tauchten nur noch spärlich auf. Von allen Seiten krochen die Hecken wieder heran. Die Panzer überholten die vordersten Fahrzeuge der Kolonne. Ein grauer Wurm blieb zurück. Es ging zügig weiter von Minute zu Minute. Nichts mehr vor ihnen.

Der Panther schaltete, eine Funkenfontäne, wurde langsamer, hielt. Der Schützenpanzerwagen scherte rechts aus, glitt hinter einer halbzerfallenen Feldscheune in Sichtdeckung.

von Ludwig Eiselt und der Erbärmlichkeit Altdörfers zu erzählen. Der Obergefreite unterbrach nicht, fragte nichts.

Wie alt mag dieser Fahrenkrog sein? fragte sich Thiel. Schlecht zu sagen. Ende Dreißig bestimmt. Kluges Gesicht, blaß. Offenbar sportlich trainiert. Kräftige Hände. Nach der Uniform zu urteilen, sitzt er bei einem Stab. Warum man ihn allein und mit dieser Karre ins Gelände katapultiert hat? Und seine Einstellung? Gehört er zu den Durchhaltestrategen, die um jeden Preis weiterkämpfen wollen? Parteimann? Was ist er für einer? Ein Spötter? Spott an sich gibt es nicht, er entspricht immer einer persönlichen Haltung. Ein sympathischer Bursche auf jeden Fall. Habe ich ihm soviel erzählt, nur weil er mir sympathisch ist? Es bestand doch gar keine Veranlassung. Es könnte höchstens uns beiden Unerfreuliches einbringen. Der Krieg weht gelegentlich Menschen zusammen, die sich etwas zu sagen hätten, läßt ihnen jedoch kaum Zeit, die Übereinstimmung ihrer Gedanken festzustellen, fegt sie auseinander...

»Los, halbrechts!«

Fahrenkrog riß den Wagen zur Seite, fuhr schleudernd in den ziemlich überwachsenen Feldweg, der spitz nach Süden auf eine andere Straße führte. Dort zogen Fahrzeuge in ununterbrochenem Strom vorüber, verschwanden hinter Hecken. Viele Augen hingen am Himmel: Wann stößt der nächste Jabo herab?

Jetzt hatten sie Anschluß an eine zusammengewürfelte Kolonne. Sofort hängten sich verschiedene an, sogar Kübelwagen der Kriegsmarine. Die Fische sind auf dem Trockenen, dachte der Leutnant, sind Kriechtiere geworden. Schrittempo.

Der Boden stieg auf beiden Seiten wallartig an, wurde schließlich zum Hohlweg. Es war unmöglich, in mehreren Spuren nebeneinander zu fahren. Noch nie hatte diese Landstraße dritter Ordnung so einen Verkehr erlebt, alles drängte einem unsichtbaren Ziel zu. Plötzlich wurden die Räder ganz an den Rand gezwungen. Zwei Panzer überholten die Kolonne, schoben Autos, Protzen und Sanitätsfahrzeuge rücksichtslos zur Seite. Holz splitterte, Blech schrillte. Die Panzer zogen mit brüllenden Motoren weiter. Wo ihre schweren Raupen den Graben faßten, walzten sie über Fahrzeugtrümmer und Leiber,

ZWEIUNDZWANZIGSTES KAPITEL

Es hat trotz der gegebenen Umstände gar nicht so lange gedauert, wenn ich mir die Bemerkung erlauben darf, Herr Leutnant!« Der Obergefreite Fahrenkrog saß hinter dem Lenkrad, als wäre er eben auf einem Parkplatz angekommen, hätte eine angenehme Stunde in der Sonne verbracht und nicht unter Beschuß und erheblicher Nervenanspannung gewartet. Nach dem Abzug der Panzer schien er der einzige Mensch in dem zerstörten Ort zu sein.

»Donnerwetter, schon nach ein Uhr!« Weshalb dieser seltsame Zeitgenosse hiergeblieben ist? fragte sich Thiel. Hofft er, mit einem Offizier, aber frei von den Hemmnissen eines Pulks, sicherer durch die Linien zu schlüpfen?

Fahrenkrog hatte die gleiche Frage an sich gerichtet und lange über die Situation und die erforderlichen Entscheidungen nachgedacht. Als Panzer und Pkw abrückten und jede Bewegung im Ort erstarb, war ihm der Schweiß in Strömen geflossen – vor Spannung und bezwungener Angst. Sein Auftrag lautete: So nachhaltig wie möglich die Kampfbereitschaft deutscher Verbände mindern, damit der sinnlose Widerstand aufgegeben und ebenso sinnloses Blutvergießen vermieden wird. Deshalb mußte er vor allem dort ansetzen, wo ein Maximum an Wirkung erzielt werden konnte. Jetzt waren die Landser im Kessel dem Wahnsinn nahe, dachten nur an Entkommen und Überleben. Für ihn bestand somit die Pflicht, selbst aus der Einkreisung zu gelangen, um in anderen Verbänden politisch aufklären zu können. Die Begegnung mit dem energischen Leutnant Thiel, zu dem er sofort Kontakt fand, sah er als Möglichkeit, schnell und gegen die Kettenhunde gedeckt weiterzukommen, anstatt anonym in irgendeiner irregulären Kolonne erschwerenden und gefährlichen Zufälligkeiten ausgesetzt zu sein.

»Ich fürchtete schon, daß Herr Leutnant sich entschlossen hätten, etwas versäumen zu wollen.«

Die geländegängigen Reifenprofile wirbelten Staub auf.

Thiel begann zu reden. Er wußte nicht, was ihn veranlaßte, einem unbekannten Landser von seinem toten Freund Rohrbeck,

Münchhof startete den Volkswagen und blickte seinen Batteriechef von der Seite an.

Sie folgten einem ausgefahrenen Weg, der zum Dorf Aubry führte. In einem langgestreckten Park um das Château hatten sich flüchtende Soldaten verkrochen. Der weithin sichtbare Rundturm aus dem frühen Mittelalter war vollgestopft mit Verwundeten und Wartenden.

Münchhof steuerte den Wagen hinter eine halbzerschossene Remise.

»Sieh mal dort!« Klasen zeigte nach Südosten zur höher gelegenen Straße von le Bourg St. Léonard nach Chambois. Darauf fuhren ungestört alliierte Schützenpanzer und Spähwagen hin und her, hell von der Sonne beschienen. Sie sicherten den Kessel.

»Ganz schön schon«, sagte Lindemann und steckte sich eine Zigarette an.

»Gib mal den Feldstecher!«

Münchhof reichte Gengenbach das Doppelglas.

»Wenn man sich Mühe gäbe, könnte man ihre taktischen Zeichen ausmachen.« Er drehte das Fernglas langsam nach rechts. Aus dem Waldgürtel am Rand der Höhe 192 quoll grauer Rauch massierten Artilleriefeuers langsam zur Sonne empor.

Auf dem Rasen des freien Platzes vor dem Schloß legten Sanitäter weiße Laken und eine Rotkreuzfahne aus, für jedes Flugzeug deutlich erkennbar. Der Mittelteil des Herrensitzes wurde als Lazarett eingerichtet.

»Ihr drei werdet in dem dicken Turm eine längere Pause machen«, ordnete Gengenbach an. »Ich sehe mir mal das Gelände zwischen der Höhe und Chambois auf seine Durchlässigkeit hin an. Es ist jetzt ein Uhr. In spätestens drei Stunden bin ich wieder hier.«

Um die Fahne mit dem Roten Kreuz detonierten Granaten. Ein Arzt rannte zu einem im Park stehenden Funkwagen, redete heftig auf den Oberfeldwebel ein. Der begann unverschlüsselt zu funken: »Achtung! Achtung! Château d'Aubry als Lazarett eingerichtet. Überfüllt mit Schwerverwundeten. Feuer einstellen!« Ohne Pause gingen seine Rufe in den Äther.

Das Artilleriefeuer wurde von Stunde zu Stunde heftiger.

nebeneinander an der Wand, die der Hang deckte, Seegras und Daunen über sich gereckt.

Gengenbach blickte von einem zum anderen, warf das Matratzenstück in die Ecke. »Soweit ist es schon gekommen. Zerfledderte Kissen benutzen wir, um uns gegen das Unheil zu wehren.« Er schüttelte den Kopf. »Aber gegen die Urheber des Unheils haben wir uns nie gewehrt, da hielten wir die Schnauze. Jedesmal, wenn Mitmachen befohlen wurde, sagten wir: Jawoll! Jawoll, Herr Oberstleutnant Meusel! Jawoll, Herr General Krusemark! Dann kamen die Generalobersten und Generalfeldmarschälle, die Dollmann und Eberbach und Rommel und Rundstedt und Kluge und Model! Und die haben ebenfalls Jawoll! gesagt und nach oben geschielt zu dem Gott, zu dem einzigartigen, von der Vorsehung Erwählten, der sich immer vorgesehen hat und nie Zeit hatte, sich mal vorn umzusehen. Wir haben die Soldatentreue höchst einseitig aufgefaßt.«

»Mit allem einverstanden. Sogar mit der Treue«, sagte Klasen und schoß wie ein Fußballstürmer seine Sofakissen gegen die Wand. »Und Seehase? Treue? Im letzten Moment die Nerven durchgegangen, bis er ebenfalls durchging?«

»Ein Mann wie Seehase haut nicht ab. Zumindest nicht aus Angst«, sagte Wachtmeister Lindemann bestimmt.

»Meinen Sie, Seehase hat längst erkannt, daß er uns Offizieren keine Treue mehr schuldet?«

»Ich bin sicher, daß er uns die Treue hält.«

»Weil er in uns Gleichdenkende vermutet?« Es war nicht recht erkennbar, ob Klasen damit eine vage Zustimmung oder eine klare Distanzierung zum Ausdruck bringen wollte.

»Er war nicht am befohlenen Platz, damit wird alles andere hypothetisch«, schloß Gengenbach das Thema ab und fuhr fort: »Bewegen wir uns ein bißchen weg vom Lauf der Dives. Wir kommen ohnehin erst nachts durch.«

Klasen lächelte. »So lasset uns denn, Kameraden, bis zur letzten Patrone, bis zum letzten Mann kämpfen. Irgendwann wird uns der Sinn unseres schicksalhaften Ringens schon klarwerden.«

»Klar wie Kloßbrühe«, murmelte Lindemann.

manchmal zu scherzen: Am sechsundsiebzigsten Tag hoben die letzten damals in den Ruinen die Hände. Aber wir haben nichts daraus gelernt.« In Gengenbachs Stimme war Bitterkeit. Plötzlich zuckte er zusammen, drehte sich zu Klasen um. »Wir... ich habe die beiden Geschütze nicht gesprengt.«

»Na und? Meinst du, es wären heute die einzigen?«

»Man wird mir das zur Last legen.«

»Du gestattest, daß ich jetzt lache! Es hätte uns auch nicht zum Nachhausekommen verholfen.«

»Vorhin wolltest du unbedingt schießen, Klasen, jetzt sprichst du bereits vom Nachhausekommen. Allerhand schon, aber noch nicht genug...«

»Braucht alles seine Zeit. Bei mir dauert es ziemlich lange.«

»Da vorn ist eine Höhe. Wäre ein Wunder, wenn die anderen noch nicht draufsäßen«, sagte Gengenbach.

»Höhe hundertzweiundneunzig. Dahinter liegt le Bourg Saint Léonard. Vorgestern stand laut Meusel die hundertsechzehnte Panzerdivision dort.«

»Probieren wir's doch mal da«, meinte Lindemann.

»Ich habe den Eindruck, als wären wir die letzten Mohikaner im Gelände.«

»Weil offenbar keiner Lust hat, bei diesem Artilleriefeuer zu fahren«, sagte Münchhof und versuchte Löchern, Rinnen, Granattrichtern und Trümmern auszuweichen. »Bloß gut, daß solcher Qualm über dem Gelände liegt. Er nimmt den Jabos die Sicht, sonst hätten sie uns längst am Arsch.«

Gengenbach war es, als wüchse die Höhe 192 immer steiler in den Himmel.

Einschläge stiegen plötzlich um sie herum auf. Münchhof raste auf ein allein stehendes Haus zu, das mit der Rückseite in einen flachen Hügel getrieben war. Sie sprangen noch während der Fahrt herunter, rannten durch die halboffene Tür ins Innere. Umgestürzte Möbel, zerstreuter Hausrat, Trümmer. Lindemann riß das Keilkissen aus einem der beiden verschmutzten Betten, hielt es schützend über seinen Kopf. Klasen nahm ein paar bestickte Sofakissen, tat das gleiche. Gengenbach und Münchhof zerrten Matratzenteile heraus. Dann standen sie

Brennen zwischen den Zehen und den klebrig-schmierigen Kragen der Feldbluse: Soeben preschte Brettschneider auf dem Beiwagenkrad über die demolierte Brücke, schaltete, fuhr am Ostufer die zerlöcherte steile Anfahrt hinauf, war aus dem Feuerbereich. Dann kam ein Rudel Kanoniere im Laufschritt, Kräder, Pkw, die letzten Männer. Unmittelbar danach eine Wand aus Stahl, Feuer und Rauch. Abgeriegelt.

Es zischte scharf an Gengenbachs Schädel vorbei. Blitzartig ging er zu Boden. Frohlockte: Unsere sind drüber! Aber wir fünf sind nach wie vor im Kessel. Sechs Stunden war das Loch hier auf. Jetzt ist es endgültig dicht und der Südteil des Dorfes keine zehn Minuten länger zu halten.

Mit ein paar Sprüngen war der Oberleutnant hinter dem Haus, wo er Seehase mit dem Citroën wußte.

Der Platz war leer.

Gengenbach blickte sich verstört um. Rannte zu den nächsten Häusern. Nichts. Enttäuschung machte sich breit: Seehase hat mich im Stich gelassen? Sollte ich mich doch geirrt haben?

Münchhofs Volkswagen sprang an. Wild holpernd kurvte das Fahrzeug durch die Ruinen ins freie Feld, rollte querfeldein im Bogen um Moissy, das in schwarzgelbem Rauch verschwunden war. Die Flur ostwärts Chambois wurde von Shermans zermahlen. Die Straße nach Vimoutiers war der Ernteplatz der Jabos. Thunderbolts und Typhoons stießen unablässig in das Inferno hinein, unterstützt von britischen Lancaster-, Liberator- und Halifax-Bombern sowie amerikanischen B 26. Überall Wracks von Fahrzeugen, Panzern, Geschützen. Leben um Leben verlöschte.

Heldenfriedhöfe, dachte Gengenbach, und seine Mundwinkel zogen sich nach unten, ohne daß er es merkte. Jede Sanitätskompanie führt einen Vorrat an schlichten Holzkreuzen mit sich. Es gehört zum geregelten Lazarettbetrieb, schnell einen ausdehnungsfähigen Soldatenfriedhof anzulegen, um sogar aus Verwesung Heldentum zu machen.

»Das ist die siebente Armee, sechsundsiebzig Tage nach Beginn der Invasion...« Klasen sagte es nüchtern.

»Die sechste blieb in Stalingrad. Die Geschichte beliebt

Seehase kam zu Gengenbach. »Na, wie sieht's aus, Herr Oberleutnant? Möchte den Citroën jerne als Grundkapital in 'n Frieden lenken. Machen Sie mit?«

»Laß erst die anderen heil über das Feld sein, dann kommt unser Auftritt.«

Münchhof fuhr den Volkswagen. Klasen kauerte mit eingezogenem Kopf neben ihm. Lindemann versuchte bei der wilden Schaukelei noch zwei Magazine aufzuladen. Als sie an St. Lambert herankamen, schlug ihnen heftiges Feuer entgegen.

Gengenbach fegte mit Seehase vorbei, sprang aus dem Wagen und schickte den Obergefreiten hinter eine steinerne Scheune. »Warten! Ich komme auf jeden Fall wieder hierher, was auch geschehen mag, kapiert?« Dann wandte er sich an den Führer der Munitionsstaffel: »Brettschneider, Sie bringen den Haufen mit Karacho über die Brücke. Sammelpunkt Goudehard. Abhauen!« Er winkte Klasen, Lindemann und Münchhof zu sich: »Los, Leute, damit sie rauskommen, müssen wir vier noch ein bißchen ballern.«

Sie huschten zwischen den Häusern hindurch. Die Kanadier hatten jetzt das Artilleriefeuer so dicht an sich herangezogen, daß es fast auf den eigenen Standort ging. Die Bewegung kam eine Weile zum Erliegen. Dann griffen sie an, wollten zur Brücke.

Hoffentlich kommen meine Männer durch, nur deswegen kämpfe ich hier, dachte Gengenbach und feuerte hinter einem steinernen Zaunpfeiler hervor. Münchhof lud die Magazine der MPi auf. Klasen lag neben ihm und hoffte inständig, nicht wieder so zugerichtet zu werden wie damals im Osten.

Rechts und links bröckelte das Feldgrau ab, schrittweise gingen die letzten zurück. Die Kanadier drückten ungestüm nach beiderseits der Dorfstraße, am Steilhang und im Ufergrund unmittelbar neben dem Fluß. Hier und da wurden Arme in die Höhe genommen.

Die Brücke kam im Qualm der Detonationen in Sicht. Immer öfter wandte Gengenbach sich voller Unruhe um, schoß auf die hartnäckig nachdrängenden Kanadier. Blickte erneut zur Brücke. Hielt plötzlich den Atem an, vergaß Deckung und Kampf und den sengend heißen Lauf der Maschinenpistole, vergaß das

Verbände rücksichtslos in die Pfanne haut – anschließend wird im OKW-Bericht seine überragende Tapferkeit gelobt. Und ich soll am Westrand von Saint Lambert in Stellung gehen? Gegen wen soll ich schießen, um dieses Loch aus dem Kessel offenzuhalten? Unsere Spritzen haben noch keinen Sporn auf der Erde, da sind sie schon zerfetzt, von den Bedienungen zu schweigen! Ich stehe genau an der Stelle, wo der Kommandeur mich erwarten müßte. Kein Altdörfer hier. Kümmert sich einen Scheißdreck um jene, die er führen soll.

Und was ist mit Thiel und Rohrbeck? Ob ihnen etwas passiert ist? Und wenn auch sie mich kaltschnäuzig im Stich ließen?

Gengenbach spuckte aus. Dann arbeitete er sich mit Lindemann sprungweise wieder zurück und befahl: »Geschütze und Gefechtsfahrzeuge stehenlassen. Funkgeräte zerstören. Maschinenpistolen und Karabiner aufnehmen. Folgen!«

»Du willst die Haubitzen...?« fragte Klasen erstaunt.

»Das Leben der Männer ist mehr wert als die ausgeleierten Spritzen, mit denen wir nie über die Brücke kommen.«

»Du hast Befehl, hier in Stellung zu gehen und zu schießen«, erinnerte Klasen.

»Es ist keiner mehr von denen da, für die ich schießen soll.«

»Du trägst die Verantwortung.«

»Das werde ich auch.«

»Und wo sollen wir sammeln?«

»Im Raum Goudehard.«

»Eine Entscheidung, wenn auch eine brenzlige.«

»Siehst du, Klasen, nun bist du ebenfalls ziemlich vernünftig geworden. Wir erhalten Leben, falls wir die Jungs aus dem Kessel manövrieren.«

»Wie lange denn? Bis zum nächsten Mal!«

»Das sagst du, der aktive Offizier?«

»Die Geschichtsschreibung wird nicht danach fragen, ob einer aktiv oder Reservist war.«

»Bist ja nachgerade ein kluges Kerlchen, Klasen.«

Niemand wollte auf die großen Lastkraftwagen, zu viele davon standen als Brandfackeln im Gelände. Ein paar Soldaten stiegen in die wenigen Pkw um, die anderen machten sich marschfertig.

»Zur Not ooch zum Stabshaufen«, murmelte der Berliner doppeldeutig.

»Wirst du wohl ein Weilchen suchen müssen, fürchte ich«, sagte Gengenbach sarkastisch und startete, fand immer wieder einen Durchschlupf. Klasen führte die Fahrzeuge nach. Wachtmeister Lindemann hielt alles zusammen, obwohl mancher lieber auf eigene Faust geblieben oder weitergezogen wäre.

Ein blutigroter Sonnenball erhob sich. Im Süden, in ein liebliches Tal geschmiegt, lag Bailleul unter einer graublauen Rauchdecke. Die Stadt brannte schon länger als dreißig Stunden. Phosphor. Vor ihnen streckte sich eine kahle Fläche nach Villedieu und dem brennenden Tournai hinüber, sanft zur Dives abfallend. Wer von Westen kam, mußte über diese Ebene.

Gegen zehn Uhr trat das II. SS-Panzerkorps beiderseits Vimoutiers nach Südwesten an, um den Kessel aufzubrechen – mit fünfundzwanzig Kampfwagen und drei Bataillonen. Niemand gelangte bis an die Dives.

Auf dem Raum um St. Lambert lag Artilleriesperrfeuer. Klasen ließ die Batterien weit auseinander in Deckung gehen.

Gengenbach fuhr mit Lindemann im Krad vor. Je näher er an das Dorf herankam, desto mehr waren die Zufahrtswege von Wracks und Verkehrsgewirr blockiert. Um den Nordteil tobte ein erbitterter Kampf. Panzer und Sturmgeschütze versuchten seit Stunden die Kanadier hinauszudrücken. Die verfügten über fünfzehn Panzer und schwere Pak und schossen zurück, als wären sie für Wochen munitioniert.

Im unteren Dorf war eine Straße zur Divesbrücke offen. Nur wenige entdeckten diesen Auslaß, preschten zur Brücke hinunter in den Schwall der Granaten. Eine bespannte Munitionskolonne galoppierte heran. Die Pferde gingen durch, rasten über Einzäunungen und Hecken die steile Uferböschung hinunter. Alles verknäulte sich zu schauerlichen Bergen von Toten, Sterbenden, Trümmern, Kadavern und wild keilenden Pferden.

Vernichtung in diesem Ausmaß mutet der Krieg sogar alten Frontschweinen nicht jeden Tag zu, dachte Gengenbach. Generalfeldmarschall Model hat die Brillanten zum Ritterkreuz mit Eichenlaub und Schwertern, weil er die ihm unterstellten

Einundzwanzigstes Kapitel

Gengenbach und Klasen waren nach der nächtlichen Einweisung durch Oberstleutnant Meusel in den Wald südlich Montabard zurückgefahren, um ihre Batterien heranzuziehen. Der Gefreite Münchhof lenkte den klapprigen Volkswagen. Während der inzwischen vergangenen Stunden hatten die fliehenden Kolonnen jeden Weg, jede Schneise breit gewalzt. Der weiche Boden wurde zu tiefem Schlamm, immer mehr Räder und Raupen blieben darin stecken.

Münchhof hielt am Rand einer Schonung. Die beiden Offiziere gingen schnell zu dem Hohlweg, wo Klasen seine restlichen Geschütze und Fahrzeuge abgestellt hatte.

Ein bizarres Bild: Lkw, Lafetten, Feldküche, Munitionswagen, Nachrichtenfahrzeuge – alles zerschossen, umgestürzt, verlassen. Das war Klasens 4. Batterie.

Sie gingen suchend durch das Chaos. Niemand, der etwas mitteilte, erklärte, vom Verbleib der Überlebenden berichtete. Offenbar hatte ein Feuerüberfall schwerer Artillerie die Kolonne gefaßt.

Gengenbach stellte mit Verwunderung fest, daß ihn nichts bei diesem Anblick bewegte, nicht einmal die Frage: Wie werde ich meinen Haufen vorfinden?

»Die meisten Pkw sind weg«, sagte Klasen mit heiserer Stimme. »Hat keiner mehr mit meiner Rückkehr gerechnet.«

Sie fuhren einen Kilometer weiter, warteten auf den Postenanruf. Es rührte sich nichts.

Gengenbach blieb stehen. »Habe ich mich verfranzt?«

»Nein, wir sind wie eben hier zum Fahrweg vorgegangen.«

Gengenbach knipste seine Taschenlampe an. Erst versehentlich das grüne Licht. Der Strahl wanderte. Die Gefechtsstaffeln der 6. Batterie standen an ihrem Platz. Die Männer hatten sich eingegraben. Der Spieß war mit dem Troß Richtung Goudehard, ostwärts der Orne, weitergezogen.

Seehase war mit einemmal da. »Die Karre läuft wieder! Zwei Tage habe ick am Citroën jebaut. Von mir aus kann's losjehn.«

»Wohin denn?«

glücklich sein. Das ist mein erster großer Wunsch für die Minute, wenn Du, liebste Martina, diese Zeilen liest. Es wird so einfach und so schnell nicht sein. Ich sage das, weil ich Dich liebe und weil ich weiß, daß Du mich liebst.

Es war einmal ein Tag am Mittelmeer, der mit Sonne und Lachen begann. Als wir uns trennten, blieb in mir eine Ahnung, daß unser Glück nur kurze Zeit währen würde. In den nächtlichen Stunden, als die Zeit stillstand, war der Abschied bereits unabänderlich. Und nun schreibst Du: Ich trage Dich in mir... Heute ist mir, als hättest Du um jene Ahnung gewußt und wolltest das Leben dennoch festhalten. Du wirst einen Sohn haben oder ein Mädchen, unser Kind. Wirst ihm über das Haar streichen und von seinem Vater erzählen, der für wenige Herzschläge Hans im Glück war – mit Dir, meine Martina, und der nicht mehr wiederkam. Ich kann Dir nicht helfen und verspüre schon jetzt manche Nacht Schmerz um Dich. Du wirst Dein Kind haben, und das ganze Leben liegt noch vor Dir. Es wäre nicht gut, allein zu bleiben. Such unserem Kind einen liebevollen, verstehenden Vater.

Leb wohl, meine Martina, ich mußte einmal mit Dir sprechen, Dir danken, Dir sagen, wie sehr ich Dich liebe. Dein Hans.

Thiel steckte das Papier ein und stolperte die menschenleere Dorfstraße von Moissy entlang. Er wußte nicht, wo er sich befand und wohin er unterwegs war, und es war ihm gleichgültig.

Oberbefehlshaber der »Schutztruppe« in Deutsch-Westafrika. Den Hut rechts aufgeschlagen, daran die schwarzweißrote Kokarde, von seinem Monarchen hoch dekoriert: »Meinen Kaiserlichen Dank und Meine warme Anerkennung für Ihre vortreffliche Leistung wünsche Ich dadurch zu bestätigen, daß Ich Ihnen den Orden Pour le mérite verleihe. Wilhelm I. R.« Wofür? Er jagte das Volk der Hereros, das er bekämpfte, erbarmungslos in die Wüste Kalahari, wo Zehntausende verdursteten. »Am deutschen Wesen soll die Welt genesen«, sagte der Hohenzoller. Bei Langemark stürmten Studenten, das »Deutschlandlied« auf den Lippen, gegen Schnellfeuerkanonen, starben und wurden zu Idolen gemacht. Aber der Kaiser wollte lediglich die Welt noch einmal neu aufteilen, zumindest seinen Nachbarn einiges abjagen... »Des Weltkriegs Tote, diese vier Millionen«, mußten wir dann singen, während der Monarch in Holland Holz hackte.

Wir hatten einen in unserer Schule, der kam raus nach Spanien. Wir waren stolz auf ihn. Ich traf ihn wieder vor dem September neununddreißig, und er erzählte: Wir haben unsere Waffen erprobt: Richthofen mit seinen Bombern in Guernica, die Pak von Rheinmetall gegen die Bevölkerung von Madrid, und die Marine übte Blockade und sorgte für Hunger.

In diesem Krieg habe ich übrigens noch keinen erlebt, der unter Absingen von »Die Fahne hoch« vorwärts gestürmt wäre. Das besagt allerdings nichts – warum sollten vaterländische Geister in behäbiger Stunde nicht die Erfrorenen und die Verhungerten von Stalingrad zu beispielhaften Helden und Vorbildern erheben? Am Don und an der Wolga war ich selbst dabei, und jetzt in der Normandie. *Ich* verteidige überall das Großdeutsche Reich – ein bißchen schwierig, das jemand klarzumachen. Während der vergangenen fünf Jahre haben wir das einfache Umbringen von früher durch intensivere Systeme ersetzt und ein unfaßbares Ergebnis damit erreicht. Es achtet uns wohl kaum noch jemand auf dem Erdball...

Irgendwann jedoch kommt für jeden Krieg die letzte Stunde, und man darf sich der Zuversicht hingeben und kleine Freuden vom Morgen erwarten und eines Tages vielleicht sogar wieder

Wie unschuldig der seidenweiche Himmel dreinschaute, während Mutter Erde sich in Wehen wand.

Die Schritte des Leutnants wurden langsamer. Dann blieb er stehen, drehte sich um und nahm die Mütze vom Kopf. An dem Bauernhaus hing die weiße Fahne mit dem Roten Kreuz, unbewegt wie bei einer Trauerfeier. Immer mehr verschwamm sie vor seinen Augen.

»Mein Freund Hans Rohrbeck ist tot«, flüsterte er, und die Tränen erstickten seine Stimme.

Der Brief, dachte er, ich soll ihn lesen. Er setzte sich an den Rand eines Bombentrichters und faltete die zerknitterten Bogen auseinander. Die Buchstaben tanzten.

Geliebte Martina, ich denke an Dich, wo auch immer ich bin in dieser grünen Normandie. Heute ist eine besinnliche Stunde; trüb der Himmel, und das Kampfgeschehen nahezu eingeschlafen. Die seltsamsten Gedanken und Vergleiche kommen mir, und alle hängen mit dem Krieg zusammen. Wir Deutschen haben zu manchem Waffengang beigetragen, das stimmt mich jetzt nachdenklicher als früher im Geschichtsunterricht. Ich entsinne mich, daß mich in der Schule der Tod des jungen Konradin und das Gedicht von den nächtlich am Busento wispernden Wellen stärker beschäftigten als die Frage, warum gerade wir Mitteleuropäer Kreuzzüge zum Heiligen Grab veranstalteten. Ging es um die Verteidigung des Christentums oder, wie andere sagten, um die Sicherung von Einflußsphären?

In unserer Oberrealschule hingen auf dem Korridor vor dem Lehrerzimmer Reproduktionen bekannter Bilder, zum Beispiel der »Todesritt von Mars-la-Tour« und natürlich der Alte aus dem Sachsenwald mit Kürassierhelm und Schnauzbart im Spiegelsaal von Versailles, wo er den Sieg auskostete – auch den der toten Reiter – und wo Elsaß und Lothringen von Frankreich abgetrennt wurden. Vierzig marschierten wir durch; die Menschen sprechen dort überwiegend Französisch. Deutsche haben um die Jahrhundertwende das Abendland auch in China verteidigt – weil es von den »Boxern« bedroht wurde. Ich vergesse nicht jenes Foto in einem Buch: kaiserliche Soldaten mit abgeschlagenen Chinesenköpfen. Oder der berühmte General von Trotha:

Wieder eingeschlafen? Ohne Bewußtsein? Hör auf, dir etwas vorzumachen! Exitus. Es ist ein Schnitter, heißt der Tod...

Der Feldwebel war wieder da, faßte Rohrbeck mit Daumen und Zeigefinger an die Augenlider, dann ans Handgelenk. Er sah eine Weile ins Ungewisse, zog die Zeltbahn halb über das Gesicht des Toten und schüttelte den Kopf, als mache er jemand einen Vorwurf.

In Friedenszeiten wäre jetzt Totenwache befohlen, mit Stahlhelm und blank gewienertem Koppelzeug, Stiefel auf Hochglanz poliert. Die Regimentskapelle bläst verhalten: »Ich hatt' einen Kameraden, einen bessern find'st du nit...« Hier aber: Maschinenpistole umhängen, das ist alles. Ein letzter Blick: ganz weiß das Haar. Der lange Schädel noch schmaler. Alles bereits so klein... Man kann doch nicht einfach weggehen. Er ist mein Freund. Mit ihm verbindet mich jede Stunde, die wir zusammen waren, das Gedenken an so viele, die vor ihm den Weg ohne Rückkehr gehen mußten, verbindet mich die Gemeinsamkeit der in die Zukunft tastenden Gedanken, Sicherheit, Treue, tiefe Zuneigung und Verständnis. Das ist nun plötzlich nicht mehr da?

Der Leutnant verspürte einen schneidenden Schmerz in der Brust. Schwerfällig erhob er sich aus dem Stroh. Seine Lippen waren schmal. Good-bye, Totenkeller. Bleibst zurück wie gestern die Kirche von Le Locheur.

Überall in der Ferne wummerte es. Wo verliefen die Ränder des Kessels? Ausbrechen? Hier könnte man ohne aufzufallen Schluß machen und entginge sogar der Sippenhaft. Niemand mehr da, der eine Waffe trug oder Meldung erstatten würde. Aber – durfte man seine Kameraden im Stich lassen? War nicht die Stabsbatterie unterwegs? Sie brauchten ihn doch, seine Kenntnis der Feindlage.

Brauchten sie ihn wirklich? Die Wahrscheinlichkeit, sie in diesem Inferno wiederzutreffen, war klein. Und selbst wenn: Sollte er die Männer überall dorthin führen, wo er bereits vergeblich versucht hatte zu entkommen? Wußte er denn, ob die Angehörigen seiner Batterie gerade das eine wollten? Oder vielleicht viel lieber das andere? Was war das Richtige?

Hans Rohrbeck war tot.

ständlichkeiten schlüpfen kann: Die Bösen sind immer die anderen, unsereins braucht sich nicht zu ändern, man ist ja jederzeit anständig gewesen...

Rohrbeck bewegte seine Hand langsam zur Feldblusentasche, knöpfte sie auf, zog einige zweimal gefaltete Bogen hervor und reichte sie Thiel. In großen festen Buchstaben stand darauf: Für Martina Baumert. Ihre Blicke trafen sich.

»Lies und bring ihr...« In seinen hellblauen Augen war die Bitte ablesbar.

Thiel steckte den Brief ein, ergriff die Hand. Er gibt sie mir wie zum Abschied, dachte er. Ist denn noch Leben darin? Ohne Muskeln, ohne Sehnen scheint sie zu sein. Wenn man sie wärmen, Kraft übertragen könnte. »Ich werde Martina deine Grüße ausrichten, Hans. Werde ihr erzählen, du hast sie sehr lieb...« Er konnte nicht weitersprechen.

Ein winziges Lächeln umspielte wieder Rohrbecks Mund, sein Blick erfaßte etwas. »Meine Pistole.«

Da hängt das Koppel mit der Walther an einem rostigen Nagel. Symbolik der Heldenlieder, vom Krieg wieder in Mode gebracht: Die Waffe des Sterbenden für den Weiterlebenden, für mich. Ob er damit auf einen Menschen geschossen hat? Kann ich mir nicht vorstellen. »Danke, Hans.« Meine Stimme ist so rauh, daß er mich kaum verstehen wird. Die mattblinkende Pistole in die Hosentasche, behutsam. Ich will sie in Ehren halten. Kann man eine Pistole eigentlich in Ehren *halten?* Hängt die Ehre nicht davon ab, auf wen man zielt? Nur wenn der Richtige im Visier ist, erfüllt man das Geschenk mit echtem Sinn. Der Richtige? Er meint Altdörfer, der ihn in den Tod gehetzt hat, kann nur ihn meinen. Überträgt mir mit der Waffe eine Verpflichtung, mir, dem Freund, einen Auftrag. Sag doch etwas, Hans, damit kein Mißverständnis zwischen uns ist.

Aber die Augen sind nun geschlossen. Der Mund steht halb offen. Vielleicht sucht er nach dem rechten Wort, dem letzten Wort für Martina. Wie gelblich seine Hand in der meinen aussieht. Kein Finger regt sich... Was denn? Das darf nicht wahr sein! Den Griff lockern. Da gleitet die Rechte ins Stroh. Bleibt liegen, ohne sich zu rühren.

Wahrheit? Ja. Aber Trost in dieser Stunde? Was kann hier trösten? Vergeltung? Es würde den Sterbenden nicht einmal mehr interessieren zu erfahren, daß Altdörfer befohlen hat, ihn verrecken zu lassen, daß er wahrscheinlich längst aus dem Kessel ist und mir nie mehr vor Kimme und Korn kommen wird. Außerdem: Will Hans wirklich noch wissen, was Altdörfer gesagt und getan hat? Wie ich darüber denke oder ob diese Brutalität je gerächt wird? Ich kann mir vorstellen, daß ihn im Augenblick nur beschäftigt, ob ich bei ihm bleibe oder mit welcher Begründung ich mich hinwegstehle. Auch deshalb muß ich ausharren bis zum bitteren Ende, alles andere zählt nicht!

Aber diesen Keller wird der Funkmeister nur tot verlassen, auf der Bahre von zwei Negern irgendeiner Sanitätseinheit hinausgeschleppt. Jim und Joe aus Kansas City oder Alabama werden ihn ins Massengrab gleiten lassen. Der blutdurchtränkte Verband um Oberschenkel und Hüfte wird in die Normandiesonne schreien, bis Chlor und Erdschollen alles für immer zudecken. Und ich kann nichts tun. Soll ich vielleicht ein Kreuz schnitzen mit Dienstgrad und »Ruhe sanft« oder »Die Liebe höret nimmer auf«? *Heldentod* – warum habe ich über diese Vokabel niemals nachgedacht? Der Tod allein kann kein Wertbegriff sein. Das *Wofür* prägt erst den Sinn. Wofür ist Hans Rohrbeck... Noch lebt er. Aber wofür hat er gelebt bis zu diesem elenden Tod, wofür? Und wozu willst *du* aus dem Kessel, Leutnant Thiel? Warum machst *du* nicht Schluß? Noch hast du heile Knochen. Wenn hunderttausend Gleichdenkende das gleiche tun würden... Es gibt sie nicht, diese hunderttausend, auch im Osten nicht, wo so viele Flugblätter des Iwans herabregneten mit Appellen an den gesunden Menschenverstand: »Denkt an Eure Väter und Mütter, Frauen, Kinder. Denkt an das Überleben und Weiterleben! Nur dieser Schritt garantiert die Heimkehr zu Euren Familien!« Unten hing der Passierschein dran. Jeder Posten der sowjetischen Streitkräfte war unterrichtet. Die Landser gingen nicht und gehen nicht aus vielerlei Gründen: Angst, Schuldbewußtsein, Denkfaulheit, falsches Ehrgefühl, Gewohnheit. Sie hoffen auf eine imaginäre Hintertür, durch die man ohne Konsequenzen in einen neuen Alltag der Selbstver-

Ich habe es selbst erlebt, erinnerte sich Thiel, im Frühjahr zweiundvierzig in der Flecktyphusbaracke zu Orel. Draußen klirrten vierzig Grad unter Null. Der Tod hatte ein grüngelbes Antlitz und stank entsetzlich. Kein Arzt und kein Sani glaubte mehr an ein Durchkommen. Meine Stelle bei der Batterie war längst neu besetzt. Aufgegeben. Nur noch Warten auf den Schlußpunkt. Ausfüllen der Verlustmeldung. Aber ich spürte damals durch alle Gaukeleien der Fieberphantasien einen unbändigen Trotz, den Tod zu überlisten. Ich habe mich gewehrt gegen das Verfaulen, gegen die Auflösung. Und Hans...?

Durch zwei schartenartige Fenster fiel gleißende Augustsonne mit scharfen Streifen in die Tiefe. Sonntag noch immer.

Rohrbeck erwachte. Sein Gesicht gewann wieder Konturen. Ein Augenlid hob sich, kaum einen Millimeter. Der Blick suchte sofort die tickende Uhr am Handgelenk. »Wenn du noch rechtzeitig... Hinrich...« Nur eine winzige Lippenbewegung.

»Laß sie rauskommen, von mir aus. Panzer und Pkw, alles nicht mehr wichtig, wo dieser Scheißkrieg in den letzten Zügen liegt. Haben heute die richtige Abschiedsvorstellung bekommen.« Thiel lächelte und spürte, wie verkrampft sein Gesicht war. Ich muß ihn zwingen, an irgend etwas Anteil zu nehmen, damit vielleicht doch ein Funke Energie überspringt. »Man kann sich jetzt zum Schluß nicht einfach so davonstehlen«, sagte er doppeldeutig. »Denk an Martina! Sie vertraut auf dich. Was soll sie von dir denken? Wenn das alles vorbei ist, machen wir aber zu dritt ein Fest! Außerdem haben wir beide ja noch mit Altdörfer, diesem Lumpen, abzurechnen, nicht wahr?« Wieder suchte der Leutnant nach einer Regung in den unbewegten Zügen seines Freundes. Nichts. Thiel schüttelte verzweifelt den Kopf. Eine Strophe aus einem Gedicht von Gryphius fiel ihm ein:

> Wir rechnen Jahr auf Jahre;
> Indessen wird die Bahre
> Uns vor die Tür gebracht.
> Drauf müssen wir von hinnen
> Und, eh wir uns besinnen,
> Der Erde sagen gute Nacht.

»Keine Illusion. Aus.« Rohrbeck sah auf seine in Béziers gekaufte Uhr. Ein bedauerndes Lächeln zog über das gelbbraune, von den harten Jahresringen des Krieges gezeichnete Gesicht, als hätte er sich vergewissert, wie lange er den viel zu geschwinden Lauf der Zeiger noch verfolgen könne.

»Gar nichts ist aus! Du brauchst schnellstens einen ordentlichen Medizinmann, nur darum geht's jetzt.«

»Bleib noch ein paar Minuten, Hinrich.« Rohrbeck schloß die Augen. Die wenigen Worte hatten ihn angestrengt.

Der Sanitätsfeldwebel kam die Treppe herab. Sein Doppelglas pendelte vor der Brust. Das Dröhnen der Panzer verlor sich.

»Gibt es keinen Arzt bei euch, Feldwebel?«

»Heute morgen gefallen, Herr Leutnant.«

»Kannst du dem Wachtmeister etwas Schmerzlinderndes geben? Morphium?«

»Selbstverständlich.« Er hatte in der Bereitschaftstasche noch ein paar Ampullen. Zog geschickt eine davon auf. Der Verband war an der Hüfte schwarzrot durchblutet. Der Körper zuckte nicht einmal beim Einstich. »Wird jetzt schnell einschlafen. Atmet bereits sehr flach.«

»Danke. – Er ist mein Freund.«

Der Feldwebel stutzte, ging dann auf die andere Seite.

Da lag der Wachtmeister Hans Rohrbeck. Die Ruhe selbst – wie immer. Sogar noch auf diesem Strohlager. Achtundzwanzig Jahre erst? Sah aus wie Mitte Vierzig. Tief eingegrabene Rinnen furchten das Gewirr verfilzter weißblonder Bartstoppeln. Thiel dachte nach, wann ihm dieses Gesicht erstmals begegnet war. Ja, einundvierzig in einem Brückenkopf nordwestlich Kiew, als sie im Morgengrauen aus Granattrichtern und zerfetzten Hopfengärten zurückgewankt kamen, fassungslos und voller Vorahnung.

Und nun hatte es auch Hans getroffen, der nie annahm, daß der Tod ihn verschonen würde und nur für die anderen da wäre. Nichts von Vergangenem, nichts von Zukünftigem in diesem Gesicht. Kein Zeichen ringenden Lebens. Das war so endgültig, so niederdrückend.

Auf der Trennlinie zwischen dem Bleibenwollen und dem Unbekannten glaubt man sich dem Unerforschlichen näher.

Augen schauten. Auf der anderen Seite ein Hauptmann, der unablässig die Hände zusammenkrampfte, wieder löste, erneut ballte und so versuchte, die peinigenden Schmerzen zu bändigen. Möglicherweise quält ihn auch das militärische Geschick seiner Einheit, dachte Thiel. Auf jeden Fall hält er sich, seinen Männern ein Vorbild. Aber von denen ist vielleicht keiner mehr am Leben, um ihn zu bewundern, Bericht zu erstatten.

Der Leutnant kauerte sich vorsichtig neben dem Freund ins Stroh. Es dauerte lange, bis Rohrbeck ihn bemerkte.

»Hans, alter Junge! Ist das ein Dusel, daß ich dich wieder gefunden habe.« Es sollte optimistisch klingen, aber seine Worte kamen ihm hart und klobig vor.

Die Mundwinkel des Funkmeisters verzogen sich ein wenig. Es war kein Lächeln, aber doch ein Ausdruck, als empfinde er etwas Wohltuendes. »Zugmaschine...« Wie ein Hauch.

»Schon verarztet?«

Dem Leutnant war, als hätte der Verwundete den Kopf eine Winzigkeit geschüttelt.

»Aber ordentlich verbunden?«

Jetzt nickte Rohrbeck.

Thiel hatte eine Idee. »Hans, draußen steht ein motorisierter Obergefreiter, Gegenstück zu Seehase. In wenigen Minuten fahren unsere Panzer an. Sie wissen, wo der Kessel offen ist. Willst du... kannst du...? Er wartet auf uns!«

Rohrbeck drehte langsam den Kopf. »Hüfte zertrümmert...« Seine Stimme war nur ein Flüstern.

Noch zwei, höchstens drei Minuten, dachte der Leutnant. Jetzt lassen sie die Motoren an. Maybach. Was müssen die für Dividende zahlen. Die Auspufftöpfe knallen beinahe so laut wie die Abschüsse der Achtacht. Pfeif auf den Wagen. Ich bleibe bei Hans. Das ist jetzt das Wichtigste. Aber ich kann doch nicht helfen. Diese Verwundeten transportiert niemand mehr ab. Bestenfalls die Amerikaner oder Kanadier, wenn sie sehr viel Zeit haben. Und dann würden wir ohnehin getrennt, weil er kein Offizier ist, nur Mannschaftsdienstgrad, also gar kein richtiger Mensch in der Sicht der Oberen. Auch bei denen von Übersee wird's nicht viel anders sein als bei Preußens.

Alles andere hängt sich an. Beide P IV übernehmen Sicherung gegen eventuelles Nachstoßen des Gegners. Zehn Uhr vierzig Abmarsch. Weite Abstände wegen der Flieger. Ich warte noch das nächste Aufklärungsergebnis ab.«

Das ist etwas Konkretes, dachte Thiel. Nun sieh bloß, wie der Kerl sich spreizt. Das Ritterkreuz hüpft auf der Kammgarnbluse. Preußische Akkuratesse bis an den Rand der Grube, ohne Gefühl für die Lächerlichkeit. Wenn das Nordufer des Baches südostwärts Saint Lambert frei ist, müßte man sofort starten. Die Lage kann in einer halben Stunde völlig anders sein.

Der Leutnant trat in die blendende Sonne hinaus. Entdeckte plötzlich am Ortsrand eine Rotkreuzflagge, schritt schneller und schneller aus, fiel in einen kräftezehrenden Dauerlauf.

Der Verbandplatz war in einem geräumigen Bauernhaus aus behauenen Feldsteinen untergebracht. Neben der Tür stand ein Sanitätsfeldwebel und beobachtete mit dem Doppelglas angestrengt die leere Straße nach Südosten.

»Wo habt ihr die Verwundeten?«

»Oben und im Keller, Herr Leutnant.« Er hob gleich wieder das Glas an die Augen.

Thiel ging suchend durch die Reihen. Da lagen sie, dürftig verbunden auf schmutziger Strohschütte. Überall Stöhnen und Gestank. Rohrbeck war nicht dabei.

Der Leutnant stieg vorsichtig die steilen glitschigen Steinstufen in den Keller hinunter. Hielt verdutzt inne: Auf dem Treppenpodest beiderseits der gewölbeartigen Vorratskammern standen, saßen, kauerten Infanteristen, Pioniere, Artilleristen, Flieger, Grenadiere, Fallschirmjäger, Panzermänner, alles unverwundete Kämpfer mit und ohne Handfeuerwaffen. Stumpf. Apathisch. Kaum, daß einer rauchte. Fertig. Sie können nicht mehr, dachte Thiel, oder sie wollen nicht mehr. Und er fand zwischen beidem keinen Unterschied.

Ihm war, als stochere er mit der Stange im Nebel.

Da war er: Rohrbeck. Funkmeister Hans Rohrbeck. Wachsgelb das Gesicht. Den Blick zur Decke gerichtet, unbewegt wie der Körper unter der gefleckten Zeltbahn.

Neben ihm lag einer, aus dessen verbundenem Kopf nur die

wurde in seinen Aufrufen die Frage gestellt: »Was wird aus Deutschland?«

Thiel fragte hier und dort. Kam zu dem Schluß, daß Offiziere wie Landser keine Ahnung von der Lage hatten. Fest schien lediglich zu stehen, daß etwa zwei Kilometer südostwärts von Chambois feindliche Kampfwagen wirksam sperrten. Er ging ins Rathaus, vom hektischen Hin und Her angezogen.

Um einen Major mit Ritterkreuz waren Offiziere verschiedener Dienstgrade und Waffengattungen geschart. Niemand verwehrte dem Leutnant heranzutreten. Der Stabsoffizier erläuterte die Situation, ohne Neues zu sagen. Neben ihm versuchte ein Funker Verbindung zu bekommen. Immer wieder rief er, bis er die Gegenstelle hatte.

Wie beruhigend es für ihn sein muß, sich im akustischen Chaos der Atmosphäre am Gewohnten festklammern zu können, dachte Thiel. Er fühlt sich als Rädchen im bewährten Organismus, fühlt sich im Dienst, solange es noch eine Gegenstelle, solange es ein Gespräch durch den Äther gibt und einen Befehl, dieses Gespräch zu führen.

»Hier Erpel. Hier Erpel. Ich rufe Sockenhalter.« Er schaltete um. Wartete.

»Hier Sockenhalter. Hier Sockenhalter. Kommen!« Die Membrane quarrte. Umschalten.

»Was ist bei euch los?«

Der Major unterbrach seinen Vortrag.

»Stehen südostwärts Saint Lambert. Nordufer der Dives zur Zeit feindfrei. Kommen!«

Der Ton des Geräts war übersteuert, es pfiff. »Habe verstanden, Sockenhalter. Warten!«

Der Funker sah auffordernd zu seinem Chef hinüber.

»Sollen Aufklärung weiter vortreiben und sich in zehn Minuten wieder melden!«

Erpel teilte Sockenhalter diese taktische Weisung mit.

Der Major widmete sich erleichtert der Karte. »Es gibt nur eine Möglichkeit, meine Herren.« Sein Bleistift fuhr die Straße von Moissy nach Nordwesten zurück. »Die drei Tiger vorab.

»Es lebe die Schulbildung, Herr Leutnant! Man wird sie im Ernst des Lebens immer brauchen können. Sogar, wenn man in einem Kessel sitzt.«

»Haben Sie gesagt!« Thiel sah, wie der seltsame Obergefreite lächelte. Fast neue Uniform, ohne einen Orden.

»Nein, mein Lehrmeister behauptete es. Ich warte jedenfalls auf Herrn Leutnant.«

Der steckte ein volles Magazin in die MPi. Als er sich umsah, lächelte der ungewöhnliche Kraftfahrer immer noch.

Fritz Fahrenkrog stammte aus Leipzig, war gelernter Drucker und liebte seinen Beruf, der aufgeschlossen machte für Weltgeschehen und Weltentwicklung. Er fuhr große Rotationsmaschinen, kannte sich im Kupfertiefdruck aus und stellte die beste Illustrierte her. Aber er hatte auch viele Nächte an Handapparaten und uralten Tiegeln gestanden, um Propagandamaterial für die KPD zu drucken. Kampflosungen, die morgens am Alten Rathaus klebten, in den Seiteneingängen des Hauptbahnhofs, oder in der Universität von Hand zu Hand gingen und zum Sturz Hitlers aufriefen.

Im Frühjahr 1943, als die 6. Armee unter den Trümmern von Stalingrad begraben lag und die Wende offensichtlich wurde, ließ sich seine UK-Stellung nicht mehr verlängern, und er wurde zu den Pionieren eingezogen. Fahrenkrog erhielt eine hastige Grundausbildung, bei der nach wie vor der Achtungsmarsch das Kernstück war, und wurde bald darauf zu einem im Raum Paris stehenden Baubataillon versetzt. Er bedauerte zutiefst, nicht an die sowjetisch-deutsche Front gekommen zu sein, wo er unverzüglich zu seinen Klassenbrüdern übergelaufen wäre.

Im November erfuhr er von der Gründung des Komitees »Freies Deutschland für den Westen«, suchte, fand, tauchte unter und war nun bei deutschen wie französischen Patrioten und Genossen, und ständig in Lebensgefahr: bewaffnete Aktionen in Freischärlertrupps, Beschaffung von Handfeuerwaffen und Munition sowie andere operative Tätigkeit. Zwischendurch hatte er Gelegenheit, auch hier seine beruflichen Fähigkeiten zu nutzen. Fahrenkrog druckte Kampflosungen: »Entscheide, Landser: Frieden oder Friedhof!« Und immer wieder

deten einen Laubdom über der Allee. In Moissy gab es eine unerwartete Stockung. Deutsche Panzer, dicht neben den Häusern, sicherten nach Südwesten.

»So viele Eisenkisten habe ich während der ganzen letzten Wochen nicht gesehen. Vielleicht Geheimreserven der Heeresgruppe B oder des OB West?« höhnte Thiel.

»Wahrscheinlich hat sie der Führer persönlich hier eingewiesen«, sagte der Obergefreite.

»Donnerwetter, laßt Landser sprechen!«

»Landser haben bis vor kurzem behauptet, daß am Pas de Calais wochenlang nach dem sechsten Juni eine intakte Armee stand, Gewehr bei Fuß. Grund: Die oberste Führung erwartete die *eigentliche* Invasion an der engsten Stelle des Kanals und wollte deshalb diese ominöse Armee nicht gegen die Ostflanke der alliierten Verbände ansetzen.«

Thiel nickte. »Von der beiderseits Le Havre stehenden fünfzehnten Armee sind nur wenige Divisionen, und die sehr spät, in die Normandie abberufen worden.«

»Ob die anderen heute keine Treibjagd auf uns machen würden, wenn man gleich mit diesen Reserven operiert hätte? Hätte es dem Landser irgendwie genützt?«

Thiel mußte im stillen zugeben, daß er in den vergangenen Tagen schon selbst eine Antwort auf diese Frage des Obergefreiten gesucht hatte. Der machte jetzt hinter dem Lenkrad eine angedeutete Verbeugung: »Gestatten, Herr Leutnant, daß ich mich vorstelle: Obergefreiter Fritz Fahrenkrog.«

»Thiel. – Sehn Sie mal!«

Wohin sie blickten, überall der Friedhof steckengebliebener Fahrzeuge, verbeult, zerschossen, verlassen.

»Frankreich scheint den militärischen Besitzer zu wechseln«, meinte Fahrenkrog leichthin.

Thiel sah taktische Zeichen von Dutzenden Einheiten. Flüchtig kam ihm der Gedanke, daß er auch die Zugmaschine entdecken könnte, auf der Hans Rohrbeck gelegen hatte. Schräg gegenüber stand das Rathaus.

»Ich geh mal rumhorchen. Vielleicht hält dort jemand den Faden der Ariadne in der Hand.«

»Möchten Herr Leutnant ein Stück mitfahren?«

Der redet sogar jetzt noch in der dritten Person, wie in Friedenszeiten auf dem Kasernenhof. »Was meinen Sie wohl, warum ich die Karre flottgemacht habe?« Thiel zeigte zur rechten Kante des riesigen Schachbretts zerschossener qualmender Fahrzeuge. »Dort rüber.« Dieses Bild! dachte er. Wer wird je glauben, daß es so etwas von Zerstörung gab, wenn er nicht dabei war?

Der Wagen holperte, stieß hart auf der zerwühlten Grasnarbe.

»Könnte sein, daß die Kanadier inzwischen das Nest haben«, murmelte Thiel.

»Welches Nest, Herr Leutnant, bitte?«

Dieser merkwürdige Oberschnapser scheint von einem fremden Stern zu stammen, dachte Thiel. Oder er ist ein Filou. Will er mich verarschen? »Da vorn kommt Saint Lambert in Sicht. Dicke Luft.«

Der zähe Strom brandete noch immer um die zusammengefallenen Häuser, beschrieb ein riesiges Dreiviertelrund, wurde zum Delta an der Südwestkante des Dorfes, hatte dort bereits Unmassen militärischen Gerümpels angespült. Von den Kanadiern war im Augenblick nichts zu entdecken, sie begnügten sich mit der Kontrolle der Divesbrücke. Alles floh nun Richtung Westen.

Mein Latein ist gleich zu Ende, dachte Thiel. »Dort den Hang hinauf, an den Wracks vorbei. Los, fahren Sie schon!«

Kanonen, Kübelwagen, Tiere, Menschen irrten durchs Gelände. Überall das Suchen nach dem rettenden Ausweg.

»Wir müssen querbeet an die Chaussee nach Moissy. Ich glaube, da wird es jetzt weitergehen.« Vielleicht, dachte der Leutnant. Im Katechismus heißt's dem Sinn nach: Glauben ist, nicht sehen und dennoch fest für wahr halten. Im Schlamassel sagt man Nase dazu. Instinkt ist die Vorstufe der Erkenntnis, behaupten die Theoretiker. Scheint mir ebenfalls wenig bewiesen. Möglicherweise prallen wir auch in Moissy auf eine Begrüßung durch gezackte Eisensplitter, weiß der Henker!

Ein neuer Strom von Fliehenden kam in Sicht. Sie drängten sich in eine Lücke zwischen den Fahrzeugen. Uralte Bäume bil-

wie er vom Kotflügel geschleudert wurde. Er zog den Kopf ein, prallte schwer auf. Es wurde ihm schwarz vor Augen. Die Pappeln drehten sich schneller, immer schneller.

Das Fahrzeug raste weiter, bog im Funkenflug der Geschosse in das Dorf ein. Fuhr zwischen den Häusern wieder hinaus, fuhr weiter, weiter...

Nur langsam kam der Leutnant zu sich, riß die Augen gewaltsam auf. Der Schädel dröhnte ihm. Die linke Schulter schmerzte. Er versuchte Benommenheit und Erstarrung abzuschütteln, getrieben von dem Gedanken: Ich muß weg, ehe sie zum Gegenstoß ansetzen. Hier kommt kein Schwanz durch. Es bleibt nur eins: Zurück Richtung Saint Lambert. Vielleicht kann ich dort entwischen.

Erneut flackerte Gewehrfeuer auf. MG ratterten. Thiel zog das rechte Knie unter die Brust, drückte sich mit dem Kolben der Maschinenpistole vom Boden ab. Zirpende Kugeln griffen nach ihm. Er sprang wie ein Hase, immer den entgegengesetzten Winkel, bis nur noch die Häusergiebel zu sehen waren. Dann deckte ihn die mählich abfallende Kuppe.

Was machte der denn hinter der Scheune mit dem sandfarbenen Geländewagen? Bemühte sich offenbar, den Motor in Gang zu bringen. Ein Obergefreiter. Schien der einzige Mensch im Gelände zu sein. Grotesker Szenenwechsel. »Was hat er denn?«

»Ich weiß es nicht, Herr Leutnant. Die Maschine ist mit einemmal stehengeblieben.«

Thiel drückte den Starter. Nichts. »Benzin?«

»Bis zur Halskrause. Ganz nach Vorschrift, Herr Leutnant.«

Ulkiger Vogel. Offenbar noch nicht lange an der Front. Meine Hände zittern, dachte Thiel. Warum läuft die Mühle eigentlich nicht? Elektrische Leitungen prüfen. Batterie ist in Ordnung. Hans Rohrbeck, was wird aus dir? Ich könnte heulen. Die Amis werden bald nachdrücken. Panzer habe ich in dem Nest nicht gesehen. Die paar Infanteristen aus Cornwall oder Plymouth, vielleicht auch aus Illinois oder Ottawa greifen nicht allein an ohne Feuerwalze, ohne Bomber, ohne Tanks. Aha! Das Kabel am Starter hat sich gelöst. Klemmschraube. Jetzt muß der Motor kommen.

essiert das hier. Bringt er die Männer aus der Scheiße heraus, werden sie ihm nachher Zigaretten schenken und auf die Schulter klopfen. Fährt er die Karre in Klump oder bekommt er einen verpaßt, werden sie Pfeife sagen, die Übriggebliebenen ...

Die Einschläge wurden seltener. Nur noch wenige Fahrzeuge schaukelten über den Acker auf ein Dorf zu, das sich an einem muldenartigen Einschnitt entlangzog. Dahinter eine dichte, vom Atlantikwind nach Osten gebeugte Pappelreihe. Links versperrten Hecken den Blick.

Thiel grübelte: Das beste wäre jetzt absitzen. Allein komme ich bestimmt durch. Aber der schwerverwundete Hans? Ich trage für ihn die Verantwortung. In irgendein Haus bringen? Dann ist er in längstens einer Stunde Gefangener, falls er die Stunde lebend übersteht. Und später schmort er in einem Camp, das dauert länger als die Schlußphase dieses grausigen Krieges. Der Führer kann natürlich nicht wissen, was mit uns hier geschieht, er regiert auf dem Obersalzberg oder in der Wolfsschanze oder im Tiefbunker der Reichskanzlei. Und sein kluger Schäferhund Blondi ist da. Und der kluge Feldmarschall Keitel ist bei ihm. Und auch der ganz kluge Generaloberst Jodl. Fassen einsame Beschlüsse. Von Jahr zu Jahr blödsinnigere. Verlängern die Qual des Volkes. Nicht nur des deutschen. – Was bist du für ein gescheites Kind, Hinrich Thiel, und so plötzlich! dachte er.

Die Zugmaschine knarrte durch einen trockenen Graben, kroch die andere Seite empor. Keine zweihundert Meter bis zu den Häusern. Plötzlich klaffte der Rand einer Kiesgrube mit steil abfallenden Wänden. Der Achttonner kantete rechts herum, fuhr jetzt fast parallel zu den Gebäuden. Unerwartet prasselte es in Fleisch und Eisen. Thiel preßte sich enger an die Motorhaube, obwohl er wußte, daß er nun deckungslos auf der Frontseite klebte. Dann sah er sie an den Pappeln, im Straßengraben, hinter Häuserecken, überall: Engländer, Kanadier oder Amerikaner. Sie feuerten mit Explosivgeschossen.

Der Fahrer gab Vollgas, holte alles an Geschwindigkeit aus der Zugmaschine heraus. Trachtete das Feuer zu untertauchen. Greifbar nahe die Dorfstraße. Da wuchtete das linke Vorderrad in eine Rinne. Jäh hob sich die nachlaufende Kette. Thiel spürte,

rollte sofort zum unteren Hang. In der Staubwolke war der Hauptmann nicht mehr erkennbar.

Thiel knöpfte Rohrbecks Feldbluse auf, preßte das Ohr an die Brust mit den weißblonden Haaren. Vernahm schwachen Herzschlag. Zerrte die Hose halb vom Leib. Blut die ganze Seite. Das Bein lag wie fremd unter zerfetzter Zellwolle. Rohrbeck röchelte. Eine armselige Mullbinde. Und es strömte und strömte. Thiel riß ein Vorderteil seines Hemdes herunter, versuchte damit etwas abzudecken, wurde sich der Sinnlosigkeit seines Tuns bewußt. Spürte, daß ihm vor Hilflosigkeit die Tränen kamen.

Eine schwere Zugmaschine ratterte auf der Straße heran, schwenkte auf den Heckendurchlaß ein. Der Leutnant sprang ihr in den Weg. Winkte. Zeigte auf Rohrbeck. Zwei halfen. Arme zogen von oben, schoben den Schwerverwundeten zwischen die Sitzreihen. Mullbinden flatterten, während der Fahrer bereits wieder Gas gab.

Thiel sprang auf den vorderen Kotflügel. Bester Sitz für Fliegerbeobachtung. Wenn Altdörfer in seiner maßlosen Feigheit Hans nicht zu der Walze geschickt hätte, dachte er. Wenn Hans nicht aufgesprungen wäre...

Immer mehr Lkw, Sankra, Vierlingsflak, Sturmgeschütze, Haubitzen, Fahrzeuge aller Art glitten jetzt ins offene Feld, alle wollten aus dem Kessel. Der Schein der Morgensonne wurde greller. Pak und Sherman-Kanonen feuerten ununterbrochen. Ringsum qualmten bereits Dutzende Fahrzeuge. Keine tausend Meter jenseits der Dives standen Tanks ungedeckt und ungetarnt wie auf dem Übungsplatz. Die langen Strahle ihrer Mündungsfeuer bleckten. Drei der deutschen Stahlkästen brannten jetzt. Nur aus einem konnte die Besatzung ausbooten. Der Führungspanzer raste über die freie Fläche.

Es pfiff plötzlich über die Zugmaschine hinweg. Der Leutnant preßte sich an das vibrierende Blech. Hoffte, daß der Motorblock Schutz gegen einen Treffer bot. Dem Fahrer hing der Stahlhelm im Genick. Sein verschmiertes Gesicht war dicht hinter der Scheibe, als wollte er dem Geschehen vorausblicken. Tollkühn aus Todesangst, dachte Thiel. Ob er Familie hat? Wen inter-

Neben dem vordersten Schützenpanzerwagen staubte es plötzlich auf. Splitter surrten. Eine englische Pak hatte aus dem Dunst geschossen. Nach einigen knallenden Fehlzündungen sprang der Motor des Panthers an. Die anderen folgten. Aus den Hecken schoben sich mehrere Kolosse vor. In diesem Augenblick flammte ein Halbkreis von Mündungsfeuern auf. Gefährlich nahe fegte es über das Wiesenstück.

Altdörfer fuchtelte mit den Armen. »Jetzt oder nie! Ausbruch aus dem Kessel! Vorwärts!« Aber er blieb liegen, wagte sich bei dem Getöse der Einschläge nicht zu erheben, brauchte einen Schrittmacher.

Thiel blickte von Altdörfer zu Rohrbeck. Hoffentlich läßt er sich jetzt nicht verrückt machen, dachte er. Aber wie ein Automat sprang der Funkmeister auf.

»Hans!« Ohnmächtig klang der Warnschrei, wurde vom schrillen Geheul einer Panzergranate übertönt.

Rohrbeck warf die Arme in die Höhe, drehte sich halb um seine Achse, brach zusammen. Fader Qualm zog über die Wiese.

Der Leutnant wollte aufspringen, wurde von Granaten an die Erde genagelt. Die deutschen Kampfwagen mahlten inzwischen dröhnend vorwärts. Der vorderste bekam einen Volltreffer, flog in die Luft. Zwei Flakselbstfahrlafetten fegten über das Heckengeviert durch die Lücke ins freie Feld und zogen das Feuer auf sich.

Jetzt rannte Thiel zu Rohrbeck, drehte ihn vorsichtig auf den Rücken. Die rechte Hüfte Blut, Fetzen und Grasbüschel. »Hans, Mensch...« Thiels Stimme zitterte.

»Hau ab, Hinrich. Pech gehabt...« Die Stimme des Funkmeisters klang dünn wie die eines Kindes. Der Kopf fiel zurück. Nur noch Weißes in den Augen.

Altdörfer brüllte: »Halten Sie sich nicht auf, Thiel! Los, wir müssen raus. Lassen Sie ihn liegen. Ist nur eine Schramme. Wird ihn schon jemand verarzten. Ich befehle Ihnen, mir sofort zu folgen! Sie haben höhere Pflichten!«

»Du Schwein!« knurrte der Leutnant.

Jetzt raste Altdörfer los. Sprang auf den letzten Kampfwagen, zerrte sich am Abschleppseil in die Höhe. Der Panzer fuhr an,

»Es gibt sie nicht mehr. Hinter uns ist nichts, kommt nichts, kann nichts mehr kommen. Wer soll denn diesen Zunder überstanden haben?« Altdörfers Stimme täuschte Pietät vor.

Seltsam, daß sich Drosseln und Lerchen von dem Getöse nicht stören lassen, dachte Rohrbeck. Vielleicht haben sie ein ebenso dickes Fell wie dieser Kommandeur nach dem Verlust von rund vierhundert Männern. »Was sollen denn die Schützenpanzerwagen da vorn?« fragte er.

»Feindfeuer herauslocken, damit die Panzer lohnende Ziele ausmachen. Sollen bei Beginn des Durchbruchs niedergekämpft werden.«

»Also Himmelfahrtskommando. Scheint ein Kommandeur von Ihrem Weitblick zu sein.« Rohrbeck kannte in seinem Haß keine Grenzen mehr.

Altdörfer überhörte alles, weil ihm nur sein Leben wichtig war. »Sowie die Panzer anfahren, sitzen wir auf. Die Division Hitlerjugend kommt immer durch.« Er versuchte sich selbst Zutrauen einzureden.

Thiel blickte auf die vielen Tonnen montierten Stahls. Vielleicht kamen sie tatsächlich durch? Ob Rohrbeck eigentlich schon mit dem Gedanken gespielt hatte zu bleiben? Die Amis schienen ihn aber auch nicht zu locken.

»Die fahren höchstens vierzig Sachen, langsam genug, um sogar einen von der Seite verpaßt zu kriegen.«

Altdörfers Kopf flog zum Funkmeister herum. Feigheit prägte sein Gesicht. »Bewegen Sie sich mal zu der Ackerwalze. Durch die Heckenlücke dort kann man die andere Seite überblicken. Feindliche Kampfwagen feststellen und melden!«

Thiel dachte, dieser Befehl ist eine ausgemachte Gemeinheit. Das Gelände steigt an, ist ohne Zweifel rechts aus der Flanke und von links direkt einzusehen. Damit macht er Rohrbeck zur Zielscheibe – nur, um sich selbst abzusichern. Ich kann diese kupferfleckige Schnauze kaum noch ertragen. Und Hans? Er wird genauso denken. Wie vorsichtig er kriecht. Hat nicht weniger Angst als ich. Geht jedem alten Frontschwein so. Überleben wollen. Ist das der einzige Motor? Ohne nach dem Wofür zu fragen, nach der Zukunft?

Der Funkmeister schüttelte geistesabwesend den Kopf.

An einem bemoosten Gedenkstein drehte sich der Hauptmann um, stieß heftig den Arm ein paarmal nach oben.

»Das heißt: nächsthöhere Gangart«, sagte Thiel.

»Na, dann wollen wir mal den Frühsport fortsetzen.«

»Eigene Panzer!« Altdörfer wies durch die Hecken. In einer Senke standen getarnte Jagdpanther. Davor schoben sich gerade zwei Schützenpanzerwagen langsam einen kahlen Hang hinauf. Altdörfers Gesicht glühte. »Los, hin! Dort muß der Ausgang aus dieser verfluchten Umklammerung sein!«

Sie sprangen geduckt zu einem von struppigen Hecken gesäumten kleinen Feld, das Sichtdeckung bot. An der linken oberen Ecke lag eine rostige Ackerwalze. Keine hundert Schritt rechts, etwas am Hinterhang, ein ausgeschlachteter Raupenschlepper. Einen Steinwurf hangabwärts standen Panzer.

»Ich gehe mal fragen!« rief Altdörfer und kroch in wildem Eifer davon. Durchquerte mit einigen Sprüngen die Senke.

Aus dem Turmluk suchte ein SS-Offizier mit dem Doppelglas die von Nebelfetzen verschleierte Gegend ab, antwortete dabei dem heftig auf ihn einredenden Hauptmann. Als der zu Thiel und Rohrbeck zurückkam, rief er schon von weitem: »Zwölfte SS-Panzerdivision Hitlerjugend! Sie brechen aus. Wir müssen über die Fläche vor uns! Verdammte Pleite, daß wir jetzt keinen Wagen haben!«

»Zum Hinterherkutschieren über den Sturzacker?« fragte Rohrbeck harmlos.

Altdörfer sah durch ihn hindurch.

»Und unsere Batterien? Genau in dieser Minute müßten sie laut Einsatzbefehl feuerbereit sein.« In Thiels Stimme war unverhüllter Hohn.

»Hören Sie endlich auf, mich belehren zu wollen. Jetzt ist jeder sich selbst der Nächste. Wir müssen uns durchschlagen, um später kämpfen zu können!« Der Kommandeur ließ die Panzer nicht aus den Augen. Die Ader an seiner Schläfe zuckte.

»Sie meinen also, daß der Kampf sinnlos geworden ist? Daß die Batterien Ihrer Führung nicht mehr bedürfen?« Thiel konnte und wollte seine Abneigung nicht unterdrücken.

Der Kommandeur hatte es eilig. Stürmte schon am Rohrwagen eines schweren Mörsers vorbei. Hinter ihm der Funkmeister. Wieder fauchten britische Geschosse heran. Thiel preßte sich an das gußeiserne Protzenrad, um wenigstens ein bißchen Deckung zu haben. Er sah Rohrbeck wie ein Bündel Flicken durch die Luft fliegen. Der Atem fuhr dem Leutnant pfeifend zwischen den Zähnen hindurch. Explosionsqualm legte sich ekelhaft auf die Lunge, schmeckte metallisch. Wie ein Gespenst stand der Funkmeister auf, stützte sich einen Augenblick auf den Protzenrand und dehnte die Glieder. Das Gewehrfeuer bewegte sich jetzt schnell zur linken Dorfseite hin. Die Kanadier kamen sprungweise, wollten offensichtlich hier den Riegel schließen.

Das steht in keiner Vorschrift, dachte Thiel. Hat nach Heeresdienstvorschrift überhaupt nicht stattzufinden. Abhauen, flitzen, stiftengehen, entkommen, entweichen, entschlüpfen, entrinnen, entlaufen, flüchten, türmen, verduften, auskneifen, auskratzen, Fersengeld geben, aus dem Staube machen, Reißaus nehmen, Leine ziehen, in den Sack hauen! Und jeder der Fliehenden zerrt die Angst hinter sich her, flieht vor Tod und Gefangenschaft.

Die Straße nach Aubry lag unter schwerstem Feuer, deshalb drehte der Strom von Uniformierten zur nahe liegenden Flur von Moissy ab. Dort peitschten Einschläge fernstehender US-Panzerkanonen dazwischen und zwangen die Gejagten erneut zu Boden. Viele blieben auch hier liegen, andere suchten weiter Auswege durch Hecken und Apfelgärten, hasteten davon, ohne zu wissen, wohin. Ein massierter Feuerüberfall riegelte den Nordeingang nach St. Lambert ab, fegte die Kolonnen in ausgedörrte Äcker. Altdörfer rannte, ohne einen Augenblick Pause zu machen.

»Laß ihn!« rief Thiel. »Wollen erst verpusten und die Lage peilen.«

Rohrbeck blieb ebenfalls stehen.

»Scheinst auch nicht mehr ganz frisch zu sein, Hans. Wie spät?«

»Kurz nach sechs.«

»Hast du was von der Vierten gesehen?«

Rohrbeck wies auf eine mit behäbigem Brummen anschwebende Maschine.

»Wir versuchen mit dem Pkw so weit wie möglich zu gelangen. Hinter dem Dorf wird es ruhiger sein. Dann kommen wir auch schneller vorwärts. Vielleicht begegnen wir sogar einer unserer Batterien«, entschied der Kommandeur.

Die beiden zuckten die Schultern und dachten sich ihr Teil. Eiselt mußte ins Gras beißen. Wie hatte Altdörfer gekräht? Historisch bedeutsamer Auftrag, Schleuse offenhalten, es geht um hunderttausend Mann! Jetzt zeigte sich unverhüllt: Nur seine eigene Person war ihm wichtig.

Aus den Häusern sahen Leichtverwundete in schmutzigen Verbänden den Vorüberhastenden nach. Gesichter, als warteten sie auf ein Wunder, so wie Eiselt auf ein Wunder gewartet hatte.

Die nächsten Granaten zerblätterten Häuser, fuhren in Gruppen grauer Uniformen, faßten Waffen und Gerät.

Am Nordostrand des Dorfes flackerte Infanteriefeuer, überdeckt vom Getöse der Flucht.

»Dort ist vermutlich die noch offene Stelle«, murmelte Rohrbeck.

»Die Kanadier greifen an!« Thiel hob den rechten Zeigefinger.

Altdörfer war erschrocken. »Wieso Kanadier?«

»Weil sie immer ostwärts der Orne operiert haben.« Der Leutnant schüttelte den Kopf über die Begriffsstutzigkeit seines Vorgesetzten.

Mit einem Ruck richtete sich der Hauptmann hoch. »Anhalten! Den Wagen in Deckung!« Dann riß er die Tür auf und sprang auf die zerfurchte Straße.

Der Funkmeister schob sich ein Stück Knäckebrot zwischen die Zähne und blickte gleichgültig über sein Gepäck. Er benötigte offensichtlich nichts mehr.

Thiel gab Gas, drückte den brüchigen Zaun nieder, ließ den Wagen quer durch ein rotgoldenes Blumenbeet wühlen und hielt schließlich. »Mach's gut, alter Junge, wir sehen uns nie wieder.« Schade, daß Seehase mit dem Citroën zu Gengenbach gefahren war, um ihn dort reparieren zu lassen. Auch ihm würde er nicht mehr begegnen.

Wieder krampfte sich in Thiel etwas zusammen bei diesem Gedanken. Ihre vor Erregung dunkle Stimme war ihm im Ohr: Vergiß nicht, man sagt von Dörnberg, er sei ein Mörder! Warum eigentlich nicht den Spieß umkehren? Warum nicht selbst diesen Mörder jagen, anstatt sich zu ducken, nur weil eine ganze Mordorganisation hinter ihm stand?

Ob auch Deutsche in der Résistance kämpften? Weshalb eigentlich nicht? Was für Leute waren das? Soldaten, die die Schnauze voll hatten vom Barras? Aber reichte das aus, um drüben weiterzumachen? Wenn er sich vorstellte, er sollte plötzlich...

Schwere Granaten heulten durch wattige Wolken heran, schlugen unweit ein. Thiel konzentrierte sich aufs Lenkrad, Altdörfer rutschte tiefer, hätte am liebsten unter seinem Sitz Deckung gesucht. Die bespannten Fahrzeuge fielen in unregelmäßigen Trab. Motoren wurden geschaltet. Infanteristen versuchten im Laufschritt mitzuhalten, klammerten sich fest, andere sprangen über den ausgetrockneten Graben zum Feldrand hinüber, erhofften dort mehr Bewegungsfreiheit. Der Schwall von Rädern, Stahlraupen, Menschen und Tieren preßte sich zwischen den ersten Häusern hindurch: Saint Lambert.

»Die nächste Gruppe setzen sie vor das Dorf. Dann sind wir dran.« Rohrbecks Stimme klang so gleichgültig, als hätte er damit nichts zu tun.

»Am besten, wir stellen den Wagen ab und versuchen zu Fuß die Stellungsräume zu erreichen, Herr Hauptmann.«

Thiel wurde von Altdörfer heftig unterbrochen: »Und wie kommen wir dann aus dem Sack?«

»Zunächst sollen wir doch schießen. Das Tor offenhalten. Die Stellung der vierten Batterie muß ganz in der Nähe sein.« Der Leutnant sprach, als handle es sich um Selbstverständliches.

»Das lassen Sie gefälligst meine Sorge sein! Zunächst müssen wir die Lage erkunden. Alles andere ergibt sich daraus. Zum Schießen ist noch Zeit genug.«

Sieh mal an, wie schnell dein Heldenmut abkühlt, dachte Thiel.

»Der zweite Artillerieflieger nimmt jetzt das Drecknest an.«

ZWANZIGSTES KAPITEL

Der Morgen des 20. August dämmerte. Die Katastrophe wurde erkennbar an den flackernden Abschüssen, die lückenlos die Einkreisung markierten.

Thiel überholte fluchend im Schrittempo eine Flakabteilung. Die weißen Ringe um ihre Geschützrohre, Merkzeichen für abgeschossene Flugapparate oder Panzer, standen im Gegensatz zur ungezügelten Flucht. Bespannte Trosse, die Pferde schweißnaß, erschöpft. Dann wieder Lkw, einzelne Geschütze, Reste von Kompanien, Werfer. Zäh schob sich der graue Strom weiter.

»Was ist das für ein Flächenbrand da drüben links?« Rohrbeck zeigte mit ausgestreckter Hand.

»Moment mal. Könnte Trun sein. Dort ist der Kessel dicht. Aber wir müßten uns jetzt dem angeblichen Loch nähern, das wir offenhalten sollen«, meinte Thiel.

»Glaubst du im Ernst? Erst entschlüpfen die anderen, dann wir? Das ist doch Verhöhnung des Kanonenfutters!« stieß der Funkmeister unterdrückt hervor.

»Irgendwann ist Feierabend, dann steht die Karre eingekeilt. Maschinenpistole, Karte, Feldflasche, alles andere mag zum Teufel gehen. Dort drüben der Kirchturm von Saint Lambert.«

Altdörfer hatte als einziger seinen Stahlhelm aufgesetzt.

Armes Dorf, dachte Thiel, nun wirst du dem Krieg zum Fraß vorgeworfen. Übermorgen haben die Uniformierten alles vergessen. Nur die Bewohner vergessen nicht. Wie viele werden überleben? Ungezählte Franzosen wurden schon vertrieben, erschlagen. Verreckten während der Kämpfe in Heuhaufen und Weizenschlägen. Kamen um unter den Bombenteppichen ihrer Befreier. Aber man spürt, daß sie kämpfen, diese Franzosen. Leisten ihren militärischen, strategisch meßbaren Beitrag. Vor der Invasion keine Nacht ohne Eisenbahnsprengungen. Die durchtrennten Kabelnetze kommen durchweg auf ihr Konto. Jetzt sind sie mit der Waffe angetreten. Werden einiges von den russischen Partisanen gelernt haben.

Und Denise? Das unbewegte Gesicht im Regen, das er seit der Begegnung bei Amayé schon so oft vor sich gesehen hatte.

»Wenn die Staffel rechtzeitig herankommt...«

»Befehlen Sie Einweiser der Stabsbatterie vier Uhr dreißig zum Nordausgang Saint Lambert.«

»Jawohl, Herr Hauptmann!« Thiel schickte den Kradmelder mit diesem Auftrag zur Batterie zurück.

»Los, meine Herren! Haben keine Minute Zeit zu verlieren. Wir werden mit unseren Granaten diese anglo-amerikanische Zange auseinanderbiegen!« Altdörfers Sommersprossen waren wie immer verschwitzt. Er rannte hinauf.

Thiel schaute auf die Uhr. Kurz nach drei. In zwei Stunden dämmerte es. Bis dahin mußten die Batterien in den Stellungen sein, zehn Kilometer von hier der neue Gefechtsstand – zehn Kilometer bei diesem Chaos auf den Straßen!

Der Leutnant hielt plötzlich inne beim Zusammenpacken und Verladen. Ein unheimlicher Gedanke kam ihm: Verlängerte nicht jede deutsche Granate die Tragödie? Wenn man zu Ende dachte, hieß das: Kapitulation! Und zwar bedingungslose. Dann wären also alle unsere Anstrengungen auf allen Schlachtfeldern dieses Krieges, alles Sterben und Siegenwollen sinnlos gewesen? Und anstelle des erträumten Endsieges nicht einmal ehrenvoller Friede, sondern Diktat? Ein Über-Versailles vielleicht? Er fand sich nicht mehr zurecht, wenn er an die Konsequenzen dachte.

Sie schleppten beide das Notwendigste zum Fahrzeug. Leb wohl, einsames französisches Bauernhaus. Man hatte sich schon so an *Ferme* gewöhnt. Urlaub sollte man hier verbringen und ausruhen.

Rohrbeck schleuderte die halbvolle Kognakflasche in die nächste Hecke.

»Schade darum, Hans.«

»Ich brauche sie nicht mehr.«

Thiel drehte den Zündschlüssel um. Der Wagen sprang an.

jetzt wie gejagt: »Sich für eine sinnvolle Sache einsetzen? Zum Lachen. Ich habe nicht mal den Nerv gehabt, mich davon zu überzeugen, ob die nächsten Granaten Eiselt von seinen Qualen erlöst haben. Weil es einen Altdörfer gibt. Weil es überall solche Altdörfer gibt. Weil er einer der Ausübenden dieser Macht ist, von der man jede Minute mehr spürt, daß sie gegen *uns* gerichtet ist...« Er drehte sein Gesicht ins Dunkel.

Die Stimme des Hauptmanns nebenan war höher geworden, offenbar wiederholte er etwas Grundsätzliches.

»Eiselt, Kubitza, Naumann sind weder die ersten, noch werden es die letzten sein, die Altdörfers Egoismus zum Opfer fielen.« In Rohrbecks Stimme war Verbitterung. »Immer war es sein Bestreben, sich auf Kosten anderer bei Krusemark beliebt zu machen. Spielt den schneidigen Frontoffizier. Gestern hast du erlebt, was er für ein Arschloch ist.« Rohrbeck war ungewöhnlich erregt.

»Pst, Feind hört mit! Sprich nicht so laut, Hans.«

Der Funkmeister kam mit seinen übernächtigen Augen ganz dicht heran. »Altdörfer wird auch weiterhin dem Leben ins Gesicht treten. Der ändert sich nicht. Vielleicht ahnt er, daß seine Zeit bald zu Ende ist. Aber was weiß denn ich...« Er machte eine wegwerfende Handbewegung.

Die Tür ging auf. Der Oberstleutnant hatte es eilig, tippte lässig an den Mützenschirm und verschenkte ein aufmunterndes Lächeln: Kinder, wir werden es schon machen! Seine Schritte verloren sich nach oben. Das Haustor knarrte, dann rumorte der schwere Kübelwagen davon.

Der Wachtmeister wandte sich mit unterdrückter Stimme an den Freund: »Ob der Regimentskommandeur das Loch aus dem Kessel kennt? Sicherlich, sonst würde er nicht so hasten, nachdem er seine Pflicht bis zum letzten erfüllt hat. Die anderen in ihre Himmelfahrtskommandos einweisen nach dem bewährten Prinzip: Kamerad, schieß du, ich geh Kaffee holen! Aber er sagt nicht mal, wo's den Kaffee gibt.«

»Thiel!«

»Herr Hauptmann?«

»Alles klar? Genug Draht?«

gilbte, immer noch farbenfrohe Etikett. Setzte an und zog, als wäre es Limonade, zwei, drei Finger breit, ehe er Thiel die Flasche zurückgab.

Der sagte nachdenklich: »Wenn Vater mal einen solchen Kognak geschmeckt hätte... Trank bestenfalls an Festtagen einen billigen Tropfen. Zeit seines Lebens hatte er mit groben Eisenkloben zu tun, immer in der Hoffnung, daß sein Sohn sich mal nicht so schinden muß.«

»Ich kenne diese Generationsfürsorge, mit Klöppeldeckchen, Kaffeekränzchen und sonntäglichem Kirchenbesuch garniert.«

»Meine Mutter... ständig waren ihre Finger bis ins rohe Fleisch aufgesprungen vom Waschen mit schlammiger Schmierseife. Für fremde Leute. Damit ich die höhere Schule besuchen konnte.«

Rohrbeck nahm wieder einen langen Schluck.

»Dann war dreiunddreißig«, fuhr Thiel fort. »Abitur und schließlich Schulterstücke. Ich war *was Besseres* geworden. Meine Eltern sonnten sich verstohlen im Glück. Wagten die erste Reise ihres Lebens mit einem Kraft-durch-Freude-Schiff. Nach Madeira. Sahen das Reich mal von draußen. Ein Hochgefühl: Wir tüchtigen Leute. Als der Krieg kam, regte sich in ihnen der Instinkt einfacher Menschen, die alles mit ihrer Hände Arbeit zu schaffen und zu erhalten gewohnt sind. Waren Bomben und Granaten, gleich, gegen wen gerichtet, Erfüllung? Sollten ihre Kinder als Blutopfer dargebracht werden?«

Der Leutnant zündete sich eine Zigarette an, seine Hände zitterten leicht. Es drängte ihn weiterzusprechen. »Jeder Schritt meiner Reitstiefel in fremder Leute Dasein bedrückte mich. Aber ich mußte weiter und weiter marschieren. Im Osten nach Osten und die gleiche Wegstrecke zurück. Im Westen vom Mittelmeer an die Atlantikküste. Und von dort in diesen Kessel. Wie oft habe ich schon gedacht: Man dürfte da nicht mitmachen. Man müßte sich für eine sinnvollere Sache einsetzen. Frieden sollte sein. Innere und äußere Gerechtigkeit. Schön pathetisch gesprochen, wie?«

Rohrbeck winkte ab. »Zum Schießen und Knochenhinhalten braucht man uns, aber sonst sind wir der letzte Dreck.« Er redete

»Wir sind nur voller Hochachtung für die märchenhafte Scheiße«, sagte Gengenbach.

»Herr Oberleutnant, Ihnen geht jedes Gefühl für den Endsieg ab!« Klasen imitierte Meusel.

Gengenbach nahm seine Hand an die Mütze. »Weiß unsere Sache in Ihren Händen bestens aufgehoben. Empfehle mich. Und so weiter und so weiter.« Es war, als hätte Krusemark gesprochen. »Mach's gut, Hinrich!« Gengenbach nickte, als wollte er sagen: Mensch, Mensch, diesmal geht es in die Hose! Dann polterten sie die Kellertreppe hinauf.

Thiel übertrug die Stellungen auf seine Karte. Zum Teufel mit der Grübelei, dachte er. Ich habe Durst. Durst wie in den ruhigen Wochen am glutheißen Mittelmeer, unsrem Transitraum zwischen Ostfront und Atlantik. Im Wagen müßten noch ein paar Flaschen Schnaps sein, letzte Marketenderwaren. Sind auch die Anteile von denen dabei, die in den vergangenen Tagen an normannischen Straßen liegenblieben.

Rohrbeck hatte das Gesicht auf die Brust gesenkt, die Beine lang ausgestreckt. Er schlief. Das Hindenburglicht blakte unruhig.

Thiel ging hinaus. War wieder angezogen von diesem Anblick makabrer Großartigkeit: Über den Horizont zuckte Lichtgeflacker von ungezählten Abschüssen. Mitternacht vorüber. Das Keimen des Morgens war bereits zu ahnen. Sonntagmorgen.

Man sollte das Vergessen fördern, dachte Thiel, in der Liebe und im Krieg. Denise... Wir wurden Jahr für Jahr von allen Seiten geprügelt, bis wir angeblich hart waren. Und doch tut es so weh. Hans Rohrbeck geht es nicht anders. Martina – das quält ihn ebenso wie das Erlebnis gestern mit Eiselt, aber auch mit dem jungen Kubitza und mit Naumann. Ob Rohrbeck das jemals vergessen kann? Für mich ist es das Infamste, was mir der Krieg bisher zugemutet hat. Der Krieg? Altdörfer. Hauptmann Alois Altdörfer.

Als Thiel wieder im Keller war, schlug Rohrbeck die Augen auf. In Sekundenbruchteilen war in ihnen volles Begreifen. Sie erfaßten den Raum, die entkorkte Flasche auf dem Tisch. Er nahm sie langsam und betrachtete nachdenklich das leicht ver-

»Am Morgen des zwanzigsten August sollen sie bezogen sein. Südlich Trun, westlich von Saint Lambert-sur-Dives und am Rand von Moissy. Staunste, Hinrich, nicht wahr?«

»Du hast nur vergessen zu sagen, Gerhard, daß ihr berufen seid, den imaginären Schlauch in die Freiheit mit euren Granaten offenzuhalten.«

Der Oberleutnant winkte ab. »Wird dich vielleicht interessieren: Falaise ist am Sechzehnten von Westen her genommen worden. Am nächsten Tag hat Feldmarschall Model den Kluge abgelöst.«

»Woher weißt du das?«

»Hat der Kommandeur erzählt.«

»Und jetzt?«

»Jetzt greifen die Kanadier von Norden über Chambois hinaus an. Und die Amis stoßen ihnen von Süden entgegen.« Er hatte seine Stimme wegen des am Tisch schlafenden Rohrbeck unwillkürlich gesenkt.

»Demnach müßten die Kanadier Trun längst haben?«

»Seit vierundzwanzig Stunden.«

»Und Chambois selbst?«

Gengenbach zuckte die Schultern. »Gestern abend soll sich alles, was Beine hat, dort getroffen haben: Amis, Franzosen und die erste polnische Panzerdivision. Entlang der Dives stehen nur Kanadier.«

»Also Klappe zu!«

»So dicht ist kein Kessel, daß wir nicht irgendwo durchgingen.« Der Oberleutnant grinste.

»Und deine Batterie, Gerhard?«

»Habe erstaunlicherweise noch ein paar Geschütze. Die vierte und die fünfte fahren zusammen zwei und eine halbe Spritze spazieren.«

»Im Vergleich zu anderen fast noch volle Ausstattung.« Thiel wechselte das Thema: »Wurde denn über Grapenthin oder Dörnberg gesprochen?«

»Kein Sterbenswörtchen.«

Klasen kam aus dem Nebenkeller, blieb stehen. »Die Herren Kameraden versichern sich gegenseitiger Hochachtung?«

Häuser sie fehlorientiert?« Altdörfers Argument mutete erstaunlich an.

»Möglicherweise unterstellen sie, die SS transportiere grundsätzlich Munition im Schutz des Roten Kreuzes?«

»Was erlauben Sie sich, Rohrbeck! Sind Sie denn von Sinnen, derartige Feindpropaganda nachzuplappern!«

Der Wagen stand, seine Hinterräder drehten auf der fetten Ackerkrume durch. Altdörfer und Rohrbeck mußten schieben. Dann folgten sie einem breiten glatten Feldweg südlich Brieux.

Thiel sinnierte: Der Fall von Paris steht vor der Tür. Am vierten Juni ging eine andere Hauptstadt verloren: Rom. Und das wird erst der Anfang sein. Die alliierten Strategen haben offenbar den Kessel noch nicht dicht. Und unseren Nachtwächtern gelingt es nicht, die Truppe herauszuziehen. Den Russen würde beides nicht passieren, ihre Heerführer sind andere Kaliber. Jodl oder Keitel haben sich offenbar wieder nicht entschließen können, ihrem Führer zu empfehlen, rechtzeitig ein Stück Land aufzugeben und eine zerfranste Front zu begradigen. Das ist Führung Marke Stalingrad, Kubanbrückenkopf, Krim, Orelbogen...

Die Ferme kam in Sicht. Eine Munitionskolonne der Division hatte bisher dort kampiert. Mit einer Handvoll zerlöcherter Lkw begab sie sich auf ihren weiteren Rückzug. Klasen und Gengenbach waren bereits anwesend. Oberleutnant Naumann sei nicht zurückgekommen, teilte sein Batterieoffizier mit. Gleich danach traf Meusel ein, stieg sofort in den Keller hinunter und sprach mit Altdörfer allein. Nach einer Weile durften die Batteriechefs dazukommen.

Thiel trat den Zigarettenstummel aus und ging in den anderen Keller. Die Wände waren feucht, stanken nach Sidre. Er setzte sich und fand es wohltuend, die Augen zu schließen und die Gedanken aus dem Gemäuer dieser abgelegenen Ferme ins Weite gleiten zu lassen. Paris. Jetzt im Louvre sein, bei den Werken der frühen Italiener, vor den Bildern Rembrandts...

Gengenbach kam als erster wieder aus dem Nebenkeller. Die neuen Stellungen hatte er auf der Karte grob eingezeichnet.

ser zurückzulassen: »Soll sehen, wie er durchkommt, falls er den Panzerangriff überstanden hat. Es genügt, wenn sich seine Batterie um ihn kümmert.«

Die Fahrzeuge ruckten an.

Hauptwachtmeister Toni Kempen hatte Auftrag, die Reste der Stabsbatterie nachzuführen und im Morgengrauen in einer Waldnase südwestlich Trun bei der dort abgestellten Gefechtsstaffel weitere Befehle entgegenzunehmen. Der Kommandeur mußte mit Thiel und Rohrbeck zur persönlichen Einweisung durch Meusel zu einer abseits gelegenen Ferme vorausfahren. Der Kradmelder hing wie angebunden hinter dem Wagen, war in der Staubwolke kaum zu erkennen.

Unterwegs dachte Thiel darüber nach, wann der Tatbestand des vorsätzlichen Mordes erfüllt sei. Eiselt? Die Unterlassung einer Hilfeleistung ist schon strafbar. Das Verbot einer solchen, um ihn verbluten zu lassen, ist vorsätzlicher Mord. Kubitza? Ein taktisch wie nachrichtentechnisch durch nichts begründeter Befehl. Ein vorsätzlicher Mord. Und Naumann? Ihm strikt zu befehlen, seine B-Stelle gegen Panzer zu halten, und gleichzeitig den eigenen Rückzug einzufädeln?

Altdörfer saß wie immer allein hinten im Wagen. Seine Lippen waren Striche durch eine ovale Kalkfläche. Rohrbeck starrte in die Dunkelheit, als sehe er das Gesicht Eiselts vor sich: bleich, die Augen schon tot, als er noch lebte.

Die Nacht war mondlos, lag wie ein schwarzes Tuch über dem riesigen Schlachtfeld. Ortschaften verbrannten mit grellem Flammengezüngel. Die Straßen waren verstopft von zerschossenen Nachschubkolonnen. Thiel mußte höchste Fahrkunst aufwenden, um nicht steckenzubleiben. Er durchquerte einen Graben und fuhr an einer endlosen Kolonne zerbombter Rotkreuzfahrzeuge vorbei. Tote lagen dazwischen.

»Und das sollte man aus der Luft nicht erkennen?« fragte der Leutnant leise.

»Sie illuminieren doch nachts die Leichenfelder mit ihren Christbäumen«, ließ sich Rohrbeck vernehmen.

»Vielleicht hat aufgewirbelter Staub und Qualm brennender

»Scheren Sie sich gefälligst zu Ihren Nachrichtenleuten!«
»Er verblutet!« Rohrbecks Stimme überschlug sich.
»Die Abteilung hat den Auftrag, die Schleuse aus dem Kessel offenzuhalten. Es geht um hunderttausend Mann. Um uns alle. Wir haben nicht eine einzige Minute zu verschenken. Jeden Augenblick können britische Panzer hiersein. Wollen Sie das verantworten?« Altdörfers Augen waren bläßlichblaue Schlitze im Gesprenkel der Sommersprossen.
»Lassen Sie mich Oberleutnant Eiselt holen!« In Rohrbecks Stimme schwang fast ein Betteln.
»Eiselt nutzt uns nichts mehr. Er ist dieser Schicksalsstunde zum Opfer gefallen.«
»Ich verspreche Ihnen, mit dem Stabsbatteriechef nachzukommen!«
»Das könnte Ihnen so passen. Los, tummeln Sie sich!«
»Man kann ihn noch retten!« Es war wie ein Aufschrei.
Altdörfer riß die Maschinenpistole durch, kalt und entschlossen. »Vorwärts!«
Rohrbeck fiel der Strick aus der Hand. Totenblaß stolperte er an Thiel vorbei, der wieder zurückgelaufen war, um Eiselt und Rohrbeck zu helfen, und nun hinter einer dicken Platane stand. Das ist ein weiterer Racheakt an Rohrbeck wegen Martina, dachte der Leutnant. Um den Funkmeister zu demütigen, zögert Altdörfer keinen Augenblick, seinen schwerverwundeten Adjutanten aufzugeben.
Der Kommandeur lauschte, ob nicht noch im letzten Augenblick britische oder kanadische Gleisketten heranrasselten. Brüllte wiederholt: »Fertigmachen!«
Die Männer der Gefechtsstaffel sprangen auf die Fahrzeuge. MG-Schützen suchten den Abendhimmel nach Jabos ab.
»Ich glaube nicht, daß wir ihm jetzt noch helfen können, Hans. Sieh mal!« Die Kirche war eine lodernde Fackel.
Altdörfers Stimme stieg noch höher: »Los, meine Herren! Wenn es mir gelingt, den Ausbruch zu ermöglichen...«
Er fragte nicht, ob der Störungssucher Kubitza wieder da sei; er lehnte auch ab, für den möglicherweise noch lebenden Oberleutnant Naumann wenigstens einen Kradmelder als Einwei-

berstenden Grundmauern. Eiselt kümmerte sich nicht mehr darum, er phantasierte auf dem Harmonium. Klar und klarer wurde die Tonfolge: Bach.

Ein schwerer Brocken fuhr durch das aufgerissene Dach, krepierte im Innern der Kirche. Die Reitstiefel hielten jäh inne im Auf und Ab, rutschten kraftlos von den eichenen Tretbrettern. Dann brach Eiselt nieder und schlug schwer auf den liegenden Rohrbeck. Der machte sich fluchend frei und zerrte den reglosen Körper hinter den Stützpfeiler der Empore. Spürte es naß und klebrig an den Händen.

Eiselts Gesicht war grau. Die Augen geschlossen. Der Mund klaffte. Ein großer Splitter hatte ihm den rechten Arm zermalmt. Das Blut quoll blasig. »Ich werde weiterspielen...« Es war kaum zu verstehen.

Rohrbeck hatte weder Leibriemen noch Hosenträger, auch kein Verbandpäckchen, nichts zum Abbinden. »Ich suche Verbandzeug. Pressen Sie inzwischen die Wunde zusammen, so gut es geht. An der Schulter.«

»Es lohnt nicht...«

»Sie müssen leben, Mensch! Leben wollen!«

Eiselts Kopf sank nach hinten.

Da jagte der Funkmeister los. Verhielt einen Augenblick im halb zusammengefallenen Portal, als müßte er sich in der veränderten Landschaft erst zurechtfinden, sah sich verzweifelt um. Dann hetzte er zu dem krepierten Rind, zerrte den Strick vom blutverkrusteten Hals, wollte damit wieder zurück in die Kirche.

»Rohrbeck, hierher!«

Der Funkmeister fuhr herum. Vor dem Pfarrhaus stand Altdörfer, die Maschinenpistole am Riemen in der Rechten.

Rohrbeck taumelte auf ihn zu, wollte Meldung machen.

Altdörfer unterbrach ihn mit hoher Stimme: »Sie wissen, daß ich Sie wegen Feigheit vor dem Feind vors Kriegsgericht stellen könnte.«

»Aber Oberleutnant Eiselt!«

»Hat den Gefechtsstand ebenso verlassen wie Sie!« Sein rötliches Haar flimmerte in der Sonne.

»Er ist schwer verwundet, Herr Hauptmann!«

»Du bist in der SA, Ludwig, bist überzeugtes Mitglied der NSDAP. Gott und Hakenkreuz sind unvereinbar, habe ich bei Rosenberg gelesen. Hitler schwört nur auf die Vorsehung!«

»Der Führer wird die Plutokraten in die Knie zwingen. Warum sollte er die Vorsehung nicht korrigieren?« Eiselt suchte krampfhaft nach einem Halt, an dem er sich aufrichten konnte.

»Und die Russen?« Rohrbeck ließ sich von Eiselts wirrer Propaganda nicht beeinflussen. »Sie stehen vor Ostpreußen. Ohne Vorsehung, aber mit Macht!«

Eine neue Lage schwerer Granaten kam herangejault. Der Boden schwankte.

»Macht? Nur einer hat die Macht ergriffen. Also muß er auch die Macht haben, uns hier herauszuholen!« Eiselt nickte nachdrücklich. Die Finger schlugen erneut auf die Tasten mit abgehackten Bewegungen wie buntbemalte Trommler in Jahrmarktbuden. Das Durcheinander der Töne hatte entfernte Ähnlichkeit mit dem Badenweiler Marsch. Jetzt verzerrte sich sein Gesicht zur Grimasse: »Sieg Heil! Sieg Heil! Sieg Heil!« Der ganze Körper bäumte sich zuckend. Von den Mundwinkeln flockte Schaum. Dann brach er in ein gellendes Gelächter aus, das ihn schüttelte, lachte und lachte... »Sie haben uns verraten und verkauft«, keuchte er.

Eiselt ist reif für die Klapsmühle, dachte Thiel und lief hinaus. Er mußte zu den Protzen. Die Sonne stand graugelb hinter dem Qualm. Das Gelände um die Kirche glich einer Mondlandschaft. Krater an Krater. Grabsteine lagen übereinandergestürzt. Den Gipsengeln fehlten Nasen und Ohren. Marmortafeln waren gespalten. Wie ein Betrunkener stolperte der Leutnant durch das Gewirr von Mauerbrocken, abgesplitterten Ästen, herabhängenden Telefonleitungen und Löchern im Straßenbelag.

Über die Felder kamen Fernsprecher mit vollen Aufnahmetrommeln angehetzt. Funkgeräte waren bereits verladen. Die Fahrzeuge standen noch getarnt. Einige Leichtverwundete warteten mit stumpfen Gesichtern. Es waren alle dort bis auf Altdörfer und den Funker. Und Kubitza fehlte.

Im Ort jetzt kein einziger Einschlag. Nur gegen die Kirche raste eine Woge der Vernichtung. Flammen flackerten aus den

kam ihm ein Gedanke an Denise, aber die irren Tonkaskaden, die unter Eiselts Händen entstanden, zerrissen das Gespinst. Er sah des Adjutanten verwüstetes, von Todesangst entstelltes Gesicht und dachte: Eiselt dreht durch. Ein Wunder? Kein Wunder! Woche für Woche Granathagel, Tag um Tag Rückzug, Stunde um Stunde ohne Schlaf neben Feldfernsprechern, jede Sekunde die Nervensäge Altdörfer mit der erbärmlichen uneingeschränkten Selbstsucht und der großmäuligen Strammheit. Eiselt kam schon angeknackst aus dem Osten. Er hat Stalingrad zum Teil mitgemacht und glaubte nicht mehr an Görings Luftwaffe. Er hat bei Orel erfahren, daß die Rote Armee mehr vermag als die deutsche Führung. Der Dnepr konnte nicht gehalten werden. Und der unbesiegbare Atlantikwall zerbröckelte ebenfalls. Eiselt weiß nicht erst seit gestern, daß die Schlacht in der Normandie verloren ist. Beten um Hilfe? Wunder? Wer sollte denn helfen, den Kessel wieder aufzumachen?»Gott hat immer auf Seiten der Reichen und Satten gestanden«, rief er wütend in Eiselts Spiel hinein, »ich habe persönliche Erfahrungen auf diesem Gebiet.«

Eiselt stierte dem Leutnant ins Gesicht, aus schmalen Augen, in denen die Pupillen unnatürlich vergrößert waren, als hätte er Belladonna genommen. »Ich gebe zu, ich habe früher an Gott geglaubt. Mein Beichtvater kann es bezeugen.« Heiser, unwirklich fremd klang die Stimme des Oberleutnants.

Rohrbeck kroch auf allen vieren hinter die Organistenbank. Eiselts Reitstiefel traten unablässig die Luftpedale. Auf und ab. Auf, ab. Auf, ab...

Ein ungeheurer Schlag erfüllte den Raum. Das Giebeldach stürzte herunter, von einem Volltreffer aufgerissen. Balken, Bretter, fauliges Rohrstroh fetzten umher. Mit schrillem Laut verstummte das Harmonium.

»Vielleicht sollte dein Beichtvater jetzt ein Wort für dich einlegen, es wäre gut für uns alle.« Thiel wollte kaltschnäuzig sein, aber auch in seiner Stimme schwang Furcht.

»Du sprichst wie ein Kleinbürger mit Linksdrall, Hinrich. Sind die Eierschalen noch nicht ganz abgefallen? Aber vielleicht hilft er wirklich nicht mehr. Hinausgestoßen in die Finsternis...«

des Krieges? Kirche, das war für ihn ein Kreis mit aufgesetztem Kreuz als topographisches Zeichen, genau vermessene Stelle in jeder Karte. Kirche konnte im Normalfall Richtpunkt zum Einschießen mit hohen Doppelzündern sein oder Ziel für breites Vernichtungsfeuer zusammengefaßter Artillerieabteilungen.

Das Wegstück zur Protzenstellung lag jetzt unter heftigem Beschuß, dort kam niemand durch.

Eiselt spielte, verzerrt zu unsinnigem Marschrhythmus: »Ich weiß, es wird einmal ein Wunder geschehn...« Eine Art Bauernschläue war in seinen Augen, sie suchten Rohrbeck, der hinter einem Pfeiler kauerte.

Des Funkmeisters Mundwinkel waren spöttisch verzogen. »Wunder? Daß ich nicht lache. Wäre schon eines, wenn wir hier heil herauskämen.« Er spuckte auf die Steinplatten.

Seit ein paar Minuten hatte das entnervende Kreischen der Geschoßbahnen ausgesetzt. Das Warten ließ die Angst noch heftiger werden.

»Das Leben ist uns noch alles schuldig!« Eiselts dumpfe Stimme fuhr in die Spannung.

»Goebbels Wunderparole wird uns dabei kaum noch helfen!«

»Er sagt nur, was alle glauben!« Der Adjutant klammerte sich an den Begriff Wunder. »Wenn nicht – vielleicht wird er helfen...?«

»Wer denn *er*?« fragte Rohrbeck irritiert.

Draußen krepierten ein paar Granaten unmittelbar neben der Kirche. Thiel kroch hinter den Pfeiler, der auch Rohrbeck schützte. Ihm war nicht nach Reden, es drängte ihn zur Protzenstellung, um die Gefechtsstaffel marschbereit zu machen.

Eiselt hob die Rechte zu einer pathetischen Bewegung. »Wer? Gott! Er ist doch auch für die, die von ihm abgefallen sind, der Gott der Liebe, der Barmherzigkeit, er muß es sein. Was meint ihr, wie viele jetzt stumm beten: Deine Güte, Deine Fürsorge schenk uns! Du bist allwissend! Schau nach in den Granatstapeln der Engländer, verhüte, daß sie schon dabei ist, jene Granate, die für uns gedreht wurde in Edinbourgh, Sheffield oder sonstwo. Du vergibst den Sündern!«

Thiel wischte sich den Schweiß von Stirn und Hals. Flüchtig

Eiselt winkte aus der halboffenen Kirchentür. »Los, Hinrich!«
Der Schrei drang dünn durch den Lärm. Thiel war es, als ob eine Last abzuwälzen wäre, bevor er sich erheben konnte, Geflimmer vor den schweißbrennenden Augen. Schwerfällig stolperte er auf die Kirche zu, hatte kein Gehör für das Stöhnen eines Rindes, dem ein Splitter das Gedärm herausgefetzt hatte. Irgendein anderes Wesen schien für ihn wahrzunehmen und zu registrieren: rotbunte Kühe und graue Bruchsteinhäuser. Was Altdörfer zu Eiselts und Rohrbecks eigenmächtigem Verlassen des Gefechtsstandes sagen würde, falls er jemals noch dazu Gelegenheit fand? Oder hatte der Kommandeur sie mitgeschickt, damit der Stellungswechsel reibungsloser ablief?

Thiel schob sich durch das Portal. Düster lag das Innere der kleinen Kirche. Vom seeluftgebräunten Altarbild waren lange Späne herausgerissen. In der Nordseite des kurzen Schiffes klaffte ein metergroßes Granatloch. Auf den Bänken Gesangbücher, als werde jeden Augenblick das Klingelzeichen ertönen und der Geistliche eintreten, den Gottesdienst zu beginnen.

Überall knirschten die bunten Glassplitter unter den Stiefelsohlen. Ein unheimliches Gefühl kroch Thiel warnend über den Rücken.

Eiselt lief staksig wie ein angeschlagener Boxer, der vom Gong gerettet wurde. Kraftlos ließ er sich auf die Organistenbank fallen, zog einige Register, als gehöre das zu seinen täglichen Übungen. Dann formten die Hände ein grelles Vorspiel. In Terzen und Quinten suchte er nach einem melodisch umsetzbaren Gedanken.

Oberleutnant Ludwig Eiselt wehrte sich gegen die wachsende Einsicht, daß er nicht erst im Laufe dieses Krieges betrogen worden war und daß er sich auch heute noch selbst betrog. Er wollte mit seinem Tonzauber das Erbrechen angesichts glotzender Leichen vergessen. Er wollte die Furcht vor dem Sterben niederkämpfen. Er suchte Sicherheit und Trost im Geheimnis des Tabernakels, ohne zu wissen, ob man im Schoß der Kirche wirklich so sicher war, wenn es um Bomben und Granaten ging. Er spürte voller Angst, daß er sich während der letzten zehn Jahre nie um Gott gekümmert hatte. Die Orgel war ihm alles, das Ritual nur noch eine Jugenderinnerung gewesen. Und während

Kilometer von hier entfernt ist, kennt Le Locheur in der Normandie, dachte Rohrbeck. Es wird für einige von uns zum Grab werden, und die Angehörigen werden diesen Fleck vergeblich auf dem Schulatlas suchen, sofern sie den amtlichen Brief überhaupt erhalten. Trauernde Hinterbliebene, die keinen geographischen Anhalt für ihre Trauer haben. Raus aus diesem stickigen Le Locheur, bevor die Cromwells mit ihren Stahlrüsseln vor den Fenstern stehen! Auch hier wird der Kessel dichtgemacht und zusammengedrückt.

Die Protzen der Nachrichtenstaffel standen hinter einem Gutshaus, zweihundert Meter jenseits der gedrungenen, aus Feldsteinen gefügten Dorfkirche mit ihren schrägen Stützpfeilern um Schiff und Turm. Dort lagen bisher kaum Einschläge.

»Leutnant Thiel!«

»Herr Hauptmann?«

»Flitzen Sie zu den Fahrzeugen. Motoren warmlaufen lassen. Bereithalten zum Verladen des Funk- und Fernsprechkrams!«

Bei den Fahrzeugen besteht eine Chance zu überleben, man muß nur erst heil dort ankommen, dachte der Leutnant und schnallte sich das Koppel um, nahm Mütze und Kartenbrett. Bis auf zwei Mann könnte längst alles weg sein. Ob überhaupt noch ein Infanterist vor uns ist?

Im Dachstuhl begannen Flammen zu knistern. Es roch nach brennendem Gerümpel. Mit einem Sprung war Thiel an der Tür, drückte den Griff herunter. Frische Luft. Hinter ihm polterte ein Stuhl. Er blickte zurück. Eiselt und Rohrbeck folgten ihm. Er raste durch den Gemüsegarten. In der Luft schwoll das Pulsen heranrasender Geschosse. Das Haus lag in einer Qualmwolke. Erdbrocken prasselten herab.

Da jagten Eiselt und Rohrbeck an ihm vorbei zur Portalseite des Kirchturms.

Thiel hatte das Empfinden, einen Herzschlag zu lange gezögert zu haben. Infernalische Paukenschläge, Splittergefauch. Er sah sich selbst wie in einem Film, der alles ins Maßlose überzeichnet, sah seinen Körper qualvoll langsam an der Mauer niedergleiten. Er krallte sich in die Erde und wartete auf den letzten, endgültigen Schlag. Wartete...

bemalter Kalk splitterte von den Wänden. Die massive Balkendecke hielt jedoch. Stickige Schwaden zogen dem Grollen nach. Die Männer des Gefechtsstandes preßten sich in den toten Winkel zwischen Fußboden und Wand. In jedem Hirn der gleiche Gedanke: Panzer durchgebrochen. Vielleicht nur ein Vorstoß zur gewaltsamen Aufklärung? Entweder machen sie uns mit diesen Panzern fertig oder mit der Ari oder mit dem nächsten Bombenteppich. Zwischen Trun und Chambois soll noch ein schmaler Korridor ins Freie führen... Und wir sitzen hier fest!

Ein Feuerüberfall köpfte nun den Hügel vor dem Garten. Bäume sanken um. Nur die Hecken schienen unverwundbar.

Thiel musterte unauffällig den Kommandeur. Trotz Invasion stiernackig geworden im letzten halben Jahr von den vielen guten Häppchen. Wie seine Hände den Telefonhörer umkrampfen. Seit der Aufstellung im Februar ist mir dieses Gesicht mit den Sommersprossen zuwider. Überall rötlich schimmerndes Haargewöll, am Hals, aus dem Feldblusenausschnitt, im Nacken. Wie gemein hat er sich Martina und Hans Rohrbeck gegenüber benommen. Ich bin sicher, daß er jetzt auch für Gengenbach irgendeine Schweinerei im Rohr hat.

Der Funkmeister streifte den Kopfhörer von einem Ohr und sagte halblaut zu Thiel: »Sollen beim Regiment nicht so lange zaubern und uns endlich abhauen lassen aus diesem Drecknest. Aber die sind ja weit genug vom Schuß.«

Altdörfer horchte zu den beiden hinüber, konnte aber nichts verstehen.

»Aufprotzen zum Stellungswechsel nach rückwärts – darauf wartet doch alles!« Rohrbeck war bleich, was seinem schmalen Schädel mit dem weißblonden Haar und den lichtblauen Augen etwas Gespenstiges gab.

Auch Oberleutnant Eiselts Gesicht war blaß. Seine unruhigen Augen hingen an der dickbohligen Tür, als wäre sie einem bestimmten Gedanken und seiner Verwirklichung im Wege. Er dachte daran, daß hinter der felsigen Gartenmauer viel sicherere Deckung wäre als in der Bauernstube. Sein schwarzes Haar war feucht, das Gesicht von Angst entstellt.

Le Locheur – niemand auf der Welt, wenn er mehr als zehn

Er sah sich im Raum um. Dreißig Grad staubige Hitze. In Stalingrad waren es dreißig Grad unter Null gewesen. Und Schneesturm.

Die Klingel eines der Telefone schrillte. Die Leitung zur Beobachtungsstelle der 5. Batterie. Dort saß Oberleutnant Naumann am Scherenfernrohr.

Der Fernsprechgefreite wurde blaß, bewegte tonlos die Lippen, dann stotterte er: »Jawohl, Panzer! Feindliche Panzer greifen an und sind durchgebrochen... Hallo?!«

Altdörfer wurde plötzlich beweglich. »Fragen Sie doch, wieviel Panzer angreifen, Mensch!«

Der Gefreite lauschte, sprach mechanisch nach: »Schätze, mindestens zwei Dutzend.«

Altdörfer nahm den Hörer. »Naumann, Sie halten unter allen Umständen die B-Stelle! Wegen der paar Panzer, wäre ja gelacht. In welcher Richtung...Hallo...Hallo!« Er kurbelte. »Berta fünf, hören Sie mich? Hallo, Naumann!« Die Kurbel drehte sich schnell und leicht, erzeugte einen hohen Ton. »Die Leitung ist tot. Störungssucher!« Altdörfer blickte sich um.

Der Gefreite Kubitza erhob sich ohne Eile. Draußen sprangen Ketten von Fontänen hoch, zerpflügten das Gelände.

»Worauf warten Sie noch, Sie Heini?«

Kubitza hängte sich den Kontrollapparat um, stülpte den Stahlhelm auf und sah den Hauptmann von oben bis unten an, ehe er hinausging.

Ich hätte ihn nicht geschickt bei diesem Feuer, dachte Thiel und sah, wie Kubitza, der das Kabel durch die geschlossene Hand laufen ließ, in einem Trichter verschwand.

Altdörfer schob Rohrbeck einen Meldeblockzettel zu. Der schaltete das Gerät auf Frequenz Regimentsstab. Die Taste ratterte: »Bei Berta fünf feindliche Panzer durchgebrochen. Etwa dreißig. Zur Zeit keine Verbindung.« Er drehte auf Frequenz 4. Batterie. »Stellungswechsel vorbereiten. Protzen heranziehen.« Rohrbecks Gesicht zuckte beim Morsen, verschwunden war das gelöste Lächeln des Brieflesers. Jetzt rief er die 6. Batterie, Gengenbachs Reste.

Ein eiserner Schlag fuhr gegen den Dachgiebel. Ziegel flogen,

öfter darauf wartete, sie wieder zu hören. Schließlich sehnte ich mich nach dem Menschen, der zu dieser Stimme gehört, wollte ihn sehen und... lieben? Das brachte mir das Leben dann wie ein ganz großes Geschenk.

Leben... Seit Monaten habe ich nun schon nichts mehr von meinem Bruder Wolf gehört. Auch meine Mutter nicht. Es wäre schön, wenn Du jetzt Deinen Arm tröstend um mich legen würdest. Ich habe Dir noch nie einen langen Brief geschrieben, verzeih, wenn manches durcheinandergeht...

Hier unten am Mittelmeer ist eine Gluthitze. Mir scheint, die Spannung kommt nicht nur von der sengenden Sonne, sondern... Ich weiß nicht, mir ist, als läge etwas in der Luft. Es ist schlimm, daß Krieg ist. Schlimm für alle in Uniform. Schlimm, daß dieser Krieg sich ausgedehnt hat, daß jeden Augenblick Menschen sterben. Aber gelt, Du versprichst mir wiederzukommen, zu mir zu kommen. Zu *mir* ist sicherlich gar nicht mehr zutreffend. Ich schrieb doch schon: Ich trage Dich bei mir. Liebster, ich freue mich ja so. Und Du? Ich möchte jetzt gern in Deine Augen sehen, denn ich bin Deine, ganz Deine glückliche Martina.

Rohrbeck wischte sich über die Augen, es dauerte lange, ehe er wieder zurückfand in die Gegenwart eines normannischen Bauernhauses, über dessen Dach Granaten zerbarsten. Er faltete den Brief mit zärtlicher Sorgfalt zusammen, steckte ihn ein und wandte sich mit einem Seufzer der Karte zu, die vor ihm lag. Darauf war der Kessel als schrägstehendes Rechteck erkennbar, von Argentan Richtung Osten über den Bois de Gouffern und le Bourg St. Léonard nach Chambois, dann das sumpfige Bett der Dives entlang Richtung Kanalküste, an Trun vorbei nach Westen über die Falaiser Straße hinweg. Von Westen und Süden drückten die Amerikaner, im nördlichen Bogen Kanadier und Engländer. Zehn Divisionen der Wehrmacht und sieben der Waffen-SS, dazu die Reste vieler anderer Verbände, Einheiten und Institutionen auf engstem Raum. Alles war in verzweifelter Bewegung, aus diesem Sack zu entkommen.

Die da drüben wollen den militärischen Profit aus der Normandieschlacht, dachte Thiel. Nach genau fünfundsiebzig Tagen geht es jetzt um die Beute, obwohl sie nur Schrottwert hat.

Neunzehntes Kapitel

Vor dem Bauernhaus, wo sich Altdörfers Stab eingerichtet hatte, stiegen die Dreckfontänen schwerer Einschläge hoch. Das jahrhundertealte normannische Gehöft hinter der umlaufenden Mauer aus wuchtigen moosgrünen Steinquadern gehörte zur unendlich zerschnittenen, geteilten Landschaft des Bocage; Hecken und Normandie, eines ohne das andere nicht denkbar. Die Luft flimmerte vor Hitze, obwohl die harten Schlagschatten schon länger wurden. Rings am Horizont war das Grollen der Umklammerung: Engländer und Kanadier wollten jede Absetzbewegung verhindern; seit zwei Tagen flogen Granaten fast aus allen vier Himmelsrichtungen in den zusammenschrumpfenden Raum.

Leutnant Thiel nahm den Kopfhörer ab. »Funkmeister, setzen Sie sich mal eine Weile ans Gerät.«

Über Rohrbecks Gesicht huschte ein Lächeln wegen dieser offiziellen Anrede. Er setzte sich, schob aber die Kopfhörer beiseite und zog aus der Feldblusentasche ein Papier, faltete es auseinander und las: Geliebte Martina, ich denke an Dich... Seine weißen Augenbrauen zogen sich zusammen, er schob den Brief rasch in die Tasche zurück, brachte einen anderen zum Vorschein und begann wieder zu lesen, wie er ihn schon oft gelesen hatte, und wie jedesmal löste sich die Spannung in seinem Gesicht, das Düstere verflog, lächelnd bewegte er die Lippen:

Hans, Liebster! Guten Tag! Alles Schöne, alles Liebe und Gute wünsche ich Dir, und Dich wünsche ich mir. Ich trage Dich bei mir, jede Stunde unseres Zusammenseins und unseres Glücks. Ich trage bei mir Deine beiden Briefe und Deine Liebe. Dank dafür, Dank für alles.

Du hast von Seehase geschrieben und von Hinrich Thiel. Ich freue mich, daß es zwischen euch keine Spannung mehr gibt. Andere Namen hast Du nicht erwähnt. Ich nehme dennoch an, daß Ihr alle wohlauf seid. *Ihr,* wie sich das anhört. Du! Denn jeder meiner Gedanken ist doch immer nur bei Dir. Und das von jenem Augenblick an, als ich zum erstenmal Deine tiefe, beruhigende Stimme am Vermittlungsschrank hörte und immer

schüttelte langsam den Kopf. Seine Worte kamen stockend, als müsse er sie mühsam suchen. »Hätten alle entschieden wie du, würde Joséphine jetzt noch bei mir sein. Bei uns...« Er fuhr sich über die Augen. Eine lange Pause entstand, ehe er wieder ansetzte. »Deutsche und Franzosen, das sind nur behauptete Gegensätze. Deutsche und französische Arbeiter haben keine Veranlassung, aufeinander zu schießen. Der Mann in Hitlers Generalstab und der hinter dem Gewehr, das ist der Widerspruch.« Er streckte ihm die Hand hin. »Du warst vom ersten Augenblick an ehrlich. Ich danke dir. Hilf mir das Furchtbare tragen...« Er wandte sich um, blickte suchend in das Antlitz seiner toten Frau und verbarg nun die Tränen nicht mehr.

Baumert ging hinaus.

Als die Sonne sank, wurden Joséphine Leduc und Léon Levallois nebeneinander auf dem zerstörten Friedhof von le Bourg St. Léonard beigesetzt.

Denise war noch immer ohne Besinnung. Paul, Maurice und Wolf Baumert trugen sie vorsichtig zum Spital in der Stadt. Der Arzt konnte nichts versprechen.

Dann gingen die drei Männer in die Dunkelheit. Vor ihnen lag der kegelförmige Berg ohne Namen, die Höhe 192.

Sie fanden Denise. Zwei Schüsse durch die Schulter, ohnmächtig vom Blutverlust.

Wolf Baumert saß stumm in der Ecke. Liebe ich sie immer noch? fragte er sich. Es ist so schwer zu sagen. Kann es in Dreck und Blut und Sterben Liebe und Glück geben? Das Glück des einzelnen hängt vom Glück der Gesamtheit ab. Dieses Mädchen da ist eine Patriotin. Patriotismus – historisch bedingte Liebe zum Vaterland oder so ähnlich, irgendwann gelernt. Vor wenigen Wochen hätte ich eingeschränkt, daß sie eine *französische* Patriotin ist, hätte gedacht: Sie und wir, die mit dem Finger am Abzug einander gegenüberstehen, haben jeder das Recht, Patriotismus für sich in Anspruch zu nehmen. Heute weiß ich, daß es anders ist. Joséphine und Léon sind auch für uns Deutsche gefallen, Denises Blut ist ebenfalls für uns, für mich geflossen.

Joséphine lag auf dem breiten Bauernbett aufgebahrt. Eine Welle des schwarzen Haares war in die Schläfe gezogen. Das kleine runde Loch, von dem tödlichen Projektil verursacht, war kaum zu bemerken. Leduc saß neben ihr, schaute unbeweglich in das noch im Tode schöne Antlitz, suchte darin. Er vermochte nicht zu begreifen, daß sich hier Endgültiges vollzogen hatte. Sein Leben mit Joséphine war Erfüllung und Glück gewesen. Ihre Liebe hatte alles umfaßt, auch die Gefahren des Kampfes gegen die Okkupanten. Er konnte sich den morgigen Tag und das weitere Leben nicht vorstellen ohne ein Lächeln seiner Frau, ohne ihre Liebkosungen, ohne ihren Rat. Verzweiflung spiegelte sich in seinem Blick. Ein unbändiger Drang nach Vergeltung überkam ihn.

Wieder sah er lange auf die unbewegliche Gestalt. Joséphine ist nicht mehr. Die Stunde hat geschlagen. Im Schmerz des Abschieds erkannte er, daß ihr Opfer nur Sinn hatte, wenn er, wenn die Gruppe diesen Kampf bis zum Sieg durchstand.

Er drehte sich um. Baumert hatte sich erhoben.

»Ich bin erschüttert, Kamerad. Deutsche haben deine Frau umgebracht. Ich bin...«

Die dichten schwarzen Augenbrauen waren ein dunkler Strich durch das Gesicht Leducs. Auf dem Rücken seiner übereinandergelegten Hände sprangen die Adern wulstig hervor. Er

kommen bis an die Tür. Dann werde ich soviel wie möglich mitnehmen...«

Wenigstens ein Dutzend Maschinenpistolen hämmerten los. Holz splitterte. Die Tür wurde zersiebt. Léon lag neben der toten Joséphine. Verzeih mir, Paul, dachte er. Ich war in einer Zwangslage. Andere hätten wahrscheinlich alles viel besser gelöst. Ich kann dir deine Frau nicht lebend zurückgeben...

Das MG an der Scheune ratterte wieder los, überlaut klang es in die aufziehende Nacht. Aber sie kamen dennoch in den Hof gerannt. Konnten hier von Denises Waffe nicht mehr gefaßt werden. Die Tür flog auf. Léon schoß. Hülsen flogen scheppernd umher, Körper stürzten übereinander. Der Invalide erhob sich, stand halbgebückt und feuerte auf fliehende Gestalten im Hof. Er bemerkte die Handgranate nicht. Ein grelles Aufblitzen, und er brach zusammen.

Draußen konzentrierte sich ein Feuerschwall auf die Scheunenecke. Das Maschinengewehr schwieg.

Plötzlich war das Mahlen und Knarren von Gleisketten da. Unmittelbar vor dem Gehöft hielten drei amerikanische Panzer. Sicherten nach Norden. Zogen nach einer Weile weiter.

Wie ein Vorhang sank die Stille.

Der Morgen des 18. August dämmerte herauf.

»Erkennst du mich nicht?« Maurice Séguin sprach dicht vor Léons Gesicht.

Nach einer Weile sagte Levallois mit geschlossenen Augen: »Ich bin nicht sicher, ob tatsächlich eine unmittelbare Gefahr für Leib und Leben bestanden hat, Maurice...«

»Wie kam das alles, Léon?«

Der Sterbende flüsterte voller Anstrengung, was der Tag der Befreiung für sie gebracht hatte: Die Amerikaner waren weitergefahren, ohne sich um die Verwundeten zu kümmern.

»Und wo ist Denise? Wir haben sie nicht gefunden.«

Der Atem des Mannes ging rasselnd. »An der... Scheune...« Dann fiel der Kopf zur Seite, und in den Zügen blieb ein Ausdruck, als wäre er immer noch im Zweifel, ob er recht gehandelt habe. Maurice Séguin drückte ihm die Augen zu.

Der Invalide zwang sich, den Kopf über das Fensterbrett zu heben, und feuerte ein ganzes Magazin in die weit auseinandergezogene Gruppe. Joséphine sprang ebenfalls auf, schoß und brach gleich darauf zusammen.

Keine zwanzig Meter mehr, dachte Léon und riß an dem verkanteten leeren Magazin.

Das Maschinengewehr an der Scheune bellte auf, zerfetzte den Angriff. Das Einzelfeuer verebbte. Hier und dort sprangen Schemen hoch, wurden von dem Gefunkel des MG an die Erde genagelt, ins Gelände gepeitscht. Irgendwo war Stöhnen in der Dämmerung.

Der Gefechtslärm aus der Stadt drang wieder voll herüber. Werferfeuer tastete den Raum um das Haus ab. Panzer schienen bereits am Nordrand des Ortes zu stehen, schossen gegen den Fuß der Höhe.

Léon dachte, daß man die Scheitelwelle dieses wunderschönen schwarzen Haares ein wenig auf die linke Schläfe ziehen müßte, dann wäre nichts zu sehen. Nur wenn unmittelbare Gefahr für Leib und Leben besteht, dann..., hatte Maurice angeordnet. Bestand denn unmittelbare Gefahr, als die drei SS-Bestien gewalttätig wurden? Im Keller lagerte natürlich Schnaps – aber es waren auch beide Frauen da unten. Und jetzt? Wenn man das Haar ein wenig auf die linke Schläfe zieht...

Ein MG ratterte plötzlich los, deutlich erkennbar an den Mündungsflämmchen. Es prasselte gegen die Fensterläden. Wieder sah Léon, wie sie sich heranarbeiteten und jede winzige Unebenheit des Geländes ausnutzten.

Ein zweites MG fiel ein, fünfzig Schritt daneben. Es klirrte gegen Ziegel und Steine.

Levallois überprüfte beide Maschinenpistolen. Es ist doch alles vorüber und hat seinen Sinn verloren, dachte er, da unten naht die Befreiung, zwei Kilometer entfernt nur, aber ist es auch *meine* Befreiung, die heißersehnte? Und hier, unmittelbar vor den Fenstern, verabschiedet sich die Okkupation, will alles mit hinabreißen ins Schwarze, ins Nichts, so wie die tapfere Joséphine, nun auch mich und Denise. »Wartet, ihr Verbrecher!« keuchte er, Haß verzerrte sein Gesicht. »Ich lasse euch heran-

britische MPi kamen zum Vorschein. Denise griff drei der Waffen, stieg vorsichtig über den Toten und reichte dem Funker eine weitere MPi.

Léon war mit einemmal ganz ruhig, schien von allem unberührt. Sein Verstand arbeitete präzise. »Joséphine, ans linke Fenster. Denise, mit dem Maschinengewehr zur Scheunenecke. Faß sie aus der Flanke.« Dann schleppte er mit Joséphine noch einen Korb voll munitionierter Magazine heran.

Denise kroch mit dem MG über den Hof.

Nur gelegentlich war im Gelände eine Gestalt sichtbar, beim Sprung, beim geduckten Herankommen. Sie schienen nicht übermäßig ängstlich.

Noch einmal kehrte Denise zurück und trug zwei schwere Patronengurte zur Scheune hinüber.

Léon beobachtete weiter mit dem Glas. Achtzehn Gestalten waren erkennbar, keine hundertfünfzig Meter entfernt. Sie näherten sich nun von allen Seiten.

»Wenn du Furcht hast, Joséphine, lege dich auf die Erde. Ich kann aus beiden Fenstern...«

Sie schüttelte den Kopf. »Jahrelang habe ich geübt, mit der Maschinenpistole umzugehen. Mach dir keine Sorgen. Ich möchte mich nicht vor Paul schämen müssen.«

An vielen Stellen von le Bourg St. Léonard stiegen Leuchtkugeln auf, quarzlichtfarbene der Amerikaner, rote der Deutschen. Die Artillerie beider Seiten vereinte nunmehr ihr Feuer auf den Ort. Leuchtspur flog von überall hinein, wie von einem riesigen Magneten angezogen.

Léon hockte jetzt an der Tür, öffnete einen Spalt. Sah, daß die meisten gegen die fensterlose Hauswand vorgingen. Wenn die aufspringen, werden die anderen ihr Feuer auf Fenster und Tür konzentrieren, dachte er. Sie fühlen sich so sicher, daß sie nicht einmal die Dunkelheit abwarten. Vielleicht fürchten sie, daß wir entkommen oder daß die Amis inzwischen hier eintreffen. Krieg unmittelbar hinter der Front. Léon schüttelte den Kopf.

Da prasselte es jäh gegen das Haus. Die restlichen Scheiben zersprangen. Querschläger wimmerten. Die Lampe schepperte herunter.

Die Küchentür wurde aufgestoßen. Der mit dem Sturmgewehr über der Schulter stand im Türrahmen, überrascht, einen Mann hier zu finden.

»He, Alter! Gib was zu saufen!«

»Nix Deutsch verstehen.«

»Saufen! Calvados oder Kognak, Champagner!«

»Ah, nix, nix!« Léon verdrehte die Augen, stand auf, humpelte an seinem Stock zum Küchenschrank, zeigte die leeren Fächer, drehte die Handflächen nach außen.

Ein Scharführer drängte sich vorbei, warf den Tisch um, trat den Stuhl zur Seite. Dann packte er den Invaliden am Revers und drückte ihm die Faust unters Kinn. »Wenn wir eine einzige Flasche in deinem Keller finden, hängst du!« Er stieß ihn gegen die Wand, daß der Haltsuchende die Uhr mit den lang hängenden Gewichten herabriß.

Dann gingen sie, ohne noch einen Blick für ihn zu haben, zur offenen Kellertür.

Mit einer schnellen Wendung war Léon an seiner Jacke, zog die Maschinenpistole heraus und feuerte. Zwei brachen zusammen, der Große rollte die Kellertreppe hinunter. Léon riß die MPi herum, aber der dritte war bereits durch die Tür, rannte um das Haus, sprang auf der fensterlosen Seite über den flachen Zaun und war wie vom Erdboden verschwunden.

Den beiden Frauen stand Entsetzen in den Augen beim Anblick der Toten. Blut tropfte die Stufen hinab.

Der Invalide kam wieder herein, zerrte keuchend den Scharführer durch die Küche in den Hof, Meter um Meter, nahm die Pistole an sich und warf einige Bund Stroh über die Leiche. Er war nicht sofort in der Lage, den zweiten zu holen, setzte sich zum Verschnaufen.

Es begann bereits zu dämmern, als er sie kommen sah. Zehn, fünfzehn, noch mehr. SS. Fächerartig näherten sie sich dem Grundstück, noch gut vierhundert Meter entfernt.

So schnell sein zerschossenes Bein es erlaubte, eilte Levallois ins Haus zurück. »Die Waffen! Sie kommen!«

Joséphine lief in den Vorratskeller. Die großen Torfquader flogen zur Seite, ein deutsches Maschinengewehr und mehrere

tauchten unter in einer langgestreckten Buschgruppe hinüber zur Dives.

Der Funker Léon war nervöser denn je, beobachtete mit einem Jagdglas den Ort. Die Panzer der angreifenden 90. US-Division hatten den südöstlichen Rand von le Bourg erreicht, Dutzende blieben brennend liegen, aber andere zwängten sich bereits in die Straßentrümmer. Im Südwesten war kaum Bewegung, dort hämmerte Artilleriefeuer alles zu Schotter.

»Die Deutschen versickern im Gelände. Immer mehr kommen truppweise aus dem Städtchen und verschwinden. Es kann sich nur noch um Stunden handeln!« rief Levallois den Frauen im Kellereingang zu und bebte am ganzen Körper vor Genugtuung und Haß. »Man sollte alle abschießen«, murmelte er. »Wir werden frei sein! Das wird *unsere* Stunde! Sie müssen wissen, ich bin hier zu Hause. Habe hier geheiratet. Bin von hier in den Krieg gezogen als Bauer mit strotzender Gesundheit. Und bin als Krüppel aus der Maginotlinie zurückgekommen. Meine Frau starb vergangenes Jahr im Gefängnis in Argentan... Gestapo. Aber meine beiden Kinder leben. Sie werden frei sein!« Er richtete das Glas nach Westen. »Die Faschisten ziehen sich auch dort zurück. In den Bois de Gouffern.«

Aus einer Geländefalte nördlich des Ortes tauchten plötzlich drei SS-Männer auf. Der vordere hatte ein Sturmgewehr umgehängt, die hinter ihm trugen Pistolen. Sie kamen auf das Gehöft zu.

Léon war totenblaß. »Geht nach unten! Einem Krüppel tun sie nichts.«

Joséphine und Denise verschwanden in den tiefen, nach Calvados riechenden Keller und überzeugten sich nochmals, daß nichts auf versteckte Funkgeräte und Waffen hinwies.

Léon beobachtete die SS-Männer, um seinen Mund war ein böses Lachen. Er öffnete die Tür des bemalten Bauernschranks und holte eine dicke, merkwürdig schwere Jacke hervor, die er auf eine geschnitzte Truhe legte. Dann setzte er sich daneben an den Tisch, hob das lose Futter der Jacke hoch und zog eine englische Maschinenpistole heraus. Er lud durch, entsicherte und deckte das Futter wieder sorgfältig darüber.

drei amerikanische Divisionen griffen die 19. deutsche Armee an und drückten auf Toulon, Marseille, das Rhônetal und damit auf den geraden Weg nach Norden an die Reichsgrenze. Der Wehrmachtsführungsstab fürchtete weitere Landungen im Golfe du Lion und leitete Maßnahmen zur Räumung Süd- und Südwestfrankreichs ein.

Seltsamerweise hatte sich bisher kein Deutscher für das Gehöft interessiert, in dem sie jetzt saßen. Wahrscheinlich fürchtete man Punktfeuer der Artillerie oder gezielte Bombenwürfe.

Leduc war zufrieden, seine Schutzbefohlenen außerhalb des Ortes zu wissen, dessen Reste immer mehr in Schutt und Asche sanken, je näher sich die amerikanische Division heranschob. Er blickte wieder zu dem dunklen Hügel, Höhe 192, den sie während der vergangenen beiden Nächte vergeblich zu besteigen suchten. Überall Beobachtungsstellen und Kampfstände, die Waldschlucht an der Nordwestseite voller faschistischer Truppen.

Die Landschaft war auch am Morgen des 17. August wieder betupft von den öligen Qualmsäulen abgeschossener Panzer, in Brand geworfener Häuser, schwelender Grasflächen. Darüber wie überall, wo sich der Widerstand verhärtete, süßlicher Verwesungsgeruch.

Maurice Séguin hatte am frühen Nachmittag neueste Nachrichten. »Das zweite SS-Panzerkorps ist aus dem Raum Argentan abgezogen worden. Man bringt die Elite in Sicherheit. Die Straßen sind verstopft. Bei uns ist die hundertsechzehnte Panzerdivision nur noch stützpunktartig eingesetzt. Es gibt keine durchlaufende Verteidigungslinie um den Eckpfeiler dieser Front, um unser le Bourg Saint Léonard.«

»Ich habe schon am dreizehnten gedacht, daß die Texaner es schaffen würden, aber sie murksen immer noch.« In Leducs Stimme war Unzufriedenheit.

»Weiter östlich kämpft übrigens eine französische Division.« Maurice hatte glänzende Augen. »Beeilt euch, Messieurs!«

Sie huschten einzeln ins Freie, schleppten schwere Taschen mit Sprengstoff, deckten sich vor alliierten Jabos und Artilleriegeschossen, deckten sich vor den Blicken deutscher Soldaten,

machen wollte; eine Erinnerung, die gegen alle Einwände der Vernunft doch eine Winzigkeit Hoffnung ausstrahlte.

Denise dachte dankbar daran, mit wieviel Verständnis ihr Joséphine und Paul geholfen hatten, sich wieder zurechtzufinden. Es war schwer gewesen. Sie hatte schließlich Joséphine die Geschichte der Begegnung mit dem Leutnant in Paris in allen Zusammenhängen erzählt und leidenschaftlich erklärt, daß sie genau wisse, was sie ihren Eltern, ihrer Klasse schuldig sei. Und irgendwann werde der Krieg ein Ende haben...

Zwei Tage später kamen Leduc und Baumert zum Gehöft zurück. Séguin hatte noch andere Trupps einzuweisen. Baumert setzte sich ans Gerät, um die letzten Meldungen abzuhören. Die Reste der Panzergruppe Eberbach hielten in erbitterten Kämpfen die Linie Argentan – le Bourg, während die deutsche Front westlich davon immer schneller eingedrückt wurde. Domfront, Flers und Condé waren befreit. Dann wurde der Wehrmachtsbericht gesendet, und Baumert hielt den Atem an, als er hörte:

»Nachdem der Feind in den letzten Tagen seine Luftangriffe gegen Verteidigungsanlagen und Verkehrsverbindungen im südfranzösischen Küstenraum wesentlich verstärkt hatte, landete er in den frühen Morgenstunden des heutigen Tages im Raum von Toulon – Cannes. Unsere Küstenverteidigung steht im Kampf mit den feindlichen Landungstruppen.«

Und Martina in Narbonne, wenige Kilometer vom neuen Kriegsschauplatz entfernt! Kein Mensch konnte ihr helfen, sie beschützen. Ihm wurde heiß vor Sorge und Schmerz, als er daran dachte, wie sie wehrlos, hilflos der Erbarmungslosigkeit der Straßen, den Geschossen, der Gier der Landser ausgeliefert war. Bei der Menschenverachtung höherer Stäbe war nicht damit zu rechnen, daß die Nachrichtenhelferinnen sofort aus den Kommandanturbereichen herausgezogen und ins Reich transportiert würden.

Der Schwerpunkt der westalliierten Operationen an der Riviera lag bei St. Tropez. Im Hinterland waren Fallschirmjäger abgesprungen und versuchten die Verbindung zwischen den einzelnen Landeköpfen herzustellen. Neun französische und

Maurice machte sie mit Léon Levallois, dem Funker, bekannt. Der war nervös und schien nicht alles sofort zu begreifen, was Séguin anordnete:

»Die Geräte bleiben bis auf eines in den Verstecken. Tarnung ist jetzt wichtiger denn je. Wehrmacht und SS können jederzeit einziehen wollen, laßt euch überrollen, wenn möglich, der Keller ist tief und fest. MG und Maschinenpistolen bleiben ebenfalls, wo sie sind. Nur wenn unmittelbare Gefahr für Leib und Leben besteht, dann... Im Normalfall hat niemand von den Faschisten jetzt Zeit, systematisch zu suchen. Denkt daran: Die Funkschlüssel dürfen unter keinen Umständen dem Feind in die Hände fallen!« Dann schritt Séguin mit Leduc und Baumert in die mondlose Finsternis hinaus.

Léon erzählte den Frauen, daß im Osten eine gigantische Schlacht zwischen Karpaten und Karelien entbrannt sei: »Vom dreiundzwanzigsten Juni bis heute haben die Russen aus dem Raum Mogilew – Tschaussy – Rogatschow – Shlobin bis über die Weichsel beiderseits Warschau siebenhundert Kilometer Luftlinie kämpfend zurückgelegt. Von Witebsk nach Kaunas sind es ebenfalls vierhundert Kilometer. Dort drüben wird der Krieg entschieden, dort wird der Faschismus geschlagen. Wir können lediglich etwas entlasten.«

Denise ging in den ihr zugewiesenen Verschlag und legte sich nieder. Seit dem Landungstag war sie der Front nicht mehr so nahe gewesen wie in dieser Nacht. Deutlich hörte sie Feuerstöße von Maschinengewehren. Die Detonationen klangen im Keller dumpfer, gefährlicher. Denise konnte nicht einschlafen. Im Wachtraum glaubte sie zu sehen, wie die Lattentür sich langsam in den Angeln drehte, und herein kam Hinrich Thiel, den Kragen des Kradmantels aufgestellt, den Schirm der Mütze tief ins Gesicht gezogen, daß sie ihn erst an der Stimme erkannte: Denise, hast du denn alles vergessen...?

Sie schreckte hoch, und die Tränen liefen ihr über die Wangen, als sie aus dem Traum ins Alleinsein zurückfiel. Unerreichbar fern lag nun alles schon, obwohl erst wenige Wochen darüber verronnen waren. Es blieb ihr nur die Erinnerung, aus der die Träume kamen, wenn die Trostlosigkeit den Alltag unerträglich

Sie starrten gedankenverloren auf den Bleistiftstrich, der für Zehntausende den Ort ihres Todes markierte.

»Vous êtes allemand?«

Baumert fuhr auf. »Ja, ich bin Deutscher.«

»Ich habe Erfreuliches über Sie gehört.«

Baumert war diese Eröffnung peinlich, er warf Leduc einen vorwurfsvollen Blick zu.

Über Séguins Gesicht huschte ein Lächeln. »Der Kessel wird an der Dives geschlossen werden. Das Gelände ist jedoch so unübersichtlich, daß die Verbündeten es taktisch sehr schwer haben werden, wenn wir nicht helfen.« Er sah fragend auf Leduc.

»Das ist selbstverständlich für uns.«

Für uns, dachte Baumert und fühlte sich gleichberechtigt und gleichverpflichtet einbezogen.

»Sie sind Artillerist, n'est-ce pas?«

Baumert bejahte.

»Die Ballistik und die Prinzipien der Feuerkommandos sind beiderseits der Front gleich. Würden Sie sich zutrauen...?«

Baumert überlegte. Diesmal ging es nicht mit einem Schuß durch den Oberarm ab, vom Zufall diktiert. Was jetzt geschah, war vorsätzlich, überlegt, gewollt. »Ich denke... ja!« sagte er mit fester Stimme.

Séguin nickte nachdenklich. Nach einer Weile hob er lauschend den Kopf. Das Artilleriefeuer von Südwesten und Süden kam immer schneller auf le Bourg St. Léonard zu. »Ich habe einen weiteren Auftrag«, fuhr er fort. »In einem Gehöft, knapp zwei Kilometer nördlich der Stadt, zur Höhe hinüber, befindet sich unsere Funkzentrale. Ich bitte dich, Paul, daß du Joséphine und Denise dort einquartierst. Wir haben da nur einen älteren schwerbeschädigten Genossen, die anderen sind im Einsatz. Und wir drei müssen uns gleich im Gelände umsehen. Es gibt zu viele Fernsprechleitungen der Deutschen...«

Am Abend schob sich die Front von Süden bis dicht an das Städtchen heran. Amerikanische Artillerie feuerte rücksichtslos in die wenigen Häuser, die das Bombeninferno vom 6. Juni überstanden hatten.

Währenddessen rollte der Karren in die Scheune des Gehöfts.

»Du hast ihn nicht gesehen, Wolf.«

»Und wenn die Gestapo dadurch auf das Bistro aufmerksam geworden wäre?«

»Sie kannten es, und zwar als harmlos. Es gab da gewisse Verbindungen. Außerdem: Ein bißchen Mut haben wir auch, und ganz ohne Wagnis geht's nicht.«

»Davon bin ich überzeugt«, sagte Baumert und lächelte.

»Wir müssen uns beeilen, es dauert nicht mehr lange, dann sehen wir die ersten Uniformen der Befreier.«

»Bin gespannt, welche Sprache sie sprechen.«

Leduc vermeinte aus Baumerts Worten Spott herauszuhören. Er ging nicht darauf ein, sondern fragte: »Du warst Artillerist?«

»Ja.«

»Und verstehst davon ebensoviel wie vom Umgang mit Maschinenpistolen und Funkgeräten?«

»Immer bei der kämpfenden Truppe, da ist in ein paar Wochen nichts vergessen.«

Dann stand Baumert vor Maurice Séguin, einem mittelgroßen Mann, schlank, dunkelhaarig, mit energischem Mund, nie ohne Baskenmütze – vielleicht nach Art der Südfranzosen, vielleicht zur Erinnerung an die Interbrigaden, wo er mit Leduc vor Madrid und am Ebro gelegen hatte. Er trug ein verblaßtes Sportjackett, in Friedenszeiten einmal tabakfarben, und eine Hose von undefinierbarem Muster.

Séguin, aus der Zentrale in Paris geschickt, war Führer einer vielseitig ausgerüsteten Gruppe, die auch andere Aufgaben durchführte als die Weitergabe von Informationen. Er holte eine zusammengerollte Karte hervor, zeigte auf Falaise und zog mit dem Bleistift eine gekrümmte Linie nach Westen über Thury-Harcourt und Condé, ließ Vire und Mortain aus, von dort nach Domfront und im flachen Bogen gegen Argentan. »Im Norden steht die erste kanadische Armee, westlich daneben die zweite britische, daran schließt sich die erste amerikanische. Und spätestens morgen werden wir Vertreter der dritten US-Army vor uns haben.« Er ergänzte die Linie von Argentan über le Bourg bis an die Dives. »Ein großer Topf, in dem bald vieles schmoren wird.«

Denises Bild verdrängte diese Gedanken. Seitdem sie sich ihm anvertraut und von ihrer Liebe zu dem deutschen Leutnant gesprochen hatte, dessen Bewegungen er in Amayé-sur-Orne mit dem Finger am Abzug der Nullacht verfolgte, war etwas in ihm verändert: Er fühlte sich für sie mitverantwortlich und hatte deshalb mit Leduc darüber gesprochen. Aus der träumerischen, verschlossenen Liebe wuchs Kameradschaft für ihre gemeinsame Sache. Natürlich blieb ein wenig Sehnsucht, aber damit mußte er mit der Zeit fertig werden.

Denise erinnerte ihn in vielem an Martina. Sooft er an die Schwester dachte, verdüsterte sich alles, und er glaubte ihre Trauer um ihn, den Verschollenen, körperlich zu spüren und konnte doch keinen Trost spenden. Und die Mutter? Was mochte Pfeiler ihr wohl mitgeteilt haben nach seinem Verschwinden einen Tag vor Invasionsbeginn? Vermutlich gar nichts. Auch sie würde sich grämen. Er hätte ihnen zurufen mögen: Seht die militärische Entwicklung im Osten, die Front nähert sich mit Riesenschritten den Reichsgrenzen, das Kriegsende zeichnet sich ab! Wenn Hitler gestürzt ist, werde ich zu euch in dieses zerstörte Deutschland eilen und Tag und Nacht Trümmer wegräumen, arbeiten, damit das Neue Platz findet in den Steinwüsten und in den Köpfen.

»He, aufstehen, cher ami! Es wird Ernst!« Pauls tiefe Stimme riß Baumert empor. Durch die Spinnweben am Fenster glitzerte die Frühsonne.

Baumert dehnte sich gähnend. »Du, Paul, ich wollte dich schon lange etwas fragen.«

»Ja?«

»Veillat gab mir im Gefängnis von Caen die *Adresse für Not*, deine Anschrift. Wurdet ihr dadurch nicht gefährdet?«

»Veillat hatte ein Gespräch zwischen Dörnberg und dem dortigen Gestapochef mitgehört. Es galt als erwiesen, daß du militärische Geheimnisse verraten hast. Das bedeutete Todesstrafe. Veillat wollte helfen. Außerdem hättest du vielleicht interessant sein können – für den Widerstand.«

»War das nicht riskant für Veillat – wenn ich nicht echt gewesen wäre? Ich bin Deutscher, also ein Feind in seinen Augen.«

blusen, Koppel und Mützen in den Seitenwagen werfen. Er wartete noch eine Stunde, die qualvoll langsam verging, um Paul größeren Vorsprung zu verschaffen, fuhr allein zurück, hielt unterwegs und zog die Feldbluse des Unteroffiziers über. Zweimal kamen ihm Lkw-Kolonnen entgegen, weiter ereignete sich nichts.

In den frühen Morgenstunden fand Baumert seine drei Freunde wieder. Paul und Joséphine umarmten ihn auf der Landstraße und sagten kein Wort. Denise drückte ihm die Hand. Als sie dann nebeneinander den Karren zogen, murmelte Paul: »Du hast uns den Weg freigeschossen. Ich werde es dir nicht vergessen. Merci, camarade!«

In le Bourg gerieten sie in das Durcheinander rückwärtiger Dienste, deren Bewegungsfähigkeit immer geringer wurde, je spürbarer sich die Einschnürung im Süden und Norden an der Dives abzeichnete und je weiter die Front insgesamt über die Orne rückte.

Als sich Baumert am späten Abend niederlegte, konnte er nicht einschlafen. Er sah vor sich den nassen dunkelroten Fleck am linken Ärmel, sah den blutüberströmten Arm im Lichtstreifen aus dem Schlitz der Scheinwerferkappe, als der Feldwebel die Bluse auszog. Blut – das war es nicht, das floß zu jeder Stunde. Aber er hatte als Deutscher auf einen Deutschen geschossen, um französische Kommunisten zu retten. Und es reute ihn nicht, im Gegenteil: nun stand er endgültig auf der anderen, der richtigen Seite, nach zehn Wochen in diesem Frontgebiet, auch im geistigen.

Oft beschäftigte Baumert die Frage, wie es ihm früher überhaupt möglich war, sich in der Dumpfheit politischer Unkenntnis kommandieren zu lassen. Die vielen Gespräche mit Paul hatten Licht in manches Dunkel gebracht, den Horizont geweitet. Paul sprach von der Entwicklung der Klassen und von der Unversöhnlichkeit zwischen Ausgebeuteten und deren Blutsaugern. Er erklärte ihm das Prinzip der internationalen Solidarität des Proletariats, erzählte von den Brigaden in Spanien. Für Paul stand fest, daß der Sozialismus nach Kriegsende in der ganzen Welt einen ungeheuren Aufschwung nehmen würde.

Leduc reichte Wolf eine Pistole 38, packte sein Gerät und lief schnell mit Joséphine hinaus. Wenige Minuten später rollte der Karren vom Hof.

Nach einer Weile bewegte der auf der Erde einen Arm, den Kopf, kam wieder zu Bewußtsein und blickte um sich, ohne zu begreifen.

»Unten bleiben! Und du setzt dich dazu!« herrschte Baumert den Verwundeten an. »Hättest du die Frau getroffen, wärst du jetzt tot!«

Am linken Oberarm wurde die Uniform des Feldwebels dunkelrot. Stöhnend kroch er an die Wand.

»Wo steht eure Karre?«

»Am Dorfausgang, wo die Straße den Knick macht.«

»Was für eine Maschine?«

»Krad mit Seitenwagen.«

»Jemand dabei?«

»Nein. Ich habe den Zündschlüssel.« Der Feldwebel blickte unruhig in die Pistolenmündung.

»Ihr führt mich jetzt zum Krad. Macht einer Zicken, knallt es. Verstanden?«

Die beiden rappelten sich keuchend auf.

»Zwei Meter Abstand! Pfoten hoch!«

Die Straße lag still. Ob Paul noch Denise gefunden hat? überlegte Baumert. Wenn Militärfahrzeuge kommen, bin ich geliefert.

Es war niemand bei dem Krad. Er befahl dem Verwundeten, in den Beiwagen zu steigen.

»Du fährst jetzt Tempo zwanzig«, sagte er zu dem anderen. »Und zwar dorthin, wo ich sage. Wirst ständig die Knarre im Kreuz spüren. Keine Illusionen.«

Dröhnend sprang die Maschine an. Baumert setzte sich auf den Soziussitz. »Los!« In dieser Gegend liegen kaum Truppen, dachte er, das haben wir während der letzten Woche ermittelt. Also werde ich sie in den Bois de Bavent fahren. Pauls Wagen haben sie nicht gesehen. Ehe sie Alarm geben können, sind wir längst in le Bourg.

Mehr als zehn Kilometer tief im Wald ließ er beide ihre Feld-

auf, wurde langsamer. Die Maschine schien jetzt im Stand zu laufen. Dann zog das Geräusch schnell weiter und erstarb.

Baumert zündete sich eine Zigarette an, rauchte mit geschlossenen Augen. Er fühlte sich müde und dachte daran, wie viele Kilometer das schwere Gefährt noch gezogen werden mußte, ehe le Bourg St. Léonard erreicht sein würde. Da hörte er etwas fallen. Er lauschte, ging vorsichtig zum Scheunentor. Auch hier war nichts zu sehen und nichts zu hören im Grau des späten Abends. Er schlich vorsichtig zur Vorderseite des Hauses. Die weiße Fahne lag auf der Erde. Jemand mußte sie umgeworfen haben.

Baumert zog die Nullacht, glitt auf Zehenspitzen ins Haus. Die Tür nach links war halb offen. Im Zimmer laute Geräusche, als würden Schubläden aufgezogen, Schranktüren zugeworfen. Er blickte vorsichtig in den von Kerzenlicht schwach erhellten Raum, sah als erstes einen Karabinerlauf auf Paul und Joséphine gerichtet, die mit erhobenen Händen an der Wand standen. Ein Poltern, dann hielt ein Arm das Sendegerät in die Höhe.

»Sieh mal an, was wir da für einen Fang gemacht haben!« klang es triumphierend aus der im toten Winkel liegenden Zimmerecke. »Dafür gibt es blaue Bohnen!«

Die Fahne hat sie angezogen, dachte Baumert, sonst hätte sie das Haus wahrscheinlich nicht interessiert. Zur Täuschung sind sie noch ein Stück gefahren und dann zu Fuß zurückgekommen. Es sind mindestens zwei.

Von dem Vorderen, einem Feldwebel, sah er die linke Schulterklappe, die Faust am Gewehr und den Kommißstiefel. Der andere stellte offenbar das Funkgerät auf die Erde und rumorte weiter. Baumert fühlte ein Zittern. Er atmete tief durch, stieß die Tür auf. »Hände hoch! Keine Bewegung!«

Der Vordere feuerte sofort ab. Neben Joséphine spritzte der Kalk. Die Waffe fuhr herum. Da knallte die Nullacht. Ein Schmerzensschrei, und der Karabiner fiel scheppernd auf den Fußboden. Noch zwei Schüsse in die Ecke. Im gleichen Augenblick schlug Paul mit der Faust zu. Der zweite Gegner stürzte, blieb liegen, ein Unteroffizier der Feldgendarmerie.

»Nimm ihm die Pistole ab, dann weg! Ich erledige das hier.«

Achtzehntes Kapitel

Wenn Wolf Baumert von le Bourg St. Léonard nach Nordosten schaute, konnte er etwa verfolgen, wo die Dives durch das flache Land dahinglitt. Im Norden erhob sich die bewaldete Höhe 192 mit ihrer kahlen Kuppe, schroff abfallend zu den ausgedehnten Wiesen, Buschgruppen, Hügel- und Sumpfflächen vor Chambois und Moissy. Beide Orte waren durch den Berg verdeckt. Hinter den Hügeln im Südwesten hing das dumpfe Rollen ununterbrochenen Artilleriefeuers.

Bis vor einer Woche hatte Paul Leduc seine Funkstelle in Courteilles bei Putanges aufgebaut. Als die amerikanischen Divisionen über Le Mans weiter in Richtung Paris vorstießen und jederzeit die Möglichkeit bestand, daß sie nach Norden eindrehten, glaubte Leduc die strategischen Absichten der Alliierten zu erkennen und marschierte bis in die Nähe von Argentan.

Einen Tag später erhielt er über Funk die Weisung, sich in le Bourg St. Léonard bei seiner Leitung zu melden. Also beluden sie am Abend, wie schon so oft, den Karren mit ihren Habseligkeiten und dem kostbaren Gerät, setzten eine weiße Fahne und wollten, so getarnt als Flüchtlinge, gerade weiterziehen, da fuhren drei vierachsige Spähwagen Puma durch das halbverlassene Dorf. Paul runzelte die Stirn, als er das taktische Zeichen auf ihrem Heck sah. Fahrzeuge einer Panzerdivision, die in diesem Raum bisher nicht eingesetzt war. Einige Kräder mit dem gleichen Symbol rollten hinterher, verschwanden ebenfalls nach Westen.

Das mußte sofort durchgegeben werden. Leduc nahm die Fahne herunter und lehnte sie an die Wand, löste den Strick, mit dem die Plane verschnürt war, bat Baumert, das Funkgerät wieder ins leere Haus zu bringen, und wies Denise an, sich dicht an der Straße aufzuhalten, damit sie die Identität weiterer Fahrzeuge feststellen konnte. Dann setzte er sich zu Joséphine ans Gerät.

Währenddessen mühte sich Baumert, den Karren über den Hof in die Scheune zu drücken. Schweratmend hockte er sich auf die Deichsel, um zu verschnaufen. Motorengeräusch kam

Ledertasche zurück. Mühevoll hob er die Waffe an seine rechte Schläfe und zuckte zusammen, als der Stahl die heiße Haut berührte. Ich war glücklos, dachte er. Die Flucht aus Ouistreham hat mir nicht nur das Kreuz gebrochen, sondern auch einen Strich durch meine militärische Karriere gemacht. Pontigny kostet mich die letzte Reputation. Der reaktivierte Major Pfeiler ist unglaubwürdig geworden! Das ist ebenfalls irreparabel. Was werden die Leute von mir denken? Ein Leben ohne Beförderung, ohne den Ruf, ein Held dieses Krieges zu sein?

Pfeiler drückte ab. Der Schuß warf ihn herum, aber er lebte noch.

Aus dem nun schon abendgrau gedunkelten Nebel kam Bernreiter. Seine stechenden Augen waren weiter geöffnet als sonst, aber durchaus nicht entsetzt. Er blickte auf den sich windenden Major.

Der keuchte: »Habe gezuckt. Gebt mir den Fangschuß!«

Bernreiter nahm die Pistole auf. Zögerte. Dann schoß er dem Major dreimal in den Kopf. Blickte sich hastig um. Es war niemand da. Die Pistole schien ihm so schwer, daß er sie nicht länger zu halten vermochte.

Der Nebel verschlang ihn.

abgeschossene Kampfwagen, zerwalzte Kanonen, Tote und Sterbende.

Pfeiler wankte benommen zur Feuerstellung seiner 2. Batterie, keine sechshundert Meter ostwärts. Er fand sie unbeschädigt in einer Mondlandschaft von Bombentrichtern. Verlassen. Die Geschütze standen wie für eine Manöverbesichtigung vorbereitet, als würden jeden Augenblick auf Pfiff die Kanoniere aus dem zähen chemischen Nebel hervorstürmen, und dann Kommando: »Fünfte Ladung, Aufschlag, ganze Batterie! Von Grundrichtung zwanzig mehr, vierzighundert, Libelle dreihunderteins. Feuer!« Es dröhnte in seinem Schädel, als er weiterstolperte zur Dritten, den Obergefreiten hinter sich wie eine scheue, aber anhängliche Katze. Und das Dröhnen in seinem Schädel verschmolz mit dem Dröhnen von Panzerketten, die durch das teuflische Weiß herangeknarrt und -gequietscht kamen. Es krachte ringsum, aber keine Leuchtspur durchquerte die undurchdringliche Wand. Überall die Schreie der Getroffenen, Zerquetschten, Gequälten, die Schreie derer, die vor dem rollenden Stahl davonhasteten, und anderer, die mit Maschinenpistolen und Spaten gegen aufgesessene Infanterie angingen, bis sie zersiebt wurden.

Niemand kümmerte sich um den Major mit dem schlohweißen Haar, der da auf dem Holm des linken Geschützes kauerte zwischen Granaten und Kartuschen, zwischen Namenlosen, denen die Augen gebrochen waren.

Der Major hatte ein breites Leuchtband vor sich, auf dem in ununterbrochener Folge die Namen Smolensk, Ouistreham, Pontigny vorüberhuschten. Orte, die sein Schicksal geworden waren, wie er meinte. Orte, wo er die ihm anvertrauten Artillerieabteilungen verloren hatte. Jedesmal Totalschaden. Irreparabel. Dazu der verschwundene Baumert, der Spionage verdächtig. Nun zog auch das Gesicht des schönen SS-Offiziers Dörnberg auf diesem Leuchtband vorüber, sein Ausdruck war Drohung, der unbarmherzig die Tat folgen würde.

Der Major nahm die Pistole aus dem Futteral, sie war gegen Witterungseinflüsse vorsorglich mit einem Leinenlappen umwickelt. Er löste den Lappen und steckte ihn sorgfältig in die

Nebel der Verteidiger, attackierten sich gegenseitig, wurden in Brand geschossen, explodierten, blieben liegen. Andere wühlten sich fünf Kilometer weiter bis in die zweite Abwehrstellung hinein. Das II. kanadische Corps stand jetzt zwar fünfzehn Kilometer vor Falaise, von einem Durchbruch konnte jedoch keine Rede sein.

Am 10. August gingen Pattons Panzer gegen Alençon vor, das Versorgungszentrum der 7. Armee. Vier Divisionen schwenkten nach Norden ein. Drei Tage später stand in beiden Flanken Argentans je eine Panzerdivision. Alençon, die Stadt der weltberühmten Spitzen, war indessen längst gefallen und damit ein Knotenpunkt der Nachrichtenverbindungen der Heeresgruppe B.

Die II. Abteilung des Artillerieregiments hatte sich ostwärts der Straße Caen – Falaise eingegraben; Feuerstellungen südlich des Laison, Beobachtungsstellen und Gefechtsstände weit vorgeschoben. Als am 14. August die Kanadier erneut gegen Falaise antraten und ein verheerender Luftangriff auf den Raum um Pontigny niederging, verlor Major Pfeiler die Besatzungen dreier Beobachtungsstellen und zwei Batteriechefs.

Dann stieg die Wand künstlichen Nebels auf, weiß, klebrig, widerlich. Und mit dem Nebel kamen Karrees von Panzern wie riesige Stahlwalzen. Eine Walze hinter der anderen. Pfeiler hatte seinen Gefechtsstand auf der südlichen Höhe des Laisontales. Er sah nichts und wußte, daß auch die Kanoniere an den schweren Panzerabwehrkanonen nichts sahen. Aber er hörte, wie die Cromwell-Panzer ins Tal hineinrasselten und sich an das Überqueren des Flusses machten, während der Nebel durchschwärmt war von fliehenden Infanteristen, die, von Panzern überrollt, in dem großen Gewirr Anschluß an ihre zerfetzten Einheiten suchten.

Pfeiler hatte niemand mehr von seinem Stab außer dem Kraftfahrer Bernreiter. Er war ohne Verbindung und wollte zu den Feuerstellungen.

Am späten Nachmittag überrannten kanadische Panzer seine Geschütze. In der 1. Batterie fand er ein paar mit Panzerfäusten

Coursan, ohne Furcht, er wußte, daß sein Freund Gerhard ein ebenso guter Schütze wie er selbst war.

Ohne ein Wort verließ er den Keller, um Gengenbach zu warnen.

Als es Nacht war, ging Dörnberg zu Sternthaler und fuhr unverzüglich nach Paris zurück. Ihn quälte, daß er nichts erreicht hatte und nun gezwungen war, schnell etwas Neues aufzuspüren. Eines stand für ihn fest: Jetzt mußte Meusel dran glauben, auch wenn er nur Ersatzmann war. Immerhin: ein Regimentskommandeur, der sich als Adjutanten einen Verschwörer hielt! Erst Meusels Tätigkeit ermöglichte, Grapenthin bis über den 20. Juli hinaus zu decken. Der sollte mal den Nachweis führen, daß er damit nichts zu tun hatte! Nur Krusemark, dieser gerissene Hund, hatte sich gleich ganz oben abgesichert und war mit so löchrigen Indizien nicht anzugehen. Dafür aber Gengenbach! Der sollte ihm nicht umsonst den Karabiner aus der Hand gerissen haben.

Am Abend des 30. Juli 1944 erreichte die 4. Panzerdivision des amerikanischen Armeeführers Patton das Städtchen Avranches im Südwestknick Cotentins, stieß nach Pontaubault über die Sélune vor und setzte damit Ketten, Räder und Gummistiefel auf den Boden der Bretagne. Innerhalb von siebzig Stunden schleuste Patton sieben Divisionen nach Süden, ließ sie ausfächern. Der Durchbruch war vollzogen.

Am 4. August fiel Rennes. Eine organisierte deutsche Abwehr gab es nicht. Dann drehten die Panzer nach Osten ein. Am 6. August wechselte Vire den Besitzer, am nächsten Tag Le Mans und Angers an der Loire.

Seit dem 25. Juli rannte indessen das II. kanadische Corps gegen den Höhenrücken von Bourguébus. Nachtangriffe scheiterten am Pakschirm der Achtacht.

In der Nacht zum 8. August traten eine kanadische Division westlich und eine britische östlich der Straße nach Falaise an, in je drei langen Kolonnen, je vier Panzer breit. Hinter ihnen vier weitere Brigaden Panzer, motorisierte und gepanzerte Infanterie. Eintausend Kampfwagen tasteten sich in den künstlichen

günstig, daß dieser Grapenthin aus dem Weg geräumt wurde. Er war hinderlich. »Und wo befindet... er sich jetzt?«

»Zwischen den Linien, vor dem VB der Sechsten.«

»Weiß das dort jemand?«

»Ja, Ihr Oberleutnant Gengenbach kam hinzu. Versuchte offensichtlich die Fahnenflucht zu begünstigen.«

Altdörfer begriff sofort, daß man Gengenbach damit etwas anhängen konnte. »Es ist nicht das erstemal. Im Osten ist einer seiner Kanoniere ebenfalls übergelaufen, ein Kommunist.«

»Wir kennen uns übrigens schon lange, Parteigenosse Altdörfer.«

Der Hauptmann wurde blaß.

»Ich war mit Ihrem Bruder Wieland befreundet.«

Auch das noch. »Wie war doch Ihr Name?«

»Dörnberg. Kurt Dörnberg.«

In Altdörfers Gedächtnis tauchte etwas aus dem Dunkel ans Licht. »Parteigenosse Dörnberg, richtig. Wir hatten da mal in einem Prozeß gemeinsame Interessen...« Er erinnerte sich daran, daß vor einem Jahr sein Haß gegen den Oberleutnant Helgert ebenso befriedigt worden war wie heute seine Abneigung gegen den Herrn von Grapenthin. Nun hatte ihm das Schicksal wiederum eine diesmal wirksamere Handhabe gegen Gengenbach serviert, der ihn mehr denn je an Helgert erinnerte, ebenso wie ihm Rohrbeck jeden Tag aufs neue die Galle rebellisch machte mit der Erinnerung an Martina. Also mußte man Gengenbach endgültig aus dem Weg räumen, sofern es die Leute vom SD nicht selbst taten.

Grapenthin wollte Hitler beseitigen, das hat er mir offen gesagt, dachte Thiel. Nun wurde er selbst beseitigt, von seinem Kumpan, mit dem ihn Geheimnisse verbanden, die Folter und Mord einschlossen – das wußte bereits Denise. Grapenthin hat mich zur Bespitzelung Altdörfers erpreßt, sicherlich auf Befehl dieses Sturmbannführers, den ich bisher nur als lächelnden Zivilisten im grauen Kammgarnanzug kannte. Also ist für mich die Schlinge um den Hals enger geworden. Und Gengenbach ist gleichfalls bedroht...

Der Leutnant fühlte sich jedoch, im Gegensatz zu Paris und

»Oberleutnant Gengenbach, Sie wollten einen Deserteur entkommen lassen und haben mich bei der Ausübung meines Dienstes gehindert!« Dörnberg rannte nach hinten, während Gengenbach verblüfft war, daß ein ihm unbekannter SS-Offizier seinen Namen wußte.

Im Niemandsland quälte sich der Hauptmann Hasso Freiherr von Grapenthin. Die Kugel durch den Brustkorb war an der Wirbelsäule abgeglitten und hatte eine Lähmung der unteren Körperhälfte verursacht. Keiner konnte auf den Vorderhang hinaus, den Hauptmann zu bergen, weil keiner bei dem Feuerzauber bis zu ihm hingelangt wäre. Gengenbach sah ihn deutlich mit dem Glas. Mehr als einmal hatte er den Karabiner des Gefreiten Münchhof auf die Deckung gelegt und genau auf den Gemarterten eingerichtet. Er brauchte nur noch den Finger durchzukrümmen. Euthanasie, dachte er. Was soll dieser junge Soldat von mir denken! Er ist ganz grau im Gesicht.

Als es dämmerte, kroch Gengenbach zu dem Regimentsadjutanten, obwohl sich das Feuer noch immer nicht beruhigt hatte.

Der Hauptmann starrte ihm mit seinen großen hellblauen Augen entgegen. Er war tot.

Leutnant Thiel saß bei Altdörfer, um Befehle entgegenzunehmen, als Dörnberg in den Keller kam.

»Entschuldigen Sie die Unterbrechung, Hauptmann, aber ich möchte Ihnen persönlich einige Informationen...« Er blickte flüchtig auf Thiel, nickte ihm zu, als hätten sie nie in Paris zusammen Sekt getrunken.

»Sie können offen sprechen, Sturmbannführer«, sagte Altdörfer, den ein ungutes Gefühl bei dem Gedanken beschlich, mit dem SD-Vertreter allein zu sein.

Dörnberg zuckte die Achseln. »Teilen Sie Oberstleutnant Meusel mit, daß sein Adjutant bei dem Versuch, zum Feind überzulaufen, erschossen wurde. Er war an der Vorbereitung des Attentats auf den Führer beteiligt.«

So nahe dabei kann man sein, wenn das Verhängnis wütet, dachte Altdörfer verstört. Aber vielleicht ist es gar nicht so un-

Der Sturmbannführer zögerte. Eine Leiche würde für ihn keinen Nutzen haben, es wäre nur Rache und die Wollust der Genugtuung. Als Grapenthin noch keine fünfzehn Schritt entfernt war, hob Dörnberg die Pistole und feuerte ab.

Der Hauptmann ging unbeeindruckt und aufreizend langsam weiter. Demonstrierte, wie sehr hier danebengeschossen worden war.

Aus dem Stummelgraben tauchten zwei Männer auf, durch den Schuß alarmiert, ein Gefreiter und ein Oberleutnant.

»Hallo! Dort läuft einer über, ein Verräter! Sofort schießen!« brüllte Dörnberg.

Die beiden schauten zu dem Barhäuptigen im Vorgelände und wieder auf den SS-Offizier. Kamen langsam näher.

Der Sturmbannführer rannte zu ihnen. »Schießen Sie endlich, Mensch!«

Der Gefreite nahm umständlich den Karabiner von der Schulter.

»Wieso eigentlich schießen?« fragte der Oberleutnant. »Warum rufen Sie ihn nicht einfach zurück?«

»Grapenthin! Komm zurück!« schrie Dörnberg. »Komm doch!« Es klang wie ein verzweifeltes Winseln.

Grapenthin blieb stehen, hundertzwanzig Schritt entfernt, und drehte sich um.

Da zerrte der SD-Offizier dem Gefreiten Münchhof das Gewehr aus der Hand. Riß es an die Wange. Der Schuß brach.

Grapenthin zuckte, als hätte er einen Schlag gegen die Brust bekommen.

Kammer auf. Patronenhülse. Kammer zu.

Da fiel Oberleutnant Gengenbach dem SD-Mann in den Arm. Der zweite Schuß pfiff in die Luft. Dann hielt Münchhof den Karabiner wieder und ging schnell zu seinem Erdloch zurück.

Grapenthin drehte sich um. Ging mit großer Anstrengung, wie es schien. Fiel auf die Knie. Kroch weiter. Brach zusammen.

Die Engländer schossen plötzlich aus allen Rohren, fürchteten möglicherweise einen Gegenangriff. Das Niemandsland am Nordhang der Höhe von Bourguébus wurde erneut umgewühlt.

Obwohl ich gewarnt bin. Merke dir, daß ich heute abend nicht mehr in meinem Bunker, sprich Sidrekeller, sein werde.«

»Wieso? Willst du nach hinten?«

»Im Gegenteil.«

»Was denn – die Fronten wechseln?«

»Es ist das einzige, was mir bleibt. Glaube nicht, daß du mich trotz deiner Verbindungen noch retten könntest.«

Wut überkam Dörnberg. Freiwillig wollte der adlige Herr also keinen Namen nennen. Na bitte, bei Anwendung des zweiten Grades würden die Adressen nur so sprudeln. Aber dazu brauchte man ihn. Und der wollte ganz einfach... »Hasso, warum willst du aufhören, nur weil es einen Fehlschlag gegeben hat?« sagte er einschmeichelnd und dachte: Warum habe ich nur Sternthaler beim Wagen gelassen. Zu zweit hätten wir ihn ohne Aufsehen zusammengeschlagen und mitgenommen.

»Aufgeben? Darum geht es nicht. Es war die letzte Chance. Jetzt haben wir der westalliierten Forderung nach Kapitulation kein echtes Angebot mehr zu Lasten der Roten entgegenzusetzen.«

»Wenn du mir anvertraust, wer über dich Bescheid weiß, wäre ich in der Lage, dich nach allen Seiten hin abzusichern«, versprach Dörnberg.

Der Hauptmann reagierte nicht. Er dachte nach, als müßte er den nächsten Satz sehr sorgfältig formulieren. »Dann wärst du lediglich in der Lage, mich und andere fertigzumachen, objektiv beurteilt.« Er brach einen kleinen Ast in zwei Teile und erhob sich. »Mach's weiterhin so gut wie bisher. Wirst es ohne Frage zu etwas bringen.«

Dörnberg störte die Verachtung in Grapenthins Gesicht nicht. Er zog die Pistole aus dem Futteral. »Du wirst mir folgen!«

Grapenthin lächelte. »Du irrst dich.«

»Dann werde ich dich eigenhändig umlegen!«

»Laß dich nicht stören.«

Hauptmann von Grapenthin ging, die Hände in den Hosentaschen, Schritt für Schritt, zu den nicht erkennbaren kanadisch-britischen Stellungen hinüber, ohne sich umzusehen. Er wußte, daß die Kompaßrose für ihn keine Zukunft mehr bot.

Dörnberg nickte. »Ganz meinerseits. Mit mir kannst du offen reden. Es wäre außerdem nicht das erstemal«, womit er den Hauptmann an die schon oft bereute Offenherzigkeit erinnerte.

»Ich war nie so verzweifelt wie in dem Augenblick, als klar wurde, daß die Bombe ihn nicht getötet hat.«

Der SD-Offizier fühlte ein Kribbeln der Erregung. Das war ein Geständnis von idealer Eindeutigkeit. »Ich fürchte, wir stehen auf verlorenem Posten«, sagte er mit dumpfer Stimme. »Ich im Regiment auf jeden Fall.«

»Meinst du, daß jemand aus deiner Umgebung die gleiche Auffassung wie du vertritt?« Es klang wie eine nebensächliche Bemerkung.

»Im Regiment kenne ich niemand.«

»Und Meusel?«

»Schwieg.«

»Krusemark?« gierte Dörnberg.

»Rief spontan in der Wolfsschanze an, versicherte seine Treue.«

»Und in Paris?«

»Dort werden alle so gedacht haben.«

»Meinst du?«

»Von Stülpnagel, von Boineburg, von Brehmer. Aber du kommst aus Paris, mußt das doch alles viel besser wissen. Tausende werden so gedacht haben wie du und ich.«

»Weißt du noch weitere Namen?«

Grapenthin schaute lange auf Dörnberg. Auf das weiche Gesicht, auf den Kragenspiegel mit den vier silbernen Sternen. Ihm war, als erwache er langsam aus einem lähmenden Traum. »Selbst wenn ich noch Namen wüßte, würde ich sie nicht nennen...«

Die Blässe von Dörnbergs Gesicht stach gegen das schwarze Haar erschreckend ab. Er spürte, daß hier ein endgültiges Wort gesprochen war. Die Finger zitterten ihm, doch er gab noch nicht auf. »Ich verstehe. Jetzt geht es um Köpfe, und man sollte nicht unnütz... Vielleicht können wir heute abend in deinem Bunker noch mal...«

»Ich nehme an, du bist gekommen, mich zu warnen, Kurt.

Dörnberg fühlte sich unbehaglich. Aber drüben rührte sich nichts, das richtete sein Selbstbewußtsein nach und nach wieder auf. Außerdem kam so schnell kein Brite diesen Hügel von Norden herauf. Wenn die in Paris wüßten, daß er noch vor dem vordersten Maschinengewehr dem Feind die Stirn geboten hatte!

Es roch nach Leichen im sonnenbeschienenen Niemandsland. Das Gemurr der großen Durchbruchsschlacht, viele Kilometer weiter westlich, drängte sich in die Stille.

»Wie geht es unserem gemeinsamen Freund Thiel?«

»Er lebt noch«, sagte der Hauptmann lakonisch.

»Und wie reimst du dir die Geschichte mit jener Denise zusammen?«

»Entweder eine Halluzination von Thiel oder der ganz große Zufall.«

»Hältst du für denkbar, Hasso, daß sie hier im Einsatz sein könnte?«

Grapenthin zuckte die Schultern; seine Aufmerksamkeit schien mehr dem Gelände als den Fragen zu gelten.

»Und Altdörfer?«

»Ein undurchsichtiger Kretin.«

»Wie hast du den zwanzigsten Juli erlebt?«

»Mit der Nase im Dreck. Die drüben führten das Unternehmen Goodwood durch, wie wir erbeuteten Befehlen entnahmen. Danach kam ein wuchtiges Gewitter, und nun der große Schlamm. Überall Schlamm.«

»Und weiter nichts?«

»Natürlich. Wie sagte *er* doch am nächsten Tag: ,...daß es mir wieder vergönnt war, einem Schicksal zu entgehen, das nicht für mich Schreckliches in sich barg, sondern das den Schrecken für das deutsche Volk gebracht hätte. Ich ersehe daraus auch einen Fingerzeig der Vorsehung, daß ich mein Werk weiter fortführen kann und daher weiter fortführen werde.' Meinst du das?«

»Genau das meine ich.«

»Ich freue mich, Kurt, mit einem Menschen sprechen zu können, der darüber ebenso denkt wie ich.«

die bizarren Trümmer der Stadt Caen, sah über die Höhen von Bourguébus, sah Brandflecken anstatt Dörfer, Überbleibsel englischer Bomberexekutionen. Er erschauerte, weil er Kanadier oder Briten dicht vor sich wußte, wenngleich sich im Augenblick nichts rührte. Urplötzlich stand er vor Grapenthin, der auf einem Baumstumpf hockte, ohne Mütze, ohne Koppel, ohne Waffe, wie es schien, und ebenfalls auf die ausradierte Stadt Caen starrte.

»Kurt! Das ist ja fast eine Überraschung«, sagte der Adjutant mit einer müden Kopfbewegung.

»Hasso – werde dich jederzeit vorne zu finden wissen. Hatten wir uns nicht telefonisch in Narbonne so verabschiedet?«

»Die drüben gruppieren um«, sagte Grapenthin unvermittelt und zeigte auf eine ferne Staubwolke.

Dörnberg reagierte sofort. »Wieso? Werden sie wieder angreifen?«

»Sie werden neue Panzerverbände nachziehen, um mit jederzeit möglichem Angriff zu drohen.«

»Und was soll der Sinn sein?«

»Unsere wenigen Panzerdivisionen als Feuerwehr zwischen Caen und der Cotentinhalbinsel hin- und herzujagen und so den amerikanischen Durchbruch zu begünstigen.«

»Durchbruch?«

»Zweifelst du daran? Wir halten dort im Augenblick die Linie Percy – Bréhal. Von Cotentin wird in ein paar Stunden kaum noch jemand sprechen.«

»Und hier?« fragte der SD-Offizier.

»Hier sind wir relativ stark. Keine durchgehende Linie, dafür ein System sich gegenseitig deckender Stützpunkte. Viel schwere Flak, die nach der Aufgabe von Caen frei geworden und jetzt im Erdkampf eingesetzt ist. Komm, gehen wir ein bißchen näher ran.«

Sie ließen die B-Stelle zurück. Grapenthin ging noch vierhundert Meter und setzte sich dann in eine flache grasbewachsene Kuhle.

»Links stehen zwei MG. Fünfzig Meter weiter rechts ist der VB der Sechsten. Vor uns ist nichts mehr.«

Meusel fiel ein Stein vom Herzen. Er wollte einen Schluck darauf trinken, aber der Sturmbannführer hatte keine Zeit, sondern wünschte auf dem schnellsten Wege zum Hauptmann von Grapenthin zu gelangen. Meusel wies ihn auf der Karte ein und verschanzte sich sofort wieder hinter seinem Schießplan. Dörnberg eilte die Kellertreppe hinauf und dachte: Sofern an dir wirklich etwas dran ist, fällst du mir am Ende zu wie eine reife Frucht, aber erst muß mein Freund Grapenthin singen.

Er winkte Sternthaler aus der Deckung herbei und bemerkte nicht, daß knapp neben ihm Major Pfeiler geräuschlos in eine der von Plünderern durchwühlten leeren Stuben trat und den Atem anhielt.

Dörnberg hier! dachte Pfeiler. Meine Heeresartillerieabteilung ist zerschlagen, der Rest der Männer in alle Winde verweht. Er hat mich dennoch gefunden. Bei diesem Artillerieregiment, das der Zufall gerade hier eingesetzt hat. Die gesprengten Geschütze bei Smolensk. Der fahnenflüchtige Unteroffizier Baumert. Der verlassene Gefechtsstand von Ouistreham ... Pfeiler fühlte ein Brausen in beiden Ohren, als hätte er schwere Kreislaufstörungen. Er sah, wie der Sturmbannführer in den Kübelwagen sprang und davonfuhr, dann wankte er in den Keller hinunter, um sich befehlsgemäß bei Meusel zu melden.

Indessen pirschte sich Sternthaler auf Feldwegen zwischen dichten Heckensäumen in die Nähe des Gefechtsstandes der II. Abteilung und parkte den Wagen dort in einer tiefgelegenen Buschgruppe, während Dörnberg die letzten zweihundert Meter allein zurücklegte. Die Front war ruhig.

Der Abteilungskommandeur halte gerade eine Beratung mit seinen Batteriechefs ab, teilte der weißblonde Funkmeister Rohrbeck sehr zivil mit. Hauptmann von Grapenthin? Ach so, kein Problem. Man brauche nur diesem Trampelpfad nachzugehen, der direkt zur B-Stelle der 6. Batterie führe, immer gedeckt gegen Erd- und Fliegersicht. Am besten den roten Fernsprechdraht in die Hand nehmen. Was diesen Menschenjäger wohl hierher verschlagen hat? überlegte er.

Dörnberg verspürte Jagdfieber und trabte los. Hatte bald Fontenay hinter sich gelassen, sah in zehn Kilometer Entfernung

Der Hauptmann erhob sich, grüßte den immer noch tanzenden General und ging langsam die Kellertreppe hoch ins Freie, von niemand gefolgt.

Krusemark flankte erstaunlich behende vom Tisch und ordnete das Ritterkreuz an seinem Hals, womit er unterstrich, daß die kameradschaftliche Lockerung sonst äußerst korrekten Preußengeistes nun abgeschlossen war. »Ich hätte da noch etwas«, sagte er zu Altdörfer und wartete darauf, daß auch die anderen möglichst schnell den Raum verließen. »Es ist wohl selbstverständlich, mein lieber Altdörfer, daß ich Sie hier heraushole, sowie ich da oben Fuß gefaßt habe.«

Der Abteilungskommandeur bedankte sich gehorsamst und dachte daran, ähnliches schon einmal im Dezember dreiundvierzig in einem Waggon dritter Klasse auf den Gleisen des Verschiebebahnhofs von Krakau, ebenfalls bei einem Abschied, gehört zu haben. Das hatte er sich gemerkt: »Selbstverständlich, daß ich Sie nachziehen werde, Altdörfer. Glaube, daß wir zu beiderseitigem Nutz und Frommen ganz gut gemeinsam durch den Restkrieg segeln könnten.« So war's wohl...

Der General ließ sich anschließend von Seehase zum Divisionsstab zurückbringen, um seinen ersten Generalstabsoffizier, den Oberstleutnant von Wenglin, mit der vertretungsweisen Führung der Division zu betrauen und die Koffer zu packen. Seine Parole lautete: Schnellstens nach Dänemark! Wer irgendwann später die Division übernehmen würde, war ihm gleichgültig.

Als Dörnberg beim Gefechtsstand des Artillerieregiments ankam, traf er an Grapenthins Stelle Oberstleutnant Meusel, der neuerdings beim Anblick graugrüner SD-Uniformen rot sah.

»Kann mir denken, daß Sie im Auftrag von Herrn Westendorf kommen«, mutmaßte er.

»Wir haben eine klare Abgrenzung zur Gestapo«, belehrte Dörnberg lächelnd. Natürlich kenne er den Parteigenossen Westendorf, glaube jedoch nicht, ihn bei den angespannten Verhältnissen so bald wiederzusehen, und hier vorn an der Front schon gar nicht.

mandeur der Division stand, das Glas am dritten Knopf, die Linke nach Art der Spanierinnen über dem Haupte, Kastagnetten imitierend. Er wiegte sich in Knie und Hüfte, trank allen leutselig immer wieder zu, ließ das Glas neuerlich bis zum Rand nachfüllen, erklomm plötzlich unter Zuhilfenahme des Stuhles die Festtafel, rief »Eljen!«, weil ein Csárdás seine Reitstiefel stampfen ließ, und tanzte zwischen Gläsern und Tellern und Krügen diesen Nationaltanz mit einer imaginären Schönen, wahrscheinlich bereits dänischer Nationalität.

»So was Schwaches!« hallte sein Schlachtschrei. »Wir sind die Ostlandritter!« Und beim rhythmischen Bewegen der Schultern, beim Drehen um eine gedachte Senkrechte, beim Taktklatschen der Offiziere fiel sein Blick ein weiteres Mal auf den Freiherrn von Grapenthin. Ein kleiner Scheißer, dachte er, viel Geld und wenig Rußlanderfahrung. Und General Krusemark drückte seine tiefe Abneigung aus, indem er Grapenthin beim Auf und Ab des Csárdás aus der Höhe der Tafel nachhaltig und unüberhörbar sowie aus nächster Nähe ins Gesicht furzte mit der Bemerkung: »So was maßlos Schwächliches!«

Altdörfer und Naumann lachten wiehernd wie der General und gingen aus dem Tanzrhythmus zu frenetischem Applaudieren über, während die anderen schnell nüchtern wurden und daran dachten, daß jeden Augenblick das Sterben beiderseits der Straße nach Falaise weitergehen könnte – und es ließe den Gefallenen ebensowenig Würde wie der General seinen Offizieren.

Grapenthin saß steinern. Ein furzender General, der sich freute, aus dem normannischen Desaster nach Dänemark zu entkommen – es war wie das mißklingende Prélude einer Entwicklung, an deren Ende der Strick wartete. Nach einem Telefonanruf während der vergangenen Nacht wußte der Adjutant, daß keiner seiner Freunde aus dem Bereich Stülpnagels mehr in Paris weilte. Die Mühlen hatten zu mahlen begonnen und würden Namen um Namen derer herausquetschen, die irgendwo ihr Votum für die Beseitigung Hitlers gegeben hatten. Dabei würde auch sein Name fallen, wenn er nicht schon längst in die Fahndung einbezogen war.

sprach alles zu besorgen, worauf der General noch den Wunsch äußerte, sich von seinem bewährten Mitstreiter Altdörfer zu verabschieden; man möge in der II. Abteilung anrufen, und dann werde er der Einfachheit halber gleich mit Grapenthin zum Gefechtsstand nördlich Bretteville-sur-Laize fahren, auf vom Jabo-Überwachungsdienst möglichst ausgenommenen Nebenstraßen.

Altdörfer saß, wie immer während kriegerischer Auseinandersetzungen, im tiefsten Keller der Umgebung und hatte so viele Hindenburglichter entzündet, daß es den Altar einer Wallfahrtskirche beschämt hätte. Calvados, Käse, Schinken und fettes Pökelfleisch stammten aus einem verlassenen Nebenhaus, Herr General brauchte bei seiner Abschiedsvisite nichts zu entbehren.

Altdörfer, Thiel, Gengenbach und Naumann sowie der zum Führer der 4. Batterie berufene Klasen waren versammelt. Eiselt wurde noch erwartet, als Krusemark mit Grapenthin eintraf und sogleich begann, die guten, aber schweren Häppchen mit hochprozentigem Calvados hinunterzuspülen. Dabei sprach er von den alten Zeiten, die noch Zeiten waren, als man den Iwan drosch, und sein Blick fiel voller Wohlgefallen auf Altdörfer und Gengenbach, die ja im Osten beim ehemaligen Regiment und so weiter und so weiter. Aber auch die anderen haben ihrer vaterländischen Pflicht genügt, keine Frage – mit Ausnahme Grapenthins, der sich lediglich ein paar Wochen irgendwo hinter der Front herumgetrieben hat, wie man aus den Personalakten weiß, dachte Krusemark, sprach es jedoch nicht aus, sondern ging zu einer Schilderung des Landes Dänemark über: Salm und Sahne, durchwachsener Speck, Käse, Dänemark mit seinen Milchkühen, selbstverständlich auch den zweibeinigen. »Man soll dort überwiegend nackt baden. Das hilft dem Vater auf die Mutter, meine Herren!« Die Durchzieher auf der Wange glühten, wie vom Rot und Gold der Generalsspiegel illuminiert, die Säcke unter seinen Augen strafften sich. »À la vôtre!« Er entwickelte einen sagenhaften Durst.

Dann begehrte er Musik aus dem Wehrmachtsrundfunkempfänger. Ungarische Tänze. Staunenswert, wie der Kom-

ihrer so schnellen Entwaffnung noch immer nervösen SS-Führern um Oberg Ruhm und Vorteile, besonders, wenn man mit dringend gesuchtem brauchbarem Material kam.

Dörnberg startete nachts mit Sternthaler, fuhr erst so schnell wie möglich und nach Erreichen des Frontgebietes immer vorsichtiger. Und es regnete und regnete bereits den vierten Tag.

General Krusemark hatte in vorausschauendem Verantwortungsbewußtsein schon im Juni den Oberst Schneidewind vom Heerespersonalamt wissen lassen, daß er bezüglich Herz und Kreislauf, was die Zukunft angehe, doch recht schwarzsehe. Sicherlich gebe es Einsatzbereiche der Deutschen Wehrmacht, wo er dem Führer länger erhalten bliebe. Seine am 21. Juli spontan durch den Draht vorgetragene Erklärung unwandelbarer Treue zu seinem obersten Kriegsherrn traf zur Ablage in der Personalakte bei Schneidewind ein. Die Gestapo in Berlin konnte nichts politisch Bedenkliches an dem General feststellen. Also hatte Schneidewind telefonisch hören lassen, daß im schönen Dänemark eine durchaus angenehme Stelle, und zwar umgehend, zu besetzen sei, die alle Möglichkeiten für die Erneuerung des Herrn Generals biete.

Krusemark fand diese Lösung hervorragend und leitete alles Erforderliche ein. »Gott zum Gruß, wohledle Ritter!« sagte er überall, wo er sich feuchtfröhlich zu verabschieden wünschte. Zuletzt fuhr er zu *seinem* Artillerieregiment nach vorn.

Oberstleutnant Meusel war nicht anwesend, da er die vorgeschobenen Beobachter auf dem Höhenrücken von Bourguébus besuchte, um neue Sperrfeuer einzuschießen. Krusemark traf auf Grapenthin und teilte diesem stellvertretend mit, daß ein harter Befehl von oben sowie sprichwörtlich eiserne Disziplin ihn hinderten, seine Pflicht hier weiter auszuüben, bedauerlicherweise gerade jetzt, nach dem ruchlosen Anschlag einer winzigen Gruppe ehrgeiziger Usurpatoren auf des Führers Leben und Gesundheit. Grapenthin möge dies dem Herrn Oberstleutnant ausrichten, verbunden mit den besten Wünschen und so weiter und so weiter.

Der Hauptmann, seit Tagen auffallend nervös und blaß, ver-

Befehle – das hieß »Walküre«, und »Walküre« war aufregend und unbequem. Denn diese operative Weisung für den Notstand – Aufruhr von »Fremdarbeitern«, alliierte Luftlandungen oder ähnliches –, bisher versiegelt im Panzerschrank, befand sich in seiner Brusttasche. Und er hatte diese Anweisung gelesen. Auf das Stichwort »Walküre« mußten die wichtigsten Städte, Rundfunksender, Telefonzentralen und Kraftwerke blitzartig besetzt werden – und er als Wehrkreiskommandeur sollte das alles für den Bereich von Groß-Hamburg auslösen! Danach hatte er auf weitere Befehle aus Berlin zu warten. Aber Gauleiter und andere hohe NS-Funktionäre so ohne weiteres verhaften? Höhere SS-Offiziere und Polizeichefs? Und wenn das ins Auge ging?

Ein neuerliches Fernschreiben, diesmal jedoch aus dem Führerhauptquartier, brachte ihn wiederum auf Gegenkurs: Der Führer lebt. Befehle der Bendlerstraße sind nicht auszuführen. Gezeichnet: Burgdorf, General.

Die Kameraden der SS, Partei und Polizei wurden freundlich begrüßt und wenige Minuten später vom Wehrkreiskommandeur wieder nach Hause geschickt, mit Empfehlungen an die verehrte Frau Gemahlin und Wünschen für das persönliche Wohlergehen.

Während an der Kanalküste zwischen Le Havre und Antwerpen nach wie vor achtzehn Divisionen Gewehr bei Fuß standen und auf die angebliche Hauptlandung warteten, während ab sofort alle Uniformierten nur noch mit deutschem Gruß grüßen durften, während die beiden deutschen Armeen in der Normandie vom 6. Juni bis zum 23. Juli 116 863 Tote, Vermißte und Verwundete hatten, erwog Dörnberg, ob er unverzüglich zu Grapenthin fahren sollte.

Er beschaffte sich zunächst eine Einschätzung der Frontlage, der zu entnehmen war, daß die Amerikaner bereits zwischen St. Lo und Coutances an der Westseite der Cotentinhalbinsel operierten und immer wieder nach Süden vorstießen, während Montgomery an der Ostflanke nur grobschlächtig tändelte. Also schien der Frontbesuch südostwärts Caen im Augenblick nicht übermäßig riskant, versprach aber in Paris bei den wegen

räter- und Verschwörerclique nun endlich aber auch im Rücken der Heimat die Atmosphäre schaffen, die die Kämpfer der Front brauchen...« Und er versicherte: »Diesmal wird nun so abgerechnet, wie wir das als Nationalsozialisten gewohnt sind.« Die Gestapo fand die Listen mit den Namen derer, die für Funktionen im Großdeutschen Reich nach der Bildung einer neuen Regierung vorgesehen waren. In Plötzensee mauerte man Fleischerhaken in die Decke, damit der Henker Hitlers Weisung nachkommen konnte: Sie sollen sterben wie Vieh...

Auch Sturmbannführer Dörnberg beabsichtigte nunmehr abzurechnen für seinen nicht erfolgten steilen Aufstieg in die nächste Nähe neuer Machthaber, für seine Angst in einer französischen Gefängniszelle, für die persönliche Beleidigung, die ihm mit dem Versagen seines Freundes Hasso widerfahren war. Je länger er nachdachte, desto klarer erkannte er, daß er im Zusammenhang mit dem Attentat etwas halbwegs Sensationelles ans Licht ziehen mußte, was dem soeben in Berlin gebildeten »Sonderstab 20. Juli« noch nicht bekannt war, imponierte und spektakuläre Folgen hatte. Das ging mit berechtigter Aussicht auf Erfolg nur bei dem adligen V-Mann Grapenthin, der Leute kennen mußte, die mehr zählten als Meusel, Krusemark oder ähnliche.

In seiner Freude, vor bedeutenden Aktionen zu stehen, entsann er sich, das monatliche Rotweindeputat noch nicht an seinen Gönner, den Wehrkreiskommandeur in Hamburg, auf den Weg gebracht zu haben. Der hatte, wie Dörnberg bald erfuhr, am 20. Juli Verwirrendes durchgemacht.

Als erstes erhielt er Weisung, die Spitzen der SS, Partei und Polizei zu verhaften. Gezeichnet: Fromm, Generaloberst. Also bestellte er die in Betracht kommenden Herren telefonisch für 19 Uhr in seine Kommandantur zu einer »Besprechung«.

Dann sprach Goebbels über die Reichssender und erklärte, daß der Führer lebe. Der Wehrkreisgeneral war verblüfft.

Ein Fernschreiben aus der Bendlerstraße polte ihn ein weiteres Mal um: Alle Versicherungen, daß der Führer nicht tot sei, sind falsch. Die bisher erlassenen Befehle sind mit äußerster Beschleunigung auszuführen. Gezeichnet: von Stauffenberg.

Nach dem Zusammenbruch aller Aktionen der Verschwörer in Berlin blieb ihm nur der Rückzug, den er mit dem Befehl einleitete, SS-, Gestapo- und SD-Angehörige sofort wieder in Freiheit zu setzen.

Dörnberg weigerte sich, seine Zelle im Morgengrauen zu verlassen, das Prädikat »auf der Flucht erschossen« war ihm genau bekannt. Alle erhielten jedoch Garantie für ihre Sicherheit. Wenig später standen die Gehobeneren in der Halle des Hôtel Raphaël, Stülpnagel mit Stab, Oberg mit Stab, der Marineadmiral mit Stab. Nach einigem Hin und Her einigte man sich darauf, es sei alles nur eine Übung gewesen, fein ausgedacht und wirklichkeitsgetreu abgelaufen. Dieses Kommuniqué wurde auch am 21. Juli von der offiziellen deutschsprachigen Pariser Zeitung verbreitet.

Dann knallten die Sektkorken, und die Gläser klangen, und die vielen Trinksprüche trieften von Pseudoharmonie. Um 9 Uhr klingelte das Telefon, um Stülpnagel nach Berlin zu rufen. Der Schuß in der Nähe von Verdun war schlecht gezielt, Stülpnagel hatte sich blind geschossen. In Plötzensee schloß sich die Zellentür hinter ihm. Etwas später wurde auch Kluge abberufen. Unterwegs, bei Metz, nahm er Gift.

General Krusemark rief noch vormittags in Rastenburg an, um dem von der *Vorsehung* Bewahrten, wie es im Hitler-Jargon hieß, von der heißen Front gegen die anglo-amerikanischen Plutokraten seine tiefe Ergebenheit zu versichern. Er werde immer und überall, wohin der Führer ihn beordere, seinen Mann stehen und seine Anstrengungen nun noch verdoppeln. Er empfinde tiefen Ekel vor den moralischen Jämmerlingen, die man mit Stumpf und Stiel ausrotten müsse.

Krusemark stellte mit heimlicher Genugtuung fest, daß er seine schwarzweißrote Gesinnung lediglich einmal bei Altdörfer hatte durchblicken lassen, ihn aber niemand wegen unbedachter Äußerungen in der Hand hatte. Von diesem Tage an trug er das Monokel nur noch selten, um keine optische Veranlassung zu geben, mit Vertretern der Adelsfronde identifiziert zu werden.

Hitler sprach über alle deutschen Sender: »Ich bin der Überzeugung, daß wir mit dem Austreten dieser ganz kleinen Ver-

Man verhandelte in Madrid. Man verhandelte in der Schweiz mit Beauftragten des amerikanischen Spionagechefs in Europa, Allan Welsh Dulles. Der meldete verschlüsselt nach Washington: »Im Fall eines gelungenen Komplotts würde es einen geordneten Rückzug im Westen geben, während gleichzeitig die besten Divisionen nach Osten geworfen würden.«

Im okkupierten Paris waren zweitausend hervorragend ausgerüstete Angehörige von SS, SD und Gestapo seßhaft geworden. Ihr Hauptquartier lag in der Avenue Foch, die zur Place de l'Étoile mit Triumphbogen und Grabmal des unbekannten Soldaten führt. Ihr Chef, der SS-General Oberg, hatte sich in der Rue de Cannes häuslich eingerichtet.

Das Haupt des Putsches in Frankreich, General von Stülpnagel, residierte im Majestic-Hôtel in der Rue la Perouse, nahe dem Arc de Triomphe, und wohnte im Hôtel Raphaël in der Avenue Kléber, die nach Westen die Place de l'Étoile mit der Place du Trocadéro verbindet. Stülpnagel versuchte am Abend des 20. Juli vergeblich, den OB West endgültig für die Revolte zu gewinnen. Der wollte erst mitmachen, wenn der Diktator auch wirklich tot war. Aber Stülpnagel hatte alle Brücken hinter sich abgebrochen, bevor er zu Kluge nach La Roche Guyon fuhr. Der Stadtkommandant von Paris, General von Boineburg-Lengsfeld, besetzte mit einem motorisierten Schützenregiment in der letzten Stunde vor Mitternacht das SS-Hauptquartier ohne Blutvergießen. Der gänzlich konfuse Stab Obergs lernte das Militärgefängnis von Fresnes kennen; darunter auch der Sturmbannführer Kurt Dörnberg, nur noch ein Schatten seiner Schönheit, als er plötzlich in der Einzelzelle hockte.

Oberg selbst, von Generalmajor Brehmer verhaftet, wurde in das erstrangige Hôtel Continental in der Rue de Castiglione gebracht. Mit den SS-Mannschaften machten die Wehrmachtsvertreter nicht viel Federlesens, transportierten sie zum Fort de l'Est und sperrten sie dort ein, zweitausend Mann, und alles ohne einen einzigen Schuß.

In der ersten Stunde des 21. Juli kam Stülpnagel ohne Ergebnis aus dem Hauptquartier Kluges wieder ins Hôtel Raphaël.

Um 12 Uhr 50 detonierte die darin verwahrte englische Sprengladung und verursachte Schaden.

Die Palastrevolution, vor den Volksmassen geheimgehalten, kam schwerfällig in Gang. Sie erwies sich als Zeichen einer ernsthaften Krise in den führenden Schichten. Paladine, vor allem militärische, hatten sich im letzten Augenblick entschlossen, aus der aktiven NS-Anhängerschaft zu einer aktiven Opposition überzugehen. Man wollte Hitler über die Klinge springen lassen, um den deutschen Imperialismus ohne Hitler innenpolitisch durch eine Militärdiktatur zu konservieren. Nach außen sollte die ungezügelte faschistische Aggressivität bestehenbleiben und in der Fortsetzung des Krieges gegen die Sowjetunion gipfeln.

Es gab Idealisten unter den Verschwörern, deren Ziele ehrlich, deren persönliche Haltung respektabel waren. Sie befanden sich hoffnungslos in der Minderheit. Stauffenbergs programmatische Zielsetzung lautete: Kontakt mit der kommunistischen Widerstandsbewegung aufnehmen und eine neue Ordnung gestalten, die von der Arbeiterklasse mitgetragen wird. Außenpolitisch wollte er die Beendigung des Krieges an allen Fronten und gutnachbarliche Beziehungen zur Sowjetunion.

Der faschistische Terrorapparat, in erster Linie gegen Kommunisten aufgebaut, begann nun auch gegen uniformierte und zivile Opponenten aus den eigenen Reihen zu wüten.

In Berlin fiel nachts der engste Kreis der Verschwörer, von der Summe eigener Fehler in die Enge getrieben, unter den Kugeln eines Exekutionskommandos oder – wie im Falle des Generals Beck, von General Fromm mit Pistolen versorgt – durch Selbstjustiz. Um keinen Durchschlupf offenzulassen, wurde Himmler als Chef des Ersatzheeres eingesetzt.

In Frankreich hatten Offiziersgruppen konkret an der Verwirklichung des Ziels der meisten Verschwörer gearbeitet: die Westfront öffnen, den Westalliierten den Marsch nach Berlin anbieten und selbst mit gedecktem Rücken gegen die Rote Armee weiterkämpfen. »Generalsfrieden« lautete das Stichwort derer mit den goldenen Schulterstücken.

Danach kam das Gelände südlich der Bahnlinie Caen – Vimont an die Reihe, bis eine englische Panzerdivision ostwärts der Stadt hinter trommelndem Artilleriefeuer nach Süden vorging, soweit die Geschütze reichten. Vor den Höhen von Bourguébus blieb der Hauptpulk trotz der Bombenteppiche im Abwehrfeuer liegen. Die 11. britische Panzerdivision verlor 126 Panzer, die Hälfte ihres Kampfwagenbestands. Das Unternehmen hieß Goodwood, was am einprägsamsten mit Gut Holz! zu übersetzen wäre.

Die Deutschen räumten in der Nacht die letzten Steinhaufen von Caen und bezogen den Höhenrücken bei Bourguébus. Wieder waren die vorgeschobenen Beobachter der II. Abteilung dabei. Die B-Stellen richteten sich dahinter ein, während die Feuerstellungen im Raum Garcelles-Sequeville lagen.

Am 20. Juli 1944 toste ein ungewöhnlich schweres Gewitter entlang der Küste. Die Normandie wurde von Wolkenbrüchen überflutet. Die Ebene südlich Caen verwandelte sich in einen nahezu unpassierbaren Sumpf, womit das Unternehmen Goodwood endete: ein paar Kilometer Bodengewinn und ein zweites Gewitter im alliierten Hauptquartier wegen der jämmerlichen Ergebnisse dieser ehrgeizigen Offensive, die bis Paris führen sollte und lediglich erreichte, daß der handtuchgroße Brückenkopf ostwärts der Orne auf neun mal zwanzig Kilometer verbreitert wurde.

Indessen brandete an der sowjetischen Front die Offensive der Roten Armee auf tausend Kilometer Breite vom Peipussee im Norden bis nach Galizien im Süden. Im Mittelabschnitt war die Hauptkampflinie fünfhundert Kilometer tief durchstoßen. Wiederum wurde eine viertel Million Quadratkilometer sozialistischen Vaterlands befreit. Seit Beginn des Großangriffs am 23. Juni fielen fünfzehn deutsche Generale, sechsundzwanzig wurden gefangengenommen. Die T 34 standen bei Brest-Litowsk und Grodno.

An diesem 20. Juli hatte Oberst Claus Graf Schenk von Stauffenberg in der Lagebaracke des Führerhauptquartiers in Rastenburg seine Aktenmappe unter den Eichentisch gestellt.

Ich glaube, daß zwischen Hinrich Thiel und mir nun keine Spannung mehr ist. Er hat's gut gemeint damals, er wollte nicht, daß Du jemand anderem gehörst, und ich war in meiner Eifersucht blind und ungerecht gegen ihn.

Es wäre noch soviel mitzuteilen, was nur uns beide angeht, aber es ist so schwierig zu schreiben... Warum fällt es den Menschen oft so schwer, zu sagen: Ich liebe dich! Ja, Martina, ich liebe Dich sehr. Warum ich es nicht über die Lippen brachte damals am Mittelmeer, bevor wir Deinen Brief lasen? Aber bei unserem letzten Zusammensein habe ich es immerfort gesagt. Als die Güterwagen rollten, war ich froh, daß ich es gesagt habe. Denn wann wirst Du es noch einmal von mir hören ...

Martina, Liebste, lies nur das aus diesem Brief, was Licht verspricht, was man festhalten kann. Ich hab Dich so lieb, Dein Hans.

Als Rohrbeck den Brief schloß, fragte er sich, ob Thiel, Gengenbach oder Eiselt auch so oft daran denken müßten, daß sie nicht mehr nach Hause kommen könnten. Ihn bedrückte diese Vorstellung, je länger er an der Front stand. Nie vermochte er, sich Martina ganz nahe, ganz gegenwärtig vorzustellen, sie blieb immer in der Ferne. Er nahm es als ein beunruhigendes Zeichen.

Am 17. Juli hatte Rommel östlich der Orne einen Abwehrgürtel von fünf Zonen geschaffen, mit beachtlicher Tiefe und beachtlicher Bewaffnung, in der Voraussicht, daß hier der entscheidende Durchbruchversuch der Briten über den Fluß nach Südosten unmittelbar bevorstehe. Auf der Rückkehr vom Gefechtsstand der Panzergruppe West wurde sein Wagen von Jabos angegriffen, der Fahrer tödlich getroffen. Das führerlose Fahrzeug raste gegen einen Baum, Rommel erlitt einen schweren Schädelbruch. Kluge blieb nichts übrig, als die Führung der Heeresgruppe B mit zu übernehmen.

Im Morgengrauen des folgenden Tages wurde der Boden zwischen Caen und Troarn aufgewühlt von dem schwersten Bombenangriff, der je eine Bodenoperation begleitet hatte: vier Stunden lang Flächenwurf aus 2 700 Bombern. Kein Dorf überlebte, kein Waldstück, wenige Menschen.

»Wenn man sich das militärische Gestümper hier ansieht...«
»Am dreiundzwanzigsten Juni ist der Iwan im Mittelabschnitt gegen Witebsk angetreten. Am nächsten Tag tobt die Schlacht bereits auf hundertsechzig Kilometer Breite. Am fünfundzwanzigsten fällt Tschaussy, am sechsundzwanzigsten Witebsk, einen Tag später Mogilew. Am achtundzwanzigsten ist die zweite Dneprlinie schon hundertzwanzig Kilometer durchbrochen. Am neunundzwanzigsten wird Bobruisk gestürmt und am letzten Monatstag die Beresina erreicht. Der Wehrmachtsbericht kommentiert, daß die ‚roten Angriffsspitzen an einigen Stellen aufgefangen' werden konnten«, sagte Thiel.

»Dort wird verschiedenen die Luft knapp.«

Thiel nickte, gab den Zettel zurück und ging. Rohrbeck sah ihm durch die schmalen Fenster nach. Der Regen löschte den Leutnant aus.

Das Schweigen hatte etwas Unheimliches für Rohrbeck – als wenn jene, die ihr für Vernichtung bestimmtes Gerät stapelten, plötzlich abgezogen wären, und der Krieg fände einstweilen nicht statt, um nach dieser Atempause mit unerhörter Gewalt alles nachzuholen und erbarmungslos zuzuschlagen. Der Funkmeister vermochte den Gedanken nicht zu Ende zu denken und fürchtete sich. Martina... Er begann zu schreiben.

Du Liebe Du – heute sind genau anderthalb Monate vergangen, seit ich Dich das erstemal sah. Oder besser: Seit Du mich das erstemal geküßt hast. Nur wenige Tage sind uns vergönnt gewesen, wir haben Zeit verloren und eine Summe Glück, die uns niemand ersetzen kann. Übrigens habe ich Dir das alles bereits geschrieben, unterwegs und in Deckungslöchern, aber ich erhielt bisher keine Antwort. Das ist nicht verwunderlich bei der angespannten Lage.

Wann wir uns zum letztenmal sahen? Ich weiß es nicht. Ist es drei Wochen her, drei Jahre? Oder war es in einem anderen Leben? Ja, in dieser unserer Nacht blieb mein früheres Dasein zurück, und durch Dich, Liebste, bin ich anders geworden. In jenem früheren Leben hielt ich eine Pistole, eine Stoppuhr für liebenswert, ehe mir mein Kamerad Seehase die Augen öffnete. Da ging ich zu dem Haus nach Narbonne, zu Dir...

»Wird an den übrigen Fronten kaum anders aussehen«, murmelte der Funkmeister abwesend.

»Zeig doch mal, was du für Altdörfer aus den letzten Wehrmachtsberichten zusammengestellt hast.« Er hielt Rohrbeck auffordernd die Hand hin. Der holte aus seiner Kartentasche einen zusammengefalteten Zettel und reichte ihn schweigend dem Leutnant.

Thiel las: »1. 7. Im Mittelabschnitt der Ostfront stehen unsere Truppen weiter in schwerem Abwehrkampf. In der Stadt Sluzk sind Straßenkämpfe im Gange.

2. 7. Der Ort wurde aufgegeben. Die Kampfgruppen aus dem Raum von Bobruisk haben sich zu unseren Hauptkräften durchgeschlagen.

3. 7. Im Raum von Ossipowitschi und an der mittleren Beresina setzten sich unsere Divisionen in erbitterten Kämpfen mit dem nachdrängenden Feind in den Raum um Minsk ab. Um die Stadt Polozk wird erbittert gekämpft.

4. 7. Bolschewistische Panzerkräfte drangen in Minsk ein und stießen weiter nach Westen vor.

5. 7. Im Südabschnitt der Ostfront wurde die Stadt Kowel zur örtlichen Frontverkürzung und ohne feindlichen Druck geräumt. Um Molodeczno wird erbittert gekämpft.

7. 7. An der Landenge von Baranowicze wurden feindliche, von Panzern unterstützte Angriffe östlich der Stadt aufgefangen... Nördlich davon sind feindliche Angriffsgruppen im Vorgehen auf Wilna.

8. 7. Im Verlauf der Abwehrschlacht wurden den Bolschewisten hohe Menschen- und Materialverluste zugefügt. Auch die eigenen Ausfälle sind beträchtlich... Der feindliche Druck auf Wilna verstärkt sich weiter.

9. 7. Im Mittelabschnitt der Ostfront hat sich die Abwehrschlacht in den Raum westlich der Landengen von Baranowicze und Molodeczno verlagert...«

»Und?« fragte Rohrbeck.

»Nichts *und*. Noch nie hat der Wehrmachtsbericht Tag für Tag Rückzug bekanntgeben müssen. Eine rote Offensive auf ungeheurer Breite, mit einem sagenhaften Tempo.«

rand der Stadt herangearbeitet, während vom Norden her englische Patrouillen zum Zentrum vortasteten. Am selben Morgen nahm Sommerfeld bereits die fünfte Gelonida antineuralgica, um den nächtlichen Schock einzudämmen, während Altdörfer »seinem tapferen Fahrer« das Band des Eisernen Kreuzes zweiter Klasse durchs Knopfloch der Feldbluse zog mit der Begründung, er habe durch sein beispielhaftes Handeln der Wehrmacht einen Stabszahlmeister und ein Fahrzeug mit Marketenderware erhalten und damit zur Stärkung der Truppe beigetragen.

Der Obergefreite dachte während der Prozedur: Wenn du drüben geblieben wärst, hättest du dir diesen Scheißorden erspart, der schneller angeheftet ist, als er später abgenommen werden kann. Doch es gab Wesentlicheres für ihn: Erwin Seehase wußte, warum er nicht zu Amerikanern oder Engländern wollte. Von einer politischen Traufe in die andere? Er hatte genaue Vorstellungen davon, wie und wo er für die Zukunft mehr tun konnte und tun würde, als gegenwärtig möglich war. Ja, wenn sich das gleiche an der Ostfront abgespielt hätte, wäre er sofort zu den Sowjets gegangen und hätte geholfen.

Die Ornebrücken in der Stadt waren gesprengt und das Südostufer stark besetzt. Damit war Montgomery nach wie vor der Weg in die operativ nutzbare Ebene von Falaise verlegt. Die Flugplätze um Caen befanden sich ebenfalls noch immer nicht im Besitz der Briten. Der Dauerregen ließ alle Fronten erstarren und machte die westlichen Hauptquartiere nervös.

Am Nordrand des Dörfchens Cormelles, gegenüber dem Schuttberg, der einst die südliche Vorstadt von Caen war, hatte sich im Souterrain eines halbzerschossenen Hauses die Fernsprechvermittlung der Abteilung eingerichtet. Es gab keinen heilen Draht zu Feuerstellungen und Beobachtern. Nur gelegentlich bekam der Stab mit einer Batterie Funkverbindung.

Leutnant Thiel stand im Kellereingang von Altdörfers Befehlsstand, sah sich einige Augenblicke unschlüssig um und rannte dann zur Vermittlung hinüber. »Machen uns ganz schön zur Schnecke, die fremden Kameraden«, sagte er außer Atem zu Rohrbeck.

tigen Straße. Im Rückspiegel sah er rechts hinter sich vom Nordrand Caens Leuchtkugeln aller Farben aufsteigen, während vor ihm alles ruhig blieb. Um so besser, dachte er und beruhigte den Zahlmeister, der bei jedem Kilometerstein fragte, ob dies die vorgeschriebene Route sei und ob Seehase auch wirklich die genaue Lage der B-Stelle kenne.

Die Umrisse eines kleinen Dorfes an der Straße kamen in Sicht, das letzte vor dem angewiesenen Ziel. Fahrzeuge tauchten auf, ebenso unbeleuchtet wie der neue Citroën. Seehase verlangsamte das Tempo, erkannte einige Panzer und selbstfahrende Geschütze. An den Zäunen standen Gruppen von Männern und rauchten. Wollten sie nach vorn? Wurden sie abgelöst? Der Obergefreite steuerte seinen Wagen weiter zum westlichen Dorfausgang. Dort fiel ihm im Dunkelgrau der Nacht etwas auf: Die Soldaten trugen alle einen flachen Stahlhelm mit abstehendem Rand...

Seehase hatte einige Schwierigkeiten beim Wenden, weil heranrollende Cromwell-Panzer sein Manöver störten. Endlich hatte er es geschafft und fuhr zwischen zwei Selbstfahrlafetten wieder langsam durch das Dorf zurück. Sah den Stabszahlmeister auf dem Boden des Wagens liegen und gab nur wenig mehr Gas, nachdem das Kettenfahrzeug vor ihm rechts an die Häuser gerollt war und somit die Straße frei wurde. Sieh mal an, dachte er, die Kanadier scheinen nun doch ernsthaft zu wollen. Nicht nur unsere B-Stelle hat abgebaut, sondern alles, was bisher hier gestanden hat. Nur weiß das wieder mal kein Stab. Hoffentlich knallen sie mir nicht noch ein Ding gegen den Auspuff – abgesehen davon, daß die Unseren mich für den ersten nachdrängenden Feind halten und mit Panzerfäusten auf meinen schönen Wagen losgehen könnten.

Seehase überschätzte beide Seiten, denn es passierte gar nichts. Er fand Gengenbach schließlich unmittelbar am Stadtrand. Der Oberleutnant freute sich über Schnaps und Zigaretten für seine Männer, stieg aufs Trittbrett und fuhr mit zum Abteilungsstab zurück, um Altdörfer mündlich verschiedene taktische Vorschläge zu unterbreiten.

Am Morgen des 9. Juli hatten sich die Kanadier an den West-

südlich der Stadt auf die Ausgabe der Marketenderwaren wartete. Alle waren sich einig darin, daß die gesamten Vorräte entweder im letzten Moment gesprengt oder den westlichen Gaumen munden würden, falls man nicht auf die vernünftige Idee kam, die Bestände sofort und großzügig an die hungernde Truppe auszugeben.

Seehase teilte diese Auffassung friedfertig einem gutgenährten Stabsgefreiten des Lagers mit. Der Angesprochene, zehn Zentimeter größer, sprach von Defätismus, worauf der Kraftfahrer den rechten Zeigefinger an die Stirn führte. Der Verpflegungsbulle quittierte die unmißverständliche Handbewegung mit einem Faustschlag und verstauchte sich an Seehases eisernem Schädel den rechten Mittelhandknochen.

Seehases Linke, Handschuhnummer zehn ein viertel, fuhr in zornigem Gegenangriff am Ohr des Widerparts vorbei, die Rechte schlug jedoch voll am Unterkiefer ein und setzte den Wächter vorübergehend matt. Dann begann der Obergefreite seine Marketenderwaren einzuladen, ohne sich um den nun ausbrechenden heftigen Disput zwischen Sommerfeld und einem zornbebenden Intendanturrat zu kümmern.

Am Abend wartete Seehase, im Citroën Schnaps, Zigaretten und Frontkämpferpäckchen, auf den Stabszahlmeister. Altdörfer wies ihn nochmals ein: »B-Stelle der sechsten Batterie. Gengenbach. Genau an der Straße Caen – Bayeux.«

»Herr Hauptmann, wo ick eenmal war, finde ick wieda mit vabundene Oogen hin.« Seehase nannte zur Bekräftigung einige markante Geländepunkte: zerschossene Bauwerke, einprägsame Heckenstücke und auffällige Buschgruppen, worauf der Kommandeur zufrieden war.

Der Obergefreite freute sich, seinen alten Chef, den ihm sympathischen Oberleutnant Gengenbach, wiederzutreffen. Stabszahlmeister Sommerfeld setzte den von keiner Schramme verunzierten Helm auf und kauerte sich auf den Rücksitz.

Seehase schlug einen weiten Bogen um den Südwesten der Stadt, wo er Notbrücken über die Orne ebensogut kannte wie flache Stellen über Bahnkörper und Schienenstränge nach Villers-Bocage und nach Bayeux. Endlich war er auf der rich-

im Ornetal gebrochenen Steinblöcke als ehemalige Bauteile von Häusern erkennbar; sie verhinderten wieder einmal, daß Panzer zu den Ornebrücken durchstießen.

Die vorgeschobenen Beobachter der Abteilung Altdörfer wechselten unterdessen in andere Bombentrichter. Die Hauptbeobachtungsstellen hatten bereits jene Schuttberge, die einst Caen hießen, unmittelbar im Rücken, und die Geschütze überquerten die Orne, um aus Südosten mit der größten, der sechsten Ladung über die Stadt hinwegzuschießen, sofern ein gefunktes Feuerkommando sie erreichen sollte. Altdörfer hatte vorausschauend seinen Gefechtsstand nach Vaucelles und damit auf das südliche Flußufer verlegt. Um die Kampfmoral seiner Männer zu stärken, beschloß er, die infolge schwerster Ausfälle nun überreichlich vorhandenen Marketenderwaren mit Frontkämpferpäckchen durch den Obergefreiten Seehase unter Aufsicht des Stabszahlmeisters Sommerfeld nach vorn bringen zu lassen, sobald es die einbrechende Dunkelheit ermöglichte.

Seehase hatte heute seinen originellen Tag, wie er Leutnant Thiel augenzwinkernd mitteilte. Morgens ging alles in Deckung, weil zwei Dutzend Viermotorige ihre Bomben in den Müll – so nannte er die Reste der Stadt – abwarfen. Dabei fiel Seehase eine dunkelblaue Citroën-Limousine auf, aus der SS-Männer heraussprangen, um blitzschnell in einem Keller zu verschwinden wie Ratten im Schutt. Seehase blickte auf die Bomber, auf den Keller, auf die Limousine und dachte an die Zukunft. Als es ringsum krachte, rannte er zu dem Wagen, setzte sich hinter das Lenkrad, drehte mit Daumen und Zeigefinger der rechten Hand behutsam den Zündschlüssel, startete und fuhr davon. Würden sich die großmäuligen Helden schön ärgern, daß ihnen der Wagen geklaut wurde! »Es war mir een besonderet Vagnügen, meine Herren. Aber Fracksausen hatte ick doch bei dem Zirkus!« murmelte er und wischte sich den Schweiß von der Stirn.

Eine Stunde später war das Fahrzeug grau gespritzt und hatte eine ordnungsgemäße WH-Nummer. Mit dem schnellen Schlitten wird Erwin Seehase eine Fliege machen, wenn es an der Zeit ist, dachte er, als er mit Sommerfeld in einem Verpflegungslager

SIEBZEHNTES KAPITEL

Die erste Festung der Okkupanten in Westeuropa, Cherbourg, war praktisch am 26. Juni gefallen, wenn auch einige deutsche Restgruppen noch aus Trümmern und halb zerstörten Kasematten sinnlos zurückschossen. Über zwanzigtausend Feldgraue in der Stadt hoben die Hände.

Der Fall der Festung sollte auf Befehl Hitlers kriegsgerichtlich untersucht werden. Der Oberbefehlshaber der 7. Armee, Dollmann, verlor darüber die Nerven und verstarb in seinem Badezimmer. General der Waffen-SS Hausser übernahm den Posten.

Am 2. Juli griff ein weiteres Revirement um sich. Rundstedt bekam einen Dankesbrief von seinem Führer und einen Nachfolger: Generalfeldmarschall von Kluge, genannt der kluge Hans, der sich für eine Sonderdotation von einer viertel Million Reichsmark und eine große Zulage zum Marschallgehalt nun als sieghaft erweisen wollte. Der Chef der Panzergruppe, General Geyr von Schweppenburg, wurde durch den General Eberbach ersetzt.

Die Stadt Caen war zu diesem Zeitpunkt und im Gegensatz zu allen englischen Plänen noch immer in Händen der Deutschen. Am 4. Juli begann eine Großoffensive mit einem Angriff der Kanadier auf das Flughafengebiet von Carpiquet. Das Dorf wurde von einer Luftwaffeneinheit kampflos geräumt, aber vor dem Flugplatz war Endstation für die angreifende kanadische Division, die ohne Luftwaffenunterstützung keinen Meter weiterzubewegen war. Montgomery hatte Befehl, englisches Blut zu schonen ohne Rücksicht auf taktische Entscheidungen. Der alliierte Bomberchef sagte seine schweren Kampfflugzeuge zu, bestand aber auf einen Sicherheitsabstand von gut fünf Kilometern zwischen dem Bombenteppich und den vordersten britischen Truppen. Am Abend des 7. Juli luden viermotorige Halifax- und Lancaster-Bomber zweitausendfünfhundert Tonnen Stahl und Sprengstoff auf die nördliche Vorstadt von Caen ab. Aber erst am nächsten Morgen griff das I. Corps an. Auf dem östlichen Flügel erreichte eine britische Division den Nordrand von Caen, als es dunkel wurde. Es waren nur noch die großen,

ihr zweifelt an dem Mädchen. Wir haben unsere Aufgabe, gut. Aber Denise ist jung, und auch der scheußlichste Krieg kann die Natur nicht betäuben. Hab ich dir nicht erzählt von meiner Schwester Martina? Sitzt als Nachrichtenhelferin in Narbonne und hat nicht einmal Zeit, ihrem Bruder zu schreiben. Geht tanzen. Aber ist es nicht ihr Recht, sich einen Zipfel vom Leben zu nehmen, gerade weil man nie weiß, wie lange einem noch Leben vergönnt ist? Und Denise ist genauso anständig wie Martina. Sie liebt diesen Leutnant. So etwas spürt man nur, wenn...« Baumert brach ab und vermied, Leduc anzusehen. »Ich habe Denise gefragt. Sie kennt ihn aus Paris. Ihre große und hoffnungslose Liebe. Ihr solltet dem Mädchen hoch anrechnen, daß sie sich nicht eine Sekunde besonnen hat.«

»Und das hat sie *dir* erzählt, nicht uns?« fragte Leduc zweifelnd.

»Sie hatte Grund dazu«, sagte Baumert abweisend, und als Leduc ihn immer noch fragend ansah, rief er aufgebracht: »Menschenskind, kapierst du denn nicht, daß dieser Leutnant ihre Antwort auf *meine* Erklärung war?«

Nachmittags machten sie sich wieder auf den Weg und schoben ihren Karren weiter nach Osten in Richtung Argentan. Baumert besaß längst eine Carte d'identité und sprach ein Französisch nach Art normannischer Bauern. Er hatte sich an Kontrollen durch deutsche Feldgendarmen ebenso gewöhnt wie an die Formulierung im Wehrmachtsbericht: Im französischen Hinterland wurden Terroristen im Kampf niedergemacht... Beides bestärkte ihn in seinem Entschluß, sich nicht von der Nullacht zu trennen.

werde? Aber sie müssen denken: So war das bereits in Paris. Eine Tänzerin, ein leichtes Mädchen, heute mit diesem, morgen mit einem anderen ins Bett, auch mit deutschen Offizieren. Dort hat sie es so getrieben, und in der kurzen Zeit, seit sie uns untersteht, hat sie es ebenfalls schon fertiggebracht, sich an Männer heranzumachen, an Deutsche dieses Frontabschnitts. Ohne Auftrag, oder gar... Trauen sie mir *das* zu? Verrat? Wer glaubt mir den Zufall, der uns bei Amayé auf der morastigen Straße zusammengeführt hat? Joséphine nicht und Paul nicht. Und Wolf Baumert? Der arme verliebte Junge. Er tat mir leid, als ich ihm die Wahrheit andeutete.

Das Mädchen spürte Verzweiflung. Sie schwieg dennoch. Es war nicht mangelndes Vertrauen, sondern die Aussichtslosigkeit, diese Liebe, diese Begegnung glaubhaft erklären zu können. Ebenso aussichtslos wie die Hoffnung, Hinrich Thiel jemals wiederzufinden.

Was soll nun werden? fragte sich Leduc. Gerade jetzt kam es darauf an, daß ihre kleine Einheit zuverlässig arbeitete. Die Führung forderte das mit Recht, die Partei. Irgendwann mußten die Alliierten aus ihren Küstenstreifen antreten und an die Befreiung ganz Frankreichs gehen. Dazu wollten sie beitragen. Wenn das Mädchen wenigstens den Versuch einer Erklärung machen würde, er hätte für alles Verständnis. Leduc war sicher, daß sie keinen Verrat geübt hatte. Aber so war das Vertrauen zwischen ihnen erschüttert. Er würde ihr noch einen Tag Zeit geben – anderenfalls mußten sie sich trennen.

Auf der verlassenen Hauptstraße traf Leduc mit Baumert zusammen. »Hast du das Funkgerät verladen?«

Der ehemalige Unteroffizier nickte. »Alles in Ordnung.« Sah auf den alten Spanienkämpfer, ihren zuverlässigen und stets zuversichtlichen Chef. »Ihr habt Sorgen, Paul?«

Leduc tat überrascht.

»Mit Denise?«

Die schwarzen Augenbrauen hoben sich verwundert.

»Spielen wir nicht Versteck, Kamerad. Ich habe ebenfalls beobachtet, daß sich Denise nach dem Leutnant umgedreht hat. Von dieser Minute an ist das Gespräch zwischen euch gestorben,

einige von ihnen und hast es uns wissen lassen. Doch in diesem Fall...«

Wieder breitete sich das Schweigen aus.

Joséphine kam, nahm ihre Hand. »Denise, niemand will dich zwingen. Vielleicht läßt sich Persönliches nicht immer trennen von der Sache, der wir uns verschworen haben. Du kennst ihn? Es gibt keinen Irrtum?« Ihre Stimme war voller Güte und Verstehen.

Das Mädchen nickte und kämpfte schon wieder mit den Tränen.

»Kennt ihn einer unserer Genossen?« fragte Leduc.

Denise schüttelte den Kopf. Warum ist das alles so schwer? dachte sie. Ich habe doch schon mehr als einmal Abschied nehmen müssen. Und nun tut es so weh. Ich liebe ihn. Warum verstoße ich denn mit dem Menschlichsten, was es gibt, gegen unsere Pflichten?

»Er hat dich erkannt und sich trotzdem völlig diszipliniert verhalten. Hast du dafür eine Erklärung?«

Denise zeigte keine Regung. Ihre grauen Augen waren wie leblos – ein fremder Mensch, der hier saß, mehr und mehr abzurücken schien von allem, was sie bisher verband und bis in den Tod verbinden sollte.

Paul Leduc spürte, wie sehr er sich zusammennehmen mußte. »Du hast dich so auffällig nach ihm umgedreht, daß es jedem wie ein Zeichen erscheinen mußte. Warum?«

Die Sekunden tropften.

»Wenn er bis dahin damit rechnen konnte, sich geirrt zu haben, war nun alle Unsicherheit beseitigt. So wie der Leutnant verhält sich ein Mensch, der weiß, daß ihm sein Opfer nicht entkommen kann. Für ihn ein leichtes, uns jetzt unter Kontrolle zu halten.«

Die Augen des Mädchens zeigten Entsetzen.

»Hier schließt sich der Ring. Dein Verhalten hat uns alle gefährdet.«

Denise hielt die Hände vors Gesicht. Leducs Worte trafen sie wie Schläge. Warum sage ich ihnen nicht, daß ich diesen deutschen Offizier liebe und dennoch meinem Auftrag nicht untreu

Dann ging er auf Empfang. Es kam die Bestätigung. »Keine besonderen Aufträge. Danke schön. Und alles Gute.«

Er geniert sich nicht mehr, in meiner Gegenwart zu funken, also hat er Vertrauen, dachte Wolf Baumert. Es war nun schon Tage her, aber immer noch so aufwühlend wie im Augenblick des Geschehens: Plötzlich stand dieser Leutnant der Wehrmacht am Karren, und unter dem Hausrat lag das Funkgerät. In der rechten Hosentasche brannte die Nullacht. Und niemand weit und breit auf der Landstraße, nachdem der Volkswagen mit dem Hauptmann im Regen verschwunden war. Aber der Leutnant sprach plötzlich Denise mit Namen an.

Seitdem war alles anders geworden.

Baumert ging hinaus, das Gerät ins Versteck zu bringen. Es hatte nicht viel Mühe gekostet, sich mit der englischen Konstruktion vertraut zu machen. Schriftliche französische Texte morste er bereits ebensoschnell wie Leduc.

Sie waren in einem kleinen Nest in der Nähe von Putanges. Auch dieses Haus gehörte Freunden, Mitkämpfern. Im Gärtchen zwischen üppig quellenden Farbenfluten der Sommerblumen saß Denise. Grübelte. Immer wieder die gleichen Gegenstände, Bilder, Eindrücke. Ein Kradmantel, lang, mit hohem Kragen. Eine Feldmütze mit weichem Lederschirm ohne Silberkordel. Regen. Die warme Stimme: Erkennst du mich denn nicht? Und alles entfernt sich. Kein Gesicht mehr, nur noch die Silhouette der Gestalt. Fünfzehn Schritte... dreißig... vierzig Schritte. Dann habe ich mich umgesehen gegen das Gebot. Da steht der Geliebte! Immer wieder dieses Bild. Auch jetzt. Überschattet alles, selbst den Auftrag. Und hat das Schweigen gebracht und vielleicht auch das Mißtrauen der Kameraden.

Die Tränen rannen, und die Hoffnungslosigkeit machte sie matt und entschlußlos.

Paul setzte sich zu ihr, betrachtete lange das verschlossene Gesicht. Endlich sagte er: »Wir haben bisher kein Wort darüber verloren. Joséphine nicht. Du nicht. Auch ich nicht. Vermutlich wartete einer auf den anderen.«

Denise schwieg.

»Ein Offizier der Okkupationstruppen. Gewiß, du kennst

Regimentsgefechtsstands, die er mit angehört habe, selbstverständlich rein zufällig.

»Wovon ich überzeugt bin. Also kennt Gengenbach ebenfalls jene geheimnisvolle Denise. Er war freilich schon länger in diesem Abschnitt.«

»Gengenbach und Thiel waren das letzte Mal in Coursan oder La Vistoule zusammen. Also müssen sie das Fräulein Denise gemeinsam von früher kennen.«

»Möglich. Aber wie erklären Sie sich dann, daß diese Französin die rund tausendvierhundert Kilometer Luftlinie bis hierher ohne Schwierigkeit...«

»Das festzustellen wäre wohl mehr Ihre Angelegenheit.«

»Herr Altdörfer, warum melden Sie Ihre Wahrnehmung eigentlich nicht dem Oberstleutnant?«

»Ich bin gewiß, daß die Sache bei Ihnen in mindestens ebensoguten Händen ist.«

Sie sahen sich an, und der Haß glitzerte in ihren Augen. Altdörfer grüßte betont lässig, als er Grapenthin verabschiedete, er vergaß demonstrativ, die linke Hand aus der Hosentasche zu nehmen.

Der Regimentsadjutant revanchierte sich, indem er mit zwei Fingern an den Mützenrand tippte. Warum hat er mir die Geschichte mitgeteilt? dachte er, als sein Wagen aus der Deckung heranglitt. Diese Frage war für ihn wesentlicher als der Tatbestand, daß die der subversiven Tätigkeit in einer Untergrundorganisation dringend verdächtige Denise Darnand im Kampfgebiet aufgetaucht war.

Ein paar Nächte später rief er vom Divisionsgefechtsstand aus Dörnberg an und teilte ihm Altdörfers Feststellungen mit.

Dörnberg tat höchst interessiert, lobte die Weitsicht Grapenthins und versprach, der Angelegenheit in geeigneter Weise nachzugehen.

Paul Leduc, der Chef der Gruppe, schaltete den Sender ein und gab Informationen an die Gegenstelle durch: Eintreffen neuer Einheiten der Wehrmacht und der Waffen-SS im Bereich südlich Caen. Bewaffnung. Kaliber. Fahrzeuge. Namen. Zahlen.

Ein paar Tage später goß es in Strömen. Die normannische Landschaft lag in Dunst gehüllt. Grapenthin benutzte die günstige Gelegenheit, zu den Gefechtsständen der vier Abteilungen vorzufahren und sich zu orientieren. Er hatte bei Altdörfer begonnen und wollte sich gerade verabschieden.

»Da ist noch etwas, Grapenthin.«

Der Regimentsadjutant blickte erwartungsvoll.

»Als Nationalsozialist und Offizier sehe ich mich verpflichtet, Ihnen eine Beobachtung mitzuteilen.«

»Eine taktische oder gar strategische Wahrnehmung?« Grapenthin spürte, daß der Spott im Unterton richtig dosiert war.

»Durchaus nicht. Eine Ic- und IIa-Angelegenheit.« Altdörfer ließ sich nicht beirren.

»Also Feindbild und Personalfragen?«

»Mir ist bekannt, daß Leutnant Thiel sich Ihrer besonderen Aufmerksamkeit, vielleicht sogar Ihres Wohlwollens erfreut.«

»Was Sie nicht sagen, Herr Altdörfer.«

»Deswegen ist es für mich nicht nur dienstliche Pflicht, sondern persönliches Bedürfnis...«

Grapenthin hatte alle Antennen ausgefahren, als Altdörfer die Begegnung Thiels mit dem Flüchtlingskarren bei Amayé-sur-Orne schilderte. »Er hat das Mädchen so selbstverständlich mit Denise angesprochen, daß es an der Bekanntschaft nicht die Spur eines Zweifels gibt.«

»Sieh mal an, eine Denise...« Grapenthin dachte sofort an Le Lido, an die Sektnacht mit Denise und Dörnberg. »Und weiter?«

»Diese Denise gab sich zunächst nicht zu erkennen. Wollte oder konnte aus irgendeinem Grund nicht. Aber schließlich gingen ihr doch die Nerven durch, und sie blickte sich lange nach Thiel um. Ich habe das alles durchs Glas betrachtet.«

»Wirklich interessant, Herr Altdörfer. Also müßte Thiel die junge Dame bereits während der wenigen Stunden seines Hierseins beim Vorkommando, unter Ihrer Aufsicht gewissermaßen, irgendwo aufgetan haben?«

»Wohl kaum, Grapenthin.« Und Altdörfer berichtete von der Unterhaltung zwischen Thiel und Gengenbach im Keller des

langsam setzte sich das Fahrzeug wieder in Bewegung. Lindemann meisterte die Trichter in tollkühner Fahrt.

Im Dorf Carpiquet stellten sich Panzer bereit. Es ging nur schrittweise vorwärts. Die Schlitze der Scheinwerferkappen hatten etwas Unheimliches. Der Wagen mußte halten.

Thiel stieg aus, winkte Gengenbach und Klasen mitzukommen. »Hier liegen Teile der zwölften SS-Panzerdivision und Reste der zersplittert eingesetzten einundzwanzigsten. Von denen sind einige noch immer bei Lébisey eingegraben seit dem sechsten Juni, andere stehen am Odonbach.«

Die drei gingen zu Fuß voraus, während Lindemann versuchte, in dem Durcheinander mit dem Wagen voranzukommen.

Plötzlich stieg ein Schrei in die Nacht, der die Panzermotoren übertönte, hoch wie die Sirene eines auslaufenden Dampfers. Der Schrei eines Menschen in höchster Qual, unmittelbar vor ihnen. Gengenbach und Thiel rannten. Klasen blieb zurück. Die Straße war nun gänzlich verstopft. Taschenlampen blitzten auf, fixierten eine makabre Situation:

Die linke Laufkette eines Jagdpanthers war gebrochen und hatte ihn herumgerissen gegen die Vorderwand einer Ruine. Die Kanone war durchs Fenster gestoßen. Kein Schaden. Aber mit der rechten Seite war ein Mensch an die Wand gequetscht worden, klemmte zwischen Stahl und Granit. Ein Unteroffizier. Schrie. Schrie sich das Leben aus der Brust, während ein Dutzend Lichtkegel auf ihn gerichtet waren. Der Panzerfahrer startete und startete, der Maybach-Motor sprang nicht an. Schrei. Schrei. Schrei. Und niemand konnte helfen.

Gengenbachs Rechte krallte sich jäh in Thiels Arm.

»Was ist denn?«

Der Schrei erstarb. Es dauerte lange, lange, bis das Gurgeln endgültig aufhörte.

»Unteroffizier Blättermann! Du kennst ihn nicht. Er war in Helgerts Batterie. Rief: Verräter!, als sein Chef nicht mehr mitmachte – und lief mir in Lion davon, als es beschissen wurde.«

Die Taschenlampen nagelten den Toten an die Hauswand.

Thiel schluckte. »Ich hatte es vom ersten Tag an vor.«

»Am ersten Tag hast du mir Grüße von Denise bestellt. Als wir uns das letztemal in Narbonne sahen, redeten wir über sehr Persönliches, aber nicht über Denise.«

Vom Flugplatz Carpiquet kam das ununterbrochene Grollen schwerer Einschläge.

»Vom ersten Tag an habe ich mich gequält...«

»Weil du mir nicht sagen konntest, daß Paris anders war, ganz anders?«

»Wie bist du daraufgekommen?«

»Du warst verändert, hast vermieden, mir in die Augen zu sehen; sogar bei der Diskussion mit den Franzosen.«

»Gerhard, glaube mir...«

Gengenbach wehrte ab. »Ich hatte Zeit genug, über alles nachzudenken – und nicht erst, als wir in Lion halb abgeschnitten waren...« Es war, als ginge er all den Gedanken noch einmal nach.

»Ich hatte Angst um unsere Freundschaft...«

»Und das andere?«

»Ist stärker.«

»Und sie? Und sie, Hinrich?«

Thiel zögerte, fragte sich: Bist du denn sicher, daß sie dich ebenfalls liebt? Er nickte.

Der Motor wurde angelassen, lief gleichmäßig.

»Komm, sprechen wir nicht mehr davon.« Gengenbach faßte den Leutnant um die Schulter, und sie gingen langsam zum Wagen.

Gengenbach spürte den Schmerz des längst begriffenen Verzichts, und Thiel war bedrückt von der Hochherzigkeit des Freundes.

Niemand sprach. Sie fuhren nach vorn. Ein Schiffsgeschütz beschoß in unregelmäßigen Abständen die Straße nach Caen. Lindemann hielt, lauschte einige Sekunden. Da schwoll die Luft erneut vom irrsinnigen Kreischen der schweren Granate. Wie ein Minarett stieg der Einschlag in den schwarzen Himmel. Brocken prasselten.

»Los!« schrie Thiel. Der Wachtmeister gab Vollgas. Qualvoll

nur Hirngespinst ist? Eine fremde junge Bäuerin, ähnlich zwar, aber nicht Denise? Gengenbach ist mein Freund. Man muß es ihm sagen. »Ich habe sie gesehen.«

Gengenbachs Augen wurden starr. »Du hast sie gesehen?«

»Ja. Keine fünfzehn Kilometer von hier.«

»Sag mal, spinnst du? Sie lebt in Paris!«

»Sie ist schon vor vier Wochen aus Paris verschwunden.«

Ein klapperndes Geräusch ließ die beiden Offiziere hochschrecken. Hinter der abschirmenden Decke stand Hauptmann Altdörfer, dem das Kartenbrett aus der Hand gefallen war. »Ich habe mir neulich vorgenommen, ausführlich über jene Denise mit Ihnen zu sprechen, Thiel. Glaube, es ist nicht mehr nötig, da Sie soeben allerlei interessante Ergänzungen gemacht haben. Daß auch Sie, Gengenbach, solche obskuren – ich sage noch nicht *staatsgefährdenden* – Bekanntschaften pflegen, ist mir nicht neu. Und nun dies. Seltsam, seltsam. Ich habe die Ehre, meine Herren!« Dann polterte er die Kellertreppe hinauf und nahm Pfeiler mit zu dessen neuem Gefechtsstand, um ihn einzuweisen.

Thiel war rot angelaufen. »Dieses dumme feige Schwein...«

»Reg dich nicht auf über ihn. Er kann uns den Hobel blasen. Wir sind im Einsatz. Vorn findet Schießkrieg statt, kein Papierkrieg. Ich weiß genug über Altdörfer. Aber lassen wir das.« Gengenbach machte eine abschätzige Handbewegung.

»Wir müssen fahren«, sagte Thiel nervös.

Klasen und der B-Wagen-Führer Lindemann verstauten Waffen, Kleiderbeutel und Kartenbretter im Wagen.

»Gerhard, ich muß dir noch etwas mitteilen.«

Gengenbach wandte sich ihm langsam zu. »Von Altdörfer?«

»Nein.«

Thiel dachte, ich bin nicht sicher, ob ich vorhin den Mut gehabt hätte, über Denise, über alles zu sprechen. Vielleicht wäre es nur zu Mutmaßungen über die Begegnung bei Amayé gekommen. Nun aber war er entschlossen. Sie entfernten sich von den anderen, blieben stehen. Ihre Gesichter waren in der mondlosen Nacht fast ohne Konturen.

»Du willst mir noch etwas über Paris erzählen, Hinrich?« Gengenbachs Stimme verriet keine Erregung.

Als Altdörfer eintraf, sah er zunächst nur den Major, nannte ihn »Herr Pfeiler« und bedauerte, daß nicht alle Absprachen nach Wunsch verlaufen wären, begrüßte aber »von ganzem Herzen«, daß sie nun wieder im gleichen Regiment kämpfen könnten. Dann gab er Gengenbach die Hand, als hätten sie sich gerade beim Frühschoppen gesehen. Wischte sich mit einem schmutzigen Taschentuch über die fettig glänzenden kupferfarbenen Sommersprossen, hatte für Oberleutnant Klasen ein knappes Zuwinken und erging sich sofort in offenbar vertraulichen Informationen für Meusel, ohne von der Anwesenheit Grapenthins weiter Notiz zu nehmen.

»Gehen wir in den Vorraum, Hinrich, und rauchen eine Zigarette.« Gengenbach nahm seinen Freund Thiel beim Arm und zog ihn aus dem Gefechtsstand. Hinter der Brettertür lag ein Verschlag, durch eine Decke getrennt. Drinnen ein paar Matratzen, auf einer Munitionskiste ein brennendes Hindenburglicht, ein angeschnittenes Kommißbrot.

»Komm, hier haben wir Ruhe.«

»Nicht zu fassen, daß sich unsere Wege so schnell wieder vereint haben.«

Gengenbach erzählte von Ouistreham und Lion. Er sprach über Pfeiler, dem der 6. Juni das Kreuz gebrochen hätte, und vom Materialeinsatz der Westalliierten: »Man hat manchmal das Gefühl, als warteten die drüben auf etwas. Auf irgendeine große Entscheidung, die Bremsklötze wegzieht. Und was hast du inzwischen erlebt?«

»Erlebt? In Narbonne habe ich einen wild gewordenen SS-Bullen angeschossen und bin wundersam um das Kriegsgerichtsverfahren gekommen und als Vorkommando hierhergeschickt worden.«

»Und von Denise hast du wohl nichts mehr gehört?«

Hinrich Thiel zündete sich umständlich eine Zigarette an. Ein heftiger Widerstreit tobte in ihm. Dem Mädchen war es ebenso schwergefallen, nicht zu reagieren, als sie sich gegenüberstanden, also war sie jemand oder einer Sache verpflichtet. Wer gibt mir das Recht, darüber zu sprechen? Und wenn alles

Er ist schneeweiß geworden, dachte Meusel, als er seinem alten Rußlandgefährten Pfeiler die Hand drückte und ihm den Hauptmann von Grapenthin vorstellte.

Vieles und nichts wurde gesprochen im großen Kreuz und Quer der ersten Stunde, während Tausende Granaten auf den Divisionsabschnitt niederprasselten.

Er kann das Schnapsglas nicht ruhig halten, dachte der Oberstleutnant und setzte dennoch den Major als Kommandeur der I. Abteilung für den gefallenen Hauptmann Osterhagen ein. Seinen früheren Adjutanten sollte man – im Interesse beider – lieber woandershin tun, meinte er und gab Klasen zu Altdörfer, der zwei Batteriechefs und einen Ordonnanzoffizier benötigte.

Als Meusel den Oberleutnant Gengenbach begrüßte, ging ihm mehrerlei durch den Sinn. Dieser Junge war schon vierzig in Pirmasens als Unteroffizier bei der alten sechsten Batterie gewesen. Nach dem Frankreichfeldzug hatten sie ihn zum Wachtmeister gemacht und auf einen Reserveoffizierslehrgang geschickt. Als der Krieg im Osten losging, kam er als Leutnant zur Abteilung zurück und hatte sich dann jeden Tag wacker geschlagen. Meusel war froh, einen verläßlichen Mann mehr um sich zu haben. Und die andere Seite? Ebendieser Gengenbach war von General Krusemark aus geheimnisvollen Gründen versetzt worden und hatte peinliche Fragen der Geheimpolizei ausgelöst. Meusel mochte nicht daran denken. Es würde nicht lange dauern, dann dürften ihn andere Herren derselben Gattung auch hier heimsuchen. Scheußlich.

»Sie übernehmen selbstverständlich Ihre alte neue sechste Batterie, Gengenbach. Und mit Versetzen ist künftig nichts mehr!«

Der Oberleutnant dankte herzlich und freute sich, wieder vertraute Gesichter zu sehen.

»Von seiner Batterie haben nur zwei junge Soldaten überlebt«, sagte Pfeiler, und seine Hände zitterten.

»Wo kann man Leutnant Thiel finden?« fragte Gengenbach.

Grapenthin sah ihn eine Sekunde lang prüfend an. »Er ist mit seinem Kommandeur auf dem Weg hierher, um Sie in Empfang zu nehmen.«

Ganz klein ist der Karren schon, und die Menschen sind nur noch vier graue Flecke.

Die II. Abteilung des Artillerieregiments wurde westlich Caen im Feuer britischer Fernkampfgeschütze nach Norden vorgezogen und ging beiderseits der Straßen nach Bayeux und nach Caumont in Stellung. Alles, was einen Spaten halten konnte, wühlte sich tief in die Erde. Die Schütte der englischen und kanadischen Feldartillerie riß keinen Augenblick ab.

Inzwischen setzten die alliierten Verbände ihre Offensive gegen die Odonbrücken mit aller Wucht fort und überschritten die Straße nach Villers-Bocage. Der Ring um Caen zeichnete sich in den letzten Junitagen immer deutlicher ab.

Hauptmann Osterhagen hatte einen modernen Schwimmwagen im buchstäblichen Sinne des Wortes an Land gezogen. Als er darin die Jungfernfahrt, wie er sagte, zu seiner 1. Batterie antrat, löschte ihn eine schwere Mörsergranate aus. Ihn, seinen Fahrer, den Ordonnanzoffizier und den neuen Schwimmwagen.

Am Rande der westlichen Vorstadt hatte Oberstleutnant Meusel seinen Regimentsgefechtsstand in einem Kellergewölbe eingerichtet. Sie lebten dort vom ersten Augenblick an wie Ratten. Drahtverbindungen zu den Abteilungen hielten keine fünf Minuten. Der Funkverkehr brachte jeden Tag Überraschungen.

Dieser 30. Juni erfüllte Meusel trotz alarmierender Ausfälle mit freundlichen Gedanken. Die Briten hatten ihre Angriffe über den Bach Odon hinweg eingestellt und bei einem Gegenstoß das Dorf Gavrus und die beherrschende Höhe 112 wieder eingebüßt. Drei Kilometer vor dem Flugplatz Carpiquet waren sie ebenfalls zum Stehen gebracht worden.

Das zweite: Die Reste des hier am Invasionstag aufgeriebenen Artillerieregiments und der Heeresartillerie wurden herausgezogen und ihm unterstellt. Oberstleutnant von Wenglin hatte mitgeteilt, daß acht Offiziere, die übriggeblieben, zugeführt würden; es seien ein paar Bekannte dabei.

Dann meldeten sich nachts im Gefechtsstand Major Pfeiler, Gengenbach und Klasen sowie fünf weitere Leutnante.

Bedankt sich noch einmal für die rührende Fürsorge, der Patron. Seine Frau lächelt, Zähne wie auf einem Reklamefoto. Und Denise nickt mir zu wie einem Taxichauffeur. Aber sie ist es doch?

»Denise, erkennst du mich denn nicht?!«

Altdörfer steht mit halboffenem Mund. Seine Sommersprossen glänzen auf der regennassen Haut. Er wittert Zusammenhänge.

»Je suis désolée, mais je ne vous connais pas.«

Sie bedauert, mich nicht zu kennen. Der Schnurrbärtige schickt sich an, wieder in die Gurte zu gehen. Der junge Mann ist totenblaß. Vielleicht von der Anstrengung. Hat unentwegt den Blick auf mich gerichtet. Altdörfer steigt in den Wagen. Nickt mit Nachdruck, als wolle er jetzt schon ankündigen: Über diese Art Bekanntschaft mit Franzosen im Frontbereich werden wir uns noch ausgiebig unterhalten. Startet. Läßt den Motor aufheulen.

Die Frauen stemmen sich gegen die Rückwand. Denise... Sie geht an mir vorbei. Ich könnte sie mit der Hand berühren, zurückhalten. Sie hat mich nicht erkannt. Sie wollte mich nicht erkennen. Darf sie nicht?

Altdörfers Wagen entfernt sich schnell. Jetzt wäre Gelegenheit für ein unbeobachtetes Wort. Aber nicht für ein unbelauschtes. Es gibt auch die andere Seite!

Der Karren schwankt. Keine fünfzehn Schritte von mir die Frau, die ich liebe. Zwanzig Schritte schon. Die Räder knarren. Rollen sie aus meinem Dasein. Dreißig Schritte. Ich muß als Einweiser stehenbleiben für die Abteilung. Die Spritzen kommen frühestens in einer Stunde. Eine Stunde kann über alles entscheiden. Vierzig Schritte. Kann das Leben bedeuten! Jetzt blickt sie sich um. Schaut eine Ewigkeit auf mich.

Hier ist Krieg! Hier kann man sich nicht mit Blumen vor eine Haustür stellen und warten. Oder morgen wiederkommen. Hier ist jeder nur Körnchen im rieselnden Sand. Grapenthin wußte damals, daß Denise verschwunden war. Und ich habe sie wiedergefunden, um sie erneut zu verlieren. Hundert Schritte. Aber es ist doch Wahnsinn, irgendeine Weisung, einen Befehl zu respektieren, wenn es um uns beide geht!

mag? Die Frauen scheinen in der Anwesenheit eines deutschen Leutnants nichts Sensationelles zu erblicken. Tragen das Kopftuch geknotet wie die Fischerfrauen bei uns. Sind wahrscheinlich von der Küste. Die Reifere wird die Gemahlin des Schnurrbärtigen sein. »Mille fois merci, monsieur«, sagt der gerade. Bedankt sich. Sieh mal an. Hätte ja auch schimpfen können wegen der Ungelegenheiten, die wir über sie gebracht haben und noch bringen werden.

»Il n'y a pas de quoi, monsieur.« Hoffentlich ist das verständlich. Soll heißen: Keine Ursache, mein Herr.

Die andere Frau ist hinter dem Stapel Betten verborgen. So, noch ein paar Meter mit Schwung, sonst bleiben wir doch im Modder stecken. Altdörfer klappt das Kartenbrett zusammen. Entschließt sich. Vorher will er sich bestimmt ein bißchen daran weiden, wie mir hier der Dreck um die Ohren spritzt.

»Allez hopp! Mesdames! Messieurs!«

Der Schnurrbärtige lächelt flüchtig. Der junge Mann bequemt sich sogar, die Rechte aus der Hosentasche zu nehmen. Bin ihm wohl nicht sehr sympathisch. Verfluchter Karren, die Deichsel schlägt nach links weg, drüben muß jetzt einer ins Rad. Moment! Auf die andere Seite. Reingreifen. Die bäuerliche Tracht kann nicht darüber hinwegtäuschen, daß die junge Dame neben mir eine reizende Figur hat. Das Kopftuch läßt nur einen schmalen Teil des Gesichts frei. »Na los, Freunde, zwei kleine Meterchen, die letzten!« Drehen sich nur noch Zentimeter, die großen Räder. Wenn dieser Idiot Altdörfer nur mit einer Hand... Aber wir schaffen das auch ohne ihn. Sie ächzen. Ich ächze. Die Räder ächzen. Jetzt reißt es die Deichsel nach der anderen Seite herum. Geschafft! Fester Boden.

Das Mädchen, die junge Frau blickt durch mich hindurch. In ihrem Gesicht hat sich nichts gerührt. Kühle graue Mandelaugen. Die vollen Lippen. Eine Strähne kastanienfarbenes Haar...

Das ist doch...

»Denise!«

Ein Irrtum ist ausgeschlossen!

»Nous vous remercions encore une fois. Quels soins touchants!«

und fuhren die Schotterstraße weiter bis zur Abzweigung nach Amayé.

»Ich erkunde jetzt. Sie warten hier auf die Abteilung. Klar, Thiel?«

»Jawohl, Herr Hauptmann.«

Ein Flüchtlingsfahrzeug quälte sich durch den aufgeweichten Landweg von Amayé heran. Zwei Männer zogen das Gefährt, hatten breite Gurte über Schulter und Brust, die Ärmel aufgekrempelt. Eine jüngere Frau und eine in mittlerem Alter schoben an der Rückseite, die Köpfe gesenkt.

Altdörfer studierte noch immer die Karte. Er konnte sich wegen des Artilleriefeuers nicht so schnell entschließen, allein weiterzufahren.

Thiel zündete sich eine Zigarette an und blickte zu dem Karren hinüber. Sie schafften es bestimmt nicht allein, das klobige Gefährt durch den Dreck zur Straße hochzuzerren, der Anstieg war erheblich. Der Regen rann ihm in den Nacken. Er schlug den Kragen des Kradmantels hoch. Wenn Altdörfer der Meinung war, daß diese vier ebenfalls im Schutz der Wehrmacht bleiben wollten, konnte er auch nichts dagegen haben, wenn man ein bißchen mit anfaßte.

Der Leutnant ging dem Fahrzeug langsam entgegen. Hatte den Eindruck, daß der jüngere der beiden Männer sekundenlang nicht mehr voll mitzog, die Rechte sogar in die Hosentasche steckte, obwohl jetzt alle Anstrengung notwendig gewesen wäre. Nach einer Weile brachte er ein Schnupftuch zum Vorschein, schneuzte sich und ließ die Hand wieder in die Tasche gleiten.

Schweigend griff Hinrich Thiel in die Speichen. Was sollte er mit seinem kümmerlichen Französisch radebrechen – lieber ersetzte er das Sprechen durch ein treuherziges Lächeln.

Der Schnurrbart des Älteren war naß vom Regen; und Knochen hatte er wie ein Kesselschmied. Wenn der mal einem Lehrling ins Genick haut, dachte Thiel, ich danke schön. Wieso übrigens einem Lehrling? Warum nicht einem Deutschen? Der Jüngere neben ihm ist vielleicht fünfundzwanzig. Aber nervös, dem flattern ja die Hände. Tätowiert ist er auch. Mon cœur pour Janine. Sein Herz gehört einer Janine. Wo sie wohl sein

ten, um möglichst frühzeitig den Einsatzraum nordwestlich Caen zu erreichen.

Altdörfer, Thiel und ein Kanonier der Stabsbatterie fuhren der Abteilung weit voraus. Wie lange nicht mehr, konnten die Fahrzeuge bei Tageslicht mit relativ engen Abständen in Kolonne fahren.

»Unsere Panzer scheinen die Straße noch in der Hand zu haben«, sagte der Kommandeur, im Wagen stehend und nun nach Norden durch das Fernglas beobachtend.

»Sie werden aber schwer eingedeckt.« Thiel wies auf die wattebauschartigen Einschläge zwischen den Hecken.

»Man versucht Caen von Westen einzukreisen«, meinte Altdörfer.

»Und wir ziehen mitten in den Nudeltopf hinein«, ergänzte der Leutnant sarkastisch.

»Wo nur die vielen Flüchtlinge herkommen?«

Überall im Gelände waren Karren und Wagen zu sehen, mit Hausrat, Geschirr und Betten hoch beladen, von keuchenden Menschen gezogen, nur manchmal ein dürres schweißnasses Pferd vorgespannt.

»Ein Zeichen dafür, daß die Front sich wieder ein Stück nach Süden wälzt«, sagte Thiel und schaute an Altdörfer vorbei.

»Also brave Franzosen, die im Schutz der deutschen Wehrmacht weiter mit uns zusammenarbeiten wollen.«

»Vermutlich.« Der Leutnant dachte an die Gespräche mit Raynaux und Duval. Erst drei Wochen war das her.

»Wir werden noch mehr nach Osten ausweichen müssen. Eventuell bis an die Orne.« Altdörfer wurde immer nervöser.

»Verzeihung, Herr Hauptmann, dann müßten wir den Fluß bis Caen dreimal überqueren. Die Brücken dürften auf den Zielpunktkarten der Engländer rot eingezeichnet sein.«

»Gut. Also werden wir die Straße zwischen Evrècy und Amayé-sur-Orne benutzen und von dort nach Norden fahren. Damit schlagen wir beide Fliegen mit einer Klappe: keine Engländer, und doch westliches Orneufer.«

Sie setzten den Kanonier als Einweiser an der Kreuzung ab

Dörnberg lächelte mit seinem schönen weichen Mund und rückte das Deutsche Kreuz in Gold auf der rechten Brustseite zurecht. Die Gestapoleute, gleich ob in Narbonne oder in Paris, würde er ausmanövrieren und überspielen. Dieser Westendorf war nach dem heutigen Gespräch bereits entwertet. Grapenthin blieb der Geheimschlüssel, das Sesam-öffne-dich, der Mann, der Fäden zu Gleichgesinnten in der Hand hatte.

Altdörfer freute sich über den Bodennebel, der am Abend des 25. Juni breit aufstieg, in Schwaden um Busch und Baumwipfel schwang und den verstohlen ziehenden grauen Wurm gegen die Geier am nächtlichen Himmel abschirmte. Er roch dementsprechend nicht so penetrant nach pfeffrigem Schweiß, weil er wenigstens für Stunden keine Angst vor Bombenwürfen haben mußte. Sie führten in dieser Nacht die I. Abteilung in ihren Einsatzraum vor; zur Beschleunigung war sie deswegen bei Condé auf die Hauptstraße gezogen worden, trotz heftigen Verkehrs durch Versorgungseinheiten der Panzerdivisionen.

Hauptmann Osterhagen tat, als ob sich das militärische Blättchen mit seiner Ankunft unter Garantie wenden würde. In der Nähe des alten Flugplatzes Carpiquet meldete er sich bei dem Kommandeur des Infanterieregiments.

Altdörfer und Thiel eilten wieder nach Südwesten zurück. Caen lag noch keine zehn Kilometer hinter ihnen, als sie von Artillerieeinschlägen gestoppt wurden.

»Die Tommys haben offenbar die Straße nach Caumont überschritten und greifen nun mit Artillerieunterstützung an«, mutmaßte Thiel und bemerkte, daß Altdörfer bereits wieder einen scharfen Geruch ausströmte. »Wenn wir uns beeilen, kommen wir noch bis Villers-Bocage durch.«

Das Artilleriefeuer blieb nördlich im Hügelgelände, versickerte schließlich. Es goß jetzt. Die Felder wurden zu tiefem Morast. Panzer und schwere Waffen krochen nur noch. Die flachen Gräber lösten sich auf.

Oberstleutnant von Wenglin entschloß sich, das für Marschbewegungen günstige Wetter auszunutzen, und befahl Altdörfer, mit seinen Batterien schon in den Nachmittagsstunden anzutre-

aber es wird hoffentlich eine zweite Runde geben.»Sie sind mit mir einer Meinung, Parteigenosse Dörnberg, daß der gesamte erörterte Personenkreis zumindest potentiell verdächtig ist?«

Dörnberg wollte einlenken. »Unbestreitbar. Und es war ein nützlicher Entschluß, uns einzuschalten. Ich danke Ihnen dafür.«

»Über unsere Dienststelle in Paris werden wir sicher mittelbar oder direkt Verbindung haben.« Westendorf knüpfte den Faden für übermorgen. Außerdem beunruhigte ihn der Gedanke, daß sein unmittelbarer Chef, Müller, durch irgendeinen organisierten Zufall von dem für die Gestapo mehr als negativen Zwischenergebnis erfahren könnte. Der war gegenüber seinem Gegenspieler vom SD, Schellenberg, ohnehin stets im Nachteil und schätzte deshalb solches Versagen überhaupt nicht. Zufassen, beweisen und ganz langsam zerdrücken, das war sein System. Nichts von dem traf hier zu.

»Ich zweifle nicht daran und darf mich jetzt empfehlen.« Dörnberg erhob sich.

Von der Divisionswache rief er Grapenthin an und bat um Vergebung, daß er die Verabredung zum gemeinsamen Essen nicht einhalten könne: Die soeben beendete Unterredung habe doch einige Aspekte gesetzt, die seine sofortige Anwesenheit in Paris erforderlich machten. »Nichts für ungut, lieber Hasso. Ich werde unverzüglich Gelegenheit nehmen, dich vorn aufzusuchen. Kleinigkeit, deinen jeweiligen Standort zu kennen. Wirst dich über mich nicht zu beklagen haben. Servus, altes Haus!« Er ließ ein frohes Jungenlachen ins Mikrofon klingen, daß dem Adjutanten vor Beruhigung warm ums Herz wurde.

Unterwegs nach Paris, als Sternthaler das letzte aus dem Wagen herausholte, ging Dörnberg einiges durch den Kopf:

Ein General, Wehrkreiskommandeur in Hamburg, der an mir einen Narren gefressen hat und dem ich als Äquivalent besten französischen Rotspon schicke, hat mir den Sprung in die Elite der SS ermöglicht. Ein General, Kommandeur einer Volksgrenadierdivision, für die Abwehr gewissermaßen ein Sechzehnender, könnte anstelle der Sterne auf den Kragenspiegeln bald das silberne Eichenblatt bringen, falls man gezwungen wäre, ihn zur Strecke zu bringen.

Dörnberg ging aufs Ganze und ließ bedenkenlos den ehemaligen Partner fallen. »Altdörfer ist ohne Skrupel bei der Ausübung seines Berufs als Anwalt. Hieb- und stichfeste Beweise darüber liegen vor. Warum sollte er sich dann im großen politischen Spiel anders verhalten?«

Diese Runde ging ebenfalls an den SD. Westendorf fluchte innerlich und polierte seine beispielhaft saubere Brille.

»Ich darf wiederholen«, sagte Dörnberg, nahm sich genügend Zeit zum Anzünden seiner Zigarette und ließ das Streichholz auf den Boden fallen. »Meusel ist Ihr Mann. Haben Sie sich eigentlich mal mit seinem Adjutanten beschäftigt? Mit dem Hauptmann Hasso von Grapenthin? Also dem Nachfolger Altdörfers?« Er tastete das Terrain ab und weidete sich daran, daß sein Partner Mühe hatte, die Fassung zu bewahren. »Adel, Reichtum, Ehrgeiz...« Er nickte mit einem Gesicht, das Bedenken ausdrücken sollte, während Westendorf den Kopf gesenkt hielt. »Was soll ich Ihnen erzählen.« Du kommst ja doch nicht an ihn heran, amüsierte er sich.

»Es bietet sich eine natürliche Aufteilung der Kompetenzen an«, sagte Westendorf förmlich.

»Sie könnten das Mädchen fertigmachen. Sie könnten von sich aus gegen den Leutnant Tatbericht einreichen – der wird ihn vielleicht an der Küste erreichen. Oder im Massengrab. Und Sie könnten über Ihre Vertreter in der Normandie Meusel weiter berichten lassen. Immer die Möglichkeitsform, Parteigenosse Westendorf. Das ist alles.«

»Und der SD?«

»Wir werden die Verbindung Krusemark – Altdörfer ein bißchen beleuchten.«

Westendorf spürte, daß ihm die besseren Sachen vor der Nase weggeschnappt werden sollten. »Und Grapenthin?«

»Gehört aus verschiedenen Gründen in unseren Bereich.«

»Und welche sind das?«

Du meinst, ich werde dir auf die Nase binden, daß Grapenthin einerseits V-Mann und andererseits politische Kapitalanlage ist? »Man müßte darüber nachdenken«, sagte er anzüglich.

Habe dich doch erheblich unterschätzt, dachte Westendorf,

Mosaik zu vervollständigen. Also muß man ihn mit sanfter Gewalt von seinem Appetit auf rote Biesen abdrängen und gegebenenfalls mit der Kompetenzfrage aufwarten. Dann wird er möglicherweise ängstlich.

Dörnberg sah den Obersturmbannführer jetzt mit vollendeter Liebenswürdigkeit an. »Sie gestatten mir einige Ergänzungen.«

Westendorf nickte gelangweilt, weil ihn weder der SD-Mann noch im engeren Sinne der Fall interessierte. Ihm war wichtig, daß er sich den Rücken freigehalten hatte. Im übrigen traute er diesem Dörnberg mit dem Gesicht eines Märchenprinzen nicht viel vom harten Gewerbe des Reichssicherheitshauptamtes zu. Es war für Westendorf außerdem ein Vergnügen, hier für die Gestapo einen Sieg über den SD zu erringen, der sich überall hineindrängte und die erste Geige spielen wollte.

»Der Leutnant ist Ihr Privatspaß, mit ihm dürften Sie ohne Zweifel fertig werden«, begann Dörnberg.

Westendorf machte ein Gesicht, als hätte er den Säuregehalt einer Zitronenscheibe unterschätzt.

»Das Mädchen Martina können Sie dazulegen. Zu den Akten oder zu einem Ihrer Schutzbefohlenen ins Bett. Und Meusel ist Ihr Mann, ganz offensichtlich. Nur vergaßen Sie, mir das Eigentliche zu erzählen, Parteigenosse Westendorf, nämlich, was er veranlaßt und berichtet hat.«

Den Angesprochenen befiel jähe Unruhe wegen dieses Versäumnisses. »Meusel oder irgendwer hat Altdörfer und Thiel mit dem Vorkommando der Division an die Calvadosküste geschickt. Sie sind also beide – zumindest im Augenblick – nicht zu sprechen. Tatbericht liegt nicht vor. In Sachen Krusemark wurde nichts gemeldet.«

»Ein starkes Gesamtergebnis.« Dörnberg wußte, daß er im Kommen war, daß ihn dieser lächerliche Westendorf nicht mehr aufhalten konnte. Zunächst eine Testfrage: »Beschäftigen wir uns mit Ihrem dritten Punkt, also mit den Leuten um Meusel. Wußten Sie übrigens, daß Altdörfer früher Adjutant bei Krusemark war?«

Der Gestapomann ärgerte sich über seine Mitarbeiter, die ihn so unzulänglich informiert hatten.

Westendorf blätterte in seinen Unterlagen, mißbilligte die Zwischenfrage. »Altdörfer, Alois. Jurist. Heimatanschrift: Wien, Kärtnerstraße zwölf a. Führt dort eine Anwaltspraxis.«

Wieland Altdörfers Bruder. Das Leben geht weiter. Jetzt mit dem Krieg und dem daraus resultierenden Nutzen und morgen mit denen, die den Sieg verwalten werden. Unter gewissen Umständen wird mancher von heute dann nicht mehr dabeisein.

»Viertens hatte der Regimentskommandeur Weisung«, fuhr Westendorf fort, »sich an die Fersen seines Vorgängers, des nunmehrigen Generalmajors Krusemark, zu heften. Versteht sich am Rande, daß kein Auftrag so direkt formuliert wurde. Gemeint war: Alle Wahrnehmungen, die als Verschwörung bestimmter Kreise gegen den Führer zu deuten wären, unverzüglich zu melden.« Er räusperte sich. »Konnten Sie mir bis hier folgen, Parteigenosse Dörnberg?«

Der lächelte ein wenig, um Zeit zu gewinnen, und dachte: Dieser Westendorf ist einer von denjenigen, die noch blind an Vorsehung und Endsieg glauben, ohne sich für den Eventualfall zu sichern – wie zum Beispiel ich. Mein Freund Hasso hat obskure Verbindungen zu Leuten, deren Ziel es ist, die derzeitigen politischen Machtverhältnisse radikal zu ändern. Seine Ansichten hat er in einer Sternstunde für den, der Ohren hat zu hören, unmißverständlich formuliert. Grapenthins Hintermänner zu kennen ist in der gegebenen Situation noch nicht ratsam. Sollte es eines Tages neue Männer geben, werde ich vor Grapenthin treten und sagen: Du wußtest seit langem, daß ich nicht nur mit Verstand und Herz dafür war, sondern dich auch überall abdeckte. Ich bitte zur Kasse. Es gibt weitaus steilere Karrieren als meine bisherige. Sollte bei der vorausgesetzten Konzeption jedoch etwas schiefgehen, werde ich mich an dem Junker von Grapenthin schadlos halten. Ihn zum Singen zu bringen dürfte unter diesen Voraussetzungen kein Problem sein. Aber sich von einem Westendorf an der Zunge ziehen lassen? Dörnbergs Lächeln wurde breiter. Dieser Gestapomann braucht nicht einmal zu erfahren, daß ich mich seit längerem für Krusemark interessiere und nach Grapenthin nun auch Thiel auf die Verbindung Altdörfer – Krusemark angesetzt habe, um das

»Parteigenosse Dörnberg, damit keine Unklarheiten bestehen: Der fragliche Fall fordert durchgreifende Maßnahmen.«

»Ich habe keine Sekunde daran gezweifelt.«

»Bestimmte Erwägungen ließen es uns geraten erscheinen, den SD einzuschalten.«

»Ich bedanke mich für das Vertrauen.« Dörnberg war die Ouvertüre Westendorfs zu langatmig. Er wollte Tempo, wollte diesen peniblen Polizeimann überrunden und das Unternehmen in die Hand bekommen. »Der Fall geheime Kommandosache«, begann er.

»Ist uninteressant«, parierte Westendorf.

»Etwa auch das Mädchen, mit dem sich noch niemand ernsthaft beschäftigt hat?«

»Wahrscheinlich nur interessant für gewisse Offiziere des zur Zeit abrückenden Artillerieregiments.«

»Was, zum Henker, habe *ich* dann damit zu tun?«

»Kennen Sie den Regimentskommandeur?«

»Ich bin doch nicht vom Heerespersonalamt!« Dörnberg war jetzt ungehalten, weil er nicht wußte, wie er zum Zug kommen sollte.

»Regimentskommandeur Meusel hatte mehrere Aufträge von uns«, dozierte der Oberbersturmbannführer. »Erstens sollte er einen Leutnant vors Kriegsgericht bringen, weil dieser Bursche auf einen Hauptsturmführer Ihres SD geschossen hat.«

»Verzeihung, soll ich das etwa dem Parteigenossen Schellenberg als Neuigkeit melden?« spottete Dörnberg.

Westendorf schien einen unsichtbaren Schild zu haben, an dem die Pfeile abprallten. »Er hatte den zuständigen Abteilungskommandeur zu veranlassen, Tatbericht gegen den Leutnant einzureichen.«

Dörnberg schüttelte verständnislos den Kopf.

»Drittens sollte Meusel den Hauptmann Altdörfer ersuchen, seinen Verkehr mit dem Geheimsachen-Mädchen unverzüglich einzustellen.«

Dörnberg tat, als sei er bei Nennung des Namens aufmerksam geworden. »Sie sagten Altdörfer? Ein wenig verbreiteter Name. Wie ist der Vorname?«

Sechzehntes Kapitel

Dörnberg ging am ersten Hotel Narbonnes, dem Sitz von Krusemarks Divisionsstab, vorbei. Die beiden Posten vor Gewehr präsentierten mit klatschenden Griffen. Der Sturmbannführer grüßte lässig.

Die nächtliche Wagenfahrt war nicht angenehm gewesen. Der unverwüstliche Sternthaler fuhr von Paris durch und hielt nur einmal zum Tanken. Im Gästehaus der Division hatte Dörnberg sich erfrischt und einfallsreich gefrühstückt. Das Wetter war herrlich. Vom Krieg nicht das geringste wahrnehmbar. Die Tatsache, daß sein hoher Gönner, der Wehrkreiskommandeur in Hamburg, ihn zum SD lanciert hatte, bedeutete, kaum noch mit Fronteinsatz rechnen zu müssen. Das stimmte ihn fröhlich.

Jetzt befand er sich auf dem Weg zur Gestapo. Sonderbar, daß er nie auf den Gedanken gekommen war, hierherzufahren, um sich diese Baumert vorzunehmen und einen persönlichen Eindruck zu haben, wie eine unfreiwillige Empfängerin von geheimen Kommandosachen aussieht. Dabei hätte er außerdem Freund Grapenthin unauffällig unter die Lupe nehmen können. Inzwischen hatte die Entwicklung einen Sprung gemacht: Die Leitung des SD in Paris war von ihrer Dienststelle in Narbonne informiert worden, daß die Gestapo im Fall geheime Kommandosache neue Aspekte entdeckt habe. Ein Obersturmbannführer Westendorf sei bei seinen Auswertungen auf etwas gestoßen, das von Interesse für Führer und Reich sein konnte und daher keinen Aufschub dulde, gerade jetzt, weil es den neuen Kriegsschauplatz Normandie gab, weil dem Feind die Errichtung einer zweiten Front in Europa gelungen war. Worum es sich jedoch konkret handelte, war nirgendwo niedergeschrieben. Zuständigkeitshalber landete die Information auf Dörnbergs Schreibtisch, zusammen mit einem Marschbefehl nach Narbonne, wo er sich bei der Dienststelle des SD gründlich informierte.

Dörnberg und Westendorf machten sich bekannt. Die gegeneinandergereckten Arme sanken in die Ruhelage zurück. Man setzte sich.

von ihnen entfernt die Straßendecke hochgerissen. Prasselte herab wie bei einem Vulkanausbruch.

»Schiffsartillerie.« Rohrbeck nickte nachdenklich.

»Sie schießen bis zu vierzig Kilometer ins Landesinnere.« Eiselt versuchte seiner Stimme Sachlichkeit zu verleihen.

»Was dabei alles passieren kann! Sie werden noch den Nationalsozialismus mitten ins Herz treffen«, sagte Seehase und tat harmlos.

Eiselt beschloß bei sich, künftig derartigen Landserhumor nicht so ohne weiteres durchgehen zu lassen, weil er zu leicht dem Defätismus Vorschub leisten konnte.

men. Am Wagen ein Geräusch, als würde man ihn mit Bachkieseln bewerfen. Ausatmen. Kopf heben. Rohrbeck war, als hätte Eiselt blutunterlaufene Augen.

Zwei Minuten später war er wieder zurück. »Rudolfs Fahrer ist den Sanitätern unter den Händen gestorben. Von dem Oberleutnant keine Spur. Nur seine Mütze mit einer Handvoll Hirn drin haben sie gefunden.«

»Der Traum von den nackten Mädchen ist ausgeträumt.« Die Stimme des Adjutanten war unsicher.

Der Motor lief sofort, als Seehase den Wagen startete. Sogar die Reifen waren unbeschädigt. Die rechte Seite glich einem Sieb.

Eiselt sah sich bei der Geschützstaffel der vierten Batterie um. Zwei Tote, Verwundete.

Oberleutnant Naumann fuhr in den Unterbringungsraum seiner 5. Batterie.

»Ich überprüfe noch die Sechste!« rief Eiselt, obwohl ihn der Gedanke an die führerlose Einheit schon von vornherein nervös machte. Wie sinnlos es doch gewesen war, im entscheidenden Augenblick Gengenbach irgendwohin zu versetzen.

Das Wetter wurde regnerisch.

»Fahren Sie volle Pulle, Seehase, bis Thury-Harcourt. Immer geradeaus. Wir sehen uns die Straße bei Tageslicht an«, entschied der Adjutant.

Unruhe war überall spürbar, wurde stärker, je weiter sie nach Norden kamen.

»Noch ein Stück.« Eiselt zitterte vor Nervosität.

In dem kleinen, schwer zerbombten Landstädtchen waren kaum Menschen zu sehen. Die Straße führte wieder auf das Ostufer der Orne. Plötzlich stieg zweihundert Meter vor ihnen eine schwarze Rauchfontäne in die Höhe.

Seehase bremste, der Wagen stand. Die Detonation rollte das Flußtal entlang.

»Eine einzige Bombe nur? Merkwürdig«, sagte Rohrbeck.

Ein seltsames Geräusch war in der Luft, schwoll an, als würde etwas Großes in rasender Geschwindigkeit vorwärts bewegt. Mit ohrenbetäubendem Krachen wurde keine hundert Schritt

pausenlos Munition nachgurten. Trifft auch pausenlos neue Munition von drüben ein. Das macht das große Verdienen aus! Die olivfarbene Maschine rast heran. Den Krauts das Blei in die Bäuche, in die Knochen. Töten! Töten! Töten! denken sie. Unsere werden nichts anderes denken. Funkeln, Kläffen, es wimmert und schlägt quer. Dreck fliegt. Explosion! Ich sehe seine Fresse hinter der großen Brille. Vorüber. Weg. Sechshundert Kilometer in der Stunde und ein steiles Take-off. Hat schon wieder Neues im Zielgerät. Haben wir früher nicht auch mal Jäger besessen, Messerschmitt und Focke-Wulff?

Wo eben noch Rudolfs kleiner Funkwagen stand, war nichts. Das Nichts bestand aus einem trichterförmigen Loch und einem großen grauschwarzen Fleck auf der Straße. Einer schrie nach dem Sanitäter, schrie. So lange Frontschwein schon, kannst dich doch nie dran gewöhnen, dachte Rohrbeck. Zwei Mann rannten hin. Vielleicht der Fahrer von Rudolf? Oder er selbst? Das Schreien war grauenvoll. War es die Angst vor Wiederholung, oder tat es so entsetzlich weh?

Und der dritte? Verschwunden. Warten unter der Normaluhr ist anders als warten unter einem geflügelten Tod mit mehr als tausend Pferdekräften und einer Feuergeschwindigkeit von tausend Schuß in der Minute pro Maschinengewehr. Rohrbeck konnte Oberleutnant Rudolf nicht sehen. Weiter hinten schien nichts passiert zu sein. Bloß gut, daß die Stabsbatterie rechtzeitig untergekrochen war.

Wo blieb der dritte? Wie das an den Nerven zerrte. Die beiden anderen kamen nicht zurück, zogen nach Norden ab, hatten sich wahrscheinlich verschossen. Machten Wachablösung, gingen frühstücken, ließen den Vogel auftanken.

Da kam das Geräusch wieder, jenseits des Hügels. Viel früher als vorhin zog die Maschine hoch. Der Pilot stellte sie noch einmal auf die Schnauze. Der fünfzackige weiße Stern blitzte im Morgenlicht. Der weiße Stern fiel senkrecht vom blaßgrauen Himmel, schneller als ein Stein. Sturzflug mit voller Beschleunigung. Angriffsposition. Da das ekelhafte Fauchen. Jetzt rauschte die Rakete heran, krepierte. Dreckfontäne, darin Räder, Klumpen, ein Geschützrohr. Brach wie Wasserschwall in sich zusam-

Seehase trat jäh auf die Bremse, riß den Gang heraus. Rechts und links über die Seitenwände, nur weg von dem Wagen, der zieht die blauen Bohnen an wie die Eiche den Blitz, dachte der Berliner und spurtete.

Rohrbeck zog Eiselt hinter eine Bodenwelle, blinzelte nach oben, sah die Maschine. Sah, wie die Tragfläche zum Querstrich wurde, wie Rumpf und Leitwerk gleichermaßen verschwanden. Das ist der tödliche Augenblick, dachte er, dieser Augenblick, wo sie auf dich zuhält. Nur auf dich! Wo die Sekunden sich dehnen: Wann drückt der in Leder Gehüllte dort oben auf den Knopf? Wann fangen die Maschinengewehre an zu rotzen? Oder scheinen ihm die beiden Bordkanonen zweckmäßiger? Er hat ja auch rechts und links unter den Tragflächen Raketen für Panzer, Sturmgeschütze und so...

Jetzt begannen die Leuchtspurgeschosse zu funkeln, kamen durch die Luftschraube wie bunte Bänder angegeistert. Rissen den Mutterboden in langen Streifen auf. Perforierten die nachtfeuchte Straße. Zischten und schrillten. Trafen auf Blech und Stahl.

Die Deckung ist gleich null! Rechts hin? Links weg? Nein. Mensch, bleib liegen! befahl sich Rohrbeck. Vielleicht hat er dich nicht gesehen? Wo ist Seehase? Dort steht sein Wagen auf der Straße. Steck die Schnauze so tief wie möglich in die Erde! Da ist der breite Schwall, als donnere der Flying Scotchman drüber weg. Mit einer Tausendstel Schlitzverschluß könntest du bei einigem Geschick eine Großaufnahme von der Kanzel machen oder von den Ölflecken dort, wo das Fahrwerk eingerastet ist. Der Luftdruck legt das Gras um wie ein Tornado. Zieht schon wieder in die Höhe, der Flugapparat, wie ein Drachen an unsichtbarer Schnur. Rumpf, Leitwerk und fünfzackiger weißer Amistern. »Was passiert?«

Eiselt schüttelte den Kopf und glitt weiter nach rechts. Eine winzige Erddelle versprach ein paar Zentimeter mehr Deckung.

Der zweite. Mustang? Typhoon? Hurricane? Ohne Sturzflug. Verfluchte Heckenreitermasche. An die Erde geschmiegt, für kein MG und kein Gewehr erreichbar. Und immer wieder hinein in die Kolonne, solange die Trommeln voll sind. Werden

pennen«, meinte Rohrbeck und hatte ein Gefühl auf der Haut, als ob der junge Tag mit fünf Grad unter Null aufwarte. Der Adjutant murmelte etwas wie einen dienstlich notwendigen Protest gegen diese Einschätzung der Lage, während Seehase an nichts dachte, als den immer häufigeren Bombentrichtern auszuweichen.

Hinter einem sanften Geländebuckel zog ein Jagdbomber steil in die Höhe, unerwartet wie ein Phantom. Jetzt erst kollerte die Kette der Abschüsse von Bordkanonen und überschweren Maschinengewehren hinterdrein. Der Motor drehte heulend Höchsttouren, die Maschine kantete in eine harte Kurve.

Vielleicht heißt das bei den Luftkutschern auch *Schleife*, dachte der Funkmeister.

Naumann gab Fliegeralarm, rief Rudolf noch zu, die Fahrzeuge vorsorglich rechts und links der in nebligen Schleiern verträumt liegenden Landstraße in Deckung fahren zu lassen. Der winkte ab und grinste.

Da kam der nächste Jabo hinter dem Hügel hoch. Die vollautomatischen Waffen rasten, es klang, als wenn auf dem Jahrmarkt das Glücksrad saust und die Stahlfeder über die vorstehenden Stifte rattert, nur schneller, viel schneller.

Verdammte Scheiße, noch einer, dachte Rohrbeck, wie viele sind's denn insgesamt? Lohnende Ziele? Die gibt's überall heute, wo die Vaterlandsverteidiger bei Büchsenlicht nach vorn ziehen. Vielleicht sind wir die nächsten. Frisch aufgetakelte Divisionen vorletzter Güte, ausgestattet mit vorletztem Material und vorletzter Todesbereitschaft.

Wie im Gänsemarsch fegten die beiden Maschinen hinter ihrem Rottenführer her, hatten vielleicht woanders Lockenderes entdeckt. Der vordere zog noch immer seine verdächtig enge Schleife.

Von wegen Schleife, fluchte Rohrbeck stumm, es ist eine Kehre – er kehrt zurück – kippt seitlich ab – geht zum Sturzflug über! Jetzt ist die vierte Batterie dran. Sie wollte, was heißt *sie*, Rudolf wollte ja unbedingt weitermarschieren, nur um irgendwo ein Mädchen zu finden...

»Halt den Karren an!«

Leuchtbomben hingen plötzlich am Nachthimmel. Eine über der Kolonnenspitze, zwei riesige Lichttrauben seitlich der Straße, etwas südlicher vier weitere. Fahrzeuge drückten sich rechts und links in die Hecken, suchten Schutz vor dem gelben schlierigen Licht der langsam sinkenden Bündel. Ein Nachrichtenwagen kippte in den Graben. Andere Fahrer bremsten die Lkw, ließen sie stehen, rannten in die schiefergraue Dunkelheit. Der leichte Regen hing wie Schraffierung unter den Leuchtquellen. Jetzt war das Motorengedröhn ohrenzerreißend. Die ersten Bomben pfiffen herunter, gingen unmittelbar neben der Chaussee auseinander.

Eiselt lag mit Rohrbeck in einem Grabenstück.

»Haben Schwein«, sagte Seehase hinter ihnen. »Jeht allet vor uns runter. Hoffentlich halten die von der Vierten die Ohren steif.«

Eiselt war unheimlich zumute. Einen knappen Kilometer weiter südlich zerriß eine gewaltige Detonation die Nacht.

»Muniwagen«, kommentierte Seehase ungerührt.

Die beiden anderen schwiegen.

»Kommen Sie, Rohrbeck.« Eiselt klopfte sich den Sand von der Hose. »Es wird schon verdammt hell.« Dann legte er mit Oberleutnant Naumann die Rasträume für den Tag fest und schickte Melder mit entsprechenden Befehlen zu den Batterien.

Oberleutnant Rudolf kam nach vorn, als die Kolonne sich wieder in Marsch gesetzt hatte. »Mensch, Eiselt, mich und meinen Haufen in dieses Buschgelände? Ihr habt wohl einen Knall! Sieben Kilometer weiter liegt Saint Martin. Laßt mich dort unterkriechen. Ich bin sicher, daß mir da ein geschmeidiges Kätzchen das Einschlafen versüßen wird. Ganz gewiß, sie wartet schon auf mich.«

Naumann und Eiselt stimmten schließlich zu, nicht übermäßig begeistert. Der Sommermorgen zog schnell herauf. Am Himmel brummten die ersten, noch unsichtbaren Jabos. Rudolf blieb grinsend an der Straße stehen und ließ die Stabsbatterie an sich vorüberziehen. Die Fahrzeuge verschwanden hinter den Hecken.

»Man sollte sich vor dem großen Scheißdreck noch mal aus-

»Heute lassen sie uns wenigstens mit ihren Schlachtfliegern in Ruhe«, sagte der Adjutant und suchte den schwarzen Himmel ab.

»Hoffentlich.« Rohrbeck war nicht nach Reden zumute. Der Gedanke, daß er sich mit jedem Schritt weiter von Martina entfernte, hatte etwas Zermürbendes.

»Am Dreiundzwanzigsten hat der Russe eine gewaltige Offensive gegen die Heeresgruppe Mitte gestartet. Auf siebenhundert Kilometer Breite.«

»Ich habe es gestern nacht gehört.«

»Witebsk, Orscha, Tschaussy. Unsere alte Gegend. Möchte jetzt nicht dort sein«, sagte der Oberleutnant.

Der Funkmeister dachte: Er ist Pg. und Offizier, aber dennoch eine Art Kumpel. Nicht vergleichbar mit Thiel. Der hat sich als Offizier nicht gescheut, mir das Du anzubieten, damals im Winter in ebendiesem Raum. Wir waren beide vorgeschobene Beobachter, prallten in einer Hütte auf einen abgeschossenen verwundeten roten Piloten. Ich sehe noch jetzt die entsetzten Augen der Bäuerin. Thiel rief: »Dawai! Dawai!« und zog mich zurück ins Freie. Sicher auch ein Dawai! für den russischen Flieger: Hau ab und bring dich in Sicherheit, Iwan! Vielleicht war es mehr als nur das Schonen eines Menschen; vielleicht sogar eine Demonstration. Wir haben später nie darüber gesprochen.

Rohrbeck sah wieder Thiels fassungslose Augen im Park von La Vistoule vor sich, als er ihm aus Zorn über Altdörfer unbegründete Vorwürfe wegen Martina gemacht hatte, und war froh, den Freund dafür um Verzeihung gebeten zu haben, noch bevor er mit Martina zusammengetroffen war.

»Das dürfte den Verlust von Belorußland einleiten«, nahm Eiselt den Faden wieder auf. »Und das Ende der Heeresgruppe Mitte.«

Rohrbeck wunderte sich über die Offenherzigkeit des Adjutanten.

»Und vor drei Jahren sind wir angetreten nach Osten, im Geist den Ural vor uns.«

»Elegische Stunde, Herr Oberleutnant?«

»Unsinn. Bilanzen haben nichts mit Emotionen zu tun.«

geworfen und fielen bis zur Springflut im Juli aus. Der amerikanische Hafen war völlig zerstört, der englische blieb seltsamerweise durch die vielen gesunkenen Schiffe im wesentlichen erhalten.

In drei Tagen waren die Schiffsverluste der Westalliierten an den beiden Häfen und im gesamten Kanalgebiet durch den Sturm fünfmal größer als die Totalausfälle durch Kampfhandlungen.

Das Ausladen wurde fast eine Woche lang unterbrochen. Der Munitionsbestand sank auf den kritischen Punkt. Alle Angriffsoperationen mußten eingestellt werden. Die Existenz der Verbände in ihren Landeköpfen war ernsthaft gefährdet.

Die deutsche Generalität ahnte von alledem nichts. Die Landser konnten wieder Atem schöpfen.

Krusemarks Division rollte indessen über Toulouse, Bordeaux Richtung Angers an der Loire. Dort endete der noch benutzbare Schienenweg. Auf jedem Lorendach und jedem Plattenwagen waren Flak, MPi und Karabiner zu jeder Stunde feuerbereit. Nachts flitzte gelegentlich Leuchtspurmunition gegen den Zug. Mehr ereignete sich selbst in den vom Maquis kontrollierten Gebieten um Toulouse nicht.

Während in Narbonne noch eingeladen wurde, waren in Angers die ersten Gefechtsstaffeln bereits ausgeladen und quälten sich über zweihundertfünfzig Kilometer im Schrittempo an die Front. Ab hier waren nicht nur die Eisenbahnlinien ausradiert, auch die Straßen lagen bei Tag und Nacht unter Beschuß. Die Verlustmeldungen schwollen an.

Osterhagens I. Abteilung marschierte an der Spitze, eine Nacht voraus. Tagsüber erstarrte alles unter Buschwerk und Bäumen. Die nachfolgende II. Abteilung traf immer öfter auf zerstörte Fahrzeuge, Gräber mit bekannten Namen und Bombentrichter.

Ein feiner Nieselregen lag über der Landschaft. Eiselt fuhr mit Rohrbeck weit vor der auseinandergezogenen Kolonne, Seehase schweigend am Lenkrad. Der dachte: Der Zeitpunkt, da meine Stunde schlägt, kommt schnell näher.

Fragen verlor sich. Die Liebe war mit Martina und Hans, sie wußten es jetzt. Und noch im Glück überfiel sie der Schmerz des Abschieds wie mit Messern.

Bei Margival, in der Nähe von Soissons, hatte Hitler 1940 einen Gefechtsstand bauen lassen, Wolfsschanze II, um von dort das Unternehmen Seelöwe, die deutsche Invasion gegen England, zu leiten. Da sie nicht stattfand, war der eigentliche Zweck des Gefechtsstands nicht erfüllt. Am 17. Juni 1944 trugen hier Rundstedt und Rommel bei Hitlers einzigem Frontbesuch ihre Nöte und Wünsche vor: Rücknahme der Front außerhalb der Reichweite der Schiffsartillerie; Besetzung der Hauptkampflinie mit Infanteristen; Herausziehen der Panzer zur Bildung einer operativen strategischen Reserve. Und vor allem keine neuen Offensiven.

Hitler erging sich währenddessen in Phantasien über fabelhaft schnelle und kriegsentscheidende Flugapparate und eilte nach Berchtesgaden zurück, um bereits drei Tage später dem Chef der Heeresgruppe B eine neue Offensive zu befehlen: Nachdem die Wehrmacht versagt habe, werde nunmehr seine Elite, die SS, erfolgreich sein.

Die 9. und die 10. SS-Panzerdivision, aus dem Raum Tarnopol kommend und ab Lothringen wegen der zerstörten Eisenbahnstrecken auf der Straße unterwegs, würden den Tommy ins Meer werfen, meldete SS-Obergruppenführer Hausser, Kommandeur des II. SS-Panzerkorps, dem OB der 7. Armee. Von anderswo seien außerdem weitere SS-Verbände im Anmarsch.

Die Amerikaner hatten bereits am 7. Juni begonnen, Teile eines künstlichen »Maulbeer-Hafens« über den Kanal zu schleppen und vor St. Laurent zu montieren, während die Engländer Senkkästen und preßluftgefüllte stählerne Wellenbrecher für ihren Hafen bei Arromanches verankerten und die Piere ineinanderfügten. Am frühen Morgen des 19. Juni brach ein orkanartiger Sturm los. Riesige Wogen warfen die Fährschiffe gegen die zerbrechenden Anlagen; 300 Schiffe gingen unter; 800, vor allem Panzerlandungsfahrzeuge, wurden hoch auf den Strand

Hans Rohrbeck stand vor ihr, nahm das Krätzchen ab. Sein hellblondes Haar schimmerte weiß, und die Stimme klang rauh. »Martina . . .« Er reichte ihr eine kleine Blume, irgendwo gepflückt, jetzt im Dunkeln nicht mehr in den Farben erkennbar, nur noch samtig zwischen den Fingern zu spüren wie eine Liebkosung. In den wenigen Sekunden des Gegenüberstehens wurde stumm gefragt: Warum hast du mich nicht mehr sehen wollen, Martina? Warum hast du mit diesem Lumpen Altdörfer getanzt und getrunken? Warum hast du ihn mit nach Hause genommen, Martina? Und: Weshalb hast du nicht an mich geglaubt, Hans? Weshalb hast du dir nicht gedacht, daß er mich deinetwegen zum Schweigen verpflichtet und davon seine Hilfe abhängig gemacht hat? Weshalb warst du nicht sicher, daß ich alles *für* meinen Bruder, aber niemals etwas *gegen* dich tun würde?

Schweigend schloß das Mädchen die Tür auf, schweigend folgte er.

Waren sie zu unerfahren, ihre Fragen auszusprechen? War ihre Empfindsamkeit zu groß, zu lähmend die Furcht, einander neuerlich zu verlieren? Beide fühlten nur, daß sie zusammengehörten und es immer so sein sollte. Sie fühlten, daß alles Dreckige, was ihnen der Krieg in den Weg geworfen hatte, vor der Tür geblieben und nur die Sehnsucht nach einem winzigen Glück mit über die Schwelle geschritten war.

Die Nacht im Mai wurde wieder gegenwärtig, mit dem dröhnenden Gewitter auf dem Meer und dem rauschenden Regen über La Vistoule. Wieder waren sie bereit zu diesem Kuß, aber die unausgesprochenen Fragen standen zwischen ihnen, und das Schweigen wurde gefährlich, weil es verschlossen machte und Mißtrauen aufkommen ließ.

Da erhob sich das Mädchen und ging zum Nachttisch, in dem die Pistole lag. Sie spürte Rohrbecks erstaunten Blick, als sie die mattblinkende Waffe auf dem Handteller herbeitrug, ohne ihn anzuschauen, ohne ein Wort.

Der Mann begriff. Eine Last fiel ihm vom Herzen. »Martina«, flüsterte er dankbar und zärtlich, während seine Hände sie hielten und ihre Augen sich schlossen. »Martina!«

Der Mond schimmerte, als sie beieinanderlagen, und alles

den: so weit vorgerückt die Uhrzeiger schon, und noch hohes Tageslicht.

Es war für sie nicht schwer gewesen, die Verlegung der Division Krusemarks an die Normandiefront festzustellen. Um so mehr quälte sie die Furcht, Altdörfer könnte noch einmal auftauchen. Seit ein paar Tagen wurde als derzeitiger Führer der II. Abteilung des Artillerieregiments Oberleutnant Naumann verlangt.

Martina hatte Hans Rohrbeck zwei Wochen lang nicht gesehen. Sie spürte, wie schnell ihr Tränen in die Augen stiegen, wenn sie an ihn dachte. Dazu die bohrende Sorge um den Bruder. Sein letzter Brief datierte vom 27. Mai. Heute war der 19. Juni. Dabei hatte ihr Altdörfer versichert, daß jenes unglückselige Schriftstück mit der Divisionspost wieder der zuständigen Einheit übermittelt worden sei. Und wenn er gelogen hat? dachte sie. Es gibt keinerlei Beweise. Wäre alles in Ordnung, hätte Wolf längst geschrieben. Er war, wie aus den Stellungsunterlagen hervorging, mit seiner Einheit genau dort eingesetzt, wo der Hauptstoß der Engländer am Invasionstag hintraf. Die Kämpfe im Raum Caen sollen die schwersten an der ganzen Calvadosküste sein. Also ... Er wird keine Zeit zum Schreiben haben, keine Möglichkeit. Es geht alles durcheinander. Nicht nur vorn, sondern ebenfalls bei den rückwärtigen Diensten, also auch bei der Feldpost.

Und wenn er tot ist? Oder verwundet?

Martina fröstelte trotz der sommerlichen Wärme. Sie schritt schneller aus, zurück in die Stadt. Aber es gelang ihr nicht, die Gedanken hinter sich zu lassen. Nun ging der Mann, den sie liebte, ebenfalls dorthin, wo der Tod im Überfluß erntete. Vielleicht war Hans bereits in Marsch gesetzt. Sie hatte ihn während der vierzehn Tage nicht an der Vermittlung gehört. Soviel Trennendes war zwischen ihnen ...

Der Abend senkte sich in die schmalen alten Gassen. Der Mond hatte an Helligkeit gewonnen, als das Mädchen an ihrer Unterkunft ankam. Sie wollte gerade die Tür des Zimmers aufschließen, da fiel ein Schatten auf ihre Hände. Erschrocken drehte sie sich um.

trieb alles zu höchster Eile an. Entdeckte plötzlich den einkurvenden Wagen. »Wo kommen Sie jetzt her, Rohrbeck?« Sein rechtes Knie federte gleichmäßig wie ein Metronom.

»Aus La Vistoule das Fünf-Watt-Gerät zum Schießen mit Fliegerbeobachtung geholt, Herr Oberstleutnant.«

Meusel konnte sich einen kontrollierenden Blick ins Wageninnere nicht verkneifen. Aber da waren die beiden Kästen, die nicht zur Ausrüstung der Nachrichtenfahrzeuge der Abteilung gehörten. Sie lagen seit dem frühen Morgen dort.

»Ich dachte«, murrte der Regimentskommandeur, »Sie hätten gerade Ihrer Partnerin Valet gesagt.« Drehte sich um und nörgelte am nächsten.

Der Funkmeister stand wie eine Säule. Beklemmung, Ratlosigkeit, Bitternis, Mißtrauen – er vermochte den Zustand nicht zu beschreiben, der ihn bisher gehindert hatte, Martina aufzusuchen –, alles war jetzt weggewischt durch diese verächtliche Behandlung. *Ihre Partnerin* . . .

Seehase sah ihn an. »Ick fahre. Mußt mir nur sagen, wann. Oberleutnant Naumann schüttle ick rechtzeitig ab. Zu dem Scheißkrieg kommen wir noch immer viel zu früh.«

Martina Baumert war nach Dienstschluß zum Südausgang der Stadt gegangen. Dort trat der Étang de Bages et de Sigean bis dicht an die Ausfallstraße heran und würzte die heiße gelbe Luft. Die weite Fläche des Golfe du Lion schimmerte. Auf dem Asphaltband der Küstenstraße nach Perpignan und Barcelona jagten Militärfahrzeuge in beiden Richtungen. Am anderen Ende des Étang, von hier nicht mehr erkennbar, lag Port-la Nouvelle. Noch eine Stunde, und die Sonne würde hinter der bizarren Silhouette der Pyrenäen versinken.

Ein einziges Mal war das Mädchen während der fünfmonatigen Dienstzeit dorthin gekommen: an jenem Tag, als das Glück mit Hans Rohrbeck aufging, das Stunden später schon durch brutale Umstände ausgelöscht wurde. Martina Baumert hatte das Gefühl, schwarz gekleidet zu gehen, für jeden sichtbar Trauer zu tragen.

Doppelte Sommerzeit, immer wieder merkwürdig empfun-

»Wie kommst du denn auf die Idee?«

»Da vorn rechts is er doch. Kennste nich?«

»Keine Ahnung.«

Seehase lachte. »Vor een paar Tagen beendeten die Herren von de erste Abteilung hier 'n Fest. Soll turbulent dabei herjejangen sein. Hauptmann Osterhagen pennte im offenen Pkw vor de Tür. Wenn een Herr die Heimstatt verließ, wurde er durch det Licht vaklärt, wat uff de Straße fiel.«

Rohrbeck erinnerte sich, daß Thiel ihm noch unmittelbar vor seiner Abfahrt gesagt hatte: »Osterhagen läßt Kameraden im Stich. Große Klappe, aber nichts dahinter.« Dann lag die Uhr in seiner Hand. Chromglitzernd. Tickte so eilfertig, wie sie es jahrelang in seinem Traum getan hatte. Der große Stoppzeiger, Sekunden- und Minutenzeiger; Kilometerzähler auf dem silbergrauen Zifferblatt markiert.

Dem Jungen zittern vor Freude tatsächlich die Hände, dachte Seehase.

Als sie nach Narbonne zurückfuhren, betrachtete der Funkmeister immer wieder die Uhr an seinem Handgelenk. Plötzlich holte er aus der Hosentasche seine Pistole hervor und wog sie in der Rechten. Eine Walther siebenfünfundsechzig, Blaustahl ohne jede Schramme. »Das Liebste, was ich nun besitze – diese beiden Gegenstände.«

Seehase blickte flüchtig zur Seite. »Det eene, um anderer Leute Lebenslicht auszublasen. Det andere, um sich die kurze Zeitdauer des eigenen quälend vor Augen zu halten. Liebstes? Ick weeß ja nich . . .«

»Jeder hat seine eigene Auffassung von Freude und Glück.«

»Morjen abend rollt der Stab ab, Funkmeester. Und zurück bleibt in Narbonne een Mädchen. Sollte *das* nicht besser dein Liebstes sein?«

»Du meinst . . .?«

Der Obergefreite Seehase dachte an Frau und Kind und daran, daß sie sich alle drei sehr gern hatten, ohne Überschwang und große Worte. »Ick meene, det mindeste is, sich ordentlich zu verabschieden. Besser: auf Wiedersehen zu sagen.«

Oberstleutnant Meusel war schon von weitem zu hören. Er

ten Leuchtturm, Cap Sète. Das kleine Städtchen Nissan kam in Sicht. Danach tauchten bereits die Turmspitzen von Béziers auf.

»Wat willst du eigentlich hier, Hans?«

Der Funkmeister lächelte. »Es gibt da so einen Jugendtraum, einen nie erfüllbar gewesenen Wunsch . . .«

Seehase nickte auffordernd. »Erzähl schon!«

»Wenn ich mal als Junge auf dem Sportplatz eine Stoppuhr in die Hand bekam, war ich begeistert. Die zwölf Sekunden eines Hundertmeterlaufs, unendlich gedehnt von dem Vorrücken des Zeigers – das ganze Leben versprach plötzlich viel länger zu währen, meinte ich.«

Seehase dachte daran, daß auch in den Vierteln des Industrieproletariats im Norden Berlins die meisten Kinderwünsche unerfüllt geblieben waren.

»Im Januar sah ich in Béziers eine Armbanduhr mit Stoppeinrichtung. Seitdem habe ich keinen Franc ausgegeben, weder für Marketenderwaren noch für anderes.«

»Und wat kostet die Uhr?« fragte Seehase.

»Siebentausend Francs. Zweitausend hat mir Hinrich Thiel geliehen, bevor er auf Kommando ging.«

»Und nun willst du sie holen?«

»Seehase, du bist ein hellsehender Hase.« In Rohrbecks Gesicht war dennoch keine Freude.

»Übrigens, Funkmeester, da fällt mir ein: Der Kommandeur war zumindest seit dem fünften Juni nicht mehr bei . . . ihr. Ooch nich, als ick ihn nach Narbonne zur Abfahrt mit dem Ia brachte.«

Rohrbeck nickte. »Nett von dir. Aber ich habe sie noch länger nicht gesehen. Hast doch selbst mal gesagt, daß es für uns kleine Pinscher witzlos ist, mit Leuten zu konkurrieren, die Schulterstücke tragen. Ich dachte erst, es gäbe Ausnahmen . . .«

Das Flüßchen Orb schlängelte sich durch die saftigen Wiesen der flachen Küstenlandschaft. Dann flimmerte das südliche Getriebe der sonnenerfüllten kleinen Stadt. Rohrbeck dirigierte den Obergefreiten.

»Willst du deine Uhr im Offizierspuff koofen?«

Der Einberufungsbefehl kam bereits im August neununddreißig. Er nahm den Auftrag mit, in seinem neuen Bereich politisch aufklärend zu wirken. »Niemand kann dir jetzt helfen. Du bist ganz auf dich allein gestellt. Wir werden uns im entscheidenden Augenblick wiedersehen.«

Nun war er schon seit sechs Jahren Familienvater. Nächste Ostern würde die kleine Karin zur Schule kommen. Bereits den fünften Sommer trug er die graue Feldbluse mit den ewig drükkenden Taillenhaken, hatte zwei Winter Rußlandkrieg hinter sich und einen Lungenschuß als Andenken daran.

Während der paar Tage Genesungsurlaub war er durch die vom Krieg gezeichneten Straßen des Friedrichshains gegangen. Da entdeckte er wieder Namen von guten Bekannten an der Litfaßsäule. Auf roten Plakaten des Volksgerichtshofs. Zum Tode verurteilt. Hingerichtet. Der Fleischträger war dabei. Die Arbeiter wehrten sich gegen den Faschismus, kämpften, opferten, starben . . . Und er konnte nichts tun, als sich auf die große Wende vorzubereiten.

»Hier steckst du Gauner. Tarnt der Mensch sich samt dem Karren so, daß ihn kein Aas findet!« Wachtmeister Rohrbeck unterbrach Seehases Meditationen und bot ihm eine Zigarette an.

Der blickte mißtrauisch auf die Marke. »Lasso! Det is det Allerletzte. Da fallen die Fliejen tot von de Wand.«

Rohrbeck zuckte die Achseln. »Deine Gitanes sind auch nicht besser. Spann den Esel an. Wir müssen schnell nach Béziers.«

Der Obergefreite verkorkte die halbe Flasche Wein und verstaute sie, reckte sich wohlig und manövrierte seinen Wagen vorsichtig durch die Bretterstapel.

Dann war das Band der sonnenglitzernden Straße vor ihnen. Rohrbeck schaute stumm in die Landschaft. Coursan, bis morgen noch Regimentsgefechtsstand. Rechts das große Kino, in dem Rauchwolken eigengebauter Tabaksorten von der ersten Filmrolle an aufstiegen und das Kopfschütteln der Deutschen hervorriefen. Rebstöcke, dazwischen die Brücke über das Flüßchen Aude. Rechts voraus Valras-Plage und Cap Agde mit seinem toten Seefeuerzeichen. Höher liegend, hinter dem geduck-

»Bin erst ein paar Tage hier.«

Dann trug er ein Rinderviertel auf den Schultern hinaus.

»Muß mit dir sprechen.«

Seehase klopfte das Herz. Freude. Erwartung. Er war gespannt. Wieder ging der Beifahrer beladen davon.

»Du solltest Sport treiben, Erwin«, sagte er und hielt ihm eine numerierte Eintrittskarte für das Fußballspiel Tennis Borussia gegen Hertha BSC im Poststadion hin. »Wechsle die Verkehrsmittel und komme erst zehn Minuten nach dem Anpfiff.«

Während die Berliner Fußballidole Sobeck, Kirsey, Handschuhmacher Zehntausende Zuschauer in Wallung brachten und das Stadion mit jedem Tor in einen Hexenkessel verwandelten, erhielt Seehase Informationen über die politische Situation.

»Anfang August sind die ersten Todesurteile gegen Genossen vollstreckt worden: Walter Möller, Bruno Tesch, August Lütgens und Karl Wolff. Es werden nicht die letzten sein. Bis jetzt haben die braunen Banditen bereits rund hundert Konzentrationslager in Deutschland errichtet. Es gibt Massenverhaftungen . . . Man schleppt sie zu vielen Zehntausenden in die Lager. Die Einkerkerung des Genossen Thälmann ist ein schwerer Verlust. Aber dennoch hat sich die Partei in der Illegalität reorganisiert. Das Politbüro führt konsequent den Kampf gegen den Nazismus. Das Zentralkomitee hat Verbindung zu den unteren Parteiorganisationen. Die Bezirksleitungen sind intakt – gemessen an den Umständen. Gerade unter diesen komplizierten Bedingungen müssen wir unser Bestes geben.«

»Und du glaubst, die Partei . . .«

»Wir meinen, daß du jetzt wieder eingesetzt werden kannst, wenn wir das Revier wechseln. Bist du bereit?«

Seehase vergaß Elfmeter und Halbzeitstand, pfiff oder klatschte automatisch mit, wenn die Umgebung sich so verhielt, und sagte zu.

Mit seinem Lkw transportierte er dann Propagandamaterial, in Freischichten wurde er gelegentlich als Kurier eingesetzt. Jahr um Jahr war sein bescheidenes, aber verläßliches Tun ein winziges Stück im heldenhaften Kampf der Partei.

Erziehungshilfe. Er solle nicht mehr länger mit den Roten liebäugeln. Die Zeit des Herumrennens im Jugendverband unter Hammer und Sichel und das eine Jahr Mitgliedschaft in der KP, die ja wegen des Reichstagsbrandes sowieso verboten sei, könne man im Begeisterungssturm der nationalsozialistischen Erhebung durchaus vorübergehend vergessen, wenn der vorgeführte Seehase seinen politischen Betätigungsdrang in die SA oder in die NSBO umleite. »Die marschieren gleichfalls hinter roten Fahnen, aber eben mit dem Hakenkreuz drin, nicht wahr, Erwin?!« Und hatte ihm dabei mit der flachen Rechten ins Kreuz geschlagen, daß der frische Schorf abblätterte. »Wir wissen übrigens noch ein bißchen mehr von dir, alter Junge!« Er kehrte den informierten Kriminalisten heraus. Diese Andeutung kam nicht von ungefähr. Das sah Seehase den giftigen Augen des Schlägers an, der ihn nur ungern aus seinen Fäusten ließ.

Der Obergefreite zog den Korken aus der zweiten Flasche. Was sich so alles Hautes Sauternes nennt, dachte er und nahm einen tiefen Schluck. Solche Schweine im Columbus-Haus. Und sind schon elf Jahre in diesem Gewerbe tätig. Er dachte an das Hauptquartier der Gestapo in der Berliner Prinz-Albrecht-Straße Nummer 8, diesen Bau aus wuchtigen Natursteinquadern mit dem protzigen Säuleneingang, durch den die meisten nicht wieder zurückkamen.

Ein paar Wochen später, nachdem Seehase aus dem Krankenhaus entlassen worden war – »Betriebsunfall« hatte als Ursache in den Papieren gestanden –, erhielt er Arbeit auf dem Schlachtviehhof. Erst als Fleischträger, dann als Lkw-Fahrer.

Es kam keiner der Genossen zu ihm, weil die Partei wußte, daß er überwacht wurde. Er nahm keine Verbindung zu seinem Stützpunkt auf, da ihm klar war, daß man über ihn Kontaktpersonen aufspüren wollte.

Anfang Oktober traf er zu seiner Verblüffung einen Genossen wieder, mit dem er manche Nacht Wahlzettel und Plakate geklebt hatte. Als Fleischträger stand er vor ihm, den Sack wie eine Kapuze auf Kopf und Rücken, die blutgefleckte Schürze umgebunden. Jedesmal, wenn der Beifahrer zum Wagen ging, sprach er.

März dreiunddreißig als Repräsentanten der sogenannten Machtübernahme vorgestellt hatten.

Er sah diesen SA-Scharführer mit dem Durchschnittsgesicht noch deutlich vor sich. Ein Blatt Papier in der Hand, von dem er ablas: »Seehase Erwin, Berlin N fünfundsechzig, Schulzendorfer Straße fünfundzwanzig. Jahrgang zwölf. Ungelernter Arbeiter. Jetzt Kraftfahrer. Jaja, du Kommuneschwein, das alles wird dein Steckbrief, falls du jemals hier rauskommen solltest. Einssiebzig groß. Wasserblaue Augen. Achtzig Kilo schwer – wird sich schnell geben. Blond wie Stroh. Und die beliebten besonderen Kennzeichen: Kopfgröße sechzig!« Dann lachte er dröhnend, wurde immer wieder von diesem nahezu hysterischen Gelächter geschüttelt.

Das war im Keller des Columbus-Hauses auf der Nordseite des Potsdamer Platzes zum Tiergarten hin, wo sich die SA eingenistet hatte. Und es war noch vor dem Schädelbruch. Der wiederum war die Folge eines unergiebigen Verhörs. »Sprich mal, aus welchem Kietz du kommst!« Da hatte Seehase erzählt, daß er 1918 bis 1926 in die evangelische Volksschule am Friedrichshain gegangen sei. Vater am Isonzo verschollen, ausgezeichnet mit Kaiser Wilhelms Eisernem Kreuz. Mutter nähte für einen Zwischenmeister, der dabei fett wurde. Erwin mußte mit zehn Jahren schon Groschen verdienen. Trotz aller Krisenvorboten hatte er später das Glück, als Handlanger bei Borsig in Tegel anzukommen, und schuftete, um Mutter im Monat hundert Mark beisteuern zu können. Zweiunddreißig hieß es stempeln, und Erwin demonstrierte hinter Schalmeien gegen Arbeitslosigkeit. Ja, dabei sei es auch zu Auseinandersetzungen mit der SA gekommen, was man ohnehin längst wisse.

Nach dieser Aussage mußte das Verhör unterbrochen werden, bis er wieder zu sich kam. Im Halbdämmer, zwischen Ohnmacht und Bewußtsein, zwang er sich, daran zu denken, daß in jenen Wochen Tausende und aber Tausende Gleiches erlebten und standhaft blieben. Und er wußte, daß gerade aus seinem Mund kein Wort kommen durfte über die organisierte Illegalität der Partei, von der ihm ein kleiner Sektor anvertraut war.

Natürlich wäre das eigentlich gar kein Verhör, nur eine kleine

Außerdem würde er in wenigen Tagen das Etappenleben verlassen und in der Anonymität des Frontbetriebes untertauchen. Der Hauptmann bemerkte, daß er voll nervöser Spannung an seinen Fingernägeln nagte.

Der Obergefreite Seehase war bereits viermal aus dem Abteilungsbereich nach Narbonne und zurück gefahren und hatte allerlei Nützliches transportiert, wie Oberleutnant Eiselt meinte. Seehase jedoch schätzte das gesamte Vorhaben vorsichtig als groben Unfug ein, wo immer er auftauchte.

Oberleutnant Naumann, den er soeben gebracht hatte, war mit der Führung der Abteilung während der Abwesenheit Altdörfers beauftragt; er überwachte derzeit das Verladen seiner eigenen Batterie, fluchte über die lahmen Hunde, die infolge süßen Nichtstuns alles verlernt hätten, und war ebenso durstig wie seine Männer.

Der Obergefreite suchte ein Ruheplätzchen, fand einen winklig angelegten Bretterstapel neben dem Wiegehäuschen, steuerte seinen Wagen dahinter und somit aus aller Leute Gesichtsfeld. Er war der Ansicht, daß viel zuviel Auto gefahren werde, daß er dringend die eigene Situation bedenken müsse und im übrigen die beiden von Leutnant Thiel überlassenen Flaschen süßen und leicht geschwefelten Weißweins vor möglicher Kampfeinwirkung zu bewahren habe. Außerdem war es nicht schlechthin heiß, es war höllisch heiß. Seehase entfernte den ersten Korken und trank zwei Drittel des lauwarmen Getränks mit halbem Genuß, als nehme er abgestandenes Selterswasser zu sich.

Es konnte sich nur um Stunden handeln, dann rollte auch sein Wagen auf einer Lore, gesichert durch beiderseits der Räder angenagelte Holzklötze, und nahm Kurs Invasionsfront. Seehase war überzeugt, daß auch dieses neue militärische Zwischenspiel mit einer Niederlage endete. Und dann? Irgendwann wird die Frage endgültig *und danach?* lauten, dachte er, warf die nun geleerte Flasche aus dem Fahrzeug und schob seine Mütze auf den Hinterkopf, damit Gesicht und Mützenschild einen günstigen Winkel zur sengenden Sonne bildeten. *Danach* würden diejenigen nicht mehr an den Schalthebeln stehen, die sich ihm im

Nummer hatte. Und wenn sein eigener Name dort bereits eine Rolle spielte?

Der Hauptmann versuchte sich der beunruhigenden Erinnerungen zu entledigen, indem er aus einer der für Gäste bestimmten Flaschen des Regimentskommandeurs einen mindestens dreistöckigen Hennessy trank und sofort einen zweiten folgen ließ. Wie angenehm das zarte Aroma war. Meusel war in Narbonne, um sich auf dem Verschiebebahnhof das Verladen über Kopframpen anzusehen. Mittags wollte er wieder zurück sein.

Einer der vier Telefonapparate klingelte. Grapenthin nahm zufällig den richtigen Hörer ab.

»Hallo, Hasso, alter Junge! Habe ich ein Glück, dich gleich auf Anhieb zu erwischen.« Wiener Schmelz, beinahe dem Filmliebling Wolf Albach-Retty von der Zunge genommen.

»Kurt ... Sturmbannführer!« Der Regimentsadjutant hätte sein Stammeln gern auf den Hennessy zurückgeführt.

»Hast *mich* am allerwenigsten erwartet, wie?«

»Du wirst es nicht für möglich halten, Kurt, aber ich dachte eben sogar ... dachte, daß ich endlich die versprochene Ansichtskarte ... Carcassonne oder so was ...« Es war nicht zu fassen, Dörnberg ante portas!

»Laß ruhig die alten Steine stehen, wo sie sind. Mir ist etwas Lebendiges, Junges in jedem Fall lieber.«

»Ich verstehe, Kurt, verstehe ...« Der Hauptmann dachte einen Augenblick daran, daß nicht alles lebendig geblieben war, was Dörnberg in den vergangenen Monaten in die Hände bekommen hatte.

»Möchte gern mit dir in Narbonne ein Häppchen zu Mittag essen, wenn es dienstlich zu ermöglichen ist.«

Sie trafen eine Verabredung für den übernächsten Tag.

Als Grapenthin den Hörer auflegte, bewegte ihn nur diese Frage: Wer oder was hatte ihn geheißen, heute morgen so intensiv an den Sturmbannführer Dörnberg zu denken? Irgendwie mußte er dessen Nähe gewittert haben. Instinkt?

Die in ihm nachklingende unverändert freundschaftliche Stimme müßte eigentlich beruhigen. Immerhin verband sie eine Vielzahl Geheimnisse, die niemand bekannt werden durften.

als V-Mann arbeitete. Seine Beziehungen zur Partei waren ebenso dick wie zum Wehrkreiskommandeur in Hamburg. Das hatte vermutlich bewirkt, daß er schnell zum Major befördert wurde.

Dörnberg sah schön aus wie Luzifer, charmant in jeder Lebenslage. Und brutal, wenn er entfesselt war. Gleich, ob beim Verhör von Kommunisten oder bei Frauen. Ja, Grapenthin entsann sich sehr wohl, sogar die Tänzerin Denise, die *er* eigentlich haben wollte, an Dörnberg abgetreten zu haben. Aus Freundschaft? Um Vorteile zu sichern? Er wußte es nicht. Dörnberg hatte mit ihr geschlafen und war gleichgültig geblieben. Es gab für ihn an jeder Ecke in Paris hungernde Schönheiten. Dann aber tauchte Denises Name im Zusammenhang mit einer kommunistischen Gruppe auf. Das machte ihn hellhörig. Dörnberg begann sie beschatten zu lassen, sammelte Stein um Stein für ein beweiskräftiges Mosaik, um sie eines Tages in den Händen zu haben: wieder nackt. Weil dann, wie er sagte, auch die politischen Verhüllungen fallen würden.

Und jenem Kurt Dörnberg hatte Grapenthin in einer Stunde der offenen Herzen – wie er meinte – ebenfalls Andeutungen gemacht in der Erwartung, den eleganten ostmärkischen Offizier als kalten Analytiker, als Gleichgesinnten zu finden, der den geheimen Kreis weiter stärken könnte. Bei diesem andeutenden Gespräch war Oberstleutnant Meusel als potentieller Begünstiger der »Idee« charakterisiert worden, und diese Idee lautete: Der Gefreite des ersten Weltkrieges, Adolf Hitler, ist nicht mehr fähig, die Geschicke des Staates im Sinne einer berufenen Führungselite zu leiten. Schluß im Westen, mit aller Kraft nur noch gegen die Roten!

Grapenthins Offenherzigkeit hatte ein unerwartetes Ergebnis: Dörnberg tat mit winzigem Lächeln, als habe er derartige Darlegungen noch nie und von niemand gehört. Es geschah nichts Außergewöhnliches danach. Am nächsten Tag nicht und bis zur letzten Stunde ihrer Zusammenarbeit nicht. Dörnberg war strahlend wie eh und je und ständig fanatischer, sadistischer in seinem Eifer. Grapenthin war sicher, daß er auch bei seinen höheren Vorgesetzten im Reichssicherheitshauptamt eine hervorragende

Mans seinen konkreten Einsatzraum erfahren. Seit gestern nachmittag wurde verladen, nachts waren die ersten Züge mit Gefechtsstaffeln abgefahren.

Grapenthin überdachte, was ihm unmittelbar bevorstand. An die Front rollen. Sich vor Jabos verkriechen. Geschütze feuern lassen. Im Hagel feindlicher Granaten und Bomben Handwerkliches erledigen. Taktische Komponenten für die Realisierung strategischer Ziele finden. Erfinden. Improvisieren. Und Blut. Leichen. Grapenthin hielt das alles, sofern es seine eigene Person anging, für unangebracht. Er empfand die schmeichelnden Parfüms aus der einstmals schönsten Stadt der Welt, Paris, bei weitem angenehmer als den Ruch von Männerschweiß oder explodiertem Sprengstoff. Er schätzte das Leben in der Seinemetropole und spürte schmerzhaft bohrende Gier in Hirn und Lenden, angeheizt durch den zweitägigen Besuch Ende Mai.

Der Regimentsadjutant unterbrach seine Aufstellung über die verschiedenen Lorentypen: Plattenwagen für Geschütze und Fahrzeuge, geschlossene Güterwagen für Mannschaften und Gerät, auf je hundert Achsen ein paar Personenabteile für Offiziere... Ein Gedanke beunruhigte ihn seit zwei Wochen. Am Invasionstag war er Meusel gegenüber zu weit gegangen, als er von der Notwendigkeit der Beendigung des Feldzugs im Westen sprach, etwa durch einen Separatfrieden mit Washington und London, um mit allen Kräften die Bolschewiken nach Osten zurückzudrücken. Da Hitler solchen Verhandlungen nie zustimmen würde, mußte er ausgeschaltet werden – eine Konsequenz, auf die auch der kühle Rechner Meusel kommen dürfte, womit ihm – ohne daß er es wußte – das Programm einer geheimen Gruppierung Gleichdenkender bekannt geworden war.

Grapenthin preßte die Lippen aufeinander. Hoffentlich waren seine Worte bei Meusel begraben oder stießen auf Zustimmung. Er entsann sich, daß ihn an jenem Abend im Doge neben Dörnberg sekundenlang die gleiche Ahnung beschlichen hatte, zu vertrauensselig gewesen zu sein. Von Anfang an fühlte er sich zu Dörnberg hingezogen. Der war Januar vierundvierzig als Hauptmann nach Paris zur Abwehr versetzt worden, für die er bereits

Der Hauptmann biß sich auf die Lippen, als er daran dachte, wieviel Schaden seinem juristischen Ruf durch den Bruder zugefügt worden war. Und was für eine unausdenkbare Katastrophe sich ergeben hätte, wenn der Fall tatsächlich noch einmal aufgerollt worden wäre. Erst blind, nun tot. Mein Bruder. Unheil kann nicht mehr entstehen. Jetzt darf ich auch wieder ein familiäres Gefühl für ihn haben. So trauert es sich angenehmer...

»Schreiben Sie den Leuten, daß wir die Mitteilung zur Kenntnis genommen haben und alles weitere von meinem Büro in Wien geregelt wird. Kopie dorthin genügt.«

»Jawohl, Herr Hauptmann.«

Altdörfer strich sich die Handflächen, als wäre etwas Staub dazwischen gewesen. Dann fuhr er sich verstohlen ans linke Auge, wischte daran und schüttelte schließlich den Kopf.

Der Oberleutnant dachte verwundert: Eine solche Haltung, wenn man vom Tod des eigenen Bruders erfährt? Ist das soldatische Härte, oder ist es ungewöhnliche Gefühlskälte?

Grapenthin hätte sich nie träumen lassen, daß seine vorübergehende Versetzung zum Stab des Artillerieregiments ihn tatsächlich in Kampfhandlungen verwickeln würde.

Vor achtundvierzig Stunden hatte der Wehrmachtsbericht gemeldet: »In den frühen Morgenstunden des heutigen Tages landete der Gegner nach schweren Luftangriffen an mehreren Stellen auf der Insel Elba.« Wiederum ein Stück näher.

Heute, am 19. Juni, war zur militärischen Lage in Frankreich festzustellen, daß die Amerikaner vor wenigen Stunden die Halbinsel Cotentin durchstoßen hatten und nun an der Atlantikseite standen. Damit war Cherbourg abgeschnitten, kämpfte mit Front nach Süden und wurde zur eingeschlossenen Festung.

Am 14. Juni waren die Engländer bei Caen zum Großangriff angetreten, hatten Einbrüche erzielt und gaben seitdem kein gewonnenes Gelände mehr her. Und in diesem Abschnitt sollte die Division tätig werden.

Seit drei Tagen war das Vorkommando unterwegs. Oberstleutnant von Wenglin hatte inzwischen bei der Armee in Le

Bin gespannt, was Hinrich Thiel sagen wird. Schätzungsweise ist er ebenso froh wie überrascht. Mich wundert nur, daß wir vom Regiment bisher noch immer nicht die Aufforderung bekommen haben, Tatbericht gegen ihn wegen der Schießerei einzureichen. Ob Altdörfer das allein und hinter meinem Rücken aus der Welt geschafft hat? Das ist seiner notorischen Bequemlichkeit nicht zuzutrauen. Ein Jurist und ein Pianist – welche sonderbaren Gespanne sich doch der Krieg einfallen läßt!

Der Hauptmann ging weiter die Post durch und griff nach dem von Eiselt geöffneten Brief eines Hamburger Krankenhauses. Darin wurde mitgeteilt, daß sein Bruder, der Diplomingenieur Wieland Altdörfer, auf Grund eines tragischen Unfalls nicht mehr unter den Lebenden weile, obwohl sich die Ärzte alle erdenkliche Mühe gegeben hätten.

Altdörfer stützte den Kopf auf und dachte nach. Es war ihm peinlich, jetzt von Eiselt beobachtet zu werden. Vor gut einem Jahr hatte Wieland in Hamburg in einem Notzuchtprozeß gegen die Betroffene ausgesagt. Daraufhin wurde der Angeklagte freigesprochen. Die Betroffene war die Frau des Oberleutnants Helgert. Und er als Rechtswahrer hatte wider besseres Wissen auch ein paar Weichen zugunsten Wielands gestellt. Weil er Helgert, den Draufgänger, haßte. Weil Helgert gesehen hatte, wie er einen verwundeten Russen mit Genickschuß erledigte. Weil Helgert wußte, wie Krusemark ihm das EK eins angehängt hatte und als Begründung dafür die von anderen begangenen Taten einsetzte. Selbstverständlich aber auch, um seinem Bruder einen Gefallen zu tun. Bei irgendeinem technischen Versuch verlor Wieland kurze Zeit nach dem Prozeß das Augenlicht. Im Spätherbst beantragte er plötzlich die Wiederaufnahme des Verfahrens mit der Begründung, er sei vom Angeklagten zum Meineid angestiftet worden und habe seinerseits einen maßgeblichen Zeugen zu falscher Aussage verleitet. Und das, ohne sich vorher mit ihm, dem Juristen, ins Benehmen zu setzen! Das Kriegsgericht bezeichnete den Inhalt des Antrags als aus der Luft gegriffen, lehnte die Wiederaufnahme des Verfahrens ab und stellte die Unzurechnungsfähigkeit des Zeugen Wieland Altdörfer fest.

Munitionsausstattung und anderes. Termine, Meldungen, Termine!

Der Adjutant dachte: Immer, wenn die Arbeit sich häuft, schwirrt Altdörfer irgendwohin ab. Ich bin überzeugt, daß er sich in nächster Zeit die Wildlederhandschuhe nicht schmutzig machen wird.

Eiselt pochte an die Tür zum Dienstzimmer seines Kommandeurs und legte die eingegangene Post vor, obenauf die abgezeichnete Geheimsache.

Hauptmann Altdörfer bewegte weder Mund noch Augenbrauen, als er den Befehl überflog, der ihn nach fast fünf Monaten des Pausierens und Genießens nun wieder kriegerisch Ernsthaftem zuleitete. Da ihm bei diesem Gedanken unwohl war, geriet das Papier in zittrige Schwingungen, was bei Eiselt, der mit auf dem Rücken verschränkten Händen stumm daneben stand, Verwunderung auslöste. Er schätzte Altdörfer als einen Parteigenossen und Offizier, der bedingungslos jeden Befehl durchsetzte und härteste Forderungen stellte. Er war sicher, daß dieser Kommandeur im Einsatz Vorbildliches leisten würde. Beides war ihm selbst in seiner zutiefst künstlerischen Veranlagung nicht gegeben. Er war deshalb froh, Adjutant zu sein, mit Plänen, Meldungen und Telefonhörern umzugehen und nicht als Chef einer Batterie unmittelbare Entscheidungen treffen zu müssen. Eiselt fühlte schmerzhaft auch diesen Zwiespalt.

Als Altdörfer an die Stelle kam, die ihn und Thiel als Mitglieder des Vorkommandos an die Calvadosküste befahl, verweilte er einen Augenblick. Sieh mal an, der alte Krusemark! Schickt einfach die beiden für den SD interessanten Figuren quer durch Frankreich dorthin, wo die Wehrmacht im Abwehrkampf steht und nicht administrativen Maßstäben unterliegt. Krusemark kann es um so reineren Gewissens tun, als ihn bisher niemand dienstlich darauf angesprochen hat. Ein ausgekochtes Luder, der Divisionskommandeur, von dem sogar ein raffinierter Jurist dazulernen kann. Auf jeden Fall bin ich damit fürs erste dem SD oder auch der Gestapo entzogen.

Hab ich also recht gehabt, dachte Eiselt: Die Sache war eingefädelt, denn er tat weder erstaunt noch theatralisch anklagend.

solche V 1 gegen die seit dem 10. Juni vereinigten anglo-amerikanischen Normandielandeköpfe schießen und somit das Blättchen wenden konnte.

Der Rundfunksprecher sagte ihm nicht, daß ein Großteil jener Flugbomben von britischen Abfangjägern vor dem Ziel vom Himmel geholt wurde, daß die Treffgenauigkeit der Projektile sehr gering war und sie daher nicht als taktische Waffe eingesetzt werden konnten und daß schließlich die Abschußrampen aus der Luft schnell festgestellt und bombardiert wurden.

Da war ein zweites Ereignis, das Eiselt in die Lage versetzte, aktiv zu werden. Die Rolle des auf der Karte operierenden Zuschauers – die der meisten Deutschen seit September neununddreißig – war für ihn unerträglich geworden, weil sie die Möglichkeit ausschloß, das Ende zu beschleunigen. Er wollte wieder zurück an sein Instrument.

Vom Regiment war eine Geheimsache gekommen mit dem Befehl, die Verlegung der Abteilung an die Invasionsfront vorzubereiten. Damit wurde die Division der 7. Armee zur Verstärkung zugeführt. Nun endete das zermürbende Warten, dieses sinnlose Hinausblinzeln auf das kitschig-blaue Mittelmeer, das ewige dolce far niente. Künftig würde das harte Grau des englischen Kanals oder des Atlantiks vor ihnen stehen, und jeder Mann der Abteilung mußte entschlossen Mut, Hingabe, Können, ja Todesbereitschaft in die Waagschale legen, die angloamerikanischen Plutokraten ins Meer zu werfen.

Eiselt stutzte mit einemmal, weil eigene Erfahrung die agitatorische Zuversicht durchlöcherte. Konnte der Krieg ohne eine Wunderwaffe wie V 1 überhaupt noch gewonnen werden? Er kam sich bei dieser Überlegung wie ein Abtrünniger vor und versuchte die Zweifel abzuschütteln, indem er sich in den Befehl vertiefte.

Der Ia, Oberstleutnant von Wenglin, war Führer des Vorkommandos der Division, zu dem auch Hauptmann Altdörfer und Leutnant Thiel gehörten, die sofort abrufbereit zu sein hatten. Dann folgten Anweisungen über Transportraum, Beladungsvorschriften; Anforderungen der benötigten Achsen, mitgeführten MG mit Fliegerdreibeinen, Verpflegungsstärken,

aufnorden zu lassen, betrieb körperliche Ertüchtigung, hatte den Vorsatz, fanatisch an eine verschworene Gemeinschaft zu glauben, bekämpfte den Kohlenklau und beachtete die Weisung: Sammelt leere Tuben! Er versuchte zu begreifen, daß es gegen die Weltverschwörung einer parasitären Rasse gehe, er ließ sich die Formel einhämmern: Führer befiehl, wir folgen! und schloß – falls die Vorsehung es beabsichtigen sollte – mit ein, zu fallen im Glauben an Adolf Hitler. Eiselt lernte neben den politischen auch die militärisch orthodoxen Prinzipien der deutschen Kriegführung kennen, meinte ihre Notwendigkeit zu begreifen und fürchtete sich im gleichen Augenblick, sie an der Ostfront selbst befolgen zu müssen.

Nach dem Untergang der 6. Armee in Stalingrad wurde er zum Oberleutnant befördert. Kanonen und Panzer begannen Liszt, Brahms und Beethoven in ihm zu zerschlagen. Von Monat zu Monat klammerte er sich verbissener an die Auffassung, Hitlers Politik sei gut gewesen, er hätte sich nur nicht auf diesen Krieg einlassen dürfen.

Doch nun dieser Tag, der 13. Juni 1944, mit der Sondermeldung des Oberkommandos der Wehrmacht: »Heute, um ein Uhr zwanzig, hat das Vergeltungsschießen gegen London mit der neuartigen Waffe V 1 begonnen.« Alle Kommentare, die er seit Stunden hörte, gipfelten darin, daß die Engländer durch diese Wunderwaffe nicht nur moralisch, sondern auch militärisch an den Rand des Abgrunds und zur Aufgabe ihrer Kriegslüsternheit gedrängt würden.

Die V 1 war ein unbemanntes, geflügeltes Geschoß, so hatte Eiselt vernommen, eine selbsttätige Flugbombe, mit knapp tausend Kilogramm hochbrisantem Sprengstoff ausgestattet und von einem Luftstaustrahlgetriebe mit fast sechshundert Kilometer Geschwindigkeit pro Stunde über den Kanal gejagt. Gegen Oxford Street und Westminster Abbey, gegen The Houses of Parliament, St. Paul's Cathedral und The Royal Festival Hall, wo er aufgetreten war, wo er Ovationen eines kunstverständigen Publikums entgegengenommen hatte. Der Oberleutnant runzelte bei diesem Gedanken die Stirn, löste sich jedoch von der bedrückenden Vorstellung. Er hoffte, daß man bald

FÜNFZEHNTES KAPITEL

An Ludwig Eiselts fünfundzwanzigstem Geburtstag hielt Hitler in Österreich Einzug. Da kannte der Jubel des jungen Pianisten keine Grenzen, da war ihm Lohn geworden für langes geheimes Mittun in der SA. Er glaubte damals, seine Ideale würden sich erfüllen, und versuchte den schalen Beigeschmack loszuwerden, der ihn, den Überempfindlichen, seit 1934 quälte, als die Affäre Dollfuß dem so laut verkündeten Prinzip von der legalen Machtergreifung ins Gesicht geschlagen hatte. Denn die Schüsse auf dem Ballhausplatz waren Putsch, waren hinterhältig, entsprachen nicht seinem Traum vom Anschluß Österreichs an das Altreich.

Die Eltern, angesehene Innsbrucker Bürger, schickten ihr begabtes Kind zur höheren Schule und nach dem Abitur aufs Konservatorium. Sie sahen sich selbst erhöht im Ruhm des Künstlers, waren wie berauscht von seinem ungewöhnlichen, sich rasch entfaltenden Talent, hatten Tränen in den Augen, wenn er sich nach einem Konzert bescheiden verneigte. Die Krönung war 1939 eine Europatournee, die ihn nach Dresden, Brüssel, Paris und London führte. Überall feierte die Fachpresse sein Spiel.

Am ersten Kriegstag meldete er sich freiwillig, wollte den feldgrauen Rock tragen, wollte seine Pflicht tun und das gefährdete Vaterland mit der Waffe in der Faust schützen, wie er meinte. Der Impresario und die Künstleragentur rangen die Hände, versprachen unverzüglich eine UK-Stellung zu erwirken. Ludwig Eiselt ließ sich nicht zurückhalten, wollte gleichgeschaltet sein mit allen namenlosen Volksgenossen.

Er umklammerte mit den schmalen trainierten Fingern ein kaltes Gewehr beim scharfen Schuß auf anderssprechende Menschen und spürte vom ersten Tage an den peinigenden Widerspruch zwischen Konzertsaal und Schlachtfeld.

Nach dem Frankreichfeldzug schickte ihn sein Regiment auf einen Offizierslehrgang. Er hatte sofort eingewilligt, um wenigstens vorübergehend in der Abkapselung geregelten Unterrichtsbetriebes geborgen zu sein.

Der Kriegsfreiwillige Eiselt war innerlich bereit, sich rundum

ZWEITES BUCH
Der Kessel von Falaise

Zwei Tage später legte die Rote Armee ein dreistündiges Trommelfeuer von bisher ungekanntem Ausmaß auf die finnischen Stellungen beiderseits der Eisenbahnstrecke Leningrad–Wiborg, drückte in wenigen Stunden die Hauptkampflinie auf vierzig Kilometer Breite ein und zertrümmerte die Sperre auf der karelischen Landenge. Damit wurde die Hand auf den Riegel zwischen Ladoga- und Onegasee gelegt, und die Bewegungsfähigkeit des deutschen Generalstabs war entscheidend eingeschränkt.

Die Lücke bei Luc-sur-Mer blieb auch nach Mitternacht offen.

Am 8. Juni trieb ein zerschossenes alliiertes Landungsboot mit toten amerikanischen Seeoffizieren bei Géfosse-Fontenay in die Mündung der Vire. Einer von ihnen war der für den gesamten Operationsplan des VII. Corps im westlichen Landekopf Utah zuständige Beachmaster. Er lag über einem Koffer mit allen Geheimunterlagen für die Zeitpunkte der Teillandungen und die konkreten Ziele des D-Day im Raum der Halbinsel Cotentin. Diese Top-secret-Papiere enthielten auch sämtliche strategischen und taktischen Maßnahmen zur Verschmelzung mit dem östlich davon im zweiten amerikanischen Landekopf Omaha operierenden V. Corps bei der Stadt Carentan. Anschließend sollte die Vereinigung mit dem aus den Landeräumen Gold und Juno nach Südwesten vorstoßenden XXX. britischen Corps bei Bayeux erfolgen.

Den deutschen Feindlagespezialisten war zumute wie Alice im Wunderland, sie wußten mit einem Schlag, was ihnen ein Heer bester Agenten nicht zu liefern vermochte: VII. US-Corps dreht nach Westen auf Coutance ein, bildet nach Süden Abwehrfront, greift nach Norden an. Strategisches Ziel: der Hafen von Cherbourg. Seite für Seite offenbarte sich ihnen alles Wissenswerte über den Angriff, dazu vielfältiges anderes Material, zum Beispiel »The German Forces«, ein Handbuch über die deutschen Streitkräfte im Invasionsraum, wo sich jeder der Lesenden mit seinem Verband präzise eingeordnet sah.

Die Divisionskommandeure erhielten auszugsweise Abschriften über sie unmittelbar betreffende Einzelaktionen. Ein Stabsoffizier raste zu Rommel, berichtete atemlos, legte vor. Raste am gleichen Tag weiter nach St. Germain zu Rundstedt.

Man nahm zur Kenntnis und besaß damit die wesentlichen Planteile über den Ablauf der Invasion. Leitete wiederum weiter bis ganz nach oben. Man konnte dort ebenfalls nur zur Kenntnis nehmen und – zusehen. Es gab keine strategische und keine taktische Luftwaffe zur Verhinderung der Operationen.

mittag des 6. Juni die Ehre, mit ihren zwei FW 190 die deutsche Luftwaffe bei der Abwehr der Landung zu vertreten.

Während des Tages wurden 317 taktische Einsätze von Deutschen über ganz Frankreich geflogen, gegenüber mehr als 10 000 der Alliierten. Ehe der Invasionstag zu Ende ging, hatte die 716. Infanteriedivision beiderseits Caen – einer der unbeweglichen drittrangigen Verbände – aufgehört zu existieren.

Die Marine fuhr an diesem Tag einen einzigen Einsatz mit 3 Torpedobooten. Von 18 abgefeuerten Torpedos versenkte einer den ehemaligen norwegischen Zerstörer Svenna. Auf fünfzig Kilometer Breite jedoch lagen 6 Schlachtschiffe, 22 Kreuzer, 2 Monitore, 119 Zerstörer, 133 Fregatten und Korvetten, 80 Vorpostenfahrzeuge, 360 Schnellboote und 25 Minensuchflottillen.

Die quantitative Überlegenheit der Alliierten war eindeutig. Sie betrug das Zweieinhalbfache an Menschen; das über Zweifache an Panzern, das Vierzigfache an Kampfflugzeugen. Und sie war noch größer bei der Flotte.

»Der Pfeil durchdringt den Stahl« war eine der geheimnisvollen Informationen von BBC für die französische Résistance, von Paul Leduc im Keller seines Hauses aufgefangen. Sie bedeutete, daß die Landung innerhalb der nächsten achtundvierzig Stunden anlaufen würde, und sie löste ein Programm aus. Durch andere Stichworte wurden systematisch weitere Programme in Gang gesetzt: Blockierung von Eisenbahnlinien und Zügen, Zerschneiden von Telefonleitungen, Erdkabeln und anderes mehr. Die ganze Bevölkerung, sofern sie nicht unmittelbar von Kampfhandlungen betroffen war, wurde in dieser Nacht zu noch aktiverem nationalem Widerstand gegen die Okkupanten hochgerissen.

Die für die Operation Overlord Verantwortlichen registrierten zum Abschluß ihres »längsten Tages« folgende Tatbestände:

Kein Ziel des D-Day war erreicht. Der amerikanische Landekopf Utah an der Ostküste der Cotentinhalbinsel lag isoliert. Mehr als zwanzig Kilometer weiter ostwärts, beiderseits Vierville, verteidigte sich das andere US-Corps im ebenso isolierten Landekopf Omaha. Von den Briten und Kanadiern in Gold und Juno trennten sie ein gutes Dutzend Kilometer.

249 britische Segelflugzeuge waren am Abend des 6. Juni beiderseits der Orne gelandet. Sie brachten Männer, Panzer und Geschütze. Verdoppelten die Stärke der ostwärts des Flusses in schwerem Abwehrkampf liegenden Luftlandetruppen. Jeder Engländer, der die Nacht auf die Normandie herabsinken sah, wehrte sich gegen das zwingende Schlafbedürfnis in der Erwartung massierter Gegenangriffe deutscher Panzer.

Um 16 Uhr waren vom Führerhauptquartier zwei Panzerdivisionen der strategischen Reserve für die 7. Armee freigegeben worden. Um 16 Uhr 55 hatte Generaloberst Jodl befohlen, »daß der Gegner im Brückenkopf noch 6.6. abends vernichtet wird«. Der OB West, Marschall Rundstedt, gab den nicht durchführbaren Befehl kommentarlos weiter. Der für den abwesenden Rommel bei der Heeresgruppe B amtierende Stabschef Speidel, der erst zehn Stunden nach Anlaufen der Operation Overlord seinen Oberbefehlshaber telefonisch informiert hatte, gab den Jodlschen Befehl ebenso unverändert weiter, weil er ebenfalls weit vom Schuß saß.

Die Alliierten handelten nach den Gegebenheiten von 1944, das OKW dagegen nach denen von 1940, wobei es vergaß, daß dafür keine materielle Basis mehr vorhanden war. Überheblichkeit und Informationsmangel waren in der politischen wie militärischen Einschätzung der Lage allenthalben spürbar und wirkten sich neben anderen Faktoren entsprechend aus. Die deutsche Führung baute auf die Unbesiegbarkeit ihrer Panzer mit den Bezeichnungen von Edelraubtieren: Tiger, Panther, Puma, Leopard, Marder, sowie auf Görings Luftwaffe.

Aber: Die 21. Panzerdivision war eine der schlagstärksten in Westeuropa. Durchschnittsalter einundzwanzigeinhalb Jahre. 800 armierte Kettenfahrzeuge. Von ihren 121 Panzern IV lang und 88 Sturmgeschützen waren am Abend des Angriffstages nur noch 70 einsatzbereit.

Am 4. Juni standen in ganz Frankreich 183 Jagdmaschinen. Am Nachmittag wurde das 26. Jagdgeschwader mit 124 Maschinen von der Küste zurückgezogen. Nach Metz, nach Reims, nach Südfrankreich je eine Staffel. In Lille blieben ein fluchender Kommodore und sein Kaczmarek zurück. Sie hatten am Vor-

zu meiner, Sie verzeihen, Herr Gengenbach, zu unserer Feuerstellung. Ich werde jetzt führen.«

Gengenbach klopfte das Herz im Hals. Ein paar hundert Meter noch, und er würde bei seinen Männern und den Geschützen sein. Wie sich das anhörte, *seine* Männer. Und wieder bedrückte ihn, daß er sie nur kurze Zeit gesehen hatte.

Der Hauptmann durchquerte das Gelände eilig wie jemand, der sich verspätet hat. War schnell fünfzig Schritt voraus.

Der Oberleutnant verspürte ein warnendes Ziehen in der Magengegend, hielt den zitternden Münchhof an der Feldbluse fest. »Stehenbleiben!« flüsterte er.

»Hallo, Kameraden! Da sind wir!« Der Schrei des Hauptmanns stieg wie eine Siegesfanfare in die Nacht.

Eine gelbe Leuchtkugel flitzte zum schwarzen Himmel. Dann vereinte der Hauptmann die Einschüsse von mehreren Maschinenpistolen in seiner Brust, bevor er umfiel.

»Bloody German. Son of a bitch«, ließ das Dunkel vernehmen.

Der Oberleutnant wollte sich auf nichts einlassen, weil er niemand sah und weil er sich für zwei junge Menschen verantwortlich fühlte, die er hinsichtlich des Geburtsdatums unbedeutend, an Erfahrung jedoch um Jahrzehnte überragte. Ich will diese beiden Jungs, Münchhof und Kohlmeis, heil aus der Gefahrenzone herausbringen, nahm er sich vor. Aber für wen und wohin? Willst du dem nächsten Heldenklau imponieren, wenn du sie ablieferst – zur Einreihung in die improvisierte Front? Der Oberleutnant wußte keine Antwort.

Als Gengenbach eine Stunde später mit Kohlmeis und Münchhof im Bereich der 21. Panzerdivision ankam, erfuhr er, daß auch Benouville gegen 21 Uhr 30 aufgegeben worden war. Wo ist Major Pfeiler? dachte er. Und wo der Oberleutnant Klasen? Wo sind meine Männer von der Feuerstellung, und wie sah die Stunde aus, als sie ihre Geschütze verlassen mußten? Und Blättermann? Er hat dir doch vor den Koffer geschissen! Der Hauptmann Müller ist tot. Und ich bin todmüde. Welche winzigen Unterschiede in der ersten Nacht der Invasion.

trocken. »Wir haben genug Waffen zu schleppen. Ein LMG. Munitionskästen. Zwei MPi. Sie werden wohl auch besser ein Schießeisen nehmen.«

»Meinen Koffer lasse ich unter keinen Umständen hier.«

»Münchhof, Sie kennen die Minenfelder?«

Der junge Gefreite nickte.

»Dann übernehmen Sie die Führung. Erst hinter die Düne, dann Richtung Luc. Kapiert? Und Sie, Kohlmeis, machen das Schlußlicht mit dem MG.« Er wartete keine Antwort ab, hängte sich die Maschinenpistole um, nahm das Kartenbrett und stieß die Eisentür mit der Schulter auf. Kohlmeis steckte die Funkunterlagen ein und schulterte das Maschinengewehr.

Münchhof trat als erster aus dem Graben. Vorsichtig, fast ängstlich. Der Hauptmann versuchte mit dem Koffer quer durch die Stahltür zu kommen, protestierte lauthals, weil ihm niemand half.

»Wenn Sie nicht den Mund halten, müssen Sie allein gehen«, rief Gengenbach und folgte den beiden auf einem von Granattrichtern unterbrochenen Trampelpfad.

Mit dem Nieselregen und der Nacht war leichter Wind aufgekommen, der hier im Gebüsch raschelte, dort einen Strauch bewegte, die Spannung anstachelte. Der Oberleutnant dachte daran, daß man sich in Taiga und Steppe schnell an die Finsternis gewöhnen mußte, um zu überleben. Denn die Nacht gehörte immer und überall den Partisanen.

Sie erreichten die parallel zur Küste führende Straße zwischen Hermanville und Douvres, krochen vorsichtig heran. Hauptmann Müller fluchte plötzlich laut und veranlaßte ein fremdes MG zu lang andauerndem Belfern.

Die Chaussee wurde im Sprunglauf überquert, dabei ließ Müller aus Versehen seinen Koffer liegen. Gengenbach führte hinüber zum Stützpunkt. Wieder ließ er die ihm Anvertrauten in Deckung zurück und kroch langsam gegen die Bunkergruppe vor. Dort hörte er englische Worte. Wie ein Schachbrett, wo sich die Gegner ineinander verschränkt haben. Sie blieben weiterhin westlich der Straße nach Caen.

Der Hauptmann wurde nervös. »Meine Herren, hier geht es

zuhaben. Er quittierte die Information mit abwesendem Gemurmel wie jemand, der zur Kenntnis nimmt, daß eine Straßenbahn ausgefallen ist.

Und Blättermann? Hätte längst eintreffen müssen, selbst wenn er nur Schritt gegangen wäre. Der Oberleutnant erwog Gründe für eine Verzögerung. Mit dem Schlimmsten beginnend: in der Dunkelheit auf eine Mine getreten und verwundet. Dann weniger bedrohliche Möglichkeiten bis zum Plausch mit irgendeinem bei dieser seltsamen Begebenheit wiedergetroffenen Landserbekannten. Und doch wußte Gengenbach im Grunde, daß Blättermann nicht wiederkommen würde. Er hatte ihm geholfen, die Tür des Betonkäfigs aufzustoßen, durch die der Vogel samt EK eins entflattert war.

Und sie saßen weiterhin in diesem Scheißbunker. Schützte gegen allerlei Kaliber, aber nagelte auch fest. Die Leitungen zum Bataillon und zu Klasen fielen aus. Das war das Ende.

Du willst also ebenfalls weg? fragte er sich. Ich will zu den Männern der Feuerstellung, das ist mein Recht. Meine Pflicht. Denn gekämpft wird mit Kanonen und Granaten und nicht mit blödsinnigem Hocken und nutzlosem Warten. Bei den Geschützen werden wir immer noch gebraucht. Und vor allem: Ich will mich nicht allein aus dem Staube machen.

»Herr Hauptmann...«

Müller blickte um sich, als wüßte er nicht, woher der Anruf kam.

»Wir wollen versuchen, zur Feuerstellung zu gelangen. Das Beste, was wir tun können, solange keine Verbindungen bestehen. In Hermanville sitzen die Engländer. Ob sie den in unmittelbarer Nähe liegenden Stützpunkt inzwischen genommen haben, weiß ich nicht. Also sollten wir uns den Panzern nach in Richtung Süden bewegen. Dort kann ja noch nicht alles besetzt sein. Wie ist Ihre Meinung?«

»Und mein Gepäck?« fragte der Hauptmann. »Kann ich als Batteriechef unmöglich allein tragen. Wo bliebe da die Autorität!« Er schaute entrüstet zu den beiden Nachrichtenmännern.

»Ich fürchte, das Zeug wird hierbleiben«, sagte Gengenbach

»Vielleicht wird es morgen was«, rief der Hauptmann den um ihn stehenden Männern aus den Stützpunkten zu. Es klang wie: Ich komme wieder mal vorbei, und grüßen Sie schön zu Haus! Dann kletterte er in den Turm des Führungspanzers. Die Grenadiere waren schon aufgesessen. »Panzer, marsch!«

Und die sechs Panzer IV lang fuhren den gleichen Weg zurück, den sie gekommen waren. Die Verlassenen gingen langsam, gesenkten Kopfes zu ihren Stützpunkten.

Blättermann sah sich verzweifelt um. In den Bunker? In die Hoffnungslosigkeit? Zu der Unerbittlichkeit Gengenbachs, der ihn wegen dieses Helgert haßte? In den ... in den Tod? Gänsehaut kroch ihm über den Leib.

Der Unteroffizier setzte mechanisch einen Fuß vor den anderen, ging zu einem Schützenpanzerwagen, dessen Motor stotterte, starb und wieder gestartet wurde. Die anderen waren indessen von der keimenden Dunkelheit und den Dünen aufgesogen worden.

»He, Kameraden, setzt mich bei meiner Feuerstellung ab!«

Niemand beachtete ihn. Alle warteten nur auf das erlösende Anspringen der Maschine. Den letzten beißen immer die Hunde. Jetzt kam der Motor. Der Fahrer trat das Pedal durch, kuppelte bei hohen Touren und fuhr mit einem Ruck an.

Der Unteroffizier Blättermann war aufgesprungen.

Gengenbach legte langsam den Hörer auf den Apparat zurück. Soeben hatte der Leutnant von der linken Nachbarkompanie durchgegeben, daß Panzer und Grenadiere wieder Richtung Caen abgerückt seien. Im übrigen glaube er, daß die Lastensegler an der Orne gelandet seien.

»Danke. Ende!« Was hätten diese sechs Panzer schon gegen die vollen Bäuche der Transporter ausrichten können? dachte Gengenbach. Nicht einmal sechzig wären ins Gewicht gefallen.

Als er im Bunker mitteilte, daß sich nichts abspiele mit Angriff, Entsatz und so, taten ihm die beiden jungen Fernsprecher am Schrank leid. Soviel Enttäuschung, soviel Verlorenheit in ihren Augen: Und was wird jetzt?

Hauptmann Müller schien nicht mehr alle Sinne beieinander-

Die Flak aus den unversehrten Stützpunkten eröffnete Sperrfeuer, als der Verband die Küste anflog. Da kamen die Spitfires und Hurricanes und Mustangs, stürzten sich auf die Fliegerabwehrkanonen und auf die Stellungen der Vierlinge, feuerten aus Kanonen und Maschinengewehren, was das Zeug hielt. Und ohne die Spur einer Kursänderung flogen die Schleppflugzeuge durch die leuchtenden Farbbänder weiter und klinkten aus. Die Gleiter kippten ab, legten sich in steile Kurven, trachteten schnell Höhe zu verlieren, verschwanden hinter Baumwipfeln und Waldstücken und gingen irgendwo nieder. Einer flammte im Gleitflug auf wie eine Fackel. Dann verlosch das atemberaubende Schauspiel. Nur eine Unmenge von Fallschirmen hing noch in der Luft, von den Transportflugzeugen nach Ausklinken der Segler abgesetzt. Sie zogen von allen Seiten Leuchtspurgeschosse auf sich, schwebten quälend langsam zur feuerbrodelnden Erde herab, verschwanden ebenfalls hinter den Hecken.

Wo die Gleiter und Fallschirme aufgesetzt hatten, wuchtete jetzt heftiges Artilleriefeuer.

Und dann eine rauhe Stimme: »Sie sind genau auf unserem Anmarschweg niedergegangen.«

Der Hauptmann setzte sein Glas ab. »So unrecht haben Sie nicht . . .«

»Und die Verstärkungen?«

Niemand antwortete. Hier und da ein stummes Achselzucken. Allmählich wurde der Abend grauer.

»Einundzwanzig Uhr fünfzehn«, sagte die rauhe Stimme.

Von Verstärkungen war nichts zu sehen. Beide Kradmelder nicht zurückgekommen.

»Allein antreten ist Selbstmord«, murmelte der Hauptmann. Als es dunkelte, bekam er endlich Funkverbindung. Eine Panzergruppe stieß auf der Straße Caen – Courseulles vor. Sein Gesicht belebte sich wieder. Dann war es völlig verfallen: Die Gruppe war in einen kanadischen Hinterhalt gefahren, hatte schwere Verluste und zog sich zurück.

»Fertigmachen. Motoren anwerfen!«

Dunkelrote Funken fegten aus den Auspuffrohren.

muß sofort alle verfügbaren Verstärkungen schicken. Wiederholen!«

Beide wiederholten den Sinn der Meldung.

»Gut. Und blitzartig zurückkommen. Verstanden?«

Sie brummten im Abstand von zweihundert Metern davon.

»Was ist mit den Nachrichtenverbindungen?«

»Die Festungskabel mit den Querleitungen im Bunkersystem sind höchstens noch zur Hälfte in Ordnung«, ließ sich Blättermann vernehmen. Die anderen nickten wiederum zustimmend.

»Artillerie hat nach rückwärts keine Verbindung mehr.«

»Schade. Aber macht nichts. Nutzen wir das Überraschungsmoment.«

Der Hauptmann rief seine Panzerkommandanten zusammen. In die Dünen gekauert, machten sie eine kurze Lagebesprechung.

»Um einundzwanzig Uhr fünfzehn treten wir an. Stoßen gegen See gedeckt etwa zweihundert Meter südlich der Dünen auf Lion durch. Dort liegt laut Minenplan nichts.«

Ein Infanterieleutnant näherte sich aus einem Bunker der Gruppe. Er wurde eingewiesen und sagte zu, sofort den Abschnitt zu verständigen. Garantierte volle Feuerunterstützung auf Lion und den Landeplatz, soweit für die Waffen erreichbar.

Blättermann fand alles imponierend tollkühn, aber doch zweifelhaft, falls nicht schnell erhebliche Verstärkungen herangeführt wurden. Fünf Minuten vor neun. Und auf beiden Seiten nichts zu hören, nichts zu sehen. Mit einemmal begann er aufmerksam zu lauschen. Die anderen blickten ebenfalls besorgt in den wolkenverhangenen Himmel. Die Panzerleute verschwanden in ihren Kästen.

Über dem Kanal schwoll ein Geräusch an. Das waren nicht einige Rotten Jabos, das waren noch einmal viele Maschinen wie in den frühen Morgenstunden.

Gläser wurden an die Augen gepreßt. Jetzt kamen Dutzende Jäger in Sicht, zogen weite Schleifen um einen riesigen Pulk. Kehrten wieder zurück. Hunderte von schweren Maschinen schleppten große Lastensegler, aufgereiht wie beim Paradeflug.

Regimenter und Hunderte von Tigern und Königstigern vorgestellt.

Ein Hauptmann führte die Kampfgruppe, Aufklärungsabteilung des Regiments 192. Er lehnte im Turmluk und blickte abwechselnd auf die Karte und ins Gelände, als müsse er sich vergewissern, daß beide Punkte tatsächlich identisch seien. Und er richtete den Blick noch öfter auf See hinaus, fasziniert von der riesigen Zahl der Schiffe, die nicht einmal Zeit fanden, auf seinen Haufen zu schießen. Oder es war in ihrem Plan vorgesehen, daß nur britische Panzer hier zu stehen hatten.

»Eure Bunker sind noch kampffähig?« fragte der Hauptmann.

Blättermann setzte sich gegen zwei Feldwebel durch. Markierte genau die neue HKL westlich Lion-sur-Mer, konnte angeben, wie viele Vierlinge, Granatwerfer, schwere Maschinengewehre, Pak in den Stützpunkten waren. Die Infanteristen nickten zustimmend. Wenigstens zwei Kompanien hier vorn.

Der Panzerhauptmann machte ein Gesicht wie bei der Verleihung des Ritterkreuzes. Er witterte die Chance seines Lebens: Wenn er überraschend mit einer schlagkräftigen Streitmacht antrat und in diesen Wirrwarr der Entladung stieß? Hier wurden jetzt bestimmt keine Sturmtruppen ausgeladen, wahrscheinlich nur Gerät und Munition. Wenn er da hineinbrauste, ergäbe sich zweierlei: Erstens würde der Schlauch von gut acht Kilometer Breite, durch den er zur Küste vorgestoßen war, zum Keil zwischen beiden Landeköpfen. Zweitens: Warum sollte hier nicht gelingen, was nördlich Caen bisher danebengegangen war, das Abschneiden der gesamten britischen Anlandung beiderseits der Orne? Beim Regiment und bei der Division wußte offenbar niemand von diesem Hohlraum. Die Engländer waren sich der Tragweite dessen, was hier auf dem Spiel stand, anscheinend ebenfalls nicht bewußt.

Der Hauptmann fühlte, daß er auserwählt war, in einem historischen Augenblick an exponierter Stelle zu stehen. 20 Uhr 40. Er winkte zwei Kradmelder zu sich: »Fahren Sie sofort zum Regiment und melden: Stehen bei Luc an der Küste. Kampfanlagen bis vor Lion noch voll intakt. Keinerlei Feindberührung bisher. Bereite Angriff auf Lion vor. Regiment

westen gedreht. »Bei Luc sehe ich Kampfwagen. Müßte mich sehr täuschen, wenn es nicht unsere sind.«

»Unsere?« Es klang gedehnt. »Lassen Sie mich mal ran.« Im Fadenkreuz stand eindeutig ein Panzer IV lang. In den Dünen deutsche Infanteristen und weitere Panzerkanonen.

Gengenbach hatte den Eindruck, als würden alle bisherigen Überlegungen mit diesem einen Blick über den Haufen geworfen. Es hatte also doch einen Sinn, hier auszuharren. Dort waren sie, nur drei Kilometer entfernt. Brachten die Wende!

Jetzt konnte er deutlich sehen, wie hier und da aus den Küstenbefestigungen Männer im Laufschritt zu den Panzern eilten.

»Mensch, Blättermann, Sie können doch sprinten. Hauen Sie ab. Sehen Sie zu, was Sie erfahren können. Und kommen Sie auf dem schnellsten Weg zurück.« Den Oberleutnant hatte ein wilder Eifer gepackt. Er half dem Unteroffizier, die klemmende Eisentür aufzustemmen, schaute ihm nach.

Blättermann rannte durch den kurzen Kampfgraben, fühlte sich wie auf dem Präsentierteller angesichts der Schiffe. Meinte jeden Augenblick, daß es hinter ihm losknallen würde. Aber nichts passierte. Er konzentrierte sich nun auf die Minenfelder. Fast überall waren die Warnschilder zersplittert, verschwunden, umgestürzt, aber er kannte diesen Küstenstreifen. In etwa zwanzig Minuten mußte es zu schaffen sein.

Er holte einen Stabsgefreiten ein, der, Stahlhelm in der einen und MPi in der anderen Hand, rannte. »Unsere Panzer!« keuchte er, ein Lachen der Glückseligkeit im verdreckten Gesicht.

Endlich konnten sie über die Düne landeinwärts. Dort waren weder Granaten noch Bomben niedergegangen. Hinter dem Minengürtel fester bewachsener Boden. Hier ging es schnell vorwärts. Immer mehr Läufer gesellten sich zu ihnen.

Dann kam der Augenblick, wo sie bei den sechs schweren Kästen standen, die sich inzwischen leidlich getarnt hatten. Und Grenadiere. Etwa achtzig Mann. Ein paar Schützenpanzerwagen.

Blättermann fühlte eine herbe Enttäuschung. Er hatte sich

wegen der Luftüberlegenheit an Selbstmord. Bei Dunkelheit nicht sonderlich aufregend, wenn man seine fünf Sinne zusammennimmt. Die Angreifer konnten bisher bestenfalls an markanten Stellen Riegel gegen Panzer aufbauen. Demnach kommen weder Straßen noch Bodenerhebungen als Rückzugsweg in Betracht. Die andere Variante: Wenn sie hier angreifen, die Bunkertür aufmachen und das Schulenglisch zusammenraffen: I beg your pardon, boys, war nicht so gemeint mit dem Artilleriefeuer und den Toten. Take it easy!

Gerade wir hatten Schwein und bekamen nichts an den Schädel. Die Männer in der Feuerstellung haben bei Jabobeschuß gerichtet, geladen und abgezogen. Ergeben kommt also nicht in Frage. Müßte man sich zeitlebens schämen. Man hat ja noch ein bißchen Anstand in den Knochen, auch wenn der Einsatz vielleicht seinen Sinn verloren hat.

Seltsam – als hätte jemand geahnt und gewünscht, daß ich unverzüglich in den Orlog kommen würde, und mich deswegen vorsätzlich hierhergeschickt. Wenn man jetzt bei den Kameraden im Süden sein könnte. Ludwig Eiselt, Funkmeister Rohrbeck, Erwin Seehase, der Berliner Junge, mit dem ich mich vom ersten Augenblick an innerlich verbunden gefühlt habe. Hinrich Thiel, mein Freund, am vergangenen Dienstag sah ich ihn zum letztenmal in Narbonne; nach unserem Jagdausflug, nach den erregenden Gesprächen mit den beiden Franzosen. Und vorher hatte er mir Grüße von Denise ausgerichtet. Grüße, weiter nichts. Ja, mein lieber Gengenbach, Glück als Soldat, aber kein Glück in der Liebe. Beides zusammen würde einen kleinen Oberleutnant glatt umwerfen. Warum fliege ich auch ausgerechnet auf eine Französin? Noch dazu ein so schönes Mädchen? Solange ich in Paris war, schien alles auf dem besten Wege. Einmal, ein einziges Mal habe ich sie geküßt. Und Hinrich? Eifersucht? Er würde außerdem viel besser zu ihr passen. Liebeskummer? Es geht nur um die Männer der Batterie, das ist mein einziger Kummer.

»Herr Oberleutnant?«

»Was gibt's, Blättermann?«

Der Unteroffizier hatte das Scherenfernrohr ganz nach Nord-

gelangten sie nicht. Der Boden überall umgepflügt. Hier liefen die Leitungen über Festungskabel tief in die Erde. Bis in diesen Bereich waren auch die Stützpunkte der Infanterie voll besetzt. Der Schaden mußte weiter hinten liegen. Bei dem Versuch, sich noch ein paar hundert Meter mehr nach Süden vorzutasten, hatten Gengenbachs Männer, wenn auch aus ziemlicher Entfernung, Maschinengewehrfeuer erhalten.

Der Hauptmann Müller saß auf einem Schemel, sein Gepäck neben sich, und döste vor sich hin. Die Umwelt schien jede Bedeutung für ihn verloren zu haben.

Warum die Briten nicht von rückwärts angreifen und die Stützpunkte aufrollen? dachte der Oberleutnant. Er hatte das Gefühl, noch nie soviel Zeit zu ungestörtem Nachdenken gehabt zu haben. Wie ist die Lage? Zwischen Lion und Riva Bella haben die Engländer schon allerlei an Land gebracht. Jetzt ist es beinahe zwanzig Uhr. Über zwölf Stunden Landungen, das ergibt mindestens eine kriegsstarke Division. Dazu alles, was in den Nachtstunden aus der Luft abgesetzt wurde. Und das auf einem Abschnitt von Regimentsbreite. Auf unserer Seite immer noch kein Schiff und kein Flugzeug. Bleibt nur die Hoffnung auf Panzerdivisionen im Hinterland. Werden sie die Lage wiederherstellen? Wir halten einen Landstrich, weil es uns gelang, einige verfrorene seekranke Briten mit unseren vorletzten Granaten einstweilen zurück zu treiben. So weit, so gut, aber: diese meine Batterie, die heute vormittag nur noch aus zwei Rohren schoß, ist ohne Augen. Ohne diese Batterie bleiben uns ein leichtes Maschinengewehr und zwei MPi in einem für den Infanteriekampf nicht vorgesehenen Bunker.

Haben die Tommys überhaupt nötig, sich mit uns herumzuprügeln, wenn sie zehn Kilometer südlich bereits eine Front aufgebaut haben? Dann sind wir die überreife Frucht, die ihnen morgen oder übermorgen in den Schoß fällt. Daraus resultiert: Entweder wir bekommen Verbindung mit der Feuerstellung, falls es die überhaupt noch gibt, dann können wir uns halten, solange der Munitionsvorrat reicht. Oder wir bekommen keine Verbindung, dann sollten wir uns zur Feuerstellung durchschlagen und dort weiterkämpfen. Bei Tageslicht grenzt das

Füßen angesichts der unaufhaltsam anstürmenden sowjetischen Panzer. Überall dunkelrote Flammen aus Pylonen, mit denen das Ende seiner Batterie betrauert wurde. Gengenbach wußte, daß er mit alldem nicht fertig war. Daß es nicht nur zerschlagene Haubitzen, gefallene Männer, zerfetzte Pferdekörper waren, sondern das dumpfe Ahnen vom Ende des Krieges. Aus diesem Ahnen hatten sich in den vergangenen fünf Monaten hier und da ein Stückchen Logik, ein Partikelchen Wissen, eine schrittweise vortastende Überlegung in früher nicht bedachte Bereiche ergeben. Die Frage nach der moralischen Rechtfertigung aller deutschen Anstrengungen, des Schießens und Hungerns und Frierens und des Sterbens war drängender geworden.

Der Oberleutnant schlug nun die Augen ganz auf und blickte um sich. Blättermann saß am Scherenfernrohr und drehte es rastlos hin und her. Er sah am Horizont rechts die grauschwarze Wolke über Ouistreham und Riva Bella. Im Vordergrund das feindselige Schweigen der besetzten Häuser von Lion-sur-Mer. Ganz nah die eigenen Infanterie- und Flakkampfstände, in denen ebenfalls jede Bewegung erstarrt war. Die Entladung der großen Transporter erfolgte jetzt fast gemächlich.

Über der Kimm tauchten immer neue Schiffe auf, schleppten vom Mutterland neue Menschen und neues Material herbei. Die Fahrzeuge wurden von gleichmütig signalisierenden Verkehrsposten eingewiesen, fuhren durch die Dünen, verloren sich.

Links lag Luc-sur-Mer, unberührt bisher von den Gummisohlen des Gegners. Verwüstet von Bomben und Granaten wie jeder Fleck an der Küste, aber eben noch keinem Angriff auf der Erde ausgesetzt. Und das wenige, was am westlichen Horizont von Langrune zu sehen war, bestätigte die Situation vom späten Vormittag: Die Briten waren nicht weiter nach Osten vorgestoßen. Das Loch zwischen beiden Landeköpfen bestand nach wie vor. Die Kampfstände der Deutschen waren einsatzbereit.

Münchhof und Kohlmeis hockten am Vermittlungskasten und dösten. Zweimal abwechselnd und jedesmal vergebens hatten sie versucht, die Leitung zur Feuerstellung wieder in Ordnung zu bringen. Weiter als einen dreiviertel Kilometer

Die Wehrmachtspanzer kamen kein Stück vorwärts. Sie mußten zurück und südlich der Stadt umgeleitet werden, um nach Norden angreifen zu können. Die Höhen von Périers gingen indessen verloren.

Erst am Nachmittag traten fünfunddreißig deutsche Kampfwagen zum Gegenstoß an. Als die vordersten zehn weit vor der Hügelkette abgeschossen wurden, kam der Angriff zum Erliegen, ehe er recht begonnen hatte. Bei Lébisey, nördlich Caen, gruben sich die Panzer IV an einem Waldrand ein.

Ein zweiter Stoß, vom Kommandeur des Regiments persönlich befehligt, richtete sich gegen die sanften Bodenerhebungen bei dem nur fünf Kilometer von Caen entfernten Örtchen Biéville. Die Panzer rollten ohne Berührung mit den Briten die Höhen empor. Oben wurden sie von drei Seiten durch weittragende Pak eingedeckt. In weniger als fünfzehn Minuten blieben sechs von ihnen auf der Strecke. Der Regimentskommandeur, dessen Führungspanzer als erster abgeschossen wurde, gab auf. Seine Panzer gruben sich bei Biéville an der Straße nach Lion-sur-Mer ein.

Gengenbachs Feuerstellung und der Hauptgefechtsstand der schweren Artillerieabteilung bei Benouville hatten jetzt nur noch einen schmalen Ausweg nach Süden.

Weiter westlich von Biéville tastete sich die Aufklärungsabteilung der Panzerdivision Richtung Küste vor, begleitet von einem Rudel Jagdpanzer IV. Mit seinem rechten Flügel prallte auch dieser Angriff auf die fest in Händen der Engländer befindlichen Höhen von Périers. Wieder blieben sechs Eisenkästen brennend liegen, aber auf dem linken Flügel ging der Vorstoß an den Bodenerhebungen vorbei weiter nach Norden.

Leichter Regen hatte eingesetzt. Die Sonne war nun endgültig verschwunden.

Gengenbach wachte auf und brauchte einige Sekunden, um sich zurechtzufinden. Ein oft geträumter Traum hatte ihn beunruhigt: der Kessel von Radomyschl und Shitomir. Wieder durchlebte er den Augenblick seiner schweren Verwundung, wenn auch in anderer Version; diesmal gelähmt an Händen und

gegangen. Oder ob er, zusammenbrechend, von der Übermenschlichkeit der Kämpfe flüstern und dabei den Korken aus der Kognakflasche lösen sollte. Bliebe die dritte Möglichkeit: ungebrochener Feldherr. Diese verwarf er nach einem Blick auf die Gesichter der Männer.

Benouville glich einem Heerlager. Schnelle Panzerjäger Marder standen in den Ruinen der Häuser und sicherten. Panzerfäuste und die sogenannten Ofenrohre in Straßengräben. Vierachsige Panzerspähwagen Puma reckten ihre Geschütze hinüber zur Straße nach Lion-sur-Mer.

Oberleutnant Klasen meldete. Hatte für alle einen Schluck Schnaps und beachtete den Major so wenig, daß der auch die beiden ersten Varianten verwarf und sich still auf einen Küchenstuhl setzte.

Was zu sagen war, besorgte Klasen: »Herr Major haben keine Batterien mehr. Vor uns ist nur noch eine Handvoll von Gengenbachs Kanonieren mit zwei Geschützen.«

Dörnberg! durchzuckte es den Kommandeur, und er hörte das weiche Wienerisch: Das Maß ist voll, Pfeiler!

Kurz nach neun waren englische Kampfwagen auf der Linie Caen – Bayeux vor den Feuerstellungen der Artillerie aufgetaucht. Das OKW hatte die beweglichen Panzerreserven, die 12. SS-Panzerdivision und die Panzerlehrdivision immer noch nicht freigegeben. Man schätzte alles bisher Geschehene als Ablenkungsmanöver ein und erwartete nach wie vor die Hauptlandung der Alliierten am Pas de Calais, auf jeden Fall aber nördlich der Seine.

Fast neun Stunden nach Beginn der Landung erhielt der Kommandeur der 21. Panzerdivision den ersten Einsatzbefehl: Angreifen, vernichten und ins Meer werfen.

Es gab kaum noch einen Meter passierbare Straße durch Caen. Und immer noch schlug ein Stahlbrocken nach dem anderen mit schrillem Geheul in die Schutthalden und in die Trecks der Flüchtenden. Das war der erste Tag. Es sollte sechs Wochen dauern, in denen ungezählte Tonnen Stahl in die Steinwüste von Caen geschleudert wurden.

Brite den Kolben seines Schnellfeuergewehrs mit dem Ruf: Rache für Coventry! über den Schädel schlagen könnte. Die Furcht verbannte jeden Gedanken an Aufgeben und Händeheben.

Die Jabos schienen ein paar Minuten Mittagspause einzulegen. Die Männer kamen nun schneller voran. Im Gelände sprangen feldgraue Gestalten. Plötzlich ratterte ein paar hundert Meter rechts von ihnen ein Maschinengewehr mit fremdem Klang. Ein zweites fiel ein. Es zischte tückisch über die Köpfe, dann spritzte der Sand in die Höhe.

Das ist das Ende, dachte der Major. Hier kommen wir niemals vorbei. Er schloß die Augen. Heilige Gottesmutter Maria, sei unsere Fürsprecherin! betete er und zitterte dabei. Er bemerkte nicht, wie der B-Wagen-Führer schlangengleich verschwand, gefolgt von dem Rechner Meissner, dessen Namen er gar nicht kannte. Er bemerkte nicht einmal, daß neben ihm Bernreiter und der Funkunteroffizier an einer Trichterwand lagen, ihre Waffen im Anschlag, sondern fürchtete nur, daß das Unheil ihn packen würde.

Das jähe Hämmern von zwei Maschinenpistolen riß seinen Kopf hoch. Er bestaunte den Wachtmeister Lindemann, der Feuerstoß um Feuerstoß aus kürzester Entfernung in den englischen MG-Trupp jagte. Pfeiler sah einige rennen, stürzen, liegenbleiben. Er wußte nicht, was im einzelnen geschehen war, stellte nur aufatmend fest, daß keine Kugeln mehr die Luft in Streifen rissen, taumelte weiter, seinen Soldaten nach. An Colleville zogen sie östlich vorbei, den Kommandeur im Schlepptau, durchhasteten neuerlich Niemandsland, schwenkten auf den Kirchturm von Benouville ein, wurden von fremden Panzergrenadieren begrüßt, die gegen die Hauptstraße nach Caen sicherten.

Major Pfeiler war hundeelend von den ungewohnten Anstrengungen und von der Todesangst, aber auf dem Weg zu seinem Hauptgefechtsstand überlegte er bereits, ob er vor den Offizieren und Mannschaften den armen Lazarus spielen und bescheiden um ein Glas Wasser bitten sollte, mit großer Geste auf seine Leute hinweisend: Ohne die wäre das alles schlimm aus-

Tommy. Gesichter, als hätten sie in ihrer letzten Stunde nur noch gestaunt über alles, was ihnen geschah. Der zivile Tod verunstaltet nicht so wie jener, der angeblich zum Helden macht. Die Lunge drängte aus dem Hals. Es preßte den Schädel voll Druck. Jabos. Rennen. Hinwerfen. Augen schließen, und wieder neugeboren auf die blutende Erde zurückgestoßen.

Da war etwas Ungewöhnliches, wie eine Einflugschneise über einer Großstadt: ein stetes Vorüber von Granaten schwerer Kaliber auf mittlere Entfernung. Dort liegt Caen, durchfuhr es den Major. Wo diese Brocken einschlagen, lag einst die Stadt Caen. Man braucht nur jenem unsichtbaren Schwall hinterdreinzukriechen.

Der Kommandeur, der zur Zeit von keiner Einheit seiner Abteilung etwas wußte, merkte zu seinem Erstaunen, daß er schon eine ganze Weile nicht mehr sprang und nicht mehr lief, sondern nur noch kroch. Ihn überkam die Erkenntnis, daß er nach dieser Flucht, sofern sie überhaupt gelang, kaum wie zuvor auftreten konnte, weil er heute und hier nicht mit seiner Todesfurcht fertig wurde.

Die Männer waren weit vor ihm, bis auf den Vermittlungsgefreiten, den ein Artilleriegeschoß auf der Sohle eines Bombentrichters zerriß, ohne daß es jemand bemerkte. Der B-Wagen-Führer war schon zweihundert Meter weiter und lag neben dem Rechner Meissner unweit der Straße nach Ouistreham–Caen. Keine Menschenseele zu sehen. Aber drüben an der Orne waren eindeutig feindliche Panzer oder Sturmgeschütze auszumachen.

Der Major hüpfte, kroch, rannte wieder ein Stück, bis er schweratmend neben den beiden lag.

»Wir müssen weiter, bis Colleville einzusehen ist. Dort sitzt der Tommy seit Stunden. Ostwärts daran vorbei. Allgemeine Richtung Südwest, und dann im Bogen an Benouville heran«, sagte Wachtmeister Lindemann.

Das Gesicht des Majors war von dornigen Hecken zerschrammt und blutete. Seine MPi war verlorengegangen, ebenso die Kartentasche. Der Stahlhelm saß ihm schief im Genick. Aber noch war sein Wille darauf gerichtet, aus der Abschnürung herauszukommen. Er hatte die Vorstellung, daß ihm der erste

Im Schacht ließ er noch einmal halten. Novotny, Bernreiter, der Vermittlungsgefreite und der Funkunteroffizier. Zu acht müßte man noch durchschlüpfen und zur Not kämpfen können. Blankenburg hatte den Rechner und den B-Wagen-Führer bei sich. Der huschte jetzt wie ein Phantom in den Laufgraben, stand schweratmend vor dem Major.

»Leutnant Blankenburg gefallen. War gleich tot. Meissner liegt einen Kilometer von hier an der Straße und beobachtet weiter. Engländer sind von Colleville direkt zum Canal de Caen vorgegangen. Vielleicht Bataillonsstärke. Stoßen mit Bestimmtheit zu den heute nacht abgesetzten Luftlandetruppen durch. Aber überall gibt es Lücken.«

Pfeiler sah unschlüssig auf den Keuchenden, dem die Uniform in Fetzen herabhing. Fast das ganze Städtchen war jetzt im Qualm verschwunden. Da hob er die Hand: »Weite Abstände wegen der Jabos.«

Zusammen mit dem B-Wagen-Führer verließ er als erster den Graben, rannte die Dünen hinunter bis zur nächsten Hecke und warf sich hin. Grasflächen brannten. Hecken brannten. Scheunen brannten. Tiere verbrannten bei lebendigem Leibe. Phosphor. Die Landschaft war verwüstet.

Seine Männer liefen ins Freie, da kamen zwei Spitfire flach über den Boden gefegt. Leuchtspur spritzte giftig, huschte zur Orne hinüber.

Der Major sprang auf. Wieder war das Pfeifen in der Luft. Er ließ sich mitten im Lauf in einen Drainagegraben fallen. Sah, wie der Obergefreite Novotny herangestürmt kam, das Gesicht angstverzerrt, ohne Blick für das Unheil über ihm. Wie Kometen fuhren ihm die bunten Bänder aus der Kanone einer Hawker-Hurricane in den Leib. Die Beine bewegten sich noch mechanisch weiter, als er bereits mit dem Kopf im Wasser des Grabens lag. Der Major wandte sich ab, als hätte er diesen Menschen nie gekannt.

Allmählich blieb das Inferno der Stadt hinter den Fliehenden.

Wie vor dreißig Jahren an der Somme, dachte Pfeiler. Ein riesiger Schüttelrost, der die Brocken zerkleinert und immerfort aussortiert. Überall tote deutsche Soldaten. Nur gelegentlich ein

schickt. Er war entschlossen, sich von hier abzusetzen, lediglich die von Dörnberg unlängst zitierte Rollbahn Smolensk samt den gesprengten Geschützen seiner Abteilung beunruhigte ihn.

Dieses Warten zerrte an den Nerven. Der Major las zum wiederholten Mal und ohne den Sinn recht zu erfassen die zwei mit dem Kurzwellenempfänger aufgefangenen Durchsagen. Von Radio London war 9 Uhr 33 abgehört worden: »Unter dem Befehl General Eisenhowers begannen Seestreitkräfte, unterstützt von starken Verbänden der Luftwaffe, heute morgen mit der Landung alliierter Truppen an der Küste Nordfrankreichs.«

Eisenhower? Wer ist Eisenhower? fragte sich Pfeiler. Wurden die Briten in die Ecke gedrückt, wenn ihr Generalfeldmarschall Montgomery, der Sieger über Rommel in Afrika, nicht Oberkommandierender war? Pfeif auf Monty, wenn nur der Blankenburg endlich käme. Mit jeder Minute wurde das Netz engmaschiger.

Pfeiler las die verstümmelte BBC-Durchsage an die französische Zivilbevölkerung: »Verlaßt sofort eure Städte und Dörfer, sagt beim Aufbruch euren Nachbarn Bescheid, die diese Warnung vielleicht nicht gehört haben ... Haltet euch abseits von vielbenutzten Straßen. Geht zu Fuß und nehmt nicht mehr mit, als ihr bequem tragen könnt ... Begebt euch so schnell wie möglich aufs freie Feld ... Sammelt euch nicht in großen Gruppen, die für Truppenansammlungen gehalten werden könnten!«

Versuchten die Engländer und Amerikaner sich bei den Franzosen lieb Kind zu machen, treusorgende humane Krieger, die ihren Verbündeten ohne Skrupel die Städte zertöpperten? Pfeiler wunderte sich über seine radikalen Gedanken.

Die Briten gingen jetzt mit Spezialpanzern und Sturmtrupps gegen die Befestigungen auf Riva Bella vor. Schossen mit motorisierter Pak auf die Sehschlitze. Immer öfter taumelten Verteidiger ins Freie, hoben die Arme.

Dann brauste ein neuer Feuersturm über Ouistreham hinweg.

Wenn doch nur der Blankenburg zurück wäre, dachte Pfeiler. Furcht trieb ihn an. »Fertigmachen zum Stellungswechsel!« brüllte er in den engen Bunker. »Alles Gerät liegenlassen. Nur Waffen und Munition aufnehmen.«

»Ja, Blättermann?«
»Wenn der Gegner in Hermanville und in Colleville steht ...«
»Sprechen Sie ruhig weiter.«
»Und wenn er weiter nach Süden vorstößt ...«
»Sie kennen doch das alte Spiel vom Osten, Blättermann: KiK – Kamerad im Kessel, und KaK – Kamerad außerhalb.«
Der Unteroffizier nickte.
»Wir haben hier einen Grenzfall. Nach Süden sind wir KiK und westlich einstweilen KaK! Wissen Sie, für wen das genau die paßrechte Lage gewesen wäre? Ach, Sie trauen sich wohl den Namen Helgert nicht mehr auszusprechen?«
Dann ging der Oberleutnant zur Pritsche, sah verwundert, daß Hauptmann Müller auch jetzt noch neben seinen gepackten Sachen saß und ausdruckslos auf den Beton starrte. Gengenbach legte sich achselzuckend hin und war im gleichen Augenblick fest eingeschlafen.

Gegen Mittag begannen Kommandotrupps auf Riva Bella systematisch Bunker um Bunker zu knacken. Gestreckte Ladungen. Mörserminen. Flammenwerfer. Mit Bulldozern zugeschobene Scharten.

Major Pfeiler ließ alles an Infanteriewaffen zusammentragen, was aufzutreiben war, und erweckte äußerlich den Eindruck eines Kommandeurs, der bis zur letzten Patrone bleiben will. Doch er hatte zu niemand Verbindung, war sich der Sinnlosigkeit seiner Anordnungen bewußt und sah in den Augen seiner Männer, daß sie ebenso dachten.

Der Verkehr zwischen Flotte und Strand nahm nun Formen an wie in einem Hafen zu Friedenszeiten. Winden ratterten. Kräne quietschten, schwenkten ihre Ladungen aus. Signale wurden geblinkt. Vor ein paar Minuten waren die Sperrballons über den Schiffen verschwunden.

In den Straßen von Ouistreham fast keine Bewegung; nur gelegentlich huschte einer der Infanteristen oder Marineartilleristen von einem Unterstand in einen anderen.

Pfeiler hatte den Leutnant Blankenburg mit zwei Mann vor etwa einer Stunde zur Aufklärung der Lage Richtung Caen ge-

»Dafür hauen sie uns dann den halben Arsch weg«, murmelte der Batterieoffizier und legte auf.

Es wurde unheimlich still vor ihnen, kein Schuß fiel mehr. Aber drüben bei Riva Bella war ein heftiges Gefecht im Gange. Nach der anderen Seite hin beobachtete Gengenbach, daß aus St. Aubin einige Züge Infanterie Richtung Osten vorgingen.

»Batterie feuerbereit machen!«

»Noch achtzig Aufschlagzünder. Dann ist Feier...« Da riß die Verbindung ab.

Der Oberleutnant nickte abwesend. So also ist das gedacht: Die einen stoßen von Saint Aubin vor und treffen sich mit denen, die von Lion nach Westen antreten. Nun, die sind zunächst wieder abgetreten. Aber jene dort, die jetzt Langrune angreifen, wollen...

Der Abteilungsapparat schrillte. Klasen meldete sich: »Hören Sie, Gengenbach: Hermanville und Colleville sind von Engländern besetzt. Ich bin noch mit ein paar Männern auf dem Hauptgefechtsstand. Meine Leitung zu Major Pfeiler ist unterbrochen. Glaube kaum, daß sie heute noch einer flicken wird. Schätze, daß der Zipfel südlich Ouistreham bis zum Ornekanal in Kürze abgeschnitten ist. Vor uns ist ein Grenadierbataillon von der Panzerdivision in Stellung gegangen, hält Benouville und drückt auf die Kanalbrücke. Mit einem bißchen Glück könnten sie rankommen. Ostwärts der Orne steht ebenfalls ein Bataillon der Einundzwanzigsten. Zwischen Ihrer Feuerstellung und dem Stützpunkt Kleemann klafft eine Lücke. Von vorne kommt nichts Geordnetes mehr, also ist Ihre Feuerstellung jetzt für uns vorderste Linie und möglicherweise nächstes Ziel. Alles!«

»Danke für die Information, Klasen. Hier ist Ruhe. Engländer haben sich wieder nach Lion zurückgezogen. Links ist niemand. In Langrune wird zur Zeit gekämpft. Keine Verbindung mehr zur eigenen Feuerstellung.«

»Hinter Ihnen, auf den Hügeln nördlich Périers, müßte die ganze Pak der einundzwanzigsten PD stehen. Prost Mahlzeit!«

Wenn Langrune gehalten wurde, saßen sie hier einstweilen in einem Schlauch, in dem nichts Englisches war.

»Herr Oberleutnant?«

spannt, als könne er die Männer hinten in der Geschützstellung sehen.

»Zehn Gruppen bereitlegen!«

Da prasselte es aus den Häusern los, zwang die Angreifer in den Sand. Granatwerfer feuerten auf die Liegenden, nagelten sie am Boden fest. Die Panzer schossen wütend zurück.

»Batterie – Feuer!«

Und wieder pumpte es lange in den Schlagadern, ehe die Granaten einschlugen. Lächerliche drei Granaten, aber sie lagen mittendrin. Die nächsten kamen in schneller Folge hinterher. Ein Panzer erhielt einen Volltreffer, »brühte« sofort auf, wie die Tommys sagten. Ein zweiter begann mit schwarzen Qualmspiralen zu brennen.

Pak und Flak feuerten auf den Ortsausgang und hielten nieder, was von dort nachdrücken wollte.

Gengenbach hatte die Zähne fest aufeinander. Was nützt es, dachte er, wenn wir sie hier halten? Der anlandende und weiterbrandende Strom wird uns umfließen und wegspülen wie alle anderen auch. Warum habe ich vorhin eigentlich den Blättermann so hart angenommen? »Noch zehn Gruppen! Schneller schießen! Schneller!«

Münchhofs Stimme folgte jedem Wort wie ein Echo.

Jetzt bekam ein dritter Panzer einen Treffer. Sagenhaft, bei diesen paar Granaten und mit ausgeleierten Rohren.

Die Engländer begannen sich zurückzuziehen. Verloren Mann um Mann durch Scharfschützen und verschwanden schließlich wieder im Ort.

Der Batterieoffizier war am Apparat, verlangte den Chef. »Die zweite Spritze ist im Eimer. Luftvorholer durchschlagen. Rakete von einem Jagdbomber.«

»Bringen wir morgen in die Waffenmeisterei«, spottete der Oberleutnant.

»Nördlich Hermanville stellt sich der Gegner zum Angriff bereit.«

»War anzunehmen. Bevor ihr drankommt, werden ihnen aber die beiden Stützpunkte vor euch beiderseits der Straße Hermanville – Caen ein paar Zähne einschlagen.«

Gengenbach schüttelte den Kopf. »Sie sind doch Träger des Eisernen Kreuzes erster Klasse, weil Sie die Knochen nicht hochgenommen haben wie der Oberleutnant Helgert – nicht wahr, Blättermann?« Er beobachtete wieder den Westausgang des Dorfes. »Fragen Sie in der Feuerstellung nach, was los ist.«

Münchhof kurbelte hastig am Feldfernsprecher.

Hier trägt der Tod den Union Jack. Amerikaner und Franzosen werden wohl auf Cotentin eingesetzt sein, dachte der Batteriechef. Mit Cherbourg hätten sie einen großen Hafen, über den Nachschub an Land gebracht werden könnte. Calais, Dieppe, Le Havre sind die bedeutenden östlichen Umschlagplätze. Saint Malo, Brest, Saint Nazaire und andere liegen zu weit von der Reichsgrenze entfernt und sind wahrscheinlich deswegen uninteressanter.

»Batterie mit drei Geschützen feuerbereit. Das vierte liegt in einem riesigen Trichter. Fliegerbombe. Scheint aber noch verwendungsfähig, meldet der Batterieoffizier.« Münchhofs Stimme war laut und heiser.

»Und Ausfälle?«

»Verwundete. Davon drei schwer. Sind notdürftig versorgt. Können niemand nach hinten schicken. Selbst mit der Rotkreuzfahne in der Hand würden sie zersiebt werden.«

»Danke. Sperrfeuer Lola zwo, und einhundert Meter weniger einstellen. Beeilung.«

Als Münchhof das Kommando weitergab, klang aus dem Dorf deutlich das Rasseln von Panzerketten herüber. Der Oberleutnant zählte: fünf, sieben, acht, neun, elf Cromwell.

»Gehen Sie mit der Maschinenpistole an die rechte Scharte«, sagte er so gedämpft wie möglich zu dem abgelösten Hauptmann Müller. »Feuern Sie auf alles, was sich nähert. Wenn ich bitten darf!« Und er schämte sich, weil der andere doch so viele Jahre älter war.

»Kohlmeis, los! An den linken Schlitz!«

Die khakifarbenen Gestalten gingen gegen die einzeln stehenden Villen vor. Nichts rührte sich. Gengenbach meinte, daß sein Herzschlag wie dumpfes Pauken hörbar sein müßte.

»Batterie feuerbereit!« Münchhofs Augen waren so ange-

aber seine Aufschläge im Qualm und Gebrodel nicht finden. Schoß einen hohen Doppelzünder und sah, wie sie dort am Brandungsrand bereits in die Knie gingen, bevor er selbst den Sprengpunkt erblickte. Ließ noch ein paar Gruppen mit Verzögerung feuern, die verheerende Wirkung hatten.

Dann gurgelte es durch das Telefon. Die Batterie wurde eingedeckt von See her und aus der Luft. Alles verschwand in Stollen und Erdbunkern. Gengenbach hörte das Krachen durch die Leitung.

Plötzlich drehte ein Rudel Panzer vom Strand nach Westen und fegte im Höllentempo auf Lion-sur-Mer zu, hohe Sandfahnen hinterherziehend. Nur wenige Schüsse kleckerten ihnen entgegen. Britische Infanterie folgte vorsichtig. Pioniere stocherten nach Minen, fanden nichts im unmittelbaren Strandbereich. Sie schoben ihre langen Bangalore-Torpedos, von keinem Infanteriefeuer gestört, unter die Drahthindernisse und jagten sie mit dumpfem Krach in die Höhe. Dann nahm auch sie die Ortschaft auf.

»Herr Oberleutnant, die Engländer sind in Lion!« Blättermann stand mit flackernden Augen neben ihm.

»Das sehe ich.«

»Es kann keine Viertelstunde dauern, dann werden sie uns gegenüberstehen...«

»Na und? Wir haben doch Infanterie und Flak rechts und links. Jedes Haus ein ausgebautes Widerstandsnest. Pak. Was soll schon los sein?«

»Die paar Mann?« Blättermanns Augen waren weit aufgerissen.

»Minutensache, dann sind die Tommys vorbei!«

Im Gesicht des Unteroffiziers zeigte sich ein Hoffnungsschimmer. »Sie meinen, daß wir dann...?« Ein kindhaft gläubiges Lächeln spielte um seinen Mund.

»Na selbstverständlich. Entweder igeln wir uns ein, oder wir brechen später durch. Was dachten Sie denn?«

»Ich dachte«, stotterte Blättermann, »wenn es völlig aussichtslos ist...«

»... nehmen wir gemeinsam die Hände hoch, nicht wahr?«

Vierzehntes Kapitel

Oberleutnant Gengenbach hatte genau verfolgt, wie der Sturmtrupp auf Ouistreham vorging, und seinem Abteilungskommandeur im stillen gutes Überstehen gewünscht. Er sah, wie Zug um Zug der Gelandeten nun ungestört zwischen Ouistreham und Lion-sur-Mer in den Dünen verschwand und Panzer hinter Panzer, alle vom Typ Cromwell, mit mahlenden, kreischenden, knirschenden Ketten ins Hinterland zog. Sah Geschütze auf Selbstfahrlafetten, Centaurs, die bereits von flachen Stellen im Wasser das Feuer eröffneten. Beobachtete die Wirkung der eigenen Granaten auf den Landeplätzen und die Ergebnislosigkeit aller bisherigen Versuche, einen Truppentransporter zu treffen oder gar zu versenken.

Der Batteriechef stellte fest, daß eine Feuerwalze von alliierten Granaten jetzt auf weiter zurück liegende Feldstellungen prasselte und die Sturmbataillone nur zögernd vorgingen. Er dachte mit Beklemmung daran, daß seine Munitionsstapel an den verbliebenen drei Kanonen kümmerlich wurden und daß vor der kommenden Nacht nicht mit Nachschub zu rechnen war. Er wußte, daß die Jabos ein Geschütz nach dem anderen ausschalten würden und es dafür überhaupt keinen Ersatz gab.

Ja, wohin sollten die Engländer denn eigentlich marschieren, wenn nicht geradewegs auf seine Feuerstellung? Zu Hunderten und aber Hunderten wurden Jeeps und Trucks auf den Strand gespien. Zugmaschinen, Lkw, Sankras. Motorfahrzeug um Motorfahrzeug. Amphibienpanzer in aufblasbaren Gummihüllen, schon weit draußen zu Wasser gelassen.

Übergangslos konzentrierte sich schweres Artilleriefeuer auf Lion-sur-Mer. Der Oberleutnant drehte das Scherenfernrohr nach rechts, bis ihm Häuser die Sicht nahmen. Westlich vom ersten Landeplatz preschten jetzt die nächsten Rudel Sturmboote ans Ufer.

Gengenbach ließ seine Batterie feuerbereit machen. In diesem Abschnitt am Ostrand des Dörfchens gab es kein im scharfen Schuß erprobtes Sperrfeuer. Das nächste lag unmittelbar auf dem Strand vor Lion. Er versuchte sich einzuschießen, konnte

Tod. Madame hätte eine Cousine in Amayé-sur-Orne, noch im Bereich der schweren Schiffsartillerie, aber die Front würde ja nun halten ... Lächeln. Lächeln von Denise dazu. Stahlhelme und Brustschilder nickten, wünschten das einheimische Kroppzeug zum Teufel und hielten Ausschau nach Jabos und Deckung.

Nicht allen glückte die Flucht. Zweiundzwanzigtausend Franzosen starben in den Trümmern von Caen. Die Westalliierten hatten das Küstenstädtchen ausradiert.

scher Front kämpfen durfte. Das ist alles. Nicht viel als Beweismittel.« Er zuckte die Achseln.

Paul Leduc blickte an dem Deutschen vorbei. »Man hat heute im Gefängnis zweiundneunzig Franzosen mit Maschinengewehren erschossen.«

»In Caen?« fragte Baumert entsetzt.

Der Wirt nickte. »Jeweils in Gruppen zu zehn. Die Gestapo. Über eine Stunde lang. Wer weiß, was sie so nervös gemacht hat.«

»Sie waren verurteilt?«

»Keiner von ihnen. Audige, Dutacq, Thomine, Antoine de Touchet . . . Zweiundneunzig, die ihre Befreiung schon vor sich sahen.«

Etwas Lähmendes kroch durch den feuchten Keller, vereiste die Luft.

»Veillat war auch dabei. Sagt Ihnen der Name etwas, Monsieur Wolf?«

Der schüttelte den Kopf.

»Er hat mit Ihnen gesprochen. Unter der Zellentür hindurch.«

Baumert sah auf das dunkle Eichenfaß, hatte das Gefühl, der Boden neige sich und er müsse sich irgendwo anklammern. Sein Herz pumpte schwer. Er flüsterte: »Adresse für Not. Veillat? Merci, Kamerad . . .«

Aus Joséphines Augen liefen Tränen, ohne daß sich in ihrem Gesicht etwas regte. »Und Sie wollen dennoch mit uns kommen?«

Baumert sah die Blicke aller auf sich gerichtet. Er versuchte zu erklären, was ihn bewegte. »Ich schäme mich . . . Man kann nichts gegen ihre Brutalität unternehmen, es ist sinnlos. Alles ist sinnlos. Warum sollten Sie mir eigentlich vertrauen?«

»Helfen Sie, den Karren mit dem Nötigsten zu packen, das ist gar nicht so sinnlos.« Leducs Pranke legte sich auf Baumerts Schulter. »Sie haben keine Carte d'identité. Sind Sie sich dessen bewußt?«

Baumert zog aus der Hosentasche den Knauf seiner Nullacht.

Hell leuchteten, als sie loszogen, die Betten von dem zweirädrigen Wagen. Ehepaare offensichtlich, auf dem Weg, die Ruinen zu verlassen. Vier von den Tausenden auf der Flucht vor dem

schismus. Verbrecher. Deutscher. Und der Wehrmachtsoffizier Hauptmann Hasso Freiherr von Grapenthin: Zutreiber und Partner bei der Menschenjagd. Einer so wenig Prototyp des Deutschen wie der andere. Beide aber Ausdruck des Systems. Sie zeugen Haß und werden den Namen dieses Deutschlands für ein Jahrhundert und länger belasten.

Und die anderen Deutschen, die ich kenne? Oberleutnant Gengenbach meinte eine Pflicht erfüllen zu müssen und hat dabei sein Weltbild verloren, ein ehrlich Suchender, der gemerkt hat, daß Nazismus weder mit national noch mit Sozialismus zu tun hat. Und dieser Unteroffizier hier? Auf der Flucht vor den Häschern? Vielleicht ist es die Wahrheit. Kann, darf man ihm helfen? Möglicherweise ist er schon konsequenter als Gengenbach. Seit Juli dreiundvierzig haben sich Deutsche im Nationalkomitee »Freies Deutschland« zusammengefunden, Kommunisten und antifaschistisch eingestellte kriegsgefangene Arbeiter, Bauern und Offiziere der Wehrmacht. Auch in Frankreich. Sie wollen etwas für die Beendigung des Krieges, etwas gegen Hitler tun. Und da frage ich noch, ob man dem geflohenen Deutschen Wolf Baumert helfen darf? Und wenn Hinrich Thiel jetzt vor mir stünde? Sohn eines mittellosen Schlossers und Leutnant der Wehrmacht? Deutscher! Ihr war, als strömte jäh alles Blut zum Herzen. Ich hätte keine Sekunde gezweifelt oder gezaudert, denn ich liebe ihn und habe unbegrenztes Vertrauen zu ihm, dachte sie. Er wird politisch zu sich selbst finden, bewußt werden ... Ich liebe ihn über alles, sehne mich nach seinen Zärtlichkeiten, möchte eines Tages bei ihm ganz geborgen sein, denn ich weiß, daß er mich ebenfalls liebt.

Ein Einschlag in nächster Nähe zerriß den Traum.

Denise spürte den Blick Paul Leducs auf sich. Sie nickte. Wenn Baumert ein Spitzel war, würde er nicht überleben.

Leduc sah nachdenklich zu dem jungen Mann. »Sie waren in Not, Monsieur Wolf, sagten Sie gestern. Eine große Not?«

»Mit der Angst vor SD und Gestapo wurden alte Zweifel plötzlich stärker. Instinktives von früher bekam Namen. Ich wußte jetzt, warum ich mich dagegen gewehrt hatte, Offizier zu werden. Ich spürte mit einemmal, daß ich nicht mehr mit fal-

weder Dörnberg so genau beschreiben noch seinen Namen nennen.

Baumert glaubte ihre Gedanken zu erraten. »Monsieur Leduc fragte mich gestern abend, ob ich nicht ein paar Tätowierungen haben möchte. Es sei da zufällig ein Fachmann im Bistro, der könne das gleich machen.« Er zeigte seine beiden von den Trümmern zerschrammten und vom Tätowieren entzündeten Unterarme: Flamingo und Mon cœur pour Janine. »Hätte ich Sie einen Tag früher gesehen, stünde *Denise* dort.«

Jetzt lächelten alle drei. Ein Luftzug ließ die Flamme der Laterne flattern, dann zwängte sich ein Körper durch die Schotterlücke.

»Paul!«

»Joséphine –«

Sie lagen sich in den Armen und küßten sich. Erzählten in wenigen Sätzen das Notwendigste.

Voller Sorge sah Leduc den Kopfverband. »Wir können hier nicht bleiben. Die Front darf uns nicht überrollen.« Er blickte abschätzend auf Baumert. »Nicht wahr, Monsieur Wolf, es ist viel zu gefährlich.«

»Mir ist das eine wie das andere recht«, murmelte der Angesprochene.

»Weshalb wurden Sie eigentlich inhaftiert?« fragte Denise unvermittelt.

Wolf Baumert senkte den Blick. »Alles andere als eine Heldentat. Mir ist eine geheime Kommandosache abhanden gekommen. Man unterstellte, ich hätte Geschäfte damit gemacht.«

»Geschäfte mit wem?«

»Mit Franzosen natürlich.«

»Haben Sie aber nicht?«

»Wenn ja, dann hätte ich mich vermutlich woanders verstecken können.«

»Warum wollen Sie untertauchen? Nur aus Angst? Kein sehr überzeugendes Motiv.«

»Mademoiselle Denise, in der Präzision Ihrer Fragen könnten Sie es mit Dörnberg aufnehmen.«

SD-Offizier Kurt Dörnberg, dachte sie. Inkarnation des Fa-

»Und wohin?« fragte Wolf Baumert.
»Wohin? Ich weiß nicht. Auf die Landstraße. Aber Jabos kennen keine Unterschiede. Paul wird es uns sagen, er bringt die Informationen.«

Der Deutsche hat mich ausgegraben, dachte sie, er will bei uns bleiben. Mitgehen. Vielleicht wird er uns allen zum Verhängnis. Sie fror vor Angst bei dieser Vorstellung.

Denise streichelte ihre Hand. »Paul wird bald zurück sein, Joséphine. Hier im Keller kann uns kaum etwas passieren. Ruh dich aus jetzt.«

Joséphine schloß die Augen.

Nach einer Weile wandte sich Denise an Baumert, fragte leise: »Monsieur Wolf, Sie sagten, daß allenfalls der SD auf Sie warte?«

Baumert nickte, ohne den Kopf zu heben.

»Hatten Sie im Gefängnis Begegnungen mit SD-Leuten?«

»Ich habe lediglich ein Exemplar kennengelernt. Konnte mir als Einsitzender den Besuch nicht auswählen. Obwohl er zuerst in Zivil war, dachte ich mir, daß er vom SD ist, was sich gestern dann bestätigt hat.«

»Und wie heißt Ihr *Exemplar?*«

»Sturmbannführer Dörnberg.«

Denise Darnand erhob sich, ging zu dem großen Eichenfaß, schien daran Halt zu suchen. Als sie sich umdrehte, war ihr Gesicht wieder beherrscht. »Sahen Sie diesen Dörnberg öfter?«

»Zweimal im Bau. Und bei der Autofahrt nach Ouistreham.«

»Könnten Sie ihn beschreiben?«

Baumert wunderte sich über dieses Interesse. »Groß, schlank, schwarzhaarig. Seine Augen strahlen Liebenswürdigkeit aus, wenn er will. Sie sind grünlichblau vielleicht. Hat einen weichen schön gezeichneten Mund. Österreichischer Dialekt. Sieht sehr gut aus und ist kalt wie Eis.«

»Er war hier in Caen?«

»Ja, gestern noch. Wir trennten uns mittags in Ouistreham.«

Und wenn man diesen Wolf hierher geschickt hat? Versucht, in die Gruppe einzubrechen? Welche Beweise gibt es, die ein Vertrauen rechtfertigen? dachte Denise. Aber dann würde er

»Feldkommandantur siebenhundertdreiundzwanzig in Caen, untersteht der Oberfeldkommandantur in Le Mans. Koordinierungsstellen mit der französischen Verwaltung, besonders der Polizei. Die wiederum untersteht dem Minister des Innern, Joseph Darnand. Der greift durch und geniert sich auch nicht, Standgerichte gegen Franzosen einzusetzen und sie füsilieren zu lassen. Ich heiße Baumert. Aber Sie heißen *Darnand*.«

Das Mädchen winkte müde ab. »Lassen Sie die Spiegelfechterei. Noch können Sie zurück. Man wartet auf Sie. Vorn ist alles durcheinander. Die Engländer stehen keine acht Kilometer von Caen entfernt. Die deutschen Stellungen sind fast überall durchbrochen. Sie selbst hatten vielleicht einen Unfall, sind aus Versehen ohnmächtig irgendwohin mitgenommen worden. Nichts passiert Ihnen. Hier aber wird die Geheime Feldpolizei jetzt Jagd machen.«

»Auf mich wartet niemand. Bestenfalls die Greifer vom SD.«

Denise sah ihn eigentümlich an. »Wenn man Sie bei französischen Zivilbürgern findet, sofern Sie tatsächlich fahnenflüchtig werden, geht es nicht nur für Sie schlecht aus.«

»Das bedrückt mich. Ich muß nicht hierbleiben. Können Sie mich nicht woandershin verschwinden lassen?«

Joséphine Leduc blickte zu dem Schutthaufen im Kellergang, über den ein Schimmer des Nachmittagslichts fiel und das Grollen des Artilleriefeuers wie stoßweiser Atem drang. Ihr Kopf schmerzte von der Verletzung. Sie sah auf Denise, die in der vergangenen Nacht einen abgeschossenen englischen Piloten weiterleiten sollte; offenbar hatte sie diesen gefährlichen Auftrag erfüllt. Die Verantwortung für das junge Mädchen bedrückte sie. Wenn doch Paul erst wieder da wäre, dann hätte ihre Unentschlossenheit ein Ende. Er würde entscheiden, ob man in der Stadt bleiben oder weggehen sollte. Haus und Heimat in den Krallen des Krieges – wer konnte wissen, ob man jemals zurückkehren würde? Sie wehrte sich gegen die Tränen, und plötzlich überfiel sie die Furcht, es könnte Paul etwas zugestoßen sein – verwundet, verschüttet, tot . . .

»In Caen wird kaum jemand bleiben können«, sagte sie zögernd.

»Sie wollen es sich bequem machen, Monsieur?«

Baumert fuhr herum, erschrocken, verwirrt, fühlte sich von den strahlenden Augen Joséphines wie hypnotisiert. Sie trat ins Zimmer, schlug die rechte Ecke der Bettdecke einladend auf und lächelte, glitzernde Bänder ebenmäßig schöner Zähne zeigend.

Der Gast fühlte, daß er verlegen wurde und nicht wußte, wie er sich verhalten sollte.

Die Bekleidungsstücke gehörten übrigens ihrem Bruder, sagte Joséphine, der in Allemagne dienstverpflichtet sei. Aber es werde dem Haus Leduc eine Ehre sein, sie einem deutschen Unteroffizier für ein paar bequeme Stunden zu leihen, sofern sie paßten. Ansonsten gebe es auch noch anderes.

»Hören Sie, Madame, beenden wir dieses lächerliche Spiel! Ich komme aus dem Gestapogefängnis in Caen. Dort hat mir irgendein Franzose, den ich nicht gesehen habe, durch die Zellentür diese Adresse hier gegeben. Das ist alles. Das heißt, es ist nicht alles. Ich bin jetzt in Not. Und jeder in diesem Haus spielt den Harmlosen.«

»Hier ist jeder harmlos, Monsieur.« Sie strahlte ihn wieder mit ihren unschuldsvollen Augen an. »Au revoir, monsieur!« Und schloß die Tür hinter sich. Ließ ihn allein zurück in der Notwendigkeit eigenen Entscheidens.

Madame Leduc saß jetzt auf dem Feldbett und fühlte sich besser. Ob schon ein Lebenszeichen von Paul da sei? Gestern gegen zweiundzwanzig Uhr hatte er Informationen im Radio gehört und war gegangen mit einem Lächeln und der Zusage, sich bald wieder sehen zu lassen, und seitdem . . . Madame war sichtlich nervös.

Denise Darnand hielt noch immer das Stückchen dunkelgraues Leinen in der Hand. »Sie sind also Monsieur Wolf. Le loup. Sie haben sich ein reizendes Wappentier ausgesucht«, sagte sie in annehmbarem Deutsch.

»Ich heiße Baumert, der Vorname lautet Wolf. Meine Eltern wollten es so.«

»Herr Unteroffizier, wenn Sie kein Quartier haben, müssen Sie sich da nicht bei der Feldkommandantur melden?«

Wolf Baumert fragte schließlich nach der Toilette. Paul Leduc lächelte nach Art alter Kavaliere und trat vor, ihm den Weg zum Flur und von dort über den Hof zu zeigen, wo weithin sichtbar Hommes und Dames stand. »S'il vous plaît, monsieur.«

Der Unteroffizier blickte sich prüfend um. Als er sah, daß sie allein waren, flüsterte er: »Adresse für Not – sagt Ihnen das etwas?«

»Je n'ai pas compris, monsieur.« Die schwarzen Augenbrauen hoben sich merklich. Er zog langsam die Tür zum Schankraum zu.

Baumert wurde unsicher. »Man hat mir diese Anschrift genannt für den Fall . . .«

»Ah, Sie meinen vielleicht Zimmerchen für ein paar Stunden?« Er lächelte verstehend dazu. »Da kann ich helfen, certainement. Bitte!« Er ging eine altersknarrende steile Treppe zum ersten Stockwerk empor, sah lange über das Geländer, dann winkte er den Unteroffizier nach links in den Gang und schloß Zimmer Nummer 4 auf. »Hier können Sie ein wenig ausruhen.« Er blickte ihn abwartend an.

Im Raum standen ein Bett, eine schmale Couch, ein wackliger brauner Schrank, Tisch und Stühle. Geblümte Gardinen, Blumen, eine bunte Bettdecke.

Leduc prüfte, ob das Verdunklungsrollo an dem zum Hof führenden Fenster dicht abschloß. Dabei sah Baumert, was für ungewöhnlich kraftvolle Unterarme der Wirt hatte.

»Weitere Wünsche, monsieur sous-officier?«

Der schüttelte den Kopf. Die Tür schloß sich, und er war allein. Ratlos. Hatte das Gefühl, mit dieser Adresse angeschmiert worden zu sein.

Es war schwül in dem kleinen sauberen Zimmer. Er zog die Feldbluse aus, öffnete den Schrank, um sie wegzuhängen, und hielt verblüfft inne: es hingen Bekleidungsstücke darin. Zwei Hosen, nicht auf Bügeln, sondern an hölzernen Haken. Ein blauweißgestreiftes kurzärmeliges Hemd, wie es die Leute an der Küste im Sommer tragen. Mehrere Paar französische Militärschuhe. Unwillkürlich nahm der Unteroffizier einen paßrecht scheinenden in die Hand, beschaute ihn von allen Seiten.

der Zelle alles schon zigmal überlegt. Wer kann denn derartiges Asyl anbieten? Doch nur Leute, die mit der Besatzung nicht einverstanden sind und deren Opfern helfen wollen. Wie einfach: Ich bin ein Opfer, auf das anonyme Helfer bereits seit mehreren Tagen warten! Blödsinn. Mich kennt doch kein Teufel. Niemand weiß, ob ich auch nur die Spur für sie übrig habe. Außerdem: kann sich denn ein Franzose überhaupt erlauben, einem Unbekannten eine Anschrift anzugeben und dadurch Menschen, die dort leben, zu gefährden? Würde das nicht gegen die Regeln der Geheimhaltung verstoßen? Aber der Franzose sagte, daß Gestapo und SD im Gefängnis einer Meinung waren: perfekte Spionage. Und er schätzte meine Lage ein: ganz schlimm. Also hat er sich verpflichtet gefühlt, sofort zu helfen. Daß ich freigelassen wurde, hat den Spionageverdacht nicht aufgehoben. Dörnberg drohte mir Sonderbehandlung an, und die wartet unweigerlich auf mich, wenn ich ihnen nun in die Hände falle.

Bevor er zum Bahnhof ging, schienen ihm die wenigen Minuten Umweg zur Rue Laplace vertretbar zu sein. Solange Pfeiler nicht aus Lion-sur-Mer zurück war, und darüber konnte es Abend werden, passierte ohnehin nichts.

Die Straße war keine von denen, wo man der Geschäfte oder Bauwerke wegen verweilt, sondern abgelegen, ruhig und ohne jede Besonderheit. Nummer 25, ein kleines Bistro mit Logis, geeignet für Durchreisende, für Vertreter mit bescheidener Provision, die darauf sahen, daß die Übernachtungskosten niedrig blieben. Der Name des Wirtes stand auf dem Firmenschild: Paul Leduc. Sonst schien niemand in diesem Haus zu wohnen.

Wie unter einem Zwang ging Baumert in das Restaurant. An den Tischen saßen nur wenige Leute vor ihrem Vin blanc, Sidre oder dem unvermeidlichen Calvados. Der Unteroffizier nahm die Mütze ab und bestellte einen Apéritif Quinquina. Gäste gingen. Neue Gäste kamen. Immer war jemand im Raum. Der Wirt, mit mächtigem Schnurrbart, den er gelegentlich nach rechts oder links liebevoll mit dem Handrücken strich, blickte gleichmütig, offenbar vor allem darauf bedacht, rechtzeitig den Gästen die Wünsche von den Augen abzulesen.

Er erschrak vor der Eindeutigkeit seines plötzlichen Entschlusses.

Im Futter des Tornisters mußten Fahrscheine und je ein blanko unterschriebener gesiegelter Dienstreiseausweis und Urlaubsschein stecken, sofern sie nicht bei der Suche nach der geheimen Kommandosache gefunden worden waren.

Alles lag unverändert am alten Platz. Baumert setzte seinen Namen in die Papiere ein, schrieb als Begründung für die Dienstreise: Beschaffung von Kfz-Material beim HKP Groß-Paris. Datum: Vom 5. bis 15. Juni 1944. Ihm zitterte die Hand, als er sich der Ungeheuerlichkeit seines Entschlusses bewußt wurde. Als er wieder auf die Straße trat, stand die Sonne hoch am Himmel. Hoffentlich laufe ich Dörnberg nicht in die Arme, dachte er und ging zur Autostraße nach Caen.

Ein dreiachsiger Henschel von der Organisation Todt nahm ihn auf dem Trittbrett mit nach Caen. Die OT-Leute steckten die durchs Fenster gereichten Zigaretten hinters Ohr und fuhren weiter, ohne sich nach ihm umzusehen, wie sich in Caen überhaupt niemand nach irgendeinem anderen Niemand umsah.

Unerlaubte Entfernung von der Truppe. Baumert fröstelte. Zum Bahnhof? Er dachte an Kettenhunde und Zugstreifen und bezweifelte, daß er bei Kontrollen die erforderliche Kaltblütigkeit aufbrächte. Adresse für Not, Rue Laplace fünfundzwanzig ... Immer wieder drängte sich dieser Gedanke dazwischen.

Das wäre allerdings perfekte Fahnenflucht. Baumert rechnete: Wann setzt die Fahndung nach mir ein? Spätestens morgen früh. Und wann beschäftigt das auch die Behörden in Paris? Vermutlich noch am gleichen Tag. Dann marschiere ich gewissermaßen vor den Fenstern der Dörnbergschen Dienststelle auf dem Präsentierteller herum. In Paris und an den Grenzen zum Reich dürften Razzien am schärfsten sein. Dafür ist in Caen mit großer Wahrscheinlichkeit zu erwarten, daß ich einem von den fast siebenhundert Männern der Abteilung begegne, die mich alle als Schreiber kennen. Und zwar beim ersten Schritt erkennen, den ich außerhalb der Adresse für Not tun würde. Aber wenn diese Adresse eine Falle ist? Das habe ich doch in

»Er ist Deutscher«, flüsterte sie dem Mädchen zu und bat Monsieur Wolf, sich Denise vorzustellen und seine Geschichte zu erzählen.

Wie hatte Sturmbannführer Dörnberg gesagt, als er sich in Ouistreham verabschiedete? »Wenn irgendwo erneut etwas verschwindet, wird meine erste Überlegung sein: Was hat denn mein kleiner Abiturient damit zu tun?« Und zusammenfassend, mit eiskaltem Blick: »Ich werde Sie nie mehr aus den Augen lasse, wo auch immer Sie herumspringen.«

Unteroffizier Baumert saß in seiner Unterkunft und dachte nach. Er gestand sich unumwunden ein, daß die Drohung Dörnbergs in jeder Hinsicht ernst zu nehmen war und Furchtgefühl hervorrief. Dörnberg hatte mit dem ganzen Einfallsreichtum des SD und, wenn es sein müßte, mit Gestapo und *Sonderbehandlung* gedroht.

Ständig die Faust im Nacken, das wäre kein Leben. Vielleicht war die Haftentlassung überhaupt nur eine Falle? Was mußte in diesem großdeutschen Staat los sein, wenn ein solcher Kordon des Mißtrauens aller gegen alle bestand? Nach Sieg und Zukunftsglauben sah das nicht aus.

War er eigentlich froh, wieder bei *seinem* Haufen zu sein? Kaum. Major Pfeiler hatte nicht eine Sekunde gezögert, ihn einsperren zu lassen, und würde ihm auch heute wegen erwiesener Fahrlässigkeit das Äußerste an geschärftem Bau aufbrummen, das die Militärstrafordnung hergab.

Dann diese Enttäuschung mit Martina. Auf den letzten Brief keine Antwort. Ließ ihr das Amüsement an der Riviera keine Zeit mehr, dem Bruder ein paar Zeilen zu schreiben? Ob der neue Batteriechef Gengenbach etwas mit ihr gehabt hatte? *Etwas gehabt* hieß beim Kommiß: intimer Verkehr. Er könnte es nicht ertragen, einen solchen Kavalier in der Nähe zu wissen. Und die Kameraden? Blättermann, das Charakterschwein? Der Arschkriecher Novotny? Bernreiter? Diese Truppe umgab den Major. Also lieber wieder ins Gefängnis nach Caen? Nein! Weder dort noch hier. Überhaupt nicht mehr bei der verhaßten Firma Wehrmacht!

Keller, in dem die Stallaterne blakte und jetzt vom Zustrom frischer Luft sichtbar heller wurde.

Joséphine Leduc blutete aus einer halbverkrusteten Platzwunde über dem rechten Auge und lag bewußtlos auf der Erde. Sie trugen den schlaffen Körper zu einem der beiden Feldbetten, wonach Baumert sogleich ein in dunkelgraues Leinen eingeschnürtes Verbandpäckchen aufriß, mit geübter Hand den jodgefärbten Teil auf die Wunde legte, Bahn für Bahn der Mullbinde um die Stirn zog und das Ende sorgfältig verknotete. Dann tastete er sich zu dem Durchgang zurück, fand ihn passierbar, erlebte den gefleckten Himmel wie eine strahlende Verheißung. Er kroch den steilen Trümmerhaufen hinauf, suchte die beiden Holzeimer, nahm einen davon und füllte ihn erneut mit frischem Brunnenwasser. Erst jetzt empfand er Angst, es könnte ihn eines der gewaltigen Schiffskaliber zermalmen.

Als er wieder in das Gewölbe zurückkam und sich an die Dunkelheit gewöhnt hatte, sah er das Mädchen auf der Bettkante neben der immer noch Bewußtlosen sitzen, die Augen auf das rechteckige Stück grauen Leinens gerichtet. Es trug den Aufdruck: Wehrkreissanitätspark VII München.

Ihre Blicke begegneten sich.

»Je l'ai trouvé, mais ça c'est bon«, sagte er leichthin und schaute sich nach einem Fetzen Stoff für eine kalte Kompresse um.

Gefunden? Das Mädchen hielt das Stück Leinen umkrampft und blickte den Fremden unverwandt an, sah die Tätowierungen. Alles schien ihr widersprüchlich. »Vous êtes marin?«

»Oui, mademoiselle, mais alors . . .«

Er winkte dem Mädchen, denn soeben hatten sich die Augen der Verletzten eine Winzigkeit geöffnet, erst nur das Weiße zeigend, bevor die Pupillen die Umgebung wahrnahmen.

»Denise, tu es ici? . . . Et monsieur Wolf aussi! Mais qu'est-ce qu'il y a?«

»Bombardement«, sagte das Mädchen und schaute Monsieur Wolf noch zweifelnder an.

Joséphine erkannte, daß sie gerettet war. »Je vous remercie . . .« Der junge Mann flößte ihr Wasser ein.

sen, die bei jedem in die unmittelbare Nähe fahrenden Projektil blitzartig Erde und Deckung suchen wollten. Er betrachtete das Mädchen, während er den Schutt räumte. Sie war unwahrscheinlich hübsch, mit großen hellgrauen Augen, mandelförmig geschnitten; der Mund ein wenig aufgeworfen, lockeres Haar wie sommerreife Kastanien. Warum arbeitet sie so verzweifelt? fragte er sich. Für eine Freundin von Madame ist sie zu jung, für eine solche Tochter wäre Madame vielleicht zu jung.

Plötzlich verlor er den Halt und rutschte in einen Hohlraum, sah die Kellertür vor sich, reichte dem Mädchen alles Sperrende, was er lösen konnte, nach oben und stellte mit Erstaunen fest, daß seine schwere Verwundung am Oberschenkel, deren Folgen ihn seit Monaten gepeinigt hatten, niemals gewesen schien und sein Bein, obwohl jetzt bis zum äußersten belastet, überhaupt nicht schmerzte. Er preßte sich gegen die vom Druck verklemmte Tür, wuchtete mit der Schulter immer wieder dagegen, bis sie aufsplitterte.

Gebannt hatte ihm die Fremde zugesehen, schnell atmend von eigener Anstrengung, daß sich ihre Brüste unter dem Kleid abzeichneten. Sie versuchte nun selbst vorsichtig den Schutthügel hinabzugleiten und blickte ihm auffordernd ins schweißnasse Gesicht. Er hielt die Rechte hin, sah, daß sie unsicher stand, packte mit beiden Händen ihre Taille und hob das Mädchen vorsichtig in das schachtartige Loch zur Kellertür herunter. Sofort drängte sie an ihm vorbei und tastete sich furchtlos den dunklen Kellergang hinab, dessen Lichtluken ebenfalls vom Geröll zugedeckt oder eingedrückt waren. Drei Meter weiter war der Gang verschüttet von einem eingestürzten Teil der Wand, unmittelbar vor dem Gewölbe mit den großen Eichenfässern für Kognak und Calvados, in dem sich Madame aufgehalten hatte, als er Wasser holen gegangen war.

»Attention! Silence!« sagte Wolf Baumert, weil er hinter dem Schutthaufen ein unterdrücktes Stöhnen hörte, und legte den Zeigefinger auf die Lippen. Das Mädchen jedoch warf Stein um Stein hinter sich. Eine Öffnung entstand zwischen Gewölbedecke und knirschendem nachgleitendem Schutt, genügend weit, daß sich das Mädchen durchzwängen konnte zum großen

noch jung in ihrer Art, dabei von begehrenswerter Reife, mit wippenden Brüsten, schlanken langen Beinen, schwingendem Gang, schaute mit unschuldsvoll strahlenden graugrünen Augen, und niemand ahnte, daß sie Gefährlichem nachging und nicht nur einen gepflegten Pernod ausschenkte.

Baumert verdoppelte jetzt seine Anstrengungen und hatte dabei das Empfinden, einzig Verschonter der rechts und links völlig niedergebrochenen Rue Laplace zu sein, sofern nicht noch andere in den Kellern auf Einstellung des die Freiheit bringenden Artilleriefeuers warteten. Doch die Chance war gering, denn die Straße lag zu nahe dem Canal de Caen und der alten Orne, auf deren Brücken ständig massiertes Feuer niederging, um jede Bewegung von schweren Waffen, Panzern und Sturmgeschützen der 21. Panzerdivision Richtung Küste zu verhindern.

Der Mann im Matrosenhemd wuchtete eine Anzahl kreuz und quer liegender Bretter aus dem nachpolternden Schutt, sah hoffnungsfroh, daß er seinem Ziel, dem Kellereingang, doch näher kam, da stand plötzlich ein Mädchen vor ihm. Sie hatte ihr Fahrrad an die nichtzerstörte Hausseite gelehnt, war ein paar Schritt über Balken und Ziegel auf ihn zu gegangen und versuchte nun ihr Erschrecken im Zaum zu halten.

»Vous êtes un ami de monsieur et de madame?«
»Oui, mademoiselle. Mais madame est là-bas!« antwortete er in einem langsamen, nahezu akzentfreien, für die Normandie unüblichen korrekten Französisch.
»Et alors...?«
»Il faut travailler rapidement!«

Das Mädchen stutzte, legte dann ohne ein weiteres Wort die Windjacke ab und arbeitete stumm und schnell und ebenso zielstrebig, um die Tür zum Keller frei zu machen. Jedesmal, wenn in der benachbarten Vorstadt Vaucelles ganz große Kaliber mit irrem Gekreisch auf die Brücken zuflogen, zuckte sie zusammen und lauschte dem nachrollenden Grollen, während ihre Hände in Bewegung blieben.

Baumert, Artilleriefeuer in vielen Varianten gewohnt, hatte Mühe, das Zucken seiner Arme und Beine nicht merken zu las-

blauweißgestreiften kurzärmligen Hemd in die alte braune, um die Hüften schlotternde Hose. An den Füßen trug er die bis zur Kapitulation in der französischen Armee üblichen Schnürschuhe. Auf den sonnengebräunten Unterarmen nach Art von Seeleuten Tätowierungen, links die stilisierten Umrisse eines Herzens, von einem gefiederten Pfeil durchbohrt, darunter: Mon cœur pour Janine; auf dem rechten Arm ein Anker, durch den sich der Name Flamingo schlängelte.

Der verbissen Arbeitende wußte, daß er nicht Zuschauer dieser ins Gigantische gesteigerten Vernichtung war, sondern jederzeit von Splittern geschrammt, von einem Volltreffer zerrissen werden konnte. Oder, und diesen Gedanken fand er beinahe deprimierender, er konnte in seinen ohnehin fast aussichtslosen Anstrengungen durch eine weitere Zerstörung des Hauses zurückgeworfen werden.

Dieses Haus Rue Laplace Nummer 25 hatte einen Treffer in den rechten Teil des zweiten Stockwerks bekommen, wo die kleinen Logierzimmer des Bistros, eigentlich mehr Schlafkammern, lagen. Daraufhin war die Fassade, ehrwürdiges Fachwerk aus dem Jahrhundert der Revolution, niedergebrochen und hatte mit den Trümmern aus Ziegeln, Brettern, Balken und gestampftem Lehm das Parterre und beide Zugänge in die tiefen gewölbeartigen Keller verschüttet. Das Dach indessen, durch die Stabilität seines Balkengefüges einigermaßen erhalten, blieb verklemmt oder verhebelt über dem riesigen Schutthaufen an der Seite grotesk hängen.

Wolf Baumert war im Augenblick des Einschlags auf dem Hof des Hauses gewesen, um in zwei Holzeimern Wasser zu holen und zur Wirtin nach unten zu bringen. Die Wirtsleute und Eigentümer des kleinen Bistros, in dem nur die unmittelbare Nachbarschaft billigen Vin rouge oder Vin rosé trank und dabei bedächtig diskutierte, waren Paul und Joséphine Leduc. Paul, im mittleren Alter, groß, dichtes Haupthaar, mit einem beachtlichen schwarzen Schnurrbart und ebenso auslegenden pechschwarzen Augenbrauen, war Ruhepol und Abschluß jeder Meinungsverschiedenheit; der Calvados schien ihm, im Gegensatz zu vielen seiner Gäste, nichts anzuhaben. Madame hingegen,

Dreizehntes Kapitel

Der junge Mann konnte sich nicht erinnern, jemals seit Kriegsbeginn ein derart infernalisches Artilleriefeuer gehört, gesehen, viel weniger noch unmittelbar erlebt zu haben. Alle bisher üblichen Erscheinungen, wenn ein Geschoß von einem beliebigen Geschütz zu einem errechneten oder ermessenen Ziel den Luftraum durchquert, um zu detonieren, waren ins Unfaßbare übersteigert. Es fielen Geschosse ein, deren Akustik auf gewaltige Abmessungen schließen ließ und die man bei ihrem Dahineilen vermeinte sehen zu müssen. Gewicht und Größe bewiesen sich dadurch, daß getroffene Häuser zusammenstürzten, als hätte sie einer der Riesen Gullivers mit einem Faustschlag zertrümmert. Zertrümmert nicht nur ihre steinerne oder hölzerne Architektur, zertrümmert auch ihre Geschichte, Tradition, ihren in Zahlen nicht ausdrückbaren Kulturwert. Für ewig ausgelöscht, wie jene Menschen, die mit den Häusern ausgelöscht wurden.

Der Mann stellte sich trotz des verzweifelten Grabens im Schutt einen Augenblick lang vor, welche enorme Masse Stahl oder andere Bettung erforderlich war, den Rückstoß eines Geschützes dieses riesigen Kalibers abzufangen, ohne zu bersten. Noch während er darüber nachdachte, unterschied er eine weitere akustische Besonderheit in dem Schwall von Detonationen, vergleichbar etwa einem Erdbeben oder Hurrikan: Flugbahnen waren verdreifacht und absolut parallel – Granaten aus schweren Panzerdrehtürmen englischer Kreuzer und Schlachtschiffe.

Die Bombenangriffe auf Caen während der letzten fünfzehn Stunden hatten dem Gesicht der über tausend Jahre alten Stadt ärgste Verwüstungen zugefügt; ganze Straßenzüge waren nicht mehr passierbar. Die ballistische Perfektion der Marineartillerie war nicht beeinträchtigt durch die sechzehn Kilometer Entfernung bis zur ebenfalls von Sprengstoff und Stahl verformten, umgepflügten Strandlinie und etliche weitere Kilometer bis zum Ankerplatz der Flotte. Mit jeder Salve stürzten Reihen alter Patrizierhäuser zusammen.

Dem jungen Mann lief der Schweiß in Strömen unter dem

Sie sind doch nicht wegen eines kleinen Leutnants zu mir gekommen. Ich kann auch ein bißchen zwischen den Zeilen lesen und so weiter und so weiter.«

Dem General hingen die Tränensäcke tief herab, was ihm das Aussehen eines gealterten Bernhardiners gab.

»Danke gehorsamst, Herr General.«

»Hat Meusel eigentlich von Ihnen gefordert, Tatbericht gegen Thiel einzureichen?«

»Bisher nicht.«

»Hm . . . Wenn er es tut, rufen Sie mich an.«

Jetzt kombinierte Krusemark weiter. »Den Herren vom Reichssicherheitshauptamt paßt der schießende Leutnant wunderbar ins Konzept, um erst einmal Meusel unter Druck setzen zu können. Also wollen sie etwas anderes von ihm. Er ist mein Nachfolger. Hat Kontakte zu mir. Über diesen Sandberg läuft doch der Hase Schlittschuh, von *mir* wollen die Knaben etwas! Staunen Sie, Altdörfer, wie?«

Der Jurist Altdörfer konnte nicht umhin, die Spezialantennen des Herrn Generals zu bewundern. Sie betrachteten sich abschätzend, wobei Krusemark sorgfältig das Monokel einsetzte. Jeder wußte um die beiden Ungeheuer, zwischen denen sie sich bewegten, vergleichbar mit Scylla und Charybdis aus der griechischen Sage: das Reichssicherheitshauptamt auf der einen und die Normandiefront auf der anderen Seite . . .

Die Herren verabschiedeten sich schweigend und rechneten auf gutes Gelingen.

General Krusemark wartete darauf, von seinem Oberbefehlshaber einen Marschbefehl zu bekommen. Hauptmann Altdörfer wartete darauf, von seinem Divisionskommandeur einen Befehl zu bekommen, der seine Lage »fürs erste regulieren« würde. Leutnant Thiel wartete darauf, von seinem Regimentskommandeur »noch heute etwas zu hören«. Funkmeister Rohrbeck wartete darauf, endlich mit seiner Martina ein paar Worte wechseln zu können. Himmlers Garde wartete darauf, die gut konstruierten Anlässe nunmehr mit Handschellen belohnt zu sehen.

Auf sie alle aber wartete die Schlacht an der Calvadosküste . . .

Ergebnis berichtet.« Er blickte seinem Kommandeur gerade ins Gesicht und dachte: Beweise du erst mal das Gegenteil.

Als General Krusemark das Stichwort SD hörte, wurde er munter. »Ich weiß, daß ich den Herren vom Reichssicherheitshauptamt ein Dorn im Auge bin. Einer von vielen mit Generalsspiegeln. Immer noch zu schwarzweißrot, Altdörfer.«

Die unbeabsichtigte Äußerung Meusels hatte dem ausgekochten Juristen Altdörfer genügt, alle Hintergründe zu rekonstruieren. »Es muß etwas geschehen, was die andere Seite aus den Angeln hebt, Herr General. Das kann man Meusel nicht allein überlassen, er ist zu unbeweglich.«

»Räumen wir den Stein des Anstoßes aus dem Weg und bieten Thiel den Schwarzen zum Fraß an – meinen Sie das?«

»An Leutnant Thiel liegt niemand etwas. Er war für sie nur eine Art Aufhänger, vermute ich. Immerhin sollten wir ihn in den Kahn schicken.«

»Sie sind der Meinung, daß Thiel die Wahrheit sagt und der SD alle Zeugen umgedreht hat?«

»Ich bin sicher, Herr General.« Altdörfer war sich bewußt, daß er jetzt als Parteigenosse eine mehr als sonderbare Rolle spielte. Aber er mußte erst einmal selbst aus der Schußlinie kommen, und dazu war ihm jedes Mittel recht. Außerdem konnte nur Krusemark auf höherer Ebene entsprechend kontern.

»Also hat es keinen Sinn, dem SD-Kerl zu beweisen, daß er zuerst geschossen hat.«

»Wir würden juristisch den Beweis nicht antreten können, Herr General.«

»Passen Sie mal auf, Altdörfer. Ich erwarte, möglicherweise schon in den nächsten Stunden, daß man uns trotz des mangelhaften Gesamtzustandes an die Küste da oben schickt. Wenn es soweit ist, werden wir schnell einige personelle Veränderungen im Artillerieregiment treffen, die Ihre und Thiels Lage fürs erste regulieren.«

»Wie kommen Herr General auf *meine* Lage?« fragte der Hauptmann gedehnt.

»Kennen uns ja lange genug, Altdörfer. So was Schwaches!

»Geschossen? Sie haben wohl nicht alle Tassen im Schrank! Geschossen? Gesoffen worden ist bis heute früh. Ich will Ihnen mal was sagen: Lassen Sie mich gefälligst mit Ihren Kindereien in Ruhe. Keine Lust, mir noch eine Laus in den Pelz zu setzen.« Und legte auf.

Der Leutnant meldete seinem Regimentskommandeur, daß es keine weiteren Tatzeugen gebe und er nichts mehr zu sagen habe.

»Ihr Vater ist Schlosser?« fragte Meusel unvermittelt.

»Jawohl«, antwortete Thiel verblüfft.

Der Oberstleutnant nickte. »Und Sie leugnen, geschossen zu haben?«

»Nein.«

»Motiv?«

»Notwehr.«

»Konnten Sie nicht auf etwas anderes schießen als auf einen Mann vom SD, Sie Lebensmüder? Sie hören noch heute von mir.«

Als Leutnant Thiel Coursan verließ, gab er für sein Offiziersdasein keinen Pfifferling mehr. Er hatte einen von den SD-Leuten angeschossen. Pech. Daß alle umgefallen waren, Osterhagen, Grapenthin und das Mädel, bewies ihm nur, wie groß die Macht der Gestapo und des SD auch im bewaffneten Bereich war. Und er als Zwerg dazwischen. Die Frage des Kommandeurs nach seiner sozialen Herkunft – da pfiff doch ein ganz besonders unfreundlicher Wind.

Hinrich Thiel hielt nichts von Tatbericht und Kriegsgericht und Strafanstalt, daher war ihm denkbar unwohl zumute. Altdörfer nahm ihn sofort in Empfang und forderte ihn auf, den gesamten Verlauf darzustellen. Thiel ließ wiederum Grapenthin aus dem Spiel und erklärte, er habe von sich aus, um »Flurschaden zu verhüten« ... Unsinn, sagte er sich, warum eigentlich? Grapenthin will was von mir und läßt mich dann sitzen. Sehr vornehm! »Ich muß mich korrigieren. Herr Hauptmann von Grapenthin bat mich in seiner Eigenschaft als Regimentsadjutant, nach dem Rechten zu sehen wegen des schon genannten Flurschadens. Ich habe ihm wohl nicht klar genug von dem

kommandeur und nahm die Westendorf-Darstellung der Schießerei erst ungläubig, dann mit Erstaunen und schließlich mit heller Wut hin.

Dann bekam der Angeklagte das Wort. Ihm war soeben klargeworden, daß hier mit Korrekturen allein nichts gerettet werden konnte, und er benannte seine beiden Kronzeugen: Hauptmann Osterhagen und das blonde Gretchen.

Meusel teilte ihm die Aussagen der beiden mit.

Thiel hatte den Eindruck, daß der Kronleuchter über ihm schwankte. Er ersuchte darum, den Sachverhalt richtig vortragen zu dürfen.

Der Regimentskommandeur nickte und wurde schließlich sehr nachdenklich. »Haben Sie noch andere Zeugen?«

Thiel dachte daran, daß er Grapenthin nicht einfach benennen konnte, ohne ihn vorher befragt zu haben. Und Osterhagen? Er schüttelte den Kopf und bat um die Erlaubnis, telefonieren zu können.

Der Oberstleutnant ließ mit vager Handbewegung seine Zustimmung erkennen.

Im Vorzimmer saß der Regimentsadjutant. Thiel forderte, zweierlei zu bezeugen, nämlich den ihm erteilten Auftrag, Osterhagen zu folgen und »Flurschaden zu verhindern«, sowie den unmittelbar nach dem Vorgang gegebenen Bericht.

Grapenthin lächelte dünn und meinte gedämpft, er solle sich gefälligst mit den Prinzipien konspirativen Verhaltens vertraut machen. Im übrigen sei der Herr Leutnant wohl selber Manns genug, mit dieser Lächerlichkeit wie überhaupt mit den Bullbeißern von der Gestapo fertig zu werden. Er empfehle, ihn in keiner Weise als Zeugen zu benennen, weil er sich gegebenenfalls auf nichts, aber auch auf gar nichts entsinnen würde. »Sie sind aufgefallen, mein Lieber. Capito?« Er grinste unverhohlen.

Thiel rief Hauptmann Osterhagen an.

»Sie haben mir gerade noch gefehlt! Erst animieren Sie mich, in den Laden zu gehen, dann lassen Sie mich im Stich.« Osterhagens Stimme klang verärgert, anders als am Abend zuvor.

»Es ist doch auf Sie geschossen worden, Herr Hauptmann!« rief Thiel beschwörend.

Nanu? Ihr macht ja Gesichter wie nach acht Tagen Salzburger Schnürlregen. Laus über die Leber gelaufen? Tief beeindruckt von der Invasion, die Herren?«

Beide antworteten nicht.

»Seid schön dumm, euch die letzten paar Stunden friedensmäßigen...«

»Wieso?« unterbrach Rohrbeck. »Schon irgend etwas bekannt?«

»Das nicht. Aber man munkelt bei der Division von einer Art Voralarmstufe. Beim Regiment wird von Vorkommandos gesprochen... Apropos Regiment: Hinrich, du sollst dich unverzüglich bei Meusel melden. Schon wieder was ausgefressen?«

Der Leutnant dachte an das SD-Fest und witterte Zusammenhänge. Er nahm sich vor, unter keinen Umständen Osterhagen zu belasten, dem er sich kameradschaftlich verpflichtet fühlte.

»Am besten, der Nachrichtenkram kommt auf schnellste Verladebereitschaft«, wandte sich der Adjutant an Rohrbeck.

Der nickte stumm.

»Und die Stabsbatterie hat sich so vollgesackt, daß sie aus allen Nähten platzt. Kannst du nie auf den paar Fahrzeugen unterbringen, mein lieber Hinrich.«

Dann pfiff Eiselt selbstvergessen eine komplizierte Melodie, während die beiden anderen wortlos davongingen.

Was habe ich da eben zu Hans gesagt? fragte sich Thiel.

»Entschuldige, daß ich unsere Freundschaft so ernst genommen habe, mich auch für das verantwortlich zu fühlen, was um dich...«

Ich werde Gerhard Gengenbach eines Tages wiedersehen und ihm dann erklären, was sich alles in meinem Kopf abgespielt hat, wie ich mich schämte, wie ich gelitten habe und wie groß die Angst ist, ihn als Freund zu verlieren.

Thiel glaubte, noch nie in seinem Leben so unglücklich gewesen zu sein wie jetzt.

Oberstleutnant Meusels angestautes Unbehagen über jenen abgrundschlechten 6. Juni entlud sich über Leutnant Thiel wie ein Ungewitter. Der stand kerzengerade vor seinem Regiments-

»Du zeigst auffälliges Interesse für Martina!« sagte Rohrbeck unerwartet spitz.

Der Leutnant stutzte, schüttelte den Kopf. »Ich dachte, dir mit dieser Mitteilung einen Kameradendienst zu erweisen.«

Der Funkmeister blieb stehen. »Ich habe Martina bei dir im Zimmer kennengelernt. Warum war sie denn dort? Zufällig? Hattest du sie ganz ohne Absicht mitgenommen? Steht das nicht in einem merkwürdigen Zusammenhang?« In seiner Stimme war ein Lauern.

»Sag mal, Hans, spinnst du?«

»Ich spinne? Wozu erzählst du mir dann deine Ammenmärchen? Soll ich auf das Mädchen verzichten? Abtreten? Aufgeben, weil plötzlich Schulterstücke mit und ohne Sterne glauben, leichtes Spiel zu haben?«

»Hans, das geht über die Grenzen.«

»Grenzen? Grenzen zwischen Mannschaften und Offizieren, das meinst du doch? Hinter dieser Trennlinie wird für uns alles tabu, Recht und Gerechtigkeit, Menschenwürde. Und auch das bißchen Liebe.«

»Und daß Martina mit dir, mit euch allen ihr Spiel treibt und sich großartig begehrenswert vorkommt, das hältst du überhaupt nicht für möglich?« Thiel war jetzt ebenfalls erregt.

Rohrbeck fuhr herum, packte den Leutnant an den Revers der Feldbluse, daß die Knöchel weiß hervortraten. »Du bist mein Freund, Hinrich. Vielleicht *warst* du's bis heute. Und ich habe dir immer hoch angerechnet, daß du auch nach oben aus dieser Freundschaft kein Hehl gemacht hast. Aber bei Martina hört es für mich auf. Ich liebe sie, und sie liebt mich. Nimm das zur Kenntnis.«

Thiel griff nach Rohrbecks Fäusten und riß sie von seiner Bluse. »Und du nimm zur Kenntnis, daß ich dir lediglich eine Wahrnehmung mitgeteilt habe. Entschuldige, daß ich unsere Freundschaft so ernst genommen habe, mich auch für das verantwortlich zu fühlen, was um dich . . .«

»Hier treibt ihr euch herum? Ich habe schon wer weiß wo gesucht.« Oberleutnant Eiselt, ohne Bluse, nur im Tropenhemd, kam um die Ecke des Parkwegs. »Tag, Hinrich. Tag, Rohrbeck.

bevor der Hauptmann mit dezentem Sporenklingen den Arm hob, grüßte und die Tür leise hinter sich schloß.

»Wird wohl bald aus sein mit dem schönen La Vistoule!« Hinrich Thiel nahm einen langen Zug aus der Zigarette, als er mittags mit seinem Freund Rohrbeck durch den Park schlenderte.

Beide schauten zurück: die ovale Terrasse mit den zehn geschwungenen Stufen der Freitreppe, die hohe Tür zur Halle.

»Wohlgeborgenheit und vornehme Abgeschiedenheit von Leuten, die sehr viel Geld haben«, meinte der Leutnant.

Rohrbecks Stimme war spöttisch. »Es ist immer das gleiche, ob bei uns in Deutschland oder hier, in Belgien oder in Österreich, Holland.«

»Aber nicht in Rußland«, sagte Thiel leise.

Der Funkmeister nickte. »Dort sollen solche Schlösser als Sanatorien für die Allgemeinheit eingerichtet sein. Krim, Kuban . . . Hat man gehört von denen, die dort unten eingesetzt waren und derartige Einrichtungen zerstört haben.«

Thiel nickte zerstreut. »Ich muß dir was sagen, Hans. Nimm's mir aber nicht übel.«

»Hab ich dir je was übelgenommen?«

Thiel ging weiter in den Park hinein und schaute geradeaus. »Martina hatte wohl gestern keine Zeit für dich?«

»Martina? Wieso?«

»Weil ich sie bei dem SD-Empfang gesehen habe.«

»Beim SD-Empfang?« Rohrbecks Gesicht versteinerte.

»Ja, sie war mit Altdörfer dort.«

»Vielleicht hängt das immer noch mit der verfluchten geheimen Kommandosache zusammen?«

»Habe ich zuerst auch gedacht. Aber als ich sah, wie sie mit ihm tanzte . . .«

Rohrbeck steckte beide Hände in die Hosentaschen, versuchte so zu tun, als berühre ihn das alles kaum.

»Ich habe auch gesehen, wie er sie nachts nach Hause begleitet hat. Untergehakt. So, das war's.« Thiel atmete hörbar aus, wie jemand, der Schweres hinter sich gebracht hat.

gang das Gespräch. Er hatte sich darauf vorbereitet, als hätte er eine Lektion zu absolvieren. »Eine etwas delikate Angelegenheit, Altdörfer. Ihr Leutnant Thiel hat heute nacht auf einen SS-Offizier geschossen. Ist Ihnen das bekannt?«

Der Hauptmann verneinte, er wußte wirklich nichts davon.

»Haben Sie beobachtet, daß Thiel sich auffällig gegenüber eingeladenen Damen verhielt?«

»Ich habe nicht gesehen, daß er getanzt hat. Später verließ er den Raum, das ist alles.« Offenbar ist der Skandal mit den Ohrfeigen schon hier gelandet, dachte er. Jetzt wird Meusel fragen, warum ich daraufhin nicht sofort das obskure Fest verlassen habe.

»Schade, daß Sie nichts gesehen haben. Sagen Sie, Herr Altdörfer – Sie waren in Begleitung einer Dame dort?«

»Ich glaube nicht, Herr Oberstleutnant, daß hier Zusammenhänge mit dem schießwütigen Leutnant Thiel zu suchen sind!« Altdörfers Ton war der eines Strafverteidigers, der sich energisch gegen den Staatsanwalt zur Wehr setzt.

Meusel dachte an Westendorf und nahm sich nochmals vor, nicht aus dem Konzept zu kommen. »Sie sind anschließend in der Wohnung dieser Dame gewesen?«

»Ich muß doch sehr bitten! Das ist wohl meine Angelegenheit.« Altdörfer lief rot an, seine Sommersprossen verdunkelten sich.

»Eben nicht. Es ist bereits Sache der Gestapo wegen des geheimen Schriftstückes.« Meusel spürte kalten Schweiß auf der Stirn. Jetzt war ihm etwas herausgefahren, wovon er keinesfalls sprechen durfte. Mein Ehrenwort, dachte er und war mit einemmal entsetzlich müde. »Lassen wir das . . .«

»Jawohl, Herr Oberstleutnant. Haben Herr Oberstleutnant noch Befehle?«

»Wann kommt der Batteriechef für die Sechste?« fragte Meusel, bloß, um etwas zu sagen.

»Er muß jeden Moment eintreffen, Herr Oberstleutnant.«

»Sie müssen es ja wissen. Heil Hitler, Herr Altdörfer.«

»Heil Hitler, Herr Oberstleutnant.«

»Ach so, schicken Sie mir gleich den Thiel her.«

Meusel setzte sich und stützte das Gesicht in die Hände, noch

Wieder auf das Schlimme! dachte der Oberstleutnant. »Und Ihre persönliche Meinung, von Grapenthin?«

Der Hauptmann preßte die Lippen einen Augenblick lang fest aufeinander, daß die Backenknochen breit hervortraten. »Ich traue der trügerischen Ruhe im Osten nicht. Sollte dort in absehbarer Zeit keine Offensive losgehen, wird man die Landeköpfe vielleicht eine Weile unter Kontrolle halten.«

Meusels Blick ging an seinem Adjutanten vorbei. Auch ein Mann alten Adelsgeblüts. Steinreich der Vater, mit Schloß und Ahnengalerie. Feldherren in Reih und Glied, für die Nachwelt porträtiert, wie er gelegentlich gern erzählt.

»Ich glaube, man hätte sich längst darum bemühen sollen, den Rücken im Westen freizubekommen, um mit allen Kräften den Krieg im Osten konsequent und nicht als Flickwerk führen zu können.«

»Sie denken an ein politisches Arrangement?« fragte Meusel vorsichtig.

»Ein militärisches war bisher und ist seit heute morgen erst recht kaum möglich«, antwortete Grapenthin, als wäre es das Selbstverständlichste.

»Also eine Art Separatfrieden mit London und Washington?«

»Man könnte es so nennen, Herr Oberstleutnant.«

Die Stille im Raum hatte etwas Gefährliches.

Meusel dachte an den Obersturmbannführer und fühlte, daß die Last auf seinen Schultern soeben noch um einiges schwerer geworden war: Vielleicht hatte Westendorf den Namen des Adjutanten nur deswegen nicht genannt, um ihn als Regimentskommandeur in Sicherheit zu wiegen?

Meusel riß das Fenster auf. Ein Schwall von Hitze flutete in den Raum. »Würden Sie veranlassen, daß Hauptmann Altdörfer unverzüglich zu mir kommt.«

»Selbstverständlich, Herr Oberstleutnant. Wie darf ich Herrn Altdörfer vororientieren?«

»Überlassen Sie das mir.«

Grapenthin stand wie eine Statue mit flachen toten Augen. »Jawohl, Herr Oberstleutnant.«

Eine halbe Stunde später begann Meusel ohne jeden Über-

zweiundachtzigste und hundertste Luftlandedivision abgesetzt. Gerade dieser Abschnitt galt wegen der weitflächigen Anstauungen von Merderet und Douve für unpassierbar und damit uneinnehmbar. Ein zweiter US-Landekopf zeichnet sich ab zwischen Vierville und Port-en-Bessin. Hier sind weite Anstauungen der Aure. Im Morgengrauen dann Landungen von See.«

Meusel suchte die einzelnen Orte auf der Wandkarte.

Grapenthin blätterte weiter in seinen Notizen. »Engländer an der Küste nördlich der Linie Bayeux – Caen, und zwar von Arromanches bis zur Mündung der Orne. Dort beiderseits nachts ebenfalls starke Fallschirm- und Luftlandetruppen. Am Morgen drei Landeköpfe von See her mit Ziel: Vereinigung der Kräftegruppen.«

»Wie schätzt die Führung die Lage ein?«

»OB West und Wehrmachtsführungsstab stimmen angeblich überein in der Auffassung, daß es sich bei diesen Angriffen nur um größere Ablenkungsmanöver handelt, gewissermaßen um starke Kommandounternehmen. Die Hauptlandung und damit die eigentliche Invasion erwartet man nach wie vor am Pas de Calais.«

Der Oberstleutnant starrte auf die Küste Südenglands, als würde sich von dorther das Rätsel lösen. »Und wie war die Stimmung der Herren?«

»Oberstleutnant von Wenglin äußerte, man freue sich auf dem Obersalzberg offenbar, daß der Decision-Day, Tag der Entscheidung oder, wie sie ihn bezeichnen, der D-Day, nunmehr angebrochen sei und man den Gegner im Westen vernichtend schlagen könne. Er verließ dann allerdings die Beratung. Herr General war weit zurückhaltender, man kann sagen: skeptisch. Ließ sich von den Herren den derzeitigen Ausbildungsstand, die Ausrüstung mit Gerät und vor allem mit Fahrzeugen berichten. Folgerte daraus, daß die Division im Augenblick noch zu den schwerbeweglichen gerechnet werden müsse. Das war alles.«

»Und letzter Stand bei uns?«

»Kettenfahrzeuge für die Geschütze sind avisiert. Lkw-Bestand nicht völlig aufgefüllt. Mannschaften komplett. Fehlen noch zwei Batteriechefs.«

Meusel fühlte, daß er wieder rot wurde.

Der andere machte eine lässige Handbewegung, als dränge das Ganze nicht sehr. »Wir haben Vertrauen zu Ihnen, Herr Oberstleutnant. Lassen Sie sich Zeit. Ich werde Sie gelegentlich wieder zu erreichen wissen. Und auf diesen Herrn Altdörfer haben Sie vielleicht ein Auge. Er ist Parteigenosse wie Sie.« Dann lächelte der Gestapomann. Sanft, als wäre die Sonne hinter einem Schleier. Hob den Arm sehr eckig. »Heil Hitler, Parteigenosse Meusel!« Er kam noch einmal zurück, jetzt ganz vertraulich: »Es wird Sie vielleicht interessieren, daß die geheime Kommandosache und der Herr Gengenbach bei einem Abteilungskommandeur Ihres früheren Regiments, Major Pfeiler, landeten. Das Leben geht seltsame Wege, nicht wahr?«

Der Oberstleutnant starrte durch das Fenster, sah Westendorf zu dem schwarzen Horch gehen. Als das Fahrzeug geräuschlos anrollte, kam ihm Grapenthin im Volkswagen entgegen, fuhr hart an den Bordstein, daß die Reifen schrill schleiften. Meldete sich unverzüglich.

»Wir waren heute morgen um Herrn Oberstleutnant in Sorge. Herr Oberstleutnant hatten nichts hinterlassen.«

Meusel winkte ab. »Was gab es wirklich Interessantes beim General?«

»Herr Oberstleutnant wissen schon?«

»Erraten, mein Lieber.«

»Das Wesentliche scheinen mir die bisher aufgeklärten Verbände des Gegners zu sein. Amerikaner mit der ersten US-Army. Fünftes und siebentes Korps sowie drei Heeresdivisionen: erste, vierte und neunundzwanzigste. Die Engländer mit der zweiten Armee, dritte und fünfzigste Division, und der sechsten Luftlandedivision. Dazu die dritte kanadische.«

»Da haben die Tommys ja fast wieder den Stamm ihrer Afrikaarmee vom alten Montgomery beieinander.«

»Verzeihung, Herr Oberstleutnant, da bin ich nicht so bewandert.«

»Wie ging es vor sich?«

»Die Amerikaner haben etwa um Mitternacht die Halbinsel Cotentin vom Westen her angeflogen und an der Ostküste die

»Oder?« Wieder blickte der Obersturmbannführer ausdruckslos durch die geschliffenen Gläser. »Oder Herr General Krusemark war davon unterrichtet.«

Meusel spürte, daß er sehr flach atmete. Es fror ihn trotz der steilen Sonne.

»Ich, Sie gestatten: die Gestapo ist der Auffassung, daß es für das Reich nicht nützlich ist, wenn einer Ihrer Kommandeure mit einer solchen Person intim ist.«

»Intim?«

»Er war heute nacht in ihrer Wohnung.«

Was spielt sich da alles hinter meinem Rücken ab, fragte sich Meusel. »Und Ihre Vorstellung bei dieser Affäre?«

Westendorf erhob sich und zog den Uniformrock glatt. Hob die Pistolentasche etwas an und strich mit den Händen am Koppel entlang. »Ich muß Sie ersuchen, mir Ihr Ehrenwort zu geben, daß Sie in der Angelegenheit geheime Kommandosache mit niemand sprechen.«

Meusel stand ebenfalls auf, streckte die Hand hin. Der andere hielt sie mit ernstem Blick. Dann setzten sie sich wieder.

»Sie wissen, daß es innerhalb der Generalität gewisse, sagen wir, feudale Kreise gibt, die Adelsprädikate, große Ländereien, exklusive Ausbildung und so weiter für das Nonplusultra halten. Die sich mehr dünken als andere Volksgenossen und meinen, an Stelle des Führers . . .« Westendorf hatte gesprochen, als doziere er über die Analyse einer chemischen Verbindung.

Meusel wagte nicht, sich zu rühren. Hatte das Gefühl, in abgrundtief schlechter Gesellschaft zu leben. Und dann kam die Frage, die er gefürchtet hatte.

»Halten Sie für denkbar, daß General Krusemark mit solchen Kreisen, sagen wir einmal, harmoniert? Vielleicht unwissentlich?« Westendorf schaute wie jemand, der sich ohne Skrupel und Furcht vor Strafe gestatten kann, solche Fragen zu stellen.

Meusel zögerte. Er bemerkte sein Zögern und wurde unruhig. Er wollte das alles hinter sich haben und übereilte sich. »Ich kann mir das überhaupt nicht vorstellen. Kenne Krusemark doch schon vom Osten her.«

»Und wußten zum Beispiel, daß er Bonner Borusse ist . . .«

haltung. Seine hellbraunen Augen hinter der randlosen Brille waren wie die einer großen Eule. »Ich möchte in diesem Zusammenhang noch eine vertrauliche Angelegenheit ... Es kommt ja dann immer alles zusammen.«

Kann man wohl sagen! dachte Meusel.

»Herr Altdörfer war ebenfalls bei dem Fest anwesend.«

»Das ist mir bekannt.«

»Dann ist Ihnen sicher auch bekannt, daß er mit einer Dame dort war?«

»Das weiß ich nun wiederum nicht.«

Westendorf nickte, als wollte er sagen: Sei nicht so vorlaut.

»Es handelt sich um eine Stabshelferin. Martina Baumert. Stationiert in Narbonne.«

»Dagegen ist wahrscheinlich nichts einzuwenden.«

»Gewiß nicht. Nur, dieses Mädchen erhielt vor ein paar Tagen eine geheime Kommandosache von den Stellungen einer schweren Heeresartillerieabteilung an der Calvadosküste per Feldpost zugeschickt. Merkwürdig, nicht wahr?«

»Was hat denn das mit Altdörfer zu tun?« Meusel wurde der leidenschaftslose Vertreter des Reichssicherheitshauptamtes unheimlich.

»Herr Altdörfer hat veranlaßt, daß besagtes Schriftstück wieder an den Absender zurückging, ohne den einschlägigen Dienststellen einen Zugriff zu ermöglichen.«

»Ich habe von alledem keine blasse Ahnung.«

Westendorf nickte nachsichtig. »Wir wurden vom Sicherheitsdienst auf den Vorgang und natürlich besonders auf die Baumert aufmerksam gemacht.«

»Und wie soll Altdörfer die g.Kdos wieder zurückpraktiziert haben?«

Westendorf schaute den Oberstleutnant einen Augenblick lang unbewegt an, als wollte er dessen Gedanken erraten. »Entweder hat er dazu Oberleutnant Gengenbach als Boten eingesetzt ...«

Der Regimentskommandeur dachte: So muß jemandem zumute sein, der kurz vor einem Schlaganfall steht. »Oder?« fragte er und spürte seinen Herzschlag.

»Thiel? Das wundert . . .«

»Das wundert Sie gewiß nicht. Denn Ihnen ist sicher seine Herkunft bestens bekannt.«

Meusel stutzte. »Herkunft?«

»Er kommt von ganz unten. Gewissermaßen Stehkragenproletarier. Ist auf Grund eines bedauerlichen, bisher noch nicht aufgeklärten Irrtums Offizier geworden.«

»Ich werde sofort nachprüfen, Herr Westendorf.«

»Nicht nötig, Herr Oberstleutnant. Das liegt bei uns, will heißen bei der Gestapo in zuverlässigeren Händen.«

Meusels Gesicht lief langsam rot an.

»Sie werden verstehen, Herr Oberstleutnant, ein tätlicher Angriff auf den SD durch einen Offizier der Wehrmacht in Südfrankreich, wo die Résistance nur wartet, jedem von uns die Kehle durchzuschneiden . . .«

»Es ist wirklich kaum zu glauben, was alles . . .«

»Nicht wahr. Es wird Sie auch interessieren, daß der Kommandeur Ihrer ersten Abteilung, Hauptmann Osterhagen, der gleichen Auffassung ist. Er war zufällig Zeuge des geschilderten Vorgangs, versuchte energisch, den Leutnant zurückzuhalten, aber . . . Hauptmann Osterhagen blieb dann über Nacht in der Dienststelle, es hatte ihn alles ein wenig ermüdet. Er steht Ihnen natürlich als Zeuge zur Verfügung.«

»Ich weiß wirklich nicht, was ich dazu sagen soll«, stammelte der Regimentskommandeur.

»Ja, das meinte auch eine andere Mitarbeiterin, die gleichfalls Zeuge des Vorfalls wurde.«

Wieder wurden die Gläser der Brille mit Wildlederfingern poliert, ohne daß eine Veranlassung dafür gegeben war.

»Wie ist Ihre Vorstellung für eine Regelung, Herr Westendorf?«

»Wir wollen nicht selbst eingreifen, was natürlich ohne weiteres möglich wäre. Es ist angebracht, daß das Regiment Tatbericht einreicht. Sie haben ja Ihr Divisionskriegsgericht.«

»Das müßte Thiels Kommandeur, Hauptmann Altdörfer, tun.«

Westendorf veränderte erstmalig seine kerzengerade Sitz-

Dünkirchen bereitet wird. Und dabei muß ich Sie nun behelligen.«

Meusel dachte: Wenn er diesen Hohn jetzt vorsätzlich angebracht hätte, würde ich ihn durchs Fenster werfen, aber er kann unmöglich wissen . . . »Ja, natürlich«, sagte er zustimmend.

»Es ist klar«, fuhr der Besucher fort und übersah die ihm hingeschobene Schachtel Attika, »daß in einem solchen Augenblick, auf den wir seit Jahren gewartet haben, um endlich gebührend abrechnen zu können, jeder Deutsche, gleich, wo er steht, von seinem Sendungsbewußtsein durchdrungen sein muß: Sie – mit Ihren sieggewohnten Waffen zu kämpfen; wir – zur Garantie jeglicher Sicherheit im besetzten Gebiet durch Niederhaltung vor allem der Roten. Jede Schmälerung unserer Funktionen im Feindesland ist eine Minderung der Kraft des Großdeutschen Reiches. Sind wir da einer Meinung, Herr Oberstleutnant?«

Meusel beeilte sich wieder, seine Zustimmung zu versichern, ohne zu ahnen, worum es sich überhaupt handelte.

Der Gast mit dem kaum gebräunten Gesicht und dem korrekt gezogenen, schneeweiß schimmernden Scheitel nickte bedeutsam, wobei sein Blick einen Herzschlag lang auf dem Goldenen Parteiabzeichen des Oberstleutnants verweilte. »Sie wurden in Narbonne zu einem kleinen Fest erwartet, waren aber verhindert, wie ich hörte. Einer Ihrer Herren war wohl ziemlich interessiert an einer Mitarbeiterin dieser Dienststelle. Ich gebe zu, daß sie recht attraktiv ist, wir sind ja alle keine Heiligen, aber . . . Machen wir es kurz: Er versuchte gewaltsam in diese Dienststelle einzudringen. Als ihm das nicht gelang, feuerte er mehrfach aus seiner Pistole auf das Haus. Dabei wurde der Hauptsturmführer von Freiberg durch den Arm geschossen. Längerer Ausfall im Dienst für den Reichsführer.« Westendorf wußte um die nachhaltige Wirkung seiner Worte und zündete sich nun eine Zigarette an, ohne zu warten, bis Meusel ihm Feuer bot.

»Das ist ja ungeheuerlich. Und ich zweifle nicht . . .«

»Das wäre auch kaum empfehlenswert«, meinte der Obersturmbannführer kühl.

»Und um welchen meiner Herren handelt es sich?«

»Um Leutnant Hinrich Thiel.«

beten und sie über einige Fakten im Zusammenhang mit der betreffenden Angelegenheit ins Bild gesetzt. Da Sie nicht aufzufinden waren – eine Unmöglichkeit angesichts der explosiven Lage, wenn ich mir eine Einschätzung gestatten darf –, hat sich Herr General damit einverstanden erklärt, Herrn von Grapenthin in den Kreis der zu Unterrichtenden einzubeziehen.«

»Ich habe wirklich keinerlei Ahnung . . .«

»Will ich Ihnen gern glauben, Meusel. Am besten, Sie entschuldigen sich bei Herrn General persönlich. Möchte mich bei der Exklusivität des Falls nicht gern verwenden. Heil Hitler, Herr Meusel.«

Der Regimentskommandeur war wie vom Donner gerührt. Wegen seines Diensteifers und nächtlichen Einsatzes nun auch noch entschuldigen? Und warum hatte dieser Grapenthin kein Wort hinterlassen? Aber bei der telefonischen Einladung der Division war das Thema vielleicht nicht bekanntgegeben worden.

Ein wahrhaft schlechter Tag, dieser sechste Juni.

Der Obergefreite Jupp Hennes kam herein, nahm die Mütze ab, grüßte zackig mit »deutschem Gruß«: »Ein Obersturmbannführer wünscht Herrn Oberstleutnant zu sprechen.«

Meusel hob die Augenbrauen.

»Ist vom Reichssicherheitshauptamt.« Hennes hatte unwillkürlich leiser gesprochen.

»Führen Sie den Herrn herein.«

»Heil Hitler! Mein Name ist Westendorf.«

»Angenehm. Meusel. Bitte Platz zu nehmen.«

Der Gast stellte sich mit den Kniekehlen an einen Sessel und wartete, bis der Regimentskommandeur die gleiche Stellung eingenommen hatte. Setzte sich dann, als wäre er in Knien und Leisten jeweils um neunzig Grad eingeknickt.

»Womit kann ich Ihnen dienen, Herr Westendorf?«

Der andere fuhr mit Daumen und Zeigefinger seines Wildlederhandschuhs über die Gläser der randlosen Brille und setzte ein bekümmertes Gesicht auf. »Ich bin gewiß, daß Sie an diesem schicksalhaften Tag seit Stunden Ihre Tätigkeit darauf gerichtet haben, wie den Anglo-Amerikanern ein zweites, ein letztes

unterstützt durch starke Seestreitkräfte, von See her. In den angegriffenen Küstenstreifen sind erbitterte Kämpfe im Gange.«

Meusel war auf seinen Schreibtischstuhl gesunken. Zweierlei bestürzte ihn. Die Invasion war Wirklichkeit! Seit sie sich an der Mittelmeerküste mit der Neuaufstellung befaßten, wurde jede Forderung nach schnelleren und besseren Leistungen der Truppe mit dem Hinweis auf die bevorstehende Invasion verbunden. Stündlich erwartet – und nun doch unerwartet wie ein Schlag. Der Text der Sondermeldung lautete eindeutig: Landungen aus der Luft und von See her. Und diese Landungen waren nicht abgeschlagen worden. Der sagenumwobene Atlantikwall hatte nicht gehalten, sondern wurde offensichtlich überrannt. Erbitterte Kämpfe. Wenn das schon amtlich formuliert und zugegeben wurde, war da oben einiges los. Es stand zu erwarten, daß nun alles, was entbehrlich schien, hinauf zwischen Le Havre und Cherbourg katapultiert und zur Abwehr eingesetzt wurde.

Aber da war noch die zweite Seite: Gleich halb zehn jetzt, und »in der vergangenen Nacht« hatte eine militärische Großaktion begonnen, wie er eben über Kurzwelle von einem Reichssender gehört hatte. Was war mit dem Divisionsstab, sollte der ebenfalls nichts gewußt haben? Mit einer kompletten Nachrichtenabteilung! Man hat es wohl nicht mehr nötig, einen Regimentskommandeur zu unterrichten, dachte er erbittert und ließ sich mit dem Ia, Oberstleutnant von Wenglin, verbinden. Auch so einer, zu dem Krusemark immer beste Beziehungen hatte, erinnerte er sich voller Zorn.

»Mein lieber Meusel, Ihre Frage erstaunt mich in mehrfacher Hinsicht. Hört denn in Ihrem Verein niemand Nachrichten? Seit heute morgen kurz nach sechs hat Berlin eine Reihe Meldungen zu dem bewußten Ereignis ausgestrahlt.«

»Verzeihung, Herr von Wenglin, ich war zu dieser Zeit bei der Truppe und habe eine wichtige Alarmübung durchgeführt. Dabei konnte ich natürlich nicht...«

»Ach ja, von diesem Dilemma hat man mir schon berichtet. Schweigen wir lieber davon.«

Meusel biß die Zähne zusammen.

»Außerdem hat Herr General alle Kommandeure zu sich ge-

endgültig den 6. Juni für einen schlechten Tag. Er reihte die Fakten aneinander: Gengenbach ist versetzt worden, ohne daß ich um meine Meinung gefragt worden wäre. Altdörfer bekaspert das alles mit Krusemark. Der General hat auch Altdörfer zum Abteilungskommandeur gemacht, ohne daß der jemals eine schießende Batterie geführt, ja überhaupt in einer solchen Dienst getan hätte. Das Ergebnis war heute zu betrachten. Beide haben gemeinsame Interessen und bilden zusammen eine Institution, die mich sowohl von außen als auch innerhalb meines Regiments bedrängt. Daß ich Kommandeur dieses Regiments geworden bin, besagt gar nichts, denn Krusemark funkt jederzeit, sofern es ihm beliebt, in »sein altes Regiment«, wie er jedem erzählt. Krusemark und Altdörfer als sein Adjutant waren schon früher ein eingespieltes Team. Ich und Grapenthin dagegen? Ich bin der bessere Artillerist, besser als mein Vorgänger, aber mir fehlen seine Verbindungen und ein vergleichbares Ansehen bei den anderen Kommandeuren oder beim Ia der Division. Und Grapenthin bleibt ein artilleristischer Anfänger, mit dem warm zu werden sowieso unmöglich ist.

Vergrämt traf der Oberstleutnant kurz vor neun in seiner Villa in Coursan ein und war erstaunt, Hauptmann Grapenthin nicht vorzufinden. Der hatte auch keine Information bei dem Burschen Jupp hinterlassen, wo er zu erreichen sei.

Meusel ging in sein Zimmer. Dort war das Frühstück serviert. Infolge der hochsommerlichen Wärme schon bei Tagesbeginn war die Butter nicht mehr fest, das gekochte Ei dafür um so härter.

Kein guter Tag, dieser sechste Juni, dachte er wieder und schaltete das Radio ein. Marschmusik, dann: »Aus dem Führerhauptquartier. Das Oberkommando der Wehrmacht gibt bekannt . . .« Meusel schaute auf die Armbanduhr: genau neun Uhr und acht Minuten.

»In der vergangenen Nacht hat der Feind seinen lange vorbereiteten Angriff gegen Westeuropa begonnen. Eingeleitet durch schwere Luftangriffe auf unsere Küstenbefestigungen, setzte er an mehreren Stellen der französischen Küste zwischen Le Havre und Cherbourg Luftlandetruppen ab und landete gleichzeitig,

detonieren werde. Nein, dazu brauche er kein Glas, das sehe jedes Kind.

Leutnant Thiel entdeckte die Detonationswolke schließlich gute sechshundert Meter weit draußen und ziemlich querab auf dem stillen Mittelmeer.

Danach brach Oberstleutnant Meusel die Übung ab und betrieb mit allen Offizieren der Abteilung Manöverkritik. Das heißt, es dauerte zunächst eine volle Stunde, ehe der letzte der Herren eintraf. Nach weiteren zwei Stunden uneingeschränkten Monologs schlich eine geschlagene Armee Subalterner müde zu den Einheiten zurück. Mit unterschiedlichen taktischen Zielsetzungen. Übereinstimmend auf jeden Fall in der Absicht, Richtkanonieren und ähnlichem Gelichter gehörig einzuheizen.

Oberstleutnant Meusel verschmähte auch den »kleinen Imbiß«, den Altdörfer in La Vistoule anbot. Er lief eine Stunde in Sand und Disteln unter den Pinien des Hochufers umher, blickte über die blaugraue Wasserfläche, blickte wieder den einsamen Küstenstreifen entlang und dachte an den Geheimbericht Rommels, wonach es im südlichen Bereich der Heeresgruppe G jetzt »nicht mehr nur Stützpunkte, sondern eine befestigte Zone« gab. Man konnte nur den Kopf schütteln über soviel Zweckoptimismus: Hier war kilometerweit nach wie vor überhaupt nichts. Die Heeresgruppe G – auch so eine Zangengeburt, seit kurzem befehligt von Generaloberst Blaskowitz. Sicherlich ein im Polenfeldzug hochverdienter Herr, aber jetzt war Sommer vierundvierzig! Zur Heeresgruppe gehörte die erste Armee – in der Bretagne, an der Biscaya und in den Pyrenäen – und die neunzehnte, der Meusel unterstand und die an der gesamten französischen Mittelmeerküste bis in die Alpen zur Schweizer Grenze eingesetzt war. Das einzige Unüberwindliche auf der Tausende Kilometer langen HKL war das durch Überschwemmungen unwegsam gewordene Rhônedelta. Sonst bestand das meiste aus Löchern oder wurde durch Flaggen dargestellt.

Meusel inspizierte noch unerwartet seine 6. Batterie, die nach wie vor auf den Ersatzchef für Gengenbach wartete. Auch hier nur ein Sauhaufen. Damit hatte der Regimentskommandeur einstweilen den Tiefpunkt seiner Laune erreicht und hielt nun

»Richtig, das Fahrrad. Da ist nämlich die Kette runtergesprungen.«

»Ach, und deswegen tragen Sie . . .« Der Regimentskommandeur fuhr kopfschüttelnd weiter und hielt es für richtig, den Abteilungskommandeur zu belehren mit der Weisung, weiterzubelehren; damit wolle er das alkoholische Delikt ausnahmsweise als erledigt ansehen.

Hauptmann Altdörfer hatte die Feuerleitung auf Wunsch des Infanterieobersten selbst zu übernehmen, weil dieser sich rechtzeitig daran erinnerte, daß vorn am Strand seine Leute standen. Schließlich war das mit dem scharfen Schuß so eine Sache, selbst im Krieg könnte dabei etwas passieren.

Altdörfer benutzte das Grundgeschütz der 5. Batterie und ließ einen Doppelzünder nach seinem errechneten Kommando abfeuern.

Die Herren blickten angestrengt durch die schmutzigen Scheiben des Weinbergschuppens, der für die nächsten Stunden Gefechtsstand hieß. Irgendwo hörte man es blaffen, aber niemand fand etwas am nächtlichen Himmel. Der Hauptmann zog daraufhin den Sprengpunkt, der nach Heeresdienstvorschrift auf der gemäß Feuerkommando vorbestimmten Flugbahn erscheinen mußte, um vierhundert Meter zurück. Es bumste wieder irgendwo, aber die Wattewolke, die ersehnte, war auch diesmal nicht auszumachen.

Der dritte Doppelzünder ging über dem Weinbergschuppen auseinander, keine Scheibe blieb heil. Der Infanterist entdeckte in der Karosserie seines dahinter abgestellten nagelneuen Opel Supersix zwei Splittereinschläge und verabschiedete sich stumm von Meusel. Der war der Ansicht, daß man jetzt immerhin einen konkreten Anhaltspunkt habe: In der angenommenen Lage mache sich der Feind zum Ausbruch aus dem Landekopf bereit, und es müsse etwas unternommen werden. Er legte den Kartenwinkelmesser an, fuhr mit dem Zwirnsfaden hin und her, schmetterte das Kommando durch den Fernsprecher, in die 4. Batterie diesmal. Dann erklärte er, daß dieser Aufschlagzünder nunmehr vor der Mündung des kleinen Flusses hart ostwärts Valras-Plage, exakt einhundert Meter vom Strand entfernt,

Zwölftes Kapitel

Oberstleutnant Meusel hatte es für die Ausbildung der Truppe als notwendig erachtet, während der ersten Stunden des 6. Juni, um ein Uhr dreißig, bei der II. Abteilung des Artillerieregiments überraschend eine Alarmübung anzusetzen. Er unterrichtete vorher niemand, seinen Adjutanten Grapenthin ebensowenig wie den Abteilungskommandeur Altdörfer. Es sollte sich alles unter kriegsmäßigen Bedingungen abspielen. Allgemeine Lage: Gelandeter Feind konzentriert sich darauf, beiderseits Valras-Plage einen sicheren Landekopf zu bilden. Der Angriff ist zu zerschlagen, der Gegner ins Mittelmeer zu werfen. Prüfung reaktionsschneller Abwehrbereitschaft im scharfen Schuß. Der Kommandeur des im Abschnitt eingesetzten Infanterieregiments wird der Alarmübung auf dem vorgeschobenen Abteilungsgefechtsstand beiwohnen.

Als Meusel etwa gegen zwei Uhr langsam nach Valras-Plage rollte, um zu sehen, was sich jetzt in der Feuerstellung der 5. Batterie abspielte, bemerkte er deren Chef, Oberleutnant Naumann, plötzlich vor sich auf der Straße und war über einiges Ungewohnte verblüfft. Naumann sang: »Schön rund um die Brust und blond um die Brust, so muß mein Mädel sein, sooo muß . . .«, dabei wechselte er ziemlich oft die Straßenseite – und alles während des Alarms!

Meusel wies den Fahrer an, hinter dem Oberleutnant zu bleiben, weil es etwas noch Ungewöhnlicheres gab: Der Singende trug ein Fahrrad, offensichtlich in Richtung seiner B-Stelle. Er trug es flach über der Schulter.

Der Regimentskommandeur erkundigte sich nach dem doch sehr späten Marsch seines Batteriechefs – eine halbe Stunde nach Alarmbeginn – und was es mit dem Fahrrad auf sich habe.

Der Angesprochene meldete, Oberleutnant Naumann sei auf dem Weg zur B-Stelle, und es gebe keine besonderen Vorkommnisse. Dabei vergaß er das Fahrrad abzuschultern und hatte sichtlich Schwierigkeiten mit seiner schwerbeweglichen Zunge.

»Und das Fahrrad?«

Warum hat man mir nicht Zeit gelassen, mich darauf vorzubereiten? Wenigstens noch bis morgen?

Die westalliierten Luftlandetruppen und Fallschirmjäger hatten für ihre Landungen an der Ost- und an der Westflanke des Einsatzraums spät einsetzenden Vollmond gefordert.

Die Marine benötigte ebenfalls Mondlicht für eine frühzeitige zielsichere Feuerunterstützung.

Die Luftwaffe brauchte eine Stunde Tageslicht, um wirksame Einsätze fliegen zu können.

Die Angriffstruppen sollten in ihren Sturmbooten nicht wie erwartet bei Ebbe, sondern mit beginnender Flut im Morgengrauen lospreschen, um Zeit zur Beseitigung der Vorstrandhindernisse zu haben, bevor die Schlacht um Frankreich begann.

Diese Konstellation meteorologischer Bedingungen war nach Berechnung der Wetterexperten im Juni nur am fünften, sechsten oder siebenten Tag gegeben, wobei der fünfte der absolut günstigste war. Stürmischer Wind, rauher Seegang und schwere Bewölkung zwangen den Oberkommandierenden Eisenhower, die bereits angelaufenen Operationen zu stoppen und die Landung um einen Tag auf den 6. Juni 1944 zu verschieben.

1940 kaum stärker verwüstet. Pfeilers Bunker blieb offensichtlich bisher noch unerkannt.

Jetzt konzentrierte sich der Strom der Landungsfahrzeuge auf den Raum westlich Ouistreham. Die deutsche Infanterie feuerte wie besessen.

Pfeiler sah deutlich den ungeheuren Stau in der Landezone. Zerborstene Schiffe hingen in den Unterwasserhindernissen. Panzer brannten mit öligschwarzen Rauchfahnen. Kriegsgerät, umgestürzte Fahrzeuge, Lafetten, Kanonen, Bulldozer. Tote, Verwundete, Sterbende. Fast ein neues Dünkirchen. Aber die Angreifer krallten sich fest und suchten Ausgänge durch Minengürtel und Dünen, ließen den Schrottplatz am Strand hinter sich. Der Druck preßte sie vorwärts. Sie knackten Bunker um Bunker. Rannten immer wieder in das konzentrierte Feuer aus der Westkante Ouistrehams, gaben nicht auf.

Pfeiler ließ Sperrfeuer Cäsar neun auslösen und dezimierte angreifende Stoßtrupps der Engländer.

Die Sperrballons, zum Schutz gegen Stukas aufgelassen, waren weithin sichtbare Zielpunkte. Nun wurde das Feuer einer Abteilung der Divisionsartillerie auf den Landeraum vereint.

Der Kommandeur befahl dem Leutnant Blankenburg, die Toten zu zählen, die Toten vom Wassersaum quer über den weißen Sandstreifen bis in die Disteln der Dünen.

»Zweihundert etwa, die Sterbenden mitgezählt«, meldete der Leutnant und hatte schmale Lippen.

In dem Augenblick griff ein Kommandotrupp die Westecke von Ouistreham an, unterlief das Feuer, war schon an Bunkern und Hausruinen. MPi-Stöße prasselten. Geballte Ladungen gingen mit dumpfem Krachen hoch. Jetzt geriet das Gefecht in den toten Winkel von Pfeilers Scherenfernrohr; er konnte den Angreifern weder folgen noch sie von hier aus bekämpfen. Seine Front hatte sich um rund hundert Grad verschoben, denn vor ihm, auf Riva Bella, spielte sich nichts Aufregendes ab.

Der Obergefreite Bernreiter meldete, daß der Kommandeurwagen total zerschossen hinter dem Bunker liege. Er habe die Papiere sichergestellt.

Warum sind sie gerade heute angetreten? fragte sich Pfeiler.

ten, Gassen schlugen. Bobbins, die vorbereiteten Bodenbelag und Stahlnetze für Fahrbahnen durch die Dünen legten. Fascines mit Baumstämmen zum Auffüllen sperrender Panzergräben. Petards mit ihrem riesigen Mörser; aus dem schwerste Minen zur Zerstörung von Betonwänden gefeuert wurden. Schließlich die Crocodiles mit weittragenden Flammenwerfern.

Mehr und mehr Boote liefen auf den Strand und auf die Hindernisse und auf die Wracks. Neben den Toten schwammen die Lebenden. Befehlsgemäß half niemand niemandem. Nur vorwärts! Alle wollten über den kleinen Streifen dreckigen Ufers in die schützende Deckung der Dünen.

Denn nun spuckten die schweren Maschinengewehre aus den Bunkern. Werfer röhrten, ließen den schwarzen Qualm noch fettiger werden. Do-Werfer mit Geschützen zu fünf, zu sechs und zu zehn Rohren. Fetzen wirbelten durch die Luft.

Blättermann wiederholte ein Kommando des Abteilungsgefechtsstandes: »Sperrfeuer Cäsar sechs, zwanzig Gruppen!«

Der Fernsprecher brüllte es weiter in die Leitung zur Feuerstellung.

»In dreißig Sekunden!«
»In dreißig Sekunden!«
Der Zeiger tickte.
»Feuer!«

Gengenbach preßte die Augen ans Okular. Die Sekunden dehnten sich. Jetzt gingen die schwarzen Pilze am Strand hoch. Lagen etwas zu weit. Faßten ein paar Landungsboote, vergrößerten den Schiffsfriedhof. Zwangen die Angreifer auf dem Strand in die Knie. Vernichteten Leben mit ihrem berstenden Stahl.

Pfeiler rief Gengenbach an den Apparat. »Feuer liegt gut! Dennoch Panzer in die Dünen eingedrungen. Infanterie folgt etwa in Bataillonsstärke. Mit beobachtetem Feuer nicht mehr zu fassen! Geben Sie sofort Befehl: Fertigmachen zum Nahkampf!«

Das Haus, hinter dessen Fassade der vorgeschobene Gefechtsstand lag, war von der Kanonade der Schiffsgeschütze ebenso zerstört wie jedes andere Haus Ouistrehams; Rotterdam wurde

»Was ist mit Beschuß bei euch?«
»Kaum nennenswert. Aber die Luft ist voller Jabos. Nach den ersten Gruppen werden sie uns beim Wickel haben.«
»Die müssen auch mal wieder auftanken. Uhrenvergleich: Es ist in dreißig Sekunden sieben Uhr zehn.« Gengenbach ließ Feuerbereitschaft an die Abteilung durchgeben.

Deutlich konnte er jetzt sehen, wie überall Landungsboote mit Soldaten und Gerät beladen wurden. Wild schaukelten die plumpen Kähne neben den Schiffen. Dazwischen Sturmboote, Schnellboote. Die wuchtigen Flakkreuzer, hechtschlanken Zerstörer, Kanonenboote, schweren und leichten Kreuzer, Schlachtschiffe feuerten noch immer in die Wand aus Rauch und Staub und Pulvergestank, in Dünen, Häuser, Drahtverhaue. In die Minenfelder, aus denen es vielfach in die Höhe schoß. Granateinschläge mähten Menschen und immer wieder Menschen nieder, töteten ein Drittel der in Ouistreham zurückgebliebenen Franzosen. Zerrissen Tiere und Bäume. Aber die schweren Geschützstellungen und Kampfstände wurden trotz größter Kaliber kaum beschädigt und waren keineswegs kampfunfähig.

Das Feuer steigerte sich noch einmal zehn Minuten lang zu einem glühenden Orkan, dann preschten die Sturmboote gegen den Strand vor. Zischten mit dem Flutstrom, mit den Brechern in die Vorstrandhindernisse. Liefen gegen Stahligel und Dorne. Rissen sich den Rumpf auf und sanken. Wurden gegen Unterwasserminen getrieben und flogen in die Luft. Rannten in die Feuerglocke der eigenen Schiffsartillerie, die sich nicht allerorts schnell genug über die Dünen ins Hinterland hob. Wurden zerfledert oder gingen in Flammen auf. Wurden von Panzerlandungsbooten gerammt und soffen ab. Amphibienpanzer wurden von dem hohen Seegang vollgeschlagen und sanken. Tote wirbelten in der Brandung, tauchten gespenstisch aus dem Gischt auf. Ertrinkende schrien gellend.

Immer neue Sturmboote mit Kommandotrupps landeten zwischen Ouistreham und Lion-sur-Mer. Panzer krochen über den Sandstreifen und schossen aus allen Rohren auf die Kampfanlagen. Hinter ihnen Spezialpanzer: Flails oder Dreschflegel mit rotierenden Ketten am Bug, die Minen zur Explosion brach-

auf die Stellungen zu, hoben haushohe schwarze Pilze in den Morgen.

Oberhalb der dichter werdenden Wolkendecke kamen die überschweren Bomber, hier und da im Frühlicht glitzernd. Lancasters, fliegende Festungen. Strand und Hinterland wurden erneut um und um gewühlt. Die Natur bekam Unmengen dunkler Flecken ins Gesicht geschlagen, kreuz und quer, mit der wahnwitzigen Systematik eines Vernichtungsprogramms.

Bombenteppich oder Flächenwurf, dachte Gengenbach und keuchte gegen die Druckwellen an, die in den Beobachtungsbunker gepreßt wurden. Tausende Maschinen waren in der Luft, über eine Stunde hielt das Bombardement schon an. Und die Uhrzeiger schienen bleiern zu sein. Dieses nervenzerreißende Warten auf die Landung.

»Hat nicht einer 'n bißchen Knäckebrot?«

Blättermann holte von den Fernsprechern einige Scheiben. Das Zerbrechen des Brotes war im Getobe nicht zu vernehmen.

Wie im Juli dreiundvierzig bei Beresowez, erinnerte sich der Oberleutnant. Damals lag die sechste Batterie auch haarscharf am Rand des eigentlichen Angriffsraums und bekam nur gelegentlich etwas ab. Wenige Stunden später steckten wir dann ebenfalls im Schlamassel wie die Handvoll Männer, die das Trommelfeuer überstanden hatten und gerade noch einmal den Panzern mit dem roten Stern entwischen konnten.

Die Bomberverbände drehten ab. Jäger und Schlachtflieger beschossen nach wie vor den Strand, stießen fast bis auf den Boden herab und zogen aus Qualm und brodelnden Explosionen steil wieder hoch.

Gengenbach hatte den Eindruck, daß sich die gesamte Armada während des Dauerfeuers der schweren Navy-Einheiten näher und näher an die Küste heranschob. Überall kreisten jetzt Landefahrzeuge und Sturmboote um dickbäuchige Truppentransporter.

Das Telefon schrillte. Leutnant Blankenburg war am Apparat. »Feuerkommando! Sperrfeuer Cäsar sechs einrichten!«

Die Batteriestellung meldete nach wenigen Augenblicken feuerbereit.

freite Novotny, sich mitten im Bunker erbrach, grün im Gesicht vor Angst.

Der Morgen dämmerte schnell.

»Feuerstellung an den Apparat!« schrie Gengenbach, um sich in dem Getöse verständlich zu machen. Gott sei Dank, die Leitung war heil. Wie lange noch?

»Beschuß? Ja. Aber das meiste geht einstweilen daneben«, meldete der Batterieoffizier. »Und bei Ihnen?«

»Danke der gütigen Nachfrage«, murmelte Gengenbach abwesend.

In das ununterbrochene Tosen aus Abschüssen der Schiffsgeschütze, Geschoßknallen und Detonationen mischte sich ein neues Geräusch, als nähere sich der Küste über den ganzen Horizont ein gewaltiger Schwarm Hornissen.

Blättermann hält die Augen geschlossen, dachte der Oberleutnant. Was ihn in dieser Stunde bewegen mag? Ich zweifle nicht daran, daß er die nächste Gelegenheit nutzt, dem Abteilungskommandeur Meldung zu machen: Oberleutnant Gengenbach hat Helgerts Fahnenflucht und Überlaufen als mutige Tat bezeichnet! So ähnlich. Kann mir den aufgebrachten und obrigkeitshörigen Pfeiler in diesem Augenblick vorstellen. Muß also mit feinen Korrekturen etwas abschwächen, ohne den Wahrheitsgehalt zu verändern, sonst kommt der Major in Ungelegenheiten. Und ich selbst? Keine Ungelegenheiten? Wieso denke ich ausgerechnet jetzt über Nebensächliches nach? Gengenbach machte unwillkürlich eine wegwerfende Handbewegung.

Das Summen schwoll weiter an, hielt die ungewöhnliche Breite, steigerte sich im Ton, daß der irrsinnige Feuerrausch, der ostwärts über den Strand raste, fast unbedeutend wurde. Dann war der Himmel übersät mit Spitfires, Hurricanes, Thunderbolts, Mustangs, Typhoons, die sich auf die Befestigungen, auf die Dünen, auf jedes Grabenstück, jedes Maschinengewehrnest stürzten.

Dann dicht an dicht mittelschwere Maschinen. Bomben fächerten aus ihren Rümpfen, suchten taumelnd das Ziel, gierten

Pfeiler hatte plötzlich den Eindruck, man habe ihm mit einem nassen Handtuch um die Ohren geschlagen. Das war eine Gruppe schwerster Granaten auf die Bunker an der Seeseite von Ouistreham. Unentwegt blitzte es nun in dem ungeheuren Flottenverband auf, schlug hart ein.

Blankenburg lag auf der Erde, rang nach Luft. Rauch zog in die Scharten. Es rieselte von der Decke.

Pfeiler sah, wie der Telefonhörer an der Schnur hin- und herpendelte. Brocken um Brocken wuchtete in Stellungen, Häuserfassaden, Grabensysteme, Befestigungen.

Der Major kroch auf allen vieren zum Scherenfernrohr zurück. Der phantastischste Anblick, den er je erlebt hatte: Eine ganze Flotte schien zu feuern. Der Explosionsschein drang als gespenstisches Licht durch die Schießscharten. Selbst im Bunker hatte er eine Vorstellung von der Größe der Koffer, die jetzt über ihn hinweg nach hinten orgelten.

Er wußte, daß er etwas rief, einen Befehl, aber er vernahm seine Stimme nicht.

Ein Feuersturm prasselte über die Küstenbefestigungen, von der Ornemündung bis an den Ostrand von Lion-sur-Mer, dort riß er ab. Vielleicht zehn Kilometer westlich war eine weitere Feuermassierung. Vor Langrune fuhren langsam Zerstörer und Kreuzer und jagten Breitseite um Breitseite nach St. Aubin und Bernières hinein. Riva Bella war ein einziges weißgraues Gebrodel. Überall standen steile Rauchsäulen, Brandfackeln.

An der Ostseite der Armada lagen zwei Schlachtschiffe, deren Türme mit den langen starken Rohren parallel zur Küste nach rechts wiesen. Die gewaltigen Rümpfe schienen sich bei jedem Rückstoß der Salven in die Wellen zu ducken.

Das sind Kaliber über vierzig Zentimeter, schätzte der Major. In Le Havre werden sie jetzt in die tiefsten Kasematten hinuntergehen. Und auf deutscher Seite fällt kein Schuß. Und es gibt kein Flugzeug, das etwa die ganz dicken Kästen dieses Verbandes aufs Korn nimmt. Es gibt auch keine Kriegsmarine, die über oder unter Wasser den riesigen Pulk angreift.

Pfeiler merkte, daß seine Nerven von Minute zu Minute mürber wurden. Angewidert sah er zu, wie sein Bursche, der Oberge-

zwei Bahnen für die fünf Landeköpfe von Cotentin bis zur Orne mit den Tarnbezeichnungen Utah, Omaha, Gold, Juno und Sword aufgeteilt. Die eine Bahn jeweils für den schnellstmöglichen, die andere für den langsamen Verkehr. Und in den Bäuchen der Schiffe Menschen und nochmals Menschen. Mit ihnen Waffen aller Art. Panzer, Geschütze, Munition. Mit ihnen Zehntausende von Spähwagen, Jeeps, Sankras, Lkw, Baggern, Bulldozern und Krankenbetten und Nissenhütten und Rollbahnen und Lokomotiven, Güterwagen, dazu Verpflegung und Kleidung.

Und immer wieder Menschen, Waffen, Munition . . .

Major Pfeiler wischte sich die Augen, als erwachte er plötzlich. Spürte, wie es im Halse klopfte, wie Ruhe und Beherrschung zerbröckelten. Mit einem Sprung war er bei dem Ordonnanzoffizier, zerrte ihn in die Höhe. »Da, Mensch, schauen Sie hin!« Dann brüllte er in den Nebenraum: »Alarm! Alles raus! Invasion von See her!«

Leutnant Blankenburg taumelte verwirrt an das Scherenfernrohr, blinzelte ins Okular. Murmelte tonlos: »Sie kommen.« Räusperte sich, als müßte er ersticken. »Sie kommen!« schrie er plötzlich mit irrem Blick und sah sich um, seine Augen blieben an der Stahltür hängen.

»Machen Sie mit den Fernsprechern Handgranaten scharf. Alle Magazine auffüllen. Munition an die Scharten!« wies Pfeiler den Wachtmeister Lindemann an. »Batterien sollen sofort feuerbereit melden!«

Blankenburg schrak hoch. Kam wieder in Bewegung.

Es war 5 Uhr 21. Die aus dem Nichts aufgetauchte Flotte schob sich näher und näher. Das Klingeln des Feldtelefons jagte die Spannung ins Fieberhafte. Wie lange würden die Leitungen halten, wenn es losging? Nur die wenigsten Strecken waren Festungskabel, meist aber eingegrabener Felddraht.

»Ja, Gengenbach?«

»Herr Major, in der Bucht . . .«

»Selber festgestellt. Lasse gerade an Division melden. Einstweilen kein Feuer frei. Erst wenn sich am Strand etwas tut, mit zusammengefaßter Abteilung.«

in die Höhe gezogen. Eine verwirrende Zahl dunkler Silhouetten. Schiff neben Schiff! Wo sind die alle mit einemmal hergekommen, fragte er sich hilflos, und seine Lippen bewegten sich zählend. Der Kommandeur der schweren Heeresartillerieabteilung, Major Pfeiler, verheiratet ohne Kinder, Ehefrau mit scharfer Zunge, vaterländischer Würde und Pincenez im Hannoverschen lebend, war gebannt von der ins Riesenhafte wachsenden Fassade dieser Armada. Immer mehr wurde erkennbar. Quirlende kleine Fahrzeuge furchten rastlos zwischen den großen und übergroßen Kästen, blanke Bugwellen vor sich her schiebend.

Bereits am frühen Nachmittag des 5. Juni 1944 hatten Flottillen britischer Minenräumboote begonnen, breite Fahrrinnen durch den Kanal nach Süden zur Seinebucht frei zu machen. Von niemand bemerkt. Hinter ihnen schob sich aus Falmouth, Plymouth, Salcombe, Dartmouth, Portland, Southampton, Newhaven, Harwich und vielen anderen englischen Häfen Schiff um Schiff in die unruhigen Wasser hinaus, in zwei Geleitzugbahnen zunächst parallel der Küste nach Osten, als wäre die engste Stelle des Kanals das Ziel. Die Schiffe erreichten bei Dunkelheit den Bereitstellungsraum unter der Insel Wight, wurden im sogenannten Piccadilly Circus sortiert und zusammengestellt, drehten auf Süden ein und zogen in fünf inzwischen von Bojen markierten Bahnen Richtung Frankreich.

Mit Beginn der neunten Abendstunde tauchten zwei Dutzend kleiner Schiffe vor der normannischen Küste auf. Sie wurden ebenfalls nicht bemerkt und räumten auch hier Minen. Hinter ihnen stampfte eine Armada in dreißig Kilometer Breite heran. 6480 Schiffe, Landungsboote eingerechnet. Schiffe aller jemals erdachten Typen: Frachter, Fähren, Tanker, Schlepper, Leichter. Transporter und Ozeandampfer mit Sperrballons darüber. Davon 700 Kriegsschiffe aller Klassen, vom Küstenschutzkutter und Bojenleger bis zum schweren Kreuzer und modernsten Schlachtschiff. Überflogen von Schwärmen von Jägern und Schlachtfliegern. 59 gewaltige Geleitzüge; 38 aus dem Vereinigten Königreich und 21 aus den Vereinigten Staaten.

Vor der französischen Küste wurden die Transporter in je

halbem Weg zwischen Küste und Caen, dort zieht sich auch die sanftgeschwungene Hügelkette hin, von der man einen ausgezeichneten Blick auf Caen hat. Was wäre denn mit dieser Version?

Der Major dachte angestrengt nach. Den spärlichen Unterrichtungen der Division zufolge – wahrscheinlich wußten die Herren ebenfalls nicht mehr – sollten auch an der Ostseite von Cotentin Fallschirmjäger abgesprungen sein. Und zwischendurch nichts. In Saint Lô nichts. In Bayeux nichts. Und im Osten? Le Havre? Auch nichts gemeldet bisher. Cotentin und Orneabschnitt, wenn das die Flügel eines geplanten Angriffs wären? Die Flanken, um eine Großlandung zu sichern? So klug sollte der OB West mindestens sein, das zu bedenken. Generalstabschef, Ia und Ic mußten doch Informationen haben und fertige Pläne in den Schubladen.

Der Kommandeur sah wieder durch das Scherenfernrohr auf die unruhige See. Es wogte, war jetzt ausgesprochen stürmisch. Immer noch blasses Mondlicht, gelegentlich strähnige Nebelzonen. Es kann eigentlich nur noch Minuten dauern, dachte er, bis sich erste Lichtstreifen markieren. Dann wird nicht nur das feuchte Gelände hier aufgehellt werden, sondern ringsherum Licht in die ominöse Angelegenheit kommen. Alles nicht so schlimm, hinter uns steht ja einiges. Zum Beispiel auf den Höhen bei Périers vierundzwanzig Prachtexemplare von Achtacht-Kanonen. Dort ist die Pakabteilung der einundzwanzigsten Panzerdivision in Stellung gegangen, nur fünf Kilometer von der Küste entfernt. Außerdem: auf wen sollen sie schießen? Die See ist leer, wie gefegt. Ich werde mich jetzt noch eine Weile hinhauen.

Durch den Sehschlitz nahm er erstes Dämmern über der Bucht von Ouistreham wahr. Das Gerät läßt einen nicht los, dachte er und begann erneut bei dem Betonklotz von Merville. Drehte weiter. Unverändert der bleiche Sand von Riva Bella. Drehte weiter. Nach Norden. Nach Nordwesten. Bei achthundert Strich von Grundrichtung hielt er den Atem an. Da war doch eben nur Weite und Horizont gewesen – und jetzt? Als hätte eine riesige Hand einen riesigen Vorhang mit Windeseile

ren Aufgaben entgegen. Wie sich die Aufklärung so irren kann, dachte er, es war gar keine schwere, sondern eine leichte Batterie, Kaliber fünfundsiebzig Millimeter.

Übrigens irrte Otway selbst, als er die Batterie für kampfunfähig hielt. Nur zwei Geschütze waren zerstört, die übrigen beiden beschossen wenige Tage später schon wieder den Strand. Und die Batterie Merville wechselte noch mehrfach den Besitzer.

Major Pfeiler versuchte vergeblich Merville zu erreichen, nachdem ihn der Gefechtslärm wieder ans Scherenfernrohr getrieben hatte, ohne daß er jedoch in der grauen Qualmwolke etwas erkennen konnte. Er setzte eine dementsprechende Meldung an die Division ab.

Der Major fror. Nach all den Nächten, die er wegen Baumert, mehr noch wegen des glatten Herrn Dörnberg schlaflos zugebracht hatte, war er heute wieder um die ersehnte Ruhe gekommen. Außerdem plagte ihn Hunger, und es konnte noch lange dauern, bis Novotny mit dem Frühstück aufwartete.

Warum gleichzeitig Luftangriffe auf die eingebauten Küstenbatterien von Riva Bella und Merville? Warum Luftlandetruppen zwischen dem Canal de Caen und der überschwemmten Dives? fragte er sich. Die wenigen, die nach Klasens Meldungen nördlich Benouville abgesetzt worden waren, verschleierten eher das Bild. Welchen Auftrag hatten sie? Störung der rückwärtigen Dienste? Wen wollten sie denn in der gottverlassenen versumpften Gegend stören? Solche Landungen konnte man im Raum Toulouse machen, wo es auf ungezählten Quadratkilometern keinen Mann der Wehrmacht gab. Aber mit solchem Aufwand? Jedem Kameraden von der anderen Feldpostnummer mußte klar sein, daß an diesem Morgen ein unerhörtes Kesseltreiben gegen die Abgesprungenen losgehen dürfte. Für Angriffsaktionen war der Streifen zwischen den zwei Wasserbereichen denkbar schlecht geeignet. Pfeiler stutzte. Moment mal: Und der Umkehrschluß? Sie haben sich innerhalb dieser beiden schützenden Begrenzungen festgesetzt, weil sie eben nicht angreifen, sondern verteidigen wollen? Ranville liegt auf

fünfzig Meter herab. Das erste MG ratterte los. Die anderen folgten. Gewehrfeuer kleckerte. Leuchtspur. Der Flugapparat hob noch einmal, fegte dann geradlinig in den Wald hinüber, zerknallte zwischen den Bäumen.

In diesem Augenblick krachende Explosionen vor dem inneren Minengürtel. Maschinenpistolen hämmerten. Dann stürmten brüllende Männer an. Ein Horn schmetterte wie bei einer Fuchsjagd. In den Bunkern Verblüffung, Erschrecken. Widerstand. Die Maschinengewehre faßten die Anstürmenden, reihenweise sanken sie um. Die Nachdrängenden gaben nicht auf, waren schon in den Gräben. Revolver knallten, Dolche arbeiteten lautlos. Und über allem Geschrei. Auch die Aufschreie der zu Tode Getroffenen.

Rote Leuchtkugeln flitzten empor, machten die Szene mit ihrem bengalischen Licht noch gespenstischer. Explosionsqualm. Querschläger. Und immer wieder hageldichtes Abwehrfeuer gegen die Nachstürmenden. Minen detonierten. Schreie blieben in der Nacht hängen. Hände wurden hochgerissen. Granatwerfer blafften. Der Ring wurde enger.

Die ersten Angreifer waren an den Betonwänden und Schlitzen. Handgranaten flogen hindurch, krepierten mit dumpfem Klang. Maschinenpistolen durch die Schlitze ins Innere. Eine stählerne Seitentür zur Kasematte wurde aufgewuchtet. Daneben stand eine zweite bereits offen. Feuerstöße jagten hinein. Ein Teil der Besatzung kapitulierte. Eine heftige Explosion fetzte die Eindringenden zu Boden. Andere stießen nach. Ladungen in die Geschütze. Dumpfe Detonationen. Alle vier unbrauchbar.

Zweiundzwanzig Deutsche standen mit erhobenen Armen. Fast hundertachtzig lagen tot oder schwerverwundet im Draht, in den Stollen, Betongängen, Treppen, Kasematten, Trichtern. Von den angreifenden Engländern war die Hälfte gefallen.

Im Außenwerk knallten noch Schüsse. Um 4 Uhr 45 war alles vorbei. Fünfzehn Minuten hatte der Kampf gedauert. Die Schwerverwundeten beider Nationalitäten wurden zurückgelassen. Der Leiter des Unternehmens, Oberstleutnant Otway, zog mit einer Handvoll Überlebender nach Südwesten ab, ande-

»Es hat den Anschein.« Klasen hatte den Eindruck, daß sein Kommandeur nunmehr mißvergnügt war.

Die Küstenbatterie bei Merville, am rechten Orneufer, konnte mit ihren vier Rohren die Mündungen des Flusses und des Canal de Caen sowie den Strand von Riva Bella bis nach Lion-sur-Mer und sogar noch bis in den Raum Luc bestreichen. Wer hier durch die minenverseuchten Vorstrandhindernisse von See her an das flache Ufer wollte, mußte mit einem heißen Empfang rechnen.

Ein gewaltiger Betonklotz im flachen Uferbereich mit Kasematten und Kampfständen für zweihundert Verteidiger, umgeben von zehn Maschinengewehrstellungen und zwei Minengürteln, einem inneren und einem äußeren; zwischen den Minenfeldern Panzergräben, Drahtverhaue, Verbindungsgräben, Igelstellungen, Nester: eine tiefgestaffelte, modernste Verteidigungsanlage.

Seit dem von etwa hundert Lancaster-Bombern geführten Angriff, deren Tausend-Kilogramm-Bomben der Batterie gegolten hatten, obwohl sie zum Teil bis zu einem Kilometer abseits die Wiesen umwühlten, stand die gesamte Mannschaft auf Gefechtsstation. Die Batterie war unversehrt. Viele Trichter ringsum bis zu den Sandaufschüttungen an den Steilwänden des Bunkersystems rührten von früheren Luftangriffen her und hatten das Werk noch unangreifbarer gemacht.

Mit Ungeduld erwartete die Besatzung den Morgen. Anfang Juni währte die Dunkelheit etwa sieben Stunden; gegen halb sechs würde es schon einigermaßen hell sein. Noch eine Stunde bis dahin. Die Beobachtungsposten hinter den Schlitzen starrten auf den Strand. In den Feldanlagen wurde vor allem nach Süden gesichert. Es war kalt und windig.

Wieder schob sich Motorengeräusch langsam über das Wasser heran. Einzelne Maschinen. Plötzlich blinkten starke Scheinwerfer aus dem resedafarbenen Himmel in Richtung Batterie. Wenige Minuten später wurden die Silhouetten von zwei Gleitflugzeugen sichtbar, die das Werk anflogen, aber wieder abdrehten. Eines der Segelflugzeuge stieß erneut auf hundert-

Apparate gegen Hindernisse oder ineinander. Und keine Abschüsse von Geschützen oder Panzern, Granatwerfern, Pak in jenem Raum. Nichts.

Mensch, man muß doch gegen diese Landungen vorgehen, dachte Klasen. Alle Dörfer dreißig, vierzig Kilometer südlich und südostwärts Caen sind vollgestopft mit Einheiten der einundzwanzigsten Panzerdivision. Wenn die um ein Uhr alarmiert worden wären, hätten sie längst hier sein können. Sind denn die Ornebrücken wirklich so unwichtig?

Der Adjutant blickte nach Norden. Mußten nicht dort ebenfalls neue Landungen erfolgen?

»Hartmann, lassen Sie zu den Sicherungen durchgeben, daß jeden Augenblick vor uns Lastensegler niedergehen können. Sofort Feuer frei!«

Nachdenklich nahm er die Maschinenpistole in die Hand. Es wäre kein Kunststück, sie im Dunkeln in ihre Bestandteile zu zerlegen und sie ebenso schnell wieder zusammenzubauen. Wie oft hatte er das staunenden Rekruten vorgemacht. Aber wenn er daran dachte, wie selten er auf dem Schießstand ein paar Schuß abgefeuert hatte . . . Ewig bremste Munitionsmangel die wirklichkeitsgetreue Ausbildung. Sturmangriff und aus der Hüfte feuern? Das stand in den millionenfach herausgegebenen vaterländischen Broschüren, für die Heldentaten erfunden, ausgeschmückt und konserviert wurden.

Noch regte sich nichts. Klasen beschloß, trotz seiner Abneigung Pfeiler anzurufen. Mit dürren Worten schilderte er das Wahrgenommene.

»Solange die Knaben sich ostwärts der Orne tummeln, sollte es Sie persönlich nicht sonderlich interessieren«, knarrte die Stimme des Majors. »Habe über Division Meldung bekommen, daß die rechts bei Bréville gelandeten Verbände nach Norden drücken. Würde mich wundern, wenn sie nicht von rückwärts an die Ornemündung wollten.«

»Das kann böse für die Batterie bei Merville werden«, sagte der Oberleutnant.

»Und zwischen unseren beiden Standpunkten sitzen immer noch Tommys und spielen Mäuschen?«

rüstung nicht selbst zu befreien vermochte; Klasen versuchte vielmehr die Situation nüchtern einzuschätzen und alle Chancen zu nutzen.

Er saß mit zwei Meldern im Vestibül eines großen Landhauses und sah zum hundertstenmal auf sein Kartenbrett. Es war Viertel nach drei. In der letzten Stunde hatte sich kaum etwas getan. Die Sicherungen gegen Benouville hatten Anlehnung zur Einheit Süsterhenn. Der Chef des Stützpunktes Kleemann, auf der Hälfte der Strecke zu Gengenbachs B-Stelle, teilte mit, daß seine Männer in diesem Raum bisher keine Feindberührung hätten. Sollten sich die dort in unmittelbarer Nähe gelandeten Engländer in Wohlgefallen aufgelöst haben?

Nochmals die Karte: Ostwärts vom eigenen Standort Benouville mit starker Sicherung an der Straße nach Ouistreham und Caen. Fahrzeuge fuhren dort nicht mehr. Jenseits der Orne immer wieder MG-Feuerstöße, Geknatter von Maschinenpistolen, Leuchtkugeln. Zwei Kilometer Richtung Küste die Feuerstellung von Gengenbach. Ein paar Kilometer weiter das Dorf Colleville. Von dort ebenfalls keine Feindmeldung.

Ein Mann kam die Terrasse heraufgestürmt. »Herr Oberleutnant, es geht wieder los!«

Klasen zwängte sich durch die Lichtschleuse ins Freie. Die Küstenflak schoß wie besessen. Grelle Blitze der detonierenden Flakgranaten und Leuchtbomben. Lichtkaskaden hingen am Himmel. Und es dröhnte heran, Maschine um Maschine, als würden sie direkt auf den Gefechtsstand der Artillerieabteilung zufliegen. Schoben sich dann doch östlich vorbei.

Klasen beobachtete durch das Fernglas. Er stand im Hügelgelände einige Meter höher und hatte keinen schlechten Überblick. Jetzt sah er die Flugzeuge nördlich Ranville, keine drei Kilometer entfernt. Dakota? Halifax? Liberator? Albemarle? Nichts davon! Denn das erkannte er genau gegen das blasser gewordene Mondlicht: Die Flugapparate waren ohne Motorengeräusch. Flogen verhältnismäßig langsam. Segelflugzeuge. Gleiter. Und sie gingen alle dort hinten nieder.

Der Oberleutnant lauschte. Ihm war, als höre er ein Krachen und Splittern aus der Landungsgegend. Vielleicht rasten die

Helmut Klasen war nach eigenem Wunsch aktiver Offizier. 1939 wurde er zum Dienst bei der Wehrmacht eingezogen und machte die Ausbildung jenseits der Oder im »Regenwurmlager« bei Meseritz durch. Anschließend kam er auf die Artillerieschule nach Jüterbog, versäumte zu seinem bitteren Leid, wie er meinte, die Feldzüge in Polen, Skandinavien, Frankreich, Jugoslawien, Griechenland und Afrika, ja sogar den Start für den geplanten Wettlauf zum Ural. Im Frühjahr 1942 durfte er als frischgebackener Leutnant – für seine Begriffe *endlich* – an die Ostfront, um sich bei Rshew die Knochen zerschießen zu lassen. Von da an betrachtete er das Leben, besonders das eigene, vorsichtiger und ließ sich nach fast einjährigem Aufenthalt im Bett als Ausbilder auf Kasernenhöfen und Truppenübungsplätzen einsetzen – verschämt wegen der von Jahr zu Jahr unzulänglicher wirkenden Dekorierung, dem schwarzweißroten Band des EK II im Knopfloch und dem silbernen Verwundetenblech neben dem bronzenen Sportabzeichen auf der Feldblusentasche.

Als ihn ein Heldenklaukommando auskämmte und zur Neuaufstellung an den Englischen Kanal schickte, glaubte er zumindest relativ Glück zu haben, daß es nicht wieder die den Grenzen des Reichs erheblich näher gekommene Ostfront war. Major Pfeiler rechnete ihm schneidend vor, daß sein Berufsstand als aktiver Offizier mit den bisher kaum nennenswerten Taten für das Vaterland nicht übereinstimme. Klasen kam sich jedoch mit seinen fast zwei Dutzend Lebensjahren den Kriegsverhältnissen entsprechend weise vor und rechnete sich selbst hoch an, bisher noch nicht den Heldentod gestorben zu sein. Sein Nahziel sah er deshalb darin, mit den angeschlagenen, aber derzeit heilen Knochen durchzukommen, um einst in einer mittelgroßen Garnison geregeltem Dienst nachgehen und eine Familie gründen zu können. Also paßte die bedrohliche Situation in dieser Angriffsnacht, verglichen mit den von Organisationsarbeit ausgefüllten zurückliegenden Monaten, nicht in seine Berechnungen. Klasen schrie nicht hurra, als er den ersten buntgefleckten englischen Fallschirmjäger sah, den die Infanteristen aus einem Drahthindernis herausgeschnitten hatten, weil er sich infolge des auf ihm lastenden Gewichts der Mammutaus-

Blättermann preßte die Lippen zusammen. Böses Schweigen kroch durch den Bunker.

»Mensch, Sie haben ja nicht mal den Mut, ja zu sagen!« Er blickte den Unteroffizier von oben bis unten an. »Aber einen, der erheblich mehr Mut bewiesen hat als andere, einen Feigling nennen!«

Die beiden Vermittlungsgefreiten rührten sich nicht. Etwas im Fadenkreuz des Scherenfernrohrs nahm plötzlich die Aufmerksamkeit des Oberleutnants in Anspruch. Etwas Dunkles auf der grundschwarzen wildbewegten Wasserfläche. Aber es war offenbar nur ein Wolkenschatten.

»Das haben Sie gesagt, Herr Oberleutnant.« Blättermann senkte seine Stimme. »Daß Helgert mehr Mut bewiesen hat.«

»Na und? Glauben Sie sich damit besonders stark?«

Jetzt kam leises Motorengedröhn über das Wasser. Schwoll mehr und mehr an. Bomber Richtung Ornemündung. Gengenbach preßte sein Auge an das Okular. Sechs Kilometer weiter nach Osten flimmerte der weiße Sand im Mondlicht. Hinter der schwachen Silhouette von Ouistreham war die Küste schwarz. Plötzlich wankte der Boden von einem dumpfen Stoß. Dann quoll es auf Riva Bella hoch. Schwere Bomben.

»Das geht auf die eingebaute Batterie.«

Dem Oberleutnant war, als folgten seine Augen einem Spiel, das nach bestimmten, wenn auch für ihn nicht überschaubaren Regeln abzulaufen begann.

Die Flak zog bunte Bänder in den Nachthimmel. Nach kurzer Zeit war es zu Ende. Die Bomber flogen eine Schleife, passierten etwa zwischen St. Aubin-sur-Mer und Bernières die Küste, verloren sich über See.

Gengenbach verlangte den Abteilungsgefechtsstand zu sprechen, meldete wahrgenommene Besonderheiten, erfuhr, daß die Batterie Riva Bella durch den Luftangriff teilweise beschädigt worden sei.

Als er aufblickte, bemerkte er, daß der Unteroffizier Blättermann ihn noch immer anstarrte.

Krieg verloren ist. Also das sinkende Schiff verlassen. Keine Nibelungentreue bewiesen. Aber diesen Gedanken habe ich nun schon ein dutzendmal und mehr verfolgt: Krieg ist nicht nur ein äußerer Zustand. Krieg ist: wogegen und wofür. Wogegen ist leicht, es wird uns täglich gesagt: gegen bolschewistisches Untermenschentum, gegen anglo-amerikanische Plutokraten. Wenn Russen und Franzosen uns nicht recht sind, ist das doch kein Grund, auf sie zu schießen, solange sie uns nicht selbst angreifen.

Und wofür? Volk ohne Raum? Goebbels hat irgendwo gesagt, daß wir uns gesundstoßen wollen. Führer, Volk und Vaterland? Moment mal: Führer, das ist das Volk, und das Volk ist der Führer. Hat er gesagt. Aber er sitzt irgendwo hinten, und dem Volk werden die Knochen kaputt geschossen. Für das Vaterland. Ja. Aber wenn die anderen nichts vom Vaterland wollten? Vielleicht hat Helgert so gedacht. Vielleicht hatte er noch andere gewichtige Gründe, die Front zu wechseln. Und ich? Warum bin ich nicht ebenfalls schon gegangen? Warum mache ich denn dieses aussichtslose Unternehmen mit? Aus Gewohnheit. Weil bisher niemand den Einberufungsbefehl rückgängig gemacht hat. Weil ich im Verpflegungsnachweis stehe und Wehrsold beziehe. Weil ich in Stammrollen und Stellenplänen geführt werde. Weil das alles so selbstverständlich geworden ist. Aber *ist* es wirklich so selbstverständlich? In dieser nervösen Nacht mit Alarmstufe eins fehlt die Ruhe, darüber nachzudenken.

»Und Sie sind der Ansicht, daß Oberleutnant Helgert aus Feigheit übergelaufen ist?«

Blättermann sah dem Oberleutnant in die Augen, ohne daß ein Muskel in seinem Gesicht zuckte. Die Mundwinkel waren wie immer nach unten abgeknickt. Er schwieg.

»Was meinen Sie, wenn die Tommys oder die Amis auch von See kommen, so mit allem Drum und Dran zum Schießen und zum Frikassieren? Sie kennen den Abschnitt viel länger als ich. Sie kennen auch die Lücken und die paar Tripperspritzen, die da in den Hecken herumstehen. Wir werden sie damit zu Paaren ins Meer treiben, nicht wahr?«

Den Oberleutnant überkam ein ungutes Gefühl. Er kannte fast niemanden. Niemand kannte ihn. Ganze zwei Stunden war er bei den Geschützen gewesen. Ja, wenn es die Männer der alten sechsten Batterie vor Orel wären, da wüßte er, daß sie stehen würden. Ein paar Engländer oder Amis hätten denen nicht imponiert. Aber hier? »Na, Blättermann, geht's mal wieder los!« wandte er sich an den Nachrichtenunteroffizier.

»Mir wäre lieber, ich säße im Reich auf einem KOB-Lehrgang«, meinte der Angesprochene unverfroren. »Mit dem Haufen hier können wir keine Lorbeeren ernten.«

Gengenbach sah ihn nachdenklich an. »Manchmal täuscht man sich, und die Menschen wachsen über sich selbst hinaus. Wie Sie zum Beispiel bei Shitomir.«

Das Gesicht des Unteroffiziers verkrampfte sich etwas.

»Sie haben doch damals das EK eins bekommen, nicht wahr?«

»Ich habe eine Gruppe aus dem Kessel geführt, das ist alles.«

»Nachdem unser Batteriechef Helgert offenbar versagt hat . . .« Gengenbachs Stimme klang harmlos.

»Er ist übergelaufen«, widersprach Blättermann. Ihm fehlte die beruhigende Nähe von Bernreiter und Novotny, er fühlte sich unbehaglich.

»Sagen Sie mal, wenn die Briten uns mit Luftlandetruppen in den Rücken kommen, dann ist das auch nicht gerade das Erstrebenswerte, oder?«

Blättermanns Miene wurde noch überheblicher. »Wir haben ja schließlich auch ein paar Musketen.«

»Die Infanteriebunker sind nicht zum Kampf nach Süden angelegt, wie ich gesehen habe. Die Angreifer würden uns in die eigenen Minenfelder drücken.« Gengenbach zündete eine Zigarette an und drehte sich um, als erwarte er keine Antwort.

Eigentümliches Erleben, dachte er, nach einem halben Jahr Pause plötzlich wieder vor einem Großkampf zu stehen und zu wissen, daß die Zeit der deutschen Blitzkriege vorüber ist. Seit langem. Um wieviel weiter muß Helgert damals schon gesehen, was muß ihn alles bewegt haben, daß er sich entschloß, nicht mehr zu kämpfen. Wahrscheinlich war er überzeugt, daß der

gade, die sich nach den Klängen eines englischen Jagdhorns im Raum Ranville sammelten. Ihre Befehle waren eindeutig: Verstärkung der an den Ornebrücken niedergegangenen Sturmtruppen; das Dorf Ranville nehmen und halten; die Anhöhen im Nordosten von Caen besetzen, fünf Brücken über die Dives zerstören und somit die Ankunft des Gros der 6. britischen Luftlandedivision vorbereiten. Um 3 Uhr 20 sollten neunundsechzig Lastensegler wiederum Männer mit grün-braun-roten Fallschirmjägerblusen sowie schwere, vor allem panzerbrechende Waffen, Fahrzeuge, Gerät und leichte Panzer absetzen. Ihr Generalauftrag hieß: Die östliche Flanke des Landeunternehmens gegen Panzerangriffe halten. Ungezählte Engländer kamen bei dieser Aktion um. Sie blieben in den Wipfeln des Bois de Bavent hängen. Sie wurden abgetrieben in die bis zu drei Kilometer breite Fläche der angesumpften Dives und ertranken, oder sie stürzten schon über dem Meer ab und ertranken dort. Wurden von den Rommelspargeln gespießt oder landeten bis zu fünfzig Kilometer entfernt von ihren Sammelpunkten und hoben die Hände.

Im Raum südlich Caen stand die 21. Panzerdivision der Wehrmacht in Reserve, Nachfolgerin von Rommels Elitetruppe, die in Afrika verblutet war. Ihre Rohre zielten auf den Streifen zwischen Orne und Dives.

Gerhard Gengenbach hatte sich angezogen auf das Klappbett gelegt und dachte darüber nach, ob er irgend etwas anzuordnen vergessen hatte, seit von der Abteilung höchste Alarmbereitschaft angeordnet wurde. Die Batterie war feuerbereit. Munition knapp, etwa ein Tagessatz, aber das lag schon nicht mehr ausschließlich in seiner Verantwortung.

Der abgelöste und ausgetauschte Reservehauptmann mit dem Namen Müller hatte ihm schon zweimal gesagt, daß er nun mit seiner Abreise in Zeitschwierigkeiten kommen werde. Aber von dem Augenblick an, als Pfeiler die Luftlandungen beiderseits der Orne und nördlich Benouville durchsagte, schwieg er und blickte geduckt um sich. Die Feuerstellung hatte sich zur Rundumverteidigung und zum Nahkampf fertiggemacht.

Habe den Eindruck, daß auch um Ranville gekämpft wird. Infanterie hat keine Verbindung dorthin. Was nördlich von mir los ist, weiß ich nicht. Patrouillen auf der Straße nach Caen blieben ohne Feindberührung. Möglich, daß die Engländer zur Küste hochdrücken wollen. Dann müßten sie bei Ihnen ankommen.«

Pfeiler fühlte Unbehagen. »Engländer?«

»Ja, Süsterhenn hat einige Gefangene gemacht: dritte und fünfte britische Fallschirmjägerbrigade.«

»Unsere Verbindungen?«

»Bisher nicht gestört. Alles, was einen Karabiner halten kann, habe ich in die Kampfstände der Rundumverteidigung geschickt.«

Der Kommandeur erschrak, er spürte, und nicht zum erstenmal, wie alt er schon war: Das Wichtigste einfach zu vergessen! Hastig befahl er, die Maschinengewehre zu besetzen, und war verblüfft, daß die Männer schon auf ihren Posten standen. Entsann sich, daß dies wiederum eine ganz normale Folge des Alarms war, und nahm, unsicher geworden, mit dem Gefechtsstand des Infanteriebataillons Verbindung auf.

Als ihm der Obergefreite Novotny den Becher mit Kaffee reichte, erschrak Pfeiler zum zweitenmal. Der Bursche war aschgrau im Gesicht. Seine Hand zitterte so stark, daß er den Kaffee verschüttete.

Oberleutnant Klasen hatte gut beobachtet. Er konnte allerdings nicht sehen, wie um 0 Uhr 20 aus sechs die Küste überfliegenden Transportern Pfadfinder abgesetzt worden waren, um Landeplätze für Fallschirmjäger und Luftlandetruppen mit Leuchtzeichen zu markieren. Und zwar nördlich von Klasens derzeitigem Standort, im Raum des Dörfchens Varaville, weiterhin im Abschnitt Ranville, knapp südostwärts der inzwischen genommenen Ornebrücken, und um Touffréville, etwa acht Kilometer ostwärts Vaucelles, der Vorstadt von Caen.

Um 0 Uhr 50 waren bereits britische Fallschirmjäger, eingewiesen durch die gesetzten Leuchtzeichen, über diesem Gebiet abgesprungen. 4255 Männer der 3. und 5. Fallschirmjägerbri-

»Kein Stück, Herr Major.«

»Na also.«

Pfeiler meldete der Division Klasens Angaben, hörte, daß der Angriff auf die Ornebrücken längst bekannt und einiges wegen Benouville eingeleitet sei. Er nahm zur Kenntnis, daß nunmehr höchste Alarmstufe erwartet wurde. Auf der Halbinsel Cotentin seien ebenfalls Fallschirmjäger niedergegangen.

Ärger stieg in ihm auf. Hätte er Klasen geglaubt, würde er jetzt bei der Division anders dastehen.

Der Major gab für seine Einheiten Alarmstufe eins. »Schicken Sie Bernreiter her und lassen Sie Novotny einen zünftigen Kaffee kochen, Blankenburg!« Dann setzte er sich ans Gerät. Drehte langsam von rechts nach links, blickte über die im halben Mondlicht schimmernde Bucht von Ouistreham. Kein Schiff. Kein Licht. Kein Signal. Kein Geräusch. Nur die langen weißen Brecher vor Riva Bella. Draußen graue Schaumkämme. Am Horizont ein paar ziehende Wolken. Sonst nichts. Invasion? Schwer vorstellbar.

Er drehte nochmals zurück: das gleiche. Die Bucht war leer. Er starrte über die Ornemündung hinweg: Die Seinebucht bis Le Havre lag ebenso still. Im Nordosten immer wieder das dumpfe Grollen detonierender Bomben.

Die Einflüge haben seit einiger Zeit aufgehört. Schon zwei Uhr. Wie die Zeit vergangen ist, dachte er.

Bernreiter meldete sich zur Stelle.

»Wagen fertigmachen und hinters Haus fahren. Maschinenpistolen nicht vergessen. Sie bleiben auf Abruf im Nachrichtenbunker, verstanden?«

»Jawohl, Herr Major.«

Die Nagelstiefel polterten hohl den Betonschacht hinunter.

Pfeiler rief wieder seinen Adjutanten an.

»Das Bild ist jetzt etwas klarer, Herr Major. Das zweite Bataillon vom Panzergrenadierregiment hundertzweiundneunzig ist auf Benouville und die Brücken angesetzt, verstärkt durch erste Panzerjägerkompanie hundertsechzehn. Schwere Abteilung neunhundertneunundachtzig auf Zusammenarbeit angewiesen. Feind in den Ort zurückgedrückt. Mehr noch nicht.

Wieder schrillte das Telefon. Oberleutnant Klasen war am Apparat: »Herr Major, die Invasion hat begonnen!« Er wartete die Wirkung seiner Worte nicht ab. »Fallschirmjäger sind zu Tausenden abgesprungen. Hart nördlich von uns. Selbst beobachtet. Mit Sicherheit auch ostwärts Ornebrücken. Schätze, bei Ranville. Habe den Eindruck, daß weiter südlich ebenfalls noch Absprünge erfolgen.«

Pfeiler entdeckte sich diesmal im Hemd vor dem Bett stehend. »Und was ist mit den Brücken?«

»Süsterhenn hatte bereits Feindberührung. Ohne Panzer ist nicht an den Kanal heranzukommen. Auch in Benouville wird gekämpft. Hören Sie selbst!«

Der Major vernahm deutlich aus der Muschel Geknatter von Infanteriewaffen.

»In Benouville? Das bedeutet, daß ich von hier im Augenblick nicht an den Hauptgefechtsstand herankomme?«

»Zumindest nicht mit dem Wagen. Süsterhenn hat auch nach Norden einen dünnen Schleier Infanterie angesetzt. Wartet jetzt auf Verstärkung.«

»Halten Sie mich auf dem laufenden!«

»Jawohl, Herr Major.«

Die Invasion hat begonnen! Invasion ausschließlich aus der Luft? Das stand in keiner Vorschrift. Es gab überhaupt noch keine Heeresdienstvorschrift mit Verhaltensregeln für Invasionen, nur die Erfahrungen von Sizilien und Nettuno.

Pfeiler fuhr in wilder Hast in die Uniform, knipste das Licht aus und rannte die wenigen Schritte hinüber zum Gefechtsbunker. Unterwegs sah er, daß der Himmel im Südosten und Süden voller Leuchtzeichen war.

Er bog von der Straße ab, sprang in den Splittergraben, der in einen betonierten röhrenartigen Gang mündete, stieg die schmale Treppe hoch und schob den Klemmhebel der Stahltür in die Höhe. Vor ihm lag der zweiräumige Gefechtsbunker, direkt hinter die erhaltene Fassade eines Hauses gebaut.

Leutnant Blankenburg, der Ordonnanzoffizier, stand am Scherenfernrohr vor dem mittleren der drei Sehschlitze.

»Was zu sehen?«

schen des Meerwindes kam von Westnordwest, es war nichts zu hören.

Klasen berichtete weiter: »Die Einheit Süsterhenn, die dort in Reserve liegt, hat alle ankommenden Leute aufgefangen und sofort einen Sperriegel am Süd- und Ostrand des Dorfes gebildet. Sie gehen jetzt Richtung Straße Caen-Ouistreham vor, um gegnerische Kräfte festzustellen.«

»Menschenskind, Klasen, ein Verstärkungstrupp für die französischen Untergrundleute, weiter nichts. Und da haben sich ein paar Posten in die Hosen gemacht und sind geflitzt.«

»Herr Major . . .« Am anderen Ende der Leitung suchte Klasen nach Worten. »Verstärkung für die Résistance in Lastenseglern – das habe ich noch nicht gehört.«

»Haben Sie die Maschinen mit eigenen Augen gesehen?«

»Natürlich nicht.«

»Na also. Dann hören Sie sich um. Am besten, Sie bewegen sich an Ort und Stelle und berichten mir dann etwas genauer. Danke schön.« Der Major hängte ein, setzte sich auf den Bettrand, um endlich die lästigen Unterhosen loszuwerden. Dann legte er sich ins Bett, ließ aber die Nachttischlampe brennen. Die jungen Spunde sollten sich gefälligst zusammennehmen. Die Brücken über den Canal de Caen und die Orne? Das war nördlich Caen die einzige Straßenverbindung nach Osten und Westen. Hauptverkehrsader, über die der Nachschub rollte. Wenn da etwas passierte . . . Aber die Leute von Süsterhenn würden doch wohl mit den paar Hanseln fertig werden.

Unter dem Nachthimmel war jetzt unentwegtes Brummen einfliegender Maschinen.

Der Major streckte sich. Morgen früh, dachte er bekümmert, wird wieder der Küstenalltag einziehen: Meldungen über den Stand des Ausbaus der Feldbefestigungen, zu wieviel Prozent ist die Truppe eingegraben, Pferde und Fahrzeuge sind gesondert aufzuführen, wieviel Prozent der Stützpunkte haben ausgebaute Rundumverteidigung . . . Ja, und dann half kein Singen und kein Beten, dann mußte die Meldung über Baumert abgesetzt werden. Verlustmeldung? Tatbericht wegen unerlaubter Entfernung von der Truppe?

Erde. Das galt der Batterie von Merville. Und es rollte und rollte, Welle um Welle flog an. Alle Maschinen mit dem gleichen Auftrag?

Pfeiler nahm den Hörer ab, drehte die Kurbel. »Stellen Sie sofort fest, was in Merville los ist!«

»Jawohl, Herr Major.«

Er ging wieder ans Fenster zurück. Jetzt schoß nur noch die Flak.

Der Apparat klingelte. »Die Bomben haben einen halben Kilometer südlich in den Wiesen gelegen. Überhaupt nichts passiert.«

»Danke.« Na also. Ein Schmunzeln zog über sein Gesicht. Pech gehabt, Piloten von der Royal Air Force! Wenn ich schon mal in Ruhe schlafen möchte. Drei Viertel eins bereits. Um sechs ist die Nacht vorbei.

Da schrillte das Feldtelefon noch einmal.

»Ich habe Ihnen schon tausendmal gesagt, Sie sollen mich nachts in Ruhe lassen!« raunzte er aufgebracht in die Muschel.

»Verzeihung, Herr Major, hier kommt Oberleutnant Klasen dringend.«

Es knackte in der Leitung, dann die sich überschlagende Stimme des Adjutanten: »Herr Major, englische Fallschirmjäger gelandet!«

»Nun mal Ruhe. Wo sollen denn die herkommen?«

»Auf der Ostseite von Benouville! Die Brücken.«

Pfeiler erhob sich, stellte fest, daß er in Unterhosen dastand. »Na und? Da ist doch eine starke Besatzung. Bunker, Verbindungsgräben, Maschinengewehre.« Er lauschte so angestrengt, daß die Augen hervortraten.

Klasen atmete heftig, fing sich aber wieder. »Um null Uhr zwanzig sind Lastensegler an beiden Brücken niedergegangen. Schwerbewaffnete mit geschwärzten Gesichtern haben die Besatzungen überwältigt. Ein Teil konnte nach Benouville entkommen.«

»Woher wissen Sie das von den Dunkelmännern so genau? Jetzt um Viertel vor eins?« Pfeiler horchte zum Fenster hin, ob er Infanteriegefechtslärm wahrnehmen könne. Aber das Rau-

Vom Kirchturm in Ouistreham schlug die Glocke einmal. Viertel eins. Der Major lauschte. Im Nordosten schienen Bomben zu fallen, bis hierher konnte man das Rummeln hören. Gelegentlich zeigte sich ein schwacher Widerschein über dem Horizont. So ging es schon seit Monaten: zwischen Le Havre und Calais jede Nacht Bombardements. Die Seinebucht war bisher das äußerste westliche Ziel.

Im Augenblick hörte es sich allerdings nach Motorengebrumm an, das sich dem Ort näherte. Der Major blieb unwillkürlich stehen, als die Flak von Riva Bella plötzlich mit ohrenbetäubendem Lärm zu feuern begann. Jetzt ratterten unten am Hafen die schweren Fliegerabwehrgeschütze, dann drüben die Batterien bei Sallenelles. Leuchtraketen fuhren in den schwarzen Himmel und blieben wie gespenstische Trauben hängen.

Da sah Pfeiler im Widerschein der zerplatzenden Geschosse und der Leuchtraketen anfliegende Maschinen. Sie kamen über See direkt auf die Küste zu, flogen in etwa dreitausend Meter Höhe, nicht so hoch wie sonst die Viermotorigen. Das Feuer raste hinter ihnen her, aber es fehlte das Aufflammen des Treffers, das Abtrudeln, der Aufschlag mit der Explosionsflamme irgendwo hinter den Hecken. Nur die Leuchttrauben sanken langsam mit grünweißen Schlieren.

Drei Minuten später brodelte es im Süden. Am Horizont flackerte es glutrot. Sie haben ihre Eier auf Caen geworfen, dachte der Major. Endgültig Zeit zum Schlafengehen. Er gähnte, daß ihm die Augen tränten.

In seinem im Louis-seize-Stil eingerichteten Schlafzimmer fluchte er, als die Stiefel nicht von den angeschwollenen Füßen wollten. Endlich. Er warf sie in die Ecke, zog die Hosen aus. Da dröhnte es wieder im Baßton über das Meer heran. Der Major spitzte die Ohren. Wenn das so weitergeht, siedle ich doch lieber in den Bunker um, nahm er sich vor. Erneut begann die Flak heftiges Sperrfeuer zu schießen. Kurze Zeit später mischten sich die Detonationen schwerer Einschläge in das wütende Krachen. Holla, da wurde aber einiges abgeladen, und ganz in der Nähe!

Der Major löschte das Licht und öffnete ein Fenster. Jenseits der Orne detonierten glutrote Pilze aus der nachtschwarzen

lassen, nicht nur weil Dörnberg auch in dieser Beziehung schon eine zynische Bemerkung gemacht hatte.

Die Nacht war hell, nur gelegentlich flatternde Wolkenschleier. Bis zu dem toten Leuchtturm konnte man mühelos sehen. Dahinter die Brandung. Es wehte beachtlich, Windstärke vier etwa.

Pfeiler schaute sich um. Das Spielkasino machte in der Nacht mehr her, als es hielt. Alles ein bißchen großmäulig, aufgedonnert, ein Anziehungspunkt, aber nicht mehr für Brieftaschen, sondern für Bomben oder für Granaten von See her. Woanders waren bessere Voraussetzungen für Kampfstände, Bunker, Schießscharten, Sehschlitze, Geschützbettungen. Überall Verbindungsgräben, Drahtverhaue, Rommelspargel, auch wenn man sie jetzt nicht sehen konnte. Drüben bei Le Havre und weiter oben hatten sie Verteidigungswerke mit großkalibrigen Geschützen und eingebauten automatischen Flammenwerfern.

War eine instruktive Besichtigung im Frühjahr am Cap Gris Nez, der schmalsten Stelle des Kanals, erinnerte sich Pfeiler. Da standen die Batterie Todt mit vier 38-cm-Geschützen, Großer Kurfürst mit vier 28-cm-Kanonen; dann Friedrich August mit drei 30,3-cm-Kanonen und die schwerartilleristische Krönung: Batterie Lindemann mit drei 40,6-cm-Geschützen. Wehe, wenn deren Granaten einschlugen . . . Die Medaille hatte natürlich ihre Kehrseite: Auf den drei Kanalinseln Jersey, Guernsey und Sark standen elf Batterien mit achtundvierzig Rohren, dazu eine komplette Infanteriedivision. Und zwischen Dieppe und St. Nazaire nur elf Batterien mit siebenunddreißig Geschützen. Im Schnitt auf achtzehn bis zwanzig Kilometer Breite nur eine einzige Batterie – mit Ausnahme meiner hier konzentrierten Abteilung, dachte Pfeiler. Da waren wir im Stellungskrieg an der Ostfront zweiundvierzig, dreiundvierzig aber mindestens fünfmal besser besattelt.

Merville, auf der anderen Seite der Orne, war auch eine beachtliche Anlage, sechs Meter Beton gegen die Wasserseite als Frontalschutz. Massive Decken, die schwerste Bombenkaliber aushielten, aber dahinter bloß vier lächerliche leichte Spritzen. Immerhin konnten sie ungestört den Strand unter Feuer nehmen.

schlafen und stellte sich vor, wie die Schallwellen der Bronzeglocken vom Kirchturm gleichmäßig über den weißen Sand von Riva Bella schwangen, über die Vorstrandhindernisse mit ihren tödlichen Minen und Geschossen. Eine Million Minen waren bis Anfang Juni im Bereich der 7. Armee verlegt worden, das Zehnfache sollte es werden, dazu Sägen mit daran befestigten Granaten, Stahl, Stacheldraht, Betonigel. Im offenen Meer breite Seeminenfelder mit ebenso breiten Lücken.

Östlich von Ouistreham, über Canal und Orne, lagen die schwerbefestigte Batterie von Merville und dahinter die großen Süßwasserflächen der angestauten Dives. Bei Pont-l'Evêque, nahe Cabourg, befand sich die Gefechtsstaffel des Stabes der 711. Infanteriedivision. Im Westen des Städtchens, im Bereich von Vire und Douve sowie an der Ostseite der Cotentinhalbinsel ebenfalls Überflutungen und Sümpfe. Und überall rotbunte Kühe, Weiden, Obstgärten und immer wieder Hecken.

Pfeiler fluchte plötzlich unchristlich, sprang aus dem Bett und begann sich anzuziehen. Diese scheußliche Geschichte mit dem Unteroffizier Baumert. Außer der Pistole alles vorhanden: Dienst- und Zivilsachen, Fotos, Briefe... Nur der Mann selbst war wie vom Erdboden verschwunden.

Den vergangenen Tag hatte Pfeiler die Batterien abfragen lassen und den Oberleutnant Klasen von Benouville zum Troß geschickt. Vergebens. Niemand von der Abteilung hatte ihn gesehen oder eine Spur entdeckt.

Pfeiler dachte an Sturmbannführer Dörnberg vom SD, und ihm wurde flau im Magen. Abends hatte er eine Verlustmeldung an die Division geschrieben, das Papier aber noch bei sich behalten; es brannte ihm wie Feuer in der Tasche. Vielleicht fand sich der Korporal heute wieder ein. Fahnenflucht, das fehlte gerade noch, damit mußte für Dörnberg der Beweis erbracht sein, daß mit der geheimen Kommandosache doch ein Ding gedreht worden war. Dann würde Dörnbergs Rachsucht keine Rücksichtnahme kennen.

Der Major setzte die Mütze auf, schnallte das Koppel um und ging ins Freie. Die luxuriöse Privatunterkunft neben dem betonierten Gefechtsstand würde sich auf die Dauer nicht halten

London mit der Sendung in französischer Sprache für die Résistance. Bei den verschlüsselten Mitteilungen wurde auch die zweite Zeile aus dem Gedicht »Chanson d'Automne« von Paul Verlaine durchgegeben: »Blessent mon cœur d'une langueur monotone . . .« Nach Materialien, die dem abgesetzten Spionageadmiral Canaris seit Januar 1944 vorlagen, sollte die erste Zeile des Gedichts, »Les sanglots longs des violons de l'automne«, zu Beginn oder am Fünfzehnten jeden Monats als Vorwarnung gesendet werden. Sie war an den ersten drei Junitagen von BBC in den Messages personelles durchgegeben worden. Nun lag die zweite Zeile auf dem Tisch, im Hauptquartier der 15. Armee um 21 Uhr 15 aufgefangen und richtig gedeutet. Generaloberst Salmuth gab höchste Alarmstufe. Der OB und der Chef des Generalstabes, Speidel, wurden um 22 Uhr ins Bild gesetzt.

Um 22 Uhr 15 erging das »Fernschreiben No. 2117/26 dringend an 67., 81., 89. Korps; Militärbefehlshaber Belgien und Nordfrankreich; Heeresgruppe B; 16. Flakdivision; Admiral Kanalküste; Luftwaffe Belgien und Nordfrankreich: BBC-Nachricht durchgegeben 5. Juni, 21 Uhr 15. Bedeutet nach den verfügbaren Unterlagen: Erwarten Invasion innerhalb 48 Stunden, beginnend 6. Juni null Uhr.«

Nicht enthalten in dem Verteilerschlüssel waren die 7. Armee, und vor allem nicht das unmittelbar an der Calvadosküste liegende LXXXIV. Armeekorps mit seinen vier Divisionen und fünf selbständigen Einheiten.

Der Oberbefehlshaber West, von Rundstedt, lehnte dennoch ab, für die gesamte Küste von Holland bis Spanien höchste Alarmbereitschaft zu befehlen. Eine Ente, diese Nachricht, wie schon so oft, meinte er.

Zwölfmal hallte bronzener Ton vom Kirchturm in Ouistreham über die Schlafenden und verkündete den Anbruch des 6. Juni 1944.

Der 1453. Tag der faschistischen Besetzung Frankreichs hatte begonnen.

Major Pfeiler hätte nicht behaupten können, daß die zwölf Glockenschläge ihn geweckt hatten. Er konnte einfach nicht

langrohrigen Kanonen und weitläufigen Tarnnetzen schon den Kameras des Propagandaministers Goebbels Motive geliefert, um die Uneinnehmbarkeit der »Festung Europa« auf der Leinwand zu demonstrieren. Die Calvadosarmee vermochte nur achtzehn Prozent fertige Verteidigungsanlagen zu melden.

Das OKW war sich bewußt, daß durch den Abzug von Truppen, die in Ungarn zur »Stabilisierung der inneren Situation« sowie im abgefallenen Italien eingesetzt wurden, eine neuerliche Schwächung der Westfront in Kauf genommen werden mußte. Bekannt war außerdem, daß alle Sektionen der französischen Widerstandsbewegung von Nacht zu Nacht wirksamer wurden, ihre Aktionen die Kampfkraft der Okkupationstruppen minderten und eine wachsende Zahl deutscher Verbände mit verkehrter Front zu kämpfen zwangen.

Der Kommandierende der 7. Armee hatte alle seine Generale gleichzeitig, begleitet von je zwei Regimentskommandeuren, für den 6. Juni nach Rennes in der Bretagne zu einem Planspiel befohlen. Rommel war bereits am 4. Juni zu seiner Familie in die Nähe von Ulm gereist, um am nächsten Tag Hitler Vortrag zu halten, daß die 12. SS-Panzerdivision näher herangezogen werden müsse. Sein erster Generalstabsoffizier, Oberst von Tempelhoff, weilte ebenfalls in Deutschland. Der Marinebefehlshaber West, Admiral Krancke, befand sich auf einer Dienstreise nach Bordeaux.

Am 5. Juni beurteilte der Oberbefehlshaber West die Lage so: »Ein unmittelbares Bevorstehen der Invasion ist noch nicht erkennbar.« Seine Experten hatten ihn beraten: Bei diesem Wetter sei eine Landung nicht denkbar. Nach wochenlanger erhöhter Alarmbereitschaft, aus unergründlichen Motiven angeordnet und wieder abgeblasen, war in der Nacht zum 6. Juni keine erhöhte Alarmbereitschaft für die Kanal- und Atlantikküste befohlen, man schlief.

Man, das waren die in Feldgrau, in Marineblau und der letzte noch auf Nordfrankreichs Boden stationierte taubenblaue Flieger. Man, das waren keinesfalls die Soldaten jenseits des inzwischen von rauhem Wind wildbewegten Kanals.

Um 21 Uhr 15 begann die British Broadcasting Corporation

Elftes Kapitel

Zwölfmal hallte bronzener Ton vom Kirchturm des Badestädtchens Ouistreham und verkündete den Ausklang des 5. Juni 1944. Der 1452. Tag der faschistischen Besetzung Frankreichs war Geschichte geworden.

Staatspräsident Pétain, im neunten Jahrzehnt seines Lebens, residierte nach wie vor in Vichy und regierte gegen Frankreich in ständigem Widerspruch zu seinem ebenfalls kollaborierenden Ministerpräsidenten Laval.

Ouistreham: geographischer Ort in der sich viereinhalbtausend Kilometer hinziehenden Küstenlinie von den Niederlanden bis in die Biscaya und vom Cap Cerbère bis zur italienischen Grenze; strategisch markanter Punkt in der über zweitausendvierhundert Kilometer langen Hauptkampflinie von den holländischen Deichen bis zur Loiremündung. Fast eine halbe Million Soldaten – Rommels Heeresgruppe B – und eine Viertelmillion Männer der Luftwaffe, Marine und Polizei bewegte die Frage, an welcher Stelle die mit Sicherheit erwartete alliierte Landung stattfinden würde.

Seit Februar war die Führung davon überzeugt, daß der Gegner die engste Stelle zwischen England und dem Kontinent wählen würde, um die Überlegenheit von Marine und Luftflotte auszuspielen, die westlich der Seine stehende 7. Armee einzuschließen und schnell zum Ruhrgebiet durchzustoßen. Vermeintlicher Beweis für diese strategischen Vermutungen: Die anglo-amerikanischen Luftangriffe auf Befestigungen und Nachschubeinrichtungen im Raum des Pas de Calais verdichteten sich von Tag zu Tag. Also konzentrierte der Marschall die Masse seiner Heeresgruppe bei der 15. Armee: achtzehn Infanterie- und zwei Panzerdivisionen. An der Calvadosküste, überhaupt in der Normandie, fiel kaum jemals etwas vom Himmel. Vierzehn Infanteriedivisionen und ein Panzerverband wähnten sich dort relativ sicher vor operativen Überraschungen.

Am 5. Juni 1944 war gemäß Rommels Meldung der Atlantikwall im Raum Calais zu etwa achtundsechzig Prozent fertiggestellt. Die 15. Armee hatte mit ihren tiefen Betonbunkern,

fangen, um dem einen zu helfen und dem andern ein Schnippchen zu schlagen. Eine halbe Stunde war der Kommandeur bei dem Mädchen geblieben. Mußten die's aber damit eilig gehabt haben. Und danach hatte jeder von jedem die Nase voll, wie üblich. Pfui Deibel, dachte Seehase, wäre gut, mal mit Hans Rohrbeck darüber zu sprechen. Anständiger Kerl. So eine miese Ziege verdient er wirklich nicht.

Über dem Mittelmeer lag tiefes Schweigen.

hatte, saß hier bei ihr in der ersten Stunde des neuen Tages. Sie erhob sich. »Ist das wahr?«

Altdörfer stand ebenfalls auf, verwirrt und unfähig zu denken. »Wie soll ich Ihnen danken, auch für meinen Bruder . . .«

Das Mädchen war vor ihm. Er brauchte nur den Arm um sie zu legen. Er nahm ihre Hand und küßte sie lange. Hatte plötzlich wahnsinnige Angst, einer der Schweißtropfen könnte von seiner Stirn auf diese Hand fallen. Wußte, daß die Sommersprossen jetzt kupferrot waren. Spürte, daß die Finger des Mädchens abwehrend zuckten. Hielt sie noch fester. Gier quoll in ihm hoch, die er vergeblich zu unterdrücken suchte. Seine Arme schlangen sich um sie.

Martina stieß ihn mit aller Kraft zurück, war blitzschnell hinter dem Nachttisch und riß die Schublade auf. Ihr Atem flog.

Keuchend stand Altdörfer vor ihr, starrte auf den im Fach liegenden Browning. Die Zeit vertropfte schwer wie Blei. Keiner bewegte sich.

Der Hauptmann sah langsam wieder das Zimmer. Möbel, Blumen, die Fotografie. Das Mädchen. Es war ihm, als loderte etwas in seinem Innern, doch anders, kalt. Haß stieg nun empor. Scham über die Demütigung und seine Feigheit vor einem kleinen Browning. Wut. Vor allem aber grenzenloses Rachebedürfnis. Er nahm Mütze und Handschuhe, wählte von seinem trainierten Lächeln eines, das leichte Belustigung andeuten sollte, und verließ ohne ein Wort den Raum. Sie oder ihr Bruder oder Rohrbeck, einer muß dran glauben! Diesen Gedanken trug er mit sich zum Wagen, in dem Seehase wartete. »Nach Hause!«

Als der Hauptmann und Abteilungskommandeur Alois Altdörfer in La Vistoule ankam, tippte er lässig mit der Rechten an die Mütze und entließ den Kraftfahrer. Eines Nachtgrußes bedurfte der nicht – wo käme man hin mit den Leuten, die sowieso alle nur Drückeberger waren. Dieser Anzug heute war ohnehin eine glatte Provokation gewesen.

Seehase raste nach Narbonne zurück und machte sich seine Gedanken. Kein Wort hatte Altdörfer verloren, wie Thiel wieder zurückkommen sollte, also mußte man versuchen, ihn einzu-

»Aber vor der Tür ist auch nicht der geeignete Ort.«

Die Angst um den Bruder, die Angst vor weiterem quälendem Warten verdrängte ihre Bedenken. »Kommen Sie.«

Sie saßen sich gegenüber, der Hauptmann an dem kleinen runden Tisch, das Mädchen in der Fensternische neben dem Nachttisch, darauf das Radio mit der Skala französischer und italienischer Rundfunkstationen. Im Schubfach wußte sie ihre kleine Pistole. Ich werde sie nicht brauchen, beruhigte sie sich.

»Es ist nicht mehr viel zu berichten«, sagte Altdörfer heiser, getrieben von dem kaum noch zu bändigenden Wunsch, dieses Mädchen zu besitzen. Der erfahrene Anwalt in ihm versuchte ein Plädoyer wider besseres Empfinden: Sie ist bestimmt wie jede andere, weiß der Himmel, wie viele sie schon gekapert hat und auf wie viele sie auch schon hereingefallen ist. Sie wird es nicht einmal verstehen, wenn du hier weggehst, ohne sie ausgezogen zu haben. Ihrer Truppe gibt sie das morgen zum besten, und man schüttet sich aus vor Lachen über dich . . .

»Der Herr General hat sowohl für Ihre Situation Verständnis gehabt wie im Interesse des in Mitleidenschaft gezogenen Truppenteils entschieden.«

Er wischte sich den Schweiß von der Stirn. Das Plädoyer brach zusammen. Sie ist bestimmt anders als die meisten. Es gibt doch Menschenkenntnis, gesammelt in Hunderten von Ehescheidungsprozessen. Dieses Mädchen kann lieben und treu sein, wenn man sie wirklich liebt . . .

»Das Schriftstück ist bereits wieder bei der zuständigen Einheit.«

Diese Brust, diese Schultern, der Mund, die Figur, so etwas habe ich in ganz Wien nicht gesehen . . .

»Ich bin gewiß, daß Ihr Bruder nur wegen seiner Unachtsamkeit bestraft wird. Aber kein Tatbericht, das wurde dem dortigen Kommandeur ans Herz gelegt.«

Martina blickte ungläubig. Alles erledigt? Und so glatt, wie es nur im günstigsten Fall möglich schien? Hans Rohrbeck, Hauptmann Altdörfer und General Krusemark hießen die, denen sie nunmehr Dank schuldete. Und der alles verwirklicht

Ein SD-Hauptsturmführer wartete, bis der Leutnant vom Tor herabgeklettert war, drehte ihn an der Schulter zu sich herum, hielt ihn fest. »Sind Sie wahnsinnig geworden, auf die Dienststelle zu schießen, Sie Heini!«

Thiel schob die fremde Hand von seiner Schulter, erkannte einen der Festveranstalter. »Fragen Sie lieber unseren Gastgeber, ob er immer seine Freundin öffentlich verdrischt und auf seine Gäste schießt.«

»Aus dem Haus wurde lediglich ein Warnschuß abgegeben. Zeigen Sie Ihr Soldbuch, Leutnant.«

»Sie sind wohl nicht bei Trost!« Thiel schob die Pistole ins Futteral, drehte SD-Vertreter, Mädchen und Haus den Rücken zu.

»Sie werden schnell von uns hören!« rief es ihm nach.

Der Leutnant ging zurück. Wie hatte Grapenthin gesagt? Flurschaden verhindern! Dämlicheres hätte kaum passieren können. Da versuchte er, den Haudegen Osterhagen vor den Folgen seiner Trunkenheit zu bewahren – was mit dem wohl jetzt in der SD-Bude geschah? –, und dafür saß er nun selbst in der Tinte.

Die Tür des Etablissements öffnete sich. Thiel verhielt den Schritt. In dem lichterfüllten Rechteck erschien Altdörfer, an seiner hohen Offiziersmütze erkennbar, hinter ihm Martina. Der Hauptmann bot ihr den Arm. Sie hängte sich ein. Ihre Schritte verloren sich im Dunkel.

Thiel betrat wieder den Saal. Man sang allenthalben und aus verschiedenem Anlaß. Die Kapelle beschränkte sich ausschließlich auf Rhythmen. Die Getränke schienen unerschöpflich wie der Durst.

Grapenthin hörte schweigend Thiels Bericht. Sein Gesicht zeigte keinerlei Regung.

Martina Baumert schloß die Haustür auf. Eine Turmuhr schlug Mitternacht. Der 6. Juni 1944 brach an.

»Leider hatten wir bisher keine Gelegenheit zu sprechen, Martina.« Altdörfer spürte Erregung in seiner Stimme.

»Ja, der Abend war voller Unruhe.«

»Und wie heißt er?«

»Von Freiberg. Hauptsturmführer von ...«

»Ja richtig, erinnere mich. Machen Sie auf, Freiberg, sonst knallt's.« Osterhagens Stimme durchschnitt die mitternächtliche Stille wie ein Fanfarenstoß. »He, Freiberg, hören Sie mich?!«

Drinnen rührte sich nichts.

»Na warte, mein Junge!«

Auch das war unüberhörbar. Der Hauptmann trat auf den klobigen Türgriff, zog sich an eisernen Ranken und Streben schnell höher, hob ein Bein über die Speerspitzen der Staketen, da flog im Haus ein Fensterflügel auf. Mündungsfeuer, Abschußknall und das Miauen eines vom Eisen abprallenden Projektils.

Noch ein Schuß, zwischen dem Hauptmann und Thiel hindurch.

Osterhagen verlor den Halt, rutschte ab und hing, aufgespießt oder nicht, getroffen oder nicht, über dem Eisentor, Zielscheibe für den unsichtbaren eifersüchtigen Schützen.

Thiel zerrte das Mädchen hinter dem Steinsockel zu Boden, riß die Pistole heraus und feuerte zweimal in das schwarze Fenster. Er meinte einen Schatten verschwinden zu sehen und schoß zum drittenmal. Glas splitterte.

»Nicht schlecht, junger Krieger, nicht schlecht!« dröhnte Osterhagen von oben. Stoff fetzte, und er sprang mit einem mächtigen Satz in den Garten. »Feuerschutz!« brüllte er und stürmte gegen das Haus vor, verschwand im Dunkel.

Thiel war einen Augenblick ratlos. Dann zog er sich ebenfalls an der Tür empor, den Hinweis Grapenthins im Ohr und gejagt von dem Gedanken, zu verhindern, daß zwei Betrunkene aufeinander schossen.

»Kommen Sie runter, Mensch!« stoppte ihn eine harte Kommandostimme.

Männer tauchten auf, ein Schlüssel drehte sich im Schloß, die Tür schwang herum, Thiel mußte sich festhalten. Totenkopfabzeichen flitzten vorbei zum Haus, zogen Osterhagen ins Innere.

gestatten doch wohl!« zugelacht hatte. Beim Schlußakkord flüsterten die beiden miteinander. Der Hauptsturmführer erhob sich schwankend und wartete, bis Osterhagen das Mädchen an den Tisch zurückgebracht hatte, dann murmelte er heiser: »Zieh dich an, aber sofort!« und zerrte sie zur Garderobe. Als sie ihm etwas erklären wollte, schlug er ihr ins Gesicht und zog sie wütend durch die Tür ins Treppenhaus.

Im Saal breitete sich betretenes Schweigen aus. Die leise, aber deutliche Stimme des blonden Gretchens wurde vernehmbar: »Er schlägt sie tot. Ganz bestimmt. Ich kenne ihn.«

Osterhagen ging zu ihr hin, faßte sie am Arm. »Meinen Sie das im Ernst?«

Das Mädchen nickte verstört und schneuzte sich.

»Wo sind sie jetzt hin?«

»Zur Dienststelle. Wir wohnen alle dort.«

»Los, zeigen Sie den Weg!« Der Hauptmann nahm die Widerstrebende bei der Hand und zog sie durch die Tür.

Ein English-Waltz erklang, die Herren suchten den Rhythmus mit ihren Stiefeln, damit war der Eklat formal erledigt, das Fest ging weiter.

Grapenthin schlenderte zu Leutnant Thiel, flüsterte: »Folgen Sie denen unauffällig und verhindern Sie Flurschaden durch Osterhagen.«

Thiel nahm Mütze und Koppel vom Garderobenbrett und eilte die Stufen hinunter. Draußen war graue Nacht, von der halben Sichel des Mondes matt erhellt. Vor sich vernahm er die Stimme des angetrunkenen Hauptmanns, der von seiner Begleiterin weitere Auskünfte wünschte.

»Wir sind da«, sagte das Mädchen.

Aus dem Dunkel ragte ein ungefähr drei Meter hohes Eisengitter gegen die flach vom Meer heraufziehenden Wolken, zwanzig Meter dahinter die Stirnseite eines wuchtigen Landhauses mit Türmen und Zinnen.

Der Hauptmann rüttelte an dem verschlossenen Tor, daß es durch die Nacht schepperte. »Sind Sie sicher, daß die beiden dort drin sind?«

Das Mädchen nickte aufgeregt.

vorrechtigt sein dürfe und daß die Kommandeuse genau seine Kragenweite sei. Das Trio begann einen Tango, und ohne Formalitäten nach rechts oder links verneigte sich Osterhagen vor der Üppigen und schritt mit ihr zur Tanzfläche. Er war ebensogroß wie der SD-Offizier, übertraf ihn jedoch in der Schulterbreite. Der Hauptsturmführer blickte den beiden verärgert nach und versuchte es mit einem Weinglas voll Hennessy.

Eifersucht, konstatierte Thiel und erhob sich, einem Wink Grapenthins folgend.

»Angenehm, daß wir heute bereits wieder zusammen sind und ich gewissermaßen Ihrem ersten Start beiwohnen darf.«

»Gestatten Herr Hauptmann ein offenes Wort?«

»Mit Vergnügen, mein Lieber.«

»Hauptmann Altdörfer scheint Feuer gefangen zu haben.« Thiel deutete mit den Augen zu dem tanzenden Paar. »Dazwischendrängen hieße sich die Pfoten verbrennen.«

»Nicht kneifen! Bei den nächsten Tänzen werden ihm vielleicht andere die Dame ausspannen, dann können Sie gemeinsam den Ärger hinunterspülen, dabei lösen sich die Zungen. Mich interessieren einige Details. Ich schätze, Sie haben inzwischen ausreichend Kenntnis von der bewußten geheimen Kommandosache.« Er zögerte einen Augenblick, erwartete aber keinen Einspruch. »Na sehen Sie. Also: Wie kam gerade Altdörfer an das Papier? Er muß demnach noch engere Beziehungen zur Baumert haben, als heute abend sichtbar ist. Welches persönliche Interesse hatte der General, die Sache zu regeln? Alles Kleinigkeiten, wie Sie bemerkt, aber eben nicht voll aufgeklärt haben. Altdörfer vermag jede der Fragen zu beantworten. Also fragen Sie ihn! Treten Sie als Mitwisser auf, dann kann er sich dem nicht entziehen. Ich freue mich schon jetzt auf Ihre Meldung.« Grapenthin lächelte gewinnend und wandte sich dem Chef der Pionierabteilung zu.

Thiel war ebenso verblüfft wie erschreckt. Grapenthin hatte ganz präzise Aufträge erteilt, die ihn zwangen, etwas zu wagen bei Leuten, die ihm schnell gefährlich werden konnten.

Osterhagen forderte gerade zum drittenmal die Dame des Gastgebers zum Tanz auf, nachdem er diesem vorher sein »Sie

hatte? fragte er sich. Läßt sich von Altdörfer bedienen und lächelt. Plaudert lächelnd mit diesen aufgeblasenen SD-Athleten. Oh, nun hat sie mich doch entdeckt. Knappe Verbeugung, und schon hat sie es wieder mit den besternten und belitzten Kragenspiegeln. Hab ich einen Kohldampf. Nicht weit her mit dem Festessen. Jetzt, wo es richtig losgehen müßte, hebt der blonde Schmeling die Tafel auf. Nun marschieren die Getränke undosiert. Also pfeifen wir einen, dann wird der Abend erträglicher. Ein flottes Bartrio, Gitarre, Akkordeon, Violine. Die Hautevolee erhebt sich bereits zum Tanz, der Hausherr vornweg mit der attraktiven Schwarzen. Bei denen scheint auch nicht alles in Ordnung zu sein, er macht ihr offenbar diskret Vorhaltungen. Natürlich läßt sich's Altdörfer nicht nehmen, sofort loszulegen. Und unsere befremdliche Martina strahlt! Täusche ich mich, oder wirft sie sich ihm tatsächlich an den Hals? Es gibt nur eine Erklärung: Jene Martina, von deren Liebe Hans Rohrbeck fest überzeugt ist, gibt es nicht. Da ist eine Nachrichtenhelferin, ein »Blitzmädel«, Offiziersmatratze wie viele, will sich amüsieren, will etwas erben dabei, sich im Glanz von goldenen Sternen, Raupen und roten Biesen sonnen. Vielleicht hat sie in La Vistoule den gutaussehenden Hans in ihr Amüsement einbeziehen wollen und war enttäuscht oder verärgert, daß er nicht sofort angebissen hat? Auf keinen Fall kann man dem Jungen morgen sagen, daß er in der g.Kdos-Geschichte seine Schuldigkeit getan hat und nun nicht mehr gefragt ist. Darf man ihm aber erzählen, daß sie sich untadelig benommen hat? Das wäre keine echte Freundschaft.

Wieder überfiel Thiel ein Schuldgefühl, als er an Gerhard Gengenbach dachte. Nicht, weil er und Denise sich liebten, sondern weil er als Freund nicht offen gewesen war.

Als der Leutnant das Glas absetzte, fühlte er den Blick Grapenthins auf sich ruhen, unmißverständlich, auffordernd. Dann nickte der Adjutant dem blonden Gretchen lässig zu und führte sie aufs Parkett.

Hauptmann Osterhagen schien ungewöhnlich viel von dem guten Martell zu halten. Er versicherte seinem Ordonnanzoffizier und Thiel, daß die Himmlersche Garde hier keineswegs be-

Thiel war verblüfft, im Saal auch Damen vorzufinden, Damen in festlicher, wenn auch nicht großer Abendtoilette. Er nahm den am Eingang angebotenen Cocktail und schaute sich nach seinen Kameraden von den anderen Abteilungen um. Ein Hauptsturmführer in feldgrauer SS-Uniform machte die Honneurs: »Gestatten, von Freiberg. Heiße Sie willkommen. Auf gute Waffenbrüderschaft!« Der Recke hob den mächtigen Brustkasten. Auf dem Ärmel seines Uniformrocks die silbrig leuchtenden Buchstaben SD. Jedesmal, wenn er einen neuen Gast begrüßt hatte, sah er zu einem üppigen schwarzhaarigen Mädchen hinüber. Anscheinend war sie dem Hausherrn in irgendeiner Weise zugehörig, denn ihre Augen suchten ihn immer wieder. Sie vermied längere Gespräche mit den Offizieren aus dem Divisionsstab oder der Sanitätskompanie, mit Infanteristen, Pionieren oder Artilleristen, offensichtlich duckte sie sich unter den eifersüchtigen Blicken des Hauptsturmführers. Schließlich plauderte sie zu dessen Beruhigung mit einem Mädchen, das blonde Haarschnecken auf den Ohren trug.

Thiel blieb plötzlich der Mund offen: Herein kam Hauptmann Altdörfer, Martina Baumert am Arm. Es ist doch nicht zu fassen! dachte der Leutnant. Und sie strahlt, läßt sich von den SS-Offizieren die Hand küssen. Hoffentlich kann ich die Begrüßung hinauszögern, ich weiß nicht, was ich jetzt für ein Gesicht machen würde. Dabei hat sie Rohrbeck wissen lassen, daß sie auch heute keine Zeit für ihn habe.

Jetzt füllte Hasso von Grapenthin die Tür, die Linke lässig in der Hosentasche. Die SD-Leute schienen bestens bekannt mit ihm und erfreut, ihn hier zu sehen.

Der Gastgeber bat mit einladendem Lächeln zu Tisch, worauf das dunkelhaarige Geschöpf an seine Seite glitt.

Der Leutnant setzte sich an das untere Ende der Tafel, suchte Deckung hinter dem breiten Rücken des Kommandeurs der I. Abteilung, Hauptmann Osterhagen. Der tönte: »Wehrmachtsbericht gehört heute? Straßenkämpfe in Rom. Schöne Scheiße, wie?«

Thiel hatte kein Ohr dafür. Ist das jenes Mädchen, mit dem ich ein ernsthaftes und ehrliches Gespräch nachts in La Vistoule

»Was für ein Verein ist das denn, der mir die wohlverdiente Nachtruhe raubt?«

»Der SD in Narbonne.«

»Der SD?« fragte Thiel nachdenklich. Er beeilte sich mit dem Waschen und Umziehen. Jetzt beginnt der Zirkus, dachte er. Grapenthin hat mich doch mit voller Absicht dorthin beordert. Warum hat er gestern nichts davon gesagt? Ein Überraschungsmoment? Vermutlich habe ich mich an Altdörfers Rockschöße zu hängen, immer brav eingießen und dann lucki-lucki – wie sich der kleine Moritz die Beschattung eines Verdächtigen vorstellt.

Thiel sah die Angelegenheit nicht mehr so bedrohlich wie am Tag zuvor. Irgendwo mußte es Auswege und Trumpfkarten geben. Leider war Rohrbeck nicht erreichbar, vermutlich stiefelte er im Gelände umher und kontrollierte Munitionsbunker, Geräteschuppen und Fahrzeugpark. Thiel hätte ihm gern von der Unterredung mit dem Regimentsadjutanten erzählt – aber war es eigentlich von Bedeutung für Hans oder Martina, wenn sie erfuhren, daß Grapenthin den Vorgang kannte? Altdörfer wußte ja ebenfalls Bescheid. Daß beide im trüben fischen wollten, war in der augenblicklichen Situation für Hans ebenfalls kaum interessant. Und außerdem, dachte Thiel, wie würde er es aufnehmen, wenn ich ihm erklärte, daß ich als eine Art V-Mann engagiert worden bin und faktisch zugesagt habe?

Thiel hörte bereits den Hauptmann nach ihm fragen. Er meldete sich.

»Ich hoffe, Sie wissen die Ehre zu schätzen, die man uns heute . . .«

Der Leutnant begnügte sich mit einem unmilitärischen »Und ob!«, das ihm die sichtbare Mißbilligung des Kommandeurs einbrachte.

Altdörfer wollte zehn Minuten später als Thiel auf dem Fest erscheinen. Seehase hatte ein ausgeblichenes Afrikahemd, in dem er sonst Wagenpflege betrieb, angezogen, um seine Hochachtung für den feierlichen Anlaß damit auszudrücken. Er grinste unmerklich, als der Leutnant ausstieg, dann gab er gewaltig Gas.

»Ick kenne den Alten. Det jenügt mir. Wenn der wat will, räumt er kleene Hindernisse aus dem Weg, ohne sich für die Scherben zu interessieren.«

»In diesem Fall wirst du dich irren.«

»Vielleicht. Übrigens fahren wir heute abend wieder nach Narbonne. Bloß zur jefälligen Unterrichtung.«

Während Rohrbeck den Anweisungszettel für seine Rundgänge als Offizier vom Dienst studierte, dachte der Obergefreite daran, daß er eigentlich den Wagen auf Hochglanz polieren sollte. Er tat es nicht, weil ihm die menschliche Schmutzigkeit Altdörfers ebenso zuwider war wie die Uniform mit dem Hakenkreuz und der Hitlersche Krieg überhaupt.

Hauptmann Altdörfer ließ sich mit der Vermittlung Narbonne verbinden. Martina Baumert war am Apparat.

»Ich habe erfreuliche Nachrichten für Sie.« Er spürte ihre Erregung. »Natürlich nicht am Telefon. Ich möchte Sie aber selbstverständlich heute noch unterrichten, da ich mir vorstellen kann, in welcher Unruhe Sie leben.«

»Ich wäre Ihnen wirklich sehr dankbar, Herr Hauptmann.«

»Eine bestimmte Einheit veranstaltet heute einen kleinen Empfang. Würden Sie mir die Ehre geben, Sie dazu einladen zu dürfen? Dabei könnten wir alles besprechen.«

Nach kurzem Zögern willigte Martina ein: »Wenn es keine andere Möglichkeit gibt...«

»Ich danke Ihnen sehr und hole Sie um neunzehn Uhr ab. Bis heute abend.«

Als Thiel sich am späten Nachmittag müde und verschwitzt auf dem Gefechtsstand zurückmeldete, empfing ihn Oberleutnant Eiselt aufgeregt: »Beeil dich, Mensch, du mußt mit dem Alten zu einem Festessen!«

»Ich? Wie ist er denn darauf gekommen? Bist du auch dabei?«

»Nein. Von jeder Abteilung nur der Kommandeur und ein Begleitoffizier. Der Regimentsadjutant hat empfohlen, daß du mitgehst.«

»Ist der auch dort?«

»Ich nehme an.«

mitbringen? Die Chance, Martina Baumert offiziell den Kameraden vorzustellen, deren Neid zu erleben und das Mädchen an die höhere Gesellschaft zu gewöhnen, sich selbst zu präsentieren als interessant und einflußreich. Thiel als Begleitoffizier? überlegte Altdörfer weiter. Natürlich will mich Grapenthin damit ärgern, denn ich hätte lieber Eiselt mitgenommen. Aber selbst das hat seinen Vorteil: Kann sich dieser junge Spund bei der Gelegenheit überzeugen, daß sein Freund Rohrbeck bei Martina ausgebootet ist. Schließlich soll auch der Funkmeister nicht leer ausgehen: Vom Montag zum Dienstag, das ist, Moment mal, vom vierten, nein, vom fünften zum sechsten Juni, werde ich ihn als Offizier vom Dienst einsetzen. Das beschäftigt und macht müde für den nächsten Tag.

Bis achtzehn Uhr hatte Hans Rohrbeck auf Martina gewartet, vergebens. Telefonisch war sie am folgenden Vormittag nicht erreichbar, wie ihm die Vermittlung Narbonne zweimal mitteilte. Leutnant Thiel konnte er ebenfalls nicht sprechen, der hatte schon frühzeitig La Vistoule verlassen, um die Leitungen der Batterien zwischen Feuerstellungen, B-Stellen und vorgeschobenen Beobachtern zu prüfen.

Rohrbecks Stimmung sank auf den Nullpunkt. Jetzt, wo er Martina helfen wollte, riß die Verbindung ab. Der Obergefreite Seehase hatte erzählt, daß er Altdörfer am Sonntagnachmittag nach Narbonne fahren und dann fast eine Stunde warten mußte. Wo er den Hauptmann abgesetzt hätte? Um den Mund des Berliners war ein sarkastisches Lächeln. »Funkmeister, machen Sie sich doch keen X für 'n U vor. Wo joldene Sterne blinken, ist für kleene Leute zappenduster.«

»Was willst du damit sagen, Seehase?«

»Wenn nich allet täuscht, is der Hauptmann abjestiegen, wo Ihr Mädchen wohnt.« Seehases Gesicht hatte den gleichen sachlichen Ausdruck, als schätzte er die Ladefähigkeit eines Lkw ein. Der Haarschopf stand borstig unter dem Mützenrand ab.

Rohrbeck protestierte gegen Seehases Mutmaßung. »Daß ihr immer alles auf Thema eins beziehen müßt.«

ZEHNTES KAPITEL

Hier spricht von Grapenthin. Gott zum Gruß, Herr Altdörfer!«

»Was verschafft mir das Vergnügen Ihres Anrufs?«

Im Tonfall der Gesprächspartner lag alles, was an Abneigung denkbar war.

»Eine bestimmte SS-Dienststelle in Narbonne will den Herren Kommandeuren die Ehre erweisen, sie neben anderen Gästen heute abend zu einem schlichten Butterbrot mit anschließendem Umtrunk einzuladen. Oberstleutnant Meusel ist verhindert. Die Herren sind gebeten, einen Begleitoffizier mitzubringen. Ich hatte bei Ihnen an Leutnant Thiel gedacht. Könnte man bei der Gelegenheit gleich noch ein wenig Paris auswerten.«

»Danke verbindlichst, Grapenthin.« Altdörfer spürte, wie die saloppe Anrede mit dem eingesparten *Herr* und dem vergessenen Adelsprädikat am anderen Ende der Leitung wirkte. Ich weiß, daß du mich haßt, dachte er, den glänzenden Vorgänger im Amt des Regimentsadjutanten ebenso wie den gutverdienenden Juristen. Deine Karriere war schon versaut mit diesem lächerlichen Promotionsthema: »Die Haftung des nationalsozialistischen deutschen Floßeigentümers und ihre kommerzielle Bedeutung für die Autarkie«, bei dem du auch prompt baden gingst. Herr Baron reisen seither nur auf seinen vielverzweigten Stammbaum. Hochbegüterte Familie mit prominenten Verbindungen, Beziehungen zum Wehrmachtsbefehlshaber in Paris. Ich pfeife drauf! *Meine* Verbindungen werden sich als die besseren Trümpfe erweisen, weil man mit sauber geführten Dossiers jedem jederzeit den Daumen ins Auge drücken kann ...

Nach einer Pause hörte Altdörfer ein Räuspern in der Leitung. »Das Wesentliche möchte ich nicht vergessen: Den Herren ist freigestellt, Damen mitzubringen. Man könnte vielleicht einen Slowfox oder einen Tango aufs Parkett legen. Ich bedanke mich für Ihre Zusage. Bis heute abend dann, Herr Altdörfer.«

Der Abteilungskommandeur unterdrückte sein meckriges Lachen, das ihn stoßen wollte, und kombinierte schnell: Damen

Der Kommandeur wurde aschfahl im Gesicht. »Verbinden Sie mich sofort mit Klasen.« Er blickte auf die Uhr: zwei Minuten vor zehn. »Pfeiler. Was ist los mit Baumert?«

»Ich war selbst in seiner Unterkunft. Die Sachen sind dort. Was soll ich veranlassen?«

Der Major ließ die Hand mit dem Hörer sinken, er begriff das soeben Vernommene nicht sogleich. »Komme sofort!« Er hatte es fast gebrüllt.

Von irgendwoher war Sirenengeräusch zu hören. Fliegeralarm. Das Grollen kam näher und näher, wurde breit wie ein Schwall unter dem jetzt lichtlosen Himmel.

»Wo ist Bernreiter, verflucht noch mal!«

»Mit Kohlmeis im Bunkerschacht. Aber Herr Major können jetzt unmöglich fahren.« Der Oberleutnant vertrat ihm den Weg.

Die schwere Flak um Ouistreham begann zu blaffen. Dunkelrot stachen ihre Abschüsse in die Nacht. Dann pfiffen die ersten Bomben, wuchteten in den Strand, in die Kampfanlagen, ins Wasser, in den hinteren Küstenbereich. Irgendwo brachen Schreie auf. Über das Meer dröhnten die nächsten Geschwader heran.

»Großeinflug«, sagte Gengenbach trocken.

Hinter Lion-sur-Mer schimmerte breiter Feuerschein gegen die Wolken. Die nächsten Wellen drehten nach Westen ein.

»Sie haben die Bucht und die Halbinsel beim Wickel, die kriegen heute mehr aufs Dach als während des halben Jahres bisher.«

Der Obergefreite Bernreiter stürzte herein. »Melde mich zur Stelle, Herr Major!«

»Wieder irgendwo amüsiert, was?«

»Draußen war dickste Luft, Herr Major.«

Der Abteilungskommandeur fuhr nach Ouistreham. Selbst Nebenstraßen und Feldwege wiesen zahlreiche Trichter auf.

Eine Stunde vor Mitternacht stand er im Quartier von Wolf Baumert. Es gab kaum Zweifel: Der Unteroffizier hatte die Einheit verlassen. Seine gesamte Ausrüstung war zurückgeblieben, mit Ausnahme der Dienstpistole Nullacht.

»Im Biscayabereich sind über hundert Kilometer keine Seltenheit. Eine Großlandung dort ist aber unwahrscheinlich. Bei uns im Schnitt etwa fünfunddreißig Kilometer.«

»Wenn man das Rüstungspotential der Amerikaner und Briten dagegenhält, wie es jetzt in Italien sichtbar wurde, und ihre Luftwaffe . . .«

»Sie haben recht, aber was meinen Sie, was aus dem Westen an Verbänden abgezogen wurde und wird! Als Anfang März die rote Frühjahrsoffensive im Raum Schepetowka losging und der Iwan über Bug, Dnestr und Pruth in die Bukowina und nach Galizien vordrang, wurde die Leibstandarte Adolf Hitler, die hierher sollte, gleich wieder umdirigiert und dort in den Kampf geworfen. Die Panzerdivision Hermann Göring blieb in Italien hängen. Als es Ende März im Süden der Ostfront zu stinken begann, haben wir die Sturmgeschütze von fünf Eingreifdivisionen nach Rumänien verlegt. Ein paar rückwärtige Divisionen dazu. Das gesamte zweite SS-Panzerkorps ging mit weg. Der Angriffsdruck der Sowjets erforderte, die Schwächung der Westfront in Kauf zu nehmen. Staunen Sie, was?«

»Das kann man wohl sagen, Herr Major.«

»Der Vorteil, wenn man dem Korps unmittelbar unterstellt ist. Man erfährt doch hier und da etwas mehr von der großen Lage.«

»Amerikaner und Engländer sind den Russen kaum gleichzusetzen.«

»Richtig. Habe mir erzählen lassen, daß während der letzten neun Monate allein fünftausend voll einsatzfähige Offiziere von hier gegen nicht ostverwendungsfähige ausgetauscht wurden. Die dürften etwas weniger leisten als Sie und ich. Sehen Sie sich diese Jammergestalten doch an! Was meinen Sie, warum ich Ihren Vorgänger abgelöst habe? Kalk in Knochen und Hirn. Und in den Gamaschen ständig Rückwärtsgang.«

Sie waren langsam zur B-Stelle zurückgelaufen.

»Keine Nachricht für mich?« fragte Pfeiler.

»Doch, Herr Major.« Münchhof nahm einen Meldeblockzettel und las vor: »Einundzwanzig Uhr dreißig. Unteroffizier Baumert immer noch nicht aufgefunden. Klasen, Oberleutnant und Adjutant.«

Pak hat Fortschritte gemacht«, fuhr der Major fort. »Gilt auch für die vorn eingebauten Geschütze. Dritte Maiwoche hat der Gegner zwischen Calais und der Halbinsel Cotentin massive Angriffe geflogen. Die festungsmäßigen Bauten haben alles nahezu ohne Kratzer überstanden. Von den verstärkten Feldanlagen ging nur einiges in Trümmer, bei den einfachen war die Hälfte zum Teufel. Schwere Waffen kaum beschädigt. Sie müssen weiterhin wissen, daß auf Führerbefehl Ausstattung mit Munition und sonstige Bevorratung gestaffelt sind nach Festungen, Stützpunkten mit Rundumverteidigung Marke Ostfront, Widerstandsnestern. Für uns trifft das zweite zu. Dadurch soll Munitionsreserve geschaffen worden sein, System rechte Hosentasche – linke Hosentasche.«

Bevor er mit Gengenbach durch die Minenfelder zu den Strandhindernissen ging, ließ er in Ouistreham anrufen und beauftragte seinen Adjutanten, festzustellen, wo sich der Unteroffizier Baumert derzeit aufhalte.

»Hinter unserem Abschnitt ist inzwischen eine Feldstellung ausgebaut worden. Beruhigt einigermaßen. Sie ist zwar nicht durchlaufend an der Kanalfront, aber überall in Angriff genommen. Taktische Konzeption lautet: Gegner bereits am Strand abfangen und im Küstenstreifen zerschlagen. Reserven daher nahezu alle in die vorderste Linie einbezogen. Man hat von Nettuno gelernt: Bildet der Feind erst mal einen Brückenkopf und kann alles an Waffen hineinpumpen, ist es verdammt schwer, ihn hinauszuwerfen.«

Das diesige Wetter ließ die Nacht vorzeitig herabsinken. Der Mond glomm über dem Kanal, Wolkenfetzen zogen vorüber.

»Zur Zeit haben wir viel Arbeit mit Vorstrandhindernissen. Die Sperren müssen immer weiter in den Ebbestreifen vorgeschoben werden. Die Engländer haben, wie wir aus Luftaufnahmen wissen, ihre Landeübungen bisher immer bei Flut durchgeführt. Zwingen wir sie, bereits im Vorfeld Minen und Granaten zu entschärfen, können sie schon vor Erreichen des Ufers unter zusammengefaßtes Feuer genommen werden.«

»Und wie breit sind die Divisionsabschnitte hier oben?« fragte Gengenbach.

Gengenbach meldete sich bei Pfeiler. Der befahl unverzüglich den Wagen vorzufahren. Bernreiter war wenige Minuten später zur Stelle.

»Herr Major, bei Ihnen ist ein Unteroffizier Baumert. Ich hätte ihn gerne gesprochen, weil ich seine Schwester kenne – aber das geht wohl zeitlich nicht mehr?«

»Kein Problem, nehmen ihn einfach mit. Wird zufrieden sein, mal wieder Abwechslung zu haben.«

Zehn Minuten später kam Bernreiter zurück und berichtete, der Unteroffizier sei weder im Bunker noch im Kasino, er habe ihn auch nirgendwo anders finden können.

»Verschieben Sie Ihr Gespräch auf später, Gengenbach. Sind ja zur Batteriechef-Besprechung wieder hier. Wahrscheinlich hat der Bursche die Hosen voll wegen der bevorstehenden Bestrafung! Übrigens habe ich mich entschlossen, Ihnen für ein paar Tage den Blättermann mitzugeben. Der war lange genug in Lion und weiß dort bestens Bescheid.«

Hauptmann Müller erstattete Meldung auf der B-Stelle in Lion-sur-Mer. Der Kommandeur schickte ihn weg mit dem Bemerken, er sei mit sofortiger Wirkung zur Feldpostnummer soundso versetzt, die Übergabe könne er später in geeigneter Form regeln. Es beunruhigte Pfeiler, daß er vom Korps noch immer nicht den Versetzungsbefehl für Müller hatte – was würde sich daraus wieder entwickeln?

Pfeiler führte den neuen Batteriechef durch Beobachtungsbunker und Vermittlungsraum. »Das ist der Kohlmeis und das der Münchhof.« Er zeigte auf zwei Gefreite, die hinter dem Vermittlungskasten standen.

»B-Offizier?«

»Haben wir nicht.«

»Scherenfernrohr-Unteroffizier?«

»Zugesagt.«

»Richtkreis?«

»Dito.«

Gengenbach schüttelte den Kopf.

»Die Verschartung der rechts und links von uns eingesetzten

gesicht einen Ausdruck von Einfältigkeit verlieh. »Wünschen Sie einen Bénédictine oder wie üblich Kognak?« Er versuchte Zeit zu gewinnen.

»Üblicherweise haben wir Cointreau getrunken, heute brauche ich was Härteres. Damit Sie aber Ihren Kopf nicht weiter strapazieren, möchte ich Ihnen ein paar Empfehlungen geben. Daß Ihre Geschichte außerhalb des Dienstweges geregelt wurde, ist nur die Oberfläche des Vorgangs. Das Wesentliche bleibt, daß ein Riesenapparat in Bewegung gesetzt wurde, um eine bei Ihnen verschuldete Angelegenheit zu bereinigen. Auf jedem angelegten Aktenstück prangt daher Ihr Name.«

Pfeiler spürte, daß ihm im Nacken Schweißperlen in den Kragen rieselten. »Zum Wohl, Herr Dörnberg!«

Der trank schweigend und übersprang mit seinem Glas sämtliche Blusenknöpfe. »Wenn Ihnen nochmals ein vergleichbares Mißgeschick widerfahren sollte, werden diese Akten mit aufmarschieren, dann dürfte der Bart ab sein. Die Smolensker Affäre habe ich höflicherweise nicht erwähnt, wie Sie bemerkt haben. Und passen Sie gut auf den besagten Knaben auf. Sie wissen doch, Duplizität der Ereignisse und so!«

Pfeiler war erleichtert, nicht Unangenehmeres hören zu müssen.

»Ob die Koordinaten Ihrer Stellungen wirklich geheim geblieben sind?« Dörnberg zuckte die Schultern. »Dem Papierchen selbst sieht man so etwas leider nicht an. Wahrscheinlich werden Sie mit allen Batterien Stellungswechsel machen müssen.«

Pfeilers Röte im Gesicht wurde von einer jähen Blässe abgelöst.

Als Dörnberg den Raum verließ, begegnete ihm Oberleutnant Gengenbach auf der Treppe. Auch so ein Fall, mit dem man sich mal befassen sollte, dachte der Sturmbannführer, aber es erschien ihm aussichtslos, wenn er sich die Aktenstapel auf seinem Schreibtisch vergegenwärtigte. Da waren Fälle, bei denen man wesentlichere Ergebnisse erwarten konnte. Im Gefängnis von Caen wurde in den letzten Jahren schon mancher Kommunist umgeblasen, fiel ihm ein, und er hatte wieder sein breites Lächeln im Gesicht.

nant zitierte lautlos, und seine Lippen bewegten sich dabei: »Ich schwöre bei Gott diesen heiligen Eid, daß ich dem Führer des Deutschen Reiches und Volkes, Adolf Hitler, dem Oberbefehlshaber der Wehrmacht, unbedingten Gehorsam leisten und als tapferer Soldat bereit sein will, jederzeit für diesen Eid mein Leben einzusetzen.« Wo blieb der unbedingte Gehorsam, als Helgert beabsichtigte, die Front zu wechseln? Wo die Tapferkeit, als Einschließung drohte? Vielleicht hatte der SS-Offizier sein Leben für den Eid eingesetzt? Und die elf, die ebenfalls übergelaufen waren? Darunter so untadelige Soldaten, früher so untadelige Soldaten wie Wachtmeister Söchting, Unteroffizier Heidemann, Schnellinger, der ehemalige Fahrer Krusemarks, Mommer und wie sie hießen – alles Verräter, Ungehorsame, Feiglinge? Das waren doch samt und sonders Draufgänger. Wenn man den Vorgang abstrakt nahm, blieb der Eid eine unverrückbare ethische Norm. Konfrontierte man die Namen guter Kameraden damit, verschwamm alles... Und er selbst? Wie stand er dazu?

Gengenbach kam zu keinem Ergebnis. Er beschloß, erst noch die Hafenanlagen von Ouistreham anzusehen, ehe er sich wieder bei Major Pfeiler meldete.

Dörnberg betupfte den Mund mit der Batistserviette. Während der Obergefreite Novotny geräuschlos abräumte und Pfeiler Zigarren und Zigaretten holte, reinigte er mit einem Zahnstocher ungeniert sein Wolfsgebiß, erst frontal, dann von der Gaumenseite. Nach satten Schmatzlauten fragte er: »Und wie gedenken Sie Ihr Früchtchen zu bestrafen?«

Der Kommandeur war auf die Frage vorbereitet. »Sieben Tage geschärfter Arrest. Können durch die Haft als verbüßt gelten. Keine Ernennung zum Kriegsoffiziersbewerber.«

Dörnberg nickte zustimmend. »Hab ich mir auch in dieser Preislage vorgestellt. Ein intelligenter Bengel. Schade um ihn.«

»Tut mir ebenfalls leid.«

»Und wie gedenken Sie sich selbst wegen des Tatbestandes der mangelnden Dienstaufsicht zu bestrafen?«

Major Pfeiler bekam einen roten Kopf, was seinem Sperber-

»Ich habe eine Nachrichtenhelferin kennengelernt, sie war kürzlich mit Kameradinnen bei uns zum Tanz. Sehr nett.«

Im Gesicht Wolf Baumerts spiegelten sich Unglaube, Enttäuschung, Mißtrauen, Ratlosigkeit. »Sie ist in Narbonne«, sagte er gepreßt.

Der Oberleutnant lächelte. »Stimmt. Sagen Sie selbst: Ist das ein Zufall?«

Baumerts Lippen wurden schmal vor Enttäuschung. Martina ging tanzen, während er sich Gedanken über den Strick oder die Kugel machte? Wahrscheinlich hatte sie von nichts gewußt, und dennoch traf es ihn wie ein Schlag. Da sitzt ein fremder Offizier, dachte er, der mir von ihr erzählen könnte. Geschrieben hat sie bis heute keine Zeile, habe ja eben meine Post ausgehändigt bekommen, zusammen mit Pistole und Seitengewehr. Aber Zeit zum Tanzengehen! Ob sie was mit ihm gehabt hat? »Wie geht es ihr?« fragte er heiser.

»Du hörst doch, Baumert, sie amüsiert sich, während wir hier auf Wacht fürs Vaterland stehen. Ich werde den Vorgang für unser Kasino festhalten.« Blättermann rieb sich die Hände.

»Vielleicht darf ich bei Herrn Oberleutnant gelegentlich nachfragen?« Baumert nahm die Hacken zusammen und ging zur Essenausgabe, schaute sich nicht um.

Gengenbach dachte, mit diesem jungen Korporal muß man möglichst bald allein reden, bei dem ist einiges durcheinander. Vielleicht kann man ihm helfen. »Der Major erwartet mich«, sagte er nach einem Blick zur Uhr. »Werden uns ja in Zukunft öfter sehen.« Er gab den beiden Männern seiner ehemaligen Batterie schnell die Hand und verließ den Raum. Auf dem Weg zu Pfeiler gingen ihm die Gespräche nicht aus dem Kopf. Warum der Unteroffizier so betroffen reagierte auf seine Bemerkung? Dabei benahm sich dieses Mädchen ganz einwandfrei. Wie Thiel erzählte, sollte sie mit Funkmeister Rohrbeck befreundet sein. Ebenfalls ein anständiger Kerl. Fritz Helgert – einen Sturmbannführer mit der MPi umgelegt? Was hatte er für einen Grund dazu? Bestimmt nicht den, den die beiden unterstellten. Sah Helgert vielleicht weiter als sie alle? War Überlaufen Verrat an den Zurückbleibenden? Gebrochener Fahneneid? Der Oberleut-

weiter an die Stellungen des Iwans herangeführt. Als die Panzer kamen, glaubte er, daß alle mit ihm zusammen die Hände heben würden.«

Bernreiter wollte wieder zu Wort kommen. »Wir haben ihm was gehustet. Einer hat unmißverständlich gebrüllt: Verräter! Mit ein paar anderen sind wir los. Uns beiden und Novotny ist es in der Nacht gelungen, aus der roten Zange zu entkommen.«

»Helgert hat einen SS-Führer umgelegt?«

»Ja, mit der MPi.«

»Wie man sich doch im Menschen täuschen kann«, sagte Gengenbach unbestimmt. Die Tür hinter ihm knarrte, wurde wieder geschlossen. Hackenklappen. Er nickte abwesend.

Bernreiter sprang auf. »Mensch, Baumert, haben sie dich wieder rausgelassen? Hast du aber Schwein gehabt, alter Junge!«

Baumert? dachte Gengenbach, den Namen hast du irgendwann gehört. Er drehte sich um.

»Das ist unser derzeitiger Schreiber«, stellte Blättermann den Unteroffizier vor. »Gerade aus dem Bau zurück.« Sein Mund war grausam und voller Befriedigung, als er und Bernreiter nunmehr anzüglich lachten.

Gengenbach reichte dem Korporal die Hand. Ziemlich groß, etwas blaß trotz des Hochsommers. Blondes Haar. Dunkle Augen.

Gengenbach fragte: »Aus dem Bau zurück?«

Eine feine Röte zog über die Stirn des Unteroffiziers. »War ein paar Tage im Wehrmachtsgefängnis Caen, Untersuchungshaft. Hat sich aber alles aufgeklärt.«

»Gratuliere.« Die Ähnlichkeit war erstaunlich. »Erlauben Sie noch eine Frage.«

»Herr Oberleutnant?«

»Ist vielleicht eine Verwandte von Ihnen Nachrichtenhelferin in Südfrankreich? Es gibt ja manchmal die merkwürdigsten Zufälle.«

Baumerts Augen wurden einen Schimmer dunkler. »Meine Schwester.«

Auch Blättermann und Bernreiter warteten gespannt auf eine Erklärung.

der liebe Gott verhüten möge, eines Tages vorzeitig der Teufel holen sollte, wird sich der ganze SD Ihrer annehmen. Aber nicht mit Samtpfötchen, wie ich es bisher tat.«

Wolf Baumert sah dem Sturmbannführer nach, wie er zu Pfeiler ging, um sich einen Cointreau eingießen zu lassen oder einen Grand Napoléon.

Adresse für Not, dachte er.

Die Wände des Unteroffizierskasinos waren mit schwungvollen Kohlezeichnungen überhäuft. Sex war die Spezialität des Unteroffiziers Blättermann, des Schöpfers der Ausgestaltung. Jeder Strich, jede Bewegung schien nur der aufreizenden Wirkung wegen angelegt zu sein; Blättermanns Zeichnungen waren so zynisch wie sein Charakter.

Gengenbach stellte fest, daß ihm dieser Zug früher nicht so aufgefallen war wie jetzt an diesem Nachmittag, da er mit Blättermann und dem Obergefreiten Bernreiter zusammensaß und nicht recht wußte, wie er unauffällig das Gespräch auf Helgert bringen sollte. Der Obergefreite Novotny war unabkömmlich, weil er als Bursche des Kommandeurs bei dem erwarteten Besuch servieren mußte.

»Ich bin natürlich sehr zufrieden«, sagte Blättermann, »daß ich in Kürze zum KOB-Lehrgang verschwinden werde. Woran man sieht, daß Radomyschl auch sein Gutes hatte.«

»Sie sind danach befördert worden?«

»Ja.«

»Er hat den Verrat Helgerts auch nicht mitgemacht«, mischte sich Bernreiter ein.

»Was, meinen Sie, ist der Grund, weswegen Helgert nicht mehr weiterkämpfte?« Gengenbach war aufs äußerste gespannt.

»Das ist einfach zu erklären. Helgert hatte Schiß, war der Härte des Kampfes nervlich nicht mehr gewachsen.« Bernreiter schien das schon öfter gesagt zu haben. Blättermann ergänzte: »Er war vorsätzlich entschlossen überzulaufen. Um sich bei den Roten lieb Kind zu machen, erschoß er hinterrücks einen Sturmbannführer der Waffen-SS. Wir anderen lagen ein paar hundert Meter entfernt und haben das gesehen. Dann hat er uns noch

schweren dunkelgrauen Wagen immer wieder ruckartig nach rechts versetzt. Ausgestorben der Strand. OT-Männer, sie arbeiten lustlos. Beaufsichtigen lieber Kolonnen von Franzosen. Rund fünfzigtausend reguläre Kriegsgefangene sollen noch immer in Frankreich eingesetzt sein. Aber etwa die dreifache Menge arbeitet »dienstverpflichtet« am Ausbau der Verteidigungsanlagen. Dazu sollen monatlich bis zu neunzigtausend Arbeitskräfte ins Reich geschickt werden, Laval hat volle Unterstützung zugesagt. Irgend jemand erzählte mir das, kurz bevor ich in den Bau kam. Das Leben macht schon Bocksprünge. Düster ist die neue Woche heraufgezogen, und jetzt sitze ich in einem Dienstauto vom SD und werde nach Hause kutschiert. Bin gespannt, wozu mich Pfeiler verdonnern wird. Diesen vierten Juni vierundvierzig werde ich so schnell nicht vergessen. Fühle ich mich eigentlich richtig frei? Jedenfalls sehe ich jetzt die Gitter, Zäune und Riegel des Reiches etwas deutlicher.

Der Wagen bog in Ouistreham ein.

»Anhalten. In Deckung fahren.«

Sie stiegen aus. Sternthaler verschwand mit dem großen Fahrzeug.

»Mein lieber Unteroffizier Baumert.« Die Augen des Sturmbannführers waren ein kühles Glitzern. »Wir lernten uns so nett kennen. Und nun werden wir uns gleich trennen. Wie schade. Aber ich werde Sie bestimmt nicht vergessen. Ihr Gesicht nicht. Ihre Karteikarte nicht. Und wenn in Ihrer Umgebung erneut etwas verschwindet, wird meine erste Überlegung sein: Was hat denn mein kleiner Abiturient damit zu tun? Verstehen wir uns?«

Baumert nickte nur. Noch nie, dachte er, habe ich ein so kaltes Gesicht gesehen, obwohl die Lippen rot sind und die Wangen rot sind vom scharfen Wind. Sein Haar ist schwarz, die Augen sind blau. Nein, das ist Eis. Adresse für Not. Wann ist die Not? Ich bin doch jetzt frei. Ich werde bestimmt mit solchen Schriftstücken kaum noch etwas zu tun haben.

»Sie zollen mir schweigend Zustimmung, das ist gut so. Bringen wir es auf einen Nenner: Ich werde Sie nie mehr aus den Augen lassen, wo auch immer Sie herumspringen. Und noch ein kleines Riegelchen vor mögliche Hoffnungen: Falls mich, was

Du Hund sollst mich nicht weich sehen, und wenn mir sonstwas bevorsteht, nahm sich Baumert vor.

»Spaß beiseite. Die vermaledeite Stellungsmeldung hat sich angefunden. Was sagen Sie nun?«

Der Unteroffizier stutzte. Eine neue Finte? »Klingt verheißungsvoll. Darf man fragen, welchem Glücksumstand ich das zu verdanken habe?«

»Immer diese intellektuellen Kapriolen. Genügt Ihnen der Fakt allein nicht?«

»Sturmbannführer, Sie sind ein großer Mann. Reichssicherheitshauptamt! Ich gehöre zur Kategorie der Unbedarften, der Würstchen. Da weiß man schon gern, woran man ist.«

»Das Verfahren gegen Sie ist eingestellt. Was Ihr Kommandeur disziplinarisch mit Ihnen veranstaltet, interessiert uns kaum.«

Baumert zuckte die Achseln. »Disziplinarstrafe ist angenehmer zu hören als Tatbericht und Kriegsgericht. Wo das verdammte Papier bloß gesteckt haben mag?« Hat mir irgendwer ein Ding auswischen wollen? fragte er sich. Dann könnte es sich jederzeit wiederholen. Also muß ich dafür sorgen, daß mir so etwas nicht mehr passiert.

»Was stehen Sie noch rum, Menschenskind? Sehen Sie sich die Zelle noch einmal in Ruhe an – es gibt miesere, kann ich Ihnen versichern. Und dann ab durch die Mitte.«

Der hundertmal geträumte Traum begann sich zu verwirklichen: Riegel beiseite, der Schritt über die Schwelle, verlegenes Lachen des Kalfaktors, Unterschrift, Bestätigung der Vollständigkeit der beim Einzug abgenommenen Asservate. Auf Wiedersehen – eilt keineswegs, dachte Baumert – und nichts für ungut ...

Während der Fahrt am Canal de Caen entlang nach Ouistreham sprach der Sturmbannführer nur zwei Sätze in den pfeifenden Fahrtwind: »Bringe Sie gleich nach vorn. Ich bin sicher, daß der Kommandeur heute am Sonntag mit keinem von uns beiden so früh rechnet.«

Hätte ich nicht geglaubt, daß ich das Meer noch einmal zu sehen bekomme, dachte Baumert. Wie der Westwind selbst den

übrig, als den Unteroffizier Baumert noch ein bißchen durchzukneten und mit Pfeiler auf besser Wetter zu parlieren. Entgehen würde er ihm ohnehin nicht.

Bloß gut, daß die Wolken niedrig hingen und keine Flugzeuge in der Luft waren. Der Sturmbannführer schätzte überraschende Begegnungen mit Jabos und tieffliegenden Jägern nicht, wie er überhaupt die Begegnung mit Feinden nur dann schätzte, wenn die eigenen Machtmittel hundertprozentige Überlegenheit garantierten, was – und er bedauerte es zutiefst – im Laufe dieses Krieges immer weniger der Fall war.

Die Türme von Caen kamen in Sicht. Wie Rostock oder Wismar oder vielleicht Lübeck mit ihren gotischen Backsteinbauten, dachte er, oder man könnte auch sagen: wie Marienburg oder Danzig. Wir werden mit der Kolonisierung des Ostraums die moderne Kolonisierung des Abendlandes nachvollziehen. Warum soll es später keine KdF-Reisen nach Caen oder Lisieux, nach Ouistreham und Bayeux geben? Das heißt, im Augenblick scheint die Lage beschissener denn je. Die Meldungen vom Stand der anglo-amerikanischen Invasionsvorbereitungen werden immer bedrohlicher ...

Die Schließer beeilten sich. Schlüssel und Riegel schepperten.

»Na, Baumert, guten Sonntag gehabt?«

»Kann nicht klagen. Verpflegung hervorragend, Behandlung vortrefflich. Gewissermaßen: Schi und Rodel gut.«

Dörnberg konnte sich ein Grinsen nicht verkneifen. »Na, dann rodeln Sie mal los!« Er zog eine Schachtel Attika aus der Tasche, streifte vorsichtig das Silberpapier zurück und bot Baumert die Zigarette wie selbstverständlich an.

Der Unteroffizier zögerte unmerklich, bevor er zugriff, blickte über die graugrüne SS-Uniform. Das Feuerzeug schnipste. »Ich habe ... dennoch nichts Neues zu berichten.« Baumert spürte, daß sich nach dem zweiten Lungenzug ein leichter Schwindel einstellte. Er biß die Zähne zusammen und wollte damit ebenso wie mit dem Schweigen fertig werden.

»Sollen Sie ja auch nicht. Bin nur gekommen, Sie mitzunehmen und besserer Umgebung zuzuführen.«

»Das hatten Sie mir bereits beim letztenmal versprochen.«

den ein leeres Nest vor. Vier seiner besten hatte er zur Beobachtung aller Ausgänge des Hauses angesetzt.

Dörnberg war überzeugt, daß Denise Darnand aufschlußreiche Verbindungen zur Organisation Francs-Tireurs et Partisans hatte. Dieses Mädchen erinnerte ihn vom ersten Augenblick an seine frühere Verlobte Claudia Sanden, die er haßte, weil sie ihn gedemütigt hatte, weil er bei ihr nicht zum Ziel gekommen war: finanzielle Unabhängigkeit durch das Geld ihres Vaters. Er übertrug jenen Haß auf die junge Französin. Während sein Wagen von Paris nach Caen raste, überlegte er, was er mit ihr anstellen würde, wenn er sie eines Tages – woran er keinen Augenblick zweifelte – in seinen Händen hatte. Von der schönen Larve sollte dann nicht viel übrigbleiben.

Über sein Gesicht zog das breite Lächeln, verfinsterte sich schnell. Die Aufklärung der seinen Absichten zunächst so günstigen Angelegenheit mit dem verschwundenen Geheimschriftstück paßte ebenfalls nicht in seine Pläne. Natürlich hatte er bald festgestellt, daß dieser Korporal eine Schwester bei der Wehrmacht hatte. Daraufhin verfügte er die Überwachung des Telefonnetzes im Raum Narbonne. Das Gespräch des eitlen Gecken Altdörfer gab Aufschluß, und Grapenthin vermochte den Punkt auf das i zu setzen. Damit war der im Prinzip uninteressante Baumert mit dem Kopf aus der Schlinge, aber leider auch Pfeiler, dem Dörnberg wegen des Versagens bei Smolensk gern eins verpaßt hätte.

Thiel war überall zu finden. Er suchte im Auftrag Gengenbachs Denise auf. Ging mit ihr in die Betten. Um die g.Kdos-Geschichte wußte er ebenfalls, tausend zu eins gewettet. Um so wichtiger, ihn als V-Mann zu haben. Guter Tip von Grapenthin. Hoffentlich war er mit ihm ein Stück weitergekommen.

Krusemark war schon ein beachtlicheres Kaliber. Nicht als Persönlichkeit, aber in seiner akuten Bedeutung. Sicher ein General aus der schwarzweißroten Ecke. Diese g.Kdos-Behandlung setzte neue Aspekte. Vielleicht doch kein Zufall, daß das Schriftstück gerade bei Krusemark gelandet und zur Stunde mit Kurierpost nach Ouistreham unterwegs war. Jetzt blieb nichts

Die Zeit drängt, gestern abend haben Ami und Tommy offenbar Großaufklärung betrieben. Nie zuvor sind so viele Kondensstreifen am Himmel gewesen. Nun entschuldigen Sie mich. Erwarte, wie schon gesagt, unerfreulichen Besuch. Sehen uns beim Mittagessen wieder. Dann werde ich Sie mit den Herren des Stabes bekannt machen.«

»Verzeihung, Herr Major – wußten Sie eigentlich, daß *ich* der von Ihnen angeforderte Batteriechef bin?«

Eine Winzigkeit zögerte der Kommandeur, bevor er leichthin sagte: »Wie kommen Sie darauf? Habe einen Batteriechef angefordert, das ist alles. Wie ich mich darüber freue, daß der Zufall uns wieder zusammengeführt hat, brauche ich unter alten Kameraden kaum zu betonen.«

Gengenbach ging zum Strand von Riva Bella und blickte aufs Meer hinaus. Helgert übergelaufen? Und wenn es stimmte, was Pfeiler sagte: nach einer politischen Deklamation übergelaufen? Fritz Helgert, dieser Grübler, der nichts ohne gründliche Überlegung tat. Man mußte erst mit den Männern sprechen. Vielleicht hatten sie etwas falsch verstanden, verkehrt interpretiert? Sippenhaft, damit war nicht zu spaßen. Wer kümmerte sich um Ilse Helgert? Konnte man ihr denn helfen? Von hier aus schon gar nicht.

Der rauhe Seewind rüttelte ihn durch. Anderes Wetter als an der Riviera zwischen Marseille und den spanischen Bergen. Den ganzen Mai über schönstes Sommerwetter, hatte Pfeiler gesagt; am ersten Juni sei es dann plötzlich umgeschlagen.

Wolken jagten niedrig dahin, die Sicht war durch diesige Luft begrenzt, das graugrüne Wasser sah ungemein kalt aus, und der Seegang war beachtlich.

Sturmbannführer Dörnberg hatte schlechte Laune. Während des Wochenendes war er weder mit seinen Leuten noch nach Anhören französischer Spitzel auch nur einen Deut weitergekommen, die Spur der verschwundenen Denise Darnand zu finden. Seit Monaten hatte er jeden Schritt des Mädchens überwachen lassen. Unmittelbar nachdem dieser Leutnant Thiel sich verabschiedet hatte, wollte er zupacken. Seine Leute fan-

»Wo sind sie? Kann ich sie sprechen? Das ist mir alles unfaßbar.«

»Keinesfalls. Habe Helgert in einem Ehrenverfahren erlebt. Kann Ihnen sagen! Für mich war er damals schon nicht mehr würdig, Offizier zu sein.«

»Ich weiß von keinem Ehrenverfahren.«

»Kann ich mir denken. Er hatte auch alle Veranlassung, sich darüber nicht zu verbreiten.«

»Und seine Frau? Was macht sie jetzt?«

»Seine Frau?« Pfeiler nahm einen kräftigen Schluck. »Das Ehrenverfahren war durch sie ausgelöst worden. Keine Zucht und Ordnung in den ehelichen Beziehungen.« Er winkte ab.

»Falls den zuständigen Behörden das Gerücht vom Überlaufen zugetragen worden ist, kann sie jetzt Scherereien haben«, meinte der Oberleutnant.

»Sofern Sie das Prinzip der Sippenhaft meinen, nehmen Sie zur Kenntnis, Gengenbach, daß ich mich voll und ganz damit identifiziere. Bedaure lediglich, daß nicht viel unbarmherziger bei jeder Art von Weglaufen durchgegriffen wird. Jawohl, auch gegen die Familie.«

Der Oberleutnant schwieg.

»Lassen wir die alten Geschichten ruhen. Prost!« Der Major hielt Kognakglas und Zigarette in der Rechten und schaute durchs Fenster. Von draußen schallte ein gleichmäßiges »Hauruck, Hau-ruck!« herein. »Scheint wieder mal Material angekommen zu sein. Hier stehen viele Verteidigungsbauten nur als Eisengerüste. Können nicht ausgegossen werden, weil der Zement so schleppend herankommt. Die Hauptnachschublinie vom Reich über Maastricht – Amiens – Rouen nach Caen und weiter nach Cherbourg ist durch ständigen Bombenzauber ziemlich lahmgelegt. Den Ausweich- und Ersatzlinien geht es nicht besser. Machen Sie mal was! Es gibt einen Befehl: Alles hinter Beton oder in die Erde! Selbst Fahrzeuge und Pferde müssen eingegraben sein. Denken Sie ja nicht, daß Sie sich hier im Gefechtsstand befinden.«

»Soweit waren wir im Süden nicht.«

»Werde Ihnen alles heute nachmittag in Lion-sur-Mer zeigen.

dete der Iwan um Radomyschl einen Ring, dabei ist die sechste Batterie zerschlagen worden. Ich wurde verwundet von ein paar Kanonieren aus dem Kessel geschleppt. Dann das gleiche Schicksal wie Sie: Verwundung mit Silber honoriert und einstweilen nicht mehr im Osten einsatzfähig.«

»Was ist Ihrer Meinung nach aus Helgert geworden?« fragte Pfeiler beiläufig.

»Vermißt. Ich nehme an, gefallen. Ein Mann wie er kämpft bis zur letzten Patrone.«

Der Major streifte seinen neuen Batteriechef mit eigentümlichem Blick. »Bin da etwas anders unterrichtet.«

Gengenbach dachte an die gehässigen Auslassungen Altdörfers, wonach Helgert übergelaufen sein sollte. Wahrscheinlich würde er hier auf ebensolche Mutmaßungen treffen, aber die konnten noch weniger begründet sein, weil Pfeiler zu diesem Zeitpunkt entweder woanders eingesetzt oder bereits im Hinterland war.

»Könnten Sie sich vorstellen, daß Helgert zu den letzten Männern seiner Beobachtungsstaffel gesagt hat: Wer unbedingt zum Führer will, muß sich beeilen, die übrigen aber zu mir? Und könnten Sie sich weiter vorstellen, daß der Unteroffizier Heidemann dann einen weißen Lappen an seinen Karabinerlauf gebunden hat, während Helgert daneben stand und auf die bolschewistischen Panzer wartete?«

»Die Fama weiß hinterher viel, wenn es vorne mal drunter und drüber geht.«

»Die Fama hat Namen und Hausnummer, Gengenbach. In meiner Stabsbatterie sind drei Männer von Helgerts B-Staffel, die sich im entscheidenden Augenblick für ihr Vaterland entschieden haben.«

Der Oberleutnant war wie elektrisiert. »Was denn, Soldaten von meiner alten Sechsten? Hier?«

Der Kommandeur ließ sich Zeit. Umständlich schenkte er wieder ein. »Sie haben ihre Aussagen unter Eid gemacht.«

»Und wer sind die drei?«

»Die Fernsprecher und Funker Blättermann, Novotny und Bernreiter.«

Ich verlor sämtliche Geschütze . . .« Pfeiler dachte an die höhnische Interpretation dieses Vorgangs durch Sturmbannführer Dörnberg.

Scheint ihm noch immer nahezugehen, der Verlust seiner Geschütze – vielleicht sieht sein Gesicht deswegen jetzt so zerfallen aus? dachte Gengenbach. Von den armen Teufeln, die dabei krepiert sind, spricht er nicht. Ob Eiselt übrigens gewußt hat, daß ich zu Pfeiler versetzt werde? Von ihm weiß ich eigentlich wenig. Galt in Rußland als Sprücheklopper, der es mit Moral und Ehre, Pflichterfüllung und Soldatentum à la Reibert, Dr. jur. W. Reibert, »Der Dienstunterricht im Heere – Ein Handbuch für den Deutschen Soldaten«, hatte. Oder er zitierte Hitler: »Was uns nicht umwirft, macht uns nur stärker!« – damit ist er hausieren gegangen, wenn vorne alles die Schnauze voll hatte. Aber immerhin einer, der unser Erleben kennt, der weiß, wodurch wir anders geworden sind. Ich sitze hier, mir selbst fremd, verändert. Während der Zug heute nacht in Paris Aufenthalt hatte, war ich vorübergehend traurig. Denise. Grüße hat sie durch Hinrich Thiel ausrichten lassen. Wahrscheinlich werde ich sie nie wiedersehen. Eine Zigarette – dann war auch das abgetan. Können wir denn nicht mehr normal empfinden? Macht der Krieg uns stumpfer und stumpfer selbst dann, wenn er eine Atempause zumißt wie hier in Frankreich?

Der Major goß wieder ein. »Über das Schicksal einzelner, die Sie noch kennen müßten, erzähle ich Ihnen bei Gelegenheit. Mich hat es in den folgenden Monaten herumgewirbelt, die Gesundheit, wissen Sie. Und nun als nicht ostverwendungsfähig am Kanal, gewissermaßen zweite Wahl. Im Vertrauen gesagt: Dieses Symptom werden Sie hier bei den meisten Einheiten feststellen, Gengenbach. Was gut und teuer ist, steht im Osten. Gigantisches Ringen und so. Sehr zum Wohl denn auch!« Pfeiler goß noch einmal voll. »Und Sie, Gengenbach?«

»Von Oktober bis Mitte Dezember die sechste Batterie geführt, weil Oberleutnant Helgert mit dem jetzigen General Krusemark beim Baustab am Dnepr war. Dann kam Helgert überraschend zurück, ich glaube, aus Wien, und wir erlebten den Großangriff auf Shitomir. Am vorletzten Tag des Jahres bil-

durch französisches Betriebspersonal, dazu ununterbrochene Luftangriffe, besonders auf Loks. Vier- bis fünfhundert fielen jeden Monat aus, die Reparaturwerkstätten kamen mit dem Instandsetzen nicht nach, von Neuproduktion sprach niemand. Die Meinungen über eine Invasion, ihren vermutlichen Zeitpunkt und Raum gingen vom Niemals bis zum Fünf-vor-Zwölf. Man tröstete sich damit, daß die Engländer 1940 bei Dünkirchen zu Paaren getrieben und die fünftausend Kanadier im August 1942 bei Dieppe nahezu vollständig aufgerieben worden waren. Die gelungene Landung der Westalliierten am 22. Januar 1944 bei Anzio und Nettuno tat man mit der Feststellung ab, daß es den hundertfünfzigtausend Mann im Brückenkopf bisher kaum gelungen sei, vorwärts zu kommen, und schon gar nicht, nach Rom durchzustoßen. Man gedachte des durch amerikanische Jagdbomber zerstörten Klosters Monte Cassino, das am 18. Mai kampflos geräumt worden war zugunsten einer weiter rückwärts gelegenen kräftesparenden Riegelstellung. Der Wehrmachtsbericht vom Tage wurde zitiert: »Die Abriegelungsfront wurde bis zehn Kilometer östlich Rom zurückgedrückt. Westlich der Albaner Berge haben unsere Truppen sich auf den Tiber abgesetzt« – wofür man ausschließlich den Italienern Schuld gab, dachte Gengenbach und wandte sich wieder Major Pfeiler zu, der nach einem abschließenden Ferngespräch sichtlich nervös an den Tisch kam.

»Habe in einer Stunde wahrscheinlich unfreundliche Unterredung. Bis dahin gehört die Zeit uns.« Er goß die übergroßen Kognakgläser randvoll. »Auf gute Kameradschaft.« Dann trank er das Glas in einem Zug leer.

Gengenbach blieb nichts übrig, als nachzukommen.

»Schon eine Weile her, daß wir uns gesehen haben. Die alte Division wurde Dezember dreiundvierzig aufgelöst. Gemeinsam sind wir durch den Schlamm zur angeblich uneinnehmbaren Dneprstellung gewatet, die innerhalb weniger Wochen improvisiert wurde. War damals mit meiner schweren Abteilung sofort wieder als Heeresartillerie eingesetzt. Die Russen griffen mit Panzerdivisionen beiderseits der Rollbahn Smolensk an. Eines dreckigen Tages stießen sie bis in unsere Feuerstellungen durch.

Neuntes Kapitel

»Oberleutnant Gengenbach meldet sich mit Wirkung vom vierten Juni zur Heeresartillerieabteilung versetzt.«

Der Batteriechef war verblüfft, plötzlich vor Major Pfeiler zu stehen.

»Menschenskind, Gengenbach! Daß es Sie noch gibt! Fast taufrisch, wie einst im Mai bei Beresowez. Seien Sie willkommen! Tolle Überraschung!«

Der Kommandeur tat, als wäre er hocherfreut, einen bewährten Offizierskameraden von der Ostfront nunmehr in seiner Einheit zu haben, er schüttelte dem schmalen Oberleutnant lange die Hand. »Heute mittag bleiben Sie erst mal bei mir, damit wir über die alten Zeiten reden können. Ist ohnehin Sonntag. Später bringe ich Sie nach Lion-sur-Mer zur Hauptbeobachtungsstelle Ihrer Batterie.« Er holte Flaschen und Gläser. »In die Feuerstellung können wir morgen im Laufe des Tages fahren.« Dann führte er mehrere Telefongespräche.

Der Oberleutnant schaute sich flüchtig im Raum um und dachte dann wieder an die vergangenen vierundzwanzig Stunden.

Während der Zug in die Abendsonne gefahren war, hatte er darüber gegrübelt, warum man ausgerechnet ihn versetzte. Verwunderlich vor allem deswegen, weil er einer der wenigen Offiziere war, die im Osten beim vorhergehenden Regiment Dienst getan hatten. Schließlich ließ er es dabei bewenden, nach dem bewährten Kriegsgrundsatz, daß niemand weiß, wozu plötzliche Veränderungen gut sind, und es wenig Sinn hat, sich mehr als notwendig an einen Haufen zu gewöhnen. Die Art, wie ihm Eiselt »auftragsgemäß« am Telefon die Versetzung mitgeteilt hatte, sagte alles. Irgendeiner hatte ein Interesse daran, ihn abzuschieben.

Unter den mitreisenden Offizieren und Wehrmachtsbeamten jagte eine Parole die andere. Einiges schälte sich jedoch nach und nach heraus, was der Wahrheit nahekam:

Der Ausfall an Lokomotiven und sonstigem Transportmaterial in Frankreich war verheerend. Sachkundige Zerstörungen

»Falls die Lage es unbedingt erfordert, fragst du in der Rue Laplace fünfundzwanzig nach Joséphine. Es ist ein kleines Bistro, wo niemand niemanden kennt und diese Frage nichts Besonderes ist.«

Als der Fremde sie verlassen hatte, fand Denise keine Ruhe. Auf dem Bücherbrett stand ein abgegriffenes Werk über die Französische Revolution. Jemand hatte im Text an verschiedenen Stellen *Caen* unterstrichen. Sie blätterte. Die Girondisten wurden also vom Konvent ausgeschlossen, gingen am 2. Juni 1793 in die Departements, um mit Hilfe der Royalisten und des Auslands einen Bürgerkrieg zu entfachen. Der Hauptverschwörer Duperret zog mit Pétion, Guadet, Brissot, Barbaroux, Louvet, Buzot, Languinais nach Caen. Wieder unterstrichen. Hier bildete man den Bund der vereinigten Departements und wollte eine Armee sammeln, die gegen die Revolution marschieren sollte. Feldzug gegen Paris! erklärte ein General Wimpffen. Aber das Volk hörte nicht auf Royalisten und Priester, ein paar Dutzend Freiwillige, das war alles. Die Konterrevolution kollaborierte mit den Engländern und lieferte ihnen Toulon aus. Aber die Engländer wagten nicht mehr, sich St. Malo oder Brest zu nähern ... Ja, und hier: Charlotte Corday, im Kloster Abbaye aux Dames erzogen, Royalistin, Mörderin Marats – Besessene oder Werkzeug? Ein Versuch, die Weltgeschichte zu beeinflussen?

Denise klappte das Historienbuch zu. Pétain, Laval und ihre Verratspolitik konnten die Weltgeschichte ebensowenig aufhalten wie Charlotte Cordays Dolch. Jaques Duclos, Waldeck Rochet, André Mercier von der Partei, der Generalsekretär der Nationalen Front Pierre Villon, die Gewerkschaftsführer Louis Saillant und Benoit Frachon sowie der Direktor der Humanité, Marcel Cachin, das waren Männer, mit Maurice Thorez an der Spitze, die Frankreichs Geschichte bestimmten, sie und auch viele von den zweihundertdreißigtausend Franzosen in deutschen Konzentrationslagern.

Wie wenige würden zurückkehren? Und die dreißigtausend Widerstandskämpfer, die schon erschossen, ermordet, zu Tode gequält wurden?

Dann kam diese Nacht, seit der alles anders aussah, klarer, schöner, die Nacht, die ihr Leben verändert hatte. Sie sehnte sich nach Hinrich Thiel, nach seiner Liebe und seiner Zärtlichkeit; nach immerwährendem Zusammensein, nach schnellem Ende des Krieges ...

Die Woge der Hoffnungslosigkeit überflutete sie wiederum. Sie würde Hinrich Thiel nicht wiedertreffen. Hier nicht in Caen, wo die Straßen von Panzerketten aufgefahren waren und regennaß schimmerten, überhaupt nirgendwo mehr.

Die Karmeliterin deutete die Tränen falsch. Mit einem feinen Neigen des Kopfes verabschiedete sie sich. Ihre dunkel eingehüllte Gestalt wurde von der Nacht aufgesogen.

Der Pfarrer hieß Denise willkommen. Es sei schon Besuch da, verriet er und glitt in die tiefen Schatten seiner spärlich beleuchteten Dienstwohnung.

Ein Mann um die Vierzig, großgewachsen, mit vollem Haar, starken Augenbrauen und einem auffälligen schwarzen Schnurrbart, dessen Spitzen beiderseits der Mundwinkel nach unten wiesen, erhob sich und streckte ihr beide Hände zur Begrüßung entgegen. Denise spürte, wie dieser Mann, den sie noch nie gesehen hatte, Beruhigung ausströmte, Kraft, Selbstbewußtsein. Und sie spürte ebenfalls, daß sich die Spannung, von der sie seit Tagen umkrallt wurde, zu lockern begann. SD und Dörnberg, der Verschlag zwischen Dach und Wohnung, Grapenthin und Flucht, die Mörder im Rücken. Und die Liebe, die verloren war ...

Die Résistance werde Dörnberg richten wegen seiner Schandtaten, meinte der Fremde mit einer tiefen Stimme. Dank ihrer Aufmerksamkeit sei es übrigens gelungen, das derzeitige Wirkungsfeld Grapenthins festzustellen, die zuständigen Genossen hätten das mitgeteilt, und sie werde sich gewiß freuen, das zu erfahren.

Anerkennung und Vertrauen taten ihr wohl.

»Ab morgen bist du Haushälterin des Pfarrers. Er ist verläßlich. Man wird dich auf dem laufenden halten, bevor du eingesetzt wirst.«

Sie nickte.

berg ein, Sturmbannführer beim SD. Seine Augen glitten über sie: Lippen, Brüste, Schoß, Beine. Sein Lächeln vertiefte sich, auffordernd schaute er zu Grapenthin, besitzergreifend. Der senkte gehorchend den Blick. Denise hatte keine Illusionen, wie diese Nacht verlaufen würde. Ekel überkam sie, sie trank wenig und plauderte scheinbar unbefangen weiter. Denn dieser Dörnberg war angesetzt, Kommunisten zu jagen. Für die mögliche Rettung verfolgter Genossen verlangte sie von sich jedes, auch das schwerste Opfer.

Dörnberg hatte sie mit selbstbewußter Brutalität genommen. Als er für einige Minuten ins Badezimmer ging, durchsuchte sie hastig die Taschen seines Anzugs, fand ein kleines ledernes Notizbuch, blätterte und las darin einen Vermerk über einen bevorstehenden Transport politischer Häftlinge aus Paris in die Bretagne, in das berüchtigte Todeslager Châteaubriant.

Am Morgen hatte Dörnberg gesagt, es werde einst zu ihren erhabensten Erlebnissen gehören, mit einem aus des Führers stolzester Garde geschlafen zu haben. Elite des Großdeutschen Reiches und ein Paar schöne Schenkel der Grande Nation, und er hatte dabei gelächelt und hinzugesetzt, ihren Herrn Vater würde das sicherlich besonders freuen, weil die Beziehungen beider Völker dadurch vertieft würden, er bedaure nur aufrichtig, bisher noch keine Gelegenheit gehabt zu haben, ihn kennenzulernen, werde aber selbstverständlich weiter bemüht sein...

Die Genossen konnten den Abfahrtsort des schwerbewachten Zuges ermitteln und Maßnahmen einleiten. Sechzig Kilometer nordwestlich Paris lief die Lokomotive auf eine Sprengladung, zwei Waggons wurden aufgebrochen, die Eingepferchten befreit. Es gab Tote auf beiden Seiten.

Dörnberg traf sich noch ein paarmal mit Denise, es kamen dabei wertvolle Informationen heraus. Eines Tages war sie Luft für ihn. Offenbar hatte er sein Augenmerk auf anderes und andere gerichtet. Aber die Drohung mit dem Wissen um ihren Vater blieb. Und sein jähes Mißtrauen. Und ihr Haß. Plötzlich war Hauptmann von Grapenthin verschwunden, monatelang. Die F.T.P. hatten seine Spur verloren, bis er im Lido zusammen mit Hinrich Thiel auftauchte.

bereich ausdehnen, dabei war ein starkes Frankreich mit Kolonialbesitz in Afrika, Asien und im Pazifik störend. Die Engländer waren lediglich an einer Art kontinentalem Statthalter interessiert. Innenpolitisch ging es Engländern und Amerikanern um die Sicherung der bourgeoisen Klassenposition; die Amerikaner empfahlen de Gaulle, mit den Pétain-Kollaborateuren ein Bündnis zu schließen, damit er den Kommunisten etwas entgegenzusetzen habe. Man hatte in London und jenseits des Atlantiks durchaus erkannt, daß die Kommunistische Partei die einzige politisch feste Organisation war mit einem trotz Inhaftierungen stets handlungsfähigen Zentralkomitee, das Gestapo und SD vier Jahre lang erfolglos jagten. Die eiserne Disziplin der Funktionäre und der außerordentlich bewegliche Apparat hatten es auch ermöglicht, Denise aus Paris herauszuschleusen und von Stützpunkt zu Stützpunkt weiterzubringen, bis sie in Sicherheit und dennoch wieder einsatzfähig war. Westalliierte Politiker wußten nur zu gut, daß die KPF die führende Kraft im bewaffneten Widerstand war und die gesamte antifaschistisch-demokratische Volksbewegung leitete. Sie fürchteten die politischen Folgen eines Sieges dieser Bewegung und taten alles, um die Kommunisten aus der Befreiung Frankreichs auszuschalten. Die stürmische Entwicklung der Résistance wurde zwangsläufig für den westalliierten Planungsstab ein weiterer Faktor, die Vorbereitung der zweiten Front zu beschleunigen. Die Führung der KPF bereitete indes unbeirrt alle erforderlichen Maßnahmen vor, ihr Ziel war, die Okkupanten mit Waffengewalt aus Frankreich zu vertreiben.

Auch Denise hatte gleich Zehntausenden gelernt, MPi und Maschinengewehr zu bedienen. Sie war stolz darauf, der »Partei der Füsilierten« anzugehören, wie sie von Außenstehenden wegen ihrer ungezählten toten Helden genannt wurde. Sie war sich dessen bewußt, daß sie ein winziges Teilchen im großen Räderwerk war, und bemühte sich, alle ihr übertragenen Aufgaben zu lösen, trotz Hunger, trotz Nachtarbeit und der Sehnsucht, sich einmal richtig auszuschlafen.

Da war dieser Abend, als in Grapenthins Hotelzimmer der Sekt floß, und mit einemmal, verabredet oder nicht, trat Dörn-

dung. Man traf sich öfter, die Genossen hatten einen Katalog präziser Fragen zusammengestellt. Hier einen Apéritif, dort eine Tasse Kaffee, Ersatz natürlich, denn echte Bohnen kamen nicht nach Frankreich. Grapenthin war ebenso charmant und zuvorkommend wie voller Zynismus. Manches für ihn Selbstverständliche wurde in den Händen der F.T.P. zur wertvollen Information.

Die Francs-Tireurs et Partisans gehörten seit Dezember dreiundvierzig zu den Forces Françaises de l'Intérieur. Strategisch vorausschauend hatte die Kommunistische Partei Frankreichs die Zusammenfassung und einheitliche Leitung aller militärischen Gruppen des Widerstandes durchgesetzt. Kommandeur der F.F.I. wurde General Pierre Koenig, Stabschef der Kommunist Alfred Malleret. Sie verfügten über zweihunderttausend bewaffnete Männer, zu denen Anfang Juni etwa drei Millionen Menschen Verbindung hatten. Die F.F.I. wiederum unterstand dem COMAC, Comité d'organisation militaire et d'action combattante, das dem Nationalrat der gesamten Widerstandsbewegung, dem Conseil National de la Résistance, verantwortlich war.

Im Januar vierundvierzig unterstützten Churchill und die US-Army erstmals die F.F.I. mit bescheidenen Waffenabwürfen unter einseitiger Bevorzugung der bürgerlichen Gruppen.

Im März hatte COMAC die Pläne für die Durchführung der nationalen Erhebung und Befreiung Frankreichs entwickelt und den englisch-amerikanischen Generalstab zur Koordinierung der Hauptaufgaben gedrängt. Die Generale unterschätzten zunächst die militärische Bedeutung der Résistance erheblich und lehnten ab: Bildung kleiner Sabotagetrupps zur Beeinträchtigung des deutschen Transportwesens, aber keine bewaffnete politische Massenbewegung. Anstelle der erforderlichen sechzig Tonnen Waffen, Munition und Kriegsmaterial pro Nacht wurden, als Spitzenleistung, zwanzig Tonnen in einem Monat, also ein Neunzigstel, erreicht.

Die amerikanischen und englischen Monopole hatten eindeutige außenpolitische Vorstellungen von der Entwicklung in Frankreich. Die Amerikaner wollten ihren eigenen Herrschafts-

Erinnerung an jene Pariser Nacht bewahrte, das breite rote Gesicht Grapenthins mit den harten Backenknochen und den forschenden Augen. Beides jedoch war überschattet von Dörnbergs glatter Brutalität.

Sie schreckte hoch. Der Führer einer Wehrmachtsstreife mit Stahlhelm und Kettenschild war ihnen in den Weg getreten. Die Nonne nestelte an ihrer Tasche, wies Papiere vor.

Denise zitterten die Hände, die Fahrkarte fiel auf den Boden. Die Soldaten blickten gleichgültig, warteten ungerührt, bis die Nonne sie aufgehoben hatte.

»Wo wohnen Sie in Caen?«

Mit fistliger Stimme nannte sie das Haus des Pfarrers. Was war mit der Carte d'identité, warum starrte der Kettenhund so lange darauf?

Der Feldwebel gab schweigend den Ausweis zurück. Die Soldaten traten zur Seite und ließen sie passieren.

Denise blickte sich nach wenigen Schritten um. Der Bahnhof von Caen lag kahl und trostlos. Sie blieb unwillkürlich stehen. Der würzige Duft des Meeres erfüllte die nächtliche Luft. Meer, Strand, Sonne – schmerzlicher Traum in Kindheit und Jugend. Denn zu Hause reichte es nur zum Allernötigsten. Arbeiter waren die Eltern, Proleten wie die rechts und links von ihnen auf dem Hinterhof, dennoch darauf bedacht, der begabten Tochter eine ordentliche Ballettausbildung zu ermöglichen. Der Krieg kam dazwischen. Vater war gezwungen, die Uniform anzuziehen. Nach der Kapitulation kehrte er nach Hause zurück, blieb zwei Tage und ging in den Untergrund. Genossen, die man von früher kannte, brachten ab und zu ein Lebenszeichen. Dann starb Mutter an Tuberkulose. Denise stand allein am Grab. In Tingeltangellokalen am Montmartre tanzte sie. Der Zufall führte sie ins Lido. Die Aufträge der Genossen wurden häufiger, sie übernahm Verantwortung. Die Tage waren hart und voller Kummer, aber das Leben hatte jetzt einen Inhalt.

Eines Tages war ihr Grapenthin begegnet. Er hatte sie im Lido gesehen und artig gefragt, ob er sie nach Hause fahren dürfe. Denise wußte, daß er beim Wehrmachtsbefehlshaber General Stülpnagel tätig war, und versprach sich viel von dieser Verbin-

»In Falaise kannst du nicht bleiben. Es wimmelt hier von Sicherheitsorganen.«

Sie blickte dem Mann ruhig ins Gesicht. »Und wo wird die Partei mich hinschicken?«

»Du bekommst neue Papiere. Immerhin denkbar, man merkt, daß die richtige Yvonne Bonselle nach wie vor in ihrem Haus ist. Ich weiß nicht. Die Leitung wird entscheiden.«

»Die Idee war großartig. Weiß Madame Bonselle, daß sie heute morgen ausgegangen ist?«

»Natürlich. Aber sie war mit Kuchenbacken beschäftigt, was die Nachbarn bestätigen können. Und Blanche ist mit ihren zwölf Jahren ein mehr als verständiges Kind. Aber mach dir keine Sorgen, alles ist geregelt.«

»Wann muß ich weiter? Und wie?«

»Am frühen Abend geht ein Zug. Du fährst bis Caen und wirst dort von Genossen in Empfang genommen. Deine Unterkunft ist vorbereitet und für einige Zeit gesichert.«

Denise nickte nachdenklich. »Und meine neue Aufgabe?«

»Darüber werden dich die Genossen in Caen unterrichten. Ich bin gewiß, daß die Stunde der Freiheit näher rückt, aber es ist noch viel zu tun. Zunächst wirst du beim Weiterschleusen abgeschossener alliierter Piloten helfen.«

Die Nonne in der Tracht der Karmeliterinnen war sichtlich besorgt um die alte Dame, die sich schwer auf den Stock stützte, als sie den Waggon auf dem Bahnhof verließ. Ein alltägliches Bild. Aber die Frau spürte, wie sehr ihr Herz klopfte. Würde im letzten Augenblick etwas schiefgehen? Gab es schon einen Fahndungsbefehl? Verschärfte Kontrollen für reisende Frauen? Sie war zwar wiederum auf den Namen einer existenten Person gereist, das gab etwas Sicherheit. Sie wußte, daß sie bei einem Pfarrer untergebracht sein würde, dessen Devise hieß: Man kann gut Freund sein, wenn auch die Ideen unterschiedlich sind; das Hauptziel ist die Befreiung Frankreichs! Dennoch blieb etwas Beunruhigendes dabei, nicht bei Genossen zu sein.

Oft hatte Denise auf ihrer Flucht an Hinrich Thiel denken müssen, und immer stand hinter seinem Bild, das sie in zärtlicher

Der französische Beamte prüfte gleichmütig die Dokumente und wurde über die rührende Abschiedsszene der Tante leicht ungehalten; schließlich wollten noch andere auf den Perron. Madame Bonselle ordnete etwas zittrig ihre Lebensmittelmarken im Ausweis, und der Herr im Trenchcoat wandte sich unauffällig den nächsten Reisenden zu.

Natürlich werde sie nicht vergessen, alle Lieben herzlich zu grüßen. Man winkte, bis der Zug, Schwaden glühender Braunkohleteilchen in die Luft stoßend, die Halle verlassen hatte. Ja, ja, der Krieg – die lothringischen Steinkohlen wurden leider in Großdeutschland verfeuert.

Der junge Mann verließ mit der kleinen Blanche seinen Platz an der Sperre und tauchte im Gewühl unter.

Erstaunlicherweise war die Strecke nach Falaise eine der wenigen noch intakten, offenbar der alliierten Planung oder der Aufmerksamkeit der Bomberstäbe bisher entgangen. Am frühen Nachmittag lief der Zug ohne Zwischenfälle in Falaise ein, wo Frau Bonselle in Empfang genommen wurde von der lieben Tochter – und sogar ein paar Blümchen, wie schön! Dabei flossen viele Tränen, daß Umstehende sich bemühen mußten, ihre Rührung zu verbergen. Mutter und Tochter gingen in die Stadt und verschwanden in einem Haus.

»Genossin Darnand, ich bin glücklich, daß du heil aus Paris weggekommen bist.«

»Es war natürlich aufregend. Die Rolle zu spielen habe ich Bühnenerfahrung genug, aber die dicke Brille hat mich sehr gestört. Ich konnte nur in allernächster Nähe etwas sehen.«

Aus dem Nebenraum kam ein Mann. »Es war höchste Zeit. Wir hatten verläßliche Informationen, daß Dörnberg dich verhaften lassen wollte, konnten aber nicht rechtzeitig warnen. Es ist wie ein Wunder, daß du ihr Kommen bemerkt und traumhaft sicher reagiert hast.«

Die »Tochter« verließ den Raum, etwas zum Essen zu richten.

»Diese Tage in dem Verschlag zwischen Bodenkammern und Hausdach werde ich so schnell nicht vergessen. Wenigstens dreimal haben sie dort herumgestöbert und alles abgeklopft. Mir blieb beinahe das Herz stehen vor Angst.«

Frau Bonselle war eine erstaunlich rüstige Dame für ihre mehr als siebzig Jahre. Obwohl sie gebeugt ging, den Kopf mit dem geknüpften dunklen Tuch geneigt, als hätten ihr die Jahrzehnte das Rückgrat gekrümmt, schritt sie mit sicheren Schritten aus. Das Enkelkind Blanche hielt munter mit, wenn auch der Korb nicht ganz leicht zu sein schien.

Der Bahnhof St. Lazare zeigte den sonnabendlichen Hochbetrieb. Es wimmelte um die wenigen zivilen Züge; im Gegensatz zu Militärtransporten fuhren sie ohne die Plattenwagen mit aufmontierter Flak. In der Halle blickte sich Madame Bonselle um, wie man als ältere Frau zu schauen pflegt, ein wenig beklommen im Gewirr des kriegsbeschränkten Reiseverkehrs, ein wenig unsicher infolge der dickglasigen Brille, vielleicht auch ein wenig beunruhigt durch die Kenntnis, daß gerade dieser Bahnhof seit 1940 zu den beliebtesten Jagdgründen der Gestapo, aber auch der französischen Sicherheitspolizei gehörte. Immer wieder versuchte man Funktionären der Kommunistischen Partei auf die Spur zu kommen. Es galt als selbstverständlich, daß die Mitglieder der Francs-Tireurs et Partisans diesen Bahnhof mieden. Zu viele Häscher von deutschen Dienststellen fischten hier im trüben; die Gesamtzahl der Deutschen in Paris war inzwischen auf über fünfzigtausend angestiegen.

»Bonjour, Tante Yvonne!« Ein junger Mann umhalste die alte Dame, küßte sie auf beide Wangen, herzte das Mädchen Blanche und war hocherfreut.

»Mein lieber Neffe, ich freue mich, daß es dir nicht zuviel geworden ist, eine betagte Frau zum Zug zu begleiten.« Und sie wischte schnell einige Tränen der Rührung unter den Brillengläsern fort.

»Ich habe für die Reise etwas zum Naschen mitgebracht. Wird dir bei der langen Fahrt guttun.« Der Neffe drückte ihr ein Päckchen in die Hand.

Sie besah umständlich den Inhalt, verstaute alles im Korb. Als sie sich aufrichtete, hielt sie eine Carte d'identité in der Hand und blinzelte zur großen Bahnhofsuhr. »Ich glaube, es wird Zeit.« Dann trippelte sie zur Sperre, wies eine Fahrkarte nach Falaise vor, zeigte den auf den Namen Bonselle lautenden Ausweis.

Achtes Kapitel

Am Morgen des 3. Juni hatte Sturmbannführer Dörnberg Paris verlassen, fluchend wegen des wieder einmal versauten Wochenendes, wie er sich ausdrückte, und seinen Leuten eingehämmert, daß das Haus Nummer 13 in der Rue Choron weiter überwacht werden müsse, denn man könne nie wissen, und außerdem treibe es Verbrecher bekanntermaßen aus den verschiedenen Motiven immer an den Tatort zurück.

Der SD-Mann Sternthaler langweilte sich in der lauen Frühsonne. Das Leben war für ihn nur hinter dem Lenkrad interessant. Eintönig, einen Hauseingang zu kontrollieren und dabei selbst nicht aufzufallen. Er hatte die heutige Ausgabe der Pariser Zeitung bereits durchstudiert, gegenüber Zigaretten gekauft, die spärlichen Auslagen angeschaut und dabei jedesmal die Haustür in der spiegelnden Schaufensterscheibe im Auge gehabt. Aha, jetzt kam endlich mal wieder jemand, Frau Bonselle mit ihrer Enkelin Blanche. Zum Kotzen, wenn einem jeder einschließlich Stammbaum schon so bekannt war. Die Alte ging wie üblich einkaufen, und die Kleine trug ihr den Korb.

Sternthaler steckte die Hände tief in die Taschen seines Trenchcoats und vernahm, wie sich das gleichmäßige Aufsetzen des Stockes langsam die Straße hinunter entfernte. Blödsinn das alles. Das Haus war auf den Kopf gestellt worden, keine Maus konnte entkommen. Der lockere Vogel Denise, Denise Darnand, deren Foto er sich so eingeprägt hatte, daß er sie auf hundert Meter Entfernung erkennen würde, war ausgeflogen, bevor der Haftbefehl wirksam wurde. Wie das geschah, blieb ein Rätsel. Nur gut, daß er an diesem Tag Dienst hatte. Verwunderlich, daß sie nicht gleich mit jenem dubiosen Artillerieleutnant gegangen war, das hätte die Geschichte allerdings kompliziert. Wie dieser Schnösel wohl reagiert hätte, wenn der SD gekommen wäre?

Der SD-Mann schaute auf die Uhr. Noch eine Stunde bis zur Ablösung. Dann blickte er die Straße hinunter, wo die Alte mit dem Mädchen inzwischen verschwunden war.

haben Sie die Möglichkeit, das eine oder andere unauffällig zu erfahren – oder?«

Thiel wurde unheimlich zumute. Er zuckte die Schultern. »Wie man's nimmt. Man bindet mir schließlich nicht alles auf die Nase. Laut Führerbefehl darf jeder Offizier und jeder Soldat von der Durchführung eines Auftrages nur so viel wissen, wie . . .«

Grapenthin winkte gelangweilt ab. »Ich möchte alles wissen über die Beziehungen Altdörfers zum General. Haben wir uns verstanden? Sie kennen die Kunstgriffe, wie man in eine Leitung hineinkommt.«

»Ich nehme das als Befehl und werde mich bemühen...« Der Leutnant spürte, wie eine Röte sein Gesicht überzog. Aber er nahm sich zusammen.

»Sie werden mir ständig berichten. Ich möchte mich ganz auf Sie verlassen, oder«, fuhr er leiser fort, »soll ich mich daran entsinnen, daß Sie zugestimmt haben, der Führer müsse beseitigt werden? Na, sehen Sie! Ich danke für Ihr Kommen, Herr Thiel.« Über das Gesicht Grapenthins breitete sich ein strahlendes Lächeln.

Thiel war so benommen, daß er nicht wußte, wie die Gänge des Wagens lagen. Als er sich wieder gefangen hatte, fuhr er mit halsbrecherischer Geschwindigkeit zurück nach La Vistoule. Seine Gedanken waren unentwegt bei Denise. Es konnte keinen Zweifel geben, daß sie sich in den Händen der Gestapo befand. War sie Widerstandskämpferin? Bestimmt. »Haben Sie nie von Deportationen gehört? Von Folterungen? Erschießungen?« Vor wenigen Stunden hatte Max Raynaux diese Frage gestellt – war das alles vorher etwa nicht bekannt? Denise in den Händen der Gestapo. Was konnte er tun? Nichts.

Thiel wurde es schwarz vor Augen, als er seine Hilflosigkeit erkannte.

hören: »Man sagt von Dörnberg, er sei ein Mörder und habe Unzählige auf dem Gewissen. Achte auf dich!« Hatte sie nicht auf sich geachtet?

»Was halten Sie eigentlich von der Versetzung Oberleutnant Gengenbachs?« Der zweite Pfeil war von der Sehne geschnellt.

»Gengenbach versetzt? Wohin? Aus welchem Grund denn? Seit wann? Er weiß gar nichts davon. Ich war noch bis vor ein paar Minuten mit ihm zusammen!«

Grapenthin lächelte. »Es gibt die merkwürdigsten Zusammenhänge. Sie kennen die Nachrichtenhelferin Martina Baumert?« Er erwartete offenbar keine Zustimmung. »Natürlich, von Ihrem Abteilungsball kennen Sie das Mädchen. Sie hat einen Bruder, der spielte ein Spielchen mit einer geheimen Kommandosache. Sitzt am Kanal oben, auch Artillerist. Ist Ihnen vielleicht davon etwas bekannt geworden?«

Es schien nur so dahingesagt. Thiel bemühte sich, Gesicht und Bewegung unter Kontrolle zu halten, unbefangen zu tun. »Kein Wort gehört.« Er schüttelte nachdrücklich den Kopf.

»Es hätte ja sein können«, sagte Grapenthin. »Das Papierchen ist nämlich im Regimentsbereich gelandet. Übrigens, zu Ihrer persönlichen Information: Fernleitungen sind keineswegs abhörsicher. Wir einigten uns in Paris, zu Hause etwas offener miteinander zu sprechen. Fangen wir an damit.«

Sie haben Denise fertiggemacht, dachte Thiel. Der Schmerz ist so ungeheuer, daß ich mich kaum aufrecht zu halten vermag. Sie wissen auch um die Sache mit Martina Baumert, von der mir Hans Rohrbeck erzählt hat. Nur von Dörnberg kann Grapenthin diese Information über Denise haben. Gengenbach versetzt, mein Freund Gengenbach. Und ich habe nicht mit ihm über Denise gesprochen. Was will dieser Grapenthin von mir? Was für eine Rolle soll ich spielen? Wie schnell einem ein Gesicht verhaßt werden kann...

»Ihnen ist sicherlich bekannt, daß Hauptmann Altdörfer in Rußland Regimentsadjutant war. Seine Verbindungen zur Division sind vielseitig, gehen auch nicht immer die vorgeschriebenen Dienstwege. Sie sind Chef der Stabsbatterie, Ihnen unterstehen Fernsprech- und Funkwesen der zwoten Abteilung. Damit

»Aber jetzt ist es zehn vor fünf. Ich muß mich beeilen, sonst scheißt mich der Herr erst mal wegen Unpünktlichkeit an.«

Sie drückten sich die Hände. Gengenbach ging zu Fuß weiter und sann darüber nach, warum er Eiselt anrufen sollte.

Grapenthin schien tatsächlich schon ungeduldig zu sein. »Zehn Minuten vor der Zeit...«, dozierte er.

»Verzeihung, Herr Hauptmann, aber die Karre fing plötzlich an zu bocken.«

»Die Karre bockt schon eine Weile, mein Lieber«, konterte der Regimentsadjutant anzüglich. »Nehmen Sie Platz. Wie ist das Befinden? Paris gut überstanden?«

»Ich denke, Herr Hauptmann. Paris war in jeder Hinsicht schön. Auch aufschlußreich.«

»Ja richtig, Thiel. Stellen Sie sich vor: diese Denise ist verschwunden. Genau an dem Tag, der Ihrer gemeinsamen Nacht folgte.«

Thiel war zu keiner Antwort fähig. Denise verschwunden? Am selben Tag, an dessen Morgen ich mich von ihr getrennt habe? Das heißt, ich bin beschattet worden. Dörnbergs Spitzel? Wenn Denise soviel über Grapenthin und Dörnberg weiß, wieviel mehr müssen beide über sie wissen! »Ich habe keine Ahnung. Tritt sie denn nicht mehr im Lido auf?«

»Possenreißer! Wie soll sie auftreten, wenn sie verschwunden ist.«

»Ich kann mir das nicht erklären.«

»Wirklich nicht?« Der Hauptmann lächelte. »Es war auch nur eine Bemerkung am Rande, weil ich annahm, daß Sie an der Auflösung des Rätsels interessiert sind, Thiel. Aus persönlichen Gründen, meine ich.«

»Verzeihung, Herr Hauptmann, aber woher haben Sie diese Information?«

Grapenthin blickte den Leutnant abschätzend an. »Der Zufall, wissen Sie. Man hat bestimmte Dienststellen. Ein Gespräch. Ergab sich so nebenbei.« Er schien feststellen zu wollen, wie Thiel das alles aufnahm.

Der blieb ohne äußere Regung, glaubte Denises Stimme zu

»Ich meine, daß es nach fünf Kriegsjahren Zeit wird, über einiges nachzudenken. Wir kannten ja noch nicht einmal diese Antihitlerkoalition.« Der Ortseingang von Narbonne kam in Sicht. »Schade, daß wir das Gespräch nicht fortsetzen können.«
»Kein geeigneter Stoff für ein Bistro. Man weiß nie, wer sich hinter scheinbar harmlosen Zivilisten verbirgt. Die Gestapo hat viele Mitarbeiter.«

Thiel nickte.

Der Oberleutnant wurde plötzlich feierlich. »Nimm zur Kenntnis, Hinrich, daß ich dein Freund bin. Ich werde offen sein und zu dir stehen. Kannst dich drauf verlassen.«

Thiel schien es, als wäre ihm etwas in die Augen gefahren. Ein Bekenntnis, eine Treueerklärung Gengenbachs – und er hatte noch immer nicht den Mut, einfach zu sagen: Schau, Gerhard, die Liebe kam aus heiterem Himmel, wie ein Naturereignis. Es gibt keine Schuld von Denise, und ich habe dich nicht verraten. Es war stärker als der Krieg, ist stärker auch morgen, glaube es mir . . .

Hinrich Thiel hatte Angst, seinen Freund zu verletzen, traurig zu machen, zu enttäuschen, vor allem aber die von ihm so hochgeschätzte Freundschaft zu trüben. Und er spürte, wie er sich immer tiefer in diesen Widerspruch verstrickte.

Ohne Gengenbach in die Augen zu sehen, sagte er hastig: »Ich danke dir. Und damit du siehst, wie groß *mein* Vertrauen ist, möchte ich dir etwas erzählen, obwohl mir einiges angedroht wurde, wenn ich ein Wort darüber verlieren sollte.« Er fuhr den Wagen an den Straßenrand und schaltete den Motor ab. Dann rekonstruierte er das Gespräch mit Grapenthin im D-Zug nach Paris und seine Begegnung mit Dörnberg. »Du wirst dir vorstellen können, daß ich mich jetzt mit gemischten Gefühlen bei Grapenthin melde. Es ist kein Zufall, daß er zu Eiselt nichts über den Zweck geäußert hat.«

Der Oberleutnant war nachdenklich geworden. »Sie wollen sicher etwas ganz Bestimmtes von dir.«

»Und ich werde mir möglicherweise dabei die Ohren brechen.«

»Mensch, Hinrich, wir müssen noch gründlich darüber sprechen. Es scheint mir verdammt wichtig.«

»Vielleicht hast du recht. Sie könnten aber auch feststellen, daß unsere Meinungen möglicherweise für eine größere Gruppe symptomatisch sind.«

Thiel nahm einen Augenblick das Gas weg. »Hattest du das Empfinden, daß unsere Ansichten in jedem Fall übereinstimmten?«

»Schwer zu sagen. Wir haben bisher kaum politische Gespräche geführt. Die üblichen Zynismen zählen hier nicht.«

»Dem Herkommen nach kann uns nicht viel trennen, falls die Franzosen recht haben.«

»Du kommst aus kleinbürgerlichen Kreisen und bist mit anderen Begriffen groß geworden als ich. Bei mir zu Hause hieß es: Höherer Beamter werden.«

»Mir wurde eingehämmert: Wenn der Hemdkragen durchgestoßen ist, muß er gewendet werden, Hauptsache, der Schlips sitzt standesgemäß. Nur nicht zum Proleten abrutschen!«

Gengenbach lächelte. »Ich habe noch gelernt: Auf dem Weg nach oben niemand vorbeilassen!«

»Na also! Die Theorien deiner Eltern haben sich doch bestätigt. Der Freund ihres Sohnes, dessen Vater kleiner Handwerker ist, wurde nur Leutnant, während ihr eigener Sprößling selbstverständlich einen Dienstgrad höher...«

»Dafür bin ich auch schon etwas länger als du beim Barras.«

»Daß man mich bei der fragwürdigen Herkunft überhaupt zum Offizier gemacht hat, wundert mich heute noch.«

»Dafür gibt es eine plausible Erklärung, Hinrich. Du warst Spitzensportler, bist international gestartet, hast Siege für das Reich und die Bewegung errungen.«

»Für den Sport in erster Linie.«

»Damit hat man dich in den Kreis der Auserwählten erhoben und dir, im Gegensatz zu mir, HJ, SA und sonstiges erspart. Sie nennen es Begabtenauslese, aber mit Speck fängt man Mäuse – besonders gerne dann, wenn sie den Speck selbst mitbringen.«

»Tja, lieber Gerhard, was wir den Franzosen gesagt haben, war doch ziemlich viel Nachgeplappertes.«

»Du meinst, wir hatten keinen eigenen Standpunkt?« Gengenbach sah seinen Freund aufmerksam an.

belnd. Dann wurde eine Vorstellung übermächtig: Sie sah seine Hände vor sich, kurze dickliche Finger, ein klein wenig gekrümmt. Wenn sie sich vorstellte, daß solche Hände sie berührten, wuchsen Widerwille und Qual bis zur Abscheu.

Um siebzehn Uhr wollte Hans Rohrbeck sie treffen. Das Mädchen wagte nicht, zur Verabredung zu gehen. Die erste Konsequenz der Verstrickung, in die ich geraten bin, dachte sie müde.

Oberleutnant Eiselt freute sich über die geschossenen Enten. Warum Grapenthin den Leutnant Thiel zu sich beordert habe, wisse er nicht, man habe es ihm nicht mitgeteilt. Und Herr Gengenbach solle ihn doch bitte von seiner Batterie aus im Laufe des Nachmittags anrufen. Nein, es eile durchaus nicht. Eiselt brachte es nicht fertig, dem Batteriechef ins Gesicht zu sagen, daß er mit sofortiger Wirkung versetzt war.

»Ich bringe dich nach Narbonne. Dort kannst du dich von deinen Leuten abholen lassen. Fahre dann nach Coursan zurück und melde mich beim Regiment«, sagte Thiel.

Der Wagen zog eine lange Staubfahne hinter sich her, die in ungezählten Rebstöcken hängenblieb. In der Ferne flimmerte das Meer.

»Ein merkwürdiges Gespräch heute mit Raynaux und diesem Fischer«, begann Gengenbach.

»Findest du sensationell, was die beiden Franzosen sagten?« Thiel wunderte sich.

»Das nicht. Aber sie mußten von uns bestimmte Eindrücke mitnehmen.«

»Zum Beispiel?«

»Daß wir fragwürdige Vertreter Hitlers und des Großdeutschen Reiches sind. Daß sie uns ziemlich unverblümt ihre, sagen wir mal linke Einstellung auf die Nase binden können.«

»Wir haben keiner ihrer Behauptungen zugestimmt, sondern Argumente...«

»Die sie nicht überzeugten!« unterbrach ihn der Oberleutnant.

»Ist es nicht wichtig, sie davon zu überzeugen, daß es auch Deutsche gibt, die niemand wegen einer abweichenden Auffassung hochgehen lassen?«

Wie gewinnend harmlos sein Lächeln ist. Vielleicht bilde ich mir das alles auch nur ein. Könnte man nicht sogar Verständnis dafür haben, daß er ohne Mitwisser sein möchte, zu seiner eigenen Sicherheit und um seinen General vor Mißhelligkeiten zu bewahren?

»Ich bin dazu bereit.«

»Ich darf es etwas anders formulieren: Sie geben mir Ihr Wort, mit niemand über das zu sprechen, was ich in der bewußten Angelegenheit einleiten und Ihnen über den jeweiligen Stand mitteilen werde.«

»Ich gebe Ihnen mein Wort!« Martina zündete sich mit fahrigen Fingern eine Zigarette an und vermied, dem Hauptmann in die Augen zu sehen.

Dieses Mädchen ist nicht wie andere, dachte Altdörfer, sie schläft nicht mit jedem. Wenn ich mir vorstelle, wie ich sie auf diesem Bett... Er hatte mit einemmal das Empfinden, als fange der Raum an, sich zu drehen, schneller, immer schneller, und alles Blut strömte ihm in die Leisten. Er bezwang sich, starrte auf eine Fotografie. Sicherlich die Familie. Vater und Mutter, der Kleidung nach Kleinbürgertum. Bei der Mutter offenbar jener Unglücksrabe von Unteroffizier. Neben dem Vater sie, in einem duftigen Sommerkleid. Sieht aus, als hätte sie überhaupt noch keinen gehabt... Plötzlich stand das Gesicht des Funkmeisters vor ihm. Ob sie in ihn verliebt war? Er in sie? Kleiner Portepeeträger. Keine echte Konkurrenz. Aber sie hatte lange gezögert, ehe sie ihr Wort gab. Hier war Geduld am Platz, kein Schritt durfte zu schnell getan werden. Ein Gewöhnungsverhältnis, untermauert mit dem, was er zu bieten hatte: Rettung für ihren Bruder vor allem, aber auch Bildung, Dienststellung, Verbindungen. Und dennoch: ohne sanfte Gewalt würde es nicht gehen.

Gegen siebzehn Uhr verabschiedete sich der Hauptmann ebenso formvollendet, wie er eingetreten war: Sie werde bald von ihm hören, auf jeden Fall morgen das Ergebnis der Unterredung mit Herrn General. Und sie nehme es ihm doch nicht übel, wenn er an das gegebene Wort erinnere?

Martina Baumert saß noch eine Weile unbeweglich und grü-

Altdörfer mußte sich konzentrieren, damit die Andeutung eines Lächelns, das für feinen Abstand sorgte und dennoch nicht verletzend wirkte, so wie geprobt ausfiel.

»Mich bekümmert, daß der Kreis der Informierten bereits so groß ist. Überlegen Sie: der Funkmeister, Oberleutnant Eiselt, der Hauptwachtmeister. Wenn Sie sich in der Angelegenheit gleich an mich gewandt hätten...«

»Es ist nun einmal geschehen und leider nicht mehr zu ändern.«

»Sehr richtig, gnädiges Fräulein. Das muß aber künftig nicht so bleiben.«

»Wie soll ich das verstehen?«

»Ich habe zum Beispiel angewiesen, daß das Schriftstück von der Stabsbatterie sofort zu mir kommt. Oberleutnant Eiselt wird dienstlich nicht mit der Sache befaßt werden. Ich hoffe, daß Sie mit keiner weiteren Person gesprochen haben?«

»Ich habe mit niemandem gesprochen, außer...«

Altdörfer winkte ab. »Sie werden begreifen, daß ich Herrn General nur dann bewegen werde, mich anzuhören, wenn ich ihm überzeugend versichern kann, daß kein Mensch außer uns beiden...«

»Ich verstehe«, sagte das Mädchen, jetzt mit gänzlich veränderter Stimme. »Das würde also bedeuten...«

»Daß alles zwischen uns Besprochene, alle Maßnahmen und möglichen Ergebnisse keine dritte Person etwas angehen. Auch nicht den Funkmeister Rohrbeck.«

Martina lehnte sich zurück, ihr Gesicht war blaß. Das ist der Beginn, dachte sie, Isolierung mit der Absicht, mich schließlich von Hans zu trennen. Weigere ich mich, wird er keinen Finger für mich rühren. Für mich? Es geht doch um Wolf. Das Versehen allein kann bei der angespannten Situation schon zu einer Haftstrafe führen, wenn es entdeckt wird – in dieser Hinsicht darf man dem Juristen Altdörfer wohl glauben. Wolf oder Hans Rohrbeck... Wolf ist mein Bruder. Hans hat mich lieb, also wird er für alles Verständnis haben. Für alles? Wie weit gehen Altdörfers Forderungen? Ob es einen Ausweg aus diesem Teufelskreis gibt?

»Nun, haben Sie sich's gut überlegt?«

Versuchen, den Aufmarsch der Roten Armee für eine neue Offensive zu stören. Einbrüche in der eigenen Front, mehr war bisher dabei nicht herausgekommen.

Martina Baumert öffnete selbst, als Altdörfer klingelte. Es ist genau Viertel fünf – ich wollte, es wäre bereits eine Stunde später, dachte sie. Er sieht heute beherrschter aus als an jenem Abend in La Vistoule und wirkt dennoch mit jeder Bewegung abstoßend auf mich.

»Darf ich eintreten?« Überflüssige Frage, aber sie gehörte zum Kasinobrevier. Der Hauptmann legte Mütze und Handschuhe auf dem Nachttischchen ab, streifte das Bett mit keinem Blick. Selbstverständlich trinke er gern einen Kaffee.

Martina hatte sich vorgenommen, alles so knapp und sachlich wie möglich darzustellen; wie es zu der irrtümlichen Übersendung des Schriftstücks gekommen sein konnte, welche Folgen daraus für ihren Bruder entstehen mußten und in welcher doppelten Zwangslage sie sich befand. Auf keinen Fall sollte der Hauptmann die Angst wahrnehmen, in der sie lebte, seitdem sie den Brief geöffnet hatte.

Altdörfer schaute sich unauffällig im Zimmer um. Blumen. Ein paar Fotos. Peinliche Sauberkeit. Er hörte zu. Ihm war Martinas Bericht zu kühl. Unbeherrschtes Gefühl bildete eine wesentliche Voraussetzung für seinen Plan. Also vervollständigte er die geäußerten Mutmaßungen juristisch, indem er zu jeder Variante einschlägige Paragraphen des Strafgesetzbuches zitierte und das denkbare Strafmaß erwähnte. Als erfahrener Rechtsanwalt registrierte er die Wirkung seiner Ausführungen. Dann ging er zu einer Art zweitem Grad über, breitete die Spezifika der während des Krieges erlassenen Sondergesetze aus und wandte sie auf den vorliegenden Fall an.

Die Kaffeekanne zitterte, als das Mädchen erneut eingoß. Ihre Stimme war unsicher geworden: »Halten Sie es für denkbar, daß der General Ihrer Absicht, mir zu helfen, Verständnis entgegenbringt?«

»Schwer zu sagen, gnädiges Fräulein, denn der Gegenstand ist ungewöhnlich heikel.«

»Das weiß ich ja. Aber was hat das mit Krusemark zu tun?«

alten sechsten Batterie antrifft. Herr General und Oberstleutnant Meusel hätten sich vergeblich gegen die von oben verfügte Versetzung gewehrt.«

»Haben Herr Hauptmann gestern abend beim General in der Geheimsache etwas erreicht?«

»Mein lieber Eiselt, wie denken Sie sich das so Hals über Kopf? Vor morgen werden kaum die erforderlichen Gespräche geführt und erst danach Entscheidungen gefällt werden können. Im übrigen möchte ich das Schriftstück bei mir aufbewahren. Es wäre unbillig, den Hauptwachtmeister mit einer solchen Verantwortung zu belasten.« Dann gab Altdörfer vor, über eine schwierige Angelegenheit nachdenken zu müssen, und bat um Entschuldigung, daß er mittags allein in seinem Zimmer speisen werde.

Das Gespräch mit Pfeiler dehnte sich aus; man versicherte sich gegenseitiger Hochachtung, weil es gelungen sei, eine im beiderseitigen Interesse liegende personelle Veränderung in so ungewöhnlich kurzer Frist zu ermöglichen.

»Hätten Sie nicht so schnell und kameradschaftlich gehandelt, Altdörfer, wäre mir die Durchführung eines Disziplinarverfahrens nicht erspart geblieben! In Ihrem Bereich wird Müller sich sofort einfügen.«

»Ich bitte Sie, das war doch selbstverständlich!« Der fliegt bei der ersten Gelegenheit sowieso, dachte Altdörfer. »Ich wünsche Ihnen im übrigen einen schönen und ungestörten Sommer an Ihrem mondänen Strand.«

»Die Riviera ist auch nicht zu verachten – bei Ihrem Organisationstalent!«

Nach dem Essen gab sich der Hauptmann ganz der seelischen und kosmetischen Vorbereitung seines nachmittäglichen Rendezvous hin. Für alle Fälle besprühte er auch die Lederauflagen des Wagens mit ein paar Spritzern Chanel Nr.5, worauf der Obergefreite Seehase wegen des ungewohnten Geruchs zu schnuppern begann und nur schlicht meinte: Pinsel.

Der Wagen flitzte über die glatte Straße nach Narbonne, und Altdörfer dachte flüchtig daran, wie schön es sei, jetzt nicht in dem Getümmel um Jassy zu stecken, wo die Fetzen flogen bei den

daß ich ebenfalls Abteilungskommandeur bin? Als Pfeiler längst Major und Kommandeur war, stand ich noch als Leutnant vor Krusemark stramm...

»Gut, ich erwarte Sie dann, wenn Sie es so einrichten können.« Altdörfer spürte beim Verabschieden, daß sich sein Mund entgegen dem bisherigen mimischen Training mehr verzerrte, als es für ein konventionelles Lächeln vorgesehen war.

Herr General sei noch nicht zu sprechen, behauptete der diensttuende Ordonnanzoffizier in Narbonne.

»Richten Sie Herrn General aus, daß es sich um eine dringende Angelegenheit von weittragender Bedeutung handelt. Sie sind verantwortlich dafür, daß Herr General sofort unterrichtet wird.« Man schiebe einem preußischen Offizier die Verantwortung zu, und er wird alles tun, um sich schleunigst aus einer solchen Situation herauszuwinden.

»Was gibt's, Altdörfer?«

Reichlich versoffene Stimme, stellte Altdörfer fest und empfahl, den Oberleutnant Gengenbach im Austauschverfahren als Batteriechef zu Major Pfeiler zu versetzen. Für Herrn General eine Kleinigkeit auf seinem kurzen Dienstweg, für Gengenbach eine echte Beförderung, für die Abteilung ein Stückchen Flurbereinigung. Das Wort »Gegenleistung« fiel.

»Ich dachte schon, es wäre was passiert.« Ein befreiendes Gähnen zog durch den Draht. »Keine Schwierigkeit. Setzen Sie den Mann in Marsch. Ich werde Meusel einen entsprechenden Befehl geben.«

Altdörfer versprach einmal mehr, Herrn Generals gehorsamster Diener zu sein.

Sein Adjutant Eiselt wollte die Marschpapiere für Gengenbach unverzüglich ausfertigen. Oberleutnant Andres könne vertretungsweise die Batterie übernehmen, bis der ausgetauschte Hauptmann Müller eingetroffen sei. Es stehe nichts im Wege, daß Gengenbach spätestens morgen den Abendzug von Marseille nehme, dann werde er fünfzehn Stunden später in Caen eintreffen.

»Sagen Sie das alles dem Gengenbach. Falls er lamentiert, teilen Sie ihm mit, daß er dort ehemalige Kameraden aus seiner

Altdörfer zog die Uhr auf. Kurz nach zehn. Er mußte anrufen. Daß *sie* heute den Telefondienst versah, hatte Oberleutnant Eiselt bereits festgestellt.

Die Abteilungsvermittlung ließ ihn lange warten, eine Veranlassung, dem Leutnant Thiel wieder mal einen Rüffel zu verpassen. Er schrieb eine Bemerkung in sein Notizbuch. Dann war Martinas Stimme da, in der gleichen Tonlage, mit dem gleichen Timbre, wie er sich das in der vergangenen Nacht bis in den Schlaf hinein vorgestellt hatte. Er spürte, wie eine ihm selten gewordene Erregung über seinen Körper kroch, sich konzentrierte.

»Hier spricht Altdörfer.« Kleine Pause einlegen. »Ich bedaure zutiefst, Fräulein Baumert, daß Sie bei diesem schönen Wetter am Klappenschrank sitzen müssen.«

»Sie wünschen, Herr Hauptmann?«

Ich fühle ihre Spannung bis hierher. Schon das auszukosten ist eine Lust; zu wissen, wieviel Macht über sie jetzt in meine Hand gegeben ist. »Wachtmeister Rohrbeck unterrichtete mich über eine Angelegenheit, die für Sie wohl von einiger Bedeutung ist...«

»Herr Rohrbeck meinte, daß Sie der einzige sind, der helfen könnte.«

Es knisterte in der Leitung. Ein fernes Gespräch wurde vernehmbar, klang wie Grillenzirpen.

»Natürlich bin ich gern bereit, von Ihnen Genaueres zu hören, um vielleicht eingreifen zu können.«

»Sie würden mir einen großen Gefallen erweisen, meinem Bruder vor allem.«

Wie der Hoffnungsschimmer ihre Stimme veränderte! »Es wird am besten sein, wenn ich Sie nach Dienstschluß besuche. Bei Ihnen werden wir am ungestörtesten sprechen können. Ich werde um sechzehn Uhr fünfzehn dort sein.«

Das Schweigen frißt Sekunde um Sekunde. Sie wird sich bemühen, alles zu tun, damit sie ihre Sorgen um den Bruder los wird. Wenn sie wüßte, daß die Sache schon erledigt ist! Warum habe ich eigentlich den Pfeiler so spontan angerufen? Nur wegen Martina? Oder war es vor allem der Drang, ihn wissen zu lassen,